AF598917

DESCARGA
GRATUITA

Editorial CLIE

COMENTARIO AL EVANGELIO DE **LUCAS** Y A LOS **HECHOS** DE LOS APÓSTOLES

Justo L. González

EDITORIAL CLIE
C/ Ferrocarril, 8
08232 VILADECAVALLS
(Barcelona) ESPAÑA
E-mail: clie@clie.es
http://www.clie.es

Extractos de este libro han sido tomados de *Hechos de los Apóstoles, Comentario Bíblico Iberoamericano* de Justo L. González, copyright © Ediciones Kairós, una casa editorial perteneciente a Fundación Kairós. Utilizado con permiso de Ediciones Kairós, Buenos Aires, Argentina. Director Editorial C. René Padilla.

Comentario al evangelio de Lucas y a los Hechos de los apóstoles
ISBN: 978-84-17620-36-3
Depósito Legal: B 13906-2022
Comentario bíblico / Nuevo Testamento
Jesús, los Evangelios y los Hechos
REL006800

Colección Teológica Contemporánea

Estudios bíblicos

Michael J. Wilkins y J. P. Moreland, eds., *Jesús bajo sospecha*, 2003.
Michael Green y Alister McGrath, *¿Cómo llegar a ellos?*, 2003.
Wayne A. Grudem, ed., *¿Son vigentes los dones milagrosos?,* 2004.
Murray J. Harris, *3 preguntas clave sobre Jesús*, 2005.
Bonnidell Clouse y Robert G. Clouse, eds., *Mujeres en el ministerio,* 2005.
J. Matthew Pinson, ed., *La Seguridad de la Salvación*, 2006.
Robert H. Stein, *Jesús, el Mesías. Un estudio de la vida de Cristo*, 2006.
J. S. Duvall y J. D. Hays, *Hermenéutica. Entendiendo la palabra de Dios*, 2008.
D. A. Carson y Douglas J. Moo, *Una introducción al Nuevo Testamento*, 2009.
Panayotis Coutsoumpos, *Comunidad, conflicto y eucaristía en la Corinto romana*, 2010.
Robert Banks, *La idea de comunidad de Pablo*, 2011.

Estudios teológicos

N. T. Wright, *El verdadero pensamiento de Pablo*, 2002.
G. E. Ladd, *Teología del Nuevo Testamento*, 2002.
Leon Morris, *Jesús es el Cristo: Estudios sobre la teología joánica*, 2003.
Richard Bauckham, *Dios Crucificado: Monoteísmo y Cristología en el Nuevo Testamento,* 2003.
Clark H. Pinnock, *Revelación bíblica: el fundamento de la teología cristiana,* 2004.
Millard Erickson, *Teología sistemática*, 2009.
I. Howard Marshall, *Teología del Nuevo Testamento*, 2022.

Comentarios bíblicos

F. F. Bruce, *Comentario de la epístola a los Gálatas*, 2004.
Peter H. Davids, *La Primera epístola de Pedro*, 2004.
Gordon D. Fee, *Comentario de la epístola a los Filipenses*, 2004.
Leon Morris, *El Evangelio de Juan, volúmenes 1 y 2*, 2005.
Robert H. Mounce, *Comentario al libro del Apocalipsis*, 2005.
Gordon D. Fee, *Comentario de las epístolas de 1ª y 2ª de Timoteo y Tito*, 2008.
Gary S. Shogren, *Primera de Corintios*, 2021.
Xabier Pikaza, *Comentario al Evangelio de Marcos*, 2022.
Douglas J. Moo, *Comentario a la epístola de Romanos*, 2022.
F. F. Bruce, *El libro de los Hechos*, 2022.
Justo L. González, *Comentario al evangelio de Lucas y a los Hechos de los apóstoles,* 2022.

Acerca del autor

Justo L. González es autor de docenas de libros sobre historia de la iglesia y teología cristiana. Su *Historia del cristianismo* es un libro de texto estándar en las Américas y en todo el mundo. Justo L. González, profesor jubilado de teología histórica y autor de los muy elogiados tres volúmenes de *Historia del pensamiento cristiano*, asistió al Seminario Unido en Cuba y fue la persona más joven en obtener un doctorado en teología histórica en la Universidad de Yale. Ha enseñado, entre otras instituciones, en el Seminario Evangélico de Puerto Rico y en la Universidad de Emory, en Atlanta, Georgia. Durante los últimos treinta años se ha enfocado en desarrollar programas para la educación teológica de los hispanos y ha recibido cuatro doctorados *honoris causa*. Es fundador de la AETH (Asociación para la Educación Teológica Hispana), que busca potenciar el trabajo teológico en español desarrollado por la comunidad académica latina.

CONTENIDO

PRÓLOGO

En la España de mediados del siglo xx, en la que ese ingenio que ahora llamamos televisión era un sueño que no trascendía las viñetas de cómics futuristas y otros artilugios como internet y el teléfono celular –que hoy controlan nuestro ser y hacer en la vida diaria– siquiera habían asomado a la imaginación de escritores y guionistas, dediqué los años de mi infancia a la lectura, siendo uno de mis temas favoritos la vida de grandes exploradores, entre los que destacaba el insigne David Livingstone.

Este misionero-explorador, obsesionado por encontrar las fuentes del Nilo, desapareció en el interior de África por seis años sin que nada se supiera de él. El periódico *New York Herald* organizó en 1869 una expedición liderada por otro explorador, Henry Morton Stanley, con el objetivo de encontrarle. Cuando finalmente dos años después pudo localizarle en Ujiji, a orillas del lago Tanganica, se cuenta que haciendo gala del característico sentido del humor británico Stanley pronunció una frase para la historia: *"Doctor Livingstone, I presume?"* [¿El doctor Livingstone, supongo?]. A estas conocidas palabras siguió, sin duda, una prolongada y animada conversación "de explorador a explorador".

En su *Comentario al evangelio de Lucas y a los Hechos de los apóstoles,* Justo L. González resalta el papel de Lucas como historiador por encima del de "médico amado" que usa Pablo, tan común en nuestros círculos. Para Justo, más que un médico aficionado a la historia, Lucas era un meticuloso historiador que probablemente se ganaba la vida como médico. Al leer la Introducción general no pude evitar que las palabras de Stanley regresaran a mi mente imaginando un encuentro entre los dos. Con Justo exclamando al verle: Γιατρέ Λούκας, υποθέτω [¿El doctor Lucas, supongo?], dando paso a una prolongada y animada conversación "de historiador a historiador" sobre sus escritos. Pues esta es, en esencia, la tónica del presente comentario.

Desde las primeras páginas nos adentramos en una obra distinta a lo acostumbrado en materia de comentarios bíblicos. En este trabajo académico la afinidad profesional y vocacional entre el escritor sagrado y su comentarista cristaliza en una simbiosis peculiar donde ambos comparten un mismo lenguaje. Y el resultado es excepcional. El *Comentario al evangelio de Lucas y a los Hechos de los apóstoles* del historiador Justo L. González es una extensión de sus obras clave, *Historia del cristianismo* e *Historia del pensamiento cristiano,* proyectando el relato lucano del pasado al futuro en una animada conversación con el evangelista guiado por el Espíritu Santo.

Lo explica en el capítulo primero, *Lucas y la historia de la humanidad* al comentar las palabras con que Lucas comienza su evangelio: «Muchos han tratado de poner en orden la historia» (Lc. 1:1)

> «*Puesto que yo mismo soy historiador, me interesa ante todo esa dimensión de la obra lucana* [...] *pero no se trata de la historia como la estudiamos en la escuela —una serie de datos, nombres, batallas, reyes y fechas— sino de la historia como el contexto todo de la vida.* [...]. *La historia que nos interesa hoy es también sobre el presente y el futuro.* [...] *La nueva historia no se fundamenta en un pasado diferente, sino en un presente específico. La nueva historia se hace necesaria porque los mismos acontecimientos se van leyendo desde nuevas perspectivas. Y esto es algo que todo historiador conoce.* [...] *Lucas como historiador nos presenta una narración que se engarza en toda la historia de la humanidad, que es continuación y culminación de esa historia universal, pero que al mismo tiempo es un nuevo comienzo de la historia humana. Pero hay otra dimensión de la obra de Lucas como historiador que debemos subrayar; Lucas nos cuenta una historia inconclusa.* [...] *Una historia que continúa todavía, además de proveer información, constituye una invitación —una invitación a unirnos a ella, a continuarla. Y es así que Lucas escribe su historia: no meramente para informarnos o para informar a Teófilo, sino para invitarnos, tanto a Teófilo como a nosotros, a continuar la historia que todavía está en camino.*»

El material viene estructurado en tres partes, que en realidad son dos, pues aunque dedica una al Evangelio y otra a Hechos, se trata de un mismo relato ininterrumpido como el propio Lucas indica.

La primera parte analiza temáticamente ocho aspectos puntuales del relato lucano que suelen pasar desapercibidos a otros comentaristas carentes del alma inquisitiva propia del historiador: *Lucas y la historia de la humanidad, Lucas y la historia de Israel, Lucas y el gran vuelco, El género en Lucas, La salvación en Lucas, Lucas y la comida como lugar teológico, La adoración en Lucas, Lucas y el Espíritu Santo.* Y en este caso, aunque un prologuista no suela "hacer un *spoiler*" destripando el contenido del libro antes de que el lector pueda leerlo, me permito transcribir un fragmento de *El género en Lucas* que trasciende, como he dicho antes, todo lo acostumbrado:

> «*La historia del nacimiento de Jesús se cuenta únicamente en los Evangelios de Mateo y de Lucas. Estamos tan acostumbrados a leer esas dos historias como si fueran una, que no nos damos cuenta de que Mateo se ocupa más de José que de María* [...] *En agudo contraste, las mujeres tienen en la narración de Lucas un lugar central.* [...] *Es por esto que se ha dicho repetidamente que, entre todos los evangelistas, es Lucas quien más claramente se ocupa de las mujeres y de su lugar en la historia que cuenta.*

> *Pero el lugar que las mujeres tienen en la narración lucana no se limita a tales pareados. En Lucas y Hechos hay varias mujeres que son líderes en la iglesia, y dignas de mención.* [...] *En consecuencia, buena parte de lo que Lucas nos dice respecto al género queda oculto bajo capa tras capa de interpretación que hemos recibido de generaciones anteriores, y por tanto resulta urgente, para el bien de la iglesia, que continuemos descubriendo y desenterrando todo eso que ha quedado oculto. En esa tarea, las muchas mujeres que hoy se dedican al estudio cuidadoso del texto bíblico están haciendo una gran contribución*».

Completado el estudio temático, el análisis del texto lucano fluye versículo a versículo formando una catarata expositiva de la que brota información histórica por lo general desconocida, refractando la luz divina revelada en el relato lucano en un fascinante arcoíris. Pero la narrativa no se derrama en un salto torrencial, rápido y basto, sino que salpica cada roca del acantilado exegético dando lugar a nuevos arroyos en cada punto clave o de interpretación compleja, abriendo un excurso donde sus dificultades exegéticas y teológicas se analizan puntualmente con la profundidad requerida, y que pone de relieve la talla del autor no tan solo como historiador, sino también como teólogo. No es de extrañar que la «Asociación para la Educación Teológica Hispana» (AETH), que tanto Justo como su esposa Catherine contribuyeron a formar, les haya honrado estableciendo el «Centro de Recursos Teológicos Justo y Catherine González», donde centenares de sus escritos inéditos o agotados se archivan, y desde donde se pondrán al alcance del público.

En resumen, este comentario académico sobre Lucas y Hechos es ciertamente excepcional. Una de aquellas obras que uno se siente honrado y privilegiado en poder prologar. Gracias, Justo y Catherine González por esta nueva y valiosa aportación a la exégesis de la Sagrada Escritura y la educación teológica hispana. Solo me resta elevar mi oración al Altísimo para que derrame sobre ella su bendición y cumpla con creces el objetivo para el cual ha sido escrita con tanto esfuerzo y dedicación.

Eliseo Vila
Presidente de Editorial CLIE

PRESENTACIÓN

Lo que sigue es el resultado de muchos años de interés en Lucas y su obra. Dejando a un lado otros trabajos menos extensos, lo que aquí empleo principalmente es la investigación y el pensamiento que encontraron exposición en tres obras anteriores. La primera de ellas, que es la base de la Introducción del presente volumen, es *Temas de la teología de Lucas*, publicado por la Editorial Evangélica en 2013. La sección sobre el Evangelio de Lucas es una traducción y adaptación de *Luke*, un volumen que escribí como parte de la serie *Belief: A Theological Commentary on the Bible*, que fue publicado por la casa Westminster / John Knox Press en 2010. Por último, la sección sobre Hechos se basa en mi comentario sobre ese libro publicado originalmente por Editorial Caribe como parte del *Comentario Bíblico Hispanoamericano* en 1992, y después por la Editorial Kairós como parte del *Comentario Bíblico Latinoamericano*. Deseo aprovechar esta oportunidad para ofrecer mi gratitud a todas estas casas editoras y a sus directores por los derechos para emplear buena parte de ese material en esta nueva obra.

Quien conozca esas obras verá que en algunas de ellas se ofrecen abundantísimas notas bibliográficas en las que se señalan y comentan los estudios que los eruditos han hecho sobre los temas que se van discutiendo; tales notas bibliográficas no se incluyen aquí. La razón es que en tiempos recientes el fácil acceso a los recursos bibliográficos por medios electrónicos es tal y tan rápido que cualquier bibliografía que se ofrezca de manera impresa pronto resultará obsoleta. Por tanto, en las páginas que siguen me he limitado sencillamente a dar los créditos debidos a aquellos autores que necesito, dejándoles a los lectores la tarea de continuar cualquier investigación por medios cibernéticos.

Por último, cabe una palabra de gratitud a la Editorial CLIE, a su director, el señor Alfonso Triviño, a la señora Silvia Martínez, y a todo el resto del personal, cuya gentileza ha hecho posible la publicación no solamente de esta obra, sino también de varias otras. Por su labor preparando el material para la imprenta, diseñando los libros, imprimiéndolos y distribuyéndolos les estoy profundamente agradecido. ¡Dios bendiga su ministerio!

J. L. G.
Decatur, GA
24 de marzo, 2020

PRIMERA PARTE

INTRODUCCIÓN GENERAL

Posiblemente no haya entre los escritores del Nuevo Testamento otro tan desestimado como Lucas. Si se le preguntara a la mayoría de los cristianos quiénes son los dos principales autores del Nuevo Testamento, probablemente responderían que son Pablo y Juan. Pero aun en la simple medida de la extensión de sus escritos, esto no es cierto. La Biblia que tengo ahora a la mano les dedica 62 páginas a las epístolas de Pablo —en cuya cuenta incluyo también las que muchos eruditos consideran deuteropaulinas. Esa Biblia les dedica además 45 páginas a los escritos juaninos —y en todo caso, lo más probable es que no todos esos escritos sean obra del mismo autor. Pero esa misma Biblia les dedica 66 páginas a los escritos de Lucas —el Evangelio y Hechos. Si nos preguntamos quién es este Lucas, autor de una porción tan extensa del Nuevo Testamento, de inmediato tenemos que decir que en este punto Pablo sí lo aventaja. De Pablo sabemos por sus epístolas, por el libro de Hechos —escrito por el propio Lucas— y por algunos otros indicios en la más antigua literatura cristiana. De Lucas no sabemos más que lo que puede descubrirse en sus dos escritos, el Evangelio y Hechos, y esto es bien poco.

Frecuentemente se sugiere que el Lucas autor del Evangelio y de Hechos es el mismo Lucas a quien se refiere Pablo en Colosenses 4.14: "Os saluda Lucas, el médico amado". El mismo nombre aparece hacia el final de la Epístola a Filemón, donde Pablo le dice: "Te saludan Epafras, mi compañero de prisiones por Cristo Jesús, Marcos, Aristarco, Demas y Lucas, mis colaboradores". Y en la Segunda Epístola a Timoteo 4:11, se nos presenta a Pablo declarando que "solo Lucas está conmigo". Luego, no cabe duda de que entre los acompañantes y colaboradores de Pablo había un cierto Lucas, quien era médico.

La duda está en si este Lucas, "el médico amado", fue también el autor del Evangelio y de Hechos. En la antigüedad, cuando alguien escribía un libro —y sobre todo cuando iba dedicado a una persona específica, como es el caso de estos dos libros, que van dirigidos a Teófilo— rara vez le ponía título. Para referirse a un libro cualquiera se citaba su *íncipit*, sus primeras palabras o, en su defecto, se hacía referencia a la persona a quien iba dirigido. Luego, en el caso del Evangelio de Lucas y de Hechos, es muy probable que sus primerísimos lectores los conocieran como "El primer tratado a Teófilo" y "El segundo tratado a Teófilo". Pero desde fecha bien temprana —y ciertamente en los más antiguos manuscritos que existen hoy— se afirmó que tanto el Evangelio como Hechos fueron escritos por Lucas, el compañero de Pablo. Hacia fines del siglo segundo, el famoso obispo Ireneo de Lyon, uno de los más distinguidos líderes cristianos de la época, lo afirmaba como verdad indiscutible. Por la misma fecha, o poco después, el documento llamado "Canon muratorio" también lo afirma. Y aun antes de Ireneo, el gran hereje Marción, cuyas enseñanzas el resto de los cristianos rechazaron, afirmaba que el Evangelio de Lucas había sido escrito por el compañero de Pablo.

Marción pensaba que había un contraste y hasta una contradicción entre el dios del Antiguo Testamento y el del Nuevo, que es superior al del Antiguo. Por ello, tomó las cartas de Pablo, las expurgó de toda cita o referencia al Antiguo Testamento y de toda palabra positiva en cuanto a la Ley de Israel, e hizo de ellas sus escrituras sagradas. De igual modo tomó el Evangelio de Lucas, lo expurgó de todo lo que le parecía ser "judaizante" y declaró que, puesto que Lucas había sido compañero de Pablo, era su Evangelio el que más fielmente interpretaba el mensaje paulino, y por tanto, según Marción, este libro —junto con las cartas de Pablo— debía ser la única escritura sagrada de los verdaderos creyentes.

Luego, no cabe duda de que ya hacia mediados del siglo segundo, la opinión universal —tanto de los creyentes ortodoxos como de los marcionitas— era que el autor de estos dos libros fue el Lucas a quien Pablo se refiere en sus salutaciones. Según el propio Pablo, Lucas era médico. Esto parece confirmado por algunas referencias de carácter médico que aparecen en estos dos libros, aunque algunos señalan que tales referencias eran de uso relativamente común y no prueban que su autor fuera médico —de igual modo que el hecho de que alguien hable hoy de "apendicitis" o de "neuralgia" no quiere decir que sea médico.

Por otra parte, sí hay otro indicio de que el autor de estos libros es el acompañante al que Pablo se refiere. Hacia el final del libro de Hechos aparecen largos pasajes escritos en primera persona del plural —"nosotros"—, en contraste con el resto del libro, que está principalmente en tercera persona —Pablo "fue", "predicó", "viajó", etc., o Pablo y sus acompañantes "fueron", etc. Aunque algunos eruditos lo dudan, este uso del "nosotros" parece indicar que el autor se encontraba entre los que viajaban junto a Pablo.

Para completar lo que sabemos y lo que algunos sugieren acerca de nuestro autor, debemos echarle una mirada a Hechos 13, donde se nos da una lista de los líderes de la iglesia en Antioquía: "Bernabé, Simón el que se llamaba Níger, Lucio de Cirene, Manaén... y Saulo". El nombre "Lucio" puede ser una variante de "Lucas" y, por tanto, es posible que el Lucio de Hechos 13 sea el mismo Lucas de Colosenses y de Filemón. Además, no cabe duda de que el autor de Hechos conocía a fondo la iglesia de Antioquía, su historia y su labor misionera. Todo ello hace factible pensar que el Lucio de Cirene mencionado en Hechos sea el autor tanto de ese libro como del tratado anterior, el Evangelio de Lucas. En tal caso, sabemos otro detalle acerca de quién era Lucas: era natural de Cirene, en la costa norte de África. Resulta interesante notar que junto a este Lucio de Cirene se menciona a "Simón el que se llamaba Níger" —es decir, Simón el Negro. Puesto que muchos de los habitantes del norte de África eran de tez oscura, frecuentemente se les llamaba "Níger" o Negro. ¿Sería entonces este Simón Negro el mismo a quien se refieren los Evangelios como Simón cireneo? Y, puesto que Lucio era también de Cirene, ¿sería él también de tez morena? Y si Lucio no es otro que

Lucas, ¿sería entonces este autor, el más prolífico de todo el Nuevo Testamento, de tez morena? Es imposible saberlo, pero cabe la posibilidad...

Esto parece ser todo lo que podemos saber y conjeturar acerca de la vida de este antiguo hermano en la fe que tal impacto ha hecho sobre la iglesia a través de los siglos.

Pero sabemos más. Sabemos que, fuera quien fuese, natural de Cirene o no, nos ha dejado dos libros que nos ayudan a entender tanto el mensaje del evangelio de Jesucristo como el pensamiento y los intereses de este interesantísimo autor.

Si Lucas es importante por su mera extensión, también lo es por el contenido de sus escritos. El libro de Hechos no tiene paralelo en el Nuevo Testamento. Algunas de las epístolas paulinas —por ejemplo, Colosenses y Efesios— se parecen bastante entre sí. Pero Hechos es único, pues prácticamente nada de lo que nos dice se encuentra en otro lugar del Nuevo Testamento. Y, aunque ciertamente es paralelo a Mateo y Marcos, el Evangelio de Lucas también tiene mucho contenido único. Sus narraciones de la infancia y juventud de Jesús no aparecen en Mateo ni en Marcos. Como veremos más adelante, su genealogía de Jesús es más amplia que la de Mateo. En el Evangelio de Lucas se encuentran varios episodios que no aparecen o se resumen muchísimo en los otros Evangelios —entre otros, la historia de Marta y María, la de los diez leprosos, la de Zaqueo, la de la predicción de la destrucción de Jerusalén, la del juicio ante Herodes, la del camino a Emaús, la de la aparición en Jerusalén y la de la ascensión. De igual modo, conocemos varias de las más famosas parábolas de Jesús solamente gracias al testimonio de Lucas —entre otras: la del buen samaritano, la del amigo que llega a medianoche pidiendo pan para un visitante inesperado, la del rico necio, la del hijo pródigo, la del mayordomo infiel, la del rico y Lázaro, la del juez injusto. Y estas son solo unas pocas de las diferencias entre Lucas y los otros Evangelios, pues a cada paso encontramos variantes —como, por ejemplo, cuando comparamos las bienaventuranzas en Mateo con las de Lucas, quien además añade una serie de maldiciones.

Todo esto quiere decir que, al tiempo que Lucas comparte la fe de los otros evangelistas y de Pablo, su entendimiento de esa fe tiene sus propias dimensiones; hay ciertos temas que Lucas subraya y, por tanto, su perspectiva y su teología merecen consideración específica —consideración como la que se le da a Pablo al comparar su pensamiento con el de los evangelistas y de los otros autores del Nuevo Testamento. Por tanto, lo que aquí nos proponemos es investigar y exponer algo de la teología lucana, subrayando tanto aquellos elementos que tiene en común con el resto del Nuevo Testamento como aquellos que le son únicos.

Como otros antes que él —y muchísimos otros después—, Lucas se propone contar la historia de Jesús. Y, como cada uno de esos otros, tiene sus propios intereses, perspectivas y énfasis. Por ello, buena parte de lo que Lucas tiene para decirnos hoy, en medio de nuestra condición e intereses, tiene que ver con su perspectiva y sus énfasis. Pasemos entonces a considerar algunos de sus énfasis e intereses, que ciertamente nos sirven hoy para acercarnos más a quien fuera su Maestro y es también el nuestro.

En esa consideración, no tengo interés en sistematizar todo el pensamiento de Lucas. De hecho, estoy convencido de que tales sistematizaciones tienden a simplificar y hasta tergiversar lo que Lucas mismo dice. Lucas no escribe ni pretende escribir una teología sistemática, ni siquiera un libro de doctrina, sino una narración acerca de la vida de Jesús y la vida de la iglesia. Al tratar de sistematizar una narración, lo que se hace es excluir los elementos narrativos y quedarse con lo abstracto. Y, en sí mismo, eso es una tergiversación de lo que el texto dice.

Lo que sí podemos hacer es seguir la narración de Lucas e ir viendo algunos de los puntos que subraya, algunas frases que son indicio del modo en que Lucas escribe historia. Ese es el método que seguiremos aquí. En lugar de plantear preguntas abstractas, enfocaremos nuestra atención sobre la narración misma de Lucas y sobre el modo en que Lucas, al contar su historia, ilumina su entendimiento del evangelio.

Sin más preámbulos, pasemos entonces a la primera de nuestras consideraciones, la de Lucas como historiador, que en cierto modo es una introducción a las consideraciones que seguirán más adelante.

Para estudiar, pensar y discutir: ¿Había usted notado antes que Lucas fue al menos tan prolífero como Pablo? ¿Lo habrá notado la mayoría de los miembros en su iglesia? ¿Por qué será que generalmente se le da mayor importancia a Pablo y sus escritos que a Lucas y los suyos?

¿Qué piensa usted acerca de la posibilidad de que el autor de estos libros haya sido el "médico amado" al que se refiere Pablo? ¿Qué piensa acerca de la posibilidad de que haya sido Lucio de Cirene? ¿Qué argumentos encuentra en un sentido u otro?

Antes de leer el resto de esta introducción, anote lo que, según su propio conocimiento de la Biblia, le parecen las características más notables de los escritos de Lucas. Guarde esa lista para reflexiones futuras.

I. LUCAS Y LA HISTORIA DE LA HUMANIDAD.

Muchos han tratado de poner en orden la historia (Lucas 1:1).

Puesto que yo mismo soy historiador, me interesa ante todo esa dimensión de la obra lucana. Pero no se trata únicamente de un interés personal mío, sino también de los intereses de nuestra época. Basta con leer los diarios o ver las noticias por televisión para percatarnos de que el tema de la historia nos cautiva. Pero no se trata de la historia como la estudiamos en la escuela —una serie de datos, nombres, batallas, reyes y fechas—, sino de la historia como el contexto todo de la vida. Aquella historia que yo estudié de niño era solamente sobre el pasado. La historia que nos interesa hoy es también sobre el presente y el futuro. Los políticos estudian la historia para referirse a momentos en el pasado a los que puedan acudir. Así, este dice que es "bolivariano", aquel que es "martiano" y el otro que es "sandinista". En cada uno de esos casos, se acude al pasado —a Bolívar, a Martí y a Sandino. Pero la cuestión no se queda en el pasado, pues el pasado que se escoja, y el modo en que se le interprete, puede ser cuestión de vida o muerte para muchos en el presente. Un ejemplo de ello es la situación de los inmigrantes en los Estados Unidos. Ante la inmigración, unos la comparan con la invasión del Imperio romano por parte de las tribus germánicas, que se fueron infiltrando en los territorios del Imperio hasta que llegó el momento cuando el Imperio mismo desapareció. Pero otros norteamericanos señalan que, después de todo, el país es en su esencia una nación de inmigrantes, ya que —excepto los descendientes de los habitantes originales— todos sus ciudadanos son o bien inmigrantes o bien descendientes de inmigrantes —y señalan también que muchos de los antepasados de los ciudadanos de hoy entraron al país sin documentación alguna. En breve, cada bando del debate escoge un momento diferente de la historia y lo interpreta de tal modo que fortalezca su propia postura.

Esto se debe a que, a fin de cuentas, no tenemos otro recurso para enfrentarnos al presente que el pasado. Esta mañana yo sabía que el sol iba a salir porque la salida del sol cada mañana tiene una larga historia. Sin esa historia, no tendría la más mínima idea de cuándo comenzaría el día. Cuando hoy en un país se debate cómo resolver el problema del déficit fiscal, quienes sugieren diversas soluciones no tienen otro recurso que la historia, la experiencia de lo que sucedió en el pasado cuando se tomaron ciertas medidas o tuvieron lugar ciertos acontecimientos. Luego, la historia, aunque centre su atención en el pasado, es sobre todo cuestión del presente.

Y es también cuestión del futuro. En ese debate que acabo de mencionar sobre el déficit fiscal se hace referencia frecuentemente al futuro. ¿Qué será de nuestros hijos y de nuestros nietos si no resolvemos el problema ahora? En un plano personal, cuando les decimos a nuestros hijos que estudien para que tengan un futuro, el único argumento que tenemos es que en el pasado quien estudió se abrió así camino al futuro. A esa historia futura nos referimos al decirles, "si estudias, podrás hacer esto o aquello". Y a esa misma historia futura se refiere el que, condenado por el presente, proclama su creencia de que "la historia me absolverá".

En breve, sin historia el presente sería como una cueva profunda, totalmente carente de iluminación. Y el futuro sería como una serie de precipicios en esa cueva, donde podríamos caer a cada paso. Es por eso que la historia —la historia pasada, presente y futura— es de tanto interés en el día de hoy.

Pero al mismo tiempo hay un serio olvido de la historia. El joven que sentado en un banco en el parque "textea" con su amigo se percata de que vive en circunstancias nuevas, pero olvida que los descubrimientos y tecnologías que convergen en su habilidad de "textear" no cayeron del cielo el año pasado, sino que tienen una larga historia que tomó siglos y hasta milenios de descubrimientos, teorías, errores e invenciones.

Tristemente, lo mismo es cierto de muchos cristianos. Nos imaginamos que la Biblia nos llegó como caída del cielo. Olvidamos los siglos que tomó escribirla. Olvidamos los millares de creyentes que cuidadosamente la copiaron una y otra vez. Olvidamos los traductores que nos la han hecho llegar en nuestra lengua. En fin, olvidamos la gran multitud, que nadie podría contar, de creyentes que nos conectan con Isaías, con Pablo, con Lucas y con Jesús. Y cuando hacemos eso, perdemos mucha de la riqueza de esa Biblia que leemos, de igual modo que el joven que "textea" en el banco del parque y se olvida de la larga historia que le permite hacerlo, no puede apreciar su teléfono en todo lo que vale.

Es esa necesidad de conexión con el pasado lo que le preocupa a Lucas. Según él mismo le dice a Teófilo, su propósito al escribir es "que conozcas la verdad de las cosas en las cuales has sido instruido". Esto da a entender que Teófilo era ya creyente. No necesitaba que le convencieran de la verdad del evangelio. Pero con todo y eso, Lucas cree que la lectura de su historia le dará una comprensión más profunda de lo que ya cree. Lucas está conectando a Teófilo con su pasado —con un pasado del que posiblemente desconoce mucho, pero que sin embargo constituye la base misma de su fe. Así, bien podemos imaginar que el Evangelio de Lucas y el libro de Hechos son como una cadena de oro, una serie de eslabones que conectan a Teófilo con Jesús. Y construir tales cadenas es una tarea típica de quien cuenta una historia.

Pero, además, Lucas está interesado en el orden de su narración. Significativamente, se refiere a otros evangelistas como quienes "han tratado de poner en orden la historia de las cosas que entre nosotros han sido ciertísimas". Aunque podamos imaginar que Lucas piensa que su narración será mejor que las de esos otros evangelistas, lo cierto es que Lucas no dice tal cosa, sino que dice que "me ha parecido *también* a mí... escribírtelas por orden". Ese "también" es importante.

Lucas reconoce el valor de los otros evangelistas. No está escribiendo para corregirles, o porque lo que habían dicho era falso o inexacto, sino que está escribiendo una historia nueva porque tiene un propósito específico: darle a conocer estas cosas a Teófilo —y podemos inferir que a toda la generación de Teófilo. La nueva historia no se fundamenta en un pasado diferente, sino en un presente específico. La nueva historia se hace necesaria porque los mismos acontecimientos se van leyendo desde nuevas perspectivas. Y esto es algo que todo historiador conoce.

Pero no es solamente en ese sentido que Lucas es historiador. De entre todos los evangelistas, solo Lucas se interesa en ponerles fecha a los acontecimientos que narra. Tras su prólogo o dedicatoria a Teófilo, Lucas empieza su narración diciendo que "hubo en los días del rey Herodes". Este era el modo en que se ponía fecha a algún acontecimiento. Así, por ejemplo, el profeta Isaías le pone fecha a su visión diciendo que tuvo lugar en "el año en que murió el rey Uzías", y más adelante, en el siguiente capítulo, el mismo profeta le pone fecha a lo que va a contar diciendo que "aconteció en los días de Acaz, hijo de Josías, rey de Judá". En el Credo, decimos que Jesús "sufrió bajo Poncio Pilato" no para echarle la culpa a Pilato, sino para ponerle fecha a la pasión de Jesús. De igual manera, la referencia a Herodes al principio del Evangelio de Lucas sirve para ponerle fecha a lo que nos va a contar. Mateo también dice que el nacimiento de Jesús tuvo lugar "en días del rey Herodes" (Mt 2.1). Pero Marcos no nos da fecha. Y Juan, todavía en medio de su prólogo, empieza la narración diciendo sencillamente que "hubo un hombre enviado de Dios, el cual se llamaba Juan" (Jn 1.6). Lucas, en contraste con Marcos y Juan, y mucho más consistentemente que Mateo, se ocupa de ponerles fecha a los acontecimientos que narra.

De entre muchos ejemplos que podrían darse, baste con uno: compárese Lucas 3.1 con el pasaje paralelo de Mateo 3.1. En ambos, los evangelistas están introduciendo a Juan el Bautista y su labor. Mateo dice sencillamente: "En aquellos días se presentó Juan el Bautista predicando en el desierto de Judea". Pero Lucas no se contenta con ese indeterminado "aquellos días", sino que se esfuerza por ponerles fecha: "En el año decimoquinto del Imperio de Tiberio César, siendo Poncio Pilato gobernador de Judea, Herodes tetrarca de Galilea, su hermano Felipe tetrarca de Iturea y de la provincia de Traconite, y Lisanias tetrarca de Abilinia, y siendo sumos sacerdotes Anás y Caifás, vino palabra de Dios a Juan hijo de Zacarías en el desierto". Luego, mientras que a Mateo lo que le interesa es el acontecimiento mismo, a Lucas le interesa colocarlo en su fecha exacta, de modo que el lector pueda relacionarlo con otros acontecimientos que estaban teniendo lugar por la misma fecha. Pero hay más. Lucas también está interesado en colocar lo que nos cuenta dentro de su contexto social, político y religioso. Varios de los nombres que aparecen en esta lista serán personajes importantes en el resto de la narración —Poncio Pilato, Herodes, Anás, Caifás. No son entonces personajes abstractos, que solo tienen el propósito de ponerle fecha a lo que se cuenta, sino que son también señal de la relación entre el ministerio de Jesús y el entorno político, religioso y social. El Jesús de Lucas no es un personaje religioso abstracto, que anda por el mundo predicando y haciendo milagros, sino que es un hombre de carne y hueso que, como todos los humanos, vive en medio de ambientes políticos, religiosos y sociales que hacen impacto sobre su vida, y sobre los cuales él también tiene su impacto. Esto es particularmente importante porque, como veremos más adelante, Lucas está interesado en cuestiones de poder —quién lo tiene y quién no— y en el modo en que el evangelio se relaciona con ellas. Por razones semejantes, Lucas es cuidadoso, no solamente en cuanto a las fechas de lo que nos cuenta, sino también en cuanto a su contexto geográfico y político. Tanto en su Evangelio como en Hechos abundan las referencias exactas a lugares y cargos políticos. En cuanto a los lugares, mientras los otros evangelistas dicen que Jesús regresó a "su tierra", Lucas dice que regresó "a Nazaret". De igual modo, en Hechos se mencionan lugares específicos que no serían del conocimiento del público en general, pero que Lucas se ocupa de señalar. Así, por ejemplo, camino a Roma la embarcación de Pablo y sus compañeros se refugia en la isla de Creta, en la bahía de "Buenos Puertos". El nombre griego que Lucas le da es *kalous liménais*, y hoy los geógrafos nos dicen que hay una pequeña bahía al sur de Creta que se llama Kalolimonias y que, como dice Lucas, su posición y forma son tales que los barcos refugiados en ella están expuestos a los vientos de invierno.

En cuanto a lo político, Lucas parece haber sido harto cuidadoso en darle a cada cual su debido título. Así, por ejemplo, quienes gobernaban en las provincias senatoriales recibían el título de "procónsul", y ese es el título que Lucas le da, primero, a Sergio Paulo, procónsul de Chipre (Hch 13.7) y, bastante después, a Galión, procónsul de Acaya. Del primero de estos no sabemos más. Pero de Galión sabemos, entre otras cosas, que era hermano del filósofo Séneca y amigo de Nerón, y que gobernó en Acaya desde julio del año 51 hasta julio del año siguiente, pues el puesto de procónsul normalmente se tenía por un solo año. Luego, el cuidado por parte de Lucas de darnos los nombres de los personajes políticos nos permite determinar que lo que nos cuenta en Hechos 18.1-17 sobre las actividades de Pablo en Corinto debe haber tenido lugar hacia fines del año 51 o principios del 52.

Por otra parte, Lucas no tiene miedo de pintar a los líderes políticos con todos sus defectos. El tribuno romano Claudio Lisias, que acude al Templo para arrestar a Pablo en medio de un motín (Hch 21.26- 36), y luego se entera de que Pablo es ciudadano romano, cuando llega la hora de informarles a sus superiores del asunto invierte el orden de los acontecimientos, y dice que acudió al Templo para salvar a Pablo, pues sabía que era ciudadano romano (Hch 23.27). Entonces el gobernador Félix, a quien Pablo fue enviado por Lisias, le da largas al asunto, y Lucas no teme declarar que "esperaba también con esto que Pablo le diera dinero para que lo soltara" (Hch 24.26). Y a esto le añade Lucas que, cuando Pablo llevaba dos años en la cárcel, Félix partió de la provincia, pero lo dejó preso para que su sucesor, Porcio Festo, se ocupara de él (Hch 24.27). Esto era a todas luces ilegal, pues dos años era el tiempo máximo que se permitía retener a un acusado sin llevarle a juicio. Por otra parte, y en contraste con lo que dice de Félix, Lucas pinta al nuevo gobernador, Porcio Festo, como un personaje enérgico y decidido, quien rápidamente toma cartas en el caso de Pablo. Esto también concuerda con lo que sabemos de Porcio Festo por otras fuentes. En cuanto a las dimensiones sociales de lo que se narra, también Lucas se muestra dispuesto a incluirlas en su narración. Repetidamente vemos en su Evangelio indicios de que los galileos eran mal vistos por los de Judea. De igual modo, vemos frecuentes referencias a los pobres y al contraste entre ellos y los ricos —por ejemplo, en la parábola del rico y Lázaro, que no se encuentra en ninguno de los otros Evangelios. En Hechos, cuando Lisias prende a Pablo, le trata ásperamente hasta que Pablo le habla en un griego refinado, lo cual le hace entender que Pablo no era lo que él pensaba, pues le dice: "¿Sabes griego? ¿No eres tú aquel egipcio que levantó una sedición antes de estos días, y sacó al desierto los cuatro mil sicarios?" (Hch 21.37-38).

El mismo cuidado tiene Lucas al referirse a las diversas posturas religiosas de los líderes judíos. Aunque en ocasión Jesús ataque a los fariseos, Lucas se refiere en varios casos a fariseos dignos, algunos de los cuales se interesaban en las enseñanzas de Jesús. Y, cuando Pablo se encuentra ante el Concilio de los judíos, Lucas nos dice que las tensiones entre fariseos y saduceos resultaron en un alboroto tal que las autoridades tuvieron que intervenir. Pablo declara ante el Concilio: "Hermanos, yo soy fariseo, hijo de fariseo; acerca de la esperanza y de la resurrección de los muertos se me juzga". Y Lucas cuenta entonces: "Cuando Pablo dijo esto, se produjo discusión entre los fariseos y los saduceos, y la asamblea se dividió, porque los saduceos dicen que no hay resurrección". El resultado fue que los fariseos querían absolver a Pablo, y los saduceos se oponían, y al cabo, continúa Lucas: "Como la discusión era cada vez más fuerte, el comandante, temiendo que Pablo fuera despedazado por ellos, mandó que bajaran soldados, lo arrebataran de en medio de ellos y lo llevaran a la fortaleza" (Hch 23.6-10). Nótese además que, en este caso, además de tomar en cuenta y explicar las diferencias entre fariseos y saduceos, Lucas pinta el cuadro político de Palestina tal cual era, pues a la postre eran las autoridades romanas las que mandaban y las que intervinieron para calmar el alboroto que había surgido dentro del Concilio de los judíos.

En resumen, como historiador Lucas se ocupa de presentar su narración en orden y de puntualizar y exponer el contexto político, social y religioso en el que su narración tiene lugar.

Pero hay otras dimensiones interesantes de la visión de Lucas como historiador. Una de ellas es la amplitud de su historia. Esto resulta claro al comparar a Lucas con los otros Evangelios sinópicos, Mateo y Marcos. Marcos no hace el menor esfuerzo por colocar su narración dentro del contexto histórico general, sino que sencillamente se zambulle de inmediato en la historia de Jesús. Sin preámbulo alguno, su Evangelio abre con las palabras, "Principio del Evangelio de Jesucristo, Hijo de Dios". Poco después, Mateo escribe su Evangelio, ciertamente teniendo a la mano a Marcos y siguiendo sus lineamientos generales. Pero su libro empieza de manera muy diferente del de Marcos: "Libro de la genealogía de Jesucristo, hijo de David, hijo de Abraham". Esa genealogía comienza por Abraham y lleva por fin a Jesús. De este modo, Mateo está colocando la historia de Jesús dentro de toda la historia de Israel. Cuando por fin, pocos años más tarde, Lucas escribe su Evangelio, ciertamente tiene a la mano el de Marcos y, si no el de Mateo, al menos algunas fuentes comunes que tanto él como Mateo utilizan. Lucas, al igual que Mateo, presenta la genealogía de Jesús, aunque no al inicio mismo de su obra, sino en el capítulo 3. A diferencia de la de Mateo, esa genealogía no va de padre a hijo, sino de hijo a padre. Pero la diferencia más importante es que la genealogía de Lucas no se queda en Abraham, sino que se remonta hasta Adán. Esto le permite hacer dos cosas. La primera de ellas es terminar su genealogía con "Adán, hijo de Dios". Puesto que en los capítulos anteriores Lucas ha dejado bien sentado que Jesús es hijo de Dios, el hecho de darle a Adán el título de "hijo de Dios" da a entender que en Jesús comienza una nueva creación. Ese tema de Jesús como el nuevo Adán, como el principio de una nueva creación, es típico de la teología que se iba formando en torno a Antioquía y Asia Menor, particularmente en los escritos tanto de Lucas como de Pablo.

Pero el llevar la genealogía de Jesús hasta Adán, en contraste con la de Mateo, que llega solo hasta Abraham, le da a la historia que Lucas cuenta un contexto más universal. Cuando Mateo presenta su genealogía, esta implica que Jesús es la culminación de toda la historia de Israel y el cumplimiento de las promesas hechas a Abraham. Pero ahora Lucas, al presentar una genealogía que se remonta hasta Adán, implica que la historia de Jesús es parte y culminación, no solo de la historia de Israel, sino también de toda la historia de la humanidad.

En resumen, Lucas como historiador nos presenta una narración que se engarza en toda la historia de la humanidad, que es continuación y culminación de esa historia universal, pero que al mismo tiempo es un nuevo comienzo de la historia humana.

Pero hay otra dimensión de la obra de Lucas como historiador que debemos subrayar: Lucas nos cuenta una historia inconclusa. Inconclusa tanto en su cronología como en su geografía.

Me explico. Lucas le dirige sus dos libros a Teófilo, creyente en Jesucristo, y parte de su propósito es conectar a Teófilo con la vida y las enseñanzas de Jesús, contando primero su vida y enseñanzas, y luego cómo estas se fueron difundiendo por toda la tierra hasta llegar a Teófilo y sus contemporáneos. En la segunda parte de esa historia, Pablo viene a ser el personaje principal, a quien Lucas dedica la mayor parte de la segunda mitad de Hechos, narrando sus viajes, su labor evangelizadora y finalmente su prisión y viaje hasta Roma. Pero entonces nos deja, por así decir, "en el aire". Al terminar de leer el libro de Hechos, resulta natural preguntarnos, ¿qué fue de Pablo? Pero sobre eso Lucas guarda silencio absoluto. Tras darnos toda clase de detalles acerca de su último viaje hacia Roma, de las vicisitudes de la navegación y del naufragio, Lucas sencillamente corta la narración, con Pablo en Roma predicando y esperando su juicio ante el César.

Es como la experiencia que tuve cuando tenía unos doce años y leí la novela de Edgar Allan Poe, *Las aventuras de Arturo Gordon Pym*. El libro resultaba en extremo interesante para un mozuelo como yo, pues contaba toda una serie de aventuras marítimas, varias de ellas difícilmente creíbles, pero todas ellas fascinantes. Como la historia de Pablo, la de Pym incluía también un naufragio. Por fin, llega un momento culminante en el que Pym se enfrenta a un personaje misterioso que amenaza su vida. ¿Cómo saldría de ese percance? Pero al voltear la página, el libro sencillamente terminaba. Como lector, ese fin que no era fin dejaba en mí una curiosidad irremediable. Era como aquellas aventuras de Tarzán que escuchábamos por la radio todos los días y que siempre terminaban con palabras como: "¿Podrá Tarzán rescatar a Juana de las garras de sus enemigos? Sintonice mañana esta misma estación a la misma hora". Pero la diferencia estaba en que, en el caso de Tarzán, mi curiosidad quedaría satisfecha al día siguiente, mientras que en el caso de Pym quedaría insatisfecha hasta el día de hoy, más de sesenta años más tarde.

Algo así sucede con el libro de Hechos. No termina, sino que sencillamente se acaba. Nos deja esperando a ver qué sucederá después, qué será de Pablo. En otras palabras, es una historia inconclusa.

Pero ese carácter inconcluso de la historia no se limita a lo cronológico, sino que se extiende también a lo geográfico. La historia en dos tomos de Lucas empieza en Galilea, y se mueve a través de todo el Evangelio entre Galilea y Judea, entre Nazaret y Jerusalén. De Nazaret, María y José van a Belén, en Judea, donde Jesús nace. Después de una visita al Templo de Jerusalén para presentar al niño, regresan a Galilea. Pero todos los años van a Jerusalén para celebrar la Pascua. Lucas es el único que nos cuenta una de esas visitas, cuando Jesús tenía doce años de edad. Pero el grueso de la historia se mueve desde Galilea hacia Jerusalén. Desde el capítulo 4 hasta fines del 9, Lucas nos narra el ministerio de Jesús en Galilea. Entonces, en 9.51, nos dice que Jesús "afirmó su rostro para ir a Jerusalén". A partir de ese momento, empieza una larga sección de este Evangelio que tiene pocos paralelos en los demás y que se presenta en el contexto de un prolongado viaje desde Galilea hasta Jerusalén. El resto de la acción en el Evangelio ocurre en Jerusalén —con unos breves paréntesis en Emaús y en Betania, ambas en las cercanías de Jerusalén.

Pero entonces, al principio de su segundo libro, Lucas nos ofrece un bosquejo geográfico del resto de su historia: "Me seréis testigos en Jerusalén, en toda Judea, en Samaria, y hasta lo último de la tierra" (Hch 1.8). Quien lee el resto de Hechos se percata de que esas palabras son, en cierto sentido, un bosquejo de lo que ha de seguir. La narración comienza en Jerusalén, donde como resultado del derramamiento del Espíritu en Pentecostés los discípulos son testigos del Señor. En el capítulo 8 se nos cuenta del ministerio de Felipe en Samaria; y en el próximo capítulo, del testimonio de Pedro en algunas de las regiones del interior de Judea. En el 10, Pedro va a la costa de Judea, donde tiene lugar la conversión de Cornelio. Pero de allí la historia pasa a Antioquía, y luego, a partir de Antioquía, a Chipre, Asia Menor, Macedonia y por fin a Roma. En todo esto, parece que se va cumpliendo la promesa de Hechos 1.8, pues los discípulos van siendo testigos en Jerusalén, en Judea y en Samaria. Pero la promesa de Hechos 1.8 no se cumple. Hechos termina cuando Pablo está en Roma. Y Roma dista mucho de ser "lo último de la tierra" —lo que es más, para muchos Roma era el centro de la tierra. Por eso digo que la historia de Lucas resulta inconclusa, no solo en términos de cronología, sino también de geografía.

Resulta interesante notar que, precisamente porque la promesa de 1.8 no se cumple en Hechos, pronto los cristianos empezaron a hacer suposiciones acerca de cómo fue que los discípulos cumplieron eso de ser testigos hasta lo último de la tierra. Así, se dijo que Tomás había ido a la India, Felipe a Bizancio, Marcos a Egipto y Santiago a España. Respecto a esto último, la leyenda de Santiago se nutrió de la posición de la Península Ibérica, aparentemente el fin del mundo. Se pensaba que, sin lugar a dudas, los apóstoles habían predicado por toda la tierra, y por ello surgió la leyenda acerca de Santiago, de quien se decía que había llegado hasta España, al Cabo de Finisterre —es decir, el "Cabo del Fin de la Tierra".

Pero todas esas leyendas parecen subvertir el propósito de Lucas de dejar su historia inconclusa. La promesa era que los discípulos del Señor le serían testigos "hasta el fin de la tierra". Pero Lucas termina su narración dejando a Pablo prisionero en Roma; no nos dice ni qué fue de Pablo ni cómo fue que se cumplió la promesa de Hechos 1.8. Es por eso que digo que la historia de Lucas, incompleta en el orden del tiempo, en lo cronológico, también lo es en el orden del espacio, en lo geográfico.

Pero esto no es un defecto, sino que se acopla al propósito fundamental de la obra lucana. Una historia que termina nos interesa por motivos de curiosidad. Así, por ejemplo, nos interesa saber de la vida de Augusto César o de Napoleón sencillamente porque son personajes importantes, porque nos ayudan a entender el pasado. Pero el que Napoleón haya vencido o no en la batalla de Austerlitz no nos toca personalmente, ni requiere acción alguna de nuestra parte. Pero una historia inconclusa no es así. Una historia que continúa todavía, además de proveer información, constituye una invitación —una invitación a unirnos a ella, a continuarla.

Y es así que Lucas escribe su historia: no meramente para informarnos o para informar a Teófilo, sino para invitarnos, tanto a Teófilo como a nosotros, a continuar la historia que todavía está en camino —en cierto modo, a vivir en el capítulo 29 de Hechos, o a contribuir al cumplimiento de la promesa de que los discípulos del Señor le seremos testigos "en Jerusalén, en toda Judea, y en Samaria, *y hasta lo último de la tierra*".

Leamos entonces a Lucas, tanto en su Evangelio como en Hechos, como una invitación, y veamos en su historia una pauta y un llamado para la nuestra.

Para estudiar, pensar y discutir: En el texto se afirma que frecuentemente Lucas coloca su narración dentro de la historia de sus tiempos al mencionar a gobernantes y otros líderes, tanto religiosos como políticos. ¿Qué otros lugares en la Biblia conoce usted donde se siga el mismo procedimiento? ¿Por qué será que Lucas y otros autores nos dan esos datos en lugar de una fecha precisa?

Averigüe qué autores latinos o griegos escribieron obras históricas en la antigüedad. Lea los primeros párrafos de algunos de ellos. ¿En qué se asemejan a los primeros párrafos de Lucas y en qué se diferencian de ellos?

Si usted fuera ahora a escribir una historia de su iglesia local, y no tuviera un modo de nombrar los años como el que existe hoy, ¿cómo le daría fecha a esa historia? Escriba el primer párrafo de esa historia y compártalo con otras personas. Reflexione sobre el modo en que reaccionan a ese primer párrafo.

II. LUCAS Y LA HISTORIA DE ISRAEL.

Elisabet era estéril (Lucas 1:7).

De entre los evangelistas, solo Lucas cuenta el nacimiento de Juan. Mateo, sin más explicaciones, dice sencillamente que "en aquellos días se presentó Juan el Bautista" (Mt 3.1). De manera semejante, Marcos dice que "bautizaba Juan en el desierto" (Mc 1.4). Y Juan no es más explícito al decir que "hubo un hombre enviado por Dios, el cual se llamaba Juan" (Jn 1.6). En contraste con esto, Lucas incluye el anuncio del nacimiento de Juan a su padre Zacarías, el anuncio a María del nacimiento de Jesús, la visita de María a Elisabet, el cántico de Zacarías y varios otros detalles acerca del nacimiento y el parentesco de Juan. Además, es de notar que, en toda esa historia, dos mujeres, Elisabet y María, tienen un papel central. Pero sobre eso volveremos más adelante, cuando tratemos el género en Lucas. Por ahora, quisiera centrar nuestra atención sobre la historia misma de la esterilidad de Elisabet y sobre su relación con María.

Lucas, y solo Lucas, nos dice que "Elisabet era estéril". Esa frase, y la historia que sigue, no resultarán extrañas para quien conozca la historia de Israel. Esa historia se remonta a la esterilidad de la anciana Sara, que parecía contradecir la promesa hecha a Abraham. Pero, por intervención divina, Sara concibe y da a luz a Isaac. Poco después, en el mismo libro de Génesis, se nos cuenta que "Isaac oró a Jehová por su mujer, que era estéril; lo aceptó Jehová, y Rebeca concibió" (Gn 25.21). De esa concepción nacen Esaú y su gemelo Jacob, quien más tarde sería conocido como Israel. Jacob se casa primero con Lea y luego con su hermana, Raquel. Más adelante, en Génesis 29.31, se nos cuenta que también Raquel era estéril, hasta que Dios se compadeció de ella y le concedió dos hijos, José y Benjamín. Y esto no se queda en la historia de las grandes matriarcas de Israel, sino que se vuelve a ver en Jueces (13.3), donde el ángel de Jehová le dice a la mujer de Manoa: "Tú eres estéril y nunca has tenido hijos, pero concebirás y darás a luz un hijo". Ese hijo resulta ser Sansón, quien defiende a Israel ante el yugo de los filisteos. Por último, para no abundar demasiado sobre el tema, está la historia de Ana, quien tampoco podía tener hijos hasta que Dios interviene en su vida y le da a Samuel, cuyo mismo nombre, que quiere decir "se lo pedí a Dios", es recordatorio de su origen gracias a la intervención divina. En breve, en la historia de Israel se repite una y otra vez el tema de la mujer estéril que concibe gracias a la acción divina, y cuyo hijo resulta ser un personaje central en esa historia.

Pues bien, ahora Lucas retoma ese tema, y al principio mismo de su Evangelio nos cuenta la historia de Elisabet y Zacarías. Una vez más, como en las historias de Sara, Rebeca, Raquel y Ana, la estéril concebirá y su hijo será un personaje central en la historia del cumplimiento de las promesas hechas a Abraham siglos antes. Juan no aparece de momento predicando, como en los otros Evangelios, sino que es continuación de una larga historia que incluye a Isaac, Jacob, José, Sansón y Samuel.

Pero Lucas no se queda en eso, sino que inmediatamente nos cuenta que en Nazaret había "una virgen desposada con un varón que se llamaba José, de la casa de David, y el nombre de la virgen era María". María es virgen, la mujer estéril por excelencia. En los casos anteriores, las mujeres estériles le rogaron a Dios para poder concebir. En este caso, es Dios quien toma la iniciativa. María, sin siquiera haber conocido varón, ha de tener un hijo. Este hijo, como Isaac, Jacob, José, Sansón y Samuel, tendrá un lugar importante en el plan de Dios. En cierto modo, todos aquellos nacimientos fueron anuncio y señal que apuntaba hacia este nacimiento. Pero este nacimiento es aún más extraordinario que los de Isaac, Jacob y Samuel. Este nacimiento es de una virgen. En este contexto, resulta interesante señalar que a un extremo y otro de toda esa lista de mujeres estériles, se encuentran dos cuyo acto de concebir es aún más maravilloso que los de Raquel, Rebeca y Ana. Al principio de la cadena, Sara, mujer anciana cuya matriz estaba seca. Al final de la cadena, María, joven virgen.

Este modo de interpretar la historia de Israel era muy común en la iglesia antigua, y recibe el nombre de "tipología". Un antiguo escritor cristiano, Justino Mártir, procedente de la misma región, cercana a Antioquía, donde Lucas parece haber vivido, declara que Dios les habló a los antiguos por dos medios: mediante palabras y mediante acciones. La comunicación mediante palabras es lo que comúnmente llamamos "profecía", y no tiene que preocuparnos de momento, pues es un tema bien conocido. Pero la comunicación mediante acciones es algo que frecuentemente olvidamos y que nos va a llevar de retorno al tema de la mujer estéril. El fundamento de esa comunicación es que Dios actúa de maneras semejantes unas a otras, produciendo ciertos patrones que van apuntando hacia su culminación final en Jesucristo. Esos patrones reciben el nombre de "tipos", en un sentido semejante al que empleamos cuando hablamos de "tipografía". La palabra "tipografía" viene de dos raíces griegas, de modo que lo de "grafía" quiere decir escritura, y lo de "tipo" se refiere a los patrones que usamos al escribir. Así, el tipo "jota", el tipo "hache" y los tipos para las distintas vocales son patrones que se repiten, pero no siempre de la misma manera. La palabra que aquí nos interesa, "tipología", viene también de dos raíces: la de "tipo", y otra que quiere decir "razón", "lógica" o "tratado". Luego, la tipología en la interpretación bíblica ve la historia de Israel como una serie de "tipos", patrones o figuras que se repiten, aunque cada vez de una manera nueva y diferente, hasta llegar a su culminación en Jesucristo.

Un tema que aparece repetidamente en la Biblia, y que señala hacia Jesús, es el de la mujer estéril, que en el Evangelio de Lucas reaparece en la persona de Elisabet para por fin culminar en la de María. Y en ese Evangelio esa tipología se refuerza por cuanto Lucas 1.46-55 nos ofrece un Cántico de María que es paralelo al Cántico de Ana en 1 Samuel 2.1-10. Nótese, por ejemplo, el paralelismo entre los dos cánticos en las siguientes palabras.

En el de Ana: "Los saciados se alquilan por pan y los hambrientos dejan de tener hambre".

Y en el de María: "A los hambrientos colmó de bienes y a los ricos envió vacíos".

Sobre esas palabras volveremos bastante más adelante, cuando tratemos sobre lo que podemos llamar "el gran vuelco" en Lucas. Pero por lo pronto lo que nos interesa es que María, la virgen que concibe, es la culminación del patrón que aparece en Ana, la estéril que también concibe —y antes de ella en Sara, Rebeca, Raquel y otras. El hijo de María es la culminación de esa misma historia, que es también la historia de los hijos de esas mujeres: Isaac, Jacob, José, Sansón y Samuel.

Pero este no es el único caso en que Lucas nos presenta a Jesús como la culminación de tipos o acontecimientos anteriores en la historia de Israel. Citemos otros dos, a manera de ejemplos.

El primero es el de la relación entre la acción redentora de Jesús y la acción también redentora de Dios al sacar a Israel de Egipto. Para los judíos, esa liberación del yugo de Egipto se centraba en la celebración de la *Pesah*, de donde se deriva el griego *pasja*, y de él nuestro término "Pascua". Este era el día en que el ángel del Señor pasó por alto a los hijos de Israel, al tiempo que hirió de muerte a los primogénitos de los egipcios. En Éxodo, el modo en que el ángel reconocía los hogares de los hijos de Israel era que habían sido marcados con la sangre de un cordero. Luego, el precio de la salvación de los primogénitos de Israel fue la sangre del cordero.

Pues bien, tanto Lucas como varios otros de los autores del Nuevo Testamento, así como la iglesia antigua, veían en todo esto un tipo o figura de lo que sucedería en Jesús, el cordero sacrificado para salvación del pueblo.

En el Evangelio de Lucas, se le añade a esto otra dimensión. En la Ley de Israel, todo primogénito le pertenecía por derecho a Dios, pues el ángel del Señor había salvado a los primogénitos en Egipto. En Números 3.13, Dios declara: "Desde el día en que yo hice morir a todos los primogénitos en la tierra de Egipto, santifiqué para mí a todos los primogénitos en Israel, tanto de hombres como de animales. Míos son. Yo, Jehová". Por eso todo hijo primogénito tenía que ser redimido, rescatado o comprado mediante un sacrificio. Este tema de la relación entre Jesús y la Pascua aparece primeramente en la historia de la presentación en el Templo, en la que los padres de Jesús lo llevan al Templo para redimirlo mediante el sacrificio de dos avecillas. (Es interesante notar que, en cierto sentido, el Redentor mismo tiene que ser redimido, lo cual es una indicación que lo hace plenamente humano). Luego, desde el inicio mismo del Evangelio, Lucas relaciona a Jesús con la Pascua y con la liberación de Israel. Así comienza un tema que aparecerá a lo largo de este Evangelio y también en buena parte de la literatura cristiana antigua: Jesús, rescatado de la Ley de la Pascua mediante su presentación en el Templo, es también el Cordero Pascual por cuya sangre los creyentes son rescatados, de manera semejante a la forma como, por la sangre del cordero, los primogénitos de Israel fueron rescatados de la muerte, y todo el pueblo del yugo de Egipto. Según Lucas, junto a Mateo y Marcos, la última cena de Jesús con sus discípulos antes de su crucifixión fue una cena pascual. Fue en esa ocasión que Jesús instituyó la Cena del Señor, también llamada Eucaristía. Pero a esto Lucas añade un detalle que no aparece en los demás Evangelios: Jesús y su familia acudían a Jerusalén todos los años para la celebración de la Pascua. Cada año, Jesús participaba de esta cena que era tipo o figura de la última cena y cada año comía del cordero que era tipo del modo en que él redimiría a su pueblo mediante su muerte.

El segundo ejemplo de tipología que vale mencionar aquí es el de la relación entre Jesús y Adán. Tanto en Lucas como en Pablo vemos esa relación. Si Lucas fue acompañante de Pablo, le habrá oído expresar ideas como las que aparecen en 1 Corintios 15: "Así como en Adán todos mueren, también en Cristo todos serán vivificados... Así también está escrito, 'fue hecho el primer hombre, Adán, alma viviente', el postrer Adán, espíritu que da vida". Una idea parecida aparece en Romanos 5.14, donde Pablo declara que Adán "es figura [tipo] del que había de venir" —es decir, de Jesús. Lucas establece esa conexión entre Adán y Jesús a su propia manera. La genealogía de Lucas, además de abrazar a toda la humanidad desde sus primeros padres, comienza con Jesús y se presenta inmediatamente después del bautismo, cuando Dios declara: "Tú eres mi hijo amado". Esa genealogía, que empieza inmediatamente después de esa afirmación de que Jesús es hijo de Dios, termina con Adán, a quien llama "hijo de Dios" —"Enós, hijo de Set, hijo de Adán, hijo de Dios". En cierto nivel, esto no parece decir más que el hecho de que Adán, a diferencia de Enós, de Set y de todos los demás, no tuvo otro padre que Dios. Pero a un nivel más profundo, esta genealogía relaciona a Adán, inicio de la primera creación y cabeza de la humanidad, con Jesús, inicio de la nueva creación y cabeza de una nueva humanidad. Resulta interesante notar que Lucas es el único de los cuatro evangelistas que menciona a Adán, y que ello lo relaciona teológicamente con Pablo, quien entre todos los escritores del Nuevo Testamento es quien más frecuentemente se refiere a Adán, y el único, además de Lucas, que le da un significado teológico a ese primer padre. Tal tipología se ve no solamente en esta referencia a Adán, sino también en otros lugares.

Entre esos otros lugares, se destaca la tentación en el desierto, episodio que Lucas comparte con Mateo y Marcos. En Lucas, esta tentación viene directamente después de la genealogía, que termina con "Adán, hijo de Dios". Ahora es el "hijo de Dios" en su sentido más estricto, Jesús, quien es llevado al desierto para ser tentado —tentado en el desierto como Adán fue tentado en el huerto, y por tanto más gravemente que Adán mismo. En el Génesis, la tentación de Adán está en querer ser "como Dios", olvidándose de que ha sido hecho a imagen y semejanza de Dios, y que por tanto ya es como Dios. En el desierto, el diablo tienta a Jesús con la misma duda: "Si eres hijo de Dios...".

Por otra parte, hay que señalar que en la historia de las tentaciones de Jesús en el desierto se ven también paralelismos con las tentaciones de Israel en el desierto. Por ejemplo, el diablo tienta a Jesús a convertir una piedra en pan, y tienta a los hijos de Israel haciéndoles pensar que Dios no respondería a su necesidad de alimento. El tipo o patrón de Adán, tentado en el huerto, aparece de nuevo en Israel, tentado en el desierto, para culminar por fin en Jesús, tentado, como Israel, en el desierto.

Al considerar estas tipologías, vemos que frecuentemente Jesús no es solo la culminación, sino también la contraposición, de los tipos anteriores. Adán, tentado en el huerto, sucumbió. Israel, tentado en el desierto, también sucumbió. Pero Jesús, tentado en el desierto, venció sobre el maligno que tentó a Adán en el huerto y a Israel en el desierto. De igual modo, el sacrificio del cordero pascual tiene que repetirse cada año, mientras que el sacrificio del Cordero de Dios, Jesús, tiene lugar una sola vez y le pone fin a toda necesidad de sacrificios.

Por otra parte, si bien los tipos anteriores culminan en Jesús, esto no quiere decir que con él termine la tipología. Al contrario, el patrón que aparece repetidamente en la historia de Israel, y que culmina en Jesús, se repite una y otra vez en la historia de la iglesia. Así, en Gálatas 4, Pablo toma el patrón de la mujer estéril, que aparece en Sara, para luego transferirlo a la nueva Jerusalén, a "la madre de todos nosotros", es decir, a la iglesia o conjunto de los creyentes, citando jubiloso las palabras de Isaías: "Regocíjate, estéril, tú que no parías" (Is 54.1).

En el caso de Lucas, esto se ve particularmente en el libro de Hechos. El Pentecostés mismo tiene dimensiones tipológicas. Parte de lo que Israel celebraba en esa fiesta era la dádiva de la Ley a Moisés, y, por tanto, la creación de Israel como pueblo. Ahora, en este otro Pentecostés, viene la dádiva del Espíritu y, por tanto, la creación de la iglesia como pueblo. En el Sinaí, las tribus de Israel vinieron a ser un pueblo gracias a la dádiva de la Ley. Ahora, en el Pentecostés, "partos, medos, elamitas" y muchos otros vienen a ser un pueblo gracias a la dádiva del Espíritu. En Hechos 7, la muerte de Esteban tiene dimensiones tipológicas, pues su juicio nos recuerda el de Jesús, y sus palabras en el momento de morir se hacen eco de las de Jesús desde la cruz. Y lo mismo puede decirse tanto de los milagros de los apóstoles como de sus sufrimientos: estos también reflejan los milagros y los sufrimientos de Jesús.

Luego, la tipología no es solamente cuestión de una historia remota que culmina en Jesús, sino que es cuestión también del presente, en el cual aparecen circunstancias semejantes en las que los creyentes tienen oportunidad de probar que son parte de esa historia. En Lucas 20.17, Jesús se refiere a sí mismo interpretando tipológicamente lo que dice el Salmo 118.22 sobre "la piedra que los edificadores rechazaron". El mismo tema aparece en el discurso de Pedro en Hechos 4.11. Pero además del caso único de Jesús, tanto en el Evangelio de Lucas como en el libro de Hechos los discípulos frecuentemente resultan ser como piedras rechazadas por los edificadores. Y, de igual manera que el mismo Jesús, que fue rechazado, pero ha resultado ser la piedra principal, la "cabeza del ángulo", así también sus discípulos, perseguidos, asediados, azotados y puestos en prisión, serán revindicados. (Recordemos que en 1 Pedro se habla de tales creyentes como piedras en la casa que Dios está construyendo).

Todo esto puede parecernos harto extraño a nosotros los modernos. ¿Qué es eso de que, sin repetirse, la historia sigue ciertos patrones, y que esos patrones nos ayudan a interpretar la historia de Israel, la de Jesús y la nuestra? ¿Será esto alguna idea extraña que se le ocurrió a una mente demasiado imaginativa o quizá hasta desquiciada? ¡Ciertamente, no es así que oímos hablar en derredor nuestro!

Al respecto de esto, hay que decir ante todo que el uso de la tipología es característica constante en los autores bíblicos. Tomemos por ejemplo la historia del Éxodo. Cuando, siglos más tarde, Israel se encuentra otra vez cautivo, pero ahora en Babilonia, el profeta que se regocija ante la promesa del retorno del exilio lo hace en términos que son paralelos a la historia del Éxodo y a los Salmos que la celebran. Naturalmente, hay diferencias, pues Babilonia no es Egipto, y el desierto no es el Mar Rojo. Para mostrar el uso de la tipología, por ejemplo, en el libro de Isaías, basta con citar las siguientes palabras del capítulo 23, en el que el cruce del Mar Rojo viene a ser prototipo para el retorno del exilio:

> Así dice Jehová,
> el que abre camino en el mar
> y senda en las aguas tempestuosas.
> El que saca carro y caballo,
> ejército y fuerza;
> caen para no levantarse;
> se extinguen, como pábilos apagados.
> No os acordéis de las cosas pasadas
> ni traigáis a la memoria las cosas antiguas.
> He aquí yo hago cosa nueva.
> Pronto saldrá a la luz, ¿no la conoceréis?
> Otra vez abriré camino en el desierto
> y ríos en la tierra estéril. (Is 43.16-19)

Nótese que aquí, al tiempo que se recuerda la acción redentora de Dios en el pasado, el profeta exhorta al pueblo a no quedarse en el pasado, a no recordar ese pasado con añoranza, sino a ver en las acciones pasadas de Dios la promesa de una nueva acción: "Otra vez abriré camino".

Pero la tipología del Éxodo no se queda ahí. Cuando el evangelista Marcos va a iniciar su historia del evangelio de Jesucristo, empieza refiriéndose a Juan el Bautista como "voz que clama en el desierto" (Mr 1.3) y luego Mateo y Lucas, siguiendo el lineamiento de Marcos, usan exactamente las mismas palabras (Mt 1.3; Lc 3.4). Al escuchar esas palabras, tendemos a pensar que lo que los evangelistas están diciendo es que nadie le hará caso al Bautista. Es así que frecuentemente usamos la frase "Fulano es una voz que clama en el desierto": queremos decir que lo que Fulano dice bien puede ser verdad, pero nadie lo escucha. Pero no es así como los evangelistas emplean esa frase. Lo que están haciendo es conectar a Juan con Isaías, pues de igual modo que en el desierto Isaías anunció la gran liberación del pueblo en el exilio, así también ahora, otra vez en el desierto, Juan anuncia la gran liberación que Jesús ha de traer. Así se va creando una cadena tipológica: del Éxodo al exilio, y del exilio a Jesús. Y Lucas continúa esa cadena en la historia de la transfiguración, donde nos dice que Moisés y Elías hablaban con Jesús acerca de "su partida". La palabra que la RVR traduce como "partida", y que no aparece en la historia de la transfiguración en Mateo, es "éxodo". Así, la muerte, resurrección y ascensión de Jesús serán como el Éxodo, en el que el pueblo tiene que sufrir opresión y dolor antes de ser liberado, y como el exilio, en el cual el pueblo sufre también antes de ser restaurado.

Luego, al hablar del modo en que Lucas interpreta las Escrituras y la historia de Israel como tipología, no estoy diciendo que tal interpretación sea única ni típica de Lucas, sino que aparece en toda la Biblia, y que, por tanto, el hecho de percatarnos de ella nos ayuda a entender tanto a Lucas como al resto de los autores bíblicos.

Pero no es solo en la interpretación bíblica o en el contexto religioso y teológico que empleamos la tipología. En cierto sentido, vivimos toda nuestra vida sobre la base de interpelaciones tipológicas de la realidad. Volvamos al ejemplo que di antes, el sol que sale por la mañana. Cada amanecer es diferente de todos los anteriores. Y, sin embargo, contamos con un nuevo amanecer mañana porque antes hemos visto un patrón según el cual el sol sale por la mañana. El patrón es el mismo, pero cada una de sus manifestaciones es diferente.

Pero hay una diferencia. En la vida cotidiana, aunque existan altibajos, no hay un punto culminante, un momento final que lo defina todo y hacia lo cual todo vaya marchando. Algunos, particularmente en tiempos pasados, cuando predominaba cierto tipo de fervor religioso, consideraban que la muerte era ese punto. Resulta entonces que vivimos para morir. Todo el sentido de la vida está en la muerte. Así, hubo monjes que cada día cavaban algo de sus propias tumbas, como recordatorio cotidiano de que la vida conduce a la muerte. Otros viven en espera de algún otro punto culminante en la vida: cuando me gradúe, cuando me case, cuando tenga hijos, cuando mis nietos vayan a la escuela. Todos buscamos un ancla, un punto culminante que le dé sentido a la vida —o que se lo quite de forma tajante.

En la tipología de Lucas —y en toda tipología cristiana— sí hay un punto culminante. Ese punto culminante no es otro que Jesucristo. Hacia él apuntan todas las historias bíblicas, desde el Génesis, pasando por el Éxodo, el exilio, las palabras y acciones de los profetas, hasta llegar a Juan el Bautista. Y, si tomamos en serio el hecho de que Lucas remonta la genealogía de Jesús hasta Adán, me atrevería a decir que, si le preguntásemos a Lucas, nos diría que ese Jesucristo es la culminación, no solo de la historia de Israel, sino de toda la historia de la humanidad. Luego, todos esos nombres que Lucas nos da de gobernantes y personajes del mundo de los gentiles —Augusto César, Tiberio, Cirenio, Sergio Paulo, Porcio Festo y los demás— no son solo un modo de ponerles fecha a los acontecimientos, sino que son también un recordatorio de que la historia de Israel tiene lugar dentro del contexto de toda la historia de la humanidad, y que Jesucristo, punto culminante de la historia de Israel, es también punto culminante de la historia de la humanidad. Esto le da a la historia de Hechos una dimensión frecuentemente olvidada. Hechos no es solamente la historia de la expansión del cristianismo a través de la labor de Pablo y otros, sino que es también el principio del proceso a través del cual Jesucristo anuncia y reclama su señorío sobre toda la historia y sobre toda la humanidad. Pero dejémoslo bien claro: se trata del señorío de Jesucristo, no del señorío de los cristianos, ni siquiera del cristianismo. Cuando confundimos estas cosas, caemos en la trampa del colonialismo misionero, en el que la misión se confunde con imponer nuestro modo de pensar y de hacer las cosas. Lo que está aconteciendo en Hechos no es solo que los discípulos van llevando su fe a nuevos sitios, sino también que, en esos sitios, los discípulos descubren la acción de Dios aun antes de que ellos lleguen.

Volviendo al tema de la tipología, es importante señalar que la tipología no es solamente el modo en que el pasado nos ayuda a entender a Jesucristo y su obra, sino que es también el modo en que Jesucristo y su obra nos ayudan a ver el presente y el futuro. Al principio de Hechos, inmediatamente después de la ascensión, los discípulos reciben una promesa: "Este mismo Jesús, que ha sido tomado de vosotros al cielo, así vendrá como lo habéis visto ir al cielo" (Hch 1.11). En otras palabras, este Jesucristo que es culminación de todos los acontecimientos que lo anunciaron, es también patrón para todos los acontecimientos que han de seguir, particularmente en la vida de quienes esperan su regreso. (Si se me permite hacer un paréntesis, y tomar un ejemplo de 1 Pedro, allí vemos que la piedra que los edificadores rechazaron es tipo de Jesús, pero que los creyentes en él también son como piedras que han de unirse al templo de Dios, y que ellos también han de sufrir como piedras desechadas).

En Lucas, la tipología que nos ayuda a entender a Jesucristo a la luz de la historia de Israel y de la humanidad es también la tipología que nos ayuda a entender nuestra vida y nuestra historia a la luz de Jesucristo. Según esa tipología, la piedra rechazada ha venido a ser cabeza del ángulo. Según la misma tipología, quienes hoy son despreciados son los mismos a quienes les está reservada la corona de victoria. Esa es la esencia del próximo tema fundamental en la teología de Lucas, que merece discusión aparte: el "gran vuelco".

Para estudiar, pensar y discutir: En este capítulo se dan algunos ejemplos de la interpretación tipológica. ¿Qué otros ejemplos puede dar usted? ¿Puede decirse que hay alguna conexión tipológica entre David y Jesús o entre Samuel y Jesús?

¿Cómo explicaría usted este tema de la tipología en una clase de jóvenes? ¿Qué ejemplos emplearía?

¿Qué valores ve usted en la interpretación tipológica? ¿Qué dificultades, peligros o desventajas?

III. LUCAS Y EL GRAN VUELCO.

Quitó de los tronos a los poderosos (Lucas 1:52).

Uno de los temas centrales del Evangelio de Lucas es lo que los intérpretes han dado en llamar "el gran vuelco" —o quizá podríamos decir, en nuestro lenguaje cotidiano, "el mundo patas arriba". Este tema aparece desde los inicios mismos del Evangelio, en el Cántico de María que generalmente se conoce por su primera palabra en la traducción latina, *Magnificat*. El cántico empieza: *Magnificat anima mea Dominum* —"Engrandece mi alma al Señor". Pero en realidad el tema del himno no es la mera alabanza al Señor, sino que es más bien alabanza al Señor porque es el Señor de los grandes vuelcos. María alaba a Dios "porque ha mirado la bajeza de su sierva" y "porque me ha hecho grandes cosas el poderoso". Y entonces pasa a colocar esa exaltación suya en el contexto de un gran vuelco:

> Hizo proezas con su brazo:
> esparció a los soberbios en el pensamiento de sus corazones.
> Quitó de los tronos a los poderosos
> y exaltó a los humildes.
> A los hambrientos colmó de bienes
> y a los ricos envió vacíos.
> Socorrió a Israel su siervo,
> acordándose de su misericordia. (Lc 1.51-54)

Como hemos dicho, este himno hace eco al Cántico de Ana en 1 Samuel. Allí encontramos las siguientes líneas:

> Mi corazón se regocija en Jehová,
> mi poder se exalta en Jehová;
> mi boca se ríe de mis enemigos,
> por cuanto me alegré en tu salvación.
> ...
> Los arcos de los fuertes se han quebrado
> y los débiles se ciñen de vigor.
> Los saciados se alquilan por pan
> y los hambrientos dejan de tener hambre;
> hasta la estéril da a luz siete veces,
> mas la que tenía muchos hijos languidece.
> ...
> Jehová empobrece y enriquece,
> abate y enaltece.
> Él levanta del polvo al pobre;
> alza del basurero al menesteroso,
> para hacerlo sentar con príncipes
> Y heredar un sitio de honor. (1 S 2.1, 4-5, 7-8)

El Cántico de Ana es una alabanza a Dios por el gran vuelco que está teniendo lugar en su vida. El libro de Samuel empieza contándonos acerca de la vida hogareña de Elcana y sus dos esposas, Ana y Penina. Aunque Elcana amaba a Ana, Penina la atormentaba, porque ella tenía hijos y Ana no. Como acontecía en aquella sociedad, para Ana su esterilidad era motivo de vergüenza, y aparentemente su rival tomaba esa esterilidad como ocasión para irritarla y entristecerla. El resto de la historia es bien conocido. Las oraciones de Ana son contestadas y por fin la estéril concibe. Dentro de ese contexto, el Cántico de Ana es una alabanza a Dios porque, como dice ella, "mi poder se exalta en Jehová, mi boca se ríe de mis enemigos" —es decir, de Penina— "por cuanto me alegré en tu salvación". (Más adelante volveremos sobre este tema de la "salvación", que parece extraño dentro del contexto de una mujer que se regocija por su embarazo. Pero dejémoslo por ahora). Ana se regocija por lo que Dios ha hecho en ella, y de allí pasa a una serie de afirmaciones acerca de cómo eso que Dios ha hecho es parte de un patrón de la acción de Dios —no olvidemos lo que decíamos antes sobre la tipología y sus patrones. Así, Ana no canta solamente porque Dios le ha permitido concebir, sino también porque el Dios que le ha concedido tal bien es también el Dios que quiebra los arcos de los fuertes y ciñe de vigor a los débiles; el Dios que hace que los saciados tengan que alquilarse por pan y que sacia a los hambrientos.

Nótese que tanto el Cántico de Ana como el de María comienzan con el tema de la exaltación de quien lo canta, pero pronto pasan a generalizar sus alabanzas al Dios que no solo hace proezas, sino que también vuelve el mundo, por así decir, "patas arriba", exaltando a los humildes, alimentando a los hambrientos, quitando de sus tronos a los poderosos, haciendo que los que estaban hartos pasen hambre, quebrando los arcos de los fuertes, ciñendo de vigor a los débiles —en otras palabras, que alaban a Dios por el gran vuelco que su intervención conlleva, no solo en las vidas de Ana y María, sino en la sociedad en general.

Pues bien, este gran vuelco, que Lucas introduce en el cántico de María, es tema característico de Lucas, tanto en su Evangelio como en Hechos. Ciertamente, no es un tema exclusivamente lucano, pues aparece en varios otros lugares de las Escrituras, y claramente en algunos textos paralelos en Mateo y Marcos. Lo que es más, la frase explícita "hay últimos que serán primeros, y primeros que serán últimos" (Lc 13.30), que aparece una sola vez en Lucas, aparece repetidamente tanto en Mateo como en Marcos. Así, en Mateo 19.30 y en el texto paralelo, Marcos 9.35, Jesús, tras referirse a quienes abandonan bienes y familia por él, declara que "muchos primeros serán últimos, y los últimos, primeros". Y otras frases parecidas aparecen también en Mateo 20.16 y 20.27 y Marcos 9.32 y 10.44. Pero, a pesar de que en Lucas la frase misma se usa solamente una vez, el tema al que esa frase se refiere aparece repetidamente tanto en el Evangelio como en Hechos.

Este gran vuelco tiene lugar tanto en lo religioso como en lo social. Aunque tales distinciones no se hacían entonces como se hacen hoy, veamos primero lo religioso. El gran vuelco religioso aparece temprano en el Evangelio de Lucas. En el capítulo 4, Lucas trata acerca de la predicación de Jesús en la sinagoga de su propia tierra. Tanto Mateo como Marcos nos dicen sencillamente que Jesús enseñaba en la sinagoga y que las gentes se maravillaban viendo a Jesús, el hijo del carpintero a quien todos conocían, enseñando de tal modo. Aparentemente debido a esa familiaridad, se muestran incrédulos, y por ello Jesús no hace muchos milagros. El resultado, tanto en Mateo como en Marcos, es el comentario de Jesús: que "No hay profeta sin honra, sino en su propia tierra" (Mt 13.57, Mc 6.4).

Pero Lucas nos da más detalles. Nos dice cuál fue el texto que Jesús leyó, tomado del profeta Isaías —sobre lo cual también volveremos más adelante— y nos dice también qué fue lo que predicó. Lo de que "ningún profeta es bien recibido en su propia tierra" no aparece al final de la narración, sino al principio, como introducción al sermón. Y el sermón mismo ilustra ese dicho. Jesús les recuerda a sus paisanos que en tiempos del profeta Elías, cuando se desató una hambruna, había muchas viudas necesitadas en medio de Israel. Pero Elías no fue a ninguna de ellas, sino a una viuda de Sarepta, en Sidón —es decir, a una viuda gentil. Y en tiempos del próximo profeta, Eliseo, había muchos leprosos en Israel, pero Eliseo no sanó a ninguno de ellos, sino a Naamán, el sirio. Sidón era ciudad filistea, ciudad de los enemigos de Israel. En tiempos de Eliseo, Siria era la gran enemiga de Israel. Pero, dice Jesús, Dios y sus profetas no se mostraron favorables hacia las viudas ni hacia los leprosos de Israel, sino más bien hacia una viuda filistea y hacia un general sirio.

El resultado de ese sermón es que "todos en la sinagoga se llenaron de ira" e intentaron matar a Jesús. Es importante notar que la ira no se debe, como muchas veces pensamos, a que Jesús se atreve a decir "Hoy se ha cumplido esta Escritura delante de vosotros". Al contrario, después de que Jesús declara que "hoy se ha cumplido esta Escritura delante de vosotros", Lucas nos dice que "todos daban buen testimonio de él y estaban maravillados de las palabras de gracia que salían de su boca". No. La ira se debe a que Jesús le ha dicho a su audiencia que no por el hecho de ser paisanos suyos ni tampoco por el hecho de ser hijos de Israel han de esperar privilegio alguno.

Más adelante, en el capítulo 6, Lucas nos dice que entre quienes acudían a escuchar a Jesús y ser sanados por él procedían, además de toda Judea, "de la costa de Tiro y de Sidón" (Lc 6.17). En el capítulo 7 —en un episodio que tiene su paralelo en Mateo, pero no en Marcos—, Jesús declara acerca de un centurión romano, es decir, de un pagano, que "ni aun en Israel he hallado tanta fe" (Lc 7.9)—es decir, que en fe este pagano aventaja a los más religiosos en todo Israel. Y poco después Lucas pone en labios de Jesús unas palabras que no aparecen en los otros Evangelios. Comentando acerca de Juan el Bautista, Jesús afirma que el pueblo todo le oyó —es decir, el populacho en general, las gentes tenidas por impuras porque no podían cumplir con todos los requisitos de la Ley y sus sacrificios— y que hasta los publicanos se bautizaron —es decir, las personas más repudiadas en Israel, no solo porque eran agentes del invasor extranjero, sino también porque se codeaban con los inmundos y porque manejaban monedas con efigies idolátricas. Pero, añade Jesús, "los fariseos y los intérpretes de la Ley" —es decir, los más religiosos y los más dedicados a estudiar las Escrituras— "desecharon los designios de Dios respecto de sí mismos" (Lc 7.29-30). Y, todavía en el mismo capítulo 7, Jesús contrasta ventajosamente a una mujer pecadora con un fariseo que le ha invitado a comer.

En el capítulo 14, en un pasaje que se encuentra solamente en Lucas, Jesús cuenta una parábola acerca de un señor que preparó una gran cena, pero cuando llegó la hora de comer, todos sus invitados se excusaron, y el hombre mandó invitar a cualquier persona necesitada que su siervo encontrara en las plazas y las calles —"a los pobres, a los mancos, a los cojos y a los ciegos". Y Jesús termina la parábola afirmando una vez más el gran vuelco religioso: "Ninguno de aquellos hombres que fueron invitados gustará de mi cena" —es decir, ninguno de los personajes religiosos, de los que primero escucharon la invitación, gozó del banquete, del que sí gozaron los invitados de última hora. Puesto que la parábola comienza con una alusión al gran banquete en el reino de Dios, resulta claro que Jesús les está diciendo a quienes se jactan de haber recibido primero la Palabra de Dios que no deben pensar que por eso han de gozar del gran banquete.

Poco después de esa parábola, en el capítulo 15, aparece la parábola de la oveja perdida, que sí tiene su paralelo en Mateo 18. Esta parábola nos es conocida, pues nos da esperanza y consuelo aun cuando somos como la oveja perdida. Pero en Lucas la parábola se vuelve más cortante, por cuanto Jesús está reprendiendo a los fariseos y los escribas —es decir, los más aventajados en cuestiones de religión— que lo critican por comer con publicanos y pecadores. Dentro de ese contexto, lo que relata no es solo el valor de la oveja perdida, sino también el hecho, que rara vez notamos, de que el pastor "deja a las noventa y nueve en el desierto". En un gran vuelco, la oveja perdida recibe mayor cuidado y atención que las noventa y nueve que ya están con el pastor.

Algo semejante ocurre con la parábola del hijo pródigo, que solamente aparece en el Evangelio de Lucas. Una vez más, nos imaginamos que el personaje central es el pródigo, y que el tema es el amor del padre que recibe al hijo descarriado. Pero la parábola no termina con el regreso del pródigo, pues hay otro personaje igualmente importante, su hermano mayor. Este ha servido fielmente a su padre todo el tiempo que el otro andaba descarriado, obedeciéndole en todo. Y ahora que el pródigo regresa y se le recibe con un festín, se niega a participar de la fiesta, porque él es mejor que el que acaba de regresar de tierra lejana. ¡Otro gran vuelco! Tras otra serie de parábolas —entre ellas la del rico y Lázaro, sobre la que volveremos en un momento— todo este tema del gran vuelco religioso culmina con la parábola del fariseo y el publicano, en la que el publicano que confiesa su pecado aventaja al fariseo que se declara religioso, y Jesús termina diciendo que "cualquiera que se enaltece será humillado y el que se humilla será enaltecido" (Lc 18.14).

Este gran vuelco religioso que de tal modo domina el escenario en el Evangelio de Lucas aparece también en Hechos, donde el pagano Cornelio aventaja al apóstol Pedro, donde el "fariseo de fariseos" que va camino a Damasco para perseguir a los discípulos del Señor se vuelve uno de sus más fieles discípulos, y donde repetidamente Pablo —y también Bernabé— se topa con la incredulidad de quienes, como conocedores de las Escrituras, debían haber creído, y la apertura de los gentiles al evangelio.

Pero todo ese gran vuelco religioso tiene también sus dimensiones sociales. En ningún lugar aparece esto más claramente que en la parábola del rico y Lázaro. Lázaro "ansiaba saciarse de las migajas que caían de la mesa del rico" (Lc 16.21); pero a la postre es el rico quien le ruega a Abraham que venga Lázaro "para que moje la punta del dedo en agua y refresque mi boca" (Lc 24). El vuelco tiene lugar ahora entre el rico y el pobre, entre el que antes quería comer migajas y el que ahora pide agua.

El tema de los pobres aparece en Lucas mucho más repetidamente que en cualquiera de los otros Evangelios. La palabra "pobre" o "necesitado" aparece solo cinco veces en Mateo y cinco también en Marcos. De esas cinco, dos se refieren a cuando Judas sugiere que el caro frasco de ungüento debió haberse vendido para darlo a los pobres. En cambio, en Lucas son muy frecuentes las referencias a los pobres y los indigentes.

Esto se ve desde el principio del ministerio público de Jesús, en el pasaje que lee en la sinagoga: "El Espíritu del Señor está sobre mí, por cuanto me ha ungido para dar buenas nuevas a los pobres" (Lc 4.18). Es importante señalar esto porque quienes se interesan en la estructura de los escritos lucanos afirman que tanto en el Evangelio como en Hechos hay un pasaje del Antiguo Testamento que se cita casi al principio del libro y que apunta al tema de todo lo que ha de seguir. En Hechos, se trata del pasaje de Joel que Pedro cita el día de Pentecostés. En Lucas, es este pasaje de Isaías el que sirve de marco para todo el resto del libro. Y en ese pasaje lo primero que se dice acerca de la misión de Jesús es que consiste en dar "buenas nuevas a los pobres".

Sin embargo, para no exagerar el contraste entre los Evangelios en este punto, hay que recordar que tanto en Mateo (11.5) como en Lucas (7.23), cuando los discípulos de Juan van a preguntarle a Jesús si él es el que habría de venir, entre las señales que Jesús les da se encuentra la de que "a los pobres es anunciado el evangelio". Posiblemente en ningún otro lugar en el Evangelio se vea más claramente el énfasis de Lucas en la pobreza, y en el gran vuelco que los creyentes han de esperar, que en las bienaventuranzas. Todos conocemos la primera bienaventuranza según nos la ofrece Mateo: "Bienaventurados los pobres en espíritu, porque de ellos es el reino de los cielos" (Mt 5.3). Aunque muy probablemente eso no era lo que Mateo quería decir, la frase "en espíritu" puede entenderse como una pobreza espiritual que no contradice la riqueza material. Pero en Lucas no hay lugar a dudas: "Bienaventurados *vosotros* los pobres" [nada de 'en espíritu'], porque vuestro es el reino de los cielos" (Lc 6.20). Nótese, de pasada, que mientras en Mateo "los pobres" aparecen en tercera persona, como si se hablara de ellos en su ausencia, en Lucas aparecen en segunda; Jesús se dirige directamente a ellos: "Bienaventurados vosotros los pobres". Y, para remachar el clavo, Lucas incluye una maldición como contraparte de la bienaventuranza: "Pero ¡ay de vosotros, ricos!, porque ya tenéis vuestro consuelo" (Lc 6.24). Lo que es más, el grueso de las bienaventuranzas en Lucas tiene que ver con la condición social y material de las personas: "Bienaventurados vosotros los pobres,... los que ahora tenéis hambre,... los que ahora lloráis,... bienaventurados seréis cuando los hombres os odien...". Y el vuelco se subraya en las maldiciones: "Vosotros los ricos,... los que ahora estáis saciados,... los que ahora reís,... ¡Ay de vosotros, cuando todos los hombres hablen bien de vosotros!".

Este énfasis del Jesús lucano en el gran vuelco entre pobres y ricos llega al punto en que Jesús, huésped en casa de un líder fariseo, se atreve a criticar su lista de invitados:

> Cuando hagas comida o cena, no llames a tus amigos ni a tus hermanos ni a tus parientes ni a vecinos ricos, no sea que ellos, a su vez, te vuelvan a convidar, y seas recompensado. Cuando hagas banquete, llama a los pobres, a los mancos, a los cojos y a los ciegos; y serás bienaventurado, porque ellos no te pueden recompensar, pero te será recompensado en la resurrección de los justos. (Lc 14.12-13)

Dado este énfasis de Lucas en los pobres y necesitados, algunos se han sorprendido al notar que el tema no aparece en Hechos más allá del capítulo 4, donde Lucas nos dice que entre los discípulos del Señor no había "ningún necesitado" (Hch 4.34). Pero esto no ha de sorprendernos si recordamos lo que implica la presencia de necesitados en medio del pueblo de Dios. Para entender eso, conviene volver sobre un pasaje que aparece en Mateo y en Marcos, pero no en Lucas. Se trata de las palabras de Jesús: "A los pobres siempre tendréis con vosotros" (Mt 26.11; Mc 14.7). Hasta el día de hoy, hay quien usa estas palabras como excusa para no ocuparse demasiado de los pobres. Pero lo cierto es que, en esos pasajes, Jesús está citando palabras de Deuteronomio 15.11, donde, en medio de las regulaciones sobre el año de jubileo, cuando todas las propiedades habían de retornar a sus dueños anteriores, la ley ordenaba no usar el año del jubileo como una excusa para no socorrer a los pobres. El año del jubileo será el momento en que dejará de haber pobreza. En el entretanto, lo que el texto de Deuteronomio manda es que, mientras se espera el jubileo, se dé liberalmente para el sostén de los necesitados.

Ahora Lucas, casi al principio de su Evangelio, nos cuenta que en su primer sermón Jesús declaró que en él se cumplía la promesa de Isaías y que parte de su tarea era "predicar el año agradable del Señor" —es decir, el año de jubileo. De esa predicación de Jesús y de la dádiva del Espíritu Santo en Hechos surge la iglesia. Y Lucas nos dice que, puesto que esa iglesia vivía como en un jubileo constante, "no había entre ellos ningún necesitado, porque todos los que poseían heredades o cosas, las vendían, y traían el producto de lo vendido" (Hch 4.34). Es por esto que, a partir de ese capítulo, no se habla más en Hechos de los necesitados. (Aunque sí sabemos, por las epístolas de Pablo, que cuando hubo necesidad en Jerusalén, las iglesias de otras ciudades contribuyeron a una ofrenda para los pobres de Jerusalén). Aparentemente, Lucas no cita las palabras de Jesús, "a los pobres siempre los tendréis con vosotros" porque su visión de una iglesia ideal es la de un pueblo de Dios que vive en constante jubileo, y en el cual por tanto no hay pobres.

En resumen, el tema del gran vuelco, que se manifiesta en términos religiosos en lo que Jesús les dice a los escribas, los fariseos, los publicanos y los pecadores, se manifiesta en términos económicos y sociales en sus enseñanzas acerca de los pobres y los ricos, y en el resultado de la presencia del Espíritu en la iglesia, gracias a la cual ya no hay necesitados.

El gran vuelco tiene lugar también en otras dimensiones de la vida social. Una de ellas es la del género; pero este tema merece que le dediquemos al menos todo un capítulo, y, por lo tanto, lo dejamos en suspenso hasta el próximo. Otra de las dimensiones sociales del gran vuelco se refiere a los prejuicios y divisiones étnicos y culturales. Una vez más, hay que recordar que la distinción que hoy hacemos entre tales cuestiones y los asuntos religiosos no existía en la antigüedad, y que por tanto los prejuicios y divisiones étnicos y raciales tenían su fundamento en cuestiones religiosas.

Si hiciéramos una serie de círculos concéntricos, con Jerusalén y Judá al centro, veríamos que el próximo círculo de prejuicio y exclusión era el de los galileos. Los galileos eran judíos, pero no vivían en Judea, pues entre Galilea y Judea estaba Samaria. Además, los griegos, los romanos y otros países vecinos habían hecho impacto en la región, a tal punto que ya en tiempos del profeta Isaías se le llamaba "Galilea de los gentiles" (Is 9.1, citado también en Mt 4.15). Por la misma razón, Juan nos presenta a Natanael preguntando: "¿De Nazaret puede salir algo bueno?" (Jn 1.46). Y más adelante en el mismo Evangelio, los fariseos declaran que "de Galilea nunca se ha levantado un profeta" (Jn 7.52). Tanto los judíos "judeos" —es decir, los de Judea— como los galileos hablaban el arameo de la región. Pero los judeos consideraban que el acento galileo era inferior.

Un poco más afuera que los galileos se encontraban los judíos helenizados, los de la diáspora o dispersión, quienes vivían en tierras lejanas y cuya lengua más común no era el arameo, sino el griego. Estos eran despreciados por los judíos de Palestina porque vivían entre paganos, con los cuales inevitablemente se contaminaban, y porque no acudían al Templo con la misma frecuencia que los de la región. Por largo tiempo, tras las conquistas de Alejandro, los judíos lucharon por mantener su pureza cultural y religiosa frente a los influjos del helenismo. Por tanto, los judíos de la diáspora, frecuentemente llamados "helenistas" y hasta "griegos", no eran bien vistos por los judíos más conservadores de Tierra Santa.

Si continuamos con nuestros círculos concéntricos, veremos que más afuera que los galileos y que los judíos helenistas estaban los samaritanos. Debido a una complicada serie de circunstancias históricas, los habitantes de Samaria, quienes decían ser descendientes de Israel, seguían una versión de la fe de Israel algo diferente de la de los judíos. Su Pentateuco difería en algunos puntos del judío, e insistían en que el lugar propio para el templo de Dios era el monte Gerizim. Por todo ello, los judíos —tanto los judeos como los galileos y hasta los helenistas— los menospreciaban y los tenían por infieles. Este es el trasfondo tanto de la parábola del buen samaritano en Lucas como de la historia de la mujer junto al pozo de Juan 4.

El próximo círculo era el de los llamados "temerosos de Dios", quienes eran gentiles que creían en el Dios de Israel y en sus leyes morales, y se esforzaban en cumplirlas, pero por alguna razón no se convertían formalmente al judaísmo. En la literatura lucana tenemos varios ejemplos y referencias a tales personas —por ejemplo, el eunuco etíope y el centurión Cornelio.

Por último, más afuera todavía, se encontraban los paganos. Estos no creían en el Dios verdadero. La mayoría de ellos eran idólatras y tenían muchos dioses. Según los judíos entendían las cosas, esos paganos se contaminaban comiendo toda suerte de animales inmundos y practicando varias clases de impurezas.

Lo que es más: puesto que entre estos gentiles se encontraban los romanos, el nacionalismo judío veía en ellos al enemigo invasor, al poder extorsionista que imponía impuestos onerosos, a los paganos que se atrevían a llevar sus águilas idolátricas a la misma Jerusalén, al poder de ocupación que había creado en Cesarea, a pocos kilómetros de la misma Jerusalén, una ciudad mayormente romana y pagana.

El gran vuelco lucano afecta cada una de estas categorías. Para empezar, aunque Jesús es descendiente del rey David y nace en Belén de Judá, su familia es de Galilea, y él mismo se cría en Galilea. Es allí que comienza su enseñanza, y es de allí que proceden sus discípulos más cercanos. Así vista, la historia de la marcha hacia Jerusalén, que ocupa un lugar central en el Evangelio de Lucas, pero no en los demás, es una historia en la que la periferia marcha hacia el centro, y el centro resiste hasta el punto de llevarlo a la crucifixión. En Lucas 13, algunos le preguntan a Jesús acerca de unos galileos a quienes Pilato había hecho matar, y Jesús comenta que tales galileos no eran peores pecadores que dieciocho judeos sobre los que había caído la torre de Siloé. A la postre, todo el proceso del juicio y crucifixión de Jesús incluye un fuerte elemento de resistencia por parte de los judeos contra este bando galileo y su jefe, que parece que han venido a tomar posesión de la ciudad y del Templo.

En cuanto a los samaritanos, el prejuicio de estos contra los judíos se ve en Lucas 9.52-53, cuando Jesús comienza su marcha final hacia Jerusalén y, puesto que tiene que pasar por Samaria, manda mensajeros para que le preparen lugar en una aldea de samaritanos. Pero estos "no lo recibieron, porque su intención era ir a Jerusalén". Significativamente, cuando los discípulos quieren hacer descender fuego sobre la aldea, Jesús les dice que no ha venido a destruir almas, sino a salvarlas —lo cual indica que su misión es también a los samaritanos.

Después, en el capítulo 10, en otra de las parábolas que aparecen solamente en Lucas, cuando un viajero yace herido a la vera del camino de Jerusalén a Jericó, y dos de los líderes religiosos de entre los judíos no le prestan ayuda, es un samaritano quien se detiene y se ocupa de él —y no olvidemos que la parábola se coloca en el camino entre Jerusalén y Jericó, es decir, en Judea, y que por tanto el samaritano mismo es extranjero y tiene que cuidarse de los prejuicios de los judíos.

Algo más adelante, en el capítulo 17, cuando Jesús entra en una aldea entre Galilea y Samaria, le salen al encuentro diez leprosos, los que Jesús envía a los sacerdotes, que son quienes pueden declararlos oficialmente limpios. Cuando en el camino todos sanan, solamente uno vuelve a darle gracias a Jesús, y este es samaritano. Ante esa situación, Jesús comenta: "¿No hubo quien volviera y diera gloria a Dios sino este extranjero?" (Lc 17.18).

Al respecto de las tensiones entre los judíos de Palestina y los de la diáspora, es decir, los judíos helenistas, en el capítulo 6 de Hechos encontramos el episodio referente a la ayuda para las viudas, en el que los helenistas se quejan de que a sus viudas no se les está tratando con equidad. La respuesta de la iglesia es elegir a un grupo de siete para que se ocupen de la repartición a todas las viudas, tanto las naturales del país como las helenistas. Y la iglesia responde eligiendo a Esteban, Felipe, Prócoro, Nicanor, Timón, Parmenas y Nicolás. Nótese que todos estos tienen nombres de origen griego, y que por tanto probablemente pertenecían al grupo marginado de los helenistas. Lo que es más, de uno de ellos, Nicolás, Lucas nos dice que era "prosélito de Antioquía" —es decir, que no era judío de nacimiento, sino por conversión.

Además, en buena parte del resto de la historia de Hechos, primero Pablo y Bernabé, y luego Pablo, dirigen su misión primeramente a los judíos helenistas, pues en cada lugar al que llegan se acercan primero a la sinagoga, y es allí que empiezan su proclamación del evangelio.

Pero el material lucano no echa por tierra únicamente los prejuicios contra los galileos, samaritanos y judíos helenistas, sino que también les abre camino a los gentiles. Ya en Lucas 13 vemos que Jesús le dice a un grupo de judíos que en el día final, al ver a Abraham, a Isaac y al resto de los antiguos líderes de Israel, ellos serán excluidos. Y en el versículo 29, inmediatamente después de esa fuerte palabra, Jesús añade: "Vendrán gentes del oriente y del occidente, del norte y del sur, y se sentarán a la mesa del reino de Dios. Hay últimos que serán primeros, y primeros que serán últimos". Todo esto se va cumpliendo en la narración de Hechos, en la que se ve progresiva y repetidamente el ingreso de los gentiles al pueblo de Dios. ¡Tremendo vuelco tanto en lo religioso como en lo étnico! El gran vuelco en Lucas guarda relación con lo que decíamos antes acerca de la tipología bíblica, en la que ciertos patrones o tipos aparecen una y otra vez, aunque siempre de manera diferente, hasta ir a culminar en la persona de Jesucristo, quien es el patrón fundamental o el arquetipo de toda la historia. En Lucas 20:17, Jesús se aplica a sí mismo las palabras del Salmo 118: "La piedra que rechazaron los edificadores ha venido a ser cabeza del ángulo". Y lo mismo vemos tanto en el Evangelio de Mateo (21.42) como en el de Marcos (12.10). En Hechos 4, cuando se encuentra ante el sanedrín, Pedro dice lo mismo acerca de Jesús: "Este Jesús es la piedra rechazada por vosotros los edificadores, la cual ha venido a ser cabeza del ángulo". Y la misma cita aparece en Primera de Pedro, una vez más para referirse a Jesús.

Por otra parte, el gran vuelco ha de reflejarse también en la vida de la iglesia y en el Reino que esa vida anuncia. Es por ello que, casi al final de su Evangelio, Lucas nos cuenta de la discusión que hubo entre los discípulos acerca de cuál de ellos sería el mayor, y Jesús les contestó:

> Los reyes de las naciones se enseñorean de ellas, y los que sobre ellas tienen autoridad son llamados bienhechores; pero no así entre vosotros, sino que el mayor entre vosotros sea como el más joven, y el que dirige, como el que sirve. (Lc 22.25-26)

Para Lucas, así como para todos los creyentes, la resurrección, ascensión y triunfo final de Jesucristo constituyen el eje mismo de toda la historia de la humanidad. Pero la resurrección no es la culminación de una vida de gloria, poder y honores, sino que sigue a una vida de constante persecución que culmina en los vituperios del pretorio y en la cruz del Calvario. Jesús es el "varón de dolores" en el cual "no hay parecer ni hermosura". Pero es también el vencedor de la tumba y de la muerte. La historia que comienza en la pequeña y olvidada aldea de Nazaret va a llegar a Roma. Al principio del Evangelio, Lucas nos cuenta cómo, en tiempos de Augusto César, Jesús nació en un pesebre porque no había lugar para él en el mesón. Hacia el final de su historia, en Hechos 17, Lucas nos dice que Pablo y sus compañeros fueron acusados de subvertir los decretos del César, "diciendo que hay otro rey, Jesús" (Hch 17.7). La historia que comienza en el pesebre nos dice después que Esteban "vio la gloria de Dios y a Jesús que estaba sentado a la diestra de Dios" (Hch 7.55). Del pesebre fuera del mesón a la diestra de Dios, ¡ese es el gran vuelco que constituye el fundamento para todos los otros vuelcos a los que se refiere Lucas!

Para estudiar, pensar y discutir: ¿Será posible ver el tema del gran vuelco como un ejemplo de la tipología que aparece en Lucas? En tal caso, ¿qué antecedentes del gran vuelco encuentra usted en el Antiguo Testamento? Dé ejemplos concretos y explique en qué modos esos ejemplos se relacionan con el tema del gran vuelco en Lucas.

¿Qué otros ejemplos del gran vuelco encuentra usted en el Nuevo Testamento?

Si el gran vuelco es tema central en los Evangelios, ¿qué implica esto para la vida cristiana hoy, para nuestra propia predicación y para el modo en que organizamos la iglesia?

IV. EL GÉNERO EN LUCAS.

Estaba allí también Ana (Lucas 2:36).

Una de las principales contribuciones de las últimas décadas a la interpretación bíblica ha sido el redescubrimiento de las cuestiones de género como clave hermenéutica, al menos para ciertos textos. Ahora bien, de todos los escritos del Nuevo Testamento, son los de Lucas —su Evangelio y Hechos— los que más se refieren a las mujeres y su lugar en la historia de la salvación. Tanto es así que en el debate acerca de quién fue el autor de estos dos libros hay quien sugiere que Lucas y Hechos no tienen autor, sino autora, y que a esa autora se le dio el nombre de "Lucas" para no restarle autoridad a sus dos libros en una época (hacia fines del siglo primero y principios del segundo) cuando se comenzaba a restringir la autoridad y participación de las mujeres dentro de la iglesia.

Sin entrar en tales suposiciones ni en los debates que puedan suscitar, no cabe duda de que, entre todos los escritos del Nuevo Testamento, los que más atención les prestan a las mujeres son estos dos, el Evangelio de Lucas y Hechos. Esto se comprueba mediante una rápida lectura.

La historia del nacimiento de Jesús se cuenta únicamente en los Evangelios de Mateo y de Lucas. Estamos tan acostumbrados a leer esas dos historias como si fueran una que no nos damos cuenta de que Mateo se ocupa más de José que de María. En ese Evangelio se nos dice que María estaba comprometida con José y que "se halló que había concebido del Espíritu Santo" (Mt 1.18). Pero luego la atención se centra en José y en su reacción al enterarse de que su prometida estaba encinta. De la propia María no se nos dice cuál fue su reacción. Lo que es más, al llegar al nacimiento mismo, no se menciona a María, sino que Mateo dice que "Jesús nació, en Belén de Judea, en días del rey Herodes" (Mt 2.1). Mateo no vuelve a mencionar a María hasta que nos dice que los magos de oriente "al entrar en la casa, vieron al niño con María, su madre" (2.11). Viene entonces la huida a Egipto, y en ella el personaje central es José, a quien el ángel da instrucciones, quien "tomó de noche al niño y a su madre, y se fue a Egipto. Estuvo allí hasta la muerte de Herodes..." (Mt 2.14-15). Nótese que el sujeto de todos estos verbos es José, quien "tomó", "se fue" y "estuvo".

En agudo contraste, en la narración de Lucas, las mujeres tienen un lugar central. Al principio de este Evangelio, la atención se concentra en Zacarías, de quien se dice que estaba casado con Elisabet y que "*ambos* eran justos delante de Dios y andaban irreprensibles en todos los mandamientos y ordenanzas del Señor" (Lc 1.6) —*ambos*. Viene entonces la visión de Zacarías, en la que se le anuncia que Elisabet, su esposa hasta entonces estéril, concebiría. Entonces la narración pasa de Judá a Nazaret, donde tiene lugar la anunciación. En ella los únicos dos personajes son el ángel Gabriel y María. A José ni se lo menciona. A esto sigue la historia de la visitación, cuando María va a Judá a visitar a su pariente Elisabet. Al sentir saltar a la criatura en su vientre, Elisabet exclama: "¿Por qué se me concede a mí, que la madre de mi Señor venga a mí?" (Lc 1.43) —con lo cual Elisabet viene a ser la primera persona en el Evangelio de Lucas que testifica del señorío de Jesús. Es en esa visita que María expresa su cántico de alabanza, el *Magnificat* al que ya nos hemos referido, y que, como hemos visto, tiene matices revolucionarios. Entonces, al nacer Juan, su padre Zacarías entona también un cántico.

Aquí, en los cánticos de María y de Zacarías, vemos por primera vez algo que ocurrirá repetidamente en Lucas y en Hechos: episodios y parábolas en los que van apareados una mujer y un hombre —en este caso, los dos cánticos, de María y de Zacarías.

Cuando llega el día en que, en cumplimiento de la Ley, el niño ha de ser redimido mediante un sacrificio, lo llevan al templo, y allí hay dos personas que dan testimonio de Jesús. Una de ellas es Simeón, de quien se nos dice que era "justo y piadoso", y quien pronuncia el himno que hoy conocemos como el *Nunc dimitis*: "Ahora, Señor, despides a tu siervo en paz". Pero la otra persona es la anciana Ana, quien era profetisa y "no se apartaba del templo, sirviendo de noche y de día con ayunos y oraciones", y quién "daba gracias a Dios y hablaba del niño a todos los que esperaban la redención de Jerusalén" (Lc 1.27-38). Una vez más, es una mujer quien da testimonio de Jesús.

Al comienzo de su ministerio, en su sermón en la sinagoga tras leer el texto de Isaías, Jesús toma dos personas como ejemplo, la viuda de Sarepta en tiempos de Elías, y Naamán el leproso en tiempos de Eliseo. Poco después, Lucas nos dice que Jesús hizo muchos milagros de sanidad, pero la única persona que se menciona específicamente es una mujer, la suegra de Pedro.

En el capítulo 6 tenemos la historia del milagro en la sinagoga: Jesús cura al hombre que tenía seca la mano derecha. De inmediato, este episodio no parece tener paralelo. Pero si seguimos leyendo, encontramos en el capítulo 13 la historia de otro milagro en la sinagoga, en este caso una mujer que estaba encorvada. Los dos milagros son paralelos: ambos tienen lugar un sábado en la sinagoga; el hombre tenía la mano derecha seca, la mujer estaba encorvada de tal manera que no se podía enderezar; en ambos casos, lo que se debate no es el poder de Jesús para sanar, sino si es lícito hacerlo en el día de descanso; y ambos terminan con la confusión e ira de los líderes de espíritu legalista, que ponen la obediencia a la Ley por encima de la compasión.

Entre esos dos milagros, uno referente a un varón y el otro a una mujer, hay otros. En uno de esos pares, en el capítulo 7, aparecen dos milagros paralelos. En el primero de ellos, Jesús sana al siervo del centurión. En el segundo, resucita al hijo de una viuda en Naín. Y al final del mismo capítulo, se produce un contraste al que ya me he referido: entre el fariseo que invita a Jesús a comer y la mujer pecadora con el frasco de perfume. Mientras el fariseo ni siquiera hizo lavar los pies de Jesús, la mujer se los lava con sus lágrimas y los enjuga con su cabello.

En el capítulo 8 aparece la historia de la hija de Jairo. Este viene a Jesús pidiéndole que sanara a su hija moribunda. Pero antes de que Jesús pueda contestarle, la historia se interrumpe con el episodio de la mujer con flujo de sangre. Es solo después de que esa mujer fuera sanada que Lucas vuelve a Jairo y su petición. Luego, en estos milagros apareados, tenemos uno (el de la mujer enferma) envuelto dentro de otro (el de Jairo y su hija).

En el capítulo 10, una de esas historias paralelas de varones y mujeres toma un giro particular, pues la historia acerca del varón —o más bien, de varios de ellos— es una parábola, mientras que la historia acerca de la mujer —o más bien, de dos mujeres— es una narración. Se trata de la parábola del buen samaritano y de la visita de Jesús en casa de Marta y María. A veces los predicadores manipulamos esos dos pasajes: si nos parece que la iglesia no muestra suficiente interés en los necesitados, predicamos sobre el buen samaritano; y si, por el contrario, nos parece que la iglesia no es suficientemente espiritual y estudiosa de las Escrituras, predicamos sobre Marta y María. En ambos casos, nos olvidamos del pasaje que aparece junto al que escogemos. Pero el hecho es que la parábola del buen samaritano y el episodio en casa de Marta y María son paralelos, por cuanto ambos exaltan a quien hace lo inesperado. El samaritano acude en ayuda del judío necesitado, aun cuando el sacerdote y el levita pasan de largo. El sacerdote y el levita tienen sus asuntos, y no van a interrumpirlos por ayudar al hombre a la vera del camino. En el caso de Marta y María, Marta se dedica a las labores que tradicionalmente se le adjudican a su sexo, a los quehaceres de la casa. En cambio, María, contra toda costumbre social y contra lo que se esperaba de una mujer en cuya casa había huéspedes, se sienta a escuchar a Jesús. Así vistos, los dos pasajes apuntan en la misma dirección, aunque en diversidad de circunstancias. Aunque, una vez más, el personaje principal de la parábola es un varón, y el de la narración es una mujer, en ambos casos se les da la capacidad de ser verdaderos discípulos y seguidores de la ley de Dios a personajes cuya capacidad para tales cosas muchos pondrían en duda —uno por ser samaritano, la otra por ser mujer. Lo que es más, de María se dice que, "sentada a los pies de Jesús, oía su palabra" —lo cual no se dice de ninguna otra persona en todo el Nuevo Testamento, ni siquiera de los doce.

En el capítulo 13 aparecen dos parábolas paralelas y ambas dicen lo mismo, pero una sobre un varón y la otra sobre una mujer. Jesús busca algo con lo que comparar el reino de Dios, y lo compara primero con el grano de mostaza que un hombre sembró en su huerto, y luego con la levadura que una mujer tomó y mezcló con tres medidas de harina. Si el hombre que sembró la semilla es un modo de aludir a Dios, quien ha sembrado la semilla del reino, entonces la mujer que puso la levadura en la masa es también un modo de aludir a Dios. Y en el 15 aparecen de nuevo dos parábolas paralelas, la de la oveja perdida y la de la moneda perdida. En la primera, Dios es como un hombre que pastorea cien ovejas y pierde una. En la segunda, Dios es como una mujer que tiene diez monedas y pierde una. Y más adelante, en el capítulo 17, cuando Jesús habla de lo inesperado del día final, y de cómo separará a los justos de los malos, habla primero de "dos" que parecen ser una pareja, aunque su género no se indica; luego, de dos mujeres; y, por último, de dos hombres: "Os digo que en aquella noche estarán dos en una cama: el uno será tomado y el otro será dejado. Dos mujeres estarán moliendo juntas: la una será tomada y la otra dejada. Dos estarán en el campo: el uno será tomado y el otro dejado" (Lc 17.34-36).

Al principio del capítulo 21 hay otra historia en la que se habla primero de un grupo de varones y después de una mujer a la que Jesús exalta por encima de los varones en la historia. Los varones son los ricos, que echaban su dinero en el arca de las ofrendas. La mujer es "una viuda muy pobre que echaba dos blancas" en el arca de las ofrendas. Y Jesús enaltece a la viuda pobre por encima de los ricos, diciendo que ella dio más que ellos, porque ellos dieron de lo que les sobraba, mientras ella dio de lo que necesitaba.

En cuanto al libro de Hechos, casi al principio Pedro cita un pasaje del profeta Joel en el que se anuncia que Dios derramará de su Espíritu sobre toda carne. Para subrayar el carácter universal de esa dádiva del Espíritu, el pasaje que Pedro cita utiliza tres pareados: "vuestros hijos / vuestras hijas; vuestros jóvenes / vuestros ancianos; mis siervos / mis siervas". Nótese que dos de esos tres pareados se refieren al género de las personas aludidas. Luego, parte de lo que el pasaje subraya es la igualdad entre varones y mujeres cuando de recibir el Espíritu se trata.

Más adelante, en la historia de Ananías y Safira, vemos que, de igual manera que la dádiva del Espíritu no se limita a un solo género, tampoco el pecado se limita a un solo género, pues el modo en que Lucas narra la historia nos hace ver que Ananías y Safira son igualmente pecadores, y que ambos pagan el mismo precio por su pecado.

También en Hechos aparece el paralelismo de género en lo que a milagros se refiere. Al principio mismo del libro, Lucas nos dice que los doce "perseveraban unánimes en oración y ruego, *con las mujeres*" (Hch 1.13). En el capítulo 9, cuando se cuenta de la misión de Pedro en los territorios de Lida, Sarón y Jope, vemos primero el milagro de la curación del paralítico Eneas, y luego la resurrección de Dorcas. Y en todo el libro se habla repetidamente de "hombres y mujeres": los que creían eran "gran número de hombres y de mujeres" (Hch 5.14); Saulo asolaba a la iglesia, "arrastrando a hombres y mujeres" (Hch 8.3); en Samaria, en respuesta a la predicación de Felipe, se bautizaban "hombres y mujeres" (Hch 8.12); Saulo salió para Damasco en busca de "hombres o mujeres de este Camino" (Hch 9.2).

En resumen, tanto en Lucas como en Hechos, y tanto en las parábolas como en los pasajes narrativos, se nos presentan referencias paralelas a varones y a mujeres. En un caso —el de Jairo y la mujer con flujo de sangre— las historias se entretejen. Por otra parte, tales referencias paralelas no son siempre positivas, como lo muestra la historia de Ananías y Safira. En algunos casos, se establece un contraste o comparación en que los varones salen perdiendo, como en el caso del fariseo y la mujer con el frasco de perfume, o el de los ricos y la viuda pobre. En la mayoría de ellos, el pasaje se refiere en términos positivos tanto a los varones como a las mujeres. Tal es el caso de las parábolas de la oveja y de la moneda perdidas, de las historias del varón con la mano seca y de la mujer encorvada que van a la sinagoga, y de los milagros de Pedro, primero sanando a Eneas y luego resucitando a Dorcas.

Es por esto que se ha dicho repetidamente que, entre todos los evangelistas, es Lucas quien más claramente se ocupa de las mujeres y de su lugar en la historia que cuenta.

Pero el lugar que las mujeres tienen en la narración lucana no se limita a tales pareados. En Lucas y Hechos hay varias mujeres que son líderes en la iglesia y dignas de mención. Frecuentemente nos imaginamos que Jesús iba de un lugar a otro acompañado solamente por los discípulos que después serían conocidos como apóstoles. Tal cuadro puede ser compatible con Mateo, Marcos y Juan; pero no con la narración de Lucas. En Lucas 8.1-3 leemos las siguientes palabras:

> Aconteció después que Jesús iba por todas las ciudades y aldeas, predicando el evangelio del reino de Dios. Lo acompañaban los doce y algunas mujeres que habían sido sanadas de espíritus malos y de enfermedades: María, que se llamaba Magdalena, de la que habían salido siete demonios, Juana, mujer de Chuza, intendente de Herodes, Susana y otras muchas que ayudaban con sus bienes.

Nótese que aquí una vez más Lucas parea un grupo de varones, "los doce", con otro de mujeres. Pero en este caso nos da algunos nombres —no todos sus nombres, pues dice que además de las tres nombradas había "otras muchas". Las mencionadas por nombre son María Magdalena, Juana y Susana. María Magdalena aparecerá de nuevo en la historia de la pasión. En ese contexto, los cuatro evangelistas señalan su presencia al pie de la cruz. Lucas es el único que nos da más detalles, al decir que había sido sanada de "siete demonios". Puesto que Lucas nos dice también que varias de las otras mujeres habían sido sanadas "de espíritus malos y de enfermedades", es lícito pensar que en el caso de María Magdalena no se trataba de alguna dolencia física, sino de enfermedad mental. Por esa razón en el arte se la representa frecuentemente como sucia y andrajosa —por lo que en español cuando alguien no está bien aliñado se dice que "parece una Magdalena". De ahí, la tradición popular ha pasado a hacerla una mujer particularmente pecaminosa y hasta a identificarla con la que ungió con sus cabellos los pies de Jesús. Pero no hay fundamento alguno para suponer tal cosa. Lo único que sabemos de ella es que era de Magdala —por su nombre—, que Jesús la sanó, y que siguió a Jesús hasta el pie de la cruz. Magdala era una ciudad en la costa occidental del Mar de Galilea, y por tanto María venía de la región donde Jesús comenzó su ministerio. Allí parece que había una floreciente industria pesquera, desde donde aparentemente se exportaba buena cantidad de la salsa de pescado que los romanos conocían como *garum*. Luego, es dable suponer que María tendría alguna conexión con esa industria.

La segunda mujer que se menciona, Chuza, no aparece en ningún otro lugar del texto bíblico. Su esposo era intendente de Herodes Antipas —no el Herodes de la matanza de los inocentes, sino su hijo. Lucas no nos dice que fuera viuda, y por tanto la imagen que se nos presenta es la de una mujer que ha dejado a su esposo, un hombre relativamente poderoso y pudiente, para seguir a Jesús.

De la tercera, Susana, no se nos da más que el nombre. Pero el hecho mismo de que Lucas la mencione sin decir más de ella da a entender que esperaba que sus lectores supieran quién era, y que por tanto debió haber sido un personaje de alguna importancia en la iglesia primitiva.

En todo caso, Lucas nos dice que estas tres mujeres, y "otras muchas" acompañaban a Jesús y le "ayudaban con sus bienes". Esto da a entender que se trataba de mujeres relativamente pudientes, y resulta en un cuadro muy diferente del que nos imaginamos. Jesús y sus discípulos no andan vagando y viviendo de las limosnas de quienes se acercan a ellos, como lo entendían e imitaban los primeros franciscanos, sino que ¡eran las mujeres quienes pagaban las cuentas!

La historia de esas mujeres no termina ahí, sino que tanto Lucas como los otros evangelistas nos dicen que María Magdalena y varias otras mujeres estaban al pie de la cruz, y que fueron más fieles que todos los varones, excepto Juan. Marcos y Mateo parecen reconocer en esa última hora que estas mujeres habían provisto el sustento para Jesús y los suyos. Mateo nos dice que "habían seguido a Jesús desde Galilea, sirviéndolo" (Mt 27.55). Y Marcos dice que cuando Jesús estaba en Galilea, estas mujeres "lo seguían y lo servían" (Mc 15.40). Pero, al no mencionar que ese servicio era "con sus bienes", como lo hace Lucas, dan a entender que estas mujeres ayudaban a Jesús casi como sirvientas, y no —como en el caso de Lucas— con su apoyo económico.

Llegamos entonces a la historia del entierro y de la resurrección. Es tema común a todos los evangelios que fueron las mujeres quienes primero supieron de la resurrección. En Marcos, aunque en el sepulcro el ángel les ordena que fueran y se lo dijeran a los demás discípulos, ellas "no dijeron nada a nadie, porque tenían miedo" (Mc 16.8). Poco después, Jesús se le aparece a María Magdalena, y es ella quien se lo anuncia a los demás. En Mateo, son María Magdalena y "la otra María" quienes primero van al sepulcro, y salen corriendo a darles las nuevas a los demás. En Juan, son sencillamente "las mujeres que lo habían acompañado desde Galilea" las que van al sepulcro y primero se enteran de la resurrección del Señor. En Lucas ocurre algo semejante, pues son "las mujeres que lo habían acompañado desde Galilea" quienes se ocuparon de averiguar dónde estaba el sepulcro, quienes primero se enteraron de la resurrección y quienes primero les dieron las nuevas a los once y los demás. Luego, todos concuerdan en hacer de María Magdalena, la misma a quien la posteridad ha dado tan mala prensa, la primera mensajera en anunciar la resurrección. Pero de entre todos ellos, solo Lucas se ocupó de decirnos desde bastante antes quiénes eran María Magdalena y estas mujeres, y el servicio económico que les prestaban a Jesús y sus acompañantes. Los demás sencillamente la presentan de momento, al pie de la cruz.

Hay cierto paralelismo entre el pasaje en Lucas 8, sobre las mujeres que sostenían a Jesús con sus bienes, y lo que nos dice Lucas en Hechos 16 acerca de Lidia de Tiatira. Según esa narración, de todos conocida, Lidia era vendedora de púrpura, uno de los tintes más costosos de la antigüedad —al punto que una capa teñida de púrpura se consideraba señal de grandes riquezas y poder. Luego, Lidia debe haber sido una persona acaudalada. Es ella quien en Filipos se convierte al cristianismo e invita a Pablo y sus acompañantes a hospedarse en su casa. Es sabido que Pablo no gustaba de deberles favores a sus seguidores; por eso insistía en sostenerse a sí mismo con el trabajo de sus manos. Pero en este caso accedió a la invitación de Lidia. Que Lidia no era solo rica, sino también una mujer de carácter firme, se ve en las palabras de Hechos, "nos *obligó* a quedarnos" (Hch 16.15). Lidia fue el comienzo de la iglesia en Filipos, y por tanto no ha de sorprendernos que después esa iglesia se haya distinguido por su apoyo al proyecto de Pablo de recoger una ofrenda para los fieles empobrecidos de Jerusalén.

Poco después de la conversión de Lidia en Filipos, Lucas introduce en la narración a una pareja de judíos que habían tenido que salir de Roma porque el emperador Claudio había expulsado a los judíos de la ciudad. Generalmente les conocemos como "Aquila y Priscila", pero en Hechos aparecen casi siempre como "Priscila y Aquila". Esta mujer, a quien Lucas llama por el nombre familiar de "Priscila", es la misma "Prisca" que tiene un lugar importante en Romanos y en 1 Corintios. Pues bien, cuando el judío alejandrino Apolos llega a Éfeso y se muestra predicador elocuente y poderoso, pero equivocado en algunos puntos de doctrina, son Priscila y Aquila —en ese orden— quienes le instruyen mejor en el camino del Señor. En otras palabras, ¡Lucas nos presenta a Priscila como profesora de teología! Además, sin dar más detalles, Lucas nos dice que, entre quienes creyeron en Tesalónica, había "gran número de griegos piadosos y mujeres nobles no pocas" (Hch 17.4); que en Berea muchos creyeron y entre ellos se contaban "mujeres distinguidas"; y que en Atenas, donde el éxito de Pablo fue menor, entre los que creyeron se contaban "Dionisio el areopagita y una mujer llamada

Dámaris" (Hch 17.34) —a quien la tradición posterior convirtió en esposa de Dionisio, mostrando una aparente incapacidad de aceptar la idea de que una mujer decidiera seguir a Jesús por su propia cuenta. Por último, para completar el cuadro del género en las narraciones de Lucas, es necesario detenernos a considerar el episodio de la visión del varón macedonio y su secuela en Filipos. La visión tiene lugar en Troas, en el lado oriental del Bósforo. En su introducción a ese episodio, Lucas nos da a entender que Pablo y sus acompañantes estaban algo perplejos en cuanto al camino a seguir. Sin más explicaciones, nos dice que el Espíritu Santo no les permitía hablar la palabra en la provincia de Asia, que entonces intentaron ir a la vecina provincia de Bitinia, pero de nuevo el Espíritu se los prohibió. Están ahora en Troas, aparentemente sin saber qué camino seguir, cuando Pablo tiene la visión del varón macedonio. Es importante señalar que la palabra que aquí se emplea, *aner*, recalca la masculinidad de este personaje que se le aparece a Pablo. Ahora este varón le pide a Pablo "pasa a Macedonia y ayúdanos" (Hch 16.9). En obediencia a la visión, Pablo y sus acompañantes parten con premura, cruzan el estrecho de los Dardanelos y, aparentemente sin detenerse en Samotracia ni en Neápolis, llegan por fin a Filipos, de la que Lucas nos dice que era "la primera ciudad de la provincia de Macedonia". En Filipos siguen el procedimiento que habían seguido en otras ciudades: van en busca de la sinagoga o lugar de reunión de los judíos, para predicarles primero a ellos. Pero en Filipos no hay sinagoga, y aparentemente los judíos de la ciudad acostumbran reunirse los sábados en las afueras de la ciudad, junto al río. En todo esto, van siguiendo la visión del *varón* macedonio; ¡pero lo que encuentran junto al río no es una sinagoga —que solamente podía constituirse como tal si tenía cierto número de varones—, sino un grupo de mujeres! A estas mujeres se dirigen, y entre ellas está la ya mencionada Lidia de Tiatira, quien se convierte, se bautiza y se vuelve pilar de la que parece haber sido la iglesia favorita de Pablo. En todo esto se ve cierta ironía. El Espíritu le envía a Pablo la visión de un varón, ¡y lo que encuentra en Filipos son unas mujeres! Quizá lo que frecuentemente se dice acerca de los prejuicios antifemeninos de Pablo sea una exageración, y quizá hasta un error. Pero si Pablo era partícipe de tales prejuicios, comunes en su época, Lucas nos presenta al Espíritu Santo sobreponiéndose a ellos al enviarle a Pablo la visión del varón macedonio, cuando lo que hay en Filipos es un grupo de mujeres.

Hay muchos otros ejemplos que podrían darse. Uno de ellos es la referencia, en Hechos 21.9, a las cuatro hijas de Felipe que predicaban. Todo esto nos da a entender que el tema del género, del valor y fuerza de las mujeres y de su lugar en la iglesia es tema que le interesa a Lucas. Todos esos pareados de mujeres y varones a los que nos hemos referido, el dato no mencionado por los otros evangelistas —que eran las mujeres quienes sostenían a Jesús y su ministerio— y la presencia de mujeres fuertes tales como María Magdalena, Lidia y Priscila bastan para probarlo.

Tal es el tema del género en Lucas. Pero haríamos mal en dejarlo ahí, sin decir algo de lo que sucedió con el testimonio lucano casi tan pronto como Lucas dio a conocer sus escritos. Para señalar esto, me permito enfocar la atención sobre la historia del texto de Hechos. Como frecuentemente sucede con otros textos antiguos, el libro de Hechos —y otros en el Nuevo Testamento— nos ha llegado principalmente a través de dos tradiciones manuscritas. Estas son generalmente conocidas como "el texto alejandrino" o "común" y el "texto occidental". En el caso de Hechos, más que en el de otros libros del Nuevo Testamento, las diferencias son notables. Los eruditos concuerdan, por una parte, en que el texto alejandrino es el más fiel a los escritos originales y, por otra, en que el texto occidental se remonta a unas pocas décadas después de que Hechos fue escrito.

Cabe señalar que el texto occidental da muestras de algunas actitudes por parte de su redactor que contrastan con las de Lucas. Así, además del tema del género, el texto occidental muestra un prejuicio contra los judíos, especialmente en la historia de la pasión, en la que Lucas distingue entre "el pueblo", que en su mayoría se muestra favorable a Jesús y los primeros cristianos, y los personajes importantes —los guardas del Templo, los saduceos y los sumos sacerdotes—, quienes son los que traman el complot contra Jesús y quienes le hacen crucificar. El texto occidental, al suavizar la distinción entre el pueblo y sus jefes, tiende a culpar a los judíos en general, y no a sus líderes.

Volviendo entonces al tema del género, desde aquella fecha temprana en que se produjo el texto occidental se ven esfuerzos por atenuar el modo en que Hechos presenta las cuestiones de género. Así, por ejemplo, el texto original de Hechos se refiere siempre a "Priscila y Aquila", en ese orden —excepto en un caso en el que cuestiones de índole gramatical requieren lo contrario. Pero el texto occidental invierte ese orden, de modo que ahora, en lugar de ser "Priscila y Aquila" es "Aquila y Priscila". En Hechos 17.12, donde el texto común u original dice que en Berea creyeron "mujeres distinguidas y no pocos hombres", el occidental dice que creyeron "mujeres y no pocos hombres distinguidos". Y en algunos casos, el texto occidental sencillamente oculta el papel de las mujeres —como en Hechos 17.34, donde el nombre de Dámaris sencillamente se omite.

Pero no fue únicamente el redactor del texto occidental quien, conscientemente o no, intentó suavizar u ocultar lo que Lucas y Hechos dicen acerca de las mujeres. Lo mismo ha sucedido a través de la historia. En el caso de Priscila y Aquila, no es solo el texto occidental el que invierte el orden, sino que toda la iglesia, y hasta el día de hoy muchos de nosotros y nosotras hemos aceptado esa inversión, y normalmente nos referimos, no a "Priscila y Aquila", sino a "Aquila y Priscila". De igual modo, frecuentemente pintamos a Dios como el padre del hijo pródigo, pero se nos hace más difícil concebirle como la mujer que pierde una moneda, o como la mujer que esconde un poco de levadura en la masa. Al imaginar a Jesús recorriendo los campos de Galilea, y camino a Jerusalén, nos lo imaginamos rodeado de sus doce discípulos varones, pero nos olvidamos de María Magdalena, de Chuza, de Susana y de las "otras muchas" que no solo andaban con él, sino que aportaban a los gastos del grupo.

En consecuencia, buena parte de lo que Lucas nos dice al respecto del género queda oculto bajo capa tras capa de interpretación que hemos recibido de generaciones anteriores, y por tanto resulta urgente, para el bien de la iglesia, que continuemos descubriendo y desenterrando todo eso que ha quedado oculto. En esa tarea, las muchas mujeres que hoy se dedican al estudio cuidadoso del texto bíblico están haciendo una gran contribución.

Para estudiar, pensar y discutir: Compare la historia del nacimiento de Jesús tal como aparece en Lucas con la que nos presenta Mateo. En esa comparación, note la importancia que se le da a María en Lucas, y a José en Mateo. Suponga que no tuviésemos el Evangelio de Lucas, ¿cuánto de la historia de la Navidad quedaría fuera? ¿Qué nos dice Lucas acerca de María que no aparece en Mateo?

¿Había notado usted el modo en que Lucas tiende a presentar de manera paralela una historia, un milagro o una parábola acerca de un varón con otra acerca de una mujer? Al leer estos dos libros de Lucas, trate de notar esto y ver qué ejemplos no se han mencionado en el presente capítulo. ¿Conoce usted alguna otra porción de la Biblia que tenga la misma característica?

V. LA SALVACIÓN EN LUCAS.

Un Salvador, que es Cristo el Señor (Lucas 2:11).

Estamos tan acostumbrados a hablar de Jesús como "nuestro Salvador", que no nos percatamos de que se trata de una terminología típicamente lucana y paulina. De los tres Evangelios Sinópticos, solo Lucas se refiere repetidamente a Jesús como "Salvador". En Juan, ese título se le da solo una vez —cuando los samaritanos convertidos por el testimonio de la samaritana declaran que "este es el Salvador del mundo, el Cristo" (Jn 4.42). De igual modo, la palabra "salvación", tan importante para nosotros y para toda la iglesia, no aparece en Mateo ni en Marcos, y Juan la emplea solo una vez, en el mismo episodio de la samaritana, a quien Jesús declara que "la salvación viene de los judíos" (Jn 4.22). En cambio, el título de "Salvador", y sobre todo la palabra "salvación", sí aparecen repetidamente en el Evangelio de Lucas y en Hechos. Luego, para entender la teología lucana tenemos que prestarle atención a qué es eso de la "salvación".

En el hebreo del Antiguo Testamento se emplean varias palabras hebreas que luego la Septuaginta —la traducción del Antiguo Testamento al griego— tradujo como *sotería* (salvación), *sózein* (salvar) y *sotér* (salvador). Esa variedad de palabras en hebreo es índice de una amplitud de sentidos que se nos hace difícil incluir en el mero conjunto de palabras "salvación", "salvar" y "Salvador". En el Antiguo Testamento, tales palabras se emplean ante todo para referirse a Dios y a su acción. Por ello, son frecuentes y fundamentales. Tan solo en los Salmos, los diversos términos para "salvación" aparecen más de setenta veces —y unas treinta en Isaías. En la mayoría de esos casos, la "salvación" es acción divina, acción del Dios que es "salvador".

En su etimología, varias de las palabras hebreas que hoy se traducen como "salvación" tienen el sentido de ensanchar, de ampliar, y por tanto de liberar, de quitar estrecheces y opresiones. Por ello, no se refieren siempre, ni siquiera principalmente, a la vida eterna ni a las dimensiones escatológicas que hoy le damos a la palabra "salvación". El principal acto salvador de Dios en el Antiguo Testamento es la liberación del yugo de Egipto, y es a esa liberación que se refieren muchos de los pasajes en que se habla de Dios como "salvador". A partir de ahí, frecuentemente un "salvador" es un liberador del yugo de algún pueblo vecino. Por ello, por ejemplo, en 2 Reyes 13.5 se nos dice, sin dar su nombre, que "dio Jehová un salvador a Israel que los sacó del poder de los sirios". Y antes, en Jueces 13.5, se le anuncia a la madre de Sansón que su hijo "comenzará a salvar a Israel de manos de los filisteos". Pero en estos casos —y en muchísimos otros que podrían citarse— tales salvaciones son reflejo de la gran salvación, que es la salida de Egipto. Luego, en el Antiguo Testamento, la salvación es la acción de Dios y de sus enviados librando a Israel de la esclavitud y sujeción bajo egipcios, filisteos, sirios, babilonios y todas las naciones vecinas que lo amenazan. Y es también la acción divina al proteger a Israel en el campo de batalla, dándole la victoria sobre sus enemigos.

En otros casos, las palabras hebreas que la Septuaginta traduce por "salvación" y "salvador" tienen que ver con la redención. La redención es el acto mediante el cual se recupera lo que ha pasado a pertenecer a otro. Un familiar que ha sido vendido como esclavo puede ser redimido mediante un pago a su amo. En el caso de propiedades, esto se ve, por ejemplo, en el capítulo 4 de Rut, donde Boaz, ante testigos, discute con un pariente la redención de la tierra del difunto Ebimelec: "Si quieres redimir la tierra, redímela, y si no quieres redimirla, decláramelo para que yo lo sepa, pues no hay otro que redima sino tú, y yo después de ti" (Rut 4.4). Aquí vemos que el redentor no puede ser cualquiera, sino quien ya tiene cierto derecho, en este caso por razones de parentesco. Antes, al hablar de la presentación de Jesús en el Templo, mencionamos la ley que hacía de todo primogénito propiedad de Dios, de modo que sus padres tenían que redimirlo —recobrarlo para sí— mediante un sacrificio. Así, José y María llevan a Jesús al Templo para redimirle mediante el sacrificio de dos avecillas. Luego, la redención tiene lugar cuando quien tiene cierto derecho a algo (que está en posesión de otro) lo reclama para sí. Por ello, en el Antiguo Testamento, frecuentemente se habla de Dios como "redentor". Por ejemplo, en Isaías 41.14 se afirma, que "Jehová, el Santo de Israel, es tu Redentor". Y otras frases semejantes aparecen al menos doce veces más en el libro de Isaías. Lo que esto quiere decir es que Jehová es el que rescata a Israel, que primero parecía ser posesión de los egipcios y después de los babilonios.

Quizá sea útil mencionar que, entre todos los Evangelios, las palabras "redención" y "redimir" aparecen únicamente en Lucas —el mismo que se caracteriza por el uso del título "Salvador" y de la palabra "salvación". Sí hay que señalar que en Mateo 20:28 y en el texto paralelo en Marcos 10:45 sí se dice que Jesús vino "para dar su vida en rescate por muchos" —lo cual puede interpretarse en términos de la idea de redimir. Pero con todo y eso, el tema de la "redención", al igual que el de la "salvación", es típicamente lucano entre los evangelistas.

Volviendo entonces al griego de la Septuaginta y del Nuevo Testamento, lo que todo esto significa, repito, es que las palabras que hoy traducimos por "salvar", "salvación" y "Salvador" pueden tener —y frecuentemente tienen— una variedad de sentidos. Entre esos sentidos se encuentra el de restaurar la salud, de sanar, y, por tanto, quienes traducen el Nuevo Testamento al español, cada vez que encuentran la palabra "sotería", tienen que decidir si han de traducirla como "salvación" o como "salud" o acción de sanar, porque en castellano no hay una palabra que incluya ambos términos.

Si con ese trasfondo volvemos al Evangelio de Lucas, y luego a Hechos, veremos que cuando en esos libros se habla de "salvación", esa palabra no se está refiriendo únicamente a lo que hoy entendemos por "salvación", sino también a la salud, a la liberación de algún enemigo u opresor, a la protección contra alguna amenaza y al rescate de lo que debió haber sido de Dios, pero no lo es.

En el pasaje que nos sirve de título aquí, se les anuncia a los pastores que "os ha nacido hoy, en la ciudad de David, un Salvador, que es Cristo el Señor". Cuando hoy los cristianos leemos esas palabras, de inmediato sabemos que están anunciando el nacimiento de quien nos salvará del pecado y de la muerte. Pero si nos colocamos en la posición de aquellos pastores, la cosa es distinta. Lucas nos dice que José y María habían ido a Belén por razón de un edicto de Augusto César, "que todo el mundo fuera empadronado". Hoy podemos imaginar que se trataba sencillamente de un censo como los de nuestros días, para ver cuántos habitantes tenía cada región. Pero en aquellos tiempos, el empadronamiento era más bien como lo que hoy se llama "catastro", es decir, una lista, no solo de los habitantes, sino de sus tierras, sus ganados y cualquier otra posesión. Y el propósito de tal censo no era contar cuántas personas había, sino determinar qué impuestos podían pagar cada persona y cada región. Luego, el famoso censo de Augusto César no sería bien visto por los pueblos subyugados a los romanos —entre ellos el pueblo de Israel— y la situación sería tensa. Esos pastores que guardaban las vigilias de la noche sobre su rebaño sabrían que ese mismo rebaño sería catastrado, y que buena parte de él iría a parar en manos de los publicanos y de todo el sistema de impuestos. ¡Quién sabe de lo que estarían hablando mientras cuidaban su rebaño! Pero probablemente no sería de las estrellas ni del tiempo, sino de las dificultades a que se enfrentaban tan solo para poder sobrevivir. Entonces, de repente, se les aparece un ángel y un gran esplendor los rodea.

Para entender lo dramático del momento, imaginemos por un momento uno de los tantos países donde el gobierno, más que gobernar, oprime y explota. Unos pastores o campesinos sentados en la noche en torno a una fogata, aun si no están hablando del gobierno mismo, saben que el gobierno es de temer, y que tienen que andar con mucho cuidado. ¡Y, repentinamente, alguien se aparece en medio de ellos y se ven rodeados de luz! Es para asustarse. Con razón Lucas nos dice que "tuvieron gran temor".

Es frente a ese temor que el ángel les dice: "No temáis, porque yo os doy nuevas de gran gozo, que será para todo el pueblo: que os ha nacido hoy, en la ciudad de David, un Salvador, que es Cristo el Señor". Nosotros hoy sabemos que eso de "un Salvador" tiene un alcance eterno, y que se trata de la promesa de una salvación eterna. Pero para aquellos pastores, tal salvador sería semejante a los otros salvadores de los que su Biblia hablaba: Moisés, Josué, Sansón. Ante ese contraste de significados, nuestra reacción natural es sentirnos superiores a aquellos pastores, que no entenderían lo que se les estaba diciendo. Pero quizá debamos detenernos por un instante para considerar la posibilidad de que, al descartar ese modo de entender lo que Lucas quiere decir por "Salvador", estemos perdiendo algo del significado pleno de lo que Lucas intenta decirnos.

No olvidemos lo que dijimos antes acerca de la tipología. En la tipología bíblica hay toda una serie de "salvaciones", todas ellas tipos o figuras de la salvación que habría de venir en Jesucristo. La salida de Egipto es el principal de esos eventos de salvación que, como tipos o figuras, apuntan hacia su culminación en Jesucristo. Ese tipo, ese patrón del Dios salvador, aparece entonces repetidamente en el Antiguo Testamento, en todas las batallas de los hijos de Israel por alcanzar y sostener su liberación, así como en su regreso del exilio babilónico. Ya antes señalamos que la liberación del éxodo marca el patrón que sigue después el profeta Isaías, y que la "voz que clama en el desierto", y que anuncia el retorno del exilio, apunta hacia otra voz que clamará en el desierto, la de Juan, anunciando la llegada de la salvación plena en la persona de Jesús. Además, entre el éxodo y el exilio, y entre el exilio y Juan el Bautista, hay docenas de actos de liberación, de acciones salvadoras, en las que los hijos de Israel ven de nuevo la acción del Dios del éxodo y del Dios del regreso del exilio.

Todo esto quiere decir que cuando un tipo o patrón llega a su cumbre en Jesucristo esa cumbre no se entiende cabalmente sino sobre la base de los patrones anteriores. Es por eso que los cristianos han rechazado repetidamente todo intento de deshacerse del Antiguo Testamento, como si ahora bastara con el Nuevo. No. El Dios que viene a nosotros en Jesucristo para salvación es el mismo Dios que intervino repetidamente en la historia de Israel, también para su salvación —aunque para su salvación en un sentido más estrecho que el que encontramos en el Nuevo Testamento.

Luego, cuando los pastores oyen decir que les ha nacido un salvador, el que lo entiendan a la usanza de quienes antes salvaron a Israel de Egipto, de los filisteos y de Babilonia, no quiere decir que su entendimiento esté errado, sino que está incompleto. Lo mismo será cierto de los discípulos de Jesús, que no parecían entender la naturaleza de su misión y que, hasta el momento mismo de la ascensión, están preguntándole cuándo va a restaurar el reino davídico, cuándo va a liberarlos del yugo romano. La salida de Egipto fue obra de Dios. El reino de David fue obra de Dios. El regreso de Babilonia fue obra de Dios. El hecho de que ahora el Nuevo Testamento hable de una liberación más amplia, de un reino de Dios y de un regreso permanente no niega la acción de Dios en aquella primera liberación, en aquel reino davídico o en aquel primer regreso. Al contrario: todas aquellas acciones de Dios nos ayudan a entender más clara y cabalmente la acción de Dios en Jesucristo y en el Espíritu Santo. Volviendo entonces al anuncio del ángel a los pastores, cuando Lucas escribe acerca de ese anuncio sabe que los pastores, todavía no conocedores de las enseñanzas, la vida y la obra de Jesús, no podrían entender el anuncio de un Salvador sino sobre la base de las historias de salvación en el Antiguo Testamento. Eso no quiere decir que su entendimiento sea falso, sino más bien que está incompleto. Pero, cuando se trata de nosotros, lo opuesto también es cierto: si el modo en que entendemos la salvación la hace incompatible con los grandes hechos de Dios en el Antiguo Testamento, salvando a su pueblo, entonces también nuestro entendimiento de la salvación es incompleto y deficiente. Dicho de otro modo, lo que hemos escuchado repetidamente —que hemos de leer el Antiguo Testamento a la luz del Nuevo— es cierto. Pero es igualmente cierto que hemos de leer el Nuevo Testamento a la luz del Antiguo.

No caben dudas de que en el Nuevo Testamento se subraya la promesa de la vida eterna, y que la salvación incluye esa vida. Pero eso no quiere decir que la salvación se refiera únicamente a la vida futura. De igual manera que en el Antiguo Testamento la salvación tiene que ver con la defensa contra los opresores, con la liberación de la injusticia, con la libertad y salud del pueblo, así también en el Nuevo Testamento tiene que ver con el orden presente, con el modo en que las personas y las familias organizan su vida.

Si, tras el anuncio del ángel, seguimos leyendo el Evangelio de Lucas para ver más plenamente qué es eso de la salvación, el próximo lugar en que encontramos esa palabra es en el episodio entre Jesús y Zaqueo, cuando Jesús le dice a Zaqueo: "Hoy ha venido la salvación a esta casa" (Lc 19.9). Ciertamente, esto quiere decir que hay un lugar para Zaqueo en la vida eterna del reino. Pero notemos que la afirmación de Jesús sigue a una declaración por parte de Zaqueo: "Señor, la mitad de los bienes doy a los pobres; y si en algo he defraudado a alguien, se lo devuelvo cuadruplicado" (Lc 19.8). En otras palabras, Jesús le dice a Zaqueo que con su decisión de practicar la misericordia y de hacer justicia, la salvación ha llegado a su casa. Y no es una salvación para mañana, ni solo para después de la muerte, sino que "*hoy* ha venido la salvación a esta casa".

Y si las palabras de Zaqueo antes de la declaración de Jesús nos ayudan a entender esto de la salvación, también nos ayuda el resto de lo que Jesús responde: que la salvación ha venido "por cuanto él también es hijo de Abraham", lo cual indica que esta salvación no es algo completamente nuevo, sino que es continuación de la obra salvadora de Dios a través de toda la historia de Israel.

Pero mucho más interesante resulta la próxima vez que la palabra "salvación" aparece en los escritos de Lucas. Esto es en Hechos 4.12: "Y en ningún otro hay salvación, porque no hay otro nombre bajo el cielo, dado a los hombres, en que podamos ser salvos". Mucho se ha discutido sobre este pasaje, particularmente en el contexto de la pregunta sobre si quien no es cristiano puede participar de la vida eterna. También se ha predicado mucho —yo mismo he predicado bastante— para proclamar que no hay otro camino para llegar al Padre que no sea a través de la fe en Jesús.

Si bien todo eso es cierto, dejémoslo a un lado por el momento, y leamos el pasaje detenidamente en el contexto de lo que Lucas cuenta. Lo que ha sucedido, el contexto en el que Pedro pronuncia estas palabras, es lo siguiente: Pedro ha hecho caminar al cojo que estaba junto a la puerta del Templo llamada la Hermosa. El cojo, agradecido por lo que ha sucedido, entra al Templo no solo caminando, sino incluso saltando y alabando a Dios. El público, asombrado, se pregunta qué es lo que ha sucedido, y Pedro y Juan están proclamando el nombre de Jesús cuando llegan los sacerdotes, el jefe de la guardia del templo y los saduceos, quienes les echan mano y los meten en la cárcel.

Al día siguiente, Pedro y Juan son llevados ante el sanedrín o Concilio de los judíos, donde se les pregunta: "¿Con qué potestad o en qué nombre habéis hecho vosotros esto?" (Hch 4.7).

Pedro les responde con un discurso que es uno más de los muchos casos en que se proclama el "gran vuelco" en la obra lucana. La RVR lo traduce como sigue:

> Puesto que hoy se nos interroga acerca del beneficio que hemos hecho a un hombre enfermo, de qué manera este ha sido sanado, sea notorio a todos vosotros y a todo el pueblo de Israel que en el nombre de Jesucristo de Nazaret, a quien vosotros crucificasteis y a quien Dios resucitó de los muertos, por él este hombre está en vuestra presencia sano. Este Jesús es la piedra rechazada por vosotros los edificadores, la cual ha venido a ser cabeza del ángulo. *Y en ningún otro hay salvación, porque no hay otro nombre bajo el cielo, dado a los hombres, en que podamos ser salvos.* (Hch 4.9-12)

No creo que tengamos que detenernos mucho sobre el tema del gran vuelco, del que ya hemos tratado. La piedra rechazada ha venido a ser cabeza del ángulo. Sobre lo que sí debemos detenernos es sobre la cuestión que se está discutiendo. El juicio no es acerca de la salvación eterna, sino de la autoridad o el nombre en que el cojo ha sido sanado. El Concilio les pregunta: "¿En qué nombre habéis hecho vosotros esto" —es decir, sanado al cojo—? Pedro tiene en claro el tema del juicio y lo que se le pregunta, pues él mismo lo repite: "Hoy se nos interroga acerca del beneficio hecho a un hombre enfermo, de qué manera ha sido sanado". Y su respuesta es que, por el poder de aquel a quien ellos crucificaron, y que ha resucitado, ahora "este hombre está en vuestra presencia sano". Y todo esto concluye con la bien conocida afirmación: "En ningún otro hay salvación, porque no hay otro nombre bajo el cielo, dado a los hombres, en que podamos ser salvos". Cuando leemos las palabras de Pedro en su contexto nos sorprende que, en un juicio acerca de la curación de un cojo, Pedro pase a hablar de la salvación eterna. ¿Qué tiene que ver una cosa con la otra?

La respuesta está en lo que decíamos antes: que en griego la misma palabra, *sotería*, se refiere tanto a la salvación eterna como a la cura de un enfermo. Si bien el título de *sotér* (Salvador) y la palabra *sotería* (salvación) aparecen con poca frecuencia en el Nuevo Testamento, el verbo *sózein* (sanar o salvar) sí aparece repetidamente, sobre todo en los Evangelios, aunque casi siempre en el sentido de sanar. Así, cuando Jesús hace un milagro curando a un enfermo, este es el verbo que se emplea: Jesús los sana o salva, pues las dos son una sola palabra.

Lo que sucede en el texto de Hechos que estamos estudiando es que esas son las palabras que Pedro emplea: "En ningún otro hay *sotería*" —salvación o salud—, y "en ningún otro nombre podemos *sothénai*" —ser sanos o ser salvos. Dada tal situación, podemos traducir las palabras de Pedro de la manera más corriente, como refiriéndose a la salvación y a ser salvos, o podemos traducirlas, con igual fundamento en el texto griego, como: "En ningún otro hay salud, porque no hay otro nombre bajo el cielo, dado a los hombres, en que podamos ser sanos". Ambas traducciones son correctas, y no estoy diciendo que debamos rechazar una a fin de aceptar la otra. Lo que estoy diciendo es más bien que cada una de las dos tiene su valor, y que cuando no consideramos ambas, perdemos algo del sentido y del valor del texto —así como de la plenitud del concepto bíblico de salvación.

Puesto que la traducción tradicional, "en ningún otro hay salvación", es bien conocida, no es necesario añadir mucho sobre su importancia para la fe cristiana. Sencillamente, quiere decir algo semejante a lo que Jesús dice en Juan 14.6: "Nadie viene al Padre sino por mí". Pero creo que vale la pena explorar qué puede implicar la otra traducción: que en ningún otro hay salud, y que no hay otro nombre en que podamos ser sanos.

A primera vista, esta otra traducción reduce el impacto de lo que el texto dice, pues en lugar de hablar de la salvación —de la vida eterna— se refiere a la salud —a la vida presente del cuerpo. Pero si la tomamos en serio, esta otra traducción nos revela dimensiones insospechadas del poder de Jesús. Pedro no está diciendo solo que el cojo fue sanado por ese poder, sino que está diciendo que toda salud, toda cura, tiene lugar por el mismo poder. Tomado literalmente, el texto quiere decir entonces que, si en Manchuria alguien se sana, esto es obra del mismo Jesucristo, a quien Pedro y Juan proclaman; y que, si hoy un médico incrédulo sana y salva a alguien, esa sanidad y esa salvación son también obra de Jesucristo, aunque el médico no lo sepa o hasta lo niegue.

Esto es importante, porque si de algo ha pecado la iglesia a través de los siglos, ese algo ha sido descuidar y olvidarse de las dimensiones cósmicas de este Jesucristo a quien proclamamos. Queremos limitar su poder y su alcance a nuestro propio alcance y poder. Nos imaginamos que Jesús sana, sí, pero solo donde nosotros le llevemos. Pero lo que Pedro está diciendo es que el alcance de Jesús es mucho más amplio que el alcance de la iglesia: "No hay otro nombre en el que podamos ser sanos, sino el nombre de Jesús". (Para evitar confusiones, aclaremos que el "nombre" de Jesús en este contexto no es la mera combinación de las letras J E S Ú S, sino que es la persona misma y la autoridad de Jesús; no se trata de que para ser sano haya que decir "Jesús", sino más bien de que toda sanidad tiene lugar por el poder y la misericordia de Jesús).

En esto, el pasaje de Hechos es paralelo a otro pasaje en Juan con el cual rara vez lo relacionamos. Juan 1.9 dice que el Verbo de Dios es "la luz verdadera que alumbra a todo hombre que viene a este mundo". Esto quiere decir —y así muchos lo han interpretado— que toda luz, todo conocimiento, toda verdad, vienen de este Verbo que se encarnó en Jesucristo. Los cristianos antiguos entendieron que esto quería decir que todo conocimiento y toda verdad, desde el conocimiento de que dos y dos son cuatro hasta el conocimiento mismo de Dios, todo viene por ese Verbo o Palabra de Dios que se encarnó en Jesucristo; que no hay verdad que no sea en cierto sentido cristiana, pues la fuente de toda verdad no es otra sino Jesucristo. Así, lo que Juan dice acerca del conocimiento y de la verdad, lo dice también Pedro en Hechos 4 acerca de la salud y del bienestar. No hay salud, no hay bienestar, no hay verdad, no hay existencia, que no sea dádiva de este Jesús fuera del cual no hay salvación ni salud.

Aparte de este pasaje, varios otros en Hechos hablan de la salvación que Jesús ofrece —salvación en el sentido pleno. Uno de ellos, que frecuentemente pasamos por alto, pero que es fundamental para entender la misión de la iglesia, aparece en Hechos 16. En ese capítulo hay dos narraciones bien conocidas: la visión del varón macedonio, a la que ya me he referido, y la del carcelero de Filipos —quien también, dicho sea de paso, pregunta "¿qué debo hacer para ser salvo?", y no está claro si se refiere a la salvación eterna, o la salvación de las consecuencias de lo ocurrido. Pero lo que frecuentemente olvidamos es la razón por la que Pedro y Silas están presos. Una muchacha con espíritu de adivinación sigue repetidamente a Pablo y sus acompañantes gritando: "¡Estos hombres son siervos del Dios Altísimo! ¡Ellos os anuncian el camino de salvación!". Indudablemente, lo que la muchacha dice es cierto. Pablo y sus acompañantes son siervos del Dios Altísimo y anuncian el camino de salvación. Pero a pesar de eso, Pablo se molesta y le dice al espíritu que la muchacha tenía: "Te mando en nombre de Jesucristo que salgas de ella". Puesto que esto les rompe el negocio a los amos de la muchacha, son ellos quienes prenden a Pablo y Silas y les acusan de alborotar la ciudad. En resumen, Pablo y Silas están presos porque les han deshecho el negocio a los amos de la muchacha; y Pablo les ha deshecho el negocio a pesar de que lo que la muchacha dijo era verdad.

¿Cómo se entiende eso de que Pablo se molestara, si lo que la muchacha decía era verdad? ¿No sería el anuncio de la muchacha de gran beneficio para la obra evangelizadora de Pablo y sus acompañantes? Si el camino de salvación fuera puramente espiritual, relacionado solo con la salvación de la muerte, y con la vida perdurable, si fuera solo cuestión de doctrinas y creencias, Pablo debió alegrarse de que esta muchacha refrendara su predicación. Bien pudo haber pensado, por ejemplo, que el espíritu de adivinación que la muchacha tenía convencería a muchos para que se convirtieran. Pero, contrariamente a lo que podríamos esperar, Pablo se molesta y manda al espíritu que salga de la muchacha. Esa actitud aparentemente extraña se debe precisamente a que la salvación es mucho más que un boleto para ir al cielo. La salvación bíblica es cuestión integral. Es cuestión que tiene que ver no solo con la liberación del poder de la muerte, sino también con la liberación de todo poder opresor. La muchacha que anuncia que Pablo y Silas son mensajeros del Dios verdadero está sujeta a un espíritu demoníaco. La muchacha que declara que lo que Pablo y sus compañeros anuncian es el camino de salvación está esclavizada tanto por ese espíritu como por sus amos, que explotan su opresión. Si de veras Pablo y Silas anuncian el camino de salvación, y si de veras la salvación es integral, entonces los predicadores de esa salvación no pueden contentarse con que la gente les crea, sino que han de hacer todo lo posible por anunciar esa gran salvación —esa gran salud— que es don y promesa de Dios. Si, por el contrario, sencillamente se contentan con ese testimonio, resultará que lo que ellos mismos anuncian no es verdaderamente el camino de esa salvación integral que es la salvación bíblica. Al narrar estos acontecimientos, Lucas nos está dando un testimonio mejor que el de la muchacha, pues Lucas nos da testimonio de un evangelio integral, de una *sotería* que incluye a la vez lo que hoy llamamos "salvación" y lo que hoy llamamos "salud".

Y cabe aquí mencionar que el énfasis pentecostal en el poder divino para sanar constituye una importante contribución al redescubrimiento tanto de la teología de Lucas y de Hechos como de la visión bíblica de la salvación/sanidad integral. Eso no quiere decir que Dios siempre va a sanar a todos los enfermos. Tampoco quiere decir que, si uno se sana y otro no, es porque el primero tuvo fe y el otro no. Dios no libró a Pablo de la espina en su carne, ni a Jesús de la agonía de la cruz. Pero sí quiere decir que al tiempo que proclamamos el mensaje de salvación en el sentido de vida eterna tenemos que proclamar ese mismo mensaje en el sentido de liberación de todo poder maligno.

Desafortunadamente, los cristianos nos hemos involucrado en debates interminables acerca de si se debe empezar por la ayuda material a los necesitados, o si se ha de comenzar por la predicación del evangelio. La verdad es que una ayuda puramente material queda incompleta, y un evangelio puramente espiritual queda también incompleto. La verdad es que una predicación del evangelio que no condene la maldad dondequiera se halle, y trate de corregirla, sería como si Pablo y Silas se hubieran contentado con la declaración de aquella joven en Filipos. Si es verdad que no hay salud en otro nombre que en el de Jesucristo, toda salud es cristiana, y por tanto toda salud es parte de la misión de la iglesia.

Y lo que se dice en cuanto a la salud hay que decirlo también en cuanto a toda otra forma de deshumanización y de opresión. Si hemos de ser fieles a la visión bíblica de la salvación como una realidad integral, no podemos sencillamente tolerar los males que no impidan nuestra predicación, y mucho menos hemos de apoyar aquellos males que podrían sernos convenientes.

Si lo que aquí nos interesa es alcanzar una visión más amplia de la teología lucana, tenemos que subrayar dos puntos. Primero, que este tema de la salvación aparece tanto al principio como al final de su obra —al principio, en el mensaje del ángel a los pastores; y al fin, en las últimas palabras de Pablo, en las que Lucas parece querer resumir todo lo que nos ha dicho: "Sabed, pues, que a los gentiles es enviada esta salvación, y ellos oirán" (Hch 28.28). Y, segundo, que esa salvación es integral, que abarca tanto el alma como el cuerpo, tanto la materia como el espíritu, tanto al individuo como a la comunidad.

Esa es la visión lucana de la salvación y la visión por la cual vivimos. Es la visión de Pedro cuando declara ante el sanedrín: "En ningún otro hay salvación, porque no hay otro nombre bajo el cielo, dado a los hombres, en que podamos ser salvos"; o también: "En ningún otro hay salvación, porque no hay otro nombre bajo el cielo, dado a los hombres, en que podamos ser sanos". En ese nombre, el nombre de Jesucristo. ¡Amén!

Para estudiar, pensar y discutir: ¿Le sorprendió el hecho de que el tema de la salvación —o al menos la palabra misma— aparezca con mucha mayor insistencia en Lucas que en los demás Evangelios? Sobre la base de lo estudiado y de todo lo que usted conoce del Evangelio de Lucas, ¿qué piensa usted que Lucas entiende por "salvación"?

Busque los términos "salvación" y "salvador" en el Antiguo Testamento y trate de ver la conexión que pueda haber entre ellos y lo que Lucas entiende por "salvación".

¿Cómo afecta todo esto el modo en que usted entiende la salvación?

VI. LUCAS Y LA COMIDA COMO LUGAR TEOLÓGICO.

Este es un hombre comilón (Lucas 7:34).

Algunos comentaristas han señalado que, con mucha mayor frecuencia que en los otros Evangelios, en el de Lucas se nos presenta a Jesús comiendo. Y que además de esto hay en este Evangelio muchísimas más referencias a la comida y la bebida. Uno de esos comentaristas ofrece una lista de sesenta referencias —¡lo cual es un promedio de dos veces y media por capítulo! Luego, el tema de la comida no es periférico en el Evangelio de Lucas, sino que guarda una relación estrecha con el modo en que este evangelista nos quiere presentar su mensaje.

Hay que advertir, empero, que buena parte de los banquetes y comidas que Lucas menciona aparecen también en Mateo y Marcos, aunque no todos. En esto, los tres Evangelios Sinópticos contrastan con Juan, quien parece subrayar más la bebida que la comida, y quien ni siquiera cuenta la Última Cena del Señor con sus discípulos antes de la crucifixión. Y, también en contraste con Lucas, en Juan las comidas que se cuentan con más detalles no son con fariseos o publicanos, ni son tampoco ocasión de debate con escribas o fariseos. Dejando a un lado las bodas de Caná en Juan 2, donde se habla del vino más bien que de lo que se come, esas comidas son dos. En el capítulo 12, en un banquete en su propia casa, María de Betania unge a Jesús con un perfume de nardo, y ello da lugar a la protesta de Judas. Y, por último, en el capítulo 21, después de la resurrección, Jesús come con sus discípulos. Luego, al estudiar el tema de la comida en Lucas debemos tener en cuenta que es un tema que aparece también con bastante frecuencia en Mateo y en Marcos, aunque no siempre con los mismos matices. Y que en Juan, al tiempo que se habla frecuentemente de Jesús como comida y bebida, se habla poco de cenas específicas.

El comer y beber no es solo una necesidad física, sino que es también un elemento importante en el tejido de toda sociedad. Hasta el día de hoy, cuando nos sentamos con alguien a la mesa, eso indica algún tipo de relación. En algunos casos puede ser una relación de amistad; en otros casos, de negocios; y en otros, un modo de conocernos mejor. Pero, en cualquier caso, sentarse a la mesa junto a otros pone de manifiesto ciertos vínculos y posiblemente cree otros.

Lo que es cierto en nuestra sociedad lo ha sido a través de las edades y las culturas. Nuestra palabra "compañero" viene de las mismas raíces de donde hoy derivamos las palabras "común" y "pan". Luego, un "compañero", es quien comparte el pan con nosotros. En algunas sociedades en las que la violencia es frecuente y la vida, inestable, compartir el pan es señal de amistad o al menos de respeto, de modo que quien viene de pasada con su clan o tribu, y come con otra persona, se compromete a no atacar a su anfitrión; y este, por su parte, les permite al transeúnte y los suyos pasar por sus tierras. Además, tanto en nuestra sociedad como en cualquier otra, las grandes ocasiones frecuentemente se celebran con comida. Así, cuando alguien cumple años, nos reunimos para comer con esa persona —si no una cena completa, al menos unos dulces y refrescos. Cuando un matrimonio celebra un hito importante, como los cincuenta años de casados, es costumbre celebrar un banquete. Cuando queremos honrar a alguna persona, frecuentemente celebramos un banquete en su honor. Y cuando hay una boda, muchas veces los festejos culminan en un banquete.

Esto era también cierto en la antigüedad. Por eso, así en el Evangelio de Lucas como en el resto de la Biblia, hay abundantes casos de cenas que son festejos. Por ejemplo, en la parábola del hijo pródigo, el modo en que el padre celebra el regreso del hijo que se había perdido es mediante un gran festín. Y también por eso, cuando la Biblia habla del día final, comúnmente lo hace hablando de un gran banquete —en el Nuevo Testamento, el banquete de las bodas del Cordero.

En la antigüedad, las cenas eran también ocasiones para discutir acerca de temas profundos. Hoy hemos perdido mucho de eso, principalmente por dos razones. Una de ellas es el apogeo de eso que llamamos "comidas rápidas". Entramos a un negocio, pedimos una hamburguesa con papitas fritas y a los diez minutos salimos, supuestamente tras haber comido. La segunda es que, aun cuando cenamos en casa, lo hacemos a la carrera. Casi siempre tenemos algo que hacer antes de la cena, y otra cosa que hacer después —ya sea ver un programa de televisión, preparar las clases para el día siguiente o ir al culto. El resultado es que, aun en el hogar, rara vez estamos media hora a la mesa.

En tiempos antiguos la cosa era muy distinta. En la Grecia clásica, se celebraban "simposios". Hoy, un simposio es un programa, a veces de varios días, en el que varias personas discurren sobre algún tema común. Pero la palabra "simposio", como "compañero", tiene también raíces que indican sus orígenes. Una de esas raíces es la partícula griega "sin", que quiere decir juntamente —como cuando hoy decimos "sincronizar" o "sinergia". La segunda raíz es el verbo griego *potísein*, que quiere decir "dar de beber", y de donde viene nuestra palabra "potable". Luego, originalmente un simposio era una reunión en la que un grupo de comensales, reclinados para beber y comer, discutían algún tema filosófico. Entre los diálogos de Platón, por ejemplo, se encuentra el *Simposio*, en el que siete personas se reúnen para discutir el tema del amor. Entre ellas hay lo que hoy llamaríamos un abogado, un médico, un poeta, un autor de comedias y Sócrates, el maestro de Platón. Cada uno de ellos aporta a la conversación y elogia el amor, y por fin Sócrates señala que el verdadero amor es el amor a la sabiduría —es decir, la filosofía. En el Evangelio de Lucas hay indicios de que al menos algunas de las comidas de las que Jesús participa tienen ese carácter de extensas conversaciones entre comensales reclinados a la mesa. Por ejemplo, cuando la RVR dice, en Lucas 5:29, "que estaban a la mesa", el verbo griego, *katákeimai*, quiere decir acostarse o recostarse. Y lo mismo es cierto en otras once ocasiones en Lucas (Lc 7.36, 49; 9.14, 15; 11.37; 12.37; 13.29; 14.10; 22.14; 22.27; 24.30). Luego, no debemos imaginar que el incidente que Lucas narra, cuando alguien invita a Jesús, es cuestión de unos minutos. No es que Jesús ande por el camino, esté hambriento y alguien le invite a comer algo. Es más bien cuestión de una cena prolongada, en la que los comensales, recostados, tienen ocasión de conversar larga y tendidamente sobre algún punto. Y son también ocasiones formales, en las que hay ciertas costumbres y prácticas que tanto el anfitrión como sus huéspedes han de guardar.

El primero de esos banquetes o simposios a los que se refiere Lucas aparece en el capítulo 5, donde Leví, un publicano, sigue a Jesús y lo invita a un gran banquete en su casa. Dice Lucas que "había compañía de publicanos y otros" reclinados a la mesa con Jesús y con Leví. La ocupación del publicano era mal vista en todas las regiones subyugadas por Roma, pero sobre todo entre los judíos. El modo en que los romanos cobraban los impuestos se fundaba en censos o catastros como el que mandó hacer Augusto César, gracias a los cuales el fisco conocía los recursos de cada provincia o región, lo que servía entonces para determinar lo que debía esperarse de ella. Pero, en lugar de recaudar los impuestos directamente, las autoridades romanas le vendían a algún empresario el derecho de recaudar impuestos en la provincia. Ese empresario subarrendaba esos derechos a otros, y esos a otros, hasta llegar a quien efectivamente cobraba los impuestos. En conjunto, todos estos inversionistas y recaudadores de impuestos eran conocidos como "publicanos", porque servían al erario supuestamente público. Puesto que todos esos niveles de administración requerían ganancias, los publicanos tenían que buscar el modo de recaudar bastante más que lo que Roma exigía y les cobraba por el derecho de recaudar impuestos. Luego, no ha de sorprendernos el que los publicanos fueran odiados y despreciados por el público en general. Pero en el caso de los judíos, ese desprecio se hacía más agudo por cuanto los publicanos, por razón de su misma ocupación, tenían que tratar con gentiles y manejar cosas impuras. En consecuencia, los buenos judíos no se codeaban con ellos; y a quienes lo hacían, los mejores judíos, particularmente los fariseos, llamaban "pecadores".

Pues bien, en Lucas 5, Leví —uno de esos publicanos tan mal vistos tanto por el pueblo en general como por los fariseos y otras gentes religiosas— se ha encontrado con Jesús y ha decidido seguirle. Tanto Marcos (2.13-17) como Mateo (9.13-17) cuentan este episodio, aunque en Mateo el nombre del publicano no es Leví, sino Mateo. Lo único que Lucas le añade a Marcos es que Leví, al seguir a Jesús, lo abandonó todo (Lc 5.28). Pero esto no ha de tomarse literalmente, pues al parecer Leví todavía tiene una casa, así como los recursos para celebrar un banquete. A ese banquete, Leví ha invitado a sus amigos, a Jesús y a sus discípulos. Como era de esperarse, muchos de los amigos de Leví son publicanos como él;

y los que no lo son, son tenidos por pecadores sencillamente por ser amigos de publicanos. Y también, como era de esperarse, esto provoca críticas por parte de los escribas y los fariseos, personas celosas de la Ley, para quienes comer con gente impura era hacerse uno mismo inmundo. La respuesta de Jesús es bien conocida: "Los que están sanos no tienen necesidad de médico, sino los enfermos. No he venido a llamar a justos, sino a pecadores". En vista de lo que hemos dicho antes acerca del gran vuelco, vemos que el recostarse a la mesa junto con Leví y sus amigos es parte de ese gran vuelco, en el que los fariseos y los escribas quedan rezagados tras los publicanos y los pecadores. Luego, aquí vemos una vez más este tema que aparece tan frecuentemente en Lucas. Pero el hecho de que la misma historia aparezca también en Mateo y Marcos nos recuerda que, aunque Lucas se distinga por su énfasis en el gran vuelco, ese tema es característico de buena parte del mensaje bíblico.

Ya antes he citado casos en los que una cena es ocasión para promulgar el gran vuelco. Uno de ellos es la comida en casa de Simón el fariseo en Lucas 7. Este pasaje se asemeja a otros en los otros Evangelios, y por tanto lo que frecuentemente hacemos es combinar pasajes que en realidad son diferentes, y hacer de todos una sola historia. En Mateo 26 y Marcos 14, el banquete tiene lugar en casa de "Simón el leproso", no se dice una palabra en el sentido de que la mujer fuera pecadora y esta unge la cabeza de Jesús con un perfume costoso. A esto sigue una discusión suscitada por el comentario de los discípulos: que el perfume debió haberse vendido para dar a los pobres. Y en Juan 12 lo que se cuenta ocurre en casa de Marta y María, quien unge los pies de Jesús con un perfume de nardo puro, y se los enjuga con sus cabellos. A esto sigue una discusión sobre lo que debió hacerse con el perfume semejante a las que aparecen en Mateo y Marcos, aunque ahora es Judas, y no los discípulos en general, quien protesta por el despilfarro que María ha hecho. Puesto que tanto en Mateo como en Marcos y Juan lo que se discute es si el ungüento debió haberse vendido para dar dinero a los pobres, en esos tres Evangelios Jesús declara que la mujer ha hecho bien, pues le ha ungido para su muerte.

Lo que Lucas cuenta es diferente. Mientras en los episodios paralelos en Mateo y Marcos, Simón es un leproso, en este otro episodio se trata de un fariseo. El que fuera fariseo parece ser tan importante para Lucas que, en los primeros cuatro versículos de la historia, se refiere a él sencillamente como "el fariseo", y no es sino en el versículo 40 que por fin Jesús le llama por nombre. Esto es importante para entender la teología de Lucas, pues en los demás Evangelios, Jesús no come con los fariseos, mientras que en el de Lucas lo hace repetidamente.

Si miramos detenidamente este tema de los fariseos en Lucas, vemos ante todo que su Evangelio no es tan negativo hacia los fariseos como lo es el de Mateo. Ciertamente, los fariseos no son todo lo que deberían ser. Algunos de ellos son hipócritas, y hasta buscan el modo de poder acusar a Jesús de blasfemia. Pero no todos los fariseos caen bajo esa categoría.

Tal es el caso de este Simón. Estamos tan acostumbrados a tomar a los fariseos por hipócritas, que damos por sentado que también Simón debe serlo. Por ello interpretamos lo que Lucas dice de la peor manera posible. Así, por ejemplo, la duda de Simón acerca de Jesús al ver que acepta el halago de la mujer pecadora tiene, como toda duda, su lado positivo. Simón está considerando la posibilidad de que Jesús sea verdaderamente profeta, y la reacción de Jesús ante la mujer despierta dudas en él. Sigue entonces la parábola en que Jesús pregunta quién deberá estar más agradecido, un deudor a quien se le perdonan cincuenta denarios, u otro a quien se le perdonan quinientos. Cuando Simón responde que quien más agradecimiento debe mostrar es "aquel a quien perdonó más", Jesús le contesta: "Rectamente has juzgado". Entonces vienen las fuertes palabras de comparación entre Simón y la mujer pecadora: el primero no hizo lavar los pies de Jesús, y la segunda los lava con sus lágrimas; Simón no le dio el acostumbrado beso de bienvenida, mientras que la mujer no cesa de besarle los pies; Simón no le dio aceite para ungir su cabeza, mientras que la mujer le unge los pies con perfume. Ciertamente, todo esto es una crítica al fariseo. Pero, a diferencia de algunos otros pasajes en Lucas, y de muchos más en los otros Evangelios, Lucas no nos dice que Simón rechazara a Jesús, ni que a partir de entonces buscara el modo de atraparlo en algún error, ni que comenzara a tramar su muerte. El episodio que comenzó con una duda por parte de Simón termina con dudas por parte de los demás comensales: "¿Quién es este, que también perdona pecados?". Y nótese que aquí Lucas no nos dice que se molestaran porque Jesús pretendía perdonar pecados. Eso lo tomamos de otras partes, como el episodio del paralítico que entra por el techo. Aquí, en la comida en casa de Simón, quedamos preguntándonos si por fin Simón y los demás comensales creerían o no.

Volviendo al pasaje mismo, Lucas nos dice que un fariseo invitó a Jesús a comer en su casa, y que Jesús, "habiendo entrado en casa del fariseo, se sentó a la mesa". (Al menos, así dice la RVR, porque una vez más, el texto griego dice que se recostó). Quizá antes de seguir adelante debamos explicar eso de recostarse, porque nos ayuda a entender la escena. En una cena como esta, los comensales acostumbraban recostarse sobre el lado izquierdo, para comer con la mano derecha, y con la cabeza hacia la mesa y los pies hacia afuera. Por eso es que Lucas nos dice que la mujer pecadora estaba "detrás de él a sus pies". Y es por eso que tiene los pies de Jesús al alcance, de modo que puede enjugarlos con sus cabellos. Resulta interesante notar que Lucas no nos informa acerca de discusión alguna sobre el valor del frasco, ni sobre si debió haberse vendido o no. Todo eso lo tomamos de pasajes en los otros Evangelios. En Lucas, el énfasis no cae sobre el valor del perfume, ni en lo que la mujer hizo con él, sino más bien sobre su profunda humildad y arrepentimiento al regar los pies de Jesús con lágrimas, ungirlos con perfume y enjugarlos con sus cabellos. A pesar del marcado interés de Lucas por los pobres, en su Evangelio el episodio sirve de entrada para una discusión, no sobre los pobres ni sobre si el frasco debió haberse vendido, como en los otros Evangelios, sino sobre el contraste entre el fariseo y la pecadora. Como hemos visto, en este caso también la comida se torna una ocasión para anunciar el gran vuelco. Pero el gran vuelco no es solamente de carácter económico, sino que es también religioso y espiritual: la mujer pecadora recibe encomio, mientras el fariseo religioso recibe crítica.

Por otra parte, este episodio de la comida en casa de Simón sirve de respuesta práctica a lo que antecede en ese mismo capítulo 7. Allí Jesús dice que cuando Juan el Bautista predicaba en el desierto, "el pueblo entero" lo escuchó y se arrepintió; pero no así los fariseos y los intérpretes de la Ley, y pasa entonces a declarar que los mismos que rechazaron a Juan el Bautista, que ni comía ni bebía, ahora lo rechazan a él, diciendo que es "un hombre comilón y bebedor de vino".

Vista dentro de ese contexto, la comida en casa de Simón el fariseo cobra especial interés, pues Jesús accede a comer en casa de un fariseo, con lo que responde a la crítica de que come con publicanos y pecadores, pero al parecer no con los fariseos y las personas religiosas. Lo que acontece en la cena viene a ilustrar una vez más por qué los publicanos y los pecadores son mejores compañeros de mesa que los fariseos. Pero el hecho mismo de que Lucas no declara que el fariseo y sus comensales hayan rechazado a Jesús, sino que sencillamente nos deja en duda, es señal de que el gran vuelco no quiere decir que los fariseos queden definitiva y necesariamente excluidos del reino. (Y en este contexto cabe señalar que algo parecido ocurre con la parábola del hijo pródigo, en la que quedamos con la duda sobre si, después de que el padre lo interpelara, el hijo mayor decidió entrar al festín o no. Y lo mismo vemos en la parábola del buen samaritano, que termina con Jesús diciéndole al escriba que lo interpela: "Ve y haz tú lo mismo" [Lc 10.37]; pero no se nos dice si fue y lo hizo o no).

Esto es de suma importancia, pues las actitudes de la mayoría de los fariseos son semejantes a las de la mayoría de las gentes religiosas. Por lo general, tan pronto como escuchamos la palabra "fariseo" entendemos hipócrita y enemigo del evangelio. Y ciertamente hay en Lucas, pero mucho más en Mateo, varios pasajes que nos llevan a pensar de esa manera, pues hasta el mismo Jesús les llama "hipócritas". Por ejemplo, en Lucas 11.44, en otra comida en casa de otro fariseo, Jesús dice: "¡Ay de vosotros, escribas y fariseos, hipócritas!". Pero en realidad los fariseos no eran en su mayoría hipócritas, sino que eran gente sincera que hacía todo lo posible por cumplir la Ley de Dios hasta en sus más mínimos detalles. La razón por la cual Jesús los ataca no es que fueran particularmente malos, sino que eran los generalmente tenidos por mejores. En realidad, muchos de los fariseos de entonces se parecían a muchos de nosotros, los cristianos de hoy, que estamos constantemente preocupados por hacer esto o aquello, o por no hacer esto o aquello, al punto que nos olvidamos de los primeros dos mandamientos, que son mandamientos de amor.

Si los fariseos, las personas más religiosas de su tiempo, estuvieran definitivamente excluidos del reino, ¿qué esperanza nos quedaría a nosotros, las personas religiosas de hoy? Luego, al dejar en el aire la cuestión de si el fariseo Simón y sus comensales se arrepienten y aceptan a Jesús o no, Lucas está dejando la puerta abierta para que también entremos al reino los muy religiosos que nos creemos mejores que los demás. Y, cuando nos damos cuenta de eso, vemos que Lucas, al tiempo que condena la religiosidad superficial y externa de los fariseos, también nos habla de fariseos que responden de manera positiva al ministerio de Jesús y al llamado del evangelio. Así, en Lucas 5, en el episodio del paralítico que entra por el techo de la casa, vemos que quienes están presentes son "fariseos y doctores de la Ley", quienes al principio se sorprenden de que Jesús perdone al paralítico, pero al final de la historia declaran: "Hoy hemos visto maravillas". Algún tiempo después de la cena en que Jesús pronuncia sus fortísimas palabras contra los escribas y fariseos, de la cual estos salen buscando cómo acusarlo (Lc 11.34), Lucas nos informa que unos fariseos fueron a advertirle a Jesús: "Sal y vete de aquí, porque Herodes te quiere matar" (Lc 13.31). Este episodio no se encuentra en los otros Evangelios y es una señal más de que Lucas no pretende condenar a los fariseos en general y sin más. Y en el libro de Hechos vemos, aparte del fariseo Gamaliel —quien al menos trata de detener a quienes persiguen a los apóstoles—, que en Hechos 15.5 se habla de fariseos que han creído. Pero, sobre todo, no olvidemos que buena parte del segundo libro de Lucas, Hechos, se dedica a la conversión y ministerio de un apóstol que hacia el final del libro declara: "Yo soy fariseo, hijo de fariseo" (Hch 23.6).

El gran vuelco, al tiempo que muestra que los fariseos y los religiosos no tienen ventaja en el reino de Dios, muestra también que hasta un fariseo de pura cepa puede encontrar el camino de salvación. Algo semejante ocurre en el capítulo 11, cuando una vez más Jesús es invitado a comer en casa de un fariseo, cuyo nombre desconocemos. Jesús entra y pasa inmediatamente a recostarse para comer. El fariseo se extraña de que Jesús no se haya lavado antes de comer. Aquí es importante aclarar que no se trataba de cuestión de higiene, como cuando mi mamá me mandaba que me levantara y lo hiciera si me sentaba a la mesa sin haberme lavado las manos. Era más bien cuestión ritual, cuestión de lavarse de todas las cosas impuras con las que uno se había topado antes de venir a la mesa. Lucas no nos dice si el fariseo hizo algún comentario, o si sencillamente Jesús sabía lo que estaba pensando. En todo caso, de esa cuestión de lavarse antes de comer surge toda una diatriba con seis "ayes", primero contra los fariseos y luego también contra los escribas. Los dos primeros ayes se dirigen a los fariseos —el primero, porque se ocupan minuciosamente del diezmo, pero se desentienden de la justicia y del amor a Dios; el segundo, porque buscan sentarse en los lugares de importancia en las sinagogas y que les saluden respetuosamente en las plazas. Cuando en el tercer "ay" Jesús se refiere, no ya solo a los fariseos, sino también a los escribas, y dice que son como sepulcros que no se ven, los escribas se quejan de que ahora está ofendiendo no solo a los fariseos, sino también a ellos. El resultado es entonces que los próximos tres "ayes" se dirigen a los escribas, entre otras cosas, porque cuando del conocimiento de Dios y de su Ley se trata son como el perro del hortelano, que ni come ni deja comer: "Vosotros mismos no entrasteis, y a los que entraban se lo impedisteis".

Este episodio en casa del fariseo innominado no tiene paralelo en los demás Evangelios, aunque varias de las cosas que Jesús dice aquí sobre los fariseos y sobre los escribas sí se encuentran en Mateo y en Marcos. Lo que es diferente en Lucas es que todo esto tiene lugar en un simposio, es decir, en una comida en la que los comensales se reúnen para conversar y discutir algún tema. Índice de ello es la palabra que la RVR traduce por "se sentó a la mesa" (Lc 11.37), que en realidad debería traducirse por "se recostó a la mesa". En otras palabras, Lucas coloca a Jesús en casa del fariseo, rodeado de otros fariseos y de escribas, y atreviéndose a pronunciar palabras tan fuertes que quienes lo escuchan las entienden como insultos.

La próxima cena sobre la que Lucas nos da algunos detalles tiene lugar en el capítulo 19, en casa de Zaqueo. Pero antes de llegar allá, y para entender la importancia de esa otra cena en la estructura misma del Evangelio de Lucas, debemos detenernos a considerar la parábola de la gran cena, que aparece en el capítulo 14, es decir, aproximadamente en medio, entre la cena en casa del fariseo innominado y la cena en casa de Zaqueo el publicano. En esa parábola, Jesús se refiere a una gran cena a la que un hombre invitó a muchos. Pero esos invitados iniciales, ofreciendo una variedad de excusas, no acuden a la cena. Entonces el anfitrión manda invitar "a los pobres, a los mancos, a los cojos y a los ciegos", así como a los que andan transitando "por los caminos y por los vallados". Todos estos han de ser forzados a acudir a la cena y entrar en casa del anfitrión. Y entonces Jesús termina con otra de esas frases que dan testimonio del gran vuelco: "Os digo que ninguno de aquellos hombres que fueron convidados gustará de mi cena" (14.24).

Si a partir de esa parábola echamos una ojeada, primero, a la cena que le antecede en el capítulo 11 y, después, al episodio de Zaqueo en el 19, veremos que esas dos ocasiones son en cierto modo confirmación de la parábola. En el capítulo 11, en casa del fariseo, Jesús condena tanto a los fariseos como a los escribas —la gente más religiosa en Israel, los cumplidores de la Ley, los estudiosos de la Palabra. Ahora, en el 19, en casa de Zaqueo, Jesús declara: "Hoy ha venido la salvación a esta casa" (Lc 19.9). Y se trata nada menos que de la casa de un publicano, de uno de esos a quienes los religiosos consideran inmundos pecadores.

Varios puntos en esa historia de Zaqueo son dignos de nota. El primero es que, como era de esperarse, el que Jesús fuera a casa de un publicano provoca murmuraciones (hoy diríamos "chismes"), no ya solo entre los fariseos y escribas, sino entre el pueblo en general. Dice Lucas que "todos murmuraban, diciendo que había entrado a hospedarse en casa de un hombre pecador" (Lc 19.7). Esto nos recuerda la parábola de la gran cena, en la que los invitados que debieron haber acudido quedan fuera, mientras que los que normalmente quedarían fuera resultan ser quienes participan de la cena.

El segundo punto a notar es que Jesús se invita a sí mismo a casa de Zaqueo, mientras que, en las dos cenas anteriores con fariseos —uno de ellos, Simeón y el otro, innominado—, son los fariseos quienes invitan a Jesús. Esto nos recuerda las extrañas palabras de la parábola, en la que el anfitrión le dice al criado no solo que busque a las gentes de la calle, sino que los fuerce a entrar. Jesús fuerza a Zaqueo a recibirle en su casa. En esta ocasión es Jesús quien manda, quien decide. En contraste, los fariseos invitan a Jesús a cenar con ellos, pero quieren seguir siendo señores de sus propias casas —aunque, como hemos visto, Jesús no acepta tal señorío, sino que se atreve a hablar francamente aun en contra de sus anfitriones.

El tercer punto a notar es que, mientras en los casos de los fariseos se trata solamente de una cena, en el caso de Zaqueo, Jesús va a hospedarse con él. Cuando es Jesús quien invita —o quien se invita a sí mismo—, la relación tiene una profundidad y una permanencia que no puede tener cuando se trata de una cena en la que son otros quienes invitan y quienes esperan tener control de la situación.

Y el cuarto, que es consecuencia del anterior, es que en el caso de Zaqueo, precisamente porque es Jesús quien invita y por tanto quien manda, el anfitrión mismo cambia radicalmente. Las cenas con los fariseos fueron simposios, cenas para conversar y discutir algún tema. La visita de Jesús a Zaqueo produce un cambio radical en su anfitrión: "La mitad de mis bienes doy a los pobres; y si en algo he defraudado a alguien, se lo devuelvo cuadruplicado" (Lc 19.8).

Si volvemos entonces sobre lo que hemos visto hasta ahora, resulta que tenemos cuatro ocasiones: la primera tiene lugar en casa de Leví, publicano; la segunda y tercera ocurren en casas de fariseos; y en la cuarta nos encontramos de nuevo en casa de un publicano —en este caso, Zaqueo. Y en medio de todas ellas, entre la segunda y la tercera, tenemos la parábola de la gran boda, que explica las cuatro ocasiones y las diferencias entre ellas.

Nos quedan todavía por considerar otras dos cenas importantes de las que Jesús participa en el Evangelio de Lucas: la Última Cena antes de la crucifixión y la cena en Emaús después de la resurrección. Estas dos cenas y su significado son tan importantes para entender el mensaje de Lucas que merecen atención aparte.

Por tanto, en lugar de discutirlas aquí las tomaremos como punto de partida para nuestro próximo tema: la adoración en la teología de Lucas.

Por lo pronto, antes de terminar este capítulo, es necesario señalar que, a pesar de haber centrado nuestra atención sobre el tema de la comida, no hemos tenido ocasión de estudiar algunos otros pasajes en Lucas en los que la comida tiene un lugar importante. Entre ellos se cuentan el recoger espigas en el día de reposo, en Lucas 6, la alimentación de los cinco mil, en el capítulo 9, y la parábola del rico y Lázaro, en el 16. Sobre todos ellos volveremos al estudiar ordenadamente el Evangelio de Lucas. Pero con lo que hemos estudiado basta para mostrar la importancia que tiene la comida en la teología de Lucas y el modo en que las comidas mismas muestran tanto el gran vuelco como la esperanza de salvación. Así como en toda la Escritura una de las imágenes más comunes para referirse al día final es la de un gran banquete, así también en Lucas los banquetes y otras referencias a la comida sirven para aclarar el carácter de ese gran banquete, quiénes se sentarán en él y quiénes, a pesar de haber sido invitados, quedarán fuera.

Para estudiar, pensar y discutir: Haga una lista de las comidas en las que Jesús participa en el Evangelio de Lucas, y busque los pasajes paralelos en Mateo y Marcos. Póngalos en tres columnas (o haga uso de una armonía de los evangelios) y compárelos. ¿Cuántos banquetes, cenas u otras comidas aparecen en el Evangelio de Lucas, y no en los otros dos? ¿Qué características o énfasis particulares ve usted en el modo en que cada uno de esos tres evangelios presenta esas comidas?

¿Ha escuchado usted alguna vez acerca de la frecuencia con la que Jesús se nos presenta comiendo en el Evangelio de Lucas, a diferencia de los demás? ¿Ha escuchado acerca del contraste entre los tres primeros evangelios (o "sinópticos") y el cuarto, que habla más de bebida que de comida? ¿Por qué será que Lucas habla tanto acerca de la comida?

¿Qué piensa usted que Jesús diría si le invitáramos a uno de los banquetes que comúnmente celebramos en nuestras iglesias?

VII. LA ADORACIÓN EN LUCAS.

Les fueron abiertos los ojos y lo reconocieron (Lucas 22:31).

Frecuentemente el tema de la adoración se excluye o se separa de las cuestiones teológicas, cuando lo cierto es que la teología y la adoración, la doctrina y el culto, se entrelazan de tal modo que si los separamos ambos pierden algo de su significado y valor. Aunque al estudiar y discutir la historia del pensamiento cristiano, o la historia de las doctrinas, nos imaginamos que ese pensamiento y esas doctrinas se forman mediante la especulación teológica, o mediante el adoctrinamiento de los fieles, lo cierto es que las doctrinas y la teología se forjan y se comunican en el culto.

Los historiadores se refieren a esto como el principio de *lex orandi est lex credendi*, lo cual, dejando los latinajos a un lado, significa lo que acabo de decir: que la regla del culto se vuelve regla de fe, que la doctrina nace en la adoración, y que es su culto, mucho más que sus doctrinas, lo que le da unidad y coherencia a la iglesia. Y, si es cierto que para entender cualquier teología es importante tener en cuenta el contexto de adoración en el cual se forma, eso es mucho más cierto en el caso de Lucas, cuyos escritos rezuman de adoración. El Evangelio de Lucas empieza en el templo, con la visión de Zacarías cuando servía en el santuario. Luego sigue la historia de la presentación de Jesús en el templo, que solo aparece en Lucas. De entre todos los evangelistas, solamente Lucas nos dice que la familia de Jesús acudía anualmente a adorar en el templo, y solo él nos cuenta de la visita de Jesús al templo cuando tenía doce años. De entre todos ellos, es Lucas quien coloca buena parte del ministerio de Jesús como un viaje desde Galilea hacia Jerusalén y su templo. Y en su último versículo, Lucas nos lleva de nuevo al mismo templo donde comenzó toda su historia al decir que, después de la resurrección, los discípulos de Jesús "estaban siempre en el templo, alabando y bendiciendo a Dios" (Lc 24.53).

Además, es Lucas quien incluye en los primeros capítulos de su obra cuatro himnos que hasta el día de hoy muchas iglesias utilizan en su culto. Primero el himno de María, "Engrandece mi alma al Señor" (1.46-55). Luego el de Zacarías, "Bendito el Dios de Israel..." (1.68-79). Después el breve cántico de los ángeles: "Gloria a Dios en las alturas..." (2.14). Y por último el de Simeón: "Ahora, Señor, despides a tu siervo en paz" (2.29-32). Estos cuatro himnos, generalmente conocidos por sus primeras palabras en latín como el *Magnificat*, el *Benedictus*, el *Gloria* y el *Nunc dimitis*, fueron parte importante del culto de la iglesia por siglos y hasta el día de hoy en muchas iglesias. Lo que es más, hay quien sugiere que estos himnos se usaban ya en la iglesia cuando Lucas escribió su Evangelio, y que fue del culto cristiano que Lucas los tomó. En todo caso, no cabe duda de que desde los inicios y hasta el día de hoy ha habido una relación estrecha entre el culto de la iglesia y los escritos de Lucas. Es por eso que al tratar de entender la teología de Lucas tenemos que incluir una mirada a la adoración en Lucas. Aunque no hay documentos que nos digan cómo era el culto en la iglesia antigua, sí hay al menos dos afirmaciones que podemos hacer sin lugar a dudas. La primera de ellas es que el culto se centraba en la comunión. Esto se ve ya en las primeras descripciones de la vida de la iglesia en Hechos 2, donde Lucas nos dice que "perseveraban en la doctrina de los apóstoles, en la comunión unos con otros, *en el partimiento del pan* y en las oraciones" (Hch 2.42), y luego explica que "*partiendo el pan en las casas* comían juntos con alegría y sencillez de corazón" (Hch 2.46). Más adelante, en el capítulo 20, Lucas nos cuenta lo que sucedió en Troas: "El primer día de la semana, reunidos los discípulos *para partir el pan*" (Hch 20.7). Y todo esto se confirma en las epístolas, particularmente la primera de Pablo a los Corintios, donde no solo se repite la historia de la institución de la comunión en la Santa Cena, sino que buena parte de lo que Pablo dice se refiere a cómo los creyentes han de comportarse en la Cena del Señor. Luego, lo primero que podemos afirmar en cuanto al culto en la iglesia primitiva es que se centraba en el partimiento del pan, es decir, en la Cena del Señor o comunión.

Lo otro que podemos decir es que buena parte del servicio consistía en lecturas de la Biblia. Aunque no tenemos datos explícitos del siglo primero, sí hay amplias pruebas de que en el siglo segundo el culto consistía en dos partes: el "servicio de la Palabra" y el "servicio de la mesa". Este último era la comunión. Pero antes de la comunión tenía lugar el servicio de la Palabra. Para entender la importancia de tal servicio, hay que recordar que en aquellos tiempos no había imprenta, y que tanto el papiro como el pergamino eran bastante caros. Por ello, serían escasísimos los miembros de la iglesia que tendrían en su casa siquiera alguno de los libros de la Biblia. Lo mismo sucedía entre judíos, pocos de los cuales tenían las Escrituras en casa, aparte de los versículos puestos en los postes de las puertas, o sobre la frente de los creyentes, según lo dictaba la Ley en Deuteronomio 9. Era en la sinagoga que los judíos se reunían entonces para escuchar la lectura y exposición de las Escrituras. De igual modo, los cristianos se reunían bastante antes del servicio de la mesa para que en el servicio de la Palabra se les leyesen y expusiesen las Escrituras que no podían leer en casa. Al principio, estas Escrituras eran las de Israel —lo que hoy llamamos "Antiguo Testamento". Pero pronto se comenzó a leer también cartas como las de Pablo. Esas cartas, dirigidas a la iglesia como un todo, se leían en voz alta en el servicio de la Palabra —cuando primero se recibían, se leerían de una vez, y luego se volverían a leer porciones de ellas que ayudaban a entender tanto las Escrituras de Israel como el evangelio. Y también se compartían con otras iglesias que pedían que se les hicieran copias. Lo mismo se hacía con los Evangelios, que también se leían en el servicio de la Palabra en preparación para el servicio de la mesa. Luego, al leer por ejemplo las epístolas de Pablo, es bueno recordar que el Apóstol estaba escribiendo para que su misiva fuera leída en el servicio de la Palabra, cuando los fieles congregados se preparaban para el servicio de la mesa. Y no cabe duda alguna de que tanto el Apocalipsis como el Evangelio de Juan fueron escritos con ese propósito.

La primera parte del culto, el "servicio de la Palabra", era un período de instrucción en el que, al tiempo que se enseñaban e interpretaban las Escrituras, todo esto se hacía con miras a los dos actos centrales del culto cristiano, el bautismo y la comunión. Para quienes no eran bautizados, el servicio de la Palabra era parte de su instrucción y preparación para su bautismo. Para quienes eran bautizados, era a la vez recordatorio de su bautismo y preparación para el servicio de la mesa, del que solamente participaban los bautizados, pues el resto de la congregación se despedía al terminar el servicio de la Palabra.

Es dentro de ese contexto que hay que entender las muchas referencias de Lucas al bautismo. Todos los Evangelios se refieren a la obra de Jesús como un bautismo más poderoso que el de Juan, el bautismo en el Espíritu Santo. Mateo concluye con la comisión de ir y bautizar. Pero Lucas continúa su obra con un segundo libro en el que se cuenta cómo esto aconteció, y en el que hay múltiples referencias al bautismo, tanto en agua como del Espíritu. Así, desde el principio de Hechos se nos habla de las multitudes que eran bautizadas, de los samaritanos y del etíope bautizados por Felipe, de Cornelio y su casa, etc. Luego, aunque Lucas no dice exactamente cómo era que se administraba el bautismo, no cabe duda de que el bautismo mismo es un tema predominante en su obra, particularmente en Hechos.

Puesto que los Evangelios eran leídos en el servicio de la Palabra, en preparación para el partimiento del pan, los pasajes en los Sinópticos que se refieren a la última cena del Señor pronto vinieron a ser parte del servicio mismo de la mesa —y en 1 Corintios 11, al discutir la Cena del Señor, Pablo relata esa última cena del Señor con sus discípulos antes de la crucifixión.

Por la misma razón, los pasajes que tenían que ver con comida y bebida cobraban especial interés. En el caso de Lucas, escrito cuando ya otros Evangelios se leían en el servicio de la Palabra, cabe preguntarse hasta qué punto ese posible uso de su obra influyó sobre lo que escribió. Lo que es más, bien podemos pensar que el énfasis de Lucas en la comida —como el de Juan en la comida y la bebida— se deba a que Lucas esperaba que su libro fuera leído a toda la congregación en el servicio de la Palabra para la instrucción del pueblo creyente, pero sobre todo en preparación para el servicio de la mesa o Santa Cena. Antes, al discutir el tema de Lucas y las comidas que aparecen en su Evangelio, dejamos fuera dos de las más importantes: la Santa Cena, antes de la crucifixión de Jesús, y el partimiento del pan en Emaús, después de su resurrección. La razón por la cual no se incluyeron esas dos cenas en la discusión anterior es que merecen atención especial, pues son importantísimas para entender la teología de Lucas dentro del contexto de adoración para el cual y dentro del cual Lucas escribió.

Significativamente, de entre todos los Evangelios, los dos que incluyen otra cena después de la resurrección son Lucas y Juan —precisamente los dos últimos en ser escritos, y por tanto los dos que más probablemente fueron escritos teniendo en mente su uso en el servicio de la mesa.

Si entonces volvemos a leer el Evangelio de Lucas, pensando en cómo lo leerían aquellos cristianos de fines del siglo primero y principios del segundo, descubriremos en él significados que de otro modo pasaríamos por alto. De esto se podrían citar muchísimos ejemplos, de entre los cuales me permito ofrecer algunos.

Cuando aquellos primeros cristianos oían a María alabar a Dios porque "a los hambrientos colmó de bienes y a los ricos envió vacíos" (Lc 1.53), esto establecería puentes entre su propia condición y la cena que estaban a punto de celebrar. Hasta donde sabemos, entre aquellos primeros cristianos habría, como dice Pablo, "no muchos sabios según la carne, ni muchos poderosos, ni muchos nobles" (1 Co 1.26). No eran ellos gentes que tuvieran bienes de sobra, ni siquiera comida de sobra. Muchos de ellos serían literalmente "hambrientos". Pero ahora María les anuncia un nuevo orden, una nueva realidad, un reino en el que Dios colma de bienes a los hambrientos. Allá fuera, en el mundo, habrá ricos que se creen felices; pero en realidad son hambrientos. Nosotros, aquí en esta comunidad de fe que es anticipo del Reino, y que vamos a celebrar en la comida que sigue, somos quienes tenemos el verdadero pan de vida eterna, el verdadero anticipo del Reino. Y cabe añadir que, en aquella primera iglesia, la Santa Cena era precisamente eso: una cena a la que cada cual traía lo que podía; y en ese compartir, los más hambrientos quedaban saciados. (Lo cual explica por qué Pablo se enfada tanto al enterarse de que en Corinto hay quien se harta en la Cena del Señor, mientras otros siguen hambrientos).

Otro ejemplo. En el capítulo 6 del Evangelio de Lucas aparece el episodio en que los discípulos recogen espigas de trigo en un día de reposo, y algunos fariseos los critican. Jesús les responde recordándoles que David, cuando él y quienes le acompañaban tuvieron hambre, tomaron panes consagrados que no les era lícito comer, y de allí pasa a declarar: "El Hijo del hombre es Señor aun del sábado" (Lc 6.16). En cierto modo, este episodio es paralelo a los otros en los que Jesús sana a alguien en el día de reposo, y los escribas y fariseos le llaman la atención. Tanto en aquellos otros pasajes como en estos, se trata de si la Ley de Dios se sobrepone a la necesidad humana y al amor, o no. Hay que aclarar, para que no haya malentendidos, que la ley acerca del día de reposo es buena. Ha sido dada por Dios. Jesús no dice que sus discípulos se deban desentender de ella. Pero sí dice que las leyes dadas por Dios nos han sido dadas por amor, y que no han de emplearse para evitar que los enfermos sanen, o que los hambrientos coman.

Imaginemos ahora una congregación allá por el año 90 reunida muy de mañana un domingo —quizá a eso de las cuatro o las cinco de la madrugada— para participar primero del servicio de la Palabra y luego del servicio de la mesa. En el servicio de la Palabra oyen este pasaje de Lucas. Para ellos, lo que estarán celebrando no es sino la consecuencia de lo que leemos: que Jesús, el Señor del sábado, provee alimento para sus discípulos aun cuando el orden social o las leyes —incluso las leyes buenas— pretendan impedirlo. Eso era precisamente lo que ocurría en el Imperio romano. Hasta el día de hoy, ese imperio es justamente reconocido por sus leyes. Sin esas leyes, el caos reinaría. Por tanto, eran buenas leyes. Pero, como en toda sociedad humana, había quien usaba esas mismas leyes para acaparar poder y comida, negándosela al grueso de la población. Frente a tal realidad, los cristianos sabían que allí, en aquella cena que estaban a punto de celebrar, el Señor del sábado, y Señor también de todas las leyes, proveía para ellos comida de eternidad, como antes al caminar por los sembrados proveyó alimento para sus discípulos. No es en balde que, en el mismo capítulo, unos pocos versículos más adelante, el propio Jesús dice: "Bienaventurados los que ahora tenéis hambre, porque seréis saciados" (Lc 6.21).

Tercer y último ejemplo. Cuando hoy leemos la parábola del hijo pródigo, lo que nos llama la atención es el amor y la misericordia del padre, y su alegría ante el retorno del hijo que estaba perdido. Pero si estuviéramos a punto de entrar a una cena, como lo estarían aquellos cristianos que allá por el año 90 escucharían esa historia, notaríamos también que todo lleva a una cena. El padre no solo recibe, sino que invita a cenar. El perdón y gracia de Dios que aquellos cristianos habían experimentado llevaba a su expresión en una cena, como en el caso del hijo pródigo y del padre misericordioso. Pero aquellos cristianos también sabrían que, si no venían al Padre arrepentidos, si pretendían venir al Padre reclamando sus derechos, su obediencia o su santidad, serían como aquel otro hijo, que no entendía el gozo de su padre por el regreso del hijo extraviado, y por tanto se excluían a sí mismos tanto de ese gozo como de la cena preparada para celebrarlo.

Pero vayamos al texto central en el Evangelio de Lucas sobre todo este tema de comer y de su relación con la Santa Cena. Se trata del pasaje, en Lucas 22, en que se nos cuenta la institución misma de esa Santa Cena en la cena pascual de Jesús con sus discípulos. El pasaje es bien conocido, y no hay por qué repasarlo aquí. Pero sí vale la pena que nos detengamos a considerar un elemento que frecuentemente pasa desapercibido: la proyección escatológica de la Cena. Tanto en Lucas como en Mateo y Marcos, Jesús les dice a los discípulos: "No beberé más del fruto de la vid hasta que el reino de Dios venga" (Lc 22.18; Mt 26.29; Mc 14.25). Pero Lucas dice algo parecido, no solo acerca de la copa, sino también de toda la comida: "No la comeré más hasta que se cumpla en el reino de Dios" (Lc 22.14). En los tres Evangelios Sinópticos, la Santa Cena tiene una dimensión escatológica: Jesús promete que volverá a beber con sus discípulos en el Reino. Pero en Lucas esa dimensión se refuerza, al decirlo dos veces. La Santa Cena apunta hacia el futuro, hacia la fiesta de bodas del Cordero, hacia el tiempo cuando "vendrán gentes del oriente y del occidente, del norte y del sur, y se sentarán a la mesa en el reino de Dios" (Lc 13:29).

En Lucas, Jesús no dice solamente que comerá con sus discípulos en el Reino, sino también que ese banquete escatológico será el cumplimiento de la cena que ahora él celebra con sus discípulos en el aposento alto: "No la comeré hasta que se *cumpla* en el reino de Dios". El verbo que Jesús emplea aquí, *pleróo*, quiere decir cumplir, completar, llenar, llevar a su culminación. Luego, lo que Jesús nos dice en Lucas es que aquella cena, aunque la llamemos "última", es también en cierto sentido la primera, el inicio de algo que no culminará sino en el día final.

Tristemente, muchos de nosotros hemos perdido esa dimensión escatológica de la Santa Cena. Tomamos las palabras "haced esto en memoria de mí" (1 Co 11.24, 25) y hacemos de ellas el centro de nuestra interpretación de la comunión, diciendo que, al tomarla, lo que debemos hacer es pensar en Jesús crucificado y en su muerte por nosotros. Lo que se nos olvida es que estas palabras aparecen solo en 1 Corintios, no en los Evangelios. No que no sean ciertas e importantes. Pero si fueran el tema central de la Santa Cena, sería difícil entender por qué los evangelistas no dejan constancia de ellas. Luego, en lugar de entender toda la Cena en términos de esas palabras, lo que nos compete hacer es tratar de entender esas palabras a la luz de lo que todos los Evangelistas nos dicen acerca de la Cena. Parte de lo que los Evangelistas nos dicen es que la Cena tiene una dimensión escatológica, que anuncia el futuro. Y Lucas aclara que la Cena misma no se cumple sino en ese futuro escatológico.

Haciendo por tanto un paréntesis, volvamos sobre las palabras de Jesús en 1 Corintios: "Haced esto *en memoria* de mí". Lo que la RVR traduce como "en memoria" es la palabra *anámnesis*, que tiene el sentido de "memoria", pero no únicamente del pasado. Es más bien como la palabra "recordar", que de momento parece referirse solo al pasado —como cuando decimos "recuerda de dónde vienes" —, pero que también puede referirse al presente —como cuando decimos "recuerda que eres pecador"— y al futuro —como cuando decimos "recuerda a dónde vas". Lo que Jesús les ordena a sus discípulos en 1 Corintios es que le "recuerden", que le traigan a la mente, pero que lo hagan tanto con referencia al pasado —su crucifixión y resurrección— como al presente —su presencia en la iglesia en virtud del Espíritu Santo— y al futuro —el día en que ha de comer de nuevo con nosotros en el Reino. Hacer esto "en memoria" de él es recordar a la vez el pasado —la muerte y resurrección del Señor—, el futuro —su regreso en gloria— y el presente —su presencia entre nosotros en esta cena.

Cerrando el paréntesis y volviendo a Lucas, lo que acabamos de decir acerca de la *anámnesis* en Pablo encaja perfectamente con el énfasis lucano en la dimensión escatológica de la comunión. La Santa Cena no es solo recordatorio del pasado, sino que es también ocasión de traer a la memoria la presencia de Jesucristo en su iglesia, y, sobre todo, de recordar que la Cena misma está en cierto sentido incompleta, pues todavía falta su cumplimiento en el Reino de Dios.

Pasemos entonces a la cena en la que Lucas nos presenta a Jesús comiendo con sus discípulos después de la resurrección, es decir, la cena con dos de esos discípulos en la aldea de Emaús, que Lucas narra en el capítulo 24 de su Evangelio. La historia es bien conocida. Pero lo primero que resalta cuando la leemos teniendo en mente el tema de la adoración, y más específicamente el de la Santa Cena, es el uso de cuatro verbos en el versículo 30: "*Tomó* el pan, lo *bendijo*, lo *partió* y les *dio*". Tres de ellos son los mismos que aparecen en la institución de la Santa Cena: "*Tomó* el pan, *dio gracias*, lo *partió* y les *dio*". El cuarto es casi lo mismo ("bendijo" y "dio gracias"). Luego, no cabe duda de que aquella cena en Emaús tiene dimensiones de Santa Cena o de comunión. Es la primera vez que los discípulos —en este caso dos de ellos— comparten el pan con el Jesús resucitado. Lo que pareció ser una cena común y corriente se vuelve Santa Cena en ese acto de tomar pan, bendecirlo, partirlo y darlo.

Y esto nos lleva al segundo punto importante en este pasaje, que es lo que estos dos discípulos les dicen a los once al regresar a Jerusalén: que "lo habían reconocido al partir el pan" (Lc 24.35). Para aquellos creyentes que hemos venido imaginando, reunidos para adorar al Señor allá por el año 90, cuando esta historia se leía en el servicio de la Palabra, en preparación para la comunión, tales referencias resultarían obvias: Jesús comparte el pan con sus discípulos, y es en ese acto de compartir el pan que Jesús se les da a conocer. Y lo mismo han entendido los creyentes a través de las edades: que cuando *tomamos* este pan, lo *bendecimos*, lo *partimos* y lo *damos*, en ese mismo acto de tomar, bendecir, partir y dar, el Señor se nos da a conocer. En la Cena, al tiempo que recordamos la promesa del retorno del Señor, ese mismo Señor viene a compartir la mesa con sus discípulos. La escatología deja de ser solo cuestión del futuro, para venir a ser también cuestión del presente —del presente en que vivimos recordando tanto el pasado como el futuro.

Lucas continúa el tema de la comunión en su segundo libro, Hechos. Ya hemos señalado algunos de los pasajes en que Hechos hace referencia al partimiento del pan. En el primero de ellos, Hechos 2, Lucas nos dice que en el partimiento del pan "comían juntos con alegría y sencillez de corazón" (Hch 2.46). Esto bien puede sorprendernos, pues para la mayoría de nosotros el servicio de comunión tiene poco de alegre. Al contrario, generalmente se nos ha enseñado que en la comunión lo que debemos hacer es recordar la muerte de Cristo y nuestro pecado que hizo necesaria tal muerte. La comunión es entonces ocasión marcada por el recuerdo de nuestro pecado, por el recuerdo de la cruz de Cristo y por nuestro arrepentimiento.

Pero, por extraño que nos parezca, en la iglesia primitiva, y por largos siglos a partir de entonces, la comunión no era ocasión de dolor y tristeza, sino de gozo y alegría. Por eso dice Lucas que aquellos primeros cristianos partían el pan con alegría. Por eso es que hasta el día de hoy hablamos de "celebrar" la comunión. Las celebraciones son ocasiones de alegría, no de duelo. Son ocasiones de gratitud, no de arrepentimiento. Son ocasiones de esperanza, no de luto. En la iglesia antigua la comunión era ocasión de alegría, de gratitud y de esperanza.

Todo esto tiene que ver con lo que decíamos poco antes, acerca de qué es lo que se "recuerda" en la comunión. Si lo que se recuerda es solo la cruz de Cristo, y nuestro pecado (que llevó a ella), la comunión es ocasión de duelo y de arrepentimiento. Pero si lo que se recuerda es sobre todo la victoria de Cristo, tanto en su resurrección como en el establecimiento del Reino de Dios, si lo que se recuerda es su presencia entre nosotros por obra del Espíritu, entonces la comunión es ocasión de alegría, de gratitud y de esperanza.

Y tiene que ver también con el día de la semana en que la iglesia antigua se reunía para celebrar la comunión. La frase "el primer día de la semana" aparece dos veces en los escritos de Lucas. La primera vez es en el Evangelio, donde Lucas dice que "el primer día de la semana, muy de mañana, [las mujeres] fueron al sepulcro" (Lc 24.1) y lo hallaron vacío. La segunda es en Hechos, cuando Lucas nos dice que en Troas, "el primer día de la semana, reunidos los discípulos para partir el pan..." (Hch 20.7). La iglesia se reunía para partir el pan el primer día de la semana porque ese era el día de la resurrección de Jesucristo. El viernes era día de ayuno y de duelo, pues ese era el día de la crucifixión. El sábado era día de reflexión y de descanso para quienes podían descansar —pues muchos de los primeros cristianos eran esclavos y otras personas que no se podían dar el lujo de descansar. Pero, puesto que al día siguiente la iglesia se reuniría para celebrar la comunión, pronto se dio en llamarle el "día de la preparación", y es así que numerosos textos antiguos se refieren al sábado o sexto día de la semana.

Pero hay más. Existía en aquellos días entre el pueblo de Israel una tradición acerca de lo que llamaban "el octavo día". Esta era una manera de referirse al día final, a la consumación de la creación y la victoria final del Señor. En Israel, como en todas las sociedades, el tiempo se medía en ciclos. De esos ciclos el más importante era la semana. Y dentro de la semana, el día más importante era el sábado —al punto que los nombres que generalmente se les daba a los días de la semana eran "el primer día después del sábado", "el segundo día después del sábado", "dos días antes del sábado", "un día antes del sábado", etc. Algunas fiestas y fechas importantes giraban en torno a la semana. Así, por ejemplo, después de la Pascua, tras una semana de semanas —es decir, 49 días— venía el día de Pentecostés. Y había también semanas de años, y semanas de semanas de años, de modo que tras 49 años venía el año del jubileo. Así, de siete en siete, el ciclo continuaba. Tras cada sábado venía el primer día de la semana, que a su vez le cedería el lugar al segundo, y así sucesivamente hasta el próximo sábado, al cual seguiría una vez más el primer día de la semana, en un ciclo al parecer interminable.

¡Ah, pero un día, un día, al despertar tras la noche del sábado, veríamos que el ciclo se había completado! ¡Que, en lugar del primer día de la semana, era el octavo día! ¡El día que viene una sola vez, porque es el día final, el día hacia el cual se dirigen todos los demás días, todas las demás semanas, todas las semanas de semanas de años!

Para la iglesia antigua, lo que había sucedido aquel primer día de la semana, cuando las mujeres fueron al sepulcro y lo hallaron vacío fue que amaneció el octavo día. A partir de entonces, los creyentes viven a la vez en los ciclos al parecer interminables de la historia y en el día final, en el Reino de Dios, pues por su unión con Cristo tienen las primicias de ese Reino. Todavía hay "primer día", "segundo día", etc. Pero ahora, en virtud de aquel primer día de la semana en que las mujeres hallaron el sepulcro vacío, nos es dable vivir también en el octavo día, en la nueva creación.

Esto nos lleva de regreso a lo que decíamos antes acerca de la dimensión escatológica de la comunión. Cuando los cristianos se reunían para partir el pan en memoria de Jesús, lo que traían a la memoria eran dos acontecimientos estrechamente relacionados entre sí: por una parte, un acontecimiento pasado, la resurrección de Jesús; y por otra, un acontecimiento futuro, su victoria final. Ambos son acontecimientos que nos producen gozo, y es por eso que aquellos primeros cristianos partían el pan "con alegría y sencillez de corazón".

Pero nos resta todavía dirigir nuestra atención a otro pasaje en Hechos que parece tener connotaciones que lo relacionan con la comunión. Se trata de lo que acontece inmediatamente antes del naufragio de Pablo. Llevaban dos semanas luchando contra el viento y las olas. La situación era tan desesperada que los marineros habían intentado abandonar la nave y dejar a los soldados, así como a Pablo y sus acompañantes, para que se hundieran junto a ella. Nadie tomaba siquiera el tiempo para comer. En medio de esa desesperación, Pablo pronuncia palabras de esperanza: "Os ruego que comáis por vuestra salud, pues ni aun un cabello de la cabeza de ninguno de vosotros perecerá" (Hch 27.34). Y Lucas continúa entonces la narración: "Y dicho esto, tomó el pan y dio gracias a Dios en presencia de todos, lo partió y comenzó a comer" (Hch 27.35). Nótense los verbos que Lucas emplea aquí: *tomó* el pan, *dio gracias* a Dios en presencia de todos, lo *partió* y *comenzó* a *comer*". Los tres primeros verbos son los que aparecen repetidamente en las diversas referencias a la comunión a las que ya me he referido: tomó, dio gracias, partió.

El verbo que falta es "dio", pues en este caso, Pablo come por sí mismo, en lugar de darles de comer a los soldados y marineros. Me parece que la connotación de un servicio de comunión es indiscutible, con la única diferencia de que ahora, como quienes están con él no participan de su fe, Pablo no les da el pan. Luego, podemos entender este episodio como un servicio de comunión en presencia de los soldados y los marinos no creyentes. Y lo interesante es que Lucas nos dice que después de que Pablo les dio ánimo y comió ante ellos, "todos, teniendo ya mejor ánimo, comieron también" (Hch 27.36).

El culto, en este caso la comunión, es actividad de la iglesia; pero ha de ser también esperanza para el mundo. Es por eso que, en 1 Corintios, Pablo dice: "Todas las veces que coméis este pan y bebéis esta copa, la muerte del Señor anunciáis hasta que él venga" (1 Co 11.26). La comunión es un anuncio, una proclamación al mundo en derredor. En la historia del naufragio en Hechos, los soldados y marineros desesperaban y se daban por perdidos. Pero Pablo, al comer ante ellos, les da señal de un futuro, de una esperanza. Lucas no nos dice que los soldados y marineros se salvaran en el sentido de creer, pero sí que se salvaron en el sentido de recuperar la esperanza, comer y no perecer en el naufragio. Pablo invita a sus compañeros de viaje, incluso a sus carceleros, a comer, diciéndoles: "Os ruego que comáis por vuestra salud" (Hch 27.34). Como hemos visto anteriormente, la misma palabra griega que aquí se traduce como "salud" también puede traducirse como "salvación". En este caso, los traductores de la RVR tienen razón al decir "salud", pues Pablo se refiere a salvarse de los peligros del mar, y no a salvarse de las consecuencias eternas del pecado. Pero, una vez más, hay una relación estrecha entre ambas cosas. Si Pablo no puede lograr que quienes navegan con él se salven de la muerte eterna, al menos sí puede lograr que se salven del naufragio.

Todo esto nos lleva a apuntar que cuando la iglesia adora, cuando la iglesia parte el pan, esa adoración y ese partimiento del pan, aunque tengan lugar dentro de las cuatro paredes del templo, son anuncio a los cuatro vientos de la muerte y resurrección del Señor, así como de su Reino venidero. En el caso de Pablo, en una nave a punto de zozobrar, y en el nuestro, en un mundo carente de esperanza, parte de la tarea de los creyentes es, con toda su vida y en toda su adoración, darles señal a los náufragos y a un mundo a punto de zozobrar de que todavía hay esperanza, de que Dios sigue siendo el Señor de las olas y el Señor de la historia. Pablo tomó el pan, lo bendijo, lo partió y comió. Pero en esa misma acción, invitó a los soldados y marineros —incluso a sus carceleros— a comer. En la teología de Lucas, el culto a Dios es también anuncio a la humanidad —anuncio de amor, de justicia, de paz y de esperanza.

Así, esta obra en dos tomos que comienza mostrándole a Teófilo que lo que se va a narrar se inserta dentro de la historia de la humanidad termina mostrándole también que es por razón de esa historia de Jesús y del Espíritu que le queda todavía esperanza a toda la historia de la humanidad. Al principio de la narración, el César, aun sin saberlo, determina que Jesús ha de nacer en Belén de Judá. Al final de la narración, Pablo se apresta a comparecer ante el César, quien no sabe que en el testimonio y la fe de ese prisionero están la esperanza y el futuro no solo de su Imperio, sino de todo el universo.

Decíamos antes que vivimos en tiempos en que vamos perdiendo el sentido de la comida —de la comida, no solo como nutrición para el cuerpo, sino también como actividad social. La llamada "comida rápida" va menoscabando la comida como ocasión social, como actividad humanizadora —la comida como "simposio". Pero eso no es más que síntoma de tiempos en los que se ha perdido el sentido tanto del pasado como del futuro, y por tanto la humanidad anda flotando al garete en un presente sin anclas ni amarras, sin raíces ni esperanzas. En su culto, en este comer juntos que es la comunión, la iglesia tiene la oportunidad y la obligación de mostrarle al mundo lo que es una vida entre el pasado de lo que Dios ha hecho y el futuro de lo que Dios promete hacer; entre el pasado de la crucifixión y resurrección del Señor y el futuro de su retorno y de su Reino. Cuando la iglesia se reúne a partir el pan y beber de la copa "en memoria" de su Señor, lo hace en memoria del Crucificado y Resucitado, en memoria del que ha de venir, y en memoria de quien ya está con nosotros, pues el que ha de venir es el Resucitado a quien ya conocemos y quien ya está en nuestro presente.

Para estudiar, pensar y discutir: En el culto en la iglesia en que usted se congrega, ¿dónde se ve algo parecido al antiguo "servicio de la Palabra? ¿Dónde se ve algo parecido al "servicio de la mesa"? En términos generales, podemos decir que la lectura de la Biblia y la predicación frecuentemente vienen a ocupar el lugar del servicio de la Palabra, mientras la comunión refleja el antiguo servicio de la mesa. ¿Predomina uno de esos dos elementos en el culto de su iglesia? ¿Qué es lo que se enfatiza cuando se celebra la comunión? ¿Será la enormidad de nuestro pecado, que requirió la crucifixión y muerte de Jesús? ¿Será la victoria de Jesús sobre los poderes de la muerte y del mal? ¿Será un recordatorio del banquete final en las bodas del Cordero? ¿Qué razones podría haber para celebrar la comunión con mayor frecuencia? ¿Qué razones podría haber para celebrarla menos frecuentemente?

¿Por qué será que, en tantas iglesias, al tiempo que hablamos de "celebrar" la comunión, esta tiene poco de celebratorio?

¿Será posible "recordar" el futuro? ¿Puede usted dar algunos ejemplos?

¿Qué es lo más importante que ha aprendido usted al leer este capítulo?

VIII. LUCAS Y EL ESPÍRITU SANTO.

Será lleno del Espíritu Santo (Lucas 1:15).

No cabe duda de la importancia que Lucas le da al Espíritu Santo y su obra. En el Evangelio de Marcos hay solamente unas seis referencias al Espíritu Santo. En el de Mateo, unas doce. Y en el de Lucas hay dieciséis. Pero sobre todo es en Hechos que Lucas subraya el tema del Espíritu Santo, pues en ese libro hay casi sesenta referencias a él. (Permítaseme, entre paréntesis, explicar por qué uso términos aproximados como "unas doce" o "casi sesenta". Puesto que hay casos en los que no resulta claro si la referencia es al "Espíritu" con mayúscula, es decir, al Espíritu Santo, o al "espíritu" con minúscula, es decir, al espíritu humano, es imposible decir con toda certeza y exactitud cuántas referencias al Espíritu Santo hay en un libro cualquiera, y sobre todo en los dos escritos de Lucas, donde el número total se acerca a los setenta).

Por otra parte, la importancia del Espíritu para Lucas no se limita al número de referencias, sino que se ve en algunos de los pasajes del Evangelio que son típicamente lucanos, así como en el uso de expresiones que han venido a ser parte de la herencia universal de la iglesia, y por último en la estructura misma de sus libros.

Vayamos primero a algunos de esos pasajes típicamente lucanos. Al decir "típicamente lucanos", me refiero a aquellos pasajes que no tienen paralelo exacto en los otros Evangelios. Pero no hay que descontar los pasajes que sí tienen paralelos, y por tanto vale la pena mencionarlos. En primer lugar, en Lucas 3.16 tenemos el anuncio por parte de Juan el Bautista de que quien viene tras él "bautizará en Espíritu y fuego" —palabras que aparecen también en Mateo y Marcos, aunque este último no incluye el fuego. De igual manera, el descenso del Espíritu sobre Jesús en su bautismo se encuentra en los cuatro Evangelios. Y los tres Sinópticos, en su narración sobre las tentaciones de Jesús en el desierto, incluyen la presencia del Espíritu. Pero si estudiamos con cuidado el original griego, vemos que, en Mateo, Jesús fue "llevado" por el Espíritu al desierto; en Marcos, Jesús fue "impelido" o "lanzado" por el Espíritu al desierto; y en Lucas, Jesús fue y estaba en el desierto "en el Espíritu". Además, de entre los tres evangelistas, solo Lucas dice que Jesús volvió a Galilea "en el poder del Espíritu" (Lc 4.14). Después de eso, el Espíritu no vuelve a aparecer en Mateo sino en el capítulo 10, donde —en un texto que tiene sus paralelos en Marcos 13 y en Lucas 12—, Jesús les dice a los discípulos que cuando tengan que dar testimonio ante los tribunales será el Espíritu quien hablará en ellos. Igualmente, la referencia al pecado contra el Espíritu en Mateo 12 tiene sus paralelos en Marcos 3 y en Lucas 12. Y lo mismo es cierto de la referencia al Espíritu —quien habla a través de David en la cita del Salmo 110— en Mateo 22, Marcos 12 y Lucas 20.

En resumen, hay solamente dos pasajes que no tienen paralelos en Lucas en los que Mateo se refiere al Espíritu. Uno de ellos es la cita de Isaías en Mateo 12.18. El otro aparece en el mismo capítulo de Mateo, donde Jesús dice "yo por el Espíritu echo fuera los demonios" (Mt 12.28), mientras que en Lucas Jesús dice "por el dedo de Dios echo yo fuera los demonios" (Lc 11.20). Y lo que es cierto de Mateo lo es más de Marcos, pues no hay en ese Evangelio una sola referencia al Espíritu Santo que no se encuentre también en Lucas. Por el contrario, sí hay en Lucas una multitud de pasajes en los que se hace referencia al Espíritu Santo y que no aparecen en los otros Evangelios. Veamos algunos de ellos.

En primer lugar, el Espíritu Santo tiene un papel importante en las historias de la Natividad del Señor que aparecen solo en Lucas. Ya en el capítulo 1, se le promete a Zacarías que su hijo Juan "será lleno del Espíritu Santo aun desde el vientre de su madre" (Lc 1.15). Más adelante, en la Anunciación, el ángel Gabriel le dice a María: "El Espíritu Santo vendrá sobre ti y el poder del Altísimo te cubrirá con su sombra" (Lc 1.35). Unos pocos versículos más adelante, Lucas nos dice que cuando Juan saltó en el vientre de su madre, esta, "llena del Espíritu Santo, exclamó a gran voz..." (Lc 1.42). Y, todavía en el mismo capítulo, al nacer Juan, su padre Zacarías "fue lleno del Espíritu Santo, y profetizó" (Lc 1.67). En el capítulo 2, cuando Jesús es presentado en el Templo, Lucas introduce a Simeón diciendo que "el Espíritu Santo estaba en él", que le "había sido revelado por el Espíritu Santo que no vería la muerte antes que viera al Ungido del Señor" y que fue al Templo "movido por el Espíritu" (Lc 2.25-27). Como ya se ha dicho, en el capítulo 4 Jesús es acompañado por el Espíritu en el desierto, y regresa de allí a Galilea "en el poder del Espíritu". Entonces viene el episodio en la sinagoga, cuando Jesús lee un pasaje que comienza: "El Espíritu del Señor está sobre mí" (Lc 4.18).

Más adelante, en el capítulo 10, cuando los setenta regresan de su misión, "Jesús se regocijó en el Espíritu" (Lc 10.21). En el 11, tras darles a los discípulos un modelo de oración, Jesús les dice que Dios es como un padre que no le dará un escorpión a un hijo que le pida un huevo, y que por tanto "el Padre celestial dará el Espíritu Santo a los que se lo pidan" (Lc 11.13) —lo cual contrasta con el pasaje paralelo en Mateo, donde Jesús promete que el Padre "dará buenas cosas a los que le pidan" (Mt 7.11).

Por otra parte, decíamos que para entender el tema del Espíritu Santo en los escritos de Lucas no basta con analizar los pasajes que pueden llamarse "típicamente lucanos", sino que hay que estudiar también la terminología que Lucas emplea en sus dos libros al respecto del Espíritu Santo. Alguna de esa terminología ha venido a ser tan común entre nosotros que rara vez notamos que se trata de una terminología típicamente lucana.

El más claro ejemplo de esto es la frase "lleno del Espíritu Santo", que rara vez aparece en la Biblia fuera de la literatura lucana. Los dos casos más claros son Miqueas 3.8, donde el profeta dice "estoy lleno del Espíritu de Jehová", y Efesios 3.19, donde el autor ruega por sus lectores, "para que seáis llenos de toda la plenitud de Dios". Pero en los dos libros de Lucas esa frase aparece doce veces —cuatro en el Evangelio, y ocho en Hechos. El ángel que se le aparece a Zacarías le promete que su hijo será "lleno del Espíritu Santo" (Lc 1.15). Más adelante, tanto Zacarías como su esposa Elisabet son llenos del Espíritu Santo. Y Jesús, al regresar de las tentaciones en el desierto, va a Galilea "lleno del Espíritu Santo". En Hechos, todos fueron "llenos del Espíritu Santo" en Pentecostés; y Pedro se dirige al sanedrín "lleno del Espíritu Santo" (Hch 4.8). En el capítulo 6 se estipula que los siete que se han de dedicar a servir a las mesas han de ser "llenos del Espíritu Santo", y la misma frase se le aplica dos veces más a Esteban, uno de esos siete. Ananías le promete a Saulo que recobrará la vista y será "lleno del Espíritu Santo". Bernabé era "un varón bueno, lleno del Espíritu Santo" (Hch 11.24). Y Pablo, al reprender a Elimas en Chipre, lo hace "lleno del Espíritu Santo" (Hch 13.9).

En todo el Nuevo Testamento, solamente Lucas usa el verbo "llenar" para referirse a alguna persona. Por ejemplo, en Nazaret "todos en la sinagoga se llenaron de ira" (Lc 4.28). En Chipre, Elimas está "lleno de todo engaño y de toda maldad" (Hch 13.19). Y en Antioquía de Pisidia "los discípulos estaban llenos de gozo y del Espíritu Santo" (Hch 13.52). En todos estos casos, el estar "lleno" de algo no se refiere a una actitud interior, sino a una plenitud que rebosa hacia el exterior. Quien está lleno de ira actúa airadamente. Quien está lleno de maldad actúa malvadamente. De igual modo, el estar "lleno del Espíritu Santo" no es solo una condición interna, sino que es una realidad que rebosa, que se vierte hacia el exterior. Y, al igual que estar lleno de ira involucra a la persona en su totalidad, estar lleno del Espíritu involucra a toda la persona y se manifiesta hacia el exterior en actitudes de bondad, sabiduría y gozo.

Otra frase típicamente lucana es el derramamiento del Espíritu, que se emplea tres veces en la historia de Pentecostés, y más adelante en el caso de Cornelio y los gentiles que lo acompañan. Es una frase paralela al "bautismo en Espíritu Santo y fuego" en Lucas 3, que sí tiene sus paralelos en los otros Evangelios, pero que esos Evangelios solo emplean en la historia en que Juan el Bautista promete que vendrá otro que bautizará en Espíritu Santo, mientras que en Hechos 1.5, Jesús indica que esa promesa está a punto de cumplirse: "Seréis bautizados con el Espíritu Santo dentro de no muchos días" —promesa que, en Hechos 11, Pedro emplea para interpretar lo sucedido con Cornelio.

Por último, hay que señalar que, aunque el descenso del Espíritu en ocasión del bautismo de Jesús aparece en los cuatro Evangelios, las referencias al Espíritu que "cae" sobre alguien son típicamente lucanas.

De todo lo cual, y del uso que en el día de hoy tienen esas frases, se desprende que ninguno de los autores del Nuevo Testamento ha contribuido tanto como Lucas al pensamiento cristiano acerca del Espíritu.

Pero ese énfasis en el Espíritu Santo, que se ve en la comparación que hice antes entre Lucas y los otros Evangelios Sinópticos, y en las frases típicamente lucanas que acabo de citar, no se limita a pasajes aislados, sino que se ve también en la estructura de la obra lucana. Lucas empieza cada uno de sus dos libros con una cita de un profeta, y en cierto modo esa cita es un anuncio de lo que vendrá en el resto del libro. En el Evangelio, esa cita es el pasaje de Isaías que Jesús lee en la sinagoga, y que se abre con las palabras: "El Espíritu del Señor está sobre mí" (Lc 4.18). En Hechos, la cita se coloca en labios de Pedro, y viene de Joel: "En los postreros días —dice Dios— derramaré de mi Espíritu sobre toda carne" (Hch 2.17). Bien podemos decir que cada una de estas citas anuncia el programa de la acción de Dios —en el Evangelio, de la acción de Dios en Jesús, y en Hechos, de la acción de Dios en la iglesia. En el Evangelio, por obra del Espíritu, Jesús sanará a los quebrantados de corazón, pregonará libertad a los cautivos y vista a los ciegos, y predicará el año agradable del Señor. En Hechos, el Espíritu se derramará sobre varones y mujeres, sobre jóvenes y ancianos, y hasta sobre los gentiles.

Visto de otro modo, podemos decir que en el primero de los dos libros de Lucas vemos cómo el Espíritu actúa en Jesús, y en el segundo vemos cómo Jesús actúa en el Espíritu. Lucas le dirige a Teófilo dos tratados. Al comenzar el segundo, resume lo que dijo en el primero: "En mi primer tratado, Teófilo, me referí a todas las cosas que Jesús hizo y enseñó desde el comienzo hasta el día en que fue recibido arriba" (Hch 1.1-2). Pero también es posible traducir el pasaje del siguiente modo: "En mi primer tratado, Teófilo, me referí a todas las cosas que Jesús comenzó a hacer y enseñar hasta el día en que fue recibido arriba". La acción y enseñanza de Jesús no terminan en el primer tratado, sino que continúan ahora que ha sido "recibido arriba". Solo que ahora esa continuada acción y enseñanza de Jesús tienen lugar mediante el Espíritu.

El segundo libro de Lucas, comúnmente llamado "Hechos de los Apóstoles", en realidad no es sobre los apóstoles, sino sobre el Espíritu Santo. Así, aunque al principio de Hechos se nos dan los nombres de los doce, en el resto del libro la mayoría de ellos sencillamente desaparece. Es solamente de Pedro y Juan que se nos dice más. Pero, después del capítulo 4, es solo en el 8 que Juan se vuelve a mencionar. Del propio Pedro no se nos dice una palabra más después del capítulo 15, en el llamado "Concilio de Jerusalén". Bernabé, que no es uno de los doce, pero a quien Lucas da el título de "apóstol" (Hch 14.4), también desaparece después del capítulo 15. Felipe, uno de los siete, aparece en el capítulo 6, tiene un lugar predominante en el 8, y luego desaparece, hasta que se le vuelve a mencionar de pasada en el 21. Timoteo aparece en el capítulo 16 y va apareciendo y desapareciendo hasta el 20, después de lo cual no se le menciona más. Y hasta en el caso de Pablo, quien entra en escena en el capítulo 7 y pronto parece volverse el protagonista del libro, no se nos dice qué fue de él, sino que Hechos nos deja, por así decirlo, colgando, pues al final del libro Pablo está preso en Roma, esperando juicio, y el lector quisiera saber si se le condenó o no. Pero Lucas no nos lo dice.

Todo esto se debe a que el personaje principal del libro de Hechos no son los apóstoles, ni los siete, ni Pablo. El protagonista de este segundo tomo de la obra de Lucas es el Espíritu Santo. Tanto es así que se ha sugerido repetidamente que el libro no debería llamarse "Los hechos de los apóstoles", sino "Los hechos del Espíritu Santo" —o, si se quiere, "El evangelio del Espíritu".

Para entender el porqué del título tradicional, "Hechos de los apóstoles", hay que tener en cuenta que, en la antigüedad, al ponerles títulos a los libros, no se pretendía decir todo lo que cubrían, sino sencillamente cómo empezaban. Así, un libro que hoy llamaríamos "Historia de Puerto Rico", y que cubriría toda la historia desde tiempos de los taínos hasta hoy, bien podría llamarse "Historia de la llegada de los españoles a Puerto Rico", aun cuando esa llegada no ocupara más que el primer capítulo. Luego, quien le puso al libro el título de "Hechos de los apóstoles" no quería decir con eso que el libro tratara solamente, ni siquiera principalmente, de los apóstoles y de lo que hicieron, sino más bien que el libro comenzaba narrando los hechos de los apóstoles.

De igual manera que en el Evangelio de Lucas se habla más de Jesús que del Espíritu Santo, en Hechos se habla más del Espíritu Santo que de Jesús. Esto no constituye una contradicción ni una división entre ambos. Se trata sencillamente de que, en el Evangelio, mientras Jesús está presente, es a través de él que se ve la obra del Espíritu Santo; y en Hechos, después de que Jesús "fue recibido arriba", es a través del Espíritu que se ve la obra de Jesús. En todo caso, el contraste no es tan grande, pues ya en el Evangelio, Simeón conoce a Jesús por obra del Espíritu.

Luego, para aclarar lo que Lucas nos dice acerca del Espíritu y de su obra, conviene comenzar por el libro de Hechos, donde vemos la actividad del Espíritu Santo todavía más clara que en el Evangelio.

Tras el prólogo dirigido a Teófilo, y en el que aclara la relación entre su primer libro y este segundo tomo, Lucas vuelve sobre el tema de la ascensión, con el cual terminó su Evangelio. Pero aquí añade una conversación entre Jesús y sus discípulos que no aparece en el Evangelio. Los discípulos le preguntan a Jesús: "Señor, ¿restaurarás el reino a Israel en este tiempo?". Y Jesús les contesta:

> No os toca a vosotros saber los tiempos o las ocasiones que el Padre puso en su sola potestad; pero recibiréis poder cuando haya venido sobre vosotros el Espíritu Santo, y me seréis testigos en Jerusalén, en toda Judea, en Samaria y hasta lo último de la tierra. (Hch 1.7-8)

Este pasaje se ha estudiado muy detenidamente, pues en él encontramos dos elementos muy importantes para entender todo el libro de Hechos: primero, la promesa del Espíritu; y, segundo, una especie de bosquejo de lo que ha de seguir en el libro mismo. Sobre todo eso volveremos a su debido tiempo. Pero por lo pronto conviene destacar un punto importante que frecuentemente pasamos por alto o no interpretamos correctamente. Se trata de la pregunta misma de los discípulos y la respuesta de Jesús. Desde niño, repetidamente oí predicar acerca de este diálogo, y se me decía que muestra que los discípulos no entendían el mensaje de Jesús, pues estaban preocupados por la restauración de Israel, y que es por eso que Jesús se niega a responder a su pregunta.

Pero no es eso lo que dice el texto. Jesús no les critica por pensar acerca de la restauración del reino, sino por preguntar acerca del tiempo cuando esto ha de ocurrir: "No os toca a vosotros saber los tiempos o las sazones que el Padre puso en su sola potestad". Esto es de suma importancia para entender la función del Espíritu. Tristemente, hay hoy, y ha habido a través de las edades, quienes pretenden que el Espíritu les ha revelado "los tiempos y las sazones". Y así nos dicen, por ejemplo, que el Espíritu les ha dado un nuevo entendimiento de la Biblia, y que mediante ese entendimiento pueden calcular y predecir que el Señor vendrá en tal fecha en el año tal. Al hacer tal cosa, se contradicen las palabras claras y tajantes del Señor Jesucristo: "No os toca a vosotros saber los tiempos o las sazones que el Padre puso en su sola potestad".

Por otra parte, Jesús no les dice que hacen mal en pensar en la restauración del reino. Si recordamos lo que se ha dicho más arriba sobre la tipología en la Biblia, resulta claro que el reino davídico es tipo o figura del reino de Dios, y que por tanto Jesús sí vino a restaurar y a completar el reino —aunque ese reino no sea de este mundo, y aunque el Israel restaurado incluye a personas de toda lengua y nación.

Lo que Jesús sí añade, y es de suma importancia, es el propósito de la dádiva del Espíritu. La promesa de esa dádiva empieza con la palabra "pero": "Pero recibiréis el Espíritu". Es decir, el Espíritu no nos dice los tiempos y las sazones, pero con todo y eso sí lo recibiremos. Y lo recibiremos con un propósito que no es conocer los tiempos y las sazones, sino dar testimonio de Jesús: "Y me seréis testigos".

En el capítulo 2, en la historia de Pentecostés, esa promesa empieza a cumplirse, es decir: se cumple la promesa de la dádiva del Espíritu, pero todavía no se cumple la de serle testigos "hasta lo último de la tierra" —promesa que quedará para generaciones futuras. El pasaje es tan conocido que casi nos lo sabemos de memoria. Pero hay algo que muchas veces no notamos y que me parece importante para entender la obra del Espíritu tanto en Hechos como en la vida toda de la iglesia. Si el propósito del Espíritu en Pentecostés es que todos los presentes entiendan lo que los discípulos proclaman, el Espíritu tiene dos opciones. Una de ellas es hacer que todos entiendan el arameo que los discípulos hablan; la otra es hacer que cada cual entienda en su propia lengua —es decir, los romanos en latín, los árabes en árabe, los egipcios en copto, y así en cada caso. De momento nos parecería que el resultado de cualquiera de las dos opciones es el mismo, pues a fin de cuentas todos escucharían el mensaje de los discípulos. Pero en términos de la vida práctica de la iglesia, cada una de esas dos opciones tendría resultados bien diferentes.

Si el Espíritu decide que todos han de entender la lengua de los discípulos, la consecuencia práctica de eso será que a partir de entonces la lengua, la cultura y las costumbres de los discípulos serán normativas en la vida de la iglesia. Para ser líder en esa iglesia será necesario hablar la lengua de los discípulos, quienes por tanto retendrán el control.

Pero si, por el contrario, el Espíritu hace que cada cual entienda en su propia lengua, esto quiere decir que todas las lenguas y todas las culturas pueden ser vehículos para el Evangelio. Y quiere decir además que a partir de entonces las posiciones de liderazgo empezarán a pasar a personas de otras lenguas y culturas. No creo que haya que insistir mucho en eso, pues la historia del libro de Hechos y la historia toda de la iglesia a partir de entonces, ha sido precisamente esa historia de cruzar fronteras, de encarnarse en nuevos pueblos y culturas. Pero sí me parece que debemos continuar analizando las consecuencias de esa proclamación del evangelio en la lengua de cada cual.

Una de esas consecuencias es que el control no queda ya en manos de los primeros discípulos, pues la iglesia rebasa los límites del alcance de los primeros discípulos —límites tanto culturales como geográficos. Ya en el capítulo 6 de Hechos vemos algo de eso: surge un desacuerdo dentro de la iglesia por cuestiones de cultura, hay murmuraciones contra los apóstoles, y estos mismos deciden que se han de nombrar siete nuevos líderes que han de ser "llenos del Espíritu Santo y de sabiduría"—líderes que de paso tienen nombres griegos. En los capítulos 7 y 8, dos de esos líderes vienen a ocupar el centro de la escena. El primero de ellos es Esteban, de quien Lucas nos vuelve a decir que era "hombre lleno de fe y del Espíritu Santo" (Hch 6.5), quien según habían dictaminado los apóstoles no debía predicar, sino administrar, ¡y acaba predicando el sermón más largo de todo el libro de Hechos! Y, cabe añadir, al final de su discurso, "lleno del Espíritu Santo vio la gloria de Dios y a Jesús que estaba a la diestra de Dios" (Hch 7.55) El segundo de aquellos siete líderes que por un momento ocupa el centro de la acción es Felipe, quien predica primero a los samaritanos en Samaria y luego al eunuco etíope en el camino de Jerusalén a Gaza.

En Samaria, nos dice Lucas que fueron muchos los que se convirtieron, y que la iglesia de Jerusalén mandó allá a Pedro y a Juan, quienes les imponían las manos a los bautizados, y estos recibían el Espíritu Santo. Luego, los apóstoles todavía tienen el poder que les fue dado en Pentecostés. Pero lo que acontece cuando usan ese poder es que los samaritanos reciben también el Espíritu Santo. Estos nuevos conversos que no estuvieron en Jerusalén el día de Pentecostés tienen ahora su Pentecostés y reciben el mismo poder que los primeros discípulos tuvieron en Pentecostés. Pedro y Juan tienen el poder de imponer las manos para que las gentes reciban el Espíritu, sí; pero ahora que estas otras personas tienen el Espíritu, no necesitan ya de Pedro y Juan, pues es de suponerse que habiendo recibido el Espíritu ellas también tienen poder para impartir el Espíritu. Y nótese que a partir de ese momento Juan desaparece de la narración, y la figura de Pedro se va eclipsando según la iglesia va cruzando más fronteras y van surgiendo nuevos líderes.

Podríamos continuar esa historia repasando el resto del libro de Hechos. Pero lo que está claro es que rápidamente van surgiendo iglesias y líderes de otros trasfondos y culturas —iglesias y líderes que, aunque mantienen vínculos con la iglesia de Jerusalén y con los primeros discípulos, no están sujetos a ellos: el eunuco que lleva el evangelio a Etiopía, el romano Cornelio que lo lleva a su casa de gentiles, Lidia la vendedora de púrpura, el carcelero de Filipos y, naturalmente, el más famoso de todos ellos, Saulo de Tarso.

En una palabra, lo que todo esto quiere decir es que, precisamente porque el Espíritu hizo que cada cual entendiera en su propia lengua, la dádiva del Espíritu da poder, pero no poder que se ha de acaparar, sino poder que se ha de compartir. Lo que el Espíritu hace en Pentecostés es dar poder a los primeros discípulos para que dieran igual poder a quienes escuchan —partos, medas, elamitas, etc.

Esto es muy diferente de lo que a través de la historia muchos han pretendido. Es muy diferente de las pretensiones del papa de tener poder para dominar a toda la iglesia. Y es también muy diferente del poder que reclaman hoy para sí algunos autodenominados "apóstoles", cuyo apostolado consiste, no en compartir su poder, sino en acapararlo, en controlar, en declararse superiores al resto de la iglesia. (Personas a quienes, de paso, Pablo sarcásticamente llamaría "grandes apóstoles" o "superapóstoles", y luego "falsos apóstoles, obreros fraudulentos" [2 Co 11.5, 13]).

Lo que es más, ante cualquier superapóstol, ante cualquier jerarquía que pretenda domar al Espíritu, y ante nuestras propias tendencias a domesticarlo, tenemos que subrayar que el Espíritu siempre es libre y soberano. A nosotros nos gusta sistematizarlo todo, colocarlo todo en su lugar; y frecuentemente queremos hacer lo mismo con el Espíritu Santo. Pero el Espíritu, como el viento, sopla donde le parece. Un ejemplo claro de esto tiene que ver con el orden entre el bautismo con agua y el bautismo del Espíritu. En Hechos 2.38, Pedro parece dar por sentado que la dádiva del Espíritu es consecuencia casi automática de la conversión y el bautismo: "Arrepentíos y bautícese cada uno de vosotros en el nombre de Jesucristo para perdón de los pecados, y recibiréis el don del Espíritu Santo". Pero en Hechos 9, a raíz de la experiencia en el camino hacia Damasco, Ananías le dice a Saulo que ha sido "enviado para que recibas la vista y seas lleno del Espíritu

Santo" (Hch 9.17), sin mención alguna del bautismo. En Hechos 10, en casa de Cornelio, y luego en el 11 ante la iglesia de Jerusalén, el propio Pedro es testigo de un caso en que se recibe el Espíritu Santo antes del bautismo: "¿Puede acaso alguno impedir el agua, para que no sean bautizados estos que han recibido el Espíritu Santo lo mismo que nosotros?" (Hch 10.47). En breve, que el Espíritu Santo no está nunca bajo el control de los creyentes ni de la iglesia, y que en lugar de tratar de sistematizar y reglamentar la obra del Espíritu haríamos bien en adoptar una actitud de constante sorpresa, como aquellos hermanos de la circuncisión que habían ido con Pedro a casa de Cornelio, y "se quedaron atónitos de que también entre los gentiles se derramara el don del Espíritu Santo" (Hch 10.45).

Pero dejemos todo eso a un lado y regresemos al pasaje acerca de la dádiva del Espíritu en Pentecostés. De igual manera que la cita de Isaías 4 en el Evangelio de Lucas sirve de patrón que sienta las bases para lo que viene en el resto del Evangelio, la cita de Joel en Hechos 2 es un anticipo de lo que el resto del libro va a mostrar. Y esto es que el Espíritu es destructor de privilegios. En efecto, la esencia del mensaje de Joel es que Dios derramará de su Espíritu "sobre toda carne", y luego pasa a dar ejemplos concretos: hijos e hijas, jóvenes y ancianos, siervos y siervas. Ese Espíritu no viene para crear nuevas jerarquías, sino para crear una nueva comunidad que será un anticipo del Reino, y en la que todos por igual compartirán del poder del Espíritu.

Una vez sentadas las bases de la misión del Espíritu en Hechos 2, Lucas continúa con su narración, en la que el Espíritu Santo es el protagonista principal. Tanto es así que si quisiéramos decir y explicar todo lo que Lucas dice acerca del Espíritu tendríamos que repasar todo el libro de Hechos. Tendríamos que hablar, por ejemplo, de cómo el Espíritu arrebata a Felipe tras bautizar al eunuco, de cómo en Hechos 5 el gran pecado de Ananías y Safira es el haberle mentido al Espíritu Santo, de cómo en Hechos 13 el Espíritu les dice a los creyentes que le aparten a Bernabé y a Saulo, de cómo el Espíritu se le revela al profeta Agabo, etc.

Pero lo importante es que nos percatemos no solo de la importancia que el Espíritu tiene en la obra lucana, sino también que entendamos lo que Lucas está diciéndonos acerca del Espíritu en la estructura misma de su obra.

Como decíamos al principio, la obra de Lucas no termina. La narración se acaba, pero la historia de los hechos del Espíritu, o de los hechos de Jesús a través del Espíritu, no termina.

Esta historia puede estudiarse y escribirse por mera curiosidad anticuaria, pero puede también leerse y escribirse porque se tiene conciencia de que esa misma historia continúa todavía. En este caso, la historia se nos vuelve no solo información, sino también llamado, reto, invitación. En ese caso, los hechos de los apóstoles habrán terminado, pero no los hechos del Espíritu.

La promesa de Hechos 1.8 solamente se ha cumplido en parte, pues todavía no hemos sido testigos "hasta lo último de la tierra". Todavía hay quien tiene que escuchar el mensaje de salvación. Todavía los hay, no solo en tierras lejanas, sino también en las nuestras, en nuestro propio patio, o al otro lado de la verja del patio.

Si aquella promesa de Hechos 1.8 es el bosquejo de la historia que Lucas narra, Lucas hizo bien en dejarnos en el aire al terminar el capítulo 28 de Hechos, porque la promesa y el llamado todavía siguen en pie. Porque todavía no hemos sido testigos "hasta lo último de la tierra". Porque todavía, para serle testigos, necesitamos del poder del Espíritu Santo.

Por ello, me parece apropiado terminar esta sección introductoria señalando y subrayando que es así que Lucas escribe su historia: no meramente para informarnos o para informar a Teófilo, sino para invitarnos, tanto a Teófilo como a nosotros, a continuar la historia que todavía está en camino —en cierto modo, a vivir en el capítulo 29 de Hechos, o a contribuir al cumplimiento de la promesa de que los discípulos del Señor le seremos testigos "en Jerusalén, en toda Judea, y en Samaria, y hasta lo último de la tierra".

Para estudiar, pensar y discutir: ¿Se había percatado usted del énfasis en el Espíritu Santo que aparece en las dos obras de Lucas? ¿Considera usted que si no fuera por Lucas no tendríamos frases usadas con tanta frecuencia, tales como "lleno del Espíritu Santo" y otras parecidas?

A continuación, aparecen dos citas. La primera de ellas procede de Cipriano de Cartago, del siglo tercero. Dice Cipriano:

> Es por esto que el Espíritu Santo vino en forma de paloma. La paloma es una criatura sencilla y alegre, no amarga como la hiel, ni cruel al morder, ni violenta con sus talones. Al contrario, vive en palomares humanos y conoce a quienes viven con ella. Cuando tienen descendencia la crían en conjunto; y también cuando vuelan, vuelan juntas. Así pasan el tiempo unidas, en medio de la concordia y la paz. Se besan unas a otras y en todas las cosas son unánimes. Tal debe ser la simplicidad de la iglesia; tal su amor que su fraternidad imite a las palomas.

¿En qué se asemeja esto a lo que comúnmente escuchamos en nuestras iglesias acerca del Espíritu Santo? ¿En qué se diferencia?

La segunda cita, del teólogo sueco Gustaf Wingren, del siglo veinte, debería servirnos de guía en todo el resto de este estudio. Dice Wingren:

> Toda buena interpretación de la Biblia es contemporánea. Si no lo es, no será buena... La Biblia no está al mismo nivel que sus interpretaciones. Está por encima de ellas, de igual manera que el texto es anterior al comentario. Y la interpretación siempre es interpretación para el momento en que se hace.

SEGUNDA PARTE

EL EVANGELIO DE LUCAS

I. 1.4–4.13: LA PREPARACIÓN Y EL PRINCIPIO DEL MINISTERIO.

A. 1.1-80: EL TRASFONDO.

1. 1.1-4: El prólogo.

Aunque esos primeros versículos del Evangelio de Lucas se conocen tradicionalmente como el "prólogo", en realidad son mucho más que eso. En ellos Lucas nos dice mucho acerca de su propia metodología y acerca de cómo él mismo entiende la tarea que se ha propuesto. Su "prólogo" es semejante a otros de aquellos tiempos. Pero también es semejante a lo que bien pudiera escribirse hoy como introducción a cualquier libro de historia. Allí Lucas reconoce a sus predecesores, dice algo acerca de su propia investigación y señala el propósito de lo que escribe: "Para que conozcas bien la verdad de las cosas en las cuales has sido instruido".

Es importante notar que Lucas no dice que esté escribiendo su Evangelio porque otros no sean fidedignos. Al leer este pasaje, eso es precisamente lo que muchas veces pensamos, puesto que en nuestros días frecuentemente el intento de escribir una monografía histórica o cualquier otro material parte de la premisa de que los tratados anteriores han errado. Pero en Lucas no hay nada como eso. Lucas no pretende corregir lo que esas otras personas han dicho, sino que sencillamente busca contar la misma historia desde un ángulo diferente, al tiempo que usa algunos materiales que los demás no emplearon. Quizá podríamos compararle con un periodista que busca describir un juego acerca del cual sus colegas también están escribiendo. Todos informan acerca del mismo juego. Quizá nuestro periodista hasta lea algo de lo que sus colegas han escrito. Al escribir su ensayo, seguirá ciertas normas convencionales acerca de tales ensayos. Pero, así y todo, su ensayo será diferente. No tiene que decir que es mejor, sino sencillamente que es diferente y que vale la pena leerlo. De este modo, quien se dedica al periodismo sabe lo que también los historiadores sabemos, pero frecuentemente los lectores olvidan: que el modo en que se cuentan los acontecimientos siempre refleja las perspectivas de los testigos que sirven de fuente y de los narradores mismos. Al igual que las noticias, la misma historia puede contarse una vez más y de manera diferente, y sin embargo sigue siendo la misma historia. Esto es de importancia crucial para entender el Evangelio de Lucas, así como nuestra propia tarea de proclamar las buenas nuevas de Jesucristo.

Para entender la naturaleza de la Biblia como Palabra de Dios es importante que entendamos y recordemos que Lucas no pretende decir que los demás están equivocados. Con una certeza casi absoluta, podemos decir que uno de esos otros recuentos a los que Lucas se refiere es el Evangelio de Marcos. Lucas no pretende decir que Marcos haya errado, ni tampoco que su propia historia sea mejor que la de Marcos. Sencillamente está contando la historia tal como él la ve y como quiere que Teófilo la escuche. Puesto que no sabemos mucho acerca de Teófilo, es imposible decir en qué medida la presentación que Lucas hace de la historia de Jesús vaya dirigida a una audiencia particular. Algunos años después de Lucas, la iglesia empezó a juntar varios libros para formar con ellos lo que ahora llamamos el Nuevo Testamento. Quienes los conocían sabían sobradamente que los cuatro Evangelios que vinieron a ser parte de esa colección no concordaban en todos los detalles; pero sin embargo los juntaron como parte del canon de un solo Nuevo Testamento. Ya para esa fecha estaban circulando otros documentos, cada uno de los cuales pretendía ser la "verdadera" historia de Jesús y de sus enseñanzas. El Jesús que presentaban era mucho más "espiritual" y menos físico que el de nuestros cuatro Evangelios. (Uno de ellos era el *Evangelio de Judas*, cuya publicación en fecha relativamente reciente ha sido motivo de bastante discusión). Pero la iglesia rechazó todos esos otros documentos y su pretensión de ser la única y absoluta verdad. Frente a eso, formó un Nuevo Testamento en el que se incluyen cuatro Evangelios que, al tiempo que concuerdan en lo esencial, presentan diferentes perspectivas y hasta no concuerdan en numerosos puntos. Lo importante era afirmar que Jesucristo verdaderamente había nacido, que sufrió y murió en la cruz, que se levantó de entre los muertos, que todo esto fue hecho para nuestra salvación, y que de ese modo se cumplen las antiguas promesas que Dios le hizo a Israel. Lo demás —por ejemplo, a cuántas personas Jesús alimentó o cuáles fueron sus palabras exactas desde la cruz— era secundario. Como en el caso de varios periodistas que describen un partido deportivo, puede haber diferentes interpretaciones y detalles; pero todos estarán de acuerdo en cuanto a qué equipo ganó, por cuántos puntos y otras cosas parecidas. Además, de igual manera que al escribir acerca de los deportes hay ciertos cánones que los periodistas siguen, así también Lucas sigue los cánones de las narraciones históricas de su tiempo.

Esto podría crearles dificultades a los literalistas absolutos, quienes tendrían que decir, por ejemplo, que Jesús les enseñó a los discípulos dos versiones diferentes del Padrenuestro. Pero en realidad es una gran dádiva para todos, puesto que nos obliga a centrar la atención en los principios fundamentales de la fe cristiana, y también quiere decir que podemos ver la misma historia desde cuatro perspectivas diferentes, y luego también recontarla desde nuestra propia perspectiva.

Lo que antecede no quiere decir que podamos reconstruir la historia como mejor nos parezca. Lucas no está inventando su historia. Al contrario, deja bien en claro que está escribiendo después de haber "investigado con diligencia todas las cosas desde su origen" (1.3). Lo que cuenta no es ficción. Tampoco es la opinión de Lucas acerca de lo que Jesús debía haber hecho o dicho. Al contrario, Lucas se fundamenta en el testimonio de quienes "vieron con sus ojos y fueron ministros de la palabra".

Esta idea de ser testigos presenciales aparecerá repetidamente en las dos obras de Lucas, el Evangelio y Hechos. La única manera en que es posible conocer acontecimientos pasados es si alguien que los presenció los cuenta. Quienes vengan más tarde también sabrán acerca de los acontecimientos que hoy vemos porque nosotros y otras generaciones hemos dado testimonio de ellos. El conocimiento de los acontecimientos históricos solo es posible mediante una cadena ininterrumpida de testigos, algunos orales y otros escritos. Lucas sabe que la historia que está contando le ha llegado a través de testigos. Ahora él mismo está testificándole a Teófilo. Lo que esto implica —y se ve más claramente en Hechos— es que Lucas espera que Teófilo y otros como él se unan a esa cadena ininterrumpida de testigos.

En cuanto a quién haya sido el mentado "Teófilo", la verdad es que sencillamente nadie lo sabe. El título que Lucas le da, "excelentísimo", generalmente se reservaba para los niveles más elevados de la sociedad romana. Lo más probable es que Teófilo haya sido creyente —quizá uno de quienes se preparaban para recibir el bautismo. Su nombre mismo quiere decir "amigo de Dios", y por esa razón más o menos a partir del año 200 se empezó a decir comúnmente que el tal "Teófilo" era en realidad cualquier persona que amara a Dios. Probablemente esto no sea históricamente correcto, y en realidad sí hubo un Teófilo a quien Lucas dirigió sus dos libros. Pero en otro sentido, sí es cierto: el libro va dirigido a todos aquellos que, como Teófilo, necesitamos conocer bien la verdad de las cosas en las cuales hemos sido instruidos.

Por otra parte, en la tarea por delante de nosotros no debemos vernos solamente en comparación con Teófilo, sino también con Lucas, quien busca contar su historia "por orden" y desde su propia experiencia y perspectiva. De igual manera que Lucas no niega la validez de quienes le precedieron como evangelistas, el afirmar nuestra propia perspectiva ha de ser parte de nuestro propio testimonio. Yo solamente puedo testificar de Jesucristo tal como soy. Si no lo hago así, mi testimonio no es auténtico. El hecho de testificar siempre es contextual —de igual modo que también la teología siempre se produce dentro de un contexto. En lugar de lamentarnos por la amplia variedad de teologías contextuales que han surgido en nuestros tiempos, deberíamos regocijarnos, de igual modo que nos regocijamos en que la gracia de Dios nos ha provisto cuatro Evangelios diferentes y todos presentan un solo testimonio del evangelio eterno.

2. 1.5-25: Se anuncia a Juan el Bautista.

El resto del capítulo primero cuenta las historias paralelas del anuncio de la venida de Juan el Bautista (1.5-25) y de Jesús (1.26-38), cuyas madres entonces se encuentran en la visitación (1.39-56). El capítulo termina con el nacimiento de

Juan (1.57-80), con lo cual queda listo el escenario para el nacimiento de Jesús en el capítulo dos.

Tristemente, hay una frecuente tendencia en cuestiones religiosas a hacerlas sonar extrañas y arcaicas. Es por eso que hablamos de "la anunciación" y "la visitación", cuando en realidad sencillamente queremos decir el anuncio y la visita. Lo que aquí tenemos son anuncios paralelos a María y a Elisabet, quienes entonces se reúnen cuando María visita a su familiar.

Inmediatamente después de su prólogo, Lucas nos ofrece el marco histórico de su narración: "Hubo en los días de Herodes, rey de Judea…". Esta es una práctica que Lucas continuará a través de sus dos libros —por ejemplo, cuando nos dice quiénes gobernaban cuando Jesús nació (2.1-2). Esto es importante para él no solamente como historiador, sino también como teólogo. En aquellos tiempos circulaban muchas historias acerca de la muerte y resurrección de los dioses, particularmente según se iban sucediendo las estaciones del año. Tales mitos buscaban explicar la aparente muerte de la naturaleza en el invierno, y su renacer en la primavera. Algunas de las religiones basadas en esas historias afirmaban que el dios moría —o al menos quedaba extremadamente debilitado— al principio de cada invierno, para entonces volver a vivir en la primavera. Otros pensaban que tales mitos eran acontecimientos antiquísimos, antes del comienzo de la historia humana, y era por eso que se reflejaban en los ciclos de las estaciones. Poco después de que Lucas escribiera su Evangelio empezaron a aparecer quienes trataban de interpretar el cristianismo de manera semejante: la muerte y resurrección de Jesús no eran más que un mito eterno que explica y refleja los ciclos de la vida. Otros, sin ir tan lejos, pretendían que lo que era importante acerca de Jesús no era quién fue ni lo que dijo, sino lo que enseñó. Para tales personas, la historia de Jesús no era más que un medio para presentarle sus enseñanzas a la humanidad —y en algunos casos, para presentárselas solamente a aquellas personas que habían sido instruidas en privado acerca de sus enseñanzas secretas.

Lo que Lucas dice es una negación rotunda de todo eso. La historia que está contando no es acerca de fenómenos cíclicos, ni tampoco de explicaciones mitológicas sobre el funcionamiento del mundo. No es ni siquiera acerca de las grandes enseñanzas de Jesús. La historia que cuenta es acerca de esta persona llamada Jesús, el Cristo, cuyo poder se extiende por encima de todos los fenómenos naturales, y cuyas enseñanzas ciertamente son grandes; pero quien es sobre todo y ante todo una figura histórica, que nació en tiempos de Herodes, Augusto y Quirino (2.1-2), quien vivió durante el reinado de Tiberio (3.1), y fue crucificado y resucitó cuando Poncio Pilato era gobernador de Judea.

La importancia de todo esto para nosotros hoy debería ser obvia. Una vez más, hay quien trata de hacer de la historia de Jesús una explicación mística o mítica de la naturaleza de la vida, privándola así de su carácter esencial como acontecimiento histórico. Con mucha mayor frecuencia, hay quienes están dispuestos a reducir la importancia de Jesús a sus enseñanzas —postura muy común en las regiones que hasta hace poco fueron el centro geográfico del cristianismo. Para tales personas, ser cristiano es seguir las enseñanzas de Jesús. Y frecuentemente tales enseñanzas se suavizan: se hace de ellas sencillamente una serie de principios generalmente aceptados para la vida social —principios que en realidad reflejan sencillamente los valores de la cultura en que se vive. En contraste con tales opiniones, el libro de Lucas no es ante todo sobre las enseñanzas de Jesús, sino que es más bien la historia de Jesús mismo. Las enseñanzas de Jesús son importantes, no sencillamente porque sean buenas o útiles, sino también y sobre todo porque son *sus* enseñanzas. Al centro mismo del modo en que Lucas entiende el mensaje evangélico se encuentra esta figura histórica, este hombre de carne y hueso, cuya vida es parte de la historia humana y quien sin embargo también ha marcado toda esa historia.

Pero la historia de la humanidad no empezó con el advenimiento de Jesús. También al respecto de esto, pronto aparecerían cristianos que pretendían que nada de lo que había acontecido antes de Jesús tenía importancia alguna. Algunos entre ellos rechazaban lo que ahora llamamos el Antiguo Testamento como palabra de Dios. Algunos pretendían que era una palabra de un dios inferior, ignorante o malintencionado, quien hizo este mundo y lo gobernó con mano férrea hasta que Jesús vino a librarnos de la tiranía de ese dios de la creación y de la historia. Lucas rechazaría todo esto. Para él, la historia de Jesús es la culminación de una larga historia de la humanidad y de las relaciones de Dios con esa humanidad, una historia que se manifiesta en las Escrituras de Israel.

Sobre todo esto, Calvino comenta:

> Zacarías se alegra al oír esto y enterarse de que sus propias faltas no deshacen la fidelidad de Dios, sino que la muestran mayor todavía. A veces acontece que el Señor les ofrece la promesa a los incrédulos y cumple lo que les ha prometido a pesar de la resistencia de ellos. (Armonía de los Evangelios, Lc 1)

Es por esto que la historia del anuncio del nacimiento de Juan el Bautista es importante. Quienes no conozcan profundamente la historia de Israel podrán pensar que lo que aquí se dice acerca de Elisabet y Zacarías es confuso, o en el mejor de los casos, una distracción inconsecuente. Algunos eruditos nos dicen que la razón por la cual Lucas introduce aquí esta historia es para dejar en claro que Juan el Bautista y Jesús no eran rivales, sino que el primero era más bien anuncio del segundo. Esto es cierto. Pero la historia de la concepción y nacimiento de Juan el Bautista también tiene otra función: sirve de puente entre la historia de Israel en las Escrituras hebreas y la historia de Jesús. Al leer la historia del anuncio del nacimiento de Juan, inmediatamente recordamos el nacimiento de Samuel. El tema de la mujer estéril aparece repetidamente en las Escrituras de Israel. Entre las matriarcas, Sara, Rebeca y Raquel eran estériles. Pero por la gracia de Dios, el linaje de Abraham se preservó a través de ellas. También Sansón y Samuel nacieron de mujeres estériles. Lo que es más, el nacimiento de Sansón se nos cuenta de manera que nos recuerda lo que dice Lucas acerca del nacimiento de Juan el Bautista (Jueces 13.1-5). El modo en que Lucas cuenta la historia del nacimiento de Jesús muestra claramente que el propio Jesús también es parte de esa historia. El que Jesús haya nacido de una mujer estéril por excelencia —es decir, de una virgen— da cumplimiento y culminación a toda la historia de Israel (sobre lo cual volveremos al estudiar el capítulo 2 de Lucas).

Por último, un elemento que a veces pasa desapercibido al leer el Evangelio de Lucas es la manera en que entreteje temas secundarios que aparecen más de una vez. En este pasaje, por ejemplo, Zacarías pierde el habla; más adelante (11.14) Jesús hará que los mudos hablen. Nótese también que cuando Zacarías ve y escucha al ángel, el temor lo sobrecoge, pero el ángel le dice que no tema, puesto que le trae buenas nuevas —detalle que inmediatamente nos recuerda la reacción de los pastores cuando el ángel les aparece en 2.9, y las palabras del ángel en el próximo versículo: "No temáis, porque yo os traigo nuevas de gran gozo".

3. 1.26-38: Se anuncia el advenimiento de Jesús.

El paralelismo entre la historia de Juan y la de Jesús continúa. Al principio de esta sección, Lucas nos ofrece una nueva referencia cronológica, que ahora sirve para relacionar el anuncio que se le va a hacer a María con el que antes escuchó Zacarías: "Al sexto mes...". En este caso también es el ángel Gabriel quien trae la noticia de un nacimiento inesperado. Y también aquí aparece el tema del contraste entre el temor —o, en el caso de María, la perplejidad— y el gozo. De igual manera que antes Zacarías preguntó "¿En qué conoceré esto? Porque yo soy viejo y mi mujer es de edad avanzada", ahora también María pregunta: "¿Cómo podrá ser esto, pues no conozco varón?". Y, como le dijo a Zacarías acerca de Juan, ahora Gabriel le dice a María acerca de la grandeza del hijo prometido.

Sobre este anuncio, san Agustín declara:

> Quien, engendrado por el Padre, creó todas las edades, consagró este día al nacer de una madre. En su nacimiento eterno no pudo haber tenido madre, y en este nacimiento temporal no necesitó de padre. Luego podemos decir que Cristo nació tanto de un padre como de una madre, y sin embargo sin padre ni madre: como Dios, nació del Padre. Como hombre, de una madre. Como Dios, sin madre. Y como hombre, sin padre. (*Sermón* 184)

Pero, por otra parte, esos mismos paralelismos entre los cánticos de Zacarías y de María hacen resaltar los contrastes. Zacarías pide prueba de lo que Gabriel le dice.

María simplemente sabe que es imposible, y pide una explicación. En su caso, el milagro es mayor que en el de Zacarías. Juan "será grande delante de Dios". Pero el hijo de María "será llamado Hijo de Dios".

Al combinar de ese modo los paralelismos y los contrastes, Lucas nos está diciendo que este Jesús, cuya historia ahora nos cuenta, es a la vez continuación de la historia de Israel y mucho más que eso. Como otros grandes líderes de Israel, también él será hijo de una mujer estéril, ¡tan estéril que es virgen! Su reino fue anunciado por David y su reino; pero, en contraste con David, el hijo de María "reinará sobre la casa de Jacob para siempre y su reino no tendrá fin".

Volviendo entonces a María, debemos considerar una vez más su pregunta: "¿Cómo podrá ser esto, pues no conozco varón?". Con esa pregunta, María no está solamente expresando su sorpresa ante lo que podría parecer imposible. También es una voz de alarma y quizá hasta de protesta. Para entenderla, tenemos que recordar las leyes de Israel y las costumbres que entonces prevalecían en cuanto a las madres no casadas. María tendrá que llevar el estigma —y quizá también la pena— de tal condición. (Algo de esto se ve también en Mateo 1.18-25). Este es el comienzo de una historia de dolor y humillación que llegará a su punto más alto en el momento en que su hijo será condenado a muerte como un criminal cualquiera. Ante las protestas de María, el ángel le responde que su familiar (el texto no dice exactamente que haya sido "prima", aunque frecuentemente así se entiende) Elisabet ya está embarazada, y esto también es resultado de la intervención divina. María no está sola, aunque su situación es única. Al fin de este pasaje, María acepta la voluntad de Dios: "Aquí está la sierva del Señor; hágase conmigo conforme a tu palabra".

Por último, hay otro detalle en esta narración que tiene importancia para el resto de la historia que Lucas nos va a contar. Lo que ahora se nos dice tuvo lugar en Galilea. Como veremos más adelante, el tema de Galilea misma, y cómo la veían los naturales de Judea, será importante, aunque frecuentemente no se lo note.

4. 1.39-45: La visita.

Estos versículos cuentan lo que generalmente se conoce como "la visitación". Nótese que el ángel no le dijo a María que debía ir a visitar a su pariente, sino solo que Elisabet también estaba embarazada. Pero María va a visitarla. En esto podemos ver una búsqueda de solidaridad. María va a visitar a otra mujer que inesperadamente se encuentra embarazada. Pero también hay un fuerte contraste entre la condición de estas dos mujeres: Elisabet es casada. Ella y su esposo han estado deseando tener un hijo por largo tiempo, y ahora ese deseo está a punto de cumplirse. María no es casada. Ante los ojos del mundo, llevará el estigma de una madre soltera. Va a visitar a su pariente, quien con su esposo han sido "justos delante de Dios y andaban irreprensibles en todos los mandamientos y ordenanzas del Señor". Quien no conozca la historia y lea el Evangelio de Lucas por primera vez, bien podrá esperar que la mujer justa, irreprensible y religiosa tendrá palabras fuertes para su familiar soltera. Pero esto no es lo que acontece. Al contrario, Elisabet interpreta los movimientos del hijo en su matriz como una bienvenida gozosa que su hijo le da al de María, y responde no solamente con palabras de bienvenida, sino también de humildad: "¿Por qué se me concede esto a mí, que la madre de mi Señor venga a mí?".

Resulta claro que, al contar su historia, Lucas se está asegurando de que sus lectores no piensen que Jesús es sencillamente uno más entre los profetas, y que entre él y Juan el Bautista hay rivalidades. Antes bien, Juan será el heraldo que anunciará la venida de Jesús. Es probable que, al escribir su Evangelio, Lucas conociera aún algunos discípulos de Juan que no aceptaban a Jesús, y que por lo tanto esté tratando de persuadirles de que se unan al movimiento de Jesús, al tiempo que se asegura de que otros no se declaren sencillamente discípulos de Juan y no de Jesús.

Pero en nuestros tiempos esa historia tiene también otra dimensión importante. Siempre ha existido el peligro de que los cristianos buenos, fieles y obedientes se tornen críticos que condenen a quienes no viven según sus principios. Ciertamente, a través de la historia, uno de los factores que más comúnmente han llevado a la división entre cristianos ha sido la idea por parte de un grupo particular de que otro sector de la iglesia contamina la totalidad, que no es suficientemente santo, y por lo tanto ha de ser rechazado. Esa actitud de juicio también ha sido uno de los principales obstáculos en la evangelización del mundo, puesto que lleva a una proclamación que, en lugar de anunciar buenas nuevas de gracia y salvación, se concentra en las malas nuevas de la condenación eterna de los demás.

La historia de la visita nos llama a una actitud diferente. Elisabet está llena del Espíritu Santo. Y precisamente porque está llena de él puede reconocer la obra de Dios en lo que según las medidas tradicionales humanas solamente merecería crítica y condenación. Luego, cuando el Espíritu Santo verdaderamente obra en la iglesia no nos lleva a pensar que somos más puros que los demás, como si quienes viven irreprochablemente ante Dios tuvieran el derecho de despreciar y condenar a los demás.

5. 1.46-55: El Magnificat.

El cántico de María se conoce tradicionalmente como *Magnificat* porque en la antigua traducción latina la primera palabra era precisamente esa, que significa "engrandece" o "alaba". No cabe duda de que el cántico sigue el patrón del cántico de Ana (1 Samuel 2.1-10). Pero no se trata sencillamente de un préstamo literario. Hay una perspectiva teológica que se encuentra tras esa relación entre los dos cantos. La historia de Jesús, tal como Lucas y los demás evangelistas nos la narran, había sido ya prefigurada en acontecimientos anteriores en la historia de Israel. Esto puede extrañarnos, pues cuando buscamos relacionar el Antiguo Testamento con el Nuevo estamos acostumbrados a buscar únicamente "profecías" —es decir, palabras que de algún modo misterioso anuncian los acontecimientos por venir, particularmente en la vida de Cristo. Pero hay también otro modo de ver el anuncio de Jesús en las Escrituras hebreas que no se centra en las palabras, sino más bien en los acontecimientos que prefiguran otros acontecimientos posteriores en la historia de Israel, en la vida de la iglesia, y sobre todo en la vida de Jesús. Bajo la dirección divina, hay acontecimientos que anuncian otros, y todos ellos apuntan hacia el acontecimiento central de toda la historia —la vida, muerte y resurrección de Jesucristo. El nombre que se le da a este modo de entender la relación entre la historia y el anuncio de las acciones de Dios es "tipología" (véase la Primera Parte, capítulo 2).

6. 1.56-80: El nacimiento de Juan el Bautista.

Lucas nos dice que María permaneció con su pariente "como tres meses". Puesto que el ángel le había dicho a María en la anunciación que ya Elisabet iba por su sexto mes, la cronología de Lucas nos da a entender que María partió poco antes del nacimiento de Juan. Ese nacimiento produce primeramente gozo, luego ciertos conflictos y por fin una sorpresa sobrecogedora. En el versículo 58, los vecinos y parientes se enteran de que Elisabet ha tenido un hijo y se regocijan con ella. Pero entonces en los versículos 59-63 hay ciertas dificultades. Se nos dice que algunas personas, cuyos nombres no se nos dan, "lo llamaban con el nombre de su padre, Zacarías". Cuando Elisabet dice que su nombre ha de ser Juan, la critican porque ese nombre nunca ha sido empleado en su familia. La razón de la disensión no está en que sea la madre quien quiera ponerle nombre al hijo, puesto que en el Antiguo Testamento hay 28 niños que son llamados por sus madres, y solamente 14 por sus padres. Ante el silencio de Zacarías, aparentemente algunos piensan que el hijo debe llevar el nombre de su padre mudo. La insistencia de Elisabet en llamar a su hijo "Juan" da la impresión de que no quiere honrar al padre. Durante todo ese tiempo, Zacarías no participa en el debate, pues no puede hablar. (Recordemos que en el versículo 20 se nos cuenta que Zacarías quedó mudo por haber dudado de lo que el ángel le decía). Por fin, escribiendo en una tableta, Zacarías confirma el nombre de Juan, según el ángel le había ordenado. Lucas nos dice que "todos se maravillaron", pero no aclara si esto fue porque Zacarías confirmaba lo que su mujer decía o por alguna otra razón. En todo caso, lo importante es que Zacarías obedece lo que el ángel le ordenó: "Llamarás su nombre Juan" (1.13). Resulta interesante notar que Zacarías no dice que el niño "se llamará" Juan, sino que su nombre "es" Juan. No se trata de una decisión que él esté tomando, sino que está sencillamente obedeciendo lo que ya está decidido. Inmediatamente después de esa obediencia fiel, Zacarías recupera el habla, que antes había perdido por su incredulidad.

Ahora cambia el ambiente, pasando de la disensión al temor. Quienes están allí saben que han presenciado algo importante, pero no saben exactamente de qué se trata ni cuáles serán sus consecuencias.

Todo el episodio nos recuerda la condición en que muchos creyentes fieles se encuentran repetidamente. Se les llama a hacer algo inesperado y quizá culturalmente inaceptable. La presión de los amigos y vecinos entra en contradicción con lo que saben que es la voluntad de Dios. Frecuentemente pensamos que tales conflictos tienen lugar principalmente en los llamados "campos misioneros", donde se van incorporando a la iglesia personas de toda una variedad de culturas y tradiciones. Por ello hablamos, por ejemplo, de la experiencia de aquellos cuya cultura incluye el culto a los antepasados, y cómo tienen que enfrentarse a cuestiones de idolatría. Pero quizá deberíamos pensar también en términos de nuestra propia cultura, muchos de cuyos valores —el individualismo, el énfasis en el éxito, en el triunfo, en el poder económico y en la popularidad— bien pueden entrar en contradicción con lo que sabemos que es la voluntad de Dios.

Mientras los parientes y vecinos se preguntan acerca del significado de lo que acaba de acontecer, Zacarías rompe en un himno de alabanza. Según se dijo en la Introducción, frecuentemente Lucas combina pasajes acerca de un varón con otros acerca de una mujer. Esto se verá más claramente más adelante. Pero por el presente baste notar que el cántico de Zacarías es la contraparte del de María. (Como en el caso del *Magnificat* de María, el cántico de Zacarías también se conoce tradicionalmente por la primera palabra de la traducción latina, *Benedictus*, "bendito"). En este cántico, Lucas nos muestra cómo Zacarías coloca la historia de Jesús dentro del contexto de toda la historia de las acciones de Dios entre el pueblo de Israel. Hay continuidad entre esa historia y lo que ahora Zacarías y sus allegados ven. Pero también hay algo radicalmente nuevo, sin paralelo. Según la profecía de Zacarías, Juan será llamado "profeta del Altísimo". Su papel será muy especial, puesto que Zacarías le dice: "Irás delante de la presencia del Señor para preparar sus caminos". Al colocar esas palabras en labios de Zacarías, Lucas está subrayando la importancia de Juan al mismo tiempo que le coloca, no a la par de Jesús, sino como su heraldo.

Excurso: Continuidad y discontinuidad.

En este primer capítulo de su narración, Lucas busca un equilibrio que se les ha hecho difícil a muchos teólogos. Es el equilibrio entre la continuidad y la discontinuidad. Por una parte, una discontinuidad absoluta entre Jesús y lo que tuvo lugar antes de él o aparte de él sería un error. Lo que Jesús hace no ha de ser nuevo en el sentido de que antes de su advenimiento Dios no hubiera estado activo, o de que lo que Dios hizo antes de Jesús no tenga ya pertinencia. Pero, por otra parte, una continuidad sin interrupción ni diferencia entre Jesús y el resto de la historia y de la creación nos dificultaría ver cuán especial Jesús es, y haría de él sencillamente un capítulo más en la historia humana.

En la iglesia antigua, y a través de los siglos, el debate entre esos dos polos ha llevado a algunas personas a seguir posturas opuestas tanto al respecto de la historia de Israel como al respecto de la cultura y filosofía no cristianas. En el siglo segundo, la postura de Marción era la de una discontinuidad radical, insistiendo en que el Dios de Jesús no era el mismo que ese otro dios inferior quien creó este mundo y dirigió la historia de Israel. Al contrario, según Marción, el Dios de Jesús es completamente otro, sin relación alguna con el mundo y su historia anterior, hasta que Jesús vino a librarnos de ese mundo viejo y malo. Desde ese punto de vista, lo que ha acontecido en Jesús es tan radicalmente nuevo que no hubo preparación alguna para ello ni en la historia de Israel ni en ningún otro elemento de la creación misma. Frente a esto, Tertuliano declaró, en su tono característicamente irónico, que el supuesto Dios supremo de Marción no valía mucho, pues por todos esos siglos estuvo ausente y ni siquiera produjo un triste vegetal.

También hubo opiniones divididas al respecto de la continuidad o discontinuidad entre el cristianismo y la cultura y filosofía grecorromanas. Tertuliano —el mismo que criticó a Marción por su discontinuidad radical entre Jesús y la historia de Israel— sostenía una discontinuidad radical entre la cultura y la filosofía que prevalecían en su tiempo y el verdadero mensaje del cristianismo. Sus famosas palabras son: "¿Qué tiene que ver Atenas con Jerusalén? ¿Qué acuerdo puede haber entre la academia y la iglesia?" (*Prescripción contra los herejes*, 7). En contraste con Tertuliano, otros —tales como Justino Mártir, uno de los principales teólogos de los primeros siglos— insistían en que había cierta continuidad entre la filosofía griega y la verdad cristiana. El modo en que Justino y otros expresaban esto era afirmar que el Verbo o Palabra de Dios que se encarnó en Jesús es el mismo por quien todas las cosas fueron hechas, y que es la luz que ilumina a todo ser humano que viene al mundo. Y hubo quienes, siguiendo una dirección semejante, llegaron a afirmar que de igual modo que Dios había dado la Ley a los judíos como nodriza que les llevara al evangelio, así también Dios les había dado la filosofía a los griegos para que tuviera una función semejante.

El debate ha continuado a través de los siglos, aunque tomando diferentes formas. En el siglo XX, Karl Barth criticó a Tomás de Aquino y a toda la tradición católica romana por haber declarado que la gracia, "en lugar de destruir la naturaleza, la perfecciona". Según Barth, cuando se le compara con la naturaleza humana, Dios es "completamente otro". A esto respondió Adolf Harnack haciendo una especie de caricatura de Barth y declarando que lo que este último afirmaba era sencillamente una vuelta a Marción. El mismo tema llevó a la ruptura entre Barth y su anterior compañero, Emil Brunner, quien admitía una continuidad inadmisible para Barth.

En tiempos más recientes, la cuestión de la continuidad y discontinuidad se ha planteado de nuevo, aunque ahora con propósitos diferentes, por varios teólogos de la liberación, quienes rechazan la distinción tradicional entre la historia del mundo secular (*Weltgeschichte*) y la historia de la salvación (*Heilsgeschichte*). Esa distinción se volvió bastante común en círculos protestantes en el siglo XIX, y desde largo tiempo antes, las escuelas católicas habían enseñado cursos diferentes, uno sobre "historia" y otro sobre "historia de la salvación". Esto fue parte del currículo común en América Latina durante todo el siglo XIX y parte del XX, y todavía se enseña en algunas escuelas católicas conservadoras. En teoría, tal distinción permite estudiar la narración bíblica y el propósito de la historia que encontramos en la Biblia paralelamente al estudio general de la historia. Pero en realidad produce la impresión de que hay un abismo entre los acontecimientos seculares y los sagrados, que Dios se ocupa solamente, o al menos principalmente, por los últimos, y que por lo tanto la principal preocupación de los creyentes ha de ser su propia salvación y la de los demás, y no lo que tiene lugar en la historia general del mundo y la sociedad —cuestiones tales como la injusticia, la opresión y la violencia.

Como vemos, el tema de la continuidad y discontinuidad entre la creación y la redención tiene consecuencias importantes tanto en la teología como en lo sociopolítico. Esa continuidad es tal que no puede hacerse distinción entre la historia de la salvación y la historia del mundo. Las acciones salvíficas de Dios tienen lugar dentro del contexto de la historia humana toda, y toda esa historia lleva a la salvación, que ha de entenderse como el cumplimiento de los designios últimos de Dios para toda su creación.

Este tema de la continuidad y la discontinuidad surge hoy de nuevo en discusiones acerca de la relación entre el cristianismo y la cultura. Quienes enfatizan la discontinuidad se inclinan en la dirección de condenar toda la cultura como mera producción humana —como si en realidad existiera tal cosa como un cristianismo no arraigado en cultura alguna, o una cultura particularmente cristiana. A quienes subrayan la continuidad se les hace difícil ver cómo difiere el cristianismo de la cultura circundante —como si el cristianismo fuera sencillamente lo mejor de la cultura humana.

En tal debate, Lucas parecería inclinarse en la dirección de quienes subrayan la continuidad. Ciertamente, declara que está escribiendo acerca de buenas noticias sin precedentes, acerca de una persona y una serie de acontecimientos que han cambiado la historia para siempre. Pero al mismo tiempo lo hace siguiendo los cánones de la historiografía de la cultura grecorromana, e insiste en la continuidad entre Jesús y la antigua historia de Israel —pueblo dentro del cual Jesús nació. Al dar nombres de gobernantes y líderes políticos, repetidamente coloca su narración en el contexto de la historia política tanto romana como judía. Lo que es más, como veremos, la genealogía de Jesús que Lucas incluye casi al principio de su Evangelio implica que toda la historia humana —no solamente la de Israel, sino la de todo el mundo— es contexto y preparación para los acontecimientos que Lucas nos va a contar.

Para estudiar, pensar y discutir: Compare este primer capítulo del Evangelio de Lucas con los inicios de cada uno de los otros tres Evangelios. ¿Cuánto de lo que se dice en Lucas no aparece en los demás? Marcos no dice una palabra del nacimiento. Juan empieza con un himno acerca del Verbo o Palabra de Dios. ¿Cuáles de las historias que aparecen en Mateo se encuentran también en Lucas? ¿Cuáles de las que aparecen en Lucas se encuentran también en Mateo? ¿Cuáles aparecen únicamente en uno de esos dos Evangelios?

Compare la genealogía de Lucas con la de Mateo. Note que, mientras la de Mateo va en orden descendiente de padres a hijos, la de Lucas sigue la dirección opuesta. ¿Por qué será? Note también que la de Mateo empieza por Abraham, mientras que la de Lucas se remonta hasta Adán. ¿Qué importancia puede tener esto? Note también que, mientras la genealogía de Mateo aparece al principio de su Evangelio, la de Lucas no aparece sino a fines del capítulo 3. ¿Por qué será?

En algunas iglesias se acostumbra recitar el cántico de María frecuentemente, y en otras no. ¿En qué modos ese cántico nos anuncia elementos fundamentales en el mensaje y la obra de Jesús?

B. 2.1-52: NACIMIENTO Y JUVENTUD DE JESÚS.

1. 2.1-20: El nacimiento de Jesús.

Este es uno de los pasajes más conocidos en todo el Evangelio de Lucas. Es un pasaje característico de él, puesto que no aparece en ninguno de los otros Evangelios. Aunque la mención conjunta de Augusto y Quirino plantea algunos problemas de cronología, no cabe duda de que indica el interés por parte de Lucas de colocar su narración dentro del contexto de la historia toda de la humanidad. Ya hemos discutido la importancia teológica de esto en la Introducción.

La historia acerca del mesón, el pesebre y los pastores ha sido contada tan repetidamente que hoy se nos hace difícil ver su verdadero impacto. No se trata de una historia tranquila y bucólica de unos pastores que se ocupan de sus ganados sin tener otra preocupación que la de algún lobo que pueda pasar. No es en ese contexto que Lucas coloca su historia. Se trata más bien de un pueblo que vive bajo un régimen opresivo. La mención de Augusto y Quirino —al igual que antes la de Herodes— tiene implicaciones políticas. Por largo tiempo antes de la llegada del Imperio Romano, los judíos habían estado luchando contra el dominio sirio. Ahora su tierra era gobernada desde Siria por un oficial nombrado por Roma. No importa cuál haya sido la cronología exacta, la estructura política resulta clara: los judíos tienen un gobierno títere bajo el poder sirio y, como sucede normalmente, la opresión no es solamente cuestión política, ni algo que preocupe solamente a quienes están directamente involucrados en la política. También alcanza la vida cotidiana del pueblo, como se puede ver en el hecho mismo de que José y María tuvieron que viajar a Belén, aunque ella estaba a punto de dar a luz.

Un censo tenía consecuencias graves. No se trataba solamente de contar a las personas para saber cuántas de ellas había y qué tendencias demográficas se estaban desarrollando. En aquellos tiempos, y por largo tiempo después, un censo era en realidad un inventario de todas las riquezas de la región —de su pueblo, sus animales y sus cultivos— de tal manera que el gobierno pudiera saber hasta qué punto podía aumentar los impuestos. Un censo era un anuncio de mayor pobreza y explotación. Bien podemos imaginar que los súbditos del Imperio romano de aquellos días le temían tanto al censo como le teme hoy cualquier grupo de inmigrantes indocumentados en cualquier país. Por esa razón, no ha de sorprendernos el hecho de que la chispa que encendió la rebelión de Judas el Galileo (Hechos 5.37) fuera un censo.

Sobre toda esta historia, bien merecen citarse las palabras de Ambrosio de Milán:

> Él se hizo párvulo y niño para que tú pudieras llegar a ser una persona perfecta. Fue envuelto en pañales para que tú fueras librado de las ataduras de la muerte. Estuvo en un pesebre para que tú pudieras estar ante el altar. No había lugar para él en el mesón para que tú tuvieras mansiones en el cielo. (*Exposición del Evangelio según Lucas,* 2.41)

Dadas las circunstancias del momento, el contexto de aquellos pastores que guardan sus rebaños de noche resulta ser mucho menos tranquilo y romántico que lo que normalmente imaginamos. Están al aire libre, sufriendo toda clase de deprivación y hasta peligros para proteger sus rebaños. Pero el censo los amenaza con un peligro mucho peor que el de algún lobo u otra bestia cuadrúpeda. El censo es como un lobo feroz que diezmará sus rebaños y contra el cual no pueden pelear, pues su poder es invencible. No resulta entonces difícil imaginar cuál sería el tema de conversación de aquellos pastores mientras se esforzaban por permanecer despiertos toda la noche. En tales circunstancias, las gentes expresan su ira, frustración y temores. Su conversación es a la vez inconsecuente y peligrosa —conversación que no lleva necesariamente a la rebelión, pero que en sí misma puede ser considerada subversiva por las autoridades. Si no precisamente en el momento en que el ángel apareció, ciertamente en algún momento aquellos pastores deben haber expresado tales sentimientos. Y aun de no haberlo hecho, todos estarían conscientes del temor y la opresión reinantes.

Es en esa escena, quizá silente, pero no tan pacífica como nos gusta pensar, que repentinamente un ángel irrumpe ante los pastores, quienes quedan aterrorizados. Su temor no ha de sorprendernos. Quienes hemos vivido bajo regímenes dictatoriales frecuentemente hemos tenido experiencias y reacciones semejantes. Hemos aprendido a temblar cuando alguien toca a la puerta de madrugada. Tal toque bien puede llevar a la "desaparición". Imaginemos entonces un grupo de pastores en un país empobrecido, como tantos hoy, mediante una combinación de un gobierno tiránico y corrupto y una constante explotación económica. No tienen que haber estado conspirando, ni siquiera haber estado sosteniendo conversaciones subversivas. Pero deben saber lo que les ha acontecido a otros pobres que de alguna manera han resultado sospechosos para el gobierno. De momento aparece una luz brillante y un personaje desconocido está ante ellos. Ciertamente, tenían suficiente razón para quedar aterrados.

Luego, el temor de los pastores no se debe solamente a que no entienden lo que está aconteciendo, sino también a que en sus circunstancias lo que está sucediendo puede tener consecuencias serias. Uno de los modos en los que la "gente pequeña" se las arregla para sobrevivir bajo los regímenes opresivos es no llamar la atención sobre sí mismos. Procuran seguir con sus vidas sin que los poderosos tomen nota de ellos, pues de otro modo fácilmente serían aplastados. Ahora estos pastores están bajo una luz brillante y un personaje claramente poderoso se presenta ante ellos.

Entonces la escena toma un nuevo giro. El ángel les dice que no teman, puesto que les trae "nuevas de gran gozo". Esto es paralelo a lo que le sucede a Zacarías en 1.12-14, donde se nos dice que estaba atemorizado, pero el ángel le dijo: "Zacarías, no temas… tendrás gozo y alegría". De manera semejante, en la anunciación el ángel le dice a María: "No temas, porque has hallado gracia delante de Dios" (1.30). El encuentro con el poder y la gloria de Dios lleva a un terror sobrecogedor, pero entonces la palabra de gracia que Dios pronuncia produce gozo y consuelo.

El ángel les dice a los pastores que les trae buenas noticias de un gozo "que será para todo el pueblo". Lucas frecuentemente utiliza la expresión "el pueblo" para referirse al pueblo común. Por ejemplo, en los primeros cinco capítulos de Hechos, Lucas repetidamente establece un contraste entre "el pueblo" y los ancianos, sacerdotes, saduceos y en general la élite judía. Luego, "el pueblo" tiene dos sentidos: por una parte, se refiere a todas las personas, o a Israel como el pueblo de Dios. Pero, por otra parte, también se refiere al pueblo común, particularmente al pueblo común de Israel. Aquí el ángel trae buenas nuevas de gozo "para todo el pueblo". Pero según se vaya desarrollando la narración veremos que, como ya María lo anunció en su cántico, las buenas nuevas son para todos, pero solamente traerán gozo y consuelo para unos y dolor y juicio para otros si no se arrepienten.

La buena noticia de gozo que el ángel anuncia es el nacimiento de un niño, "un Salvador que es Cristo el Señor". Este es el único lugar en todo el Nuevo Testamento en el que estos tres títulos aparecen juntos. El título de "Salvador" se empleaba en la Septuaginta (la traducción de la Biblia hebrea al griego que Lucas y casi todos los demás autores del Nuevo Testamento empleaban) para referirse por una parte a Dios mismo y por otra a aquellos a quienes Dios enviaba para librar a Israel. En las Escrituras hebreas la función de tales libertadores no era ni puramente religiosa ni puramente política. En verdad, tal distinción no tendría sentido para las mentes de la antigüedad. Ciertamente la rechazarían los teólogos que hoy rechazan también la distinción entre la historia secular y la historia de la salvación. Los "salvadores" en la Biblia hebrea libran a Israel de sus opresores políticos a fin de que el pueblo pueda libremente servir y obedecer a Dios. Moisés saca al pueblo de Israel, no solo para que queden libres de la esclavitud, sino también para que puedan adorar a Dios (Éxodo 7.16; 8.1). Pero el mismo título de "Salvador" (*Sóter*) era empleado por gobernantes que pretendían tener una autoridad especial sobre sus súbditos. En la antigüedad encontramos entonces nombres tales como el de Antíoco I Sóter, que se le daba a un gobernador de Siria, y el de Ptolomeo I Sóter para un rey de Egipto. Luego, cuando el ángel anuncia que Jesús es "Salvador", su declaración tiene tonalidades a la vez políticas y religiosas. El niño que ha de nacer librará a su pueblo de toda esclavitud —esclavitud bajo sus pecados y bajo sus opresores.

En cuanto al título de "Cristo" o "Ungido", bastan las palabras de Juan de Damasco:

> Quien nació de ella era Dios hecho carne, no sencillamente un ser humano inspirado por Dios. No era un profeta ungido con poder, sino la presencia misma de quien unge. Así, quien unge se volvió ungido, no porque cambiara su naturaleza, sino gracias a la unión hipostática. (*De la fe ortodoxa*, 4.14)

Excurso: "Salvador" y "salvación".

Conviene repetir aquí lo que dijimos en la Introducción: que el significado de la palabra "salvación", tanto en el Nuevo Testamento como en el uso común de aquella época, es mucho más amplio de lo que muchas veces imaginamos. La salvación quiere decir también sanidad, liberación, libertad del yugo del pecado, promesa de vida eterna y varias tonalidades bajo cada uno de esos temas. Luego, decir que Jesús es el "Salvador" quiere decir que Jesús libra a su pueblo de toda maldad, lo cual incluye el pecado, la muerte eterna, la enfermedad, la opresión y la explotación. Aunque ahora no veamos todo esto, ello se debe a que la obra de Jesús todavía no ha sido completada —el reino de Dios todavía no ha llegado a su florecimiento final.

El modo en que esto nos abre nuevas vistas en cuanto al sentido de la salvación se ve más claramente en las historias de milagros tanto en los Evangelios como en Hechos. Un pasaje muy debatido y frecuentemente poco entendido se encuentra en Hechos 4.12. Véase sobre él el capítulo 5 de la Primera Parte.

El título de "Mesías" —y su equivalente griego, *Christos*— quiere decir "ungido". En el antiguo Israel se ungía a los reyes y sacerdotes como señal de la aprobación divina y de su autoridad. Al llegar al Nuevo Testamento, la opresión foránea y el desorden social interno habían llevado a muchos a esperar la venida de un "ungido", un "mesías", que liberaría a Israel de su difícil situación. Paulatinamente, esto había ido llevando a la expectativa de un Mesías final, un ungido de Dios que traería por fin el Reino de Dios, y la victoria final de Israel sobre todos sus enemigos. Luego, al darle este título a Jesús, Lucas está declarando que él es quien cumple todas las promesas hechas anteriormente a Abraham y su descendencia, que restauraría el trono de David y destruiría toda opresión e injusticia.

Pero Lucas está diciendo mucho más que eso. El ángel no solamente declara que el niño que ha nacido es "Salvador" y "Mesías", sino que es también "Señor". Esta era la palabra que la Septuaginta empleaba para traducir el nombre sagrado e impronunciable de Dios —nombre sagrado en hebreo de donde viene, en nuestra traducción castellana, "Jehová". El Salvador y Mesías de Lucas no es uno más en la larga serie de salvadores, libertadores y ungidos que Israel ha conocido a través de la historia. ¡Es el Señor! Más adelante, según va contando su historia, Lucas nos dará más indicaciones de esto. Pero es importante señalar que se encuentra ya en el primer anuncio del nacimiento de Jesús.

Ese anuncio combina el poder y la debilidad de una manera sorprendente. La presencia del ángel sobrecogió a los pastores con temor. Ahora se les dice que la razón de esa presencia —que pronto sería aún más poderosa, ya que al ángel se le uniría la hueste celestial— es el nacimiento de un niño que yace en un pesebre. No es un príncipe nacido en un trono humano, ni siquiera un miembro respetable de una familia sacerdotal, sino un niño aparentemente transeúnte que yace en un pesebre. Este es uno más de los muchos ejemplos del vuelco que hemos encontrado ya en el Evangelio de Lucas, donde los pobres reciben alimento y los ricos son enviados vacíos, donde el primero será postrero y el postero primero, donde el rey celestial nace en un pesebre, y donde la reina extranjera viene para juzgar y condenar al pueblo de Israel (11.31).

Entonces el coro celestial se une al ángel y canta el himno que generalmente se conoce como el *Gloria* por su primera palabra, tanto en castellano como en latín —*Gloria in excelsis Deo.* Hay un problema textual al respecto del final de este himno. Algunos manuscritos dicen "paz y buena voluntad para con los hombres", mientras otros dicen "paz para aquellos a quienes Dios favorece". Esto ha llevado a largos debates entre quienes sostienen que la paz y la salvación son dádivas divinas absolutamente gratuitas que dependen solo de la voluntad secreta de Dios, y quienes afirman que hay una relación entre la buena voluntad humana y la buena voluntad de Dios. Por esa razón, este pasaje ha sido objeto de debate a través de los siglos. Pero no se trata de una cuestión que debamos dirimir aquí.

Como resultado del mensaje del ángel, los pastores van apresuradamente a Belén, donde encuentran exactamente lo que el ángel les ha dicho. (El texto no nos dice si dejaron a sus rebaños o los trajeron consigo). Como en tantos otros casos, el recuento de lo que estos pastores han visto maravilla a todos los que los oyen.

2. 2.21-39: La presentación en el templo.

A través de todo su Evangelio, Lucas nos muestra que Jesús es obediente a la Ley y las observancias de la religión judía. Todas las excepciones que aparecen en el Evangelio tienen lugar cuando tales observancias o la manera en que se aplica la Ley se emplean para subvertir el principal mandamiento de Dios, que es el mandamiento del amor. En tales casos, Jesús no permite que la Ley se emplee de tal manera. Tantos son los casos en que aparecen esas condiciones, que frecuentemente olvidamos que Jesús y su familia se nos presentan como buenos y fieles judíos. Esto resulta particularmente claro en la historia que ahora estudiamos, la de su circuncisión y presentación en el templo. La Ley de Israel requería que todo varón fuese circuncidado al octavo día de su nacimiento y la familia de Jesús lo hace. Más adelante, al llegar el tiempo en que el niño había de ser presentado en el templo, la familia cumple una vez más los requisitos de la Ley. En este caso particular, lo que se requería era que todo primogénito varón fuese redimido —es decir, comprado— de Dios. Esto se basaba en la historia de la Pascua, en la que el ángel del Señor trajo la muerte a todos los primogénitos de entre los egipcios, pero pasó de largo frente a las casas de los hijos de Israel, cuyas puertas llevaban el sello de la sangre de un cordero. Como resultado de todo esto, Dios se declaró dueño de todo primogénito varón en Israel: "Mío es todo primogénito. Desde el día en que yo hice morir a todos los primogénitos en la tierra de Egipto, santifiqué para mí a todos los primogénitos en Israel, tanto de hombres como de animales. Míos serán. Yo, Jehová" (Números 3.13). Luego, es en obediencia a ese mandamiento que los padres de Jesús lo traen al templo para ser presentado y ofrecer el sacrificio prescrito para su redención —es decir, para comprárselo de nuevo a Dios.

Resulta interesante notar que Lucas nos dice que el Redentor tiene que ser redimido, es decir, comprado de nuevo. Esto no es porque haya pecado, sino sencillamente porque es un primogénito, y todos los primogénitos de Israel le pertenecen a Dios. El tema de la Pascua como tipo o figura de Jesús (véase más arriba el excurso acerca de la tipología) aparece repetidamente en el Nuevo Testamento y tiene varios niveles de sentido. El cordero pascual que fue sacrificado es figura de Jesús. Jesús mismo es la nueva Pascua, porque en él Dios nos muestra su misericordia. Según Lucas y los demás Evangelios Sinópticos, la última cena de Jesús con sus discípulos antes de la crucifixión fue una cena pascual. Fue allí que instituyó la Santa Cena o Eucaristía. En el pasaje que ahora estudiamos, la presentación en el templo, también aparece el tema de la Pascua: Jesús, el primogénito, ha de ser redimido mediante el sacrificio de un par de tórtolas o dos palominos, y más adelante, él mismo redimirá a toda la humanidad mediante su propio sacrificio.

Cuando Jesús es presentado en el templo, hay dos personas que dan testimonio de su grandeza y lo que él hará: Simeón y Ana. Como tan frecuentemente hace, Lucas junta la palabra profética de un varón con otra de una mujer. Ambos son personas profundamente religiosas. Ambos son ancianos, o al menos parecen serlo, ya que no se menciona la edad de Simeón, pero su vejez parece inferirse de su propio cántico. Ambos son profetas. Al ver al niño, ambos alaban a Dios y hacen declaraciones acerca de él, aunque las palabras de Simeón se citan en el texto, pero las de Ana no.

El cántico de Simeón se conoce tradicionalmente por las dos primeras palabras de su traducción latina, *Nunc dimitis*, "Despide ahora". En él, Simeón deja bien en claro que el niño a quien se refiere tendrá un papel importante tanto en la historia de Israel como entre los gentiles, pues será "luz para revelación a los gentiles y gloria de tu pueblo Israel". A esto sigue el anuncio profético de Simeón dirigido a María: "Este está puesto para caída y para levantamiento de muchos en Israel, y para señal que será contradicha (y una espada traspasará tu misma alma)". De este modo, se nos anuncia la oposición que Jesús encontrará en el resto del Evangelio y que culminará en la crucifixión.

3. 2.40-52: Otra visita al templo.

El templo tiene un papel importante en la vida de Jesús. Es allí que por primera vez se le reconoce como la esperanza de Israel, en las palabras de Simeón y de Ana. El diablo lo va a llevar más adelante al pináculo del templo para tentarlo (4.9). Jesús anunciará la destrucción del templo (21.5-6). Aunque no se ve tanto como en otros Evangelios, el templo tiene también un lugar importante en la semana de la Pasión. Y entonces, continuando su historia más allá que los otros evangelistas, Lucas termina diciendo que después de la ascensión, los discípulos "estaban constantemente en el templo bendiciendo a Dios".

La historia de la visita al templo en Lucas 2 no tiene paralelo en los otros Evangelios canónicos. Lo que es más, solamente Lucas cuenta algo acerca de la vida de Jesús entre su nacimiento y el principio de su ministerio —y ese algo es precisamente esta visita al templo. En este caso particular, Lucas sigue relacionando a Jesús con Samuel —como ya lo había hecho al establecer un paralelismo entre el cántico de María y el de Ana—, puesto que las palabras en el versículo 52 siguen el patrón de 1 Samuel 2.26: "El joven Samuel iba creciendo y haciéndose grato delante de Dios y delante de los hombres". Aquí vemos una vez más las conexiones tipológicas: Samuel traería el reino de David, que apuntaba hacia el reino de Dios que Jesús inauguraría. Lo que es más, la relación de Samuel tanto con el templo como con Jesús apunta hacia la interpretación tipológica que ve en Jesús el nuevo y último templo de Dios. Por esa razón, en la más antigua teología cristiana encontramos el tema de que la destrucción del templo mostraba que ya no era necesario, no porque fuera malo o hubiera sido inútil, sino porque aquel templo prefiguraba y anunciaba a lo que ahora había venido.

La conexión entre Jesús y el templo va a mucho más allá de lo que leemos directamente en los Evangelios acerca de cómo Jesús predijo su destrucción. En la iglesia antigua, frecuentemente se veía el templo como una figura o tipo que anunciaba la presencia de Dios en Jesús. Aquellos antiguos cristianos veían esto en la oración que Salomón hizo al dedicar el templo:

> Pero ¿es verdad que Dios habitará sobre la tierra? Si los cielos, y los cielos de los cielos, no te pueden contener; ¿cuánto menos esta Casa que yo he edificado? Con todo, Jehová, Dios mío, tú atenderás a la oración de tu siervo y a su plegaria, escuchando el clamor y la oración que tu siervo hace hoy en tu presencia, que tus ojos estén abiertos de noche y de día sobre esta Casa, sobre este lugar del cual has dicho: "Mi nombre estará allí". (1 Reyes 8.27-29)

El templo es señal de la presencia de Dios en medio de su pueblo. Cuando Salomón pregunta si es posible que Dios more entre los mortales sobre la tierra, el Nuevo Testamento tiene una respuesta sorprendente: ¡sí! Y esa respuesta es la encarnación. El templo, y el tabernáculo antes de él, eran tipos o figuras de la encarnación que vendría. En otros lugares en el Nuevo Testamento (Mateo 26.61; 27.40; Marcos 14.58; 15.29; Juan 2.19-22), Jesús se refiere a sí mismo al decir que, si el templo fuese destruido, él lo levantaría de nuevo en tres días. Dios puede morar con los mortales sobre la tierra —aun cuando la cruz nos muestra lo que los mortales hacemos cuando Dios se encuentra entre nosotros.

En una reciente conversación entre teólogos judíos y cristianos, cuando uno de los teólogos judíos dijo que la encarnación era la principal e insalvable diferencia entre las dos religiones, otro teólogo judío muy respetado le respondió diciendo que la presencia de Dios en el templo es perfectamente compatible con la presencia de Dios en un ser humano. Según él, hay muchas otras diferencias; pero a la pregunta "¿puede Dios morar con los mortales en la tierra?", tanto los judíos como los cristianos pueden responder: ¡sí!

Excurso: Perspectivas cristológicas.

A través de las edades, algunos cristianos han subrayado la divinidad de Jesús de tal modo que su humanidad parece perderse, al tiempo que otros han seguido el camino opuesto: resaltar su humanidad en detrimento de su divinidad. En tiempos patrísticos, el centro donde más se encontraba la primera alternativa era Alejandría, y el de la segunda era Antioquía, de modo que los historiadores de la teología frecuentemente se refieren a estas dos posturas como la "cristología alejandrina" y la "cristología antioqueña". La historia acerca de Jesús en el Templo, cuando tenía 12 años de edad, ha sido usada repetidamente por los teólogos para afirmar su inclinación en una u otra dirección.

Por una parte, a primera vista la historia parece favorecer la postura alejandrina, puesto que trata acerca de la sabiduría excepcional y hasta sobrehumana de Jesús. Es un joven, todavía no adolescente, quien conversa con los sabios en el Templo y lo hace de tal manera que todos los que le escuchan quedan sorprendidos. Por eso comentaristas tanto antiguos como recientes han visto en este pasaje una afirmación de la omnisciencia de Jesús, quien conoce todas las cosas como Dios las conoce.

Pero, por otra parte, el último versículo de este pasaje pronto se volvió un texto favorito para los teólogos de inclinaciones antioqueñas. Afirmar que Jesús crecía en sabiduría es negar su omnisciencia divina. Jesús no lo sabía todo por naturaleza, sino, al igual que los demás humanos, a través del crecimiento y el aprendizaje. La conexión misma entre Jesús y el templo fue usada por los primeros teólogos antioqueños como un modo de expresar cómo Dios moraba en Jesús "como en un templo".

El debate no terminó con la *Definición de Fe* de Calcedonia en el 451, que tomaba una posición intermedia y excluía ambos extremos al tiempo que permitía una variedad de posturas entre esos dos extremos. El resultado de la discusión que llevó a Calcedonia fueron las primeras divisiones permanentes en la iglesia cristiana. En el Occidente, que en su inmensa mayoría aceptó la *Definición* de Calcedonia, algunos teólogos se han inclinado más hacia la postura alejandrina y otros hacia la antioqueña. En los tiempos culminantes de la Edad Media, el pasaje que estamos estudiando se discutió particularmente en las llamadas *Quaestiones disputatae de scientia Christ* (Cuestiones debatidas acerca del conocimiento de

Cristo), en las que varios teólogos importantes, particularmente San Buenaventura, participaron. Allí se discutían cuestiones tales como: ¿sabía Jesús todas las cosas? Si tal es el caso, ¿cómo podía crecer en sabiduría? Y si no, ¿cómo podía ser verdadero Dios? ¿Había en él dos niveles de conocimiento, uno divino y otro humano? Si tal era el caso, ¿cómo podía ser una sola persona?

El debate continuó en tiempos de la Reforma, cuando algunos teólogos se inclinaban más hacia la postura alejandrina y otros preferían la antioqueña. Por ejemplo, Juan Calvino se inclinaba más en esta última dirección, en parte basándose en el principio de que el infinito no puede caber en lo finito. Martín Lutero, en contraste, insistía en la unidad del Salvador a tal punto que se le ha acusado de apartarse de la *Definición* de Calcedonia. Pero hay que recordar que, cuando Lutero subrayaba la unidad de Jesucristo, no lo hacía para limitar su humanidad, sino todo lo contrario. Lutero afirmaba que el mejor modo de saber verdaderamente quién es Dios es en la cruz y la debilidad, más bien que en su propio poder y gloria, como hacían tantos otros teólogos.

En tiempos más recientes, varios teólogos han rechazado lo que se había dicho antes en Calcedonia, puesto que se le hace difícil al racionalismo moderno aceptar la idea de que un ser humano concreto, particular e histórico, pueda encarnar la eternidad. El teólogo danés Søren Kierkegaard llamaba a esto "el escándalo de la particularidad" e insistía en él aun cuando muchos de los teólogos más liberales de su tiempo lo negaban. En términos generales, se puede decir que el liberalismo moderno ha tratado de explicar la particularidad de Jesús como un ser humano excepcional —un gran maestro moral, un hombre de profundas convicciones teológicas, un crítico de la religión tradicional, una persona dotada de un carisma particular. Ante todo esto, el teólogo alemán Dietrich Bonhoeffer, quien murió como mártir bajo el régimen de Hitler, objetaba que tales explicaciones, aunque parecían hacer a Jesús más humano, en realidad lo deshumanizaban al convertirlo en un individuo sobrehumano.

Ciertamente, ni la postura alejandrina extrema ni su contraparte antioqueña le hacen justicia a la persona de Jesús tal como Lucas nos la presenta. No cabe duda de que Jesús es excepcional por su propia naturaleza, pero al mismo tiempo crece y se desarrolla como cualquier otro ser humano. En este sentido, el valor de la *Definición* de Calcedonia del 451 reside en evitar ambos extremos —aunque su lenguaje confuso la hace difícil de seguir. Pero aun esa definición siguió el camino de muchas de las discusiones anteriores, que hacían de la cristología una cuestión metafísica en la que se planteaba la pregunta de cómo dos naturalezas, cada una definida por sí misma aparte del propio Jesús, podían unirse en una. En otro lugar, he dicho esto como sigue:

> Lo que hizo más difícil esta cuestión fue que, siguiendo la pauta de la filosofía griega, la iglesia se había acostumbrado a pensar sobre Dios en términos que eran

> incompatibles con el ser humano. Por un lado, Dios era omnipotente, omnisciente, omnipresente inmutable, etc. Por el otro, ser humano implicaba todo lo contrario: los seres humanos estaban limitados en su poder y conocimiento, no podían estar en más de un lugar al mismo tiempo y, en contraste con la inmutabilidad de Dios, vivir también significaba cambiar. La encarnación de Dios en un ser humano, que en cualquier caso siempre será un misterio, se convirtió en una contradicción lógica. Pedir que alguien explicara cómo era posible que lo divino pudiera ser humano era como ir a una fuente de sodas y pedir que nos sirvieran helado caliente. (*Breve historia de las doctrinas cristianas* [Nashville: Abingdon], 130)

Por esta razón, la mayor parte de la cristología contemporánea, más que comenzar con definiciones acerca de quién y cómo es Dios y qué es un ser humano, tiende a comenzar por la persona misma de Jesús tal como la vemos en los Evangelios y la conocemos por la fe, y de allí moverse a determinar lo que puede decirse acerca de la naturaleza de Dios y también de lo que significa ser verdadera y completamente humano.

Para estudiar, pensar y discutir: Como hemos visto, Lucas se refiere repetidamente a los gobernantes de turno. Esto es un modo de poner fecha a los acontecimientos de los que habla. Pero, ¿no será también un modo de llamar la atención a las condiciones políticas dentro de las que esos acontecimientos tienen lugar? Pensando en toda la obra de Lucas —tanto el Evangelio como Hechos—, considere la posibilidad de que tal sea el caso tanto en la historia de la Navidad como en otros episodios que Lucas cuenta.

El ángel les dice a los pastores que no han de temer, sino que tendrán "nuevas de gran gozo". Repetidamente veremos otros pasajes en los que el gozo se contrapone al temor. ¿Cuáles serían otros de esos pasajes?

C. 3.1–4.13: PREPARACIÓN PARA EL MINISTERIO.

1. 3.1-14: La predicación de Juan el Bautista.

Una vez más, Lucas coloca su narración dentro del contexto de la historia secular. En este caso, nos da nada menos que ocho referencias que sirven para ponerle fecha a lo que cuenta. Empieza refiriéndose a las autoridades romanas (el emperador Tiberio y Poncio Pilato), de allí pasa a ciertas autoridades que, al tiempo que pretendían tener raíces en la región, eran en realidad representantes del régimen romano (Herodes Antipas y Felipe, hijos de Herodes el Grande, y Lisanias) y por último completa la lista con los nombres de dos sumos sacerdotes (Anás y Caifás), quienes también tenían posiciones importantes gracias al apoyo del que gozaban por parte de los romanos. Es posible conocer las fechas de todos estos personajes excepto de Lisanias, pues en este caso hay varios gobernantes del mismo nombre. Sobre esa base, podemos decir que Lucas coloca el comienzo de la predicación de Juan el Bautista entre los años 28 y 29. Pero lo más importante no es la fecha exacta, sino la insistencia de Lucas en colocar su narración dentro de un contexto histórico concreto, y de tomar en cuenta las circunstancias políticas en las que la historia se desenvuelve. No se trataba de circunstancias felices, puesto que todas las personas que Lucas menciona de un modo u otro representaban el dominio extranjero. Como sucede con tantos pueblos y naciones hoy, los judíos en tiempos de Jesús no eran protagonistas de su propia historia.

Es bajo esas circunstancias que Juan emprende su predicación. Lucas introduce el ministerio de Juan con palabras que nos recuerdan el llamamiento de los antiguos profetas de Israel: "Vino palabra de Dios a Juan hijo de Zacarías en el desierto". Entonces se afirma la conexión entre Juan y los profetas mediante una cita de Isaías 40: "Voz del que clama en el desierto".

Puesto que se ha vuelto frase común en nuestra tradición cultural, la importancia de estas palabras tiende a ocultársenos. Si alguien habla y nadie le presta atención, decimos que es una voz que clama en el desierto. Como resultado, inmediatamente pensamos que cuando Lucas dice que la predicación de Juan era una voz que clama en el desierto está implicando que su mensaje será desoído. Pero eso no es lo que Lucas quiere decir. Las palabras en el contexto de Isaías conllevan un mensaje de esperanza. El pueblo que está en el exilio será llevado de retorno a su tierra a través del desierto, donde la voz del que clama anuncia que el Señor preparará calzada precisamente en el desierto: "Todo valle se rellenará, y se bajará todo monte y collado; los caminos torcidos serán enderezados, y los caminos ásperos allanados, y toda carne verá la salvación de Dios". Lucas no nos presenta entonces a Juan como un profeta fracasado o ignorado, sino más bien como quien, como el profeta de antaño, anuncia la apertura del camino hacia la libertad y la salvación. Lo que es más, su éxito inicial es notable, puesto que Lucas se refiere a "las multitudes que salían para ser bautizadas por él".

Antes (en el versículo 3) se ha resumido la predicación de Juan como "el bautismo de arrepentimiento". Sus palabras son fuertes, pues señalan el pecado del pueblo. Les llama "generación de víboras" que huyen de la ira venidera. Esta imagen requiere cierta explicación. Cuando las víboras nacen, permanecen todas juntas en el nido, quizá bajo una roca, hasta que empiezan a madurar. Pero si algo las amenaza, se dispersan y huyen. Esto es lo que ahora está sucediendo con estas personas que huyen al desierto para ser bautizadas por Juan. Algo les ha advertido de la ira venidera y están abandonando la comodidad y seguridad de sus vidas cotidianas.

Pero la idea misma de un bautismo de arrepentimiento es por sí sola una palabra fuerte. El bautismo que más comúnmente se practicaba entre los judíos entonces era el de prosélitos. Cuando un gentil se convertía al judaísmo, se le bautizaba en señal de que quedaba lavado de su inmundicia pasada. Luego, cuando Juan les dice a los judíos que le escuchan que tienen que arrepentirse y ser bautizados, les está diciendo que no son nada mejores que los inmundos gentiles. Esto lo confirman las palabras del mismo Juan: "No comencéis a decir dentro de vosotros mismos: 'Tenemos a Abraham por padre', porque os digo que Dios puede levantar hijos a Abraham aun de estas piedras".

El mensaje de Juan no es solamente duro, sino también urgente. Es como si el leñador hubiera colocado el hacha a la raíz del árbol para cortarlo. El árbol bien puede no saberlo. Quizá todavía no ha sido siquiera herido. Pero pronto será cortado.

Este mensaje duro y urgente es también concreto. Los otros evangelios hablan en general acerca de la predicación de Juan, de su bautismo y de cómo Juan anunció la venida del Señor. Pero Lucas añade unas notas bien específicas acerca de lo que la obediencia requiere. Esas notas tienen que ver con la justicia y el buen orden social. Quienes tienen comida o vestido han de compartirlos con los necesitados. Ni siquiera los publicanos y los soldados, entre quienes la extorsión era práctica acostumbrada, han de dejarse llevar por la avaricia. Deben quedar satisfechos con lo que verdaderamente les pertenece sobre la base de su trabajo. El arrepentimiento requiere obediencia, corrección y —en aquellos casos en que alguien ha sido injuriado y es posible compensarle—, la restitución de lo tomado.

Este interés en la justicia social y en compartir con los necesitados es tema típico en los dos escritos de Lucas, el Evangelio y Hechos, y culminará en el modo en que Lucas describe la iglesia primitiva: una comunidad en que se compartía lo que se tenía y por lo tanto "no había un necesitado entre ellos" (Hechos 4.34).

2. 3.15-22: Juan y Jesús.

Este mensaje de Juan, fuerte, urgente y concreto como es, no apunta hacia Juan mismo, sino que anuncia a otro que ha de seguirlo. Esto es importante para Lucas, quien aparentemente escribía en un tiempo cuando todavía había quienes se llamaban seguidores de Juan, pero no de Jesús, y cuando también tales opiniones se habían esparcido más allá de los límites de Judea entre los judíos de la Dispersión (véase Hechos 19.1-5). Al presentar las enseñanzas de Juan, Lucas se enfrenta a esto directamente. Nos dice que la predicación de Juan era tal que algunos empezaron a sugerir que quizá él sería el Mesías. Pero Juan les contesta que no es así. Él no es el esperado, sino más bien su humilde heraldo.

El contraste entre Juan y Jesús es doble. Primeramente, Juan no es más que un humilde servidor de quien viene tras él. Juan ni siquiera es digno de desatarle las sandalias. Normalmente las sandalias se llevaban cuando se estaba fuera, de manera que, al llegar a una casa, a un viajero se le desataban las sandalias en señal de bienvenida. Quienes eran suficientemente ricos hacían alarde de su riqueza teniendo esclavos para que les desataran las sandalias. Como señal de bienvenida a un huésped honorable se le desataban las sandalias y se le lavaban los pies —práctica que se refleja en la historia del lavacro de los pies en Juan 13. Luego, lo que Juan está diciendo es que no es digno siquiera de ser contado entre los más humildes siervos de este cuya venida él ahora anuncia. Más adelante, en Lucas 7.28, Jesús mismo declararía que "entre los nacidos de mujeres no hay mayor profeta que Juan el Bautista". En breve, Lucas nos presenta a un Juan que bien puede ser el más grande de todos los profetas y heredero de una larga estirpe de líderes en Israel; pero, aun así, no puede compararse con Jesús.

En segundo lugar, el propio Juan expresa el contraste entre él y Jesús al hablar de dos clases de bautismo. Juan mismo bautiza con agua; pero quien viene después de él bautizará "en Espíritu Santo y fuego". Tanto el agua como el fuego son agentes purificadores, pero el fuego es mucho más poderoso que el agua. El agua puede lavar lo que no esté limpio; pero el fuego lo abrasa. En Hechos 19 hay una discusión más amplia del mismo tema. Pablo llega a Éfeso y allí encuentra a unos "discípulos". Pero estas personas no recibieron el Espíritu Santo al ser bautizadas, sino que dicen que han sido bautizadas "en el bautismo de Juan". Pablo entonces expresa el contraste entre el bautismo de Juan y la fe en Jesús en términos que nos recuerdan lo que Juan mismo dice en Lucas. Según la explicación de Pablo, "Juan bautizó con bautismo de arrepentimiento, diciendo al pueblo que creyera en aquel que vendría después de él, esto es, en Jesús el Cristo" (Hechos 19.4). Cuando estos discípulos son bautizados "en el nombre del Señor Jesús", el Espíritu Santo viene sobre ellos. Luego, en la teología de Lucas hay una diferencia entre el bautismo de arrepentimiento, que es el de Juan, y el bautismo en nombre de Jesús, que conlleva recibir el Espíritu Santo. Juan llama a las gentes a arrepentirse, y cuando lo hacen los bautiza como señal de que quedan limpios de su anterior impureza. Pero el bautismo cristiano, aunque todavía emplea también agua, es "en el espíritu Santo y con fuego". Es un acto de limpieza (fuego) y también de poder (el Espíritu Santo). Lo que es más, el fuego es señal del juicio inminente. Juan ha declarado que el hacha está ya a la raíz del árbol, de manera que el árbol que no dé fruto será cortado y quemado. Ahora se dice algo semejante acerca de la venida de Jesús: "Su aventador está en su mano para limpiar su era. Recogerá el trigo en su granero y quemará la paja en un fuego que nunca se apagará". Pero esto no ha de llevarnos a pensar que el bautismo en agua siempre antecede al bautismo en el fuego del Espíritu. Prueba de ello es el caso de Cornelio en Hechos 10.

Puede sorprendernos el que Lucas diga que las palabras de Juan son "las buenas nuevas al pueblo". ¿Cómo puede ser una buena nueva esto de que el hacha está ya a la mano para cortar el árbol sin fruto, que el Mesías viene como aventador y que la paja será quemada en un fuego que nunca se apagará? ¿Cómo puede ser tal cosa? No son buenas nuevas en el sentido de que todos las escucharán con alegría. No son buenas nuevas en el sentido de que cualquier mal o injusticia que se haya cometido y todavía se cometa no tenga importancia. Son buenas nuevas en el sentido de que una nueva realidad alborea. Gracias a este, cuya venida Juan anuncia, el mal y la injusticia serán deshechos. Estas son "buenas nuevas al pueblo" porque, según Lucas usa la frase, "el pueblo" se refiere normalmente a la gente común, en contraste con quienes gobiernan sobre ellos y los explotan (véase, por ejemplo, Hechos 2.47; 3.11-12; 4.1-3). Pero las mismas palabras no serán buenas nuevas para quienes disfrutan de la injusticia, aquellos cuyo poder es opresivo e injusto. Para ellos, las buenas nuevas están en la posibilidad —y la necesidad— de un arrepentimiento que bien puede ser costoso y difícil.

El hecho de que no todos quedan contentos con las "buenas nuevas" se ve claramente en los versículos 19 y 20. Las buenas nuevas de Juan no le parecen tan buenas a Herodes. Lucas no nos da detalles acerca de la historia de Herodes y Herodías, y cómo fue que esto llevó a la prisión y muerte de Juan. Eso podemos verlo en Marcos 6.16-29. Lucas se contenta con decirnos en una palabra que Juan reprendía la conducta de Herodes, y que por eso Herodes lo hizo prender. El tema de Lucas no es la historia de Herodes, ni tampoco la de Juan; está sencillamente estableciendo el entorno para el ministerio y las enseñanzas de Jesús.

Estas respuestas contrastantes a la predicación de Juan —por una parte, el "pueblo" para el que la predicación de Juan significa buenas nuevas, y por otra parte el tirano que le hace prender— anuncian también las reacciones contrastantes a la predicación y obra de Jesús en el resto del Evangelio de Lucas; y más adelante, en Hechos, también el contraste en los modos en que las gentes responden a la predicación de los discípulos. Como Simeón había declarado antes, "este está puesto para caída y para levantamiento de muchos en Israel".

En este punto Lucas parece tener prisa por continuar con su historia. Mientras otros evangelistas nos cuentan algunos detalles del bautismo de Jesús por Juan, todo lo que Lucas nos dice es que tuvo lugar. No es posible saber la razón por la que Lucas no se ocupa de tales detalles, que ciertamente podría leer en el Evangelio de Marcos. Algunos han sugerido que su interés por refutar a los discípulos de Juan que no aceptaban a Jesús le llevó a decir menos acerca de ese bautismo. Otros sugieren que se trata más bien de que lo que le interesa es continuar con su historia, y que lo importante en todo esto es afirmar que al principio mismo de su ministerio Jesús recibió el poder del Espíritu y la aprobación divina —lo que sí aparece también en la narración de Lucas.

Frecuentemente se plantea esta pregunta: si Jesús no tenía pecado y Juan estaba bautizando a quienes se arrepentían de sus pecados, ¿por qué se bautizó Jesús? La respuesta más antigua a esta pregunta bien puede sorprendernos. Escribiendo temprano en el siglo segundo, Ignacio de Antioquía declara: "La razón por la que él nació y fue bautizado era para que pudiera purificar el agua a través de su pasión". Algo muy parecido, pero quizá más claro, dice Máximo de Turín (siglo quinto), comentando sobre la pregunta que Juan le hace a Jesús en Mateo 3.14: "Yo necesito ser bautizado por ti, ¿y tú acudes a mí?". La respuesta de Máximo es que Jesús no fue bautizado por sí mismo, sino por nosotros, puesto que "al entrar al Jordán, Cristo lavó las aguas del río".

Algún tiempo después de Lucas, algunos cristianos que han sido llamados "adopcionistas" afirmaban que fue en su bautismo, cuando el Espíritu descendió sobre él, que Jesús fue adoptado como Hijo de Dios. Para eso se basaban en las palabras de algunos manuscritos: "Tú eres mi Hijo. Hoy te he engendrado". Pero tal cosa sería contraria a todo lo que Lucas ha venido diciendo hasta este punto.

3. 3.23-38: La genealogía.

Llegamos ahora a lo que bien puede ser el pasaje menos leído y estudiado en todo el Evangelio de Lucas. Se trata de la genealogía de Jesús. Por lo general, vemos poca importancia en tales genealogías, de tal manera que hay quien se refiere a ellas sencillamente como los "engendró". Pero debemos prestarles mucha más atención. Los autores de los Evangelios tenían buenas razones para incluirlas en sus narraciones.

Hay en los Evangelios dos genealogías de Jesús: esta que aparece en Lucas y la otra que abre el Evangelio de Mateo. Entre las dos hay diferencias tanto en cuanto a su contenido como en cuanto a su alcance. Las diferencias entre los nombres mismos resultan obvias, y no tenemos por qué detenernos en ellas. Baste decir que lo que algunos dicen —que una de las genealogías es la de la familia de José y la otra es la de María— carece de todo fundamento. Ambas genealogías llevan a José (Mateo 1.16; Lucas 3.23), y así y todo no concuerdan en bastantes nombres, ni siquiera en el del padre de José. Pero lo más interesante es la diferencia en cuanto al alcance y contenido de estas dos genealogías. La genealogía de Mateo parece sacar los trapos sucios a los ancestros de Jesús. Habla particularmente de casos de incesto, de dos mujeres gentiles —una de ellas prostituta— y del adulterio de David. Aparentemente Mateo quería mostrar que Jesús era parte de esa confusa historia de Israel que nos presenta el Antiguo Testamento.

Lucas no parece estar particularmente interesado en tales cosas. Sencillamente ofrece la lista de nombres siguiendo la línea masculina. Pero su propósito resulta claro cuando vemos el alcance de la genealogía que nos ofrece. Marcos, probablemente el primero de los cuatro Evangelios, no hace esfuerzo alguno por colocar la historia de Jesús en su contexto histórico. Sencillamente empieza diciendo: "Principio de las buenas nuevas de Jesucristo, el Hijo de Dios", y de ahí pasa rápidamente a la historia de Juan el Bautista y el bautismo y ministerio de Jesús. Aparentemente el autor del segundo Evangelio, Mateo, pensaba que esto podía dar la impresión de que la vida y ministerio de Jesús no tenían relación alguna con lo que Dios había estado haciendo antes entre el pueblo de Israel, y por lo tanto incluyó una genealogía que conecta a Jesús con Abraham y sus descendientes. Jesús viene a ser entonces del cumplimiento de las promesas hechas a Abraham, y la culminación de la obra salvífica de Dios entre el pueblo de Israel. Pero esto no parece ser suficiente para Lucas. Lucas busca relacionar la historia de Jesús no solo con la de Israel, sino con toda la historia humana. Jesús es ciertamente la culminación de la historia de Israel; pero lo es también de la historia de toda la humanidad. A fin de mostrarlo, Lucas ofrece una genealogía que no se detiene en Abraham, sino que se remonta hasta el principio mismo de la creación, a Adán. Jesús guarda una relación con todo lo que Dios ha estado haciendo antes de su venida. (Véase lo que hemos dicho más arriba en el excurso "Continuidad y discontinuidad"). Lucas muestra esa relación al referirse repetidamente a las circunstancias históricas y políticas en torno a la vida de Jesús y también presentando esta genealogía que lo conecta con toda la humanidad hasta sus raíces mismas en Adán. En el siglo segundo, Ireneo explicó la importancia de esta genealogía al decir que Lucas "lleva la genealogía de nuestro Señor hasta el mismo Adán... para relacionar el fin con el principio, y también para mostrar que nuestro Señor ha unido en sí mismo a todas las naciones y generaciones de toda la tierra desde tiempos de Adán, y todas las lenguas, y hasta a Adán mismo".

La mayoría de los eruditos concuerda en que el orden cronológico de composición de los cuatro Evangelios es: primero Marcos, luego Mateo y Lucas, y por último Juan. Si esto es correcto, resulta interesante notar que según iba pasando el tiempo, los cristianos parecen haberse percatado cada vez más del amplio alcance de los acontecimientos de los que habían sido testigos en Jesucristo. Todo esto culmina en las primeras palabras del Cuarto Evangelio, que relacionan a Jesús con la eternidad y con el origen mismo de todas las cosas.

Hay otro punto que debemos notar en la genealogía de Lucas. Al final de ella, cuando se ha remontado hasta el principio mismo en la persona de Adán, Lucas termina diciendo: "Adán, hijo de Dios". Recordemos que inmediatamente antes de su genealogía, Lucas nos ha dicho de una voz del cielo que declaraba que Jesús era el Hijo amado de Dios. Por tanto, hay una conexión particular entre Adán, quien en cierto modo es hijo directo de Dios, y Jesús, quien es el Hijo de Dios. Esto inmediatamente nos recuerda la conexión que Pablo establece entre Adán y Jesús como el "segundo Adán". En 1 Corintios 15.21-22, Pablo declara que "por cuanto la muerte entró por un hombre, también por un hombre la resurrección de los muertos. Así como en Adán todos mueren, también en Cristo todos serán vivificados". En Romanos 5.14 vemos una imagen semejante, que lleva a Pablo a concluir que "Adán es figura del que había de venir". (Sobre esto, véase lo que hemos dicho más arriba en el excurso "Tipología"). Adán es el principio de la vieja creación, y Jesús es el principio de la nueva. De manera semejante, bien puede ser que al colocar la genealogía de Jesús inmediatamente después de que se le ha declarado Hijo de Dios, y terminar esa misma genealogía con "Adán, hijo de Dios", Lucas esté apuntando en la misma dirección. Adán, hijo de Dios en el sentido de que fue el principio de toda la raza humana, es tipo o figura de Jesús, el Hijo de Dios, quien ha venido para proveer un nuevo comienzo y restaurar a la raza que cayó en Adán.

4. 4.1-13: La tentación de Jesús.

Al estudiar este pasaje, es útil colocarlo dentro del contexto que lo antecede. Mediante las palabras celestiales que declaran que Jesús es el Hijo de Dios, seguidas de la genealogía que se remonta hasta "Adán, hijo de Dios", Lucas ha establecido una conexión tipológica entre Adán y Jesús. Esa conexión pasa ahora a esta nueva narración, en la que Jesús es tentado en el desierto de igual manera que Adán fue tentado en el huerto. Esto prepara la escena para una tipología doble, en la que el tema de Adán en el huerto es paralelo al de Israel en el desierto. Debemos notar que, mientras todo el pasaje nos recuerda la tentación de Adán en el huerto, las citas tomadas de Deuteronomio con las que Jesús responde nos recuerdan la tentación de Israel en el desierto. Luego, toda la historia del éxodo y del tiempo en el desierto viene a ser un eje tipológico que muestra que, desde tiempos antiquísimos, Dios estaba empezando a deshacer el mal que había comenzado con la caída. Ambrosio de Milán lo explica como sigue:

> Es importante señalar cómo fue que Adán fue echado del desierto al principio, para entonces señalar también cómo el segundo Adán volvió del desierto al paraíso... Adán nació de tierra virgen, y Cristo de la virgen. Uno fue hecho a imagen de Dios, el otro es la imagen misma de Dios... A través de la mujer, necedad; a través de la virgen, sabiduría. La muerte por razón de un árbol, y por razón de la cruz la vida... Adán al desierto, y Cristo del desierto.

Aunque el diablo tiene un papel central en la historia de la tentación de Jesús, en última instancia es Dios quien está en control. La tentación de Jesús no es solamente un intento más por parte del diablo de impedir la obra de Dios, sino que es también parte integral de la misión de Jesús, cuya tarea ha de ser confrontar a los poderes del mal y destruirlos. Lucas declara que fue el Espíritu quien guió a

Jesús al desierto. Sobre esto, los tres Evangelios Sinópticos concuerdan, aunque emplean diferentes verbos. Aunque es el diablo quien tienta a Jesús, es Dios quien está en control de todo, y es Dios quien no solamente permite, sino que hasta hace que Jesús sea tentado. Todo esto hoy podría llevarnos a la escabrosa e irresoluble cuestión de la teodicea, es decir, si Dios desea el mal. ¿Cómo puede haber mal si Dios es a la vez amante y todopoderoso? Pero ese no es el tema al que Lucas se dirige en este pasaje. Lo que a Lucas le interesa es que Jesús deshará el mal que ha resultado del pecado de Adán. Para hacerlo, Jesús tiene que enfrentarse a los poderes del mal y conquistarlos. En última instancia, lo hará en la cruz y la resurrección. Pero ya el combate comienza con esta historia de la tentación en el desierto. De igual manera que Adán fue tentado, así también Jesús ha de ser tentado; pero mientras Adán sucumbió, Jesús permanecerá firme. En aquel primer conflicto, el diablo venció; pero ahora quedará rotundamente vencido por obra de Jesús.

Mientras los paralelismos entre Adán y Jesús son muchos, también hay contrastes importantes, puesto que el propósito de la segunda historia es deshacer las consecuencias de la primera. Hay en primer lugar un contraste entre el desierto y el huerto. La historia de Adán tiene lugar en un entorno idílico; Jesús es tentado en el desierto. En la imagen común del tiempo de Lucas, el desierto era lugar para las bestias y para el temor, habitado por los poderes del mal. Por tanto, era mejor evadirlo. Adán puede comer de todos los árboles del huerto excepto uno; Jesús ayuna por cuarenta días y sufre hambre. Jesús confrontará la tentación al igual que lo hizo antes Adán, pero con mayor fuerza. Como resultado, su victoria será aún mayor que la derrota de Adán.

El modo en que se presenta la primera tentación fortalece el vínculo entre Adán y Jesús. Lucas acaba de darles el título de "hijo de Dios" primero a Jesús y luego (en otro sentido) a Adán. Ahora la tentación empieza precisamente por ahí: "Si eres hijo de Dios...". Ese tema de la filiación divina aparece en todo el pasaje y lo relaciona con lo que se acaba de decir anteriormente, reafirmando la tipología de Adán, quien apunta hacia Jesús.

De igual manera que Adán fue tentado a comer, también Jesús es tentado a comer. La tentación no consiste sencillamente en probar que él es verdaderamente Hijo de Dios convirtiendo la piedra en pan, sino que es también la tentación de comer cuando no debe hacerlo. Jesús ha sido llevado al desierto por el Espíritu de Dios. Su ayuno allí tiene lugar bajo la dirección y el poder del Espíritu. Romper ese ayuno sería paralelo a la acción de Adán cuando comió del árbol prohibido.

Frecuentemente la tipología no se limita a un patrón y luego su cumplimiento, puesto que los patrones de la acción de Dios se repiten más de una vez, como hemos visto en la tipología de las mujeres estériles. En el caso de la tentación de Jesús en el desierto, Lucas no la relaciona solamente con Adán, sino también con Israel en el desierto. El contexto de las palabras que Jesús cita —"No solo de pan vivirá el hombre"— lo muestra claramente. Son una cita de Deuteronomio 8, un pasaje que tiene lugar cuando Israel es llevado por Dios al desierto para ser probado, de igual manera que Jesús ha sido llevado por el Espíritu al desierto:

> Te acordarás de todo el camino por donde te ha traído Jehová, tu Dios, estos cuarenta años en el desierto, para afligirte, para probarte, para saber lo que había en tu corazón, si habías de guardar o no sus mandamientos. Te afligió, te hizo pasar hambre y te sustentó con maná, comida que ni tú ni tus padres habían conocido, para hacerte saber que no solo de pan vivirá el hombre, sino de todo lo que sale de la boca de Jehová. (Deuteronomio 8.2-3)

Jesús se niega a usar su poder para hacer pan de las piedras y así comer, y de ese modo deshace lo hecho por Adán, quien usó su poder para extender la mano y tomar del fruto prohibido. En la historia del Génesis, la serpiente resultó vencedora. En el desierto y a través de toda su historia, Israel se ha enfrentado al mal, unas veces venciendo y otras no. Aquí Jesús derrota al diablo, con lo cual destruye la historia de Adán y lleva la historia de Israel a su culminación.

La segunda tentación tiene que ver con el poder. Para entender este pasaje hay que tener en cuenta dos puntos. Primero, que aparentemente Lucas piensa que de alguna manera los reinos de este mundo le pertenecen al diablo. Esto no quiere decir que todo lo que hay en ellos sea malo. Pero sí quiere decir que, como consecuencia del pecado, el mundo presente está ordenado de una manera satánica. Es un mundo de injusticia y opresión. Esa opresión e injusticia no son sencillamente el resultado de la voluntad de los opresores, ni de la explotación por parte de los poderosos. Son el resultado del dominio del mal sobre toda la creación a causa del pecado. El diablo tiene poder para otorgar reinos.

Aunque al decirlo de ese modo puede parecernos extraño, la verdad es que lo vemos constantemente en nuestros días. En un país, alguien alcanza el poder mediante el fanatismo religioso, explotando y exacerbando los prejuicios del pueblo, y llevando a un régimen opresivo en el que quienes no se ajusten a sus deseos sufrirán serias consecuencias. En otro, un dictador llega al poder alimentando el odio del pueblo hacia las políticas de otro país, o prometiendo una libertad y justicia que no podrá proveer. En países más democráticos, se llega al poder haciéndoles concesiones a grupos con intereses particulares, mintiendo tanto acerca de sí mismo como de los rivales, torciendo las estadísticas, prometiendo lo que no se tiene intención ni posibilidad de cumplir, y en general abandonando los principios éticos. Quizá no pensemos que el diablo domine a tales gobernantes; pero no cabe duda de que hay un poder del mal sobre todo poder humano —un mal tan grande que ningún poder humano puede destruir. (Véase más adelante el excurso "Los poderes demoniacos y el misterio del mal"). Cuando Lucas y los demás evangelistas dicen que el diablo tiene poder para otorgar todos los reinos de la tierra, están sencillamente reconociendo lo que podemos ver al leer sencillamente los diarios.

El segundo punto importante que debemos recalcar aquí es que lo que el diablo le ofrece a Jesús es lo que a la postre Jesús tendrá. La tentación no consiste entonces en reclamar todos los reinos de la tierra, sino más bien en reclamarlos prematuramente mediante una fácil capitulación al poder del mal. Aquí también la historia del pecado de Adán nos ayuda a entender la teología y la tipología que se encuentran en el corazón mismo de este pasaje. Cuando la serpiente dice "Seréis como dioses", la tentación no está sencillamente, como a menudo pensamos, en querer ser lo que no se es. Según Génesis 1.26, ¡Adán y Eva ya eran como Dios! En la iglesia antigua, toda esa historia de la creación y la caída se entendía en el sentido de que Dios había creado a Adán y Eva a imagen divina de igual manera que un niño lleva la imagen de sus padres. Como niños, Adán y Eva debían crecer alcanzando una comunión más cercana y mayor semejanza con Dios. Cuando la serpiente les dice "Seréis como dioses", la tentación no está en querer ser como Dios, sino más bien en querer sobrepasar los procesos que Dios ha determinado. La tentación no es tanto orgullo como falta de confianza, una resistencia a seguir el camino y el proceso que Dios ha establecido. Lo que Dios le prohíbe a Adán en el huerto, a la postre será suyo. Pero Adán extiende la mano en una anticipación que muestra que no confía en las promesas de Dios. Jesús resiste al mal reafirmando su confianza en Dios y solamente en Dios.

La diferencia entre estos dos modos de entender el pecado y la tentación es fundamental. Si en la raíz de todo pecado está el orgullo, como Agustín y muchos otros después de él han dicho, el mejor antídoto contra el pecado es la humildad. Esto bien puede ser cierto para quienes ocupan en la sociedad un lugar tal que se ven tentados a pensar acerca de sí mismos mejor de lo que deberían. Pero la gran tentación para la inmensa mayoría de la humanidad no es el orgullo, sino más bien una falsa humildad que nos lleva a someternos y contentarnos bajo el orden existente. Si a un obrero agrícola sin tierra se le dice que su principal tentación es el orgullo, cuando alguien venga a defender sus derechos, muy bien podrá decidir que reclamarlos sería una tentación al orgullo. Si una mujer está considerando la posibilidad de adentrarse en una carrera normalmente vedada a las mujeres, y se le dice que el orgullo es la raíz de todo pecado, bien puede decidir quedarse en lo que se le ha dicho que es el lugar propio de las mujeres y no complicar las cosas. En ambos casos, lo que parece ser humildad bien puede ser un temor al riesgo y al precio que hay que pagar por un nuevo futuro. De igual manera que la tentación "Seréis como dioses" tiene poder solamente si nos olvidamos de que ya llevamos la imagen divina, así también la invitación a reclamar nuestros derechos y llevar nuestras potencialidades a la actualidad se vuelve tentación solamente si nos olvidamos de que ya estamos hechos a imagen de Dios.

Esta interpretación de la tentación original y de cómo Jesús la vence resulta de importancia crucial en nuestros días, cuando tantos cristianos —mujeres, minorías étnicas, gente pobre y oprimida— están leyendo el Evangelio y todas las Escrituras desde una perspectiva diferente. Desde esa perspectiva, la tentación más común no es la de pensar demasiado altamente de sí mismo, sino más bien la de aceptar la baja opinión que otros tienen de nosotros, su definición de nuestro lugar en la sociedad, y no confiar en el Dios a cuya imagen hemos sido creados, que salvará y reivindicará esta imagen suya en nosotros. Desde la perspectiva de los poderosos, bien puede ser que la raíz del pecado sea el orgullo; pero "desde abajo", esto es una humildad falsa, es aceptar la injusticia y no confiar en la definición divina de quiénes somos y quiénes hemos de ser.

La tercera tentación también se relaciona con la tentación de Adán. No se trata sencillamente, como bien podríamos pensar, de que Jesús sea tentado a dar muestras de su poder. La tentación se plantea, como la primera, en términos de la identidad de Jesús: "Si eres Hijo de Dios…". De igual manera que Adán es tentado a afirmar su valía comiendo del árbol prohibido, el diablo ahora tienta a Jesús a mostrar que es verdaderamente el Hijo de Dios. Aunque frecuentemente pensamos que la tentación de lanzarse desde el pináculo del templo es la tentación de una gran manifestación de poder, de capturar la atención y respeto de los demás, nada se dice aquí de que habría otras personas que pudieran ver el milagro. El diablo parece estar diciendo: "No creo que tú seas verdaderamente el Hijo de Dios. Lo que es más, tampoco creo que tú estés muy seguro de ello. Luego, pruébamelo a mí y también a ti mismo saltando desde el pináculo del templo para que vengan los ángeles y te protejan". ¡Y el diablo argumenta todo esto mediante citas bíblicas!

Un detalle interesante en la historia de esta tercera tentación es la respuesta de Jesús, que es una cita de Deuteronomio 6.16: "No tentarás al Señor tu Dios". Al principio de toda esta narración del conflicto entre Jesús y el diablo en el desierto vemos que ese conflicto se relaciona con el modo en que Dios prueba a Israel en el desierto. De igual manera que Israel fue probado, ahora también Jesús tendrá que serlo. Al final de esta historia de las tentaciones, la contraparte resulta ser también cierta: de igual manera que Israel no debió tentar o probar a Dios en el desierto, así tampoco Jesús ha de poner a Dios a prueba en este otro desierto.

Esta tentación apunta hacia lo que sucederá en la cruz, cuando los líderes de Israel dirán: "Sálvese a sí mismo, si este es el Cristo, el escogido de Dios" (23.35), y los soldados romanos se harían eco del mismo sentimiento: "Si tú eres el rey de los judíos, sálvate a ti mismo" (23.37). Lucas dice que después de las tentaciones en el desierto, el diablo "se apartó de él por algún tiempo". En cierto sentido, el mejor tiempo para volver a tentarle, de manera semejante a como había ocurrido en el desierto, fue la cruz. Pero también en aquel otro caso, Jesús pudo resistir y destruir los poderes del tentador.

Para estudiar, pensar y discutir: Compare lo que Lucas dice acerca del mensaje de Juan el Bautista con lo que dicen los otros evangelistas. ¿Corrobora esa comparación lo que se dijo en la Primera parte acerca de los intereses de Lucas?

Analice las tentaciones de Jesús en el desierto y considere los modos paralelos o parecidos en que los creyentes de hoy somos tentados. Hágase la misma pregunta, no ya de los creyentes individuales, sino también de la iglesia misma. ¿Será que algunas de las tentaciones a las que la iglesia se enfrenta hoy son paralelas a aquellas a las que Jesús se enfrentó en el desierto?

Una de las tentaciones de Jesús en el desierto fue reclamar un gran poder universal. Sabemos que en efecto Jesús habría de reclamar ese poder —y reclamarlo legítimamente. ¿Por qué es que lo que se presenta como tentación en el desierto viene a ser promesa en la resurrección? ¿Qué nos dice esto acerca del carácter de la tentación?

II. 4.14–9.50: EL MINISTERIO EN GALILEA.

A. 4.14-44: JESÚS COMIENZA SU MINISTERIO.

1. 4.14-15: Un resumen a manera de apertura.

Lucas no empieza diciéndonos los detalles de lo que Jesús hizo o dijo al principio de su ministerio. Sí nos dice dos cosas. La primera de ellas es que Jesús comenzó su ministerio "en el poder del Espíritu". Poco antes, en 3.22, se nos dijo también que "descendió el Espíritu Santo sobre él en forma corporal, como paloma". Y al principio de la historia de la tentación en el desierto, se nos dice que Jesús estaba "lleno del Espíritu Santo" (4.1). Ahora Jesús comienza su ministerio "en el poder del Espíritu". Más adelante en Nazaret leerá un pasaje de Isaías que comienza con las palabras "El espíritu del Señor está sobre mí". De entre todos los Evangelios, Lucas es el que más subraya el poder del Espíritu que obra en Jesús. Significativamente, en la segunda parte de su obra en dos volúmenes, Hechos, Lucas narra la historia del Pentecostés y cómo el Espíritu obraba en la iglesia. Esa relación entre Jesús y el Espíritu —y más adelante entre Jesús, el Espíritu y la iglesia— es un elemento fundamental en la teología de Lucas. (Véase la Primera parte, capítulo 8).

La segunda cosa que Lucas nos dice es que la fama de Jesús se expandió por toda Galilea, y que todos le glorificaban. Nada se nos dice acerca de qué fue lo que Jesús dijo o hizo en esos primeros días de su ministerio, ni tampoco de los lugares que visitó —aunque más adelante, en 4.23, se nos dirá que uno de ellos fue Capernaum. Aquí el énfasis no recae sobre los hechos o enseñanzas de Jesús, sino sobre el poder del Espíritu que hizo que su fama se extendiera. Más adelante, Lucas nos dirá mucho acerca de los hechos y enseñanzas de Jesús. Pero por lo pronto parece querer dejar bien en claro que lo que hace que esas enseñanzas y esos hechos sean tan significativos es el poder del Espíritu.

2. 4.16-30: La predicación en Nazaret.

En sus viajes a través de toda Galilea y sus visitas a diversas aldeas, Jesús llega por fin a Nazaret, su propia aldea. Puesto que es sábado, asiste al servicio de la sinagoga. Lucas nos dice que hizo esto "conforme a su costumbre", con lo cual subraya el hecho de que Jesús fue siempre un judío fiel. Más adelante en su Evangelio, Lucas nos contará de numerosos conflictos entre Jesús y algunos de los líderes religiosos judíos precisamente en torno a la cuestión de cómo guardar y santificar el sábado. La afirmación de Lucas —que asistir a la sinagoga en los sábados era costumbre de Jesús— sirve para deshacer cualquier idea que pretenda que Jesús no era un buen judío, observante de su religión. (Algo semejante le acontece a Pablo en el segundo volumen de Lucas, Hechos. Es por esa razón que, al retornar a Jerusalén después de sus viajes, los líderes de la iglesia le recomiendan que se presente en el Templo y participe de una serie de ritos para mostrar que es verdaderamente un buen judío).

En el servicio sabatino era costumbre leer el Shemá (Deuteronomio 4.6-9) y después tener una serie de oraciones, así como lecturas de la Ley y de los profetas, y una exposición o instrucción sobre la base de esas lecturas. Como parte de ese servicio, se le da a Jesús la oportunidad de leer de los profetas y él lee Isaías 61.1-2. En su contexto original, ese pasaje se refería a la promesa de Dios de traer a Israel de regreso del exilio. Jesús lo interpreta como refiriéndose a sí mismo y a su ministerio.

Este pasaje tiene un papel importante en el Evangelio de Lucas. Establece el tono y el tema de todo el libro, de igual manera que lo hace el pasaje de Joel que Pedro cita en Hechos 2 en ocasión del Pentecostés.

El texto de Isaías es un pasaje de consolación y esperanza. Al aplicarlo a Jesús, significa que su misión ha de ser traer buenas nuevas a los pobres, sanar a los quebrantados de corazón, proclamar libertad a los cautivos y recuperación de vista a los ciegos, y predicar "el año agradable del Señor". Esto último es una referencia al año del jubileo, cuando todas las deudas debían ser canceladas, las tierras devueltas a sus dueños originales, y en general debía corregirse todo cuanto se hubiera torcido durante los 49 años anteriores. Hay entre los historiadores debates acerca de hasta qué grado, en qué modo y con qué frecuencia Israel observó la ley al respecto del año del jubileo. Pero no hay duda de que ya en el siglo primero se entendía como una promesa escatológica. Es así que debemos entender el uso que Jesús hace del pasaje: en él —es decir, en Jesús—, ha llegado el cumplimiento de las antiguas promesas. Y esto resulta claro cuando Jesús empieza a explicar lo que ha leído diciendo: "Hoy se ha cumplido esta Escritura delante de vosotros".

Según Lucas, quienes escucharon estas palabras quedaron maravillados ante ellas. Se dan cuenta de que este Jesús es uno de los muchachos del barrio y expresan su sorpresa diciendo: "¿No es este el hijo de José?". Hasta este punto en la narración, la respuesta es mayormente de una sorpresa positiva, posiblemente con algo de alegría al respecto de este maestro que es uno de los suyos. Ya han escuchado lo que Jesús hizo antes en Capernaum y en otros lugares, y están dispuestos a escucharlo.

Eso se entiende dada la situación. Probablemente se enorgullecen de él, o al menos esperan que haga en beneficio de ellos algunas de las maravillas que ha hecho para otras personas en otras aldeas. Pero Jesús frustra esas expectativas citando un proverbio que bien podría expresar lo que sus vecinos esperan de él: "Médico, cúrate a ti mismo". En otras palabras, algo así como: "Has hecho tantas otras cosas maravillosas allá en esas otras aldeas; hazlas ahora aquí, para nuestra propia gente". La respuesta de Jesús es recordarles que "ningún profeta es bien recibido en su propia tierra". (Palabras que nos recuerdan el caso de Amós, quien procedía del reino de Judá y fue enviado al reino de Israel). Lo que las palabras de Jesús implican resulta claro: sus vecinos no deben contar con ventaja alguna en cuanto a su favor o sus poderes maravillosos. Y entonces los ejemplos que Jesús da lo hacen todavía más claro.

El primer ejemplo (4.25-26) es la historia de Elías y la viuda de Sarepta, que se encuentra en 1 Reyes 17.8-24. La razón por la que Jesús cita esta historia es para recalcar el hecho de que, en medio de una terrible hambruna, Elías no fue enviado para aliviar las necesidades de ninguna de las muchas viudas que había allí mismo en Israel, como sería de esperarse, sino que fue enviado a una mujer gentil que vivía en Sarepta de Sidón, ciudad fenicia o filistea. El segundo ejemplo (4.27) refuerza el primero. Es la historia de Naamán, que aparece en 2 Reyes 5. Naamán era un general de los ejércitos de Siria, enemigo tradicional de Israel. Y sin embargo fue a él que Elías sanó, no a alguno de los muchos leprosos que había también en Israel. En el primer caso, el profeta fue a una mujer gentil; en el segundo, el general gentil vino al profeta. Pero en ambos casos, un gentil fue favorecido por encima de los hijos de Israel.

Lo que Jesús dice no puede quedar más claro ni ser más contundente. Imaginemos en el día de hoy a un joven que se vuelve un atleta famoso y firma un contrato por millones de dólares. Regresa entonces a su pueblo natal, donde todos esperan recibirle con gran alborozo. La banda del pueblo sale a recibirle. Los periódicos envían reporteros. Toda la población se reúne en el estadio para una ceremonia de bienvenida. Hay gran expectativa. Algunos dicen: "Es casi increíble que el hijo de Pepe, quien fue mi vecino, haya llegado tan lejos". Cuando por fin el famoso atleta se acerca al micrófono, todos están atentos para oír lo que ha de decir. Saben que ha hablado de la necesidad de proveer mejores escuelas y clínicas, y que en otros lugares ha dado fuertes sumas para proveerlas. Ahora el atleta llega el micrófono y dice: "No se imaginen que porque crecí aquí ustedes van a recibir favores especiales de mi parte. Lo que es más, he decidido apoyar las escuelas allá en aquel otro pueblo más bien que en este". La respuesta será primero un silencio de incredulidad. Pero la sorpresa pronto cederá a la ira, y la ira se convertirá en hostilidad. "¿Qué se cree este? ¡No lo necesitamos! ¡Que se vaya del pueblo!".

Esto es precisamente lo que sucede en el caso de Jesús en Nazaret. La ira del pueblo no se debe, como a veces pensamos, a que haya dicho que él es el cumplimiento de la profecía. Al contrario, tal afirmación les ha dejado maravillados. Es cuando les dice que no deben esperar favores especiales de él —ni siquiera como los que ha hecho en lugares tales como Capernaúm— que se vuelven contra él y buscan matarlo.

Luego, Lucas nos presenta el comienzo del ministerio público de Jesús como uno de los muchos vuelcos que tendrán lugar a través de su Evangelio. Lo que Jesús le dice a su audiencia es que ellos, quienes tienen toda clase de razones para esperar privilegios especiales, quedan excluidos, de igual manera que muchas viudas en Israel en tiempos de Elías y muchos leprosos en tiempos de Eliseo fueron excluidos, mientras los profetas llevaron su ministerio a la viuda fenicia y al leproso sirio. La reacción de la gente en Nazaret nos recuerda lo que Simeón había anunciado en el templo: "Este está puesto para caída y para levantamiento de muchos en Israel" (2.34).

3. 4.31-44: Sanidad en Capernaum.

Lucas nos lleva ahora a Capernaum, la misma aldea a la que Jesús se había referido en su discurso en Nazaret. Allí Jesús mostrará su poder sanando a dos enfermos: un hombre cuyo nombre no se nos da y la suegra de Pedro. El contexto del primero de esos milagros es importante, puesto que tiene lugar en la sinagoga en el sábado. En ese momento, la reacción general es de admiración, y no se nos dice que hubiera respuestas negativas a la acción de Jesús. Pero según va progresando la historia que Lucas va contando, encontraremos ocasiones repetidas en las que semejantes acciones no producen reacciones tan favorables como esta.

La historia misma es relativamente sencilla: un hombre que tenía un "espíritu de demonio impuro" es sanado. Lucas aclara que el demonio era "impuro" porque en aquella época la palabra "demonio" no tenía necesariamente las connotaciones negativas que tiene hoy. Por ejemplo, es bien sabido que Sócrates decía que un demonio le guiaba, y eso no quería decir que fuera una mala inspiración. Luego, al decir que este demonio es "impuro", Lucas está mostrando que se refiere a lo que hoy llamaríamos sencillamente un demonio.

No se nos dice cuáles eran los síntomas del hombre. Generalmente pensamos que el ser "poseído por un demonio" se refiere a una enfermedad mental; pero ese no es necesariamente el sentido en que el Nuevo Testamento emplea la palabra. Por ejemplo, en Mateo 11.18, las gentes dicen que Juan no come ni bebe porque tiene demonio. En Lucas 11.14, un demonio es la causa de que un hombre sea mudo. La misma idea aparece en Mateo 12.22, cuando el hombre poseído por un demonio es a la vez ciego y mudo. Luego, por lo general un demonio es sencillamente una personificación del poder del mal.

En este caso, el demonio reconoce el poder y la misión de Jesús al decir: "¡Déjanos! ¿Qué tienes con nosotros, Jesús Nazareno? ¿Has venido para destruirnos? Yo sé quién eres: el Santo de Dios". En estas palabras se nota el hecho de que parte de lo que el demonio dice está en plural, lo cual implica que el demonio habla no solamente por sí mismo, sino también por toda la hueste demoníaca. Al final de sus palabras, ahora en singular, el demonio anuncia lo que más adelante Lucas nos dirá que otros descubrirán: que Jesús es el Santo de Dios, quien ha venido a destruir los poderes del mal. El hecho de que el demonio reconozca a Jesús y el poder de Dios no ha de sorprendernos; en Santiago 2.19 se nos dice que "también los demonios creen, y tiemblan".

Es de notarse el hecho de que, aunque lo que el demonio dice es verdad, Jesús le ordena que calle. Los poderes del mal reconocen el poder de Jesús, pero este no es un testimonio que Jesús desee. (En Hechos 16.16-18, Pablo también rechaza las palabras de un testigo que dice la verdad, pero es maligno). Como muchos nos dicen hoy, la verdad no consiste sencillamente en decir algo que se corresponda con la realidad. La verdad cristiana no requiere solamente de ortodoxia —es decir, correcta doctrina—, sino también ortopraxis —acción correcta. Una "verdad" que se limite a describir la realidad, por muy exacta que sea su descripción, no es toda la verdad, y por tanto es falsa. Un falso testigo que dice la verdad sigue siendo falso. Los demonios que declaran que Jesús es el Santo de Dios siguen siendo demonios; y su testimonio, aunque digan la verdad, sigue siendo demoníaco. Los tiranos, dictadores y opresores que apoyan la predicación del cristianismo siguen siendo tiranos, dictadores y opresores; y su testimonio sigue siendo falso. Tristemente, en nuestro deseo de dar a conocer "la verdad", con demasiada frecuencia los cristianos hemos aceptado y nos hemos regocijado en el apoyo de tales testimonios falsos —y hasta podríamos decir, "demoníacos".

Jesús rechaza el testimonio del demonio, pero el resto de la historia muestra que lo que el demonio ha dicho es una afirmación correcta acerca de quién es Jesús: es el Santo de Dios que ha venido a destruir los poderes del mal. Este tema tiene un lugar central en el Nuevo Testamento y lo que nos dice acerca de Jesús y de su obra. Frecuentemente pensamos que en el Nuevo Testamento lo más importante que Jesús hace es pagar por nuestros pecados. Ese modo de entender los hechos se ha vuelto normativo en buena parte de la teología occidental. Pero lo cierto es que en el Nuevo Testamento se afirma todavía más otro modo de entender la obra de Jesús: Jesús es el Señor victorioso que vence los poderes del mal. El encuentro entre Jesús y esos poderes llegará a su clímax en la muerte y resurrección de Jesús; pero aparece también en toda la historia de los Evangelios. Aquí, al principio mismo de su ministerio, Lucas nos dice que Jesús ha venido para destruir los poderes del mal y que hasta esos mismos poderes le reconocen y le temen.

Excurso: Los poderes demoníacos y el misterio de la iniquidad.

Es imposible leer los Evangelios sin preguntarse acerca de los demonios. A quienes nos hemos formado dentro de la modernidad, la idea misma de los demonios se nos hace difícil. Ciertamente, hoy sabemos que las enfermedades no se deben a que un demonio tome posesión de la persona. Sabemos acerca de los virus, los desórdenes genéticos, las hormonas y los desequilibrios químicos, así como muchas otras causas de la enfermedad. Por lo tanto, llegamos a la conclusión de que podemos deshacernos de los demonios y de toda otra explicación sobrenatural de la enfermedad y la maldad.

Pero, a fin de cuentas, los virus, genes y otras explicaciones modernas no resuelven ni deshacen el misterio del mal y del sufrimiento que causa. Sencillamente lo posponen. Ahora sabemos que si alguien no puede hablar, esto no se debe a que esté poseído por algún demonio, sino más bien a alguna condición genética o algo parecido. Pero la verdad es que, a fin de cuentas, tampoco sabemos más acerca de la causa última de tal condición genética que cuando los antiguos sencillamente hablaban de demonios. Podemos retroceder siguiendo la línea de causas y efectos, pero nunca lograremos resolver el misterio del mal y de la iniquidad.

Aunque se nos hace imposible dar una definición absoluta del mal, sabemos que algunas cosas no deberían ser. Las personas no deberían morir en terremotos. El hijo de nuestro vecino no debió haber sido atropellado por un automóvil. Nadie debería morir de hambre. Sabemos que todo esto no debería ser, y por lo tanto lo llamamos "malo". Pero, de cualquier manera, tampoco podemos definir ni explicar el mal.

Esto se debe a que el misterio se encuentra en el centro mismo de la idea del mal. Si pudiéramos explicar o entender el mal, ya no sería tan malo. Si decimos, como frecuentemente lo hacemos, que algo que parece haber sido malo sucedió para que se produjera un bien mejor, lo que finalmente estamos diciendo es que, aunque haya sido doloroso o injusto, no era en realidad malo. Pero la verdad es que el mal sí existe, que no podemos explicarlo y que nuestro poder para vencerlo es limitado.

Ciertamente hemos aprendido esto a través de las tragedias y desilusiones de finales de la modernidad. Hace algunas décadas, se pensaba generalmente que algún día podríamos deshacernos del mal. Si había hambre en el mundo, solucionaríamos el problema mediante la educación, la irrigación, la fertilización y otros medios semejantes. Si había una epidemia, podríamos detenerla mediante la educación, la inoculación, mejor nutrición, etc. Se había opresión y violencia, podríamos detenerlas mediante el desarrollo de sistemas democráticos y una mejor distribución de las riquezas. Si algunos problemas parecían insolubles, esto se debía sencillamente a que todavía no habíamos descubierto los medios para enfrentarnos a ellos. En realidad, esperábamos que muchos de esos problemas se resolvieran tan pronto como encontráramos la tecnología necesaria.

Pero ahora las cosas han cambiado. Las altas ilusiones del socialismo de estado han redundado en tiranía, muerte y grandes inequidades. Los sueños igualmente elevados de la democracia universal han resultado en guerras en las que han muerto miles de civiles. El capitalismo internacional parece gobernar sobre el mundo desenfrenadamente, llevando los recursos y los empleos de un lugar a otro según sus propios intereses, prestándole poca atención al sufrimiento que puedan causar. La educación, que para muchos de nosotros era una panacea que resolvería los problemas del mundo, es usada por muchas personas educadas para oprimir y explotar a las demás, para manipular la opinión pública y construir armas que fácilmente pueden aniquilar a millones. Miles de especies de animales y vegetales van desapareciendo, muchas de las cuales bien pueden tener funciones en el ecosistema que ni siquiera sospechamos. En medio de todo esto, vemos que están teniendo lugar grandes cambios climáticos y, aunque sepamos algo de sus causas, no parece que podamos detenerlos.

Lo que todo esto quiere decir es que, por mucho que pueda sorprendernos, estamos volviendo a tener cierto entendimiento de lo que la Biblia quiere decir cuando habla de demonios. A través de los siglos, hemos ido imaginando que les quitamos los dientes a los poderes demoníacos. Primero los limitamos al papel de poderes de tentación, que se concentraban en sugerirnos el mal. Así hicimos de ellos tema de humor, imaginando unos pequeños diablitos que nos hablaban al oído. Y ahora sabemos y descubrimos que el mal es mucho más poderoso de lo que habíamos imaginado; que es sobrecogedor; que aun cuando podemos y debemos mejorar las condiciones afectadas por el mal, no somos capaces de destruir el mal mismo. Las realidades de la violencia doméstica, del hambre universal y otras semejantes son más demoníacas que cualquier pequeño demonio con cuernos y un tridente sentado a nuestros hombros y sugiriéndonos lo que no deberíamos escuchar.

Por todo ello, aunque podamos decir livianamente que la ciencia se ha deshecho de los demonios, la cosa no es tan sencilla. ¿Hemos verdaderamente explicado el mal? Quizá podemos entender la enfermedad de una persona sobre la base de factores genéticos; pero ¿nos deshacemos con eso del mal de la enfermedad? Podemos deshacernos de la enfermedad misma y aliviar el sufrimiento que causa. Pero no podemos entender en última instancia por qué la enfermedad se produce. Podemos explicar la destrucción de un huracán sobre la base de las condiciones atmosféricas; pero eso no hace que el huracán sea menos maligno.

El problema del mal se conoce técnicamente como "teodicea" —palabra derivada de dos raíces griegas, que significan "Dios" y "justicia". El problema es fácil de decir, pero imposible de resolver: ¿cómo puede un Dios justo y amante permitir el mal? A través de los siglos, los teólogos y filósofos han ofrecido muchas respuestas, a veces declarando que lo que decían se basaba en las Escrituras. Pero la verdad es que la Biblia no explica el mal, y ni siquiera trata de hacerlo. (Veremos más sobre esto al comentar Lucas 13.1-9). Lo que la Biblia sí dice es que el mal existe, que hay una relación entre el mal y el pecado humano, que hay una verdadera oposición y rebelión contra la voluntad de Dios, y que al fin Dios resultará vencedor sobre todos los poderes del mal.

Luego, cuando leemos historias tales como la del exorcismo en Capernaum o, más adelante en el Evangelio, el milagro de calmar las aguas o de sanar al endemoniado gadareno, al tiempo que tratamos de encontrar explicaciones "naturales" para las enfermedades y las tormentas, debemos recordar que el verdadero poder del mal, su verdadera oposición a Dios y a la voluntad divina, está precisamente en que no podemos explicarlo —o, como diría Lucas, en su carácter demoníaco.

Parte importante del mensaje de los Evangelios es que Jesús ha derrotado los poderes del mal y que, a fin de cuentas, su victoria será manifiesta en toda la creación. Cuando pensamos que esos demonios son pequeños diablitos que andan flotando por los aires sugiriéndonos cosas malas, o que no son más que el producto de supersticiones y tiempos pasados, perdemos de vista las dimensiones cósmicas del evangelio. El mal es real. El mal es poderoso. El mal se organiza de maneras misteriosas. Podemos y debemos oponernos a él, pero no podemos vencerlo. Es en Jesús, en su resurrección y en su reino venidero, que confiamos hoy cuando luchamos en contra de los poderes malignos a sabiendas de que son más poderosos que nosotros. Ese es el misterio de la iniquidad que es también el misterio de su destrucción al final de los tiempos. El evangelio es el anuncio de que, en virtud de la muerte y resurrección de Jesucristo, la victoria sobre el mal ya ha comenzado.

La historia de la enfermedad y curación de la suegra de Pedro es breve. El personaje a quien Lucas aquí llama "Simón", más tarde será conocido como Pedro. En tiempos pasados este pasaje ha sido objeto de controversia entre quienes insistían en el celibato clerical y sus oponentes. Los últimos decían que la historia de la suegra de Pedro mostraba que era casado, y los primeros decían que era viudo, y que es por ese hecho que en esta historia ella parece ser cabeza de la casa.

Mucho más importante es el hecho de que tenemos aquí otra historia en la que Jesús echa fuera al poder del mal. Aunque la palabra "demonios" no aparece en el texto, Jesús reprende a la fiebre de manera muy semejante a como reprende a los demonios en otros pasajes, y la fiebre abandona a la mujer.

A estos dos milagros de sanidad sigue un resumen (4.40-44). Cualquier historiador sabe que no podemos contar con todos los detalles de lo que ocurrió en el pasado. Por eso frecuentemente combinamos la narración de acontecimientos específicos que ilustran condiciones más generales con algunas palabras acerca de esas condiciones que muestran cómo el hecho específico que estamos narrando es parte de una historia mayor con muchos otros hechos. Decimos, por ejemplo, que la conquista de América causó mucho dolor y muerte; y entonces ilustramos ese punto contando dos o tres casos particulares. Lucas hace esto tanto en el Evangelio como en Hechos (véase, por empleo, Hechos 2.42-47; 5.12-16; 6.7; 9.31; etc.)

Estos cinco versículos, del 40 al 44, son uno de esos resúmenes que nos recuerdan que lo que Jesús hizo en la sinagoga en Capernaum y en casa de Pedro son solamente ejemplos de la clase de actividad que se repetía también en otros casos. Como en la historia que aparece en los versículos 31-36, los demonios conocen y proclaman que Jesús es el Mesías; pero Jesús muestra su poder sobre ellos echándolos fuera. Y, como continuación de lo que ya había hecho en casa de Pedro, Jesús también cura toda clase de enfermedades. El versículo 22 parece referirse a un caso particular, pero en realidad sirve para ampliar el alcance del resumen mismo. En los versículos 40-41 se nos dice que Jesús hizo muchos otros milagros como los dos que se describieron anteriormente. En los versículos 42-44 se añade que esto no se limitó a Capernaum, puesto que Jesús siguió proclamando el mensaje en "las sinagogas de Judea". Cabe señalar que la primera parte del pasaje se refiere a Jesús primordialmente como sanador, mientras al final se lo presenta como predicador de "las buenas nuevas". No se trata de dos actividades separadas, puesto que los milagros de Jesús son proclamación de las buenas nuevas, y las buenas nuevas son precisamente que los poderes del mal y la enfermedad han de ser destruidos.

Para estudiar, pensar y discutir: Imagine la situación en la sinagoga cuando Jesús comentó sobre la viuda de Sarepta y Naamán el sirio. Piense ahora en su propia congregación. ¿Quiénes serían en esa situación el equivalente de una viuda fenicia o de un leproso sirio? En otras palabras, ¿a quienes excluimos? ¿Por qué razones?

¿Se ha sentido usted alguna vez excluido o excluida en alguna iglesia? ¿Por qué razones? ¿Le ayuda eso a entender mejor lo que acontece con Jesús en la sinagoga de su propio pueblo?

Considere ahora los milagros que se discuten en esta sección. ¿Cómo ilustra esto lo que se dice en la Primera parte, capítulo 4?

B. 5.1–6.16: LLAMAMIENTOS Y CONTROVERSIA.

Llegamos ahora a una nueva sección del Evangelio en la que Jesús llama a sus primeros discípulos y tiene también sus primeros encuentros con las autoridades religiosas.

1. 5.1-11: Jesús llama a los primeros discípulos.

Aun cuando en su prólogo Lucas dice que se ha propuesto contar las cosas en orden, en el texto mismo no siempre indica la relación cronológica entre un episodio y otro. Por ejemplo, en el capítulo 4, Lucas se refiere a lo que Jesús había hecho en Capernaum en el versículo 23, y no es sino más tarde, en el 31, que se nos dice algo acerca de cuáles eran esas actividades. Ahora llegamos a una serie de pasajes que empiezan con frases cronológicamente vagas, tales como "aconteció" (5.1), "sucedió" (5.12), "aconteció un día" (5.17), "aconteció que un sábado" (6.1), o "aconteció también en otro sábado" (6.6). Pero en otros casos sí se emplean palabras que parecen indicar una conexión cronológica: "Después de estas cosas" (5.27), "entonces" (5.33) y "en aquellos días" (6.12). Resulta interesante notar que el Evangelio de Marcos, que parece ser una de las fuentes que Lucas está empleando aquí, frecuentemente da más detalles en cuanto a la relación cronológica entre diversos acontecimientos. Quizá sea precisamente porque quiere ofrecernos una narración en orden que Lucas no nos ofrece tales conexiones cuando no está completamente seguro de ellas.

El episodio que ahora estudiamos tiene lugar "junto al lago de Genesaret", que es otro nombre para el también llamado "Mar de Galilea". Es un lago de mediano tamaño, de unos 15 kilómetros de ancho y otros 25 de largo —pero que resulta grande en un país pequeño. Tiene un papel importantísimo en toda la historia de los Evangelios, donde frecuentemente las transiciones de un tema o una situación a otra se señalan pasando de una orilla del lago a la otra. El llamamiento de los primeros tres discípulos que aquí se cuenta aparece también en Marcos 1.16-20 y en Mateo 4.18-22.

En la versión de Lucas, el contexto del llamado de los primeros discípulos es la pesca milagrosa. Jesús ha estado empleando un bote que es propiedad conjunta de Pedro (Simón), Andrés y Juan como una especie de púlpito o plataforma, desde donde le habla a la multitud —sentado, como en aquella época los rabinos lo hacían. (El texto nos dice que Jacobo y Juan eran "compañeros de Simón". La palabra que aquí se usa normalmente quiere decir socios. Luego, no está claro si una barca es de Simón, o si los tres son socios en la posesión de las dos barcas). Lucas no nos dice en qué consistían las enseñanzas de Jesús en esa ocasión, pero cuando Jesús termina de enseñar, le dice a Pedro que saque de nuevo la barca mar adentro y eche las redes. Como era de esperarse, Pedro le advierte que ya habían tratado de pescar toda la noche, implicando que ellos eran pescadores profesionales, quienes por lo tanto deberían saber dónde es mejor pescar. Pero en todo caso dice que obedecerá a Jesús y hará lo que le indica. Esto contrasta con otra historia que Lucas cuenta en Hechos 27.1-9, también acerca de la navegación, pero en la que el centurión que está a cargo del viaje le presta más atención al capitán del barco que a Pablo —lo cual también era de esperarse, puesto que el capitán era un marino profesional, y Pablo no. El resultado es toda una serie de angustias que terminan en el naufragio.

La obediencia y confianza de Pedro reciben su recompensa con una pesca increíble —tan grande que la red se rompía y tuvieron que venir quienes estaban en otro bote para ayudarlos, de modo que a la postre ambas barcas estaban tan cargadas que estaban a punto de zozobrar.

Pedro responde a todo esto aterrorizado. Cae de rodillas ante Jesús pidiéndole que se vaya, porque Pedro mismo es pecador y por eso teme a Jesús. Le llama "Señor" —la palabra que la Septuaginta emplea para traducir el nombre sagrado e impronunciable de Dios (YHWH). Todo este episodio nos recuerda el llamamiento de Isaías, cuando declara: "¡Ay de mí que soy muerto! Porque siendo hombre inmundo de labios y habitando en medio de pueblo que tiene labios inmundos, han visto mis ojos al Rey, Jehová de los ejércitos" (Isaías 6.5). Pedro no está confesando algún pecado particular, sino más bien su pecaminosidad misma. También es posible que esta declaración tenga implicaciones sociales, porque muchos entre los judíos de clase alta llamaban "pecadores" a cualquiera que no tuviese los recursos necesarios para asistir al culto en el templo con regularidad, presentar los sacrificios requeridos y así ser limpio de su pecado. Luego la gente pobre —especialmente quienes vivían lejos de Jerusalén o en la supuestamente semipagana Galilea— era considerada particularmente pecaminosa e impura. En tal caso, Pedro parece estar reaccionando de la misma manera que muchos entre las personas pobres y marginadas en el día de hoy reaccionan cuando se encuentran frente a frente ante un gran personaje: su presencia le sobrecoge y confiesa que no es nada, sino un pobre pecador en la Galilea de los Gentiles. En todo caso, el pasaje incluye la primera confesión de Pedro de que Jesús es el Señor. Sin embargo, como ya hemos visto repetidamente en el Evangelio de Lucas (1.12-13.30; 2.10), quienes temen son invitados al gozo y a la novedad de vida, pues Jesús le dice: "No temas; desde ahora serás pescador de hombres".

Cuando los tres pescadores —Simón, Andrés y Juan— regresan a la orilla, lo dejan todo para seguir a Jesús, quien les ha invitado a seguirle y dedicarse a pescar seres humanos en lugar de peces —o más bien, los ha tornado de pescadores de peces en pescadores de humanos, puesto que las palabras de Jesús no son una mera invitación, sino más bien una declaración: "Desde ahora serás...".

> Solo quien cree es obediente, y solo quien es obediente cree... El primer paso de la obediencia lleva a Pedro abandonar sus redes, y luego a salir de la barca. Llama al joven a abandonar sus riquezas. Solo esta nueva existencia, surgida de la obediencia, hace posible la fe.
>
> **Dietrich Bonhoeffer**

Con frecuencia, y con razón, este pasaje se emplea como ejemplo de los requisitos del verdadero discipulado. Estos tres pescadores lo dejan todo —sus barcas, sus redes, su pesca, sus familias— para seguir a Jesús. En ese sentido, el pasaje invita a la renuncia. Lo que muchas veces no notamos es que estos tres lo abandonan todo precisamente en el punto culminante de su carrera. La confianza y obediencia de Pedro han tenido por resultado una pesca inimaginable. ¡El "evangelio de la prosperidad" se ha cumplido! Porque creyeron, prosperan. Pero esa prosperidad es efímera. Porque creen —porque su éxito es señal del poder de Dios—, abandonan su prosperidad y su éxito. No toman su prosperidad como señal de la intervención divina para quedarse en eso. Más bien, ven en esa prosperidad inesperada una señal de que, como Pedro declara, son pecadores, y que por tanto necesitan una vida diferente. Y cuando Jesús los invita a una vida nueva, dejan atrás su prosperidad y su éxito para seguirle.

2. 5.12-16: Un leproso es hecho limpio.

Siguen ahora dos historias de milagros en tiempo y lugar indeterminados: "Estando él en una de las ciudades" y "un día que él estaba enseñando". Las dos historias son acerca de la sanidad o restauración de la salud: la primera, de un leproso; la segunda, de un paralítico.

La lepra era una enfermedad harto temida en tiempos antiguos. Según la Ley de Moisés, quien la tuviera era persona inmunda hasta tanto un sacerdote, tras seguir ciertos procesos claramente definidos, declarara que la enfermedad había desaparecido y la persona era limpia (véase Levítico 13–14). Puesto que lo que entonces se llamaba "lepra" era en realidad toda una variedad de enfermedades, ocasionalmente había quien resultaba sano y declarado limpio. Pero hasta que tal cosa acontecía, toda persona declarada leprosa era expulsada del seno de la sociedad.

En la historia de Lucas, la enfermedad era seria, pues el hombre estaba "lleno de lepra". Lo que el hombre pide es ser limpio. Uno de los peores sufrimientos de quienes tenían tal enfermedad no era tanto la enfermedad misma como la condición de ser declarado inmundo, lo cual impedía casi todo contacto humano. El leproso expresa su fe en Jesús al declarar que, si Jesús lo desea, puede sanarlo. Jesús confirma su deseo, toca al leproso y el hombre queda sano.

El hecho de tocar al leproso es una parte importante en esta narración. Quien tocara a un leproso inmundo se volvía también inmundo. Este hombre sufre por haber sido declarado inmundo. Al tocarlo, Jesús no solamente muestra compasión, como lo indicaría el mismo gesto en el día de hoy, sino que también se está haciendo partícipe de la inmundicia del leproso. Está dispuesto a volverse inmundo para que el leproso sea sano. Luego, en esta historia, Lucas nos ofrece una señal de la obra de Jesús, quien vino a nuestra pecaminosidad e inmundicia, y sufrió por esa pecaminosidad e inmundicia, a fin de que seamos limpios. De manera semejante, Pablo declara: "Al que no conoció pecado, por nosotros lo hizo pecado, para que nosotros seamos justicia de Dios en él" (2 Corintios 5.21). Y en Primera de Pedro 2.24 leemos: "Él mismo llevó nuestros pecados en su cuerpo sobre el madero, para que nosotros, estando muertos a los pecados, vivamos a la justicia".

Tras limpiar al leproso, Jesús le dice que vaya y se presente ante el sacerdote. Al hacerlo, sencillamente le está diciendo que siga el procedimiento que la Ley prescribe. Pero Jesús también le manda que no se lo diga a nadie más. Este es un tema que aparecerá repetidamente en el Evangelio. Comúnmente se lo llama "el secreto mesiánico". Jesús no busca inmediatamente que su papel cómo Mesías sea conocido por el público. Esto se verá claramente más adelante, cuando Pedro declara que Jesús es el Mesías y Jesús "les mandó que a nadie dijeran esto, encargándoselo rigurosamente" (9.21). Esto muestra que el propósito de Jesús no es hacer milagros para ganar seguidores, fama o popularidad. (Más adelante volveremos sobre este tema en uno de nuestros excursos, "El secreto mesiánico"). En el caso del leproso, como muchos otros en el Evangelio, esto no evita que la fama de Jesús se extienda, de tal manera que vienen a él multitudes buscando ser sanadas. Pero Lucas nos dice que Jesús, quien ciertamente no buscaba ser popular, se aparta a lugares solitarios a fin de orar.

3. 5.17-26: Le traen un paralítico a Jesús a través del techo.

Como el milagro anterior, este tiene lugar en un tiempo y sitio indeterminados: "Un día que estaba él enseñando". Pero aparte de eso, la historia incluye varios detalles dramáticos, y por lo tanto ha inspirado muchos sermones acerca del valor de perseverar en la fe —fe como la de quienes traían al paralítico. Pero también es importante tener en cuenta otros detalles del pasaje.

En primer lugar, Lucas plantea una situación problemática. El problema está claro. Por una parte, el texto nos dice que "el poder del Señor estaba con él para sanar"; pero por otra parte el texto también nos dice que ese poder no estaba disponible a quienes estaban fuera de la casa. Jesús tenía el poder de sanar, pero ese mismo poder estaba aprisionado, detenido por la multitud que lo rodeaba y que no daba lugar para que otros se acercaran. Ese es el primer problema que el pasaje plantea.

El versículo 19 nos dice que quienes traían al paralítico no podían llegar a Jesús "a causa de la multitud". Lo que de inmediato pensamos es que esa multitud serían personas del lugar que habían venido a escuchar a Jesús, o en busca de un milagro —después de todo, al final del pasaje anterior, Lucas se refiere precisamente a una multitud semejante. Pero eso no es lo que el texto dice. Según Lucas, quienes cierran el camino son fariseos y doctores de la ley, quienes "habían venido de todas las aldeas de Galilea, de Judea y Jerusalén". Tampoco nos dice el pasaje que estos doctores y fariseos fuesen personas malas o incrédulas, ni que fuesen hipócritas que trataban de atrapar a Jesús con preguntas capciosas. En otros pasajes encontramos a tales doctores de la ley y fariseos. Pero no aquí. Lo que es más, a pesar de todo lo malo que se ha dicho de los doctores de la ley y los fariseos, estos eran en realidad quienes tomaban las Escrituras con mayor seriedad y las estudiaban más asiduamente. En el pasaje que ahora estudiamos, estos fariseos y doctores de la ley tienen suficiente interés en Jesús y sus enseñanzas como para ir a escucharlo, algunos desde lugares bastante lejanos.

El problema no es la hipocresía de estas personas, sino que mientras están sentadas en torno a Jesús, para escuchar sus enseñanzas, y quizá también para discutirlas, fuera de la casa hay otras personas necesitadas, personas que no pueden llegar a Jesús precisamente porque estos otros están sentados en torno a él escuchándolo.

Entre quienes están fuera hay un grupo fascinante. Hay por una parte extrema debilidad y por otra, extremo atrevimiento, enfermedad opresora e imaginación liberadora. Al centro de ese grupo hay un hombre sobre un camastro. Sus circunstancias le limitan mucho más que a otras personas. Para este hombre el cuerpo, más bien que una ayuda, es un obstáculo.

Pero este paralítico y sus amigos tienen imaginación y atrevimiento. Quizá el paralítico mismo, precisamente porque lleva tanto tiempo atado al camastro, ha aprendido a dejar que su imaginación vuele libremente. En todo caso, si no se puede entrar por la puerta, y si las ventanas no ofrecen más que un atisbo de Jesús, la imaginación encuentra otro camino: el techo.

Es así que estas personas excluidas y marginadas que no podían entrar al círculo en torno a Jesús, encuentran el modo de hacerlo. Inventan un camino donde no lo había. Las palabras de Lucas son dramáticas: "Subieron encima de la casa y por el tejado lo bajaron con la camilla y lo pusieron en medio, delante de Jesús". Las palabras "en medio" son importantes. El paralítico está ahora más cerca de Jesús que aquellos doctores y fariseos que antes impedían su camino.

Cuando el paralítico está ante él, Jesús declara que sus pecados le son perdonados. Esto inmediatamente provoca el cuestionamiento y la crítica por parte de los escribas y fariseos, quienes creen que Jesús blasfema, pues solamente Dios tiene autoridad para perdonar pecados. Conociendo sus pensamientos, Jesús les muestra que tiene ese poder al decirle al paralítico que se levante, tome su camastro y regrese a su casa. Esto es lo que el hombre hace y Lucas termina la historia diciéndonos que "todos, sobrecogidos de asombro, glorificaban a Dios. Llenos de temor decían: 'hoy hemos visto maravillas' ".

Esa historia marca un escalón más en el distanciamiento progresivo entre Jesús y la cúpula religiosa de Israel. Es aquí que, por primera vez en el Evangelio, los escribas y fariseos parecen pensar que Jesús blasfema, aunque en este caso están todavía dispuestos a dejarse convencer por los acontecimientos y la obra de Jesús, y al final ya no le acusan de blasfemia, sino que glorifican a Dios por lo que han visto.

Lucas no nos dice exactamente cuándo aconteció esto. Dice sencillamente que fue "un día". Pero lo que aconteció en aquel día todavía acontece en nuestros días. Hoy, al igual que entonces, Jesús tiene poder para sanar y salvar, para perdonar pecados y para librar a los paralíticos de sus camastros. Pero todavía en el día de hoy, como entonces, hay círculos y más círculos en torno al Maestro. Hoy, al igual que entonces, hay cojos que no pueden llegar a Jesús porque el camino les queda cerrado por círculos de personas religiosas, de teólogos sabios y profundos, de líderes eclesiásticos, de eruditos, de estructuras sociales —¡quizá también hasta por comentaristas bíblicos! Quienes nos sentamos en tales círculos no somos personas particularmente malas o irreligiosas, al igual que aquellos fariseos y doctores de la ley tampoco eran personas malas. Sencillamente queremos acercarnos tanto como nos sea posible a la verdad de Jesús, de igual manera que aquellos antaño buscaban escucharlo tan de cerca como les fuera posible. Como aquellos antiguos maestros de la ley, llevamos años estudiando las Escrituras, la teología, la historia, los idiomas. Queremos conocer, descubrir y compartir la verdad. Queremos también que otros se unan a nuestro círculo y se sienten junto a nosotros. Pero con demasiada frecuencia, mientras nos sentamos en el círculo, como si todo fuera cuestión de escuchar algo interesante o edificante, no nos percatamos de que estamos cerrando el camino para muchos otros cojos que tienen necesidades urgentes y, por tanto, hacemos poco por facilitarles el camino.

Quienes somos parte de los más aceptables círculos académicos y teológicos, quienes somos profesores respetados, quienes somos autores religiosos, quienes somos predicadores del evangelio, posiblemente debamos escuchar en este pasaje una palabra de advertencia. No sea que en medio de nuestras discusiones acerca de Jesús y de quién él es, de las doctrinas cristianas y su contenido, de la historia del cristianismo, de cómo se formó la Biblia, de lo que un pasaje cualquiera quiere decir, volvamos las espaldas a los necesitados para quienes Jesús vino, los desvalidos que tienen necesidad de su poder sanador. Tengamos cuidado, no sea que, al volverles las espaldas en lugar de ayudarles en su camino, nos volvamos un obstáculo. O, uniendo esto con lo que decíamos antes (4.34-35) acerca de los demonios que hablan verdad y sin embargo no hacen la verdad, cuidemos de que nuestra verdad sea verdadera tanto en palabras como en hechos —que nuestra preocupación por la ortodoxia no nos distancie de la ortopraxis.

Pero al mismo tiempo, hay muchos que de diversas maneras y por supuestas razones, quedan excluidos del círculo que los cristianos mismos cerramos. Son muchos los que tienen que luchar para que se les permita entrar. Para los tales, este texto también tiene una lección importante: quienes traían al paralítico bien hubieran podido abrirse camino para ellos mismos con solo dejarlo atrás a él y a su camastro. Si hubieran estado solamente buscando su propio lugar en el círculo, no hubiera sido tan difícil. Pero su compromiso con el necesitado era tal que, o bien entraban juntos, o no entraban.

Para tantas personas que existen hoy al margen de la iglesia y la sociedad, este pasaje también tiene una palabra importante de advertencia: ¡cuidado! No sea que, en su lucha por entrar al círculo de las personas más aceptables, dejen detrás a otros que necesitan de ustedes y de su apoyo. ¡Cuidado! No sea que, al buscar nuestro propio adelanto dentro de los círculos eclesiásticos, teológicos y académicos, en el curso de nuestra carrera pastoral, nos resulte muy fácil abandonar los camastros en que yacen quienes necesitan de nosotros. ¡Cuidado! No sea que, en medio de nuestras profundas discusiones teológicas, les volvamos las espaldas a quienes todavía buscan el poder de Jesús. O, recordando una vez más lo que decíamos antes acerca de cómo los demonios dicen verdad, pero su testimonio no es verdadero, ¡cuidado! No sea que, en nuestra búsqueda por mayor verdad, perdamos de vista la verdad que nos llega en el menos instruido o menos respetable.

Por último, para todos nosotros hay también otra palabra de Dios en este pasaje. Cuando mediante la marginación y la solidaridad abrimos el camino de modo que quienes de otra manera hubieran quedado fuera puedan entrar, suceden cosas sorprendentes. En primer lugar, el margen se vuelve centro. El paralítico está colocado al centro mismo, cerca de Jesús. En segundo lugar, quien estaba prisionero en su camastro queda libre. Tercero, hasta el círculo estrecho de los fariseos y escribas recibe bendición, de modo que todos son liberados de sus prejuicios y pueden ver el poder de Jesús de una manera en que no lo hubieran visto de no haber sido por el paralítico y sus amigos. Y, por último, no importa cuál sea nuestra posición, ya sea cerca del centro mismo y en la cumbre del poder y la autoridad, o todo lo contrario, la experiencia de la gloria de Dios saltará por encima de esos abismos, de modo que todos juntos podamos glorificar a Dios, como lo hicieron aquellos maestros y fariseos que vieron el poder de Jesús.

Excurso: Los milagros.

En los varios y confusos sistemas politeístas de la antigüedad, frecuentemente se explicaban los acontecimientos sobre la base de acciones supuestamente tomadas por seres superiores y misteriosos. Luego, si llueve, esto se debe a un dios; y si nieva, esto puede deberse a algún otro dios. En fin de cuentas, el mundo politeísta es caprichoso, pues todo depende de los antojos de los dioses. Dentro de tal marco de referencias, se les hacía muy difícil desarrollarse a las ciencias físicas tal como hoy las conocemos.

En contraste, la modernidad no deja espacios para los milagros. El éxito de las ciencias físicas y su aplicación a la tecnología han creado una visión del mundo como un sistema cerrado de causas y efectos. Cuando a nosotros los modernos se nos pide que expliquemos algo, por lo general miramos a lo que existía antes para allí encontrar su causa. Cuando encontramos esa causa, decimos que ya hemos encontrado una explicación; y si no la encontramos, decimos que sencillamente no hemos estado buscándola donde debíamos o con los instrumentos apropiados. Pensamos entonces que a la postre, según vayamos aprendiendo más acerca de la naturaleza, se encontrará la causa, y por tanto habremos explicado el fenómeno de que se trata. Dentro de esa visión del mundo, hablar de un milagro es decir que de alguna manera el sistema de causas y efectos ha quedado interrumpido, o más bien, que una fuerza desde fuera del sistema ha intervenido. Pero esto queda excluido por definición, puesto que las fuerzas externas no pueden intervenir en este sistema cerrado que es el universo.

Este modo de ver el universo se encuentra en el fundamento mismo del adelanto de las ciencias físicas y la tecnología. Pero también nos ha llevado a desconectar el pensamiento de la vida, pues esta última se vive siempre como si fuera una realidad abierta. Es esta falta de conexión lo que actualmente lleva a muchos más allá de la cosmovisión de la modernidad, a lo que se llama entonces posmodernidad. Ya desde hace bastante tiempo, Emmanuel Kant, figura cimera del pensamiento filosófico moderno, mostró que el conocimiento nunca es puramente objetivo, y que hasta la idea misma de causalidad —que es la base de toda la cosmovisión moderna— se encuentra en la mente misma y en sus estructuras más que "allá fuera" en el universo. Entonces Karl Marx y Sigmund Freud nos abrieron los ojos para ver hasta qué punto los intereses sociales y económicos, así como las dimensiones ignotas del pensamiento y de la motivación, dejan su sello sobre nuestras ideas y nuestro conocimiento supuestamente objetivos. En las ciencias físicas mismas, el desarrollo de nuevas teorías —teorías que no siempre apoyan el determinismo que antes dominó en las ciencias físicas— ha llevado a muchos a la conclusión de que, como dijo el filósofo español José Ortega y Gasset, "la razón es una breve zona de claridad analítica que se abre entre dos estratos insondables de irracionalidad" ("Ni vitalismo ni racionalismo" [*Obras completas*, 3.277]). Con esto quería decir que, al menos desde el punto de vista humano, tanto los resultados finales del análisis como sus conclusiones últimas son en sí mismas irracionales. En conclusión, la cosmovisión moderna, que por definición excluye los milagros, no es inexpugnable. El mundo no es tan racional ni está tan cerrado como la modernidad nos hizo pensar.

> Arbitrariamente se supone que los estratos de la realidad donde no penetra nuestra mente están hechos del mismo tejido que el breve trozo conocido, no advirtiendo que si este es conocido se debe a que acaso sea el único cuya estructura coincide con nuestra razón.
>
> **José Ortega y Gasset**

Cuando Lucas habla acerca de los milagros, no está diciendo, como se pensaba en aquellos tiempos, que estos eran una demostración de un poder caprichoso. Tampoco está implicando, como los modernos frecuentemente pensamos, que el orden cerrado del universo ha sido quebrado, ya que ni él ni ninguno de sus contemporáneos creía en tal orden. Un milagro no es una interrupción de un orden existente, sino más bien la introducción del verdadero orden —del orden del Dios creador— dentro del desorden demoníaco del mundo presente. Es señal de la victoria de Dios sobre los poderes del mal. Es anuncio de que el nuevo orden se aproxima y que, a fin de cuentas, el poder le pertenece al Dios de la creación, del verdadero orden, de la libertad y la justicia. Los milagros de Jesús en el Evangelio no son solamente una convalidación o prueba de su misión, enseñanzas y poder. Son parte de las buenas nuevas mismas.

4. 5.27-32: Jesús llama a Leví.

Antes, en este mismo capítulo, Lucas nos ha contado acerca del llamamiento de los primeros discípulos. Ahora, tras la historia de los milagros, nos cuenta acerca de otro llamamiento. En esta ocasión, la persona a quien Jesús llama es un cobrador de impuestos o "publicano". Como vimos antes, en el sistema romano la recaudación de impuestos se delegaba a inversionistas que pagaban cierta cantidad por el derecho a cobrar los impuestos en una región particular. Quienes le pagaban al gobierno eran esos inversionistas, quienes podían guardarse la diferencia entre lo que cobraban y lo que le debían al gobierno. Frecuentemente esos inversionistas recuperaban su dinero vendiéndoles derechos semejantes a otras personas, quienes también buscaban el modo de recuperar su dinero cobrando impuestos y guardándose lo que pudieran. Naturalmente, esto resultaba en mucho abuso y explotación, puesto que la ganancia del inversionista inicial, así como la de todos los que estaban debajo de él, dependía de cuánto pudieran extraerle a la población. Por lo general, los niveles más bajos en todo ese sistema de recaudación eran personas de la localidad que sabían qué y cuánto tenían sus vecinos, y por lo tanto podían exprimirlos hasta el último céntimo. Como resultado, a través de todo el Imperio se odiaba a los recolectores de impuestos, no solamente por su explotación, sino también porque eran traidores contra sus propios vecinos. En el caso de Israel, el odio y desprecio hacia los cobradores de impuestos o publicanos se acrecentaban porque tales publicanos, quienes tenían contacto constante con los gentiles y sus monedas idolátricas, eran considerados inmundos.

El publicano en la historia de Lucas se llama Leví, mientras que en Mateo 9.9-13 se le llama "Mateo". Ambos nombres son judíos. Luego, este publicano es judío, y por tanto persona doblemente despreciada porque vive a costa de su propio pueblo sirviendo a las autoridades romanas y porque es ritualmente inmundo. Esta historia nos recuerda algo del llamamiento de los primeros discípulos, cuando Pedro se declara pecador, y de la sanidad del leproso inmundo. Como en el caso de Pedro y sus compañeros, también Leví "dejándolo todo, se levantó y lo siguió". Pero esto no quiere decir que lo hiciera inmediatamente, puesto que todavía tenía los recursos necesarios para celebrar un gran banquete en su casa. Como señalamos en la Introducción, los banquetes tienen un lugar importante en la vida de Jesús según Lucas nos la cuenta. Este es el primero de muchos episodios semejantes en el Evangelio de Lucas.

Quienes asisten al banquete, aparte de Jesús, son "mucha compañía de publicanos y otros que estaban a la mesa con ellos". Se trata entonces aparentemente de la alta sociedad del lugar en términos económicos, pero también de las personas más despreciadas en términos religiosos y políticos. El comer con ellos sería a la vez una contaminación ritual y causa del desprecio popular. Luego, aunque no en términos económicos, estos comensales bien podían contarse entre los excluidos de la sociedad.

Entran entonces en escena los fariseos. Esta es la segunda vez que Lucas se refiere a ellos. La primera es cuando nos dice que entre quienes escuchaban a Jesús había fariseos y doctores de la ley que habían venido desde lejos. En aquella ocasión, lo critican por declarar que los pecados del paralítico eran perdonados; pero al fin, al ver el milagro que Jesús hace a favor del paralítico, quedan maravillados y alaban a Dios. En el pasaje que ahora estudiamos, los fariseos y los escribas critican a Jesús, pero no se nos dice cómo responden a su explicación. Más adelante, según la historia vaya avanzando, estos personajes religiosos se volverán cada vez más hostiles.

Para la mayoría de nosotros, el término "fariseo" tiene connotaciones negativas. Frecuentemente lo utilizamos como sinónimo de "hipócrita". Esto se debe en parte a que miramos a los fariseos a través del lente de siglos de interpretación, y en parte, a que no queremos confesar cuánto nos asemejamos a aquellos fariseos. Entre todos los grupos y sectas que había entre los judíos, los fariseos eran probablemente los más dignos de respeto. Eran quienes más se preocupaban por cumplir y aplicar la Ley en todo aspecto de la vida. Otros pensaban que bastaba con ofrecer sacrificios en el Templo y no quebrantar los mandamientos explícitos de la Ley. Pero los fariseos iban mucho más allá, preguntándose cómo se ha de aplicar la Ley en aquellos casos a los que no se refiere explícitamente. Si hay que descansar en el sábado, ¿qué es trabajo y qué es descanso? Entre las cosas que no se mencionan directamente en la Ley, ¿qué es limpio y qué es inmundo? ¿Cómo podemos asegurarnos de ser fieles cuando vivimos en circunstancias muy diferentes a las que existían cuando la Ley fue escrita? Tales preguntas se asemejan mucho a las que los cristianos más fieles se han planteado a través de los siglos. Como cristianos, se nos hace fácil despreciar a otros que parecen menos fieles.

"Ese bebe... aquella coquetea... aquellos mienten... estos blasfeman... ese no va a la iglesia... aquel otro es inmoral", etc. En pocas palabras, son gente que no vive tan cerca de Dios como nosotros. Y quizá esto sea verdad en cierta medida, como lo era también en el caso de los fariseos. Pero tal actitud nos impide ver, experimentar y reflejar la gracia de Dios. Al tiempo que decimos servir al Dios de gracia y amor, negamos el amor de Dios hacia tales personas y en consecuencia también su gracia para con nosotros mismos, pecadores como somos.

Los fariseos son buenos, sinceros y religiosos. Les preocupa el que este maestro, Jesús, coma con gente indigna e inmunda. El que Jesús haga tal cosa parece negar o subvertir su propio ministerio y autoridad. Se entiende por qué critican a Jesús, quien no se comporta como se espera que lo haga una persona verdaderamente pura y religiosa.

Pero entonces viene uno de esos grandes vuelcos en el Evangelio de Lucas. Jesús no ha venido ante todo para la gente religiosa —sean fariseos o cristianos—, quienes no necesitan de médico. Ha venido más bien para pecadores tales como Pedro y Leví.

5. 5.33-39: La cuestión del ayuno.

Lucas relaciona el pasaje que estudiamos con el anterior tanto temática como cronológicamente. Cronológicamente, la relación se establece con la palabra "entonces". En cuanto a los temas, la relación incluye el asunto común a las dos historias, el comer, así como las críticas de los fariseos. Al leer estas dos historias juntas, recibimos la impresión de que los fariseos están criticando a Jesús y sus discípulos, en primer lugar, por comer con personas indignas; y en segundo, por ser demasiado alegres y no seguir las costumbres más estrictas del ayuno y la oración. (Quizá hoy en algunas de nuestras iglesias diríamos que se les acusaba de ser "demasiado mundanos"). En los versículos 21 y 22, ya Jesús ha contestado a la primera de estas críticas y ahora el tema es la segunda.

La primera parte de la respuesta de Jesús sería entendida claramente por los lectores de Lucas, quienes eran cristianos, pero posiblemente no por los fariseos que le habían planteado la pregunta. Esto se debe a que la respuesta es a la vez escatológica y cristológica. La frase "vendrán días" aparece repetidamente en el Evangelio como anuncio de lo que sucederá más adelante en la vida de Jesús y también del futuro escatológico (10.12; 19.43; 21.6; 23.29). Este uso aparentemente doble señala la relación que hay entre el propio Jesús y el advenimiento del Reino de Dios. Los primeros cristianos al leer el Evangelio entenderían claramente que Jesús está diciendo que, mientras él está con sus discípulos, no hay razón para ayunar. No es tiempo de duelo o ausencia, sino más bien de regocijo —de igual manera que nos regocijamos en una boda y nos lamentamos en la despedida de un servicio fúnebre. "Vendrán días cuando el esposo les será quitado; entonces, en aquellos días, ayunarán". Resulta interesante notar que en Hechos 1, Lucas afirma que los primeros discípulos ayunaban.

De ahí Jesús pasa a dos dichos que quizá hayan sido aforismos ya existentes. Ambos tienen que ver con la incompatibilidad entre lo antiguo y lo nuevo, pero también con las consecuencias negativas de tratar de combinarlos. En ambos casos se manifiesta el poder de lo nuevo para destruir lo antiguo: el parche en la ropa se encogerá y causará una rotura aún mayor, y el vino nuevo se fermentará y romperá el viejo odre. Sin decirlo en tantas palabras, Jesús implica que los fariseos no se han dado cuenta de la novedad radical de lo que está teniendo lugar ante sus propios ojos. Quieren hacer de Jesús uno más entre los muchos maestros sabios de Israel —coserlo como remiendo nuevo en tela vieja. Pero el poder de lo nuevo no permite tales componendas. Esto no quiere decir que Jesús esté declarando que no hay conexión alguna entre él y la obra de Dios a través de las edades anteriores a él. (Véase más arriba el excurso sobre la continuidad y la discontinuidad). Pero sí anuncia que Jesús no es sencillamente un episodio más en la historia de las relaciones entre Dios e Israel. Jesús es el novio por quien las edades han esperado. Luego, sencillamente añadirle al antiguo orden social o a las antiguas prácticas y expectativas religiosas tendría consecuencias desastrosas, semejantes a lo que acontece cuando se cose un remiendo nuevo en tela vieja o se vierte vino nuevo en un odre viejo.

> Como cristianos que vivimos en una sociedad privilegiada, ¿será que nos hemos acostumbrado tanto al sabor del vino viejo que desechamos el nuevo?... El vino nuevo trae la fecha "el año agradable al Señor", y ahora nada de nuestras antiguas relaciones con los demás —especialmente los miserables, despreciados y abandonados entre nosotros— pueden ser como eran antes.
>
> **R. Alan Culpepper**

El versículo 39 (que no aparece en todos los manuscritos) parecería indicar que el problema de los fariseos es que están bebidos con su propio vino añejo, y que por lo tanto no quieren probar del nuevo. Están tan involucrados en el orden presente de su religiosidad que no pueden reconocer la acción de Dios comenzando una nueva era.

La dirección escatológica y cristológica de todo el pasaje implica que trivializamos el mensaje de Jesús cuando sencillamente aplicamos los dichos sobre el nuevo remiendo en tela vieja y el nuevo vino en odres viejos como un modo de referirnos a la tensión inevitable en toda institución entre la necesidad de cambio y los valores de las prácticas antiguas. El pasaje de Lucas es mucho más que una afirmación de lo sobradamente sabido: que las cosas cambian. Es una afirmación radical tanto cristológica como escatológicamente. Hacer de él una mera ilustración acerca de cómo es que las cosas son es no entenderlo, olvidar o dejar a un lado la novedad radical del evangelio, y por lo tanto quizá hasta tomar el partido de los fariseos al preferir lo antiguo, lo común y el orden existente por encima de la sorprendente novedad del evangelio.

6. 6.1-11: Controversias en torno al sábado.

Esta sección incluye dos historias entrelazadas por el tema del sábado. La primera de ellas tiene lugar "un sábado" y la segunda, "otro sábado". En ambas se critica a Jesús por sus actividades en el sábado —en la primera, la crítica proviene de los fariseos y en la segunda, de los fariseos junto a los escribas. En ambos casos se trata de actividades que algunos consideraban prohibidas en el sábado: en el primero, cosechar y descascarar el trigo; en el segundo, sanar a una persona enferma.

Frecuentemente se dice que estas dos historias reflejan la actitud de los judíos hacia el sábado, pero esto no es cierto. Había varios rabinos que enseñaban que, en casos de vida o muerte, la ley del sábado se podía suspender, y la historia de David comiendo de los panes de la propiciación se interpretaba como uno de esos casos. Luego, Jesús está de acuerdo con lo mejor de la tradición rabínica. Pero hay muchos que no concuerdan. Hay algunos para quienes la Ley es ante todo un modo de conservar su propia santidad y quienes, por lo tanto, tienden a colocarla por encima de la compasión hacia los demás.

Al leer la primera de estas dos historias, es importante notar que no se consideraba ilícito el hecho de que los viandantes tomaran y comieran frutos o granos de un campo por el que pasaban. Había leyes que prohibían que tales viandantes tomaran comida para llevar, lo cual sería hurto. Pero el principio general de la ley de Israel era que quien tenía hambre tenía derecho a comer. Si iban de paso, podían tomar lo que necesitaran. Si eran residentes locales, tenían el derecho de volver a pasar por sobre los campos después de la cosecha para recoger lo que quedara. Y se prohibía a los dueños volver una vez más después de que se había recogido la cosecha, puesto que lo que quedaba era propiedad de los necesitados. De manera que los fariseos no están criticando a Jesús por haber tomado lo que no es suyo, como pensaríamos hoy. Lo están criticando por haber hecho en el sábado lo que sería lícito en cualquier otro día. No es que los discípulos hubieran tomado lo que no les pertenecía, sino que habían cosechado y descascarado el grano, lo cual estaba prohibido en el sábado.

Lucas concluye esta historia con una frase que debió haberles parecido algo críptica a quienes la escucharon: "El Hijo del Hombre es señor del sábado".

Esto bien podía entenderse en el sentido de que el ser humano se encuentra por encima del sábado, o también en el sentido de que Jesús se está refiriendo a sí mismo como la figura escatológica conocida como el Hijo del Hombre, y por lo tanto es señor del sábado. Cada uno de los otros dos Evangelios sinópticos parece dirigirse en una de esas dos direcciones. En Marcos 2.27-28, el énfasis recae sobre la humanidad en general, para la que el sábado fue hecho. En Mateo 12.6, el énfasis recae sobre la persona de Jesús como "uno mayor que el templo". La versión de Lucas, que parece combinar las otras dos, es ambigua a propósito, porque en ella Jesús se refiere a la vez tanto a los designios últimos de Dios para toda la humanidad como a sí mismo como cumplimiento de esos designios. Jesús no está sencillamente afirmando lo que cualquiera pudiera ver o decir. Está hablando acerca de sí mismo y de su misión de traer a la creación al fin para el cual fue hecha. Lo que Dios intenta para toda la creación humana se cumple en Jesús.

En la primera de estas dos historias, Lucas no nos dice cómo respondieron los fariseos a las palabras de Jesús. Pero en la segunda sí. Los escribas y fariseos están en alerta una vez más, con la esperanza de atrapar a Jesús en algún error. Está prohibido sanar en el sábado, y aquí hay un hombre que tiene seca una mano. ¿Quebrantará Jesús la Ley para sanarlo? Jesús toma la iniciativa. Sabiendo lo que sus enemigos están pensando, coloca al hombre en el centro de la escena, plantea la pregunta de si es lícito sanar a una persona en el día de reposo, y sin esperar respuesta lo hace. En lugar de quedar sobrecogidos y convencidos ante el milagro, sus enemigos se enardecen y empiezan a tramar contra Jesús —"se llenaron de furor y hablaban entre sí qué podrían hacer contra Jesús". Es importante notar que los milagros no necesariamente llevan a la fe. Aquí el milagro, en lugar de convencer a quienes lo ven, los lleva a proyectar el mal (véase más arriba el excurso sobre los milagros).

7. 6.12-16: Los doce apóstoles.

El pasaje empieza con la oración. El llamamiento de los Doce no se deja al azar ni es tampoco una decisión tomada a la ligera. Antes de nombrarlos al día siguiente, Jesús pasa la noche orando. Esta es la única vez en que Lucas nos dice que Jesús pasó la noche en oración —lo cual es índice de la importancia de la decisión que debía tomar. Va a seleccionar a doce de entre sus discípulos. Aquí, y en buena parte de lo que sigue, Lucas parece establecer una distinción entre tres círculos concéntricos de seguidores de Jesús: los "doce" (a quienes también llama "apóstoles"), los "discípulos" y la "multitud" que viene a escucharlo y ser sanada. Mientras la lista que Lucas nos da aquí coincide con la otra paralela que aparece en Hechos 1.13 —excepto en la obvia omisión de Judas en la segunda—, difiere tanto de la de Mateo como de la de Marcos, quienes tampoco concuerdan entre sí. Por ello tenemos listas ligeramente diferentes, una de ellas en cada uno de los tres Evangelios Sinópticos. En el Evangelio de Juan se habla repetidamente de "los doce" (Juan 6.67, 70-71; 20.24), aparentemente dando por sentado que los lectores saben quiénes son.

Aunque el nombre exacto de los doce no sea importante, su número sí lo es. En esto concuerdan tanto los cuatro Evangelios como Pablo (1 Corintios 15.5) y Juan de Patmos (Apocalipsis 21.14). Ese número es importante porque corresponde al de las tribus de Israel. El propio Lucas establece esa relación cuando nos dice que Jesús les declara que se sentarán en el Reino "para juzgar a las doce tribus de Israel" (22.30). En algunos casos, esto se ha interpretado como una señal de que la iglesia es el nuevo Israel, que ha venido ocupar el lugar del pueblo elegido de Dios. Así, en muchas iglesias medievales se encuentran imágenes paralelas de "la iglesia" y "la sinagoga", en las que la última aparece vendada y frecuentemente con una lanza rota en la mano. Pero esto no es lo que Lucas quiere decir al describir esa situación. Es importante recordar que todos los apóstoles son judíos. Según Lucas ve las cosas, no es que Israel haya sido rechazado y la iglesia haya tomado su lugar, sino más bien que Israel se ha expandido de tal manera que ahora, como se ve repetidamente en el libro de Hechos, los gentiles pueden añadirse al pueblo de Dios. Como diría el teólogo Karl Barth, los cristianos somos judíos honorarios.

Para estudiar, pensar y discutir: La sección que estamos estudiando empieza y termina con los llamamientos de Jesús, primero de Simón y luego del resto de los Doce. ¿Qué nos dicen estos dos pasajes acerca de los modos en que Jesús nos llama? ¿Qué nos dicen acerca de cómo hemos de reconocer los llamamientos de otras personas?

Compare el milagro de la pesca milagrosa con el otro milagro que tiene lugar en la sinagoga. ¿Por qué es que Simón (Pedro) está dispuesto a seguir a Jesús tras el milagro de la pesca milagrosa, mientras que en la sinagoga otro milagro produce mayor oposición contra Jesús? ¿Cómo relaciona usted esto con lo que dice Jesús acerca del remiendo nuevo en tela vieja, o del vino nuevo en odres viejos?

¿Será verdad lo que se dice arriba, en el sentido de que citar los ejemplos del remiendo y del vino como modos de entender los cambios necesarios en la iglesia en el día de hoy se desentiende de las dimensiones cristológicas y escatológicas de lo que Jesús dice?

C. 6.17-49: LAS ENSEÑANZAS DE JESÚS: EL SERMÓN DEL LLANO.

1. 6.17-19: Introducción.

El sermón que ocupa el resto del capítulo 6 es paralelo al Sermón del Monte que aparece en Mateo 5–7, pero mucho más breve. Buena parte de lo que Mateo incluye, y Lucas no, se relaciona con la Ley y su interpretación, lo cual sugiere que ese tema no sería de mayor importancia o preocupación para la audiencia que Lucas tenía en mente, que sería mayormente gentil.

La introducción del sermón en Lucas es un resumen como los que hemos visto antes. Jesús desciende del monte en que ha estado orando y en el llano les habla tanto a los discípulos en general como a una gran multitud que se ha reunido. Luego, mientras Mateo nos presenta un paralelismo entre Jesús (quien habla desde la montaña) y Dios (quien también le habla a Moisés desde el monte Sinaí), el paralelismo de Lucas se refiere más bien al episodio cuando Moisés bajó de la montaña para hablarle al pueblo. Es un paralelismo que inmediatamente nos recuerda la desobediencia del pueblo y coloca el sermón bajo una luz más fuerte.

La "gran multitud" viene de lugares bien distantes, algunos desde casi 200 kilómetros. Vienen por dos razones: para escuchar y para ser sanados. Aunque hoy frecuentemente pensamos que quienes vienen a Jesús para ser sanados no tienen interés particular en su mensaje, Lucas no establece tal distinción. El hecho de sanar —es decir, derrotar los poderes del mal— es parte de la misión de Jesús tanto como lo es su enseñanza. Quienes vienen a ser sanados entienden que hay allí presente algo único. Quienes han venido a escuchar oirán que esa presencia única requiere también una respuesta única.

Hasta aquí Lucas nos ha dicho poco acerca del contenido de las enseñanzas de Jesús. Sabemos que chocó con los fariseos y otras gentes religiosas, y que sus opiniones acerca del sábado no eran generalmente aceptadas por esas personas. Sabemos que iba enseñando por las aldeas y ciudades. Pero no se nos dice más acerca del contenido de sus enseñanzas. Hasta aquí ni siquiera hemos oído una de las parábolas de Jesús. Ahora, en este Sermón del Llano, la atención de Lucas empieza a centrarse en sus enseñanzas. Jesús continuará sanando, chocando con los líderes religiosos y ofreciendo señales maravillosas de que en él está teniendo lugar algo radicalmente nuevo. Pero ahora también enseñará.

2. 6.20-26: Bienaventuranzas y ayes.

El Sermón del Llano en Lucas empieza de manera semejante al Sermón del Monte en Mateo, con una serie de bienaventuranzas. Pero mientras Mateo se limita a esas bienaventuranzas, Lucas también incluye una serie de ayes paralelos.

En el Evangelio de Lucas, las bienaventuranzas son cuatro, y cada una de ellas tiene un ay paralelo. Benditos son los pobres, los hambrientos, quienes lloran y quienes son odiados y desechados a causa de Jesús. Pero entonces hay también ayes sobre los ricos, los saciados, quienes ríen y aquellos de quienes todos hablan bien. En cada uno de los ocho casos —las cuatro bienaventuranzas y los cuatro ayes—, lo que se promete es un gran vuelco: los pobres, que ahora nada tienen, poseerán el reino de Dios; los hambrientos serán saciados; quienes lloran reirán; quienes ahora son insultados tendrán gran recompensa en el cielo. Pero, por otra parte, los ricos ya han recibido su consuelo; quienes están saciados tendrán hambre; quienes ahora ríen se lamentarán y llorarán; quienes ahora son alabados serán tratados como falsos profetas. Luego, el gran vuelco que ya hemos señalado como uno de los principales temas de Lucas aparece una vez más aquí al principio mismo del ministerio de enseñanza de Jesús.

Lucas tampoco nos permite quitarles los dientes a estos dichos espiritualizándolos. Si Mateo habla de "los pobres en espíritu", Lucas dice "los pobres". Mateo dice que los bienaventurados son quienes tienen hambre y sed de justicia, mientras Lucas dice sencillamente "los hambrientos". Además, Lucas omite las bienaventuranzas que se pueden entender sencillamente como una cuestión de actitud: los mansos, los misericordiosos, los de limpio corazón y los pacificadores.

Como en toda la obra de Lucas, el mensaje que aquí se presenta es fuerte. Significa buenas nuevas para los pobres y oprimidos. Y significa también buenas nuevas para los ricos y poderosos, pero solamente si siguen un camino de obediencia radical, que a su vez afectará sus riquezas y su poder.

En 6.22, Jesús se refiere a sí mismo empleando un título que aparecerá repetidamente en el Evangelio: el Hijo del Hombre. Se ha debatido mucho acerca del sentido de este título, que según los Evangelios dan a entender era el que Jesús prefería para referirse a sí mismo (véase 7.24; 9.22, 26, 44, 56, 58; 11.30; etc.). Sin entrar en debate acerca de los orígenes precisos de este título, sí podemos señalar que su propósito no es sencillamente afirmar la naturaleza humana de Jesús. Tiene implicaciones escatológicas, y por lo general se empleaba como una manera de referirse a un ser excepcional que llevaría a cabo la obra de Dios. Pero aparentemente su significado exacto no estaba claro aún en el tiempo en que Jesús lo empleó, y en los Evangelios frecuentemente parece ser un modo en el que Jesús, al tiempo que reclama para sí una misión extraordinaria, evita las connotaciones del título "Mesías" o "Cristo". Esto es particularmente cierto a partir del capítulo 9, donde inmediatamente después de que Pedro declara que Jesús es el Mesías, Jesús empieza a hablar acerca de cómo el "Hijo del Hombre" ha de sufrir y morir.

3. 6.27-36: *Amar.*

El Sermón en el Llano ahora se dirige a quienes están dispuestos a aceptar el llamado de Jesús de una justicia mayor, y por lo tanto empieza diciendo: "Pero a vosotros los que oís, os digo...". Eso se puede entender como una explicación más amplia de la última bienaventuranza y su ay paralelo, que tratan acerca del odio que otros mostrarán hacia los discípulos. También es importante notar que Lucas subraya el tema de las posesiones mucho más que Mateo, pues quiere dejar bien en claro que el amor cristiano no es solamente un sentimiento o una emoción, sino que es también una actitud que lleva a la acción concreta: "Haced bien a los que os odian".

El pasaje puede dividirse en dos. La primera parte, los versículos 27-31, fundamenta la acción de los discípulos sobre la llamada "regla de oro", que se expresa al final de la sección: "Como queréis que hagan los hombres con vosotros, así también haced vosotros con ellos". La segunda parte del pasaje va más allá, pues fundamenta la acción en la naturaleza misma de Dios: "Seréis hijos del Altísimo, porque él es benigno para con los ingratos y malos". Esto es paralelo a las palabras que aparecen en Mateo: "Sed por tanto vosotros perfectos, como vuestro padre celestial es perfecto" (Mateo 5.48). Mientras las palabras de Mateo frecuentemente han sido extraídas de su contexto para emplearlas como base para la afirmación de la perfección ontológica de Dios, las de Lucas no dan lugar a tal interpretación. La perfección divina que los discípulos han de imitar es la perfección de una misericordia universal. Lo que es más, aunque frecuentemente nos inclinamos a pensar que el fundamento de la ética cristiana del amor es la regla de oro, en el último análisis, el fundamento para la ética cristiana es la naturaleza misma de Dios.

4. 6.37-39: *Juzgar.*

El versículo previo, que insta a los discípulos a ser misericordiosos como Dios es misericordioso, también se puede entender como la introducción a esta nueva sección, en la que se urge a los discípulos a juzgar con una medida semejante a la que Dios emplea. Aunque todos recordamos la expresión bastante común en el Nuevo Testamento, "pedid y se os dará" (Mateo 7.7; Lucas 11.9; Santiago 1.5), aquí encontramos un paralelo interesante: "Dad y se os dará". Lo que nos será dado es "medida buena, apretada, sacudida y rebosando". Esto se refiere a una medida de grano que si se sacude tiene mayor capacidad. Y esto que será dado, aun después de sacudido, rebosará —imagen que nos recuerda el salmo 23.5: "Mi copa está rebosando". En el contexto de dar y juzgar, implica que los discípulos han de juzgar con una liberalidad semejante a la de Dios, cuya medida es completa y hasta rebosante.

5. 7.34-49: Parábolas y proverbios.

La colección de dichos que sigue, que Lucas llama "parábolas", es más bien una serie de proverbios y dichos sabios que refuerzan lo que se ha dicho anteriormente en el sermón. Todos ellos, o al menos algunos parecidos, aparecen también en Mateo (Mateo 7.3-17; 15.14), así como en el llamado *Evangelio de Tomás* y en otra literatura cristiana antigua, aunque no aparecen en la misma secuencia en que aparecen en Lucas. Aquí en Lucas sirven como refuerzo o apoyo para lo que ha sido dicho antes. Dentro de ese contexto, las palabras acerca del ciego guiando a otro ciego (6.39-40) parecen indicar que, para ser maestro, primero hay que ser discípulo, y ser semejante al maestro original. El maestro es el Padre misericordioso del versículo 36, a quien los discípulos han de imitar a fin de ser buenos maestros, y no ser como el ciego que guía a otro ciego. La referencia a la paja en el ojo del vecino (6.41-42) indica que el justo juicio comienza juzgándose a sí mismo. La imagen del árbol y su fruto (6.43-45) subraya la importancia de la bondad interna. El árbol da frutos según lo que el árbol mismo es, como si el fruto estuviera ya dentro del árbol antes de ser producido. Lo mismo es cierto de los seres humanos. Las acciones verdaderamente buenas son las que surgen de una persona buena; y lo que los malos hacen es malo. Esto es particularmente cierto en lo que se refiere a lo que se dice (versículo 45), pues lo que sale de la boca expresa lo que está en el corazón.

Por último, Lucas cierra el Sermón en el Llano con una parábola (6.46-49), que es paralela a la parábola con la que Mateo cierra el Sermón del Monte. Como en el caso de Mateo, la parábola se relaciona con el modo en que diversas personas responden al sermón. El contraste es entre "todo aquel que viene a mí y oye mis palabras y las obedece" y el "que las oyó y no las obedeció". Luego, de igual manera que el Sermón en el Llano comenzó con una serie de bienaventuranzas contrastadas con una serie de ayes, ahora termina con una promesa que se contrasta con una advertencia —bienaventuranza para quien escucha y actúa; ay para el que escucha, pero no actúa.

Para estudiar, pensar y discutir: Compare el Sermón del Monte en Mateo 5–7 con el Sermón del Llano en Lucas. ¿Qué se dice en Mateo, pero no en Lucas? ¿Qué se dice en Lucas, pero no en Mateo? ¿Cómo nos ayuda esto a entender los distintos énfasis de estos dos evangelistas?

Tome el caso concreto de las Bienaventuranzas. Generalmente las citamos según las expresa Mateo, pero no según las encontramos en Lucas. Concretamente, rara vez se oyen mencionar los ayes que en Lucas aparecen como paralelos a las Bienaventuranzas. ¿Por qué será eso? ¿Qué se pierde o se gana al no mencionar ni tomar en consideración la versión de Lucas?

D. 7.1–8.56: SEÑALES DE PODER.

Aunque hasta aquí ya Lucas nos ha dado varias indicaciones del poder de Jesús como un ser único, ese es el tema principal de la larga sección en la que ahora entramos. Aquí Jesús habla principalmente a través de sus acciones, mostrando que es mayor que los profetas y que Juan el Bautista. Según va avanzando la narración, Jesús empieza a dar indicios de que su poder y su grandeza son diferentes del poder y la grandeza tal como el mundo los entiende. Empieza a anunciar su muerte —que es la máxima señal de la verdadera naturaleza de su grandeza— e invita a sus discípulos a seguir el mismo camino hacia la grandeza a través del servicio. Todo esto lleva al viaje hacia Jerusalén, que comienza en 9.51, y a la postre a la cruz y la resurrección.

1. 7.1-17: Dos milagros.

El señorío de Jesús se manifiesta ante todo en su poder sobre la enfermedad y la muerte, que Lucas hace resaltar al contar acerca de dos milagros (véase más arriba el excurso sobre los milagros). Es notable el hecho de que uno de los milagros tiene que ver con la sanidad del siervo de un hombre, y el otro con la resurrección del hijo de una mujer. Aquí, como en otros lugares, Lucas une una historia acerca de un hombre con otra acerca de una mujer. El propósito de estas dos historias presentadas una tras otra es subrayar la autoridad única de Jesús.

La primera de estas dos historias (7.1-10) se refiere a un centurión, y por lo tanto un gentil. El modo en que Lucas lo describe nos da a entender que bien puede haber sido uno de esos "temerosos de Dios" que aparecerán repetidamente también en Hechos —es decir, gentiles que, sin convertirse al judaísmo, aceptaban su monoteísmo y su ética. El siervo de este centurión está enfermo y el centurión quiere que Jesús lo sane. De manera semejante a como hoy pedimos recomendaciones o cartas de introducción, en esta historia el centurión les pide a unos "ancianos de los judíos" que vayan e intercedan ante Jesús en nombre suyo, aparentemente porque teme que Jesús no responda a la petición de un gentil, y quiere asegurarse de que Jesús sepa que se trata en realidad de un hombre pío que favorece al judaísmo. Jesús se muestra dispuesto a ir a la casa del hombre (aun cuando tal visita a un gentil podría hacerlo ritualmente inmundo) y emprende el camino. Pero el hombre le manda un mensaje que subraya el poder y la autoridad de Jesús. Aparentemente el centurión entiende que se trata de una autoridad que viene de Otro, pues compara la autoridad de Jesús con la suya propia, diciéndole "también yo soy hombre puesto bajo autoridad, y tengo soldados bajo mis órdenes". El centurión ha recibido de otros —es decir, otras autoridades romanas— la autoridad para ordenarles a quienes están bajo su mando que vayan y vengan.

Al comparar su propia autoridad con la de Jesús, el centurión no está tratando de darse importancia, sino más bien indicar que, de manera semejante a como él recibe su autoridad de Roma, Jesús la recibe de Dios; y que, de igual manera que él tiene autoridad para mandar a otros, Jesús tiene autoridad sobre los poderes del mal y la enfermedad.

Resulta interesante notar que Jesús nunca se encuentra con el centurión. Pero a pesar de ello reconoce la fe del hombre, que es más grande que la que ha hallado en Israel. Jesús continúa su camino, mientras los enviados a él regresan y encuentran que el siervo ha sido sanado.

El segundo milagro (7.11-17) tiene lugar en Naín, una ciudad a unos 40 kilómetros de Capernaum. Es útil comparar esta segunda historia con la primera. El hombre en la primera historia le manda una petición a Jesús, mientras la mujer en la segunda sencillamente va acompañando el cortejo fúnebre de su hijo. En la primera historia, entonces, Jesús responde a una expresión de necesidad y esperanza, mientras que en la segunda es él quien toma la iniciativa de responder al dolor y la necesidad de la viuda sin que ella se lo pida. En la primera ni siquiera va a la casa del hombre, mientras en la segunda se acerca al cortejo fúnebre y toca el féretro —acción que en sí misma le haría ritualmente inmundo. Mientras el primero es un milagro de sanidad, el segundo es un milagro de resurrección.

La yuxtaposición de estas dos historias muestra que la idea común de que los milagros tienen necesariamente una relación con la fe de quien los recibe no es correcta. El centurión tiene mucha fe y su siervo es sanado. La mujer no tiene esperanza alguna de volver a ver a su hijo y ni siquiera le pide a Jesús que le ayude, y sin embargo su hijo le es devuelto. El primer milagro se basa en la fe del centurión y el segundo en la compasión de Jesús. Los milagros o el que no los haya no son medida de la fe de los creyentes.

El contexto geográfico de las dos historias también es importante. Ambas tienen lugar en Galilea —la primera en Capernaum y la segunda en Naín, cerca de Nazaret. Desde Capernaum, que por algún tiempo había sido el centro de sus actividades, Jesús envía un mensaje que anuncia su poder hasta sobre la lejana Roma. Desde Naín, su fama se extiende "por toda Judea y por toda la región de alrededor". Ambas, Roma y Judea, serán los poderes a los que Jesús tendría que enfrentarse al fin, y que producirán su crucifixión. Aquí, largo tiempo antes de la crucifixión y resurrección de Jesús, Lucas nos está indicando el alcance de su poder. En estas diversas referencias geográficas hay una vez más un elemento de vuelco. Desde el punto de vista de Roma y de sus representantes, los galileos son judíos, y por lo tanto no son muy importantes. Desde el punto de vista de Judea, los galileos no son tan buenos judíos como ellos mismos —lo que es más: son casi gentiles. Pero en ambas historias se manifiesta el poder de Jesús tanto ante Roma (en la persona del centurión) como ante Judea.

2. 7.18-35: Jesús y Juan el Bautista.

Al final del pasaje anterior, Lucas nos dijo que todos se maravillaban ante lo que Jesús hacía, y que su fama se extendió por toda la región. Ahora Juan el Bautista recibe esos informes a través de sus discípulos. Ya en 3.20, Lucas nos ha dicho que Juan estaba preso. Por lo tanto, no podía venir a Jesús, ni tampoco ser testigo directo de lo que este hacía. Lo que Jesús hacía se lo cuentan a Juan sus discípulos, dos de los cuales son enviados para preguntarle a Jesús si él es el Mesías esperado o no.

La pregunta que Juan plantea es el resultado de lo que se dice acerca de Jesús debido a la resurrección del hijo de la viuda. Entre los intérpretes se debate bastante acerca de la razón por la que Juan plantea esa pregunta. ¿Tendrá dudas porque Jesús no ha resultado ser el Mesías guerrero y victorioso que se esperaba? ¿Será sencillamente que tenía la esperanza de que había llegado el cumplimiento de las promesas hechas a Israel? ¿Le está pidiendo a Jesús que se declare abiertamente? Todo esto no es más que especulación, puesto que el texto mismo no dice una palabra acerca de la razón por la que Juan envió a sus discípulos.

Lo que sí resulta claro es que Jesús no responde a la pregunta de Juan con una declaración directa acerca de quién él es. Sencillamente les dice a los discípulos de Juan que le cuenten lo que ellos mismos han visto y oído. (El ver y el oír se combinan frecuentemente en el Nuevo Testamento, donde repetidamente se dice que alguien es testigo de lo que ha visto y oído). Hay esencialmente seis cosas que caracterizan la obra de Dios en el Antiguo Testamento, particularmente en las historias de Elías y Eliseo, y que ahora son también señal del poder de Jesús: "Los ciegos ven, los cojos andan, los leprosos son limpiados, los sordos oyen, los muertos son resucitados y a los pobres es anunciado el evangelio".

A todo esto, Jesús le añade un comentario: "Bienaventurado es aquel que no halla tropiezo en mí". El propósito de tal comentario no está claro, pero parece ser una invitación a Juan para que acepte a Jesús como el prometido y no se deje llevar por la diferencia entre el Mesías que Juan esperaba y la realidad que ha venido en Jesús. También puede ser un modo en el que Lucas nos advierte de que la fe y la predicación cristianas ofenderán y hasta escandalizarán a algunos, pero que esto no es razón para rechazarlas.

Después de que los enviados de Juan parten, Jesús empieza a hablarle "a la gente" acerca de Juan. En todo este pasaje, Lucas nos está diciendo que Jesús acepta lo que todos saben de Juan y al mismo tiempo está respondiendo al hecho de que, cuando Lucas escribió este evangelio, algunos pensaban que había una competencia entre los discípulos de Juan y los de Jesús.

El tono general de lo que Jesús dice acerca de Juan es paradójico. Por una parte, exalta a Juan diciendo que es más que un profeta y que "entre los nacidos de mujer no hay mayor profeta que Juan el Bautista". Pero por otra parte también dice que "el más pequeño en el reino de Dios es mayor que él". Esta es una afirmación rotunda de lo que Jesús continuará enseñando a través de todo el Evangelio: que el reino de Dios es un vuelco radical del orden existente. Esto es cierto no solamente al respecto del orden social, sino también del orden religioso mismo. Juan fue un gran líder religioso, pero aun el más pequeño en el reino será mayor que él. Lucas entonces relaciona todo esto con la sociedad judía en los versículos 29 y 30, donde se nos dice que los publicanos o colectores de impuestos, gente despreciada y considerada horriblemente pecaminosa, reconocieron las palabras de Jesús, mientras la élite religiosa, "los fariseos y los intérpretes de la Ley", no lo hicieron. En este contexto, se muestra que la justicia de Dios es diferente de la justicia humana. Según la justicia humana, los doctores de la Ley y los fariseos, por ser profundamente religiosos, debieron haber sido primeros, y los publicanos debieron haber sido los últimos o quizá hasta excluidos. Pero esto no es lo que acontece ni con la predicación de Juan el Bautista, ni después con la del propio Jesús. En ambos casos, quienes reconocieron su propia pecaminosidad van delante de quienes pensaban que su religiosidad ya les había ganado el favor de Dios.

El pasaje concluye entonces con una comparación entre "los hombres de esta generación" y los muchachos que juegan en una plaza. Posiblemente las palabras que esos muchachos dicen hayan sido parte de un juego entonces conocido, pero hoy olvidado. En todo caso, lo que se quiere decir resulta claro: las reacciones de quienes escuchan a Juan y a Jesús son pueriles. Como niños malcriados, nunca están satisfechos. Si se les invita a bailar, quieren llorar; y si se les invita a llorar, quieren bailar. De manera semejante, cuando Juan vino predicando y practicando una austeridad ascética, se dijo que estaba loco —"demonio tiene". Y ahora se acusa a Jesús de ser comilón y bebedor, y de comer y celebrar con pecadores indignos.

El último versículo concluye toda la sección con una palabra de esperanza. Lo que Lucas dice es paralelo a Mateo 11.19. La referencia a los "hijos" que justifican la sabiduría nos recuerda a los niños que jugaban en la plaza, y parece indicar que tanto quienes tocan la flauta (quienes comen y beben) como quienes lloran (quienes tienen inclinaciones más ascéticas) son hijos de la sabiduría.

3. 7.36-50: El fariseo y la mujer pecadora.

Llegamos ahora a otra de las muchas comidas de las que Jesús participa en el Evangelio de Lucas. Se relaciona estrechamente con la anterior, en primer lugar, por razón del tema mismo de comer; y, en segundo lugar, porque la invitación viene de un fariseo. El otro personaje principal en la historia es "una mujer de la ciudad, que era pecadora". Frecuentemente los intérpretes parecen entender que se trataba de una ramera, o en todo caso, que su pecaminosidad tenía algo que ver con su vida sexual. Pero el texto no dice tal cosa. Frecuentemente este episodio se junta con otros semejantes en Marcos 14.3-9, Mateo 26.6-13 y Juan 12.1-8. Pero la historia que aparece en Lucas difiere de esas otras de varias maneras, incluso en el contexto en que se coloca la narración y en su propósito, puesto que, en esos otros Evangelios, el acontecimiento paralelo tiene lugar poco antes de la pasión de Jesús y es anuncio de ella, mientras que en Lucas aparece mucho más temprano y no parece tener relación alguna con la pasión.

Según la historia se va desarrollando, resulta claro que el fariseo, aunque había invitado a Jesús, no le extendió todos los elementos tradicionales de la hospitalidad y la cortesía —agua para lavarse los pies, un beso de bienvenida y ungirle la cabeza con aceite. Aparentemente este fariseo pensaba que ya le estaba haciendo un gran favor a Jesús con el solo hecho de invitarlo a comer. En contraste, la pecadora lavó los pies de Jesús con sus lágrimas, besó sus pies y los ungió. Todavía este fariseo, de nombre Simón, estaba convencido de que tenía razón, y que Jesús erraba al aceptar las lágrimas, besos y unción de esta mujer.

La historia toma un giro interesante cuando Simón se dice a sí mismo que si Jesús fuera verdaderamente profeta sabría quién es la mujer que ha venido y rechazaría lo que ella le ofrece. Pero Jesús demuestra que es efectivamente profeta porque sabe exactamente lo que Simón está pensando.

Todo esto prepara la escena para una parábola que es el elemento esencial en el contraste entre el fariseo pío y la mujer pecadora. Si a dos deudores se les perdonan sus deudas, y uno de ellos debe diez veces más que el otro, ¿cuál de los dos debería estar más agradecido por la cancelación de sus deudas? Obviamente, Simón piensa que quien tenía una deuda mayor debería estar más agradecido. De manera semejante, el fariseo, siendo persona religiosa y pura, y pensando por tanto que si tiene alguna deuda no ha de ser muy grande, no puede ofrecerle a Dios la gratitud que esta mujer pecadora expresa con sus lágrimas, besos y aceite. En respuesta a todo esto, Jesús le dice a la mujer que sus pecados han sido perdonados y que su fe la ha salvado —lo que también provoca más críticas por parte de los comensales.

Este es un pasaje más en el que Lucas presenta el vuelco radical que Jesús predica. La mujer pecadora es capaz de recibir y aceptar la gracia más fácilmente que el fariseo. Aunque Jesús es un maestro religioso, sus enseñanzas no tienen que ver con la religión, ni cómo ser más religioso, ni cómo ganarse el favor de Dios. Tienen que ver con un Dios cuya aceptación de los pecadores molesta a los religiosos, un Dios cuyo amor no puede comprarse mediante acciones de alabanza o grandes obras de justicia. Y también con pecadores que se gozan en el perdón que han recibido, y gente religiosa que quisiera que Dios fuera más religioso a la manera de ellos —más dispuesto a dejarse llevar por acciones de adoración, piedad y devoción.

4. 8.1-3: Las mujeres que siguen a Jesús.

Llegamos aquí a otro de los resúmenes que Lucas incluye ocasionalmente en cada una de sus dos obras. Aquí se habla de cómo Jesús iba de un lugar a otro predicando. Pero se añade que también iban con él, además de los Doce, un número de mujeres. Una de ellas es María Magdalena, de quien frecuentemente se dice que era una ramera reformada, aunque la historia bíblica no dice una palabra al respecto. Algunas de ellas, como Juana, esposa del intendente de Herodes, deben haber sido personas de posición bastante acomodada. A estas dos, Lucas añade "muchas otras".

Pero lo que más puede sorprendernos es que hayan sido estas mujeres quienes cubrían al menos buena parte de los costos de Jesús y sus acompañantes. Una vez más, Lucas muestra un interés particular en señalarnos el papel de las mujeres entre los primeros discípulos de Jesús.

El modo en que tradicionalmente se ha pensado de María Magdalena merece cierta reflexión. No hay nada en el texto ni en ningún otro lugar en la Biblia que diga ni implique que los "siete demonios" de los que había sido sanada tenían algo que ver con la impureza o inmoralidad sexual. Tampoco hay razón alguna para pensar que la "mujer pecadora" en la sección anterior tuviera alguna relación con María Magdalena. Pero la idea común, frecuentemente presentada en el arte, es que María Magdalena era una prostituta. Esto bien puede ser el resultado de una larga tradición de interpretación dominada por los varones —y por varones que por lo general veían a las mujeres casi exclusivamente como objetos sexuales y pensaban que los peores pecados eran los de carácter sexual.

5. 8.4-15: La parábola del sembrador, la semilla y las tierras.

Llegamos ahora a una de las más conocidas parábolas de Jesús, la que frecuentemente se llama "Parábola del sembrador". Como muchas otras parábolas, esta también puede interpretarse de diferentes maneras, y la historia de su uso en la teología y predicación cristianas a través de los siglos es prueba amplia de ello. ¿Trata la parábola acerca de la liberalidad del divino sembrador, quien riega la semilla sin preocuparse por los posibles frutos? ¿Trata acerca de cómo los discípulos han de ver su propio ministerio, que ha de ser proclamar la Palabra aun a sabiendas de que unas veces llevará fruto y otras no? ¿Es un llamado a quienes escuchan, que han de ser como la buena tierra, lo cual implica que el fruto depende de la respuesta de cada cual? ¿O es una afirmación de que algunos, como la buena tierra, están predestinados a producir frutos, y otros no? Apartándose de su costumbre usual, Jesús les explica el sentido de la parábola a sus discípulos. Lo que es más, lo explica con tanto detalle que la parábola parece volverse una alegoría en la que cada elemento de la historia tiene un sentido metafórico (versículos 11-15). Pero aun esta explicación detallada todavía deja lugar para las diversas interpretaciones recién mencionadas, así como otras.

Dada tal situación, debemos prestar atención especial a los versículos 9-10, donde Jesús declara que el propósito de sus parábolas es "para que viendo no vean y oyendo no entiendan". A pesar de lo que se nos ha dicho desde nuestra niñez, las parábolas de Jesús no son siempre sencillas ilustraciones que aclaran algún punto. Al contrario, frecuentemente apuntan más allá de sí mismas. En particular, frecuentemente señalan la desobediencia de quienes son aparentemente obedientes, y lo hacen de tal modo que, si los oyentes rechazan lo que se les dice, esa misma respuesta será prueba de lo que la parábola dice.

En este caso particular, la parábola ha de ser leída dentro del contexto en que Lucas la coloca. Jesús ha ido andando "por todas las ciudades y aldeas, predicando y anunciando el evangelio del reino de Dios" (8.1). Una "gran multitud" ha venido a él. Al parecer, están ansiosos por escuchar lo que tiene para decirles. En este pasaje, el tema de oír y escuchar es central, y estos dos verbos aparecen repetidamente. Jesús parece tener buen éxito al reunir tal multitud de oyentes. Pero sabe que el compromiso de tales multitudes y hasta el compromiso de los discípulos más confiables será variable. Se los dice, aunque no a manera de confrontación. Más bien, les ofrece una parábola que termina con las palabras: "El que tiene oídos para oír, oiga" (8.8).

Entonces les explica la parábola a sus discípulos, diciéndoles a ellos (y también a nosotros) que tienen el privilegio de conocer y entender cosas que los demás no pueden entender. Al parecer, los discípulos se contentan con esa explicación y se quedan tan tranquilos como lo hacemos nosotros hoy al oírla. ¡Después de todo, sabemos lo que Jesús está diciendo!

Pero entonces, según vamos leyendo el resto de la historia, descubrimos que la parábola tiene bemoles que ni los discípulos ni nosotros esperaríamos. En el Evangelio de Lucas, esta parábola aparece poco tiempo antes de cuando Jesús "afirmó su rostro para ir a Jerusalén" (9.51). Leída desde ese punto de vista, la parábola no se refiere únicamente a la multitud veleidosa que escucha y nada hace, ni tampoco a quienes escuchan y obedecen por un tiempo. La parábola es también acerca de los discípulos que se esconderían, huirían y le negarían "en el tiempo de la prueba". La parábola se refiere a la multitud de curiosos; pero se refiere también a Pedro y a Santiago, y a cualquiera de nosotros que se diga oidor de la Palabra.

Pero la parábola es también acerca de la esperanza. Es acerca de una esperanza exuberante, extravagante y hasta ridícula. Cualquier campesino en Galilea oiría el principio de la parábola como una descripción de su experiencia cotidiana. Pero entonces llegaría la aseveración sorprendente: semillas que producirían al ciento por uno. En aquellos tiempos, una cosecha que produjera cuatro o cinco veces lo sembrado era excepcional. La parábola es entonces acerca del sorprendente poder de la Palabra de Dios, que es capaz de producir lo inesperado, y hasta lo aparentemente imposible. Como la mayoría de las parábolas de Jesús, en última instancia esta es una parábola acerca del reino de Dios (tema que apareció ya en 8.1). La parábola es una promesa a todos los que escuchan —los curiosos, los entusiastas, los veleidosos y los firmes— de que la cosecha de Dios llegará a su cumplimiento, y que ni las rocas ni las aves del cielo ni el diablo mismo pueden evitarlo.

Cuando la leemos de ese modo, la parábola excede en mucho nuestra explicación común —que cada persona reacciona a su propio modo y que deberíamos ser como la buena tierra. Es una parábola de esperanza, una parábola que promete una cosecha final que resulta inconcebible según nuestras medidas presentes.

6. 8.16-18: Dichos "flotantes".

Lo que Jesús dice en estos versículos aparece en otros lugares tanto en Mateo (5.15; 10.26; 25.29) como en Lucas (11.33; 12.2; 19.26). Aquí en Lucas parece guardar cierta relación con el tema de escuchar, obedecer y testificar. Pero no es fácil determinar por qué están aquí, citados fuera de los contextos en que aparecen en los demás Evangelios.

7. 8.19-21: Una nueva familia.

Este pasaje se explica a sí mismo. En el pasado, la referencia a los hermanos de Jesús produjo amplios debates entre quienes insistían en la virginidad perpetua de María y quienes tomaban la postura contraria. Pero lo que el pasaje nos dice hoy es que quienes escuchan y obedecen la Palabra de Dios son una nueva familia —la familia de Jesús y de Dios. Nótese aquí una vez más el tema de escuchar la Palabra, tema que sobresale en la parábola del sembrador.

Esta idea de que somos una nueva familia de Jesús tiene un atractivo especial hoy para los inmigrantes y otras personas desarraigadas. Para muchos de ellos, una de las dimensiones más tristes de sus vidas es la experiencia de haber sido arrancados de las familias extendidas que eran el contexto de sus años mozos. En el mejor de los casos, tienen consigo su familia nuclear. Más comúnmente, aun esa familia ha quedado atrás. Cuando se unen a la iglesia en sus nuevos lugares de residencia, esta viene a ser su nueva familia. Por esa razón, la eclesiología latina en los Estados Unidos frecuentemente subraya esta imagen de la iglesia como familia de Dios. Aunque para quienes no han experimentado tal pérdida de toda la familia, la iglesia parece ser una conglomeración de familias y la tarea de la iglesia es fortalecerlas, para quienes constantemente experimentan y lloran por esa pérdida, la iglesia no es una colección de familias, sino su propia nueva familia, la familia de Dios. Para ellos esta historia en Lucas, que para otros parece ser señal de una insensibilidad por parte de Jesús, es una descripción de uno de los modos en que el escuchar la Palabra les ha bendecido.

8. 8.22-25: El poder sobre los demonios que se manifiestan en los elementos.

Lucas regresa ahora al tema central de toda esta sección, que es el poder de Jesús sobre los demonios. Dentro de todo el contexto de la narración de Lucas, es importante subrayar ese poder como preludio de la sección que tratará sobre la pasión, en la que parece que ese poder no se manifiesta. Estas cuatro historias de milagros nos recuerdan quién es este que afirmará su rostro para ir a Jerusalén a sufrir y morir. La primera de estas historias muestra el poder de Jesús sobre los demonios que usan los elementos de la naturaleza con su poder destructivo.

Para entender dentro de su contexto original este pasaje en el que Jesús calma la tormenta, tenemos que recordar que la idea de la "naturaleza" como un sistema ordenado era ajena al mundo antiguo. También tenemos que recordar el significado del agua como representación del caos —que aparece en imágenes tales como la división entre las aguas en la creación, el diluvio y los monstruos de lo profundo. También debemos recordar la división de las aguas en el Éxodo, que en el Antiguo Testamento es la expresión más grande del poder salvífico de Dios. Por último, el pasaje también nos recuerda de Jonás y su desobediencia, pues al igual que Jonás, Jesús duerme mientras la tormenta ruge.

Cuando juntamos estos temas diversos, lo que surge es una lectura en la que la tormenta en el mar es expresión del poder destructivo de los demonios, y un recuerdo de la corrupción de toda la creación como resultado del pecado y la caída. Es también una indicación del poder de Jesús sobre los demonios que amenazan con hacer zozobrar la barca. Pero, por encima de todo, el pasaje señala la relación entre la obra salvífica de Dios en el Éxodo y su obra salvífica en Jesús. La pregunta que se plantea al final de la historia —"¿Quién es este, que aun a los vientos y a las aguas manda, y lo obedecen?"— nos muestra la perplejidad de los discípulos. Pero los lectores de Lucas, tras la resurrección, sabrían la respuesta: este es aquel en quien Dios ha hecho y continúa haciendo maravillas tales como las que el mismo Dios hizo al separar las aguas en el Éxodo.

9. 8.26-56: El poder sobre la enfermedad y la muerte.

Esta sección del Evangelio que subraya el poder de Jesús se cierra con la historia de tres milagros en los que Jesús muestra su poder sobre la enfermedad y la muerte: la restauración de un hombre que vivía entre las tumbas, la sanidad de una mujer que sufría de hemorragias y la resurrección de la hija de Jairo. Juntas, estas tres narraciones sirven para anunciar que quien pronto afirmará su rostro para ir a Jerusalén y allí ser acusado, burlado y crucificado es Señor sobre todos los poderes del mal, incluso los de la enfermedad y la muerte, y es también compasivo y amante. Por separado, las tres historias señalan diversos aspectos del señorío y la compasión de Jesús.

El primer milagro es la restauración de un hombre que vivía entre las tumbas. Aunque hay problemas textuales en este pasaje, de tal manera que es imposible decir exactamente dónde tuvo lugar el milagro, al parecer estamos ahora en una región de Galilea en la que hay grandes piaras de cerdos. Luego, una de las dimensiones añadidas en esta historia es que tenemos aquí una indicación del poder de Jesús que se extiende más allá del mundo judío. También es de notar el hecho de que los demonios conocen a Jesús, porque le dicen: "¿Qué tienes conmigo, Jesús, Hijo del Dios Altísimo?". Esto nos recuerda una aseveración semejante por parte de un demonio en 4.34. Esto de que los poderes del mal conocen a Jesús y su poder es tema que aparece repetidamente en los dos libros de Lucas (véase Hechos 16.17; 19.15), y en este contexto sirve ahora para subrayar el tema general de toda la sección.

Hay otros dos elementos en esta historia que merecen atención particular. El primero de ellos es que hay cierta ironía en la suerte de los demonios. Temen ser lanzados al abismo —que según se pensaba entonces era un caos de agua— y a la postre se ahogan en un lago. El segundo es la cuestión de por qué la gente de la región quiere que Jesús se vaya. El texto solamente menciona el "miedo". ¿Será miedo del sorprendente poder que Jesús ha manifestado, o será más bien temor de que Jesús destruya el bienestar económico de la región, como ya había empezado a hacer al ahogar a los cerdos? En este segundo caso, hay un paralelismo entre esto y la historia de la prisión de Pablo y Silas en Filipos, cuya verdadera razón era que Pablo había afectado las ganancias de quienes explotaban a una joven esclava (Hechos 16.16). Probablemente ambas cosas sean ciertas, puesto que el poder que Jesús ha manifestado ciertamente afectará también el orden social y económico.

Las otras dos historias se relacionan estrechamente entre sí —a tal punto que una de ellas interrumpe la otra— y también con la narración que les precede. El contraste en la situación geográfica entre aquella primera historia y estas dos merece atención. Jesús sanó al hombre que vivía entre las tumbas a un lado del Mar de Galilea, y sanó a la mujer y levantó a la hija de Jairo al otro lado. La primera historia tiene lugar entre los gentiles, y las otras dos entre judíos. Al final de la primera historia, Jesús le ordena al hombre sanado que dé testimonio; al final de la tercera historia, les manda a Jairo y su esposa que permanezcan silentes y guarden el secreto (véase más adelante el excurso "El secreto mesiánico"). Pero hay también un tema común entre las tres historias que va más allá del poder de

Jesús sobre los demonios de la muerte. Este es el tema, tan común en Lucas, de que los excluidos vuelven a sus comunidades y que, cuando esto sucede, la comunidad queda restaurada. El gadareno que vivía entre las tumbas es devuelto a su familia y su comunidad. La mujer que a causa de sus hemorragias era considerada inmunda y por tanto quedaba excluida de la comunidad de fe, ahora queda limpia y restaurada. La niña es devuelta a su familia. En las tres historias, Jesús parece ir más allá de lo que se consideraba aceptable: sana a un gentil, alaba a una mujer inmunda que lo ha tocado y toca un cadáver.

Los demonios que Jesús derrota no son solo los de la enfermedad y la muerte, sino también los del aislamiento y la exclusión.

Los 12 años durante los cuales la mujer estuvo enferma corresponden también a los 12 años de edad de la niña. La niña entonces debió haberles traído gozo a Jairo y a su esposa precisamente por el mismo tiempo en que la mujer estaba comenzando su larga lucha con la enfermedad. Una historia habla de 12 años de sufrimiento; la otra, de 12 años de gozo en la casa de Jairo.

En conjunto, las tres historias nos advierten contra un entendimiento demasiado rígido y sistemático de la naturaleza de la misión cristiana. Es misión a los gentiles, pero es también misión hacia quienes deberían ser parte de la comunidad que los excluye. En ocasión es una misión que invita a otros a dar testimonio, y en otros casos es una misión que les invita a guardar silencio. Es misión entre las multitudes, y es también misión con un toque personal. Es misión de gozo y restauración tanto para quienes por largo tiempo han estado excluidos y oprimidos por el mal como para quienes recientemente han descubierto el poder demoníaco y destructor del mal.

Para estudiar, pensar y discutir: Haga una lista de los milagros que se narran en toda esta sección de Lucas. Compárelos haciendo listas paralelas de cómo los siguientes temas aparecen o no en cada uno de los milagros: el espacio físico en que tienen lugar (si es en tierra de gentiles o de judíos); si los beneficiarios tienen fe o no; el modo en que quienes ven el milagro responden; el modo en que quienes reciben el milagro responden; la naturaleza de los poderes malignos que el milagro destruye. Sobre esta base, considere: ¿qué relación hay entre la fe y el milagro? ¿Por qué será que al ver un milagro algunos responden con fe y otros no?

En medio de toda esta narración de milagros aparece la conocida parábola del sembrador. ¿Por qué será que Lucas la coloca aquí, rodeada de milagros? ¿Qué relación hay entre todos esos milagros y la parábola misma?

E. 9.1-50: EL COMIENZO DE UN MOVIMIENTO.

Toda esa sección que ahora comenzamos nos prepara para la gran transición que tendrá lugar en 9.51. Será entonces que Jesús comenzará su camino hacia Jerusalén y hacia lo que acontecerá allí. Pero a través de toda su obra en dos volúmenes (Lucas y Hechos), Lucas quiere dejar bien en claro que la misión de Jesús no termina con el fin de su presencia terrenal. Al contrario, continúa a través de la obra de sus seguidores, como el libro de Hechos mostrará. La misión de Jesús y la misión de sus discípulos —la iglesia— se entretejen. La misión de la iglesia no es un remiendo de última hora, un intento tardío de continuar la obra de Jesús. Es, al contrario, algo que comenzó ya durante el ministerio terrenal de Jesús, y que por lo tanto se relaciona estrechamente con el propio Jesús y con su misión. Por esa razón, antes de lanzarse a la narración del camino de Jesús que le lleva hacia la pasión y la resurrección, Lucas nos habla de la misión de los discípulos. Aquí en el capítulo 9, Jesús envía a sus discípulos. Y aquí también Lucas nos dice mucho acerca del comienzo del discipulado, y en particular acerca de la relación entre los Doce y Jesús.

1. 9.1-6: El envío de los Doce.

Lucas nos ha dicho anteriormente (6.13) que Jesús llamó a doce, "a los cuales también llamó apóstoles", es decir, enviados. Ahora aquellos que habían sido nombrados apóstoles vienen a serlo de hecho. Jesús los reúne, les da "poder y autoridad sobre todos los demonios y para sanar enfermedades", y los envía "a predicar el reino de Dios y a sanar a los enfermos". Eso es lo que Jesús ha estado haciendo hasta entonces, y por lo tanto lo que Lucas indica resulta claro: la misión de los apóstoles es continuación de la misión de Jesús.

Esto se nota mucho más si prestamos atención al hecho de que Jesús les da a los Doce "poder y autoridad". Esta es una frase que Lucas emplea repetidamente para referirse a Jesús y sus acciones (véase 4.36; 5.17; 6.19; 8.46). Jesús ha estado proclamando el reino de Dios y echando fuera demonios tanto porque tiene poder y autoridad para hacerlo como a manera de señal de ese poder y autoridad. Ahora ese poder y autoridad son dados a los Doce, de modo que su proclamación del evangelio y su labor sanadora puedan ser extensión y continuación de la obra de Jesús.

Pero esto plantea una dificultad. Se ha dicho acertadamente que el poder tiene la capacidad de corromper a quienes lo tienen, y que el poder absoluto lleva a una corrupción absoluta. Habiendo recibido "poder y autoridad" como los de Jesús, los Doce serán tentados —como lo serían también a través de los siglos todos sus discípulos— a usar ese poder y autoridad de maneras que no están en consonancia con las enseñanzas y el ministerio de Jesús. Por ello en el resto del capítulo 9, Lucas nos ofrecerá una serie de historias en las que los Doce o algunos de entre ellos tienen un papel importante, y en las que se revelan tanto su poder como sus debilidades.

En este pasaje en particular, el envío tiene lugar dentro de directrices definidas. Estos a quienes Jesús envía no han de llevar consigo ninguna de las cosas que normalmente les darían un sentido de seguridad: "Ni bastón, ni alforja, ni pan, ni dinero, ni llevéis dos túnicas".

El propósito de tales instrucciones no es sencillamente fomentar la vida ascética. Los discípulos no han de privarse de tales cosas porque hacerlo sea sencillamente virtuoso. Lo que se indica son más bien dos cosas: en primer lugar, que los discípulos no han de confiar en otra cosa que en su Señor; en segundo, que no han de emplear el poder y la autoridad recibidos para su propio beneficio. En cuanto a lo primero, podemos notar que Jesús hace una lista de todas las cosas que los viandantes normalmente llevarían por su propia seguridad. El bastón no servía solamente para caminar, sino que era también una posible arma contra las bestias o los ladrones. La alforja, el pan y el dinero les ayudarían a satisfacer sus necesidades. Estas cosas no son malas en sí mismas. Se nos acaba de decir que las mujeres que acompañaban a Jesús en su ministerio galileo tenían fondos de los cuales proveían para el sustento de toda la comunidad. Jesús mismo les enseñaría a sus discípulos a orar por el pan cotidiano, y se ha señalado con toda razón que, en el mismo Evangelio de Lucas, Jesús parece pasar buena parte de su tiempo en comidas y banquetes. Al final del Evangelio, la cena pascual que tiene lugar en Jerusalén y el partimiento del pan con los discípulos en Emaús tienen un valor singular. Luego en el pasaje que estamos estudiando, el problema no son el pan ni el dinero en sí mismos, sino la confianza en lo que se tiene más que en el apoyo y la dirección del Señor.

El segundo punto —no explotar su poder para su propio beneficio— debe leerse en el contexto de lo que sucedía entonces —y sigue sucediendo hoy— cuando proliferaban los charlatanes que llegaban a una casa o aldea, comían de lo que allí había y, cuando por fin empezaba a escasear, o cuando alguien empezaba a dudar de sus enseñanzas, o alguien les ofrecía mejores condiciones, sencillamente se iban otro lugar. Los discípulos no han de hacer lo que hacen sencillamente para ganar sostén o para su propia comodidad. Han de vivir en las casas de las personas entre quienes estén, como se acostumbraba entonces al practicar la hospitalidad. Pero no han de explotarlas ni de irse a lugares más placenteros cuando tengan oportunidad. Por otros documentos escritos a fines del siglo primero y principios del segundo, sabemos que este era uno de los problemas a los que se enfrentaba la iglesia primitiva. Alguien llegaba declarando que venía predicando el evangelio de Jesús. ¿Debería dársele hospitalidad y apoyo?

En tal caso, ¿por cuánto tiempo? ¿Cómo se distingue entre el profeta verdadero y el falso? Aquí Lucas parece sugerir que el verdadero profeta no deja un campo de trabajo en busca de mejores condiciones. El verdadero profeta acepta gustoso la hospitalidad de su audiencia y con eso se contenta. En tiempos de Lucas, esto quería decir vivir al nivel de las posibilidades de los anfitriones y no buscar más. En nuestros días, esto bien puede significar que el ministerio no es una carrera en la que el propósito sea adelantar posiciones; que el éxito del ministerio tiene poco que ver con el tamaño o prestigio de la congregación, con el sueldo que se recibe o cualquier otra medida semejante, sino que ha de entenderse más bien en términos de servicio. Por lo tanto, el verdadero ministerio frecuentemente pasa desapercibido y sin mayores recompensas.

También habrá quienes no reciban el evangelio ni a quienes lo predican. En tal caso, Jesús les dice a los apóstoles que lo que han de hacer es sencillamente dejar el lugar y sacudir el polvo de sus pies. Esto era una señal de rechazo, como cuando alguien le dice hoy a otra persona: "Haz lo que quieras, pero desde ahora en adelante no me hago responsable por ti y no te debo nada". Los discípulos no han de tomar cosa alguna de la ciudad, sino que han de dejarlo todo —¡hasta el polvo! Si un pueblo o aldea rechaza la predicación del evangelio, el mismo queda rechazado. Es rechazado tanto ahora, en la acción simbólica de los apóstoles al sacudirse el polvo de los pies, como también en el juicio final.

En Hechos 13.42-52, Lucas ofrece un caso concreto de esta acción simbólica. En Antioquía de Pisidia, Pablo y sus compañeros al principio son bien recibidos en la sinagoga, pero a la postre se los rechaza. Entonces se sacuden el polvo de los pies y declaran que, a partir de entonces, irán ante todo a los gentiles (aunque, según se ve en el mismo libro de Hechos, Pablo continuaría su antigua práctica de dirigirse primeramente a la sinagoga al llegar a una nueva ciudad).

2. 9.7-9: Los poderosos perplejos.

Aquí Lucas introduce un comentario acerca de Herodes que parece interrumpir la narración, pero que en realidad contribuye notablemente a ella. Herodes se ha enterado de "todas las cosas que hacía Jesús" y queda intrigado. ¿Quién será este Jesús? Parece estarse volviendo peligroso. Ya no es un predicador solitario a quien sigue una pequeña banda de discípulos y atrae multitudes. Está dándole comienzo a un movimiento. Sus discípulos parecen tener el mismo "poder y autoridad" que Jesús ha estado manifestando. Herodes bien podía darse el lujo de no prestarle atención a un predicador solitario, en la esperanza de que se trataría de algo pasajero. Pero cuando empieza a surgir un movimiento, las cosas cambian. ¡Ahora las autoridades deben investigar! Y Herodes lo hace. Luego, el conflicto con las autoridades religiosas judías, que había ido aumentando por algún tiempo, ahora también involucra a las autoridades políticas que, aunque eran supuestamente judías, estaban en realidad al servicio del Imperio romano.

Al contarnos esta historia y relacionar la preocupación de Herodes por Jesús con su anterior ejecución de Juan el Bautista, Lucas nos está dando entender que la Jerusalén a la que Jesús pronto se dirigirá es a la vez un centro religioso y un títere de intereses políticos más amplios, y que en Jerusalén tanto los intereses religiosos como los políticos conspirarán para deshacerse de Jesús y su movimiento. También nos está dando a entender algo que quedará en claro según seguimos leyendo todo su Evangelio: los poderosos, precisamente porque juzgan todo desde la perspectiva de su poder, tienen dificultades serias para escuchar y recibir el evangelio de Jesucristo.

A través de toda su historia, algunos de los más gloriosos episodios en la vida de la iglesia han tenido lugar cuando se le oponían no solamente algunos líderes religiosos, sino también las autoridades políticas establecidas. No es que Jesús se proponga provocar a esas autoridades, ni que la iglesia debería estar buscando el martirio. Es más bien que la predicación misma del evangelio, y el movimiento que surge de ella —la iglesia— fácilmente provocarán la oposición de los líderes y poderosos que miden el éxito con otras medidas. Más adelante en este mismo capítulo, Lucas nos dirá acerca de las opiniones sobre Jesús que circulaban entre el pueblo. Ciertamente, Herodes debe haberlas escuchado y probablemente las tomó en cuenta al pensar acerca del curso que seguiría. Pero, en contraste con el pueblo, las perplejidades y temores de Herodes lo llevarían a decisiones políticas injustas —y Lucas, más que Mateo o cualquiera de los otros Evangelios, subraya el papel de Herodes en la historia de la pasión de Jesús.

3. 9.10-17: Alimento para las multitudes.

Esta historia aparece en los cuatro Evangelios, y hasta repetida con ligeras variantes en el mismo Evangelio, lo cual resulta en seis versiones diferentes. En medio de esta confusa variedad de narraciones, se destaca un punto común que va más allá de la historia misma de alimentar a las multitudes. En las seis narraciones, hay una secuencia de verbos que describen lo que Jesús hace con el pan: lo toma, lo santifica (o da gracias por él), lo rompe y lo da. Esta secuencia de verbos tiene connotaciones que relacionan todo esto con la comunión. Son los mismos cuatro verbos que describen la institución de la Cena del Señor, por ejemplo, en Lucas 22.19: "Tomó el pan y dio gracias, y lo partió y les dio". Lo mismo se ve en 1 Corintios 11.23-24: "El Señor Jesús, la noche que fue entregado, tomó pan; y habiendo dado gracias, lo partió y dijo 'Tomad, comed' ...".

Luego, Lucas 9.10-17 debe haber tenido resonancia eucarística tanto para la iglesia antigua como para el autor mismo. Para quienes leían este pasaje —como normalmente se hacía— en el contexto de la celebración de la comunión, esto serviría como recuerdo de que el mensaje del evangelio es un mensaje de abundancia, y de que los hambrientos serán alimentados. Es por esto que Pablo condenaba con tanta fuerza las prácticas en Corinto, donde algunos comían hasta hartarse y otros quedaban hambrientos. En el servicio de comunión, la comunidad de fe trae sus ofrendas de pan y vino a la mesa del Señor, quien entonces las multiplica de manera que todos puedan ser alimentados. En la iglesia antigua, cuando la comunión era también una comida en común —algo parecido a lo que sucede ahora en algunas comidas en nuestras iglesias— esto quería decir que, mediante el mismo hecho de compartir, todos podían comer.

A través de su relación con la comunión, la alimentación de las multitudes también se relaciona con toda la historia de las acciones de Dios y de sus promesas. En Génesis, Dios le dio a la criatura humana buena comida de la que alimentarse. En el Éxodo, Dios proveyó alimento para el pueblo en el desierto —y es de notar el hecho de que Lucas nos dice que la historia que está narrando tuvo lugar en "un lugar desierto" (9.10). En cada una de las narraciones sobre la institución de la Cena del Señor, hay un elemento escatológico —por ejemplo, la promesa de Jesús: "No beberé más del fruto de la vid hasta que el reino de Dios venga" (22.18).

Mientras en todos los Evangelios hay referencias a la comunión, ninguno tiene más que Lucas. Como ya hemos señalado, Jesús participa de comidas a lo largo de todo este Evangelio. Repetidamente se nos presenta en un banquete o en alguna comida con sus discípulos. En tales banquetes comenta y actúa de tal manera que esto puede verse como una guía para el comportamiento de la comunidad eucarística. Esta comunidad, que se alimenta al celebrar la comunión, ha de comportarse de la manera en la que Jesús enseñó en sus muchos banquetes y comidas. Y es Lucas quien nos cuenta de la revelación del Cristo resucitado en una cena que también nos recuerda la comunión, puesto que allí se nos dice que, al compartir el pan con los discípulos en Emaús, Jesús "tomó el pan, lo bendijo, lo partió y les dio" (24.30) —los mismos verbos a los que ya nos hemos referido.

Por otra parte, debemos cuidar de no espiritualizar la historia de la alimentación de los cinco mil de tal manera que se vuelva una mera metáfora de lo que acontece en la comunión. Es una historia acerca de comer, no acerca de prácticas rituales religiosas. Es una historia que conecta la comunión con el hambre y la necesidad verdaderos y actuales. Luego, si el hecho de alimentar a la multitud mostró algo del significado de la comunión, también la comunión debe señalar la importancia de las necesidades físicas como el alimento, y la importancia de que quienes participan de esa comunión se ocupen también de responder a esas necesidades. Si el hecho de alimentar a la multitud es señal de la alimentación que tiene lugar en la comunión y en el banquete final del reino, entonces también la alimentación que tiene lugar en la comunión ha de ser señal de una comunidad de fe que, de hecho, alimenta a los hambrientos y responde a las necesidades humanas.

Si examinamos entonces esta historia dentro del marco más amplio de todo el Evangelio de Lucas, eso también nos ayuda a entenderla mejor. Toda esta sección que estamos estudiando trata acerca de los apóstoles y de su tarea de compartir el poder, la autoridad y la misión de Jesús. En el pasaje que le precede inmediatamente, los apóstoles han sido enviados en su primera misión. Ahora regresan y están a punto de informar lo que ha acontecido cuando esto queda interrumpido por una multitud que se allega a Jesús y a la que a la postre Jesús alimenta. La interrupción es tal que al parecer Lucas se olvida de decirnos lo que los apóstoles informaron sobre su misión. En el próximo capítulo, Lucas contará una parábola en la que Jesús se refiere a personas aparentemente tan religiosas que no tienen tiempo para ocuparse de un ser humano que yace medio muerto a la vera del camino. Aquí se muestra la otra cara de la moneda: la obra de los apóstoles y el programa mismo para la misión han de interrumpirse cuando las necesidades humanas requieran atención.

El contexto en que se encuentra este episodio también nos ayuda a ver el papel de los apóstoles como agentes de la misión de Jesús. Los apóstoles no siempre entienden lo que Jesús está haciendo (de lo cual veremos un ejemplo claro en el episodio que sigue). Pero bajo la dirección de Jesús, se vuelven agentes de su obra. Es a ellos que Jesús ordena que alimenten a la multitud. Son ellos quienes proveen los cinco panes y dos peces. Son ellos quienes organizan la distribución siguiendo las instrucciones de Jesús. Son ellos quienes reciben los panes y los peces de Jesús para entonces distribuirlos entre la multitud.

Por último, hay una pequeña diferencia en el modo en que Lucas cuenta este episodio que vale la pena notar. Las otras historias dicen que Jesús "tuvo compasión" de la multitud. Lucas nos dice que "los recibió". Esto nos recuerda el pasaje inmediatamente anterior, que trata acerca de cómo los apóstoles serán recibidos por otros, y en general sobre el tema de la hospitalidad. Apunta también hacia el hecho de que la comunidad eucarística ha de ser una comunidad de bienvenida —lo cual contrasta con lo que se hace hoy en muchas iglesias, para las cuales la comunión es ante todo una barrera que impide que participen otros que no son considerados tan fieles como quienes la celebran. Trágicamente, este sacramento de la unidad cristiana no solamente se ha vuelto uno de los elementos más divisivos en la vida de iglesia, sino que también se ha vuelto una barrera que algunos cristianos construyen en torno suyo, frecuentemente como excusa para no practicar la hospitalidad que el evangelio requiere.

4. 9.18-27: Redefiniciones de lo que es ser Mesías y lo que es ser discípulo.

La relación entre este pasaje y el que le antecede no es estrictamente cronológica. Lucas no aclara mucho este punto, pues sencillamente dice que Jesús estaba orando aparte y que los discípulos estaban con él. La relación entre este pasaje y el anterior reside en que, en el anterior, se encontraba en medio de una multitud y después, en 9.37, le veremos otra vez en medio de "una gran multitud". Entre estas dos escenas de ministerio público se intercala aquí la historia de la confesión de Pedro y lo que le sigue, y luego la de la transfiguración. Ambos momentos no tienen otros testigos que sus discípulos más cercanos.

En este punto, siguiendo aproximadamente el mismo orden que aparece en Mateo y Marcos, Jesús llega al momento en que sus discípulos —particularmente Pedro— están listos para declararle el Cristo, o el Mesías, el Ungido de Dios que ha de venir para salvar a Israel. Muchos intérpretes ven todo lo que antecede en el Evangelio como una preparación para llegar a este punto culminante: la gran declaración de Pedro.

Empero, tan pronto como Pedro declara que Jesús es el Mesías, el Señor empieza a corregir algunas de las ideas que circulaban en torno a lo que el Mesías haría. En el antiguo Israel, tanto los reyes como los sumos sacerdotes eran ungidos en señal de su alto oficio, y de haber sido escogidos por Dios para ello. Luego, declarar que Jesús es el Mesías o el Ungido era declararle a la vez sumo sacerdote y rey. Esto sería un reto o una amenaza tanto para el poder político como para el religioso. Unos versículos antes (9.7-9), Lucas nos ha dicho que Herodes estaba perplejo y preocupado acerca de quién sería este Jesús que había comenzado un nuevo movimiento y de quien tanto había oído. Herodes se preocuparía al escuchar lo que se decía de Jesús, que bien podría ser Elías, o uno de los profetas que había vuelto, o quizá —lo que más le aterrorizaría— que pudiera ser el mismo Juan, a quien Herodes había mandado a decapitar. Herodes ni siquiera sospecha que la situación es mucho peor: Jesús es el Mesías, el Ungido, el Rey de Israel. Su propia existencia contradice los reclamos de Herodes al respecto del poder, aun cuando tales reclamos tuvieran tras sí el poderío de Roma. De manera semejante, a través de toda su narración, Lucas nos ha mostrado que las autoridades religiosas de Israel veían a Jesús con dudas, criticándolo cada vez más y tratando de hacerle caer en una de sus muchas trampas. ¡Y ahora Lucas nos dice que este Jesús es nada menos que el Mesías, el Rey y Sumo Sacerdote de Israel!

Por tanto, no debe sorprendernos el hecho de que Jesús les diga a sus discípulos que no se lo digan a nadie. También notamos que él mismo no se apropia del título. Esto lo haría la iglesia después, al declarar que Jesús es el Cristo, de tal modo que pronto ese título se unió a su nombre y se le vino a llamar Jesucristo. Jesús no niega lo que Pedro ha declarado; pero en el Evangelio de Lucas tampoco lo afirma ni alaba a Pedro, como lo hace en Mateo 16.17. Más bien, su respuesta es doble: por una parte, les dice que guarden el secreto, y por la otra, le da al título mismo una definición diferente.

Excurso: El secreto mesiánico.

Aquí nos encontramos cara a cara con el "secreto mesiánico". El Evangelio lo dice bien claramente: "Les mandó que a nadie dijeran esto, encargándoselo rigurosamente". Ni Lucas ni ninguno de los otros Evangelios nos dicen por qué. Esto podría llevarnos a dos posibles entendimientos. Uno sería que Jesús no quería que se le diera ese título por temor a una oposición prematura. El otro sería que no quería anunciar ni tener un falso éxito. El fundamento de la primera hipótesis resulta obvio: si Jesús declara públicamente que es el Mesías, el ungido rey de Israel, esto inmediatamente provocará una respuesta violenta por parte de las autoridades establecidas —particularmente de Herodes y de los romanos que lo sostenían en el poder. Habría consecuencias y Jesús moriría como rebelde y como pretendiente al trono de Israel. Ciertamente esto es lo que a la postre sucedería: Jesús fue ejecutado por las autoridades romanas, con un rótulo que decía que se había declarado rey de los judíos (23.28). Pero Jesús parece pensar que todavía no ha llegado el tiempo para tales acontecimientos. Todavía hay otras cosas que debe hacer de camino a Jerusalén. Por lo tanto, les manda a los discípulos que guarden silencio.

La otra posibilidad es que Jesús quiera guardar el secreto mesiánico porque tema que se le conceda un éxito que no sea el debido. Las multitudes vienen a él, tanto antes como después de esta historia. Fácilmente podría declararse Mesías y dirigir una rebelión contra las autoridades existentes —tanto judías como romanas. Esto terminaría o bien en una derrota —en cuyo caso estaríamos de vuelta en la primera hipótesis— o en la victoria. Pero esa victoria sería en realidad una derrota. Si Jesús acepta tal papel, y se las arregla para llegar a ser rey sin el sufrimiento de la cruz, sencillamente habrá sucumbido ante aquella tentación que se le presentó mucho antes en el desierto (4.1-13). Su camino no sería verdaderamente un nuevo camino, sino sencillamente una continuación de lo viejo.

A través de todo el Evangelio, Jesús ha estado enseñando acerca de un camino diferente y una medida también diferente para el éxito: los primeros serán postreros; los más pequeños son los mayores; los pobres poseerán el reino de Dios; los hambrientos serán saciados; ay de los que tienen éxito, de los ricos y de los que están saciados... Ahora le aplica la misma medida a su propio ministerio y su carácter mesiánico, que define en términos tan radicales como cuando dice que los pobres serán bienaventurados. El Hijo del Hombre —es decir, él mismo— "es necesario que padezca muchas cosas y sea desechado por los ancianos, por los principales sacerdotes y por los escribas, y que sea muerto y resucite al tercer día". En otras palabras, el camino que conduce a la victoria debe atravesar la terrible y angustiosa derrota de la cruz.

La redefinición de lo que es ser Mesías inmediatamente conlleva la redefinición de lo que es ser discípulo. Quienes siguen a Jesús siguen a quien marcha de manera inexorable hacia la cruz. La única manera de seguirlo es andar por el mismo camino. Con demasiada frecuencia, el dicho de Jesús acerca de la necesidad de que sus discípulos tomen la cruz se ha interpretado como un simple llamado a aceptar cualquier mal que sobrevenga. Un padre cuyo hijo se descarría bien puede decir: "Esa es mi cruz". Y lo mismo puede decirse al respecto de enfermedades crónicas, del luto o los enemigos encarnizados. Ciertamente hay lugares y ocasiones cuando es necesario aceptar resignadamente el sufrimiento inevitable, pero no es a eso a lo que Jesús se refiere en este pasaje. Aunque la cruz involucraba sufrimiento, cuando Jesús pronunció estas palabras, la cruz era sencillamente un instrumento mediante el que se aplicaba la pena de muerte, de manera semejante a como hoy se aplican la silla eléctrica, el paredón y las inyecciones letales. Las autoridades romanas la empleaban repetida y abundantemente para castigar a quienes se rebelaban contra ellas y para así evitar que otros siguieran el mismo camino. Ciertamente era un modo de tortura y de muerte; pero era también señal de resistencia a la autoridad establecida e instrumento de vergüenza, puesto que el condenado colgaba desnudo y miserable.

Jesús les ha dicho a sus discípulos que en Jerusalén sería "desechado por los ancianos, por los principales sacerdotes y por los escribas" y que sería muerto. Ya esto de por sí es un destino terrible. Moriría como hereje, rechazado por las autoridades religiosas de su propio pueblo. Ahora añade que sería crucificado. Para un judío, esta era una muerte particularmente maldita, acerca de la cual Pablo más tarde diría: "Cristo nos redimió de la maldición de la Ley, haciéndose maldición por nosotros (pues está escrito 'maldito todo el que es colgado de un madero')" (Gálatas 3.13; véase Deuteronomio 21.23).

La cruz era un instrumento romano de tortura y de muerte. El método tradicional de ejecución en Israel era ser apedreado. Luego, al anunciar que moriría en una cruz, Jesús está declarando también que moriría como enemigo del Imperio romano, como rebelde, o al menos como figura subversiva. Sería ejecutado como criminal. Está emprendiendo un camino que las autoridades no podrían sino ver como subversivo. Jesús no toma el camino de los celotes, quienes se oponen a la violencia de Roma con su propia violencia. Pero, así y todo, se opone al sufrimiento, al mal y a la explotación en todas sus formas, y por lo tanto con razón se le ve como subversivo para el orden existente.

Este es el camino al que Jesús llama e invita a sus discípulos a seguir cuando les dice que han de tomar su cruz y seguirlo. Ciertamente es un camino de renuncia a uno mismo, pero no de un sufrimiento sin sentido, resignado o pasivo. Es el camino de la oposición a toda clase de mal, aun cuando ese mal parezca respetable y hasta legal. Es el camino de solidaridad con quienes sufren bajo el presente orden del mundo, un camino que lleva a sufrir con ellos. Bien podríamos decir que no es solamente el camino de tomar la cruz de Jesús, sino también el camino de tomar todas las cruces de todas las personas que las llevan en el orden existente, para así aliviar su sufrimiento y opresión.

Excurso: La violencia.

La resistencia de Jesús a la violencia frecuentemente se ha interpretado como una aceptación pasiva de cualquier violencia que ocurra; por lo tanto, se nos dice frecuentemente que los cristianos deberían ser "no-violentos". El problema está en que no reflexionamos lo suficiente acerca de lo que la no-violencia de veras significa, en parte porque también tenemos un entendimiento limitado de la violencia. Para muchos de nosotros, la violencia se limita a las acciones violentas —golpear o matar a otra persona, tomar las armas contra otros. Pero se nos hace más difícil reconocer que hay también condiciones de violencia. Esto nos resulta particularmente difícil para quienes rara vez sufrimos bajo tales condiciones. En condiciones de violencia, las personas no mueren porque alguien las mata directamente, sino sencillamente porque el orden social es tal que lleva a su muerte. Luego, si un niño es muerto por un ladrón, decimos que fue un acto violento. Pero si un niño muere de hambre, no vemos la violencia que existe en el orden que ha llevado a esa muerte. En realidad, ambos son igualmente violentos.

Esto quiere decir que la verdadera no-violencia requiere oposición tanto a las acciones de violencia como a las condiciones violentas. La mera abstención pasiva de las acciones de violencia, mientras las condiciones violentas continúan ininterrumpidas, no es verdadera no-violencia. Es más bien una participación escondida en las condiciones de violencia —participación que a veces resulta en beneficio de quien la adopta.

¿Cómo hemos de responder a las condiciones de violencia? Un posible camino, que es fácil entender, sería responder a la violencia con otra violencia. En tiempos de Jesús, este era el camino de los celotes —luchadores armados que frecuentemente actuaban como bandidos, buscando la liberación de Israel. (Algunos sugieren que es posible que los dos "ladrones" que fueron crucificados juntamente con Jesús fueran en realidad celotes). Bien podemos entender que los celotes, o al menos muchos de ellos, sentirían profundamente el pecado de las condiciones de violencia y opresión en que vivían los judíos bajo el régimen romano, y por lo tanto respondían mediante la rebelión armada. En tiempos más recientes, algunas naciones que se sienten oprimidas por otras frecuentemente responden también mediante insurrecciones, algunas de las cuales llevan a la independencia. En tales casos, resulta interesante notar que, en esos países, aquella rebelión armada inicial se celebra en actos patrióticos, pero cualquier otro que en el mismo país siga un camino semejante será considerado injustificadamente violento. Pensemos, por ejemplo, en el modo en que la Revolución Norteamericana y su violencia se justifican y glorifican por parte de un pueblo que, al mismo tiempo, se molesta ante la existencia de movimientos semejantes en África o América Latina hoy.

La respuesta más común es aceptar las condiciones de violencia y seguir viviendo como si no existieran. A veces eso conlleva un apoyo activo a las condiciones violentas, como el que le ofrecían a Roma los saduceos y las altas autoridades religiosas en Israel. A veces implica sencillamente desentenderse de la violencia existente y vivir como si no existiera, lo cual parece haber sido la actitud de los fariseos. Tales opciones todavía existen en el día de hoy. Por ejemplo, si la población en algún país está siendo desposeída de la tierra que sus antepasados cultivaron por siglos, algunos —especialmente quienes se benefician por el proceso mismo— dirán que ese es el precio que hay que pagar por la modernización y la globalización, y que tales personas no deben detener el progreso, mientras otros —normalmente la mayoría— sencillamente decidirán desentenderse del asunto por completo, como si no tuviera nada que ver con ellos.

El camino de Jesús difiere de ambas opciones. Jesús se negó a responder a las acciones de violencia con otra violencia. No deseaba perpetuar el ciclo de violencia, en el que la violencia crea y aparentemente justifica una respuesta violenta, y esto a la vez lleva a una mayor violencia. Pero también se negaba a dejar que la violencia continuara como si esta no existiera. A sabiendas tomó un camino que lo llevaría a la cruz. E invitó a sus discípulos a seguir el mismo camino.

Bien podemos decir que la no-violencia es el más alto ejemplo de un modo de detener la violencia. Una respuesta violenta a la violencia sencillamente resulta en mayor violencia. Una falta de respuesta sencillamente deja que la violencia continúe sin impedimento alguno. Lo que Jesús hace es hacer que la violencia caiga sobre él mismo, dirigirla hacia él, y responder a ella del único modo en que la violencia no puede resistir: ¡con amor y perdón! Esto es tan radical que la violencia queda desarmada y no sabe cómo responder.

Este es el camino de la cruz. Los antiguos cristianos acostumbraban decir que, en la cruz y la resurrección Jesús, "mató a la muerte". De igual manera podemos decir que en la cruz Jesús le hizo la violencia final a la violencia: la hizo manifiesta, pero no sucumbió ante ella.

Esta es la verdadera no-violencia. Es una alternativa costosa para quienes la practican —personas como Jesús, Gandhi o Martin Luther King— pues la violencia recaerá sobre ellos. Al volver la violencia sobre sí mismos, la desenmascaran y de ese modo empiezan a deshacerla. Esta es la costosa alternativa a la que Jesús invita a sus discípulos a seguir, tanto en la antigüedad como hoy.

5. 9.28-36: La transfiguración.

Resulta interesante notar que en distintos tiempos y en diferentes tradiciones eclesiásticas la Fiesta de la Transfiguración se ha colocado en distintos puntos del calendario. ¿Debería celebrarse después de la resurrección y ascensión, como señal de la gloria de Cristo? ¿Debería relacionarse con el principio de la cuaresma, puesto que aparece en el Evangelio inmediatamente antes de que Jesús afirme su rostro para ir a Jerusalén? ¿Debería relacionarse más bien con el énfasis escatológico del Adviento? Estas diversas posibilidades señalan igual número de posibles modos de interpretar el pasaje. Lo que es más, frecuentemente en la predicación cristiana se predica sobre esta historia al terminar una experiencia que parece llevarnos a lo alto de la montaña (un retiro, un avivamiento, una celebración de algún logro especial), en cuyo caso lo que se subraya es que Pedro quería construir unas enramadas en la cima de la montaña para permanecer allí. Lo que entonces se dice es que tenemos que regresar al valle, que el verdadero discipulado consiste en descender de la montaña al valle, para allí hacerles saber a otros de la experiencia que se ha tenido en la montaña.

La dificultad con esta interpretación tan común es doble. En primer lugar, trivializa lo que aquí se presenta como un acontecimiento sobrecogedor y misterioso, volviéndolo un ejemplo insulso de lo que no debería ser más que sabiduría común. En segundo lugar, se desentiende de lo que tan claramente se expresa en el Evangelio: que los discípulos "callaron, y por aquellos días no dijeron a nadie nada de lo que habían visto".

No cabe duda de que cuando Lucas estaba escribiendo esta historia estaría pensando también en Éxodo 24.12-18 (la experiencia de Moisés en el monte Sinaí) y Lucas 3.21-22 (el bautismo de Jesús). En cuanto a este último punto, de igual manera que el bautismo de Jesús es señal del principio de su ministerio público, ahora la transfiguración señala el principio del camino hacia Jerusalén. En ambos casos, una voz del cielo o desde una nube afirma la relación única que Jesús tiene con Dios, y de ese modo garantiza su ministerio, acciones y enseñanza. En cuanto a la historia de Moisés en el monte Sinaí, las palabras que aparecen en el pasaje son una manera de mostrar que Jesús no es en modo alguno inferior a Moisés (ni tampoco a Elías), y que la transfiguración es paralela a la experiencia de Moisés en el monte Sinaí. (Resulta interesante notar que lo que nuestras versiones traducen como "su partida" es literalmente "su éxodo").

Las dos figuras de Moisés y Elías claramente representan la Ley y los Profetas, un modo común de referirse en aquella época a la totalidad de las Escrituras. En los tiempos en que el Evangelio de Lucas fue escrito, esto serviría para refutar a quienes pretendían que de algún modo Jesús contradecía las Escrituras de Israel —de un lado, los judíos que veían el cristianismo como una aberración o herejía dentro de la fe de sus antepasados, y de otro aquellos gentiles que se declaraban cristianos y decían que el judaísmo y sus tradiciones eran falsos y que las Escrituras judías nada tenían que ver con la verdadera fe. Luego, el pasaje muestra que Jesús es por lo menos igual a Moisés y Elías, y que ciertamente ha sido investido por la autoridad de Dios de tal modo que sus enseñanzas son inspiradas: "Este es mi Hijo amado, a él oíd".

También es interesante notar el lugar en que esta narración aparece dentro de la historia del Evangelio. Toda esa sección, especialmente después de que Pedro declara que Jesús es el Cristo en 5.20, parece ser un tiempo de grandes altas y bajas para los discípulos. La tremenda y entusiasta declaración de Pedro es seguida por una orden de no decírselo a nadie, y luego por el anuncio por parte de Jesús de su sufrimiento y muerte. Pero entonces ese terrible anuncio concluye con una referencia a su gloria venidera y al reino de Dios.

En la transfiguración, mientras el énfasis recae sobre el poder y la gloria de Jesús, también hay un anuncio de su muerte, pues se nos dice que Moisés y Elías estaban discutiendo la partida (o el éxodo) de Jesús. Puesto que esto viene inmediatamente después de que Jesús anuncia sus sufrimientos y muerte, la transfiguración es un recordatorio de que, a pesar de todas las apariencias externas de derrota y debilidad, en última instancia Jesús es más poderoso que la muerte y que las autoridades políticas y religiosas en Jerusalén. Después, cuando Jesús cura al niño epiléptico (9.37-43a), el texto nos recuerda a la vez el poder de Jesús y la frustración de los discípulos, que no pueden sanar al niño. Mientras "todos se admiraban de la grandeza de Dios", Jesús anuncia su muerte una vez más. Así y todo, todavía los discípulos disputan acerca de cuestiones de rango y preferencia, y Jesús les responde invirtiendo todo el orden social y religioso (9.46-48). Y además les recuerda que, aunque ellos sean los apóstoles, no tienen el monopolio acerca de quién puede predicar el evangelio (9.49-50).

Esa experiencia de altas y bajas que tuvieron los discípulos es también la nuestra. ¿Somos pueblo de la cruz o pueblo de la resurrección? ¡Ambos! Y cada uno de los dos no significa mucho sin el otro. Al mismo tiempo que celebramos la victoria de Jesús —y por tanto la nuestra—, no podemos olvidar su cruz, ni tampoco la nuestra. Hay en la experiencia cristiana y en la vida de la iglesia momentos como la transfiguración. Pero esto no disminuye ni cancela la necesidad de la cruz.

6. 9.37-43a: Un milagro de sanidad.

Además de los muchos puntos de contacto entre esta historia y otras muchas semejantes en Lucas, esta añade la nota de que los discípulos resultan impotentes, y por tanto va llevando a la culminación de toda esa sección en la que los discípulos a la vez conocen las palabras privadas de Jesús y hasta ven su transfiguración, pero no pueden comprender completamente sus palabras ni tampoco igualar su poder. No quedan muy en claro la razón por la que Jesús se muestra airado y contra quién va dirigida su ira.

7. 9.43b-48: La verdadera grandeza.

Este pasaje es paralelo a Lucas 22.24-30. Véase nuestra discusión en ese lugar.

8. 9.49-50: Un mensaje que no podemos controlar.

La idea que los discípulos tienen de que quienes no pertenecen a su grupo no tienen el derecho de emplear el nombre de Jesús es paralela a lo que vemos hoy en muchas iglesias que parecen creer que quienes no pertenecen a esa denominación o postura teológica no pueden reclamar el nombre de Jesús. Cuando Lucas escribió su Evangelio, el movimiento cristiano empezaba a expandirse a tierras cada vez más lejanas, y nadie podía dominar ni controlar esa expansión. Ya para el siglo segundo hubo esfuerzos —algunos justificados y necesarios, otros no— de decidir y determinar quiénes eran los verdaderos discípulos de Jesús. A la postre, lo que sucedió fue que esto se decidía mediante el hecho de ser o no parte de una organización particular, cuya jerarquía tenía el derecho de decidir quién pertenecía a ella y quién no. Desde entonces, y hasta el día de hoy, ha habido iglesias y denominaciones que se han comportado como si solamente ellas tuvieran la autoridad de permitir o prohibir que se emplee el nombre de Jesús o de llamarse cristianas. Lucas nos recuerda que las cosas no son tan sencillas. Los discípulos de Jesús no son los únicos poseedores de su poder y su nombre, y deben estar prontos a ver su obra más allá de los confines de sus propias iglesias, denominaciones, proyectos o acciones.

Para estudiar, pensar y discutir: La sección que estamos estudiando empieza cuando Jesús envía a los Doce. Pero según seguimos leyendo esta sección vemos que en realidad quienes habían sido enviados todavía no tenían muy en claro el mensaje de Jesús. ¿Qué quiere decir esto? ¿Será que para dar testimonio de Jesús no es necesario tener todas las respuestas y saberlo todo, sino sencillamente haberle conocido y estar dispuesto/a a darle a conocer? ¿Será que mucho de lo que es necesario aprender se aprende en la misión misma? ¿Será que nuestra tarea no es poder responder a toda pregunta, sino apuntar hacia quien es la Respuesta última a todas nuestras necesidades e inquietudes?

Por otra parte, no cabe duda de que el estudio es útil y necesario en la misión y en la vida cristiana toda. ¿Cómo compaginamos ambas cosas? ¿Será que el estudio mismo, además de ayudarnos en la misión, es sobre todo un acto de devoción porque amamos a este Señor que es también la Verdad última? ¿Qué le diría usted a un joven que le dice que está estudiando y preparándose con el propósito de algún día poder dar testimonio de Jesús? ¿Qué le diría usted a otro joven que le dice que para dar testimonio de Jesús no tiene que estudiar ni prepararse, y que el estudio en fin de cuentas es un ejercicio inútil?

¿Qué piensa usted de lo que se dice acerca de la violencia en el discurso sobre ese tema?

¿Cómo explicaría usted el "secreto mesiánico"?

III. 9.51–19.27: CAMINO A JERUSALÉN.

Resulta claro que lo que se dice en 9.51 tiene el propósito de señalar el comienzo de una nueva sección en la narración. Son palabras que aparecen solamente en Lucas, y no en los demás Evangelios. Lo mismo es cierto de buena parte de lo que sigue hasta 18.14. Lo que no está claro es la ruta que Jesús sigue para llegar a Jerusalén. Si la seguimos en un mapa, veremos que no es una ruta muy directa. Lo que es más, hay momentos en los que Jesús está en las afueras mismas de Jerusalén, y en el próximo episodio se ha alejado de la ciudad. Los eruditos han discutido acerca de esto por largo tiempo. ¿Será que Lucas no conocía la geografía de Palestina? ¿Será sencillamente una serie de incidentes aislados, no colocados en orden? ¿Será una estructura concéntrica, de tal manera que lo que se dice al final es paralelo a que lo que se dice al principio (lo que los estudiosos llaman "quiasmo")? ¿Será una narración estructurada paralelamente a lo que se dice en Deuteronomio?

En su vida de devoción y culto, la iglesia ha desarrollado su propia perspectiva y su propio modo de leer toda esta sección. Son una perspectiva y una lectura que nos ayudan mucho más a entender el texto que todas las teorías que acabamos de mencionar. Las palabras en 9.51, que Jesús "afirmó su rostro para ir a Jerusalén", tradicionalmente se han relacionado con el Miércoles de Cenizas, y por tanto todo lo que sigue desde aquí hasta que Jesús llega a Jerusalén se ha relacionado con la Cuaresma. El camino que Jesús sigue hacia Jerusalén no es un camino directo, y tampoco lo es el camino del discipulado cristiano, que se simboliza en las semanas de Cuaresma. Lo que es más, el camino hacia Jerusalén no es todo camino de tristeza y de preparación para el dolor y la muerte. Es también un camino de gozo y promesa, con algunos puntos altos, hasta frecuentes banquetes que le dan a Jesús la oportunidad tanto de celebrar como de enseñar. De manera semejante, el camino de los discípulos tiene también sus altas y sus bajas, sus victorias y sus derrotas, sus momentos de atrevida obediencia y sus tiempos de dejar a un lado las implicaciones y consecuencias más difíciles de la fe y la obediencia.

Si fuésemos a comparar la estructura de esta larga sección en Lucas con alguna otra sección semejante en las Escrituras hebreas, ciertamente la mejor comparación sería el éxodo y el camino hacia la tierra prometida. (Recordemos que en 9.31 ya se habló acerca de un "éxodo" que Jesús debería seguir). En la historia del éxodo en el Antiguo Testamento, el camino no es recto. El camino desde el Mar Rojo hasta el río Jordán no debería tomar 40 años. En esa antigua historia hay momentos gloriosos en los que se produce el maná y el agua fluye de una roca; pero también existe el episodio del becerro de oro. Para los hijos de Israel, el camino desde Egipto hasta Canaán no es una línea recta. Tampoco es una línea recta el camino que Jesús toma desde Galilea hasta Jerusalén. Y para nosotros hoy tampoco es recto el camino que nos lleva del Miércoles de Cenizas hasta el Domingo de Resurrección, o desde la justificación hacia la santificación.

También es importante notar que, al afirmar su rostro para ir a Jerusalén, Jesús está tomando una decisión que a través de los siglos sería paradigma para muchos creyentes al tomar decisiones semejantes. Es la decisión de oponerse a los poderes de opresión, y esto nunca es fácil. Prefiero aquí llamarles "poderes de opresión" más bien que "poderes del mal", porque frecuentemente esos poderes se hacen pasar por buenos, como si verdaderamente se opusieran al mal. Los líderes religiosos a los cuales Jesús tendría que enfrentarse en Jerusalén eran personas esencialmente buenas y religiosas. Es cierto que estaban bien dispuestas a conspirar contra quien cuestionara su autoridad, o de alguna manera hiciera peligrar el apoyo precario que recibían de Roma. Pero, así y todo, creían que hacían todo esto en defensa de la religión, y la historia en los Evangelios no parece implicar que pensaran que con todo esto estaban haciendo mal. La estructura política que Jesús y sus discípulos han de confrontar no era obviamente mala. Al contrario, las autoridades romanas se enorgullecían de lo que llamaban la "paz romana" y del modo en que habían diseminado la civilización a través de toda la cuenca del Mediterráneo. Estaban bien dispuestas a ser crueles contra quienes se opusieran o resistieran a su autoridad, pero todo eso lo justificaban sobre la base de que estaban defendiendo el orden y la estabilidad.

A. 9.51–10.24: LA MISIÓN SE AMPLÍA.

Jesús había afirmado su rostro para ir a Jerusalén, para allí retar a las autoridades que tenían poder de vida o muerte tanto sobre él como sobre todo el país. Si tenemos esto en cuenta, vemos que el ir a Samaria y además enviar un contingente de misioneros era un reto directo a esas autoridades, que verían a Jesús como quien subvertía el orden. Toda esta sección no debe leerse con el espíritu triunfalista que frecuentemente ha dominado en las misiones cristianas. No se trata únicamente de ir a nuevos lugares. Es también cuestión de lanzarles un reto a quienes se opondrían a la misión, y estar dispuestos a enfrentarse a las consecuencias. Antes, en el capítulo nueve, Jesús había enviado a doce discípulos, y esto había provocado el interés de Herodes. Ahora envía un número seis veces mayor. El resto del Evangelio mostrará las verdaderas consecuencias de la misión cuando no tiene temor de aquellos a quienes se opone.

1. 9.51-56: La aldea samaritana.

Samaria estaba entre Galilea y Judea, y por lo tanto era natural que Jesús, habiendo determinado ir a Jerusalén, pasara por Samaria. Como bien podría esperarse, él y sus seguidores no son bien recibidos. Después de todo, son judíos que van camino a la capital de Judea, y entre los judíos y los samaritanos no hay buenas relaciones. El pasaje puede verse entonces como preparación para la parábola del buen samaritano. Jesús mismo ha experimentado el rechazo de los samaritanos y, aun cuando sus discípulos piensan que debería hacer lo contrario, se niega a destruir una aldea que no los recibe.

El pasaje también podría servir de base para reflexionar sobre el modo en que frecuentemente los cristianos han tratado a aquellos a quienes consideran herejes. Desde el punto de vista de los samaritanos, los judíos eran herejes. Desde el punto de vista judío, los herejes eran los samaritanos. En este episodio los samaritanos se comportan, como bien podría esperarse, rechazando a quienes consideran infieles. Jesús, por otra parte, se niega a permitir que los discípulos hagan llover fuego sobre los samaritanos en castigo por su rechazo. La supuesta ortodoxia de los samaritanos los lleva a negarles hospitalidad a quienes no concuerdan con ellos. La ortodoxia superior de Jesús impide que sus discípulos respondan del mismo modo. Y no solo eso, sino que Jesús también reprende a sus discípulos por su espíritu vengativo. Tristemente, a través de la historia cristiana, no ha sido así que los cristianos que se consideran a sí mismos ortodoxos, puros o fieles han respondido a otros a quienes consideraban heterodoxos, pecaminosos o infieles. Y esa triste historia continúa hasta el día de hoy.

Por otra parte, no está claro si los samaritanos rechazan a Jesús y sus seguidores sencillamente porque son judíos, o también porque temen posibles represalias si le ofrecen hospitalidad a un grupo que bien puede parecer subversivo. Todo depende de la fuerza que demos a la frase "afirmó su rostro para ir a Jerusalén". Si se trata sencillamente de una referencia al lugar a donde iba, la actitud de los samaritanos debe entenderse sencillamente como un caso de prejuicio contra los judíos. De ser así, le hubiera bastado a Lucas decir que no les recibieron porque eran judíos. Pero si se trata de una referencia a la actitud y el mensaje de Jesús que se preparaba para confrontar las autoridades en Jerusalén, entonces el episodio puede verse como un caso más en el que se rechaza a Jesús y a sus discípulos porque se temen las consecuencias —en este caso, las consecuencias políticas. El texto parece sugerir esta segunda opción, puesto que la razón por la que la aldea samaritana se niega a recibir a Jesús es que había "afirmado" su rostro para ir a Jerusalén.

En todo caso, el hecho mismo de que ambas interpretaciones sean posibles muestra hasta qué grado y con cuánta frecuencia las consideraciones religiosas y políticas se entremezclan, y con cuánta facilidad las motivaciones políticas se confunden con las religiosas. Hace unos pocos años, durante los tiempos de represión en Guatemala, una aldea que se había hecho mayormente protestante se negó a permitirles entrada en la aldea a dos católicos "delegados de la Palabra". Según explicaron, estas personas no eran bienvenidas porque eran herejes e idólatras. Pero también estaba el hecho de que los delegados de la Palabra estaban bajo sospecha por parte del gobierno, que les consideraba subversivos, y los habitantes de la aldea temían que se les confundiera con ellos y que las patrullas de la muerte los atacaran. Probablemente aquellos habitantes de la aldea estaban convencidos de que les negaban hospitalidad a estas personas por razones religiosas; pero había también una dimensión política tras sus acciones. Son experiencias tales como esa y muchísimas más las que han llevado a muchas personas a proponer una nueva lectura de las Escrituras y de la teología que tome en cuenta la relación entre las condiciones políticas y las decisiones religiosas.

2. 9.57-62: El discipulado no es para todos.

Según va en camino a Jerusalén, Jesús encuentra muchas personas que quieren seguirlo en parte, o más tarde, o si las condiciones resultan favorables. Jesús no acepta nada de esto. El suyo es un llamado que radicalmente desarraiga a quienes lo aceptan, y el pasaje que estamos estudiando, a pesar de toda su brevedad, lo dice tres veces. La cruz que los discípulos han de tomar para seguir a Jesús no es un acto final de sorprendente valor u obediencia; es un camino largo y difícil que incluye la negación de sí mismo y el abandono de los intereses propios.

Esta historia es particularmente interesante si recordamos que es posible entender el rechazo de los samaritanos a Jesús y sus acompañantes como algo causado por el temor más bien que por el prejuicio. En ese caso, después de experimentar el rechazo en una aldea que teme las consecuencias de aceptarlo, Jesús pasa a hablar de otras razones por las cuales alguien pueda decidir no seguirlo, o posponer la decisión. Pero las demandas radicales de la obediencia manifiestan, como se afirma en los versículos 60 y 62, que posponer la decisión es lo mismo que rechazarlo a él.

3. 10.1-24: La misión de los setenta.

Algunos manuscritos dicen 70 y otros, 72. El número exacto no tiene gran importancia. Lo que es importante es que Jesús ahora envía a un número de mensajeros bastante mayor que antes. Sus instrucciones son prácticamente las mismas que les dio antes a los apóstoles, aunque bastante amplificadas. También el peligro ha aumentado, pues Jesús les dice: "Yo os envío como corderos en medio de lobos". Jesús es el cordero sacrificial, como vemos en otros pasajes bíblicos; pero aquí ahora también les dice a sus seguidores y mensajeros que de algún modo han de participar en su "corderidad", así como también deben tomar su cruz y participarán de su resurrección. Jesús los envía "como corderos en medio de lobos". Pero él mismo es el Cordero que será atacado y muerto por los lobos. Por esta razón, hay una relación entre Jesús y estos a quienes él envía, y eso incluye participar de sus sacrificios y representarle: "El que a vosotros oye, a mí me oye; y el que a vosotros desecha, a mí me desecha; y el que me desecha a mí, desecha al que me envió". Mientras los misioneros corren serios peligros, aquellos a quienes son enviados corren peligro aun mayor, quizá sin siquiera saberlo, como se ve en lo que Jesús dice acerca de Corazín, Betsaida y Capernaum.

Podemos notar la relación entre este pasaje y el sermón de Jesús en Capernaum. Allí le rechazaron porque hablaba de un amor de Dios hacia aquellos a quienes su audiencia consideraría infieles repugnantes. Al igual que en el capítulo 4, aquí hay referencias a los habitantes de Sidón y de Tiro. Esto refleja una vez más el tema que Lucas repite de un vuelco social y religioso —los que estaban fuera entran, los últimos resultan ser primeros y los pequeños son los mayores.

La respuesta de Jesús al informe de los enviados es sorprendente: "Yo veía a Satanás caer del cielo como un rayo". ¿Satanás en el cielo? Comúnmente pensamos que la tierra es el lugar de conflicto entre Dios y Satanás, y que el cielo se encuentra muy por encima de tal conflicto, fuera del alcance del mal. Pero el conflicto entre el bien y el mal tiene proporciones cósmicas que van mucho más allá de lo que imaginamos. En Apocalipsis 12.7-12 se nos habla de una gran guerra en el cielo hasta que por fin Satanás "fue arrojado a la tierra y sus ángeles fueron arrojados con él", con el resultado de que el conflicto en la tierra se vuelve más feroz. Aparentemente, Lucas concuerda con esa visión, así como con Efesios 6.12, donde se nos dice que "no tenemos lucha contra sangre y carne, sino contra principados, contra potestades, contra los gobernadores de las tinieblas de este mundo, contra huestes espirituales de maldad en las regiones celestes". Y también afirma que la proclamación del mensaje del Reino de Dios derroca de sus tronos a tales poderes: "Yo veía a Satanás caer del cielo como un rayo". La venida del Reino de Dios es algo profundamente anhelado; "muchos profetas y reyes desearon ver lo que vosotros veis, y no lo vieron; y oír lo que oís, y no lo oyeron".

Dentro del contexto de toda esta historia del envío de los 70, la declaración de Jesús, que ha visto a Satanás caer del cielo, le añade una dimensión inesperada a la misión cristiana. En este pasaje, Satanás no es derrotado directamente por Jesús mismo, sino más bien por la predicación de sus discípulos. El mensaje cristiano no es solamente que Jesús vence sobre los poderes del mal y la opresión, sino también que, como corderos enviados al mundo por el Cordero de Dios, los cristianos tienen la misión y el poder de conquistar al mal y la opresión.

De una manera que es típica de Lucas, sin embargo, se trata de una victoria harto extraña. Es la victoria del vuelco. En este caso particular, Jesús se regocija en el vuelco del conocimiento. Cosas que estaban escondidas de los sabios y los entendidos han sido reveladas a los niños. No solo resulta entonces que los últimos son primeros, sino también que los sabios son ignorantes, y quienes no tienen entendimiento alcanzan sabiduría.

Estas palabras de Jesús bien pueden ser una fuerte crítica a buena parte de nuestra labor teológica. Hacemos nuestra teología mayormente en diálogo con otros teólogos. Nuestros principales compañeros son nuestros libros, muchos de ellos escritos también por otras personas cuyos principales compañeros eran otros libros. En una palabra, buscamos la sabiduría entre los sabios y entendidos, olvidándonos de que hay cosas que Dios ha escondido de esos sabios y entendidos y se las ha revelado a los niños. El Dios de quien los teólogos cristianos decimos enseñar y escribir nos habla en realidad en los niños, en los iletrados, en el pueblo común, en la experiencia de creyentes que no entienden palabras tales como "escatología" u "homousios", pero sí tienen una experiencia bien clara de lo que es el evangelio. Si nos negamos a escucharlos, lo hacemos a riesgo nuestro.

A primera vista, el versículo 22 parecería encajar mejor en el Evangelio de Juan que en el de Lucas, puesto que es Juan quien más se interesa en la relación entre el Padre y el Hijo. Pero si lo examinamos con mayor detenimiento, veremos cómo encaja en el Evangelio de Lucas. Al leer los versículos 21 y 22, vemos que hay en ellos tres antítesis: la primera, entre lo escondido y lo revelado; la segunda, entre los sabios y los niños; la tercera, entre el Padre y el Hijo. Jesús ha dicho repetidamente que su ministerio y su victoria incluyen la debilidad y el sufrimiento. Aquí declara que el Padre que les ha revelado cosas secretas a los niños y no a los sabios es también el mismo que es conocido a través del Hijo visible, débil, acosado y a la postre crucificado. Martín Lutero diría que tenemos aquí un ejemplo claro de lo que él llama "teología de la cruz", que corrige los errores de la "teología de la gloria".

Para pensar, estudiar y discutir: En la sección del Evangelio que estudiamos hay referencias a varias excusas que se ofrecen para no aceptar el camino de las obligaciones del discipulado. Uno de los más famosos sonetos de Lope de Vega se dirige precisamente a esa cuestión. Léalo con detenimiento y piense en las excusas que hoy empleamos con el mismo propósito:

> ¿Qué interés se te sigue, Jesús mío,
> que a mi puerta, cubierto de rocío,
> pasas las noches del invierno oscuras?
>
> ¡Oh, cuánto fueron mis entrañas duras,
> pues no te abrí! ¡Qué extraño desvarío,
> si de mi ingratitud el hielo frío
> secó las llagas de tus plantas puras!

¡Cuántas veces el ángel me decía:
«Alma, asómate ahora a la ventana,
verás con cuánto amor llamar porfía»!

¡Y cuántas, hermosura soberana,
«Mañana le abriremos», respondía,
para lo mismo responder mañana!

Al final del comentario sobre esta sección mencionamos a Martín Lutero y el contraste que establece entre una falsa "teología de la gloria" y la verdadera "teología de la cruz". A continuación, citamos algunas de sus palabras al respecto:

> La teología de la gloria llama malo a lo que es bueno y bueno a lo que es malo. La teología de la cruz llama a cada cosa lo que es. Quien no conoce a Cristo no conoce a Dios oculto en el sufrimiento. Por lo tanto, prefiere las obras por encima del sufrimiento, la gloria por encima de la cruz, la fuerza por encima de la debilidad, la sabiduría por encima de la locura y, en general, el mal por encima del bien. Es a estas personas que Pablo llama "enemigos de la cruz de Cristo". (*Debate de Heidelberg*, tesis 21)

Piense en lo que Lutero puede haber querido decir con esas palabras. ¿Implica esto un vuelco teológico semejante al "gran vuelco" que vemos repetidamente en Lucas? ¿Será verdad lo que dice Lutero?

B. 10.25-42: DOS PASAJES APARENTEMENTE CONTRADICTORIOS.

El resto del capítulo 10 está formado por dos pasajes bien conocidos: una parábola y una historia acerca de Jesús. Comúnmente se los interpreta separada e independientemente el uno del otro. Lo que es más, cuando los pastores y predicadores pensamos que la congregación debería estar más activa en sus obras de caridad predicamos acerca del buen samaritano; y cuando pensamos que la congregación es demasiado activista y necesita más oración, estudio y meditación, predicamos acerca de María y Marta. Si predicamos de los dos, tratamos de apartarlos el uno del otro tanto como sea posible, de manera que ni la congregación ni nosotros mismos nos percatemos de lo que parece ser un contraste entre las enseñanzas de estos dos pasajes. Pero en el Evangelio los dos aparecen uno tras el otro. Esto debería servirnos de advertencia de que estos pasajes no son tan sencillos como podríamos imaginar. Por lo tanto, tras considerarlos separadamente, debemos reflexionar acerca de ellos en conjunto, tal como aparece en el texto del Evangelio.

1. 10.25-37: El buen samaritano.

Este pasaje bien puede tomarse como una advertencia contra el mal uso de la buena teología. El intérprete de la Ley que interpela a Jesús sabe de sobra lo que el Señor requiere, y pregunta acerca de ello, no para entenderlo mejor, sino "queriendo justificarse a sí mismo". De igual manera que en el día de hoy le resulta muy fácil a cualquier cuerpo eclesiástico posponer una decisión difícil al nombrar un comité, también nos es posible posponer la obediencia pidiendo más detalles. Frecuentemente, lo que el Señor requiere resulta claro; pero también el costo resulta igualmente claro, y por lo tanto lo demoramos haciendo una pregunta tras otra. ¿Vendrá Jesús antes, o después del milenio? ¿Es el decreto de Dios para la elección de los salvos anterior o posterior a la caída? ¿Hizo Dios al mundo en seis días? ¿Está bien bautizar de este modo o se requiere otro? ¡Y después nos atrevemos a criticar a la iglesia bizantina porque, mientras Constantinopla estaba asediada por los turcos, estaban discutiendo acerca de los ángeles! El intérprete de la Ley en la parábola sabe de sobra lo que es un prójimo, o al menos lo sabe lo suficientemente bien como para empezar a hacer lo que se requiere de él. Pero en lugar de sencillamente obedecer, hace una pregunta tras otra. Las preguntas ciertamente pueden ser buenas, y vemos en los Evangelios muchas personas que aprenden porque hacen preguntas; pero resulta demasiado fácil plantear preguntas cuyo único propósito es posponer una obediencia que está clara.

El resto del pasaje es bien conocido y frecuentemente se emplea para llamar a acciones de amor y de servicio a los demás —a tal punto que a menudo, cuando alguien ayuda a otra persona, le llamamos "buen samaritano". También en situaciones en que hay discriminación racial o étnica se emplea esta historia para hacernos ver la bondad de aquellas personas que frecuentemente quedan excluidas, y para invitarnos a aprender de esas mismas personas. Tales usos del pasaje son ciertamente válidos. Pero hay al menos otros dos puntos que tenemos que tener en cuenta, aparte de lo que ya hemos mencionado acerca de la aparente tensión entre esta parábola y la historia de María y Marta.

El primer punto es que la exclusión del samaritano no es solamente cuestión racial o étnica, sino que es también religiosa. Desde el punto de vista del intérprete de la Ley, quien es judío, el samaritano era un hereje que no servía a Dios como era debido. Antes (9.50) Jesús les había dicho a sus discípulos que quienes no eran parte de su grupo, pero estaban haciendo bien en el nombre de Jesús, no deberían ser impedidos. También se negó a permitir que sus discípulos pidieran que cayera fuego del cielo sobre una aldea samaritana que no los había recibido (9.53-56). Ahora en la parábola es un hereje samaritano quien resulta ser un siervo obediente de Dios. Luego, la parábola también tiene mucho que decirnos acerca de la necesidad de reconocer la acción de Dios en aquellas personas cuya teología no nos parece buena. Y esto es particularmente importante hoy, pues estamos pasando tiempos de una polarización radical tanto teológica como política que nos lleva a deshumanizar a los demás.

El segundo punto interesante es que la pregunta que Jesús plantea al final no es lo que podríamos esperar: quién se dio cuenta de que el hombre tirado a la vera del camino era su prójimo. Lo que Jesús pregunta es más bien quién fue el prójimo del que estaba a la vera del camino. Cuando nos damos cuenta de eso, resulta que las últimas palabras de Jesús al intérprete de la Ley —"Ve y haz tú lo mismo"— no quieren decir sencillamente que debe amar y ayudar al prójimo, sino también y sobre todo que tiene que ir y hacerse prójimo de cualquier persona necesitada, por distante que le parezca. No es solamente cuestión de amar y servir a quienes están cerca o próximos a nosotros (nótese que la palabra "prójimo" quiere decir "próximo") y desentendernos de los demás. El samaritano no era "próximo" al judío a la vera del camino, pero al ver su necesidad, se hizo su prójimo; se le aproximó. Es cuestión de hacerse prójimo o próximo de cualquier persona necesitada, por mucho que parezca estar lejos de nosotros por cualquier razón, ya sea racial, étnica, teológica o política.

2. 10.38-42: María y Marta.

Inmediatamente después de la parábola del buen samaritano, Lucas nos cuenta acerca de su visita a la casa de Marta y lo que allí aconteció. Es importante señalar que la casa le pertenece a Marta, y que María es sencillamente su hermana. (Lo cual es la razón por la cual frecuentemente se habla de la historia de "Marta y María", aunque el pasaje mismo le da más importancia a María que a Marta). Es posible que las dos hermanas hayan vivido juntas; pero en todo caso, la casa era de Marta. Esta hace lo que se espera de ella cuando llega un huésped. María sencillamente se sienta a escuchar a Jesús. Cuando Marta se molesta y le pide a Jesús que le diga a María que la ayude, Jesús le responde que "María ha escogido la buena parte, la cual no le será quitada". Aunque frecuentemente se ha dicho que hay dos maneras de servir a Jesús, una la de Marta y otra la de María —la de Marta para las personas activas y serviciales, la de María para las más dedicadas a la oración y la contemplación—, eso no es lo que el texto da a entender. Aquí Jesús parece criticar a Marta por hacer lo que se espera de ella, mientras alaba a María, quien no está cumpliendo con las tareas que se esperan de una mujer.

Puesto que este episodio viene inmediatamente después de la parábola del buen samaritano, inmediatamente el lector se pregunta: ¿no estaba Marta haciendo lo que le correspondía a un buen samaritano? Si el mensaje de la parábola es sencillamente que uno debería servir a los necesitados, Marta ciertamente lo está haciendo mejor que María. Y si el problema con el sacerdote y el levita en la parábola es que eran personas religiosas cuya religión no los llevaba a servir a los necesitados, ¿no es eso exactamente lo que María está haciendo? Si Marta hubiera estado presente al escuchar a Jesús contar la parábola, y lo que la parábola quiere decir es que uno debería servir a los necesitados, ciertamente se entiende por qué Marta estaba molesta.

La yuxtaposición de estos dos pasajes nos advierte que el primero de ellos no es sencillamente una enseñanza moral acerca de la obligación de servir al necesitado, y que el segundo tampoco es sencillamente una invitación a la vida del estudio y la devoción. Ambos han de leerse conjuntamente y dentro del contexto de la predicación de Jesús acerca del Reino y de la obediencia radical. En los capítulos inmediatamente anteriores, Jesús ha estado enseñando acerca de los requerimientos del reino y del discipulado. Con la venida de Jesús, algo radicalmente nuevo ha acontecido, y esa realidad radicalmente nueva requiere también una obediencia igualmente radical (véase, por ejemplo, 9.57-62). La parábola del buen samaritano nos llama a una obediencia radical que quiebra las barreras de la cultura, la etnia y la teología. Cuando recordamos que, según Jesús dice en Mateo, cuando servimos a un necesitado le servimos a él en el necesitado, vemos que el samaritano, aun sin saberlo, estaba allegándose a Jesús. La historia de María y Marta también es radical. En primer lugar, frecuentemente no nos damos cuenta de que el primero que estaba rompiendo las leyes de la etiqueta era el propio Jesús. Él no es sino un huésped, y violando todas las reglas de la hospitalidad, critica a Marta, quien es su anfitriona. Y María también quiebra las leyes. Siendo probablemente la hermana menor, o al menos, puesto que está en casa de su hermana, se espera que ayude en las diversas tareas del hogar. Pero en lugar de eso se sienta a los pies de Jesús para escucharlo.

Como tantos otros pasajes en el Evangelio de Lucas, estos dos nos llaman a una obediencia radical; una obediencia tal que bien puede llevar a volcar o contradecir las costumbres de la vida cotidiana y de las prácticas sociales. No se trata de contradecir las costumbres por el gusto de contradecirlas. Lo que María hace quiebra esas costumbres. Pero las quiebra porque reconoce que en la presencia de Jesús ha llegado algo especial, y ante ese algo tan especial todo lo demás pierde importancia —de manera semejante al samaritano que detiene su camino y está dispuesto a ayudar al herido aun cuando con ello quiebre lo que se le ha enseñado desde niño sobre las enemistades entre judíos y samaritanos.

Para estudiar, pensar y discutir: ¿Ha pensado usted antes en el contraste entre la parábola del buen samaritano y la historia de Marta y María? Prepare el bosquejo de lo que usted diría en un sermón o un estudio bíblico acerca de la parábola del buen samaritano. Piense ahora que usted es Marta, que ha escuchado la parábola, y trate de imaginar lo que ella podría pensar al ver que María no la ayuda a responder a las necesidades de Jesús. ¿Qué diría Marta? Imagine una conversación esa noche en casa de Marta y María entre las dos hermanas, comentando acerca de lo que había ocurrido ese día durante la visita de Jesús, y cómo relacionarlo con la parábola del buen samaritano.

C. 11.1-13: LA ORACIÓN.

Aunque estos dos pasajes —la Oración del Señor y la parábola del huésped inesperado— normalmente se leen e interpretan independientemente, bien podemos ver la parábola como explicación y comentario de la Oración del Señor.

1. 11.1-4: La Oración del Señor.

Al leer este pasaje, lo primero que puede sorprender a muchos es el modo en que Jesús responde a la petición por parte de los discípulos de que les enseñe a orar. Hoy hay muchísimos libros acerca de cómo orar. La mayor parte de esos libros centran la atención sobre las actitudes y las prácticas: la sinceridad, la perseverancia, la disciplina, la apertura, la fe, etc. ¡Pero cuando a Jesús se le pregunta lo mismo responde con una fórmula! Su respuesta inmediata no es acerca de una actitud —aunque más adelante comentará acerca de ello—, sino que es más bien acerca de las palabras. Es literalmente una oración ya formada.

Parte de la razón por lo que esto puede sorprendernos es que en el día de hoy hemos perdido el sentido del papel que tienen el rito y la adoración en la vida de discipulado. Por lo general, pensamos que la relación entre la actitud y la acción, entre la creencia y el rito, marcha en una sola dirección: la actitud lleva a la acción, y la creencia al rito que la expresa. Pero en realidad lo contrario también es cierto. La acción le da forma a la actitud, y el rito le da forma a la creencia. Los historiadores frecuentemente se refieren a esto usando la frase latina *lex credendi est lex orandi*, "la regla del culto (o de la oración) es la regla de lo que se cree". A Juan Wesley un consejero sabio le sugirió que, aunque no tuviera todavía la fe que salva, debería continuar predicándola como si la tuviera, y que luego, cuando la tuviera, debería predicarla porque la tenía. Por extraño que nos parezca esto —a tal punto que quizá podría tildarse de hipocresía—, en realidad refleja la experiencia humana. Por ejemplo: en nuestra propia vida cotidiana sabemos que el sencillo hecho de sonreír frecuentemente nos lleva al deseo de sonreír. De igual manera, en la vida de fe, la fe nos lleva al culto; pero el culto también nos lleva a la fe.

Cuando Jesús enseñó esta oración, había muchos otros rabinos y maestros que les proponían a sus discípulos ciertas oraciones. Probablemente sea a esto a lo que se refiera el discípulo innominado que le pide a Jesús que le enseñe cómo orar, "como también Juan enseñó a sus discípulos". Tales oraciones también servían como medio de reconocimiento mutuo entre los discípulos del mismo maestro. Más tarde, los cristianos desarrollarían también credos que les servirían para identificarse mutuamente. Por eso, la Oración del Señor es también la oración de los discípulos del Señor —la oración que, a la vez que los forma a ellos, también sirve como reconocimiento mutuo de su identidad como discípulos.

La versión de esta oración que aparece en Lucas es más breve que la de Mateo (6.9-13). No incluye la frase "Hágase tu voluntad, como en el cielo, así también en la tierra", aunque esto puede entenderse como una explicación de lo que antecede: "Venga tu Reino". Y tampoco incluye la conclusión: "Porque tuyo es el Reino, el poder y la gloria, por todos los siglos. Amén".

Lo que se traduce como "el pan nuestro de cada día" bien puede entenderse también como "el pan para mañana" y hasta como "el pan celestial". Esta frase es central en la oración misma, e indica que para entenderla conviene leer lo que se dice en Proverbios 30.8b-9: "No me des pobreza ni riquezas, sino susténtame con el pan necesario, no sea que, una vez saciado, diga: '¿Quién es Jehová?'. O que, siendo pobre, robe y blasfeme contra el nombre de mi Dios". En la Biblia hebrea traducida al griego que los primeros cristianos usaban —la Septuaginta—, "el pan necesario" está traducido con las mismas palabras que aparecen en la oración del Señor en Lucas, y que hoy traducimos como "el pan nuestro de cada día". Lo que Proverbios indica es que la injusticia y la inequidad que llevan al pobre a robar son una profanación del nombre del Señor, y que una abundancia excesiva se desentiende de ese mismo nombre. Por eso, la mejor traducción es ciertamente "el pan nuestro de cada día", por cuanto implica no sufrir necesidad, pero tampoco tener exceso. Muy posiblemente la frase se relacione con la ración diaria que un soldado recibía durante una campaña, y en tal caso, se refiere a lo que los discípulos necesitarán para continuar en la batalla. Luego, las peticiones "santificado sea tu nombre" y "venga tu Reino" no son pedidos independientes de este que se refiere al pan cotidiano. La oración no es una lista de peticiones. Es un solo y ferviente clamor pidiendo que venga el Reino en el que el nombre de Dios es santificado y todos tienen lo que necesitan.

¿Se trata entonces aquí del pan físico y comestible, o más bien de un pan espiritual? La pregunta misma refleja una dicotomía que es ajena al texto bíblico. El comer físicamente es en sí mismo un hecho espiritual, y el discipulado se refleja en comer y en compartir los alimentos. Lo que es más, la ambigüedad misma de lo que se traduce como "pan de cada día" señala esta indisoluble unión entre lo físico y lo espiritual. Si, por otra parte, entendemos esta frase como "el pan celestial", inmediatamente nos recuerda el maná en el desierto. El maná, pan del cielo, era alimento físico para los hijos de Israel. No podía guardarse de un día para el otro, y por lo tanto era el pan de cada día. Tampoco podía ser acaparado por algunos que tomaran más de lo debido, puesto que Dios mismo se aseguraba de que la distribución fuera justa (Éxodo 16.16-21). En la Oración del Señor, estamos pidiendo precisamente esa clase de pan: el pan que alimenta el cuerpo y el pan de justicia y de confianza en Dios.

También la cláusula acerca del perdón puede leerse dentro de este contexto. Merece notarse que, mientras en la versión de Mateo se pide perdón por nuestras deudas, en Lucas se habla primero de los pecados y luego de aquellos que nos deben. Lo que se implica es que nuestros pecados son deudas para con Dios, y que al pedirle a Dios que nos los perdone estamos también prometiendo perdonar las deudas que otros tengan para con nosotros. Si relacionamos todo esto con lo que acabamos de decir acerca de la relación entre el Reino y el pan, quienes piden que venga el Reino se comprometen a no reclamar para sí mismos más de lo debido, y al mismo tiempo confiesan que no son siempre fieles a esa promesa, de modo que se comprometen también entonces a perdonar a otros que también toman más de lo debido.

Por último, la palabra "tentación" al final de la oración también puede traducirse como "prueba", por cuya razón algunos intérpretes sugieren que se refiere al juicio final, mientras otros piensan que se trata principalmente de la prueba en tiempos de persecución o por razón de la hostilidad de la sociedad circundante.

2. 11.5-13: Una parábola a manera de comentario.

Tanto en Mateo como en Lucas, la Oración del Señor va seguida de una explicación. En Mateo esa explicación trata acerca del perdón (6.14-15). Aquí en Lucas, esa explicación toma la forma de una parábola en la que alguien va a casa de un amigo pidiéndole pan para un huésped inesperado. En esta historia, el tema del pan sirve de vínculo con la oración que precede. Aunque algunos comentarios entienden que la parábola trata acerca de la perseverancia en la oración, en realidad en el versículo 8 vemos que el tema es la "importunidad" del que pide. Luego, la historia es acerca de una persona que está tan preocupada por el huésped inesperado que se atreve a importunar a otro amigo aun en medio de la noche. Es acerca de alguien que pide por otro. Esta persona que se ve ahora en la situación de no tener pan para su amigo, se ve también atrapada entre dos principios de conducta aparentemente contradictorios: la hospitalidad hacia el huésped inesperado, por una parte, y el respeto al amigo que duerme, por otra. Para él, no hay otra alternativa —tiene que despertar al amigo que tiene pan para dar de comer al que no tiene. Por tanto, podríamos decir que la parábola trata acerca de la oración de intercesión. No se trata de pedirle a Dios lo que yo deseo, sino más bien de pedirle a Dios lo que otros necesitan. Cuando sobre esa base pedimos, se nos da; cuando sobre esa base buscamos, hallamos; cuando sobre esa base tocamos a la puerta, se nos abre. Es notable el hecho de que al final de la parábola, Jesús no les promete a sus discípulos "buenas cosas", como en Mateo (7.11), sino más bien que se les dará "el Espíritu Santo a los que se lo pidan". En otras palabras, los discípulos que piden recibirán la inspiración del Espíritu Santo para de ese modo poder continuar pidiendo por otros.

En la iglesia antigua, esto se expresaba en lo que se llamaba "oración de los fieles". Solamente los miembros de la iglesia ya bautizados participaban en esta oración, que se veía como la acción sacerdotal del pueblo de Dios al rogar por todo el mundo. Dentro de ese contexto, la iglesia, el pueblo sacerdotal, se veía como quien le pide a su amigo (es decir, a Dios) que provea pan para el otro amigo que se halla necesitado (en otras palabras, el mundo).

Para pensar, estudiar y discutir: Haga una lista de cada una de las frases y peticiones de la Oración del Señor. Ordénelas por número según la importancia que tiene cada una para usted. Compare su respuesta con las de otras personas, y discutan la importancia y la razón de cualquier diferencia que vean.

D. 11.14–16.31: NUEVAS CONTROVERSIAS.

1. 11.14-32: Un exorcismo seguido de un debate.

a. 11.14-20: Dios y Beelzebú.

El pasaje comienza con un exorcismo (véase más arriba el excurso acerca de los poderes demoníacos), y esto a su vez lleva a un debate acerca de la misión y autoridad de Jesús. El exorcismo mismo no es el centro de la historia, sino que sencillamente provee la ocasión para el debate que sigue. Al leer toda la historia recordando a la persona que fue sanada, resulta claro que la atención rápidamente se torna de ella hacia el tema de cómo se ha de responder a lo que se ha visto que Jesús hace. Esto en sí mismo es una vívida ilustración del modo en que los intereses y preguntas de los teólogos y de los líderes religiosos tan fácilmente nos apartan de las realidades más urgentes y de las personas necesitadas, que se vuelven entonces tema de debate o de discurso intelectual. En lugar de regocijarse por lo que Dios está haciendo, y unirse a ello, estos líderes religiosos se dedican a plantear preguntas acerca de lo ocurrido y a entrar en un debate teológico —debate que ciertamente tiene también sus agendas ocultas, relacionadas con el tema de la autoridad personal e institucional.

El exorcismo mismo provoca tres respuestas diferentes. En primer lugar, se nos dice que "la gente quedó maravillada". Esa multitud no viene a ocupar el centro de la escena; eso sucederá más tarde, cuando una mujer habla en nombre de ella en 11.27. En segundo lugar, hay quienes están seguros de que lo que están viendo es malo: es por el poder de Beelzebú que Jesús echa fuera los demonios. Otros tientan a Jesús pidiéndole alguna señal celestial. Jesús le responderá a este último grupo en 11.29-32. Pero por lo pronto el debate se dirige a quienes declaran que el poder de Jesús le viene de Beelzebú. En el incidente mismo y en la discusión que sigue resulta claro que la oposición religiosa a Jesús y su mensaje va aumentando y volviéndose más virulenta. Ahora ya no se dice solamente que está equivocado, que es un falso profeta, o que no se sujeta a los dictados de la Ley, sino que ¡es agente de Satanás! Aquí, al igual que acontece hoy en muchos debates religiosos y políticos, el propósito es demonizar a la oposición.

Jesús argumenta que es si es por Beelzebú que echa fuera demonios, entonces Beelzebú está actuando contra sí mismo, y no tendrá poder por mucho tiempo, de igual manera que un reino dividido se deshace. Las acciones de Jesús y sus resultados se oponen diametralmente a las de Beelzebú. Lo que se entiende por esto es que Dios es un Dios de vida y de sanidad, y que la muerte y la enfermedad —en este caso, la enfermedad específica de quien ha sido sanado— son obra de los poderes que se oponen a Dios. Lo que es más, declara Jesús, si las maravillas que él hace se han de atribuir a Satanás, ¿a quién han de atribuirse las maravillas de los seguidores de quienes ahora lo critican ("vuestros hijos")? El hecho de que entre quienes le acusan de servir a Beelzebú haya también algunos que hacen maravillas, parece indicar que, si Jesús sirve a Beelzebú, ellos también. Y si es por el poder de Dios que Jesús echa fuera los demonios, esto no es solamente una cura milagrosa o una señal de que Jesús es poderoso, sino que es sobre todo señal del Reino de Dios que está irrumpiendo en el orden presente (versículo 20).

La conclusión inevitable de todo este debate y de la narración que le sirve de contexto es que las "señales", los milagros o el echar fuera demonios no son en sí mismos prueba de la verdad de lo que se dice o de la justicia de una causa. Ante el mismo hecho, la multitud se maravilla, mientras otros piden alguna señal celestial, y otros sencillamente atribuyen lo que están viendo a las fuerzas del mal. Esto se ve también ya desde mucho antes en la historia del éxodo, cuando la vara de Aarón se vuelve serpiente, y los magos de faraón responden con una maravilla semejante. Será también tema que aparecerá repetidamente en el resto del Evangelio de Lucas, donde las maravillas que Jesús hace, al tiempo que llevan a muchos a creer, resultan también en una oposición mayor por parte de otros, y al fin llevan a su pasión y cruz. Todo milagro tiene que ser interpretado, y el modo en que se le interprete depende de los prejuicios, perspectivas e intereses del intérprete. En breve, los milagros no llevan necesariamente a la fe, puesto que en realidad es la fe la que les permite —a quienes ven un acontecimiento— ver en él la obra maravillosa de Dios, mientras que otros bien pueden decidir no creer y permanecerán firmes en su incredulidad. Más adelante, en la conocida parábola del rico y Lázaro, veremos un ejemplo concreto de esto.

b. 11.21-26: Cuando los demonios vuelven.

El tema de echar fuera demonios nos lleva a lo que a primera vista parece ser una digresión. Jesús declara que, aunque un demonio haya sido expulsado, bien puede volver con un poder aún mayor. La imagen que se emplea es la de un señor poderoso atrincherado en su castillo o en su palacio donde también guarda todas sus riquezas. Pero entonces viene otro guerrero más poderoso quien "le quita todas las armas en que confiaba".

El texto entonces relaciona esto con aquellos de quienes un demonio ha sido echado y todavía deben tener cuidado, no sea que el demonio vuelva con otros y con mayor fuerza, de tal modo que "el estado final de aquel hombre viene a ser peor que el primero". Con estas palabras, Jesús se refiere a la perseverancia en el discipulado. Si después que la casa o castillo ha sido limpiada de los poderes demoníacos no se le guarda debidamente, los poderes del mal volverán con un poder aún más destructor. En términos de hoy, podemos decir que no basta con alzar la mano y acercarse al altar en un servicio de avivamiento. Mientras que la conversión que se expresa mediante tales acciones bien puede ser necesaria, el discipulado que debe venir a continuación es igualmente necesario. Si la casa queda vacía y sin que se la guarde, el mal retornará y será aún más poderoso que antes.

En su contexto inmediato, esta historia es también una palabra de advertencia acerca de quienes critican a Jesús y también echan demonios. No basta con sacar demonios. El "palacio" tiene que ser ocupado y fortificado por una nueva realidad —el advenimiento del Reino de Dios y el servicio al mismo. Es por esto que la historia lleva a la advertencia de Jesús de que "el que conmigo no recoge, desparrama". El recoger es bueno. Hay muchos que andan recogiendo. Pero solamente una clase de cosecha es permanente: la que se hace con Jesús y en pro del Reino de Dios.

c. 11.27-28: La fuente de la bienaventuranza.

Con buen sentido narrativo, Lucas ahora se refiere a una mujer en medio de aquella multitud, quien con sus palabras de alabanza interrumpe la respuesta de Jesús a quienes piden señales. (Nótese que aquí tenemos una vez más el paralelismo lucano entre personajes y ejemplos masculinos y femeninos. Aquí es una mujer en medio de la multitud quien provee la ocasión para la enseñanza. En 12.13, será un hombre en medio de la multitud). Frecuentemente este pasaje ha sido empleado por los protestantes en su polémica contra el catolicismo, puesto que aquí el propio Jesús dice que su madre no es más bienaventurada que quienes lo siguen a él. Pero el centro del pasaje quiere decir que Jesús les está ofreciendo bienaventuranza —es decir, felicidad— a todos los que lo escuchen y obedezcan la Palabra de Dios. Luego, tanto la mujer como la multitud que la rodea reciben la invitación a no ver lo que está aconteciendo como meros espectadores, sino más bien unirse a ello.

d. 11.29-32: La señal de Jonás.

Cuando se habla de la "señal de Jonás", inmediatamente pensamos en los tres días que pasó Jonás en el vientre del monstruo, y el paralelismo entre esto y el tiempo que Jesús pasó en la tumba. Al hacer esto, seguimos la dirección del Evangelio de Mateo. Pero la señal de Jonás implica más que esto. Tanto Mateo como Lucas aclaran el sentido de esa señal. La señal de Jonás es que los ninivitas se arrepienten y claman por la misericordia de un Dios a quien no conocen, mientras el profeta que sí conoce a Dios se lamenta por esa misericordia. La señal de Jonás está en la reina del Sur que viene desde los confines de la tierra a escuchar la sabiduría de Salomón, cuando los hijos del rey se niegan a seguir esa sabiduría. Cuando así leemos todo el Evangelio, vemos que la señal de Jonás está también en las rameras y los publicanos que van al Reino de Dios delante que los líderes religiosos en su tiempo.

La señal de Jonás está en que quien fue rechazado como blasfemo por los líderes religiosos y condenado a muerte como un criminal por los líderes políticos se levantó de los muertos y está sentado a la diestra de Dios, y se le ha dado un nombre que es por encima de todo nombre, "para que en el nombre de Jesús se doble toda rodilla de los que están en los cielos, en la tierra y debajo de la tierra" (Filipenses 2.10).

Hoy una vez más las gentes piden señales. Hasta dentro de la iglesia pedimos señales. De igual manera que se le pedían señales a Jesús para que mostrara que verdaderamente era enviado de Dios, así también hoy pedimos señales de que la iglesia es verdaderamente la iglesia de Dios. Hay quien las busca en las estadísticas: ¿está creciendo la iglesia? ¿Estamos ganando o perdiendo miembros? ¿Cómo van las ofrendas? ¿Cuáles son las iglesias más grandes y más famosas? De ese modo nos engañamos pensando que la señal de la presencia de Dios está en las buenas estadísticas. O admiramos nuestra propia profundidad teológica, o nuestros planes de evangelización, o nuestra habilidad organizativa, o cualquier otra cosa que nos parezca que hacemos bien —¡y, en algunos casos, hasta nuestros propios comentarios sobre la Biblia!

Pero bien puede ser que no nos será dada otra señal que la señal de Jonás. Bien puede ser que la señal de la iglesia en la que el Espíritu de Dios está obrando sea precisamente que se unen a ellas las gentes más inesperadas, como los ninivitas en tiempos de Jonás, o la reina del Sur en los días de Salomón, o los publicanos y pecadores en tiempos de Jesús. La señal de Jonás bien puede ser que se destruyen las barreras de raza, cultura y clase social que tan frecuentemente nos dividen.

La señal de Jonás no es cosa fácil. El libro de Jonás nos dice que cuando este vio que Nínive se arrepentía quiso morir. Jonás era un hombre bueno y religioso. Era parte del pueblo de Dios y sabía muy bien quién pertenecía a ese pueblo y quién no. Lo mismo acontece con nosotros hoy. Somos personas religiosas, gente de iglesia. Sabemos cuáles son los límites de la iglesia y quiénes no pertenecen a ella. Posiblemente sabemos los credos y podemos darle nombre a cualquier error doctrinal que aparezca. Sabemos cómo ser profetas dentro de los confines de la iglesia. Pero la misión de Dios y los propósitos de Dios van mucho más allá de los confines de Israel o de la iglesia. Una iglesia que no escucha este llamado, sino que se esconde en la comodidad de su propia seguridad interna, es como Jonás que huye a Tarsis. Al igual que Jonás puso en peligro a quienes navegaban con él, tal iglesia no debería sorprenderse si la sociedad se deshace de ella como los marineros se deshicieron de Jonás.

Pero el Evangelio nos dice que "en este lugar hay alguien que es más que Salomón" y que "en este lugar hay alguien que es más que Jonás". Este alguien que es más que Jonás bien podría parecer extranjero —como la reina del Sur. Puede que se le condene como enemigo de Dios —como a los ninivitas en tiempo de Jonás. Pero es mayor que Salomón y mayor que Jonás. Y este pasaje invita a todos —al Salomón nativo del pueblo de Dios y a la extranjera reina del Sur, al israelita Jonás y a los ninivitas gentiles— a ver y reconocer las grandes intervenciones de Dios tanto en Israel como más allá, tanto en la iglesia como fuera de ella.

Para estudiar, pensar y discutir: ¿Qué piensa usted acerca de la relación entre los milagros y la fe? ¿Será que los milagros siempre producen fe? ¿Puede darse el caso de alguien que sin creer reciba los beneficios de un milagro?

En el pasaje bíblico se habla acerca de los demonios que regresan a una casa de la que han sido echados. ¿Qué significa esto para nuestra vida como creyentes? ¿Qué podemos hacer para evitar que los demonios regresen a nuestra casa?

Recordando la historia de la mujer que se refirió a María, Rachel C. Wahlberg dice: "La gente del siglo primero, para quienes la importancia de la mujer estaba en tener hijos, no se sorprendería al ver que una mujer se acerca a Jesús y bendice el vientre y los senos de su madre. Lo que sí sería sorprendente para ellos es que Jesús no estaba de acuerdo" (*Jesus according to a Woman* [New York: Paulist Ptress, 1975], p. 45). ¿Qué es lo que resulta sorprendente para los lectores de este siglo XXI?

En el siglo XVI, el pastor reformado Jean de Léry cuenta de una conversación que tuvo con un anciano indígena que le preguntó por qué los europeos estaban tan interesados en explotar las riquezas del Brasil. Cuando se le dijo que lo que esos europeos trataban de hacer era asegurar el futuro de sus hijos, el anciano respondió: "¿No es la tierra que los nutrió a ustedes suficiente para nutrirlos a ellos también? Nosotros también tenemos padres, madres e hijos a quienes amamos. Pero confiamos en que después de nuestra muerte la tierra que nos nutrió seguirá también alimentándolos a ellos. Así podemos vivir sin tales preocupaciones". El pastor no supo qué decir, luego comentó, en palabras que nos recuerdan lo que Jesús dijo sobre la señal de Jonás: "Esta tribu se levantará en juicio contra los explotadores que llevan el nombre de cristianos". (Citado en John Hemming, *Red Gold: The Conquest of the Brazilian Indians* [Cambridge: Harvard University Press, 1978], p. 16).

¿Qué entiende usted por "la señal de Jonás"? ¿Dónde vemos a los ninivitas arrepintiéndose mientras el pueblo de Dios no lo hace?

2. *11.23–12.12: La luz y la verdad.*

a. *11.33-36: La luz del cuerpo.*

Aquí Lucas combina dichos que aparecen separadamente en Mateo (5.15; 6.22, 23). En Mateo, el primero de estos dichos es un llamado a dar testimonio, a ser luz para los demás, mientras el segundo establece el contraste entre un ojo saludable, lleno de luz, y uno enfermo, lleno de tinieblas. Al combinarlos, Lucas los coloca en esta sección en la que Jesús se encuentra involucrado en controversias con los líderes religiosos. Lo que se implica entonces con este pasaje es que quienes rechazan a Jesús y sus enseñanzas —precisamente quienes deberían ver la señal de Jonás— no pueden ver la luz porque ellos mismos están llenos de tinieblas.

b. *11.37-54: Una cena con un fariseo.*

Una vez más Lucas nos presenta a Jesús en una cena. Lo que es más, en toda esta sección parecen alternarse las escenas que tienen lugar entre las multitudes y otras que tienen lugar en alguna comida. En este caso, la transición entre la multitud y la cena resulta explícita: "Tan pronto terminó de hablar, un fariseo le rogó que comiera con él". El contexto parece dar a entender que se trataba de un fariseo que sentía cierta simpatía hacia Jesús, o al menos que estaba intrigado por sus enseñanzas. Pero apenas ha comenzado la cena cuando empiezan los conflictos. Lo que los provoca es que el fariseo espera que Jesús se lave antes de cenar —lo cual se hacía entonces, no por razones de higiene, sino más bien como una acción de limpieza ritual. De modo que, desde el principio, Jesús no parece ser un buen huésped. Contra todas las leyes de la hospitalidad, Jesús pronuncia tres "ayes" contra los fariseos. Y cuando algunos entre los intérpretes de la Ley le advierten que los está ofendiendo, Jesús responde con otra serie de ayes contra ellos. El comentarista Robert J. Karris nos da una ilustración de lo que podría ser algo parecido en el día de hoy; dice que las acciones de Jesús son semejantes a las de un huésped que hoy llegara a nuestra casa y, sin nuestro permiso ni conversación alguna, cambiara el canal de televisión que estamos mirando y subiera el termostato que controla la temperatura. Como vimos en la historia de María y Marta, Jesús no es un buen huésped. Le gusta hacerse cargo de las cosas. En este pasaje, Lucas subraya este punto al declarar que "el *Señor* les dijo". Posiblemente a Lucas no le gustaría mucho el rótulo que frecuentemente encontramos en nuestros hogares, en los que se dice que Jesús es el huésped invisible en nuestra mesa. Lucas diría: ¡No! Jesús jamás es meramente un huésped. Cuando el fariseo le invita a cenar, sin saberlo le está invitando a hacerse cargo de su cena. Jesús no puede ser uno más en nuestra lista de invitados. Cuando lo invitamos a nuestras vidas, lo estamos invitando a venir no solamente como huésped, sino también como Señor.

Los tres ayes contra los fariseos van precedidos por la respuesta de Jesús a la preocupación del fariseo acerca de lavarse antes de comer. Esa respuesta relaciona lo que Jesús dice ahora con sus comentarios acerca de la luz en el pasaje precedente. De igual manera que un cuerpo puede estar lleno de luz o de tinieblas, así también lo que es importante es lo que está dentro, no lo que está por fuera. Jesús les recomienda a los fariseos que les den a los pobres de lo que está dentro —es decir, que den con el corazón— y esto los hará verdaderamente limpios. El primer ay insiste en el tema de la justicia como parte integrante de la religión. Se acusa a los fariseos de estar demasiado preocupados en sus observancias religiosas, dando el diezmo hasta de las hierbas más menudas —lo cual la Ley no requería— y sin embargo desentenderse de "la justicia y el amor de Dios" —justicia y amor que la Ley sí requiere. El segundo ay se hace eco del tema del gran vuelco que aparece a través de todo el Evangelio de Lucas: se critica a los fariseos por tener una opinión demasiado alta de sí mismos y de sus lugares en las asambleas. Por último, el tercero vuelve al tema de la relación entre lo que está dentro y lo que está fuera. De igual manera que un sepulcro que no está marcado hace inmundo a quien camina sobre él, así también quienes vienen a los fariseos se contaminan sin saberlo.

Es entonces que intervienen los intérpretes de la Ley. Al parecer, ellos también se cuentan entre los huéspedes en la cena que el fariseo celebra, y se ofenden por las palabras de Jesús. En lugar de pedir disculpas, Jesús pronuncia entonces tres ayes contra ellos. ¡Este huésped perturbador insulta no solamente a su anfitrión, sino también a los demás huéspedes! El primer ay contra los intérpretes de la Ley los critica porque, aunque conocen la Ley al dedillo, la emplean solamente para llamar a otros a la obediencia, pero ellos mismos no se ocupan de tal obediencia. El segundo declara que están listos a honrar a los profetas del pasado que murieron a causa de su fidelidad, pero se niegan a honrar a los profetas del presente, de modo que se hacen culpables por ser parte de una larga tradición de violencia que comenzó con la muerte de Abel. El tercero los acusa de ser como "el perro del hortelano", que ni come ni deja comer, en lo que se refiere al verdadero conocimiento, que ellos ahora reclaman para sí, pero no hacen uso de él.

En conjunto, estos seis ayes son una fuerte condenación de la religión tal como muchos la practicaban entonces y se sigue practicando todavía. A las personas religiosas frecuentemente se nos hace fácil diezmar sobre la menta y no practicar justicia, y exigir de otras personas lo que no exigimos de nosotros mismos. Luego, al igual que los fariseos de antaño, somos meticulosos en nuestras prácticas religiosas, pero no nos ocupamos de que se haga justicia, de que el pobre tenga comida, o de que el desamparado tenga abrigo. O, como los antiguos intérpretes de la Ley, que creaban cargas para los demás, pero después no les ayudaban a llevarlas, decimos que el aborto, por ejemplo, es contra la voluntad de Dios, pero no nos ocupamos de apoyar a las madres solteras ni a los hijos sin padres. En tiempos de Jesús, los fariseos se pavoneaban en las sinagogas y los mercados, y los intérpretes de la Ley honraban a los profetas antiguos, al tiempo que rechazaban a los que les eran enviados. Hoy frecuentemente se usa la religión como señal de respeto, y honramos a personas tales como Martin Luther King, pero no nos ocupamos de ofrecerle hospitalidad al extranjero. En tiempos pasados, los fariseos contaminaban a quienes venían a ellos sin saber de su corrupción interna. En tiempos más recientes, frecuentemente escuchamos acerca de líderes religiosos cuyos seguidores fueron llevados por mal camino debido al pecado de los líderes mismos. Por último, en tiempos antiguos había quienes se dedicaban a estudiar la Ley y empleaban sus estudios, no para alcanzar la verdadera sabiduría, sino para poder controlar el uso de la Ley, de tal modo que otros no podían alcanzar la sabiduría. De igual manera, en el día de hoy frecuentemente hacemos de la teología una disciplina esotérica que, en lugar de llevar al pueblo al conocimiento de Dios, da la impresión de que ese conocimiento se hace cada vez más recóndito e inalcanzable. ¡No es solamente en la mesa del fariseo que Jesús resulta ser un huésped problemático, sino también en la nuestra!

La referencia a la "sabiduría de Dios" en el versículo 49 también merece cierta atención. Hacia fines del período veterotestamentario, la Sabiduría de Dios empezó a entenderse como elemento esencial en la sustancia divina. Esto se ve en Proverbios, donde habla la Sabiduría y dice, entre otras cosas: "Jehová me poseía en el principio, allá de antiguo, antes de sus obras. Eternamente tuve la primacía, desde el principio, antes de la tierra. Fui engendrada antes que los abismos, antes que existieran las fuentes de las muchas aguas. Antes que los montes fueran formados, antes que los collados, yo había sido engendrada". En la iglesia antigua, todo esto que se decía acerca de la Sabiduría de Dios vino a verse como referencia al Verbo o Razón de Dios (*logos*) que se encarnó en Jesús. Esto se ve claramente al principio del Cuarto Evangelio, donde buena parte de lo que se dice acerca del Verbo es paralelo a lo que antes se decía también acerca de la Sabiduría. Así, se volvió práctica común hablar de la encarnación de la Sabiduría (*Sofía*) de Dios en Jesús. Por eso la famosa iglesia de Santa Sofía en Constantinopla no llevaba el nombre de una santa llamada Sofía, sino que más bien estaba dedicada a Jesús como la eterna Sabiduría de Dios que gobierna sobre todas las cosas. En tiempos recientes, ha habido quien ha utilizado el hecho de que la palabra "Sofía" sea femenina para afirmar la feminidad de Dios. Aunque mucho puede decirse en pro de tal feminidad, y es bien necesario corregir la imagen prevaleciente de Dios como masculino, el argumento de que la palabra "Sofía" sea femenina no tiene mucho peso, puesto que en griego —al igual que en español— el género gramatical de una palabra no se refiere necesariamente al género de aquello a lo que la palabra se refiere. (En español, la palabra "persona" es femenina, sin importar el género de la persona a quien se refiera. De igual manera, en griego las palabras "verdad", "fe", "justicia" y "necedad" son femeninas, mientras que "mundo" y "pan" son masculinas).

c. 12.1-3: La levadura de los fariseos.

Volvemos ahora a la multitud. Mientras Jesús estaba a la mesa con el fariseo y sus huéspedes, se juntó "por millares la multitud, tanto que unos a otros se atropellaban". Resulta interesante notar que aun cuando Jesús se encuentra rodeado de tal multitud, los primeros versículos de este capítulo, hasta el 12, van dirigidos a los discípulos, y que todo el capítulo a partir de entonces habla de palabras que unas veces se dirigen a los discípulos (1-12, 22-53) y otras a la multitud (13-21, 54-59). Luego, el cuadro total que Lucas nos presenta es que Jesús está mirando a la multitud y el papel de los fariseos en sus vidas y entonces comenta con los discípulos acerca de lo que ve.

En este pasaje en particular, Jesús emplea la imagen de la levadura. Aquí la levadura representa la influencia de los fariseos. En 13.21 aparece la misma imagen, pero entonces para indicar que el Reino de Dios trabaja ocultamente. Cuando la levadura se esconde en la masa, no parece tener importancia, sino más bien ser inocua. Pero según va manifestando su poder, a la postre afecta a toda la masa. De igual manera, en este pasaje Jesús implica que las enseñanzas de los fariseos, que parecen ser inocuas, en realidad son peligrosas. Pero su hipocresía, cuyo efecto se verá más adelante cuando la masa se leude, quedará al descubierto.

Es importante notar que entonces Jesús les aplica la misma medida a sus propios discípulos: "Por tanto, todo lo que habéis hecho en tinieblas, a la luz se oirá; y lo que habéis hablado al oído en los aposentos, se proclamará en las azoteas". No son solamente los fariseos quienes corren el riesgo de ser hipócritas, sino también los discípulos. También ellos pueden resultar ser como la levadura escondida en la masa. Pero si así es, su hipocresía también será revelada.

d. 12.4-12: A quién temer.

Puesto que una de las principales causas de hipocresía es el temor a quien pueda hacernos mal, Jesús —dirigiéndose todavía a los discípulos— ahora comienza a hablar sobre el temor. Todo el pasaje trata sobre el temor a quienes pueden dañar a los discípulos, sobre todo físicamente. Aunque desde tiempos antiguos hubo quien entendió lo que aquí se dice en el versículo 5 como si se refiriera a Satanás —a quien hay que temer por encima de todo poder humano—, lo más probable es que se refiera a Dios, puesto que el temor de Dios es el tema central del pasaje completo. Dios ha de ser temido porque, además que matar el cuerpo, también puede lanzar a la persona al infierno (literalmente, Gehena, que era el nombre que se le daba a un basurero en las afueras de Jerusalén que parecía estar siempre ardiendo).

Pero, paradójicamente, el temor a Dios lleva también a la confianza en él. Este Dios a quien debemos temer también se ocupa del más pequeño pajarillo, y hasta de cada cabello en nuestra cabeza. En 12.24-28 encontraremos un argumento semejante: el Dios que se ocupa de los cuervos y los lirios también se ocupará de nosotros. En ese otro pasaje el tema es principalmente la confianza en Dios en cuestiones económicas, mientras que en el que estamos estudiando ahora es la confianza en Dios ante las dificultades y la oposición. Quienes se oponen a los seguidores de Jesús ni siquiera se acercan al poder de Dios que ha contado hasta los cabellos en nuestra cabeza. El temor de Dios del que aquí se habla debe llevar a los discípulos a una confesión valiente de su fe, sabiendo que este a quien ellos ahora reconocen más adelante los reconocerá a ellos.

Al final de este pasaje llegamos a uno de los textos más controvertidos en la historia de la interpretación bíblica. ¿Qué quiere decir eso de blasfemar contra el Espíritu Santo? ¿Será, como algunos decían en el siglo cuarto, negar la divinidad del Espíritu Santo? ¿Será, como algunos dicen en el siglo XXI, resistir o mostrarse escéptico hacia los dones extraordinarios del Espíritu? ¿Será la apostasía —es decir, abandonar la fe después que se ha profesado? ¿En qué consiste la diferencia o el contraste entre hablar contra el Hijo del hombre y blasfemar contra el Espíritu Santo?

Cuando leemos este pasaje nos sorprende el que Jesús diga que quien hable contra él será perdonado. Acabamos de leer toda una serie de pasajes en los que se habla contra Jesús, y hasta se conspira para atraparlo con preguntas capciosas. Ahora Jesús anuncia que tales personas serán perdonadas, pero no quien blasfeme contra el Espíritu Santo. Luego, mientras buena parte del debate ha girado en torno a la cuestión del pecado o la blasfemia contra el Espíritu, en todo ese debate frecuentemente perdemos de vista la palabra de gracia que Jesús anuncia aquí. Todas estas personas que lo acosan, quienes lo acusarán, hasta quienes lo matarán, a pesar de todo eso serán perdonados.

Entonces, en contraste con esa abarcadora palabra de gracia, viene también la palabra de juicio contra quienes blasfemen contra el Espíritu Santo. No es posible saber quién Jesús es, sino por obra del Espíritu de Dios. Por lo tanto, aceptar a Jesús no es solamente cuestión que dependa de nuestra voluntad, sino que solamente puede tener lugar en respuesta al llamado del Espíritu Santo. Una vez que eso ha tenido lugar, entonces negar a Jesús —como bien puede suceder con quienes temen a quienes pueden matar el cuerpo más que a Dios— es menospreciar y negar el poder del Espíritu que ha llevado a la confesión de fe. Lo que es más, el pasaje no termina con esto, puesto que Jesús les promete a los discípulos que si son llevados ante las autoridades tanto religiosas como civiles no tendrán que preocuparse por lo que han de decir. Cuando se enfrenten a tales autoridades que pueden matar el cuerpo, el Espíritu les dirá a los discípulos lo que han de decir. Si en tal situación no dicen lo que el Espíritu les manda, sino que por temor a las autoridades dicen lo que esas autoridades desean oír, estarán blasfemando contra el Espíritu. (Aquí hay que señalar que Lucas subraya el papel del Espíritu en la vida de la iglesia. Por ejemplo, en Hechos 5, Pedro declara que Ananías y Safira no le han mentido a la iglesia, sino al Espíritu). Jesús dirá más adelante en este mismo capítulo del Evangelio (12.48), "a todo aquel a quien se ha dado mucho, mucho se le demandará".

Para estudiar, pensar y discutir: Al principio del pasaje que estudiamos se habla acerca de la "levadura de los fariseos". Hay otros pasajes en el Evangelio en los que la levadura es ejemplo del poder del reino, y, por tanto, algo positivo. Pero lea los pasajes en el Pentateuco en los que se trata acerca de los panes sin levadura y de la necesidad en ciertos días especiales de limpiar toda la casa de cualquier levadura que haya. ¿Habrá alguna relación entre esa práctica ritual y lo que Jesús dice acerca de la levadura de los fariseos?

> ¿Qué entiende usted por la "Sabiduría de Dios"? Lea Proverbios 8. ¿Se aplica a Jesús lo que se dice allí? ¿En qué sentido sí y en qué sentido no?
>
> ¿Qué entiende usted por la blasfemia contra el Espíritu Santo? ¿Cómo podemos compaginar la afirmación de que el pecado contra el Espíritu no será perdonado, al tiempo que afirmamos que, a quien nos ofende, hemos de perdonar setenta veces siete?

3. *12.13-34: La ansiedad por las posesiones.*

a. 12.13-21: El rico necio.

Una vez más, todavía en medio de la multitud, un individuo atrae la atención de Jesús. De una manera que es característica de Lucas, la presencia de este hombre es paralela a la de la mujer que aparece en 11.27. Este hombre quiere que Jesús intervenga en un pleito que tiene con su hermano en torno a una cuestión de herencia. En medio de una multitud que está maravillada ante las enseñanzas y hechos de Jesús, que son nada menos que señales del Reino de Dios, este hombre está preocupado por sus propios bienes, y por la cuestión de su relación con un hermano que según él piensa no está siendo justo con él. Para él, Jesús parece ofrecer una oportunidad para lograr sus propios propósitos. Pero Jesús no permite que se le manipule. En lugar de tomar el partido del hombre —ni tampoco el partido contrario—, Jesús declara que no ha venido para juzgar entre tales pleitos, y le añade a esto una parábola que muestra la necedad de quienes consideran que las riquezas son lo más importante en su vida. Al final de la parábola, Jesús llama "necio" al rico de su historia, pero por implicación parece darle también el mismo título al hombre que ha venido a pedirle su apoyo en un pleito de herencias.

Una diferencia fundamental entre el Dios de la Biblia y las muchas religiones que circulaban en aquellos tiempos radica en que, mientras el principal propósito de esas religiones era manipular o ganarse el favor de los dioses de modo que hicieran lo que sus seguidores le pedían, el Dios de Israel y de la iglesia es siempre un Dios soberano, muy por encima de todos nuestros intentos humanos de manipularlo. El propósito de la religión bíblica no es lograr que Dios haga lo que deseamos, sino más bien hacer lo que Dios desea que hagamos. Luego, aunque es cierto —como veremos en un momento— que el hombre en la parábola yerra al estar demasiado preocupado por las riquezas y confiar en ellas, también es cierto que hay un error aún mayor que consiste en tratar de utilizar el poder y la autoridad de Jesús para hacer lo que uno desea —y este es el gran error del hombre que le ha interpelado.

Pero la actitud que allí se describe no es tan extraordinaria. A través de la historia de la iglesia, el principal reto al que esta ha tenido que enfrentarse no ha sido la persecución —es decir, aquellos que, como diría Jesús, pueden matar el cuerpo. Tampoco ha sido la incredulidad —es decir, quienes sencillamente rechazan la proclamación del evangelio. El principal reto, tanto ayer como hoy, es lo que bien podríamos llamar "cristopaganismo", es decir, un supuesto cristianismo cuyo propósito es manipular a Dios. El cristopaganismo se encontraba a la base misma del terrible error y horror de las cruzadas, cuando la fe cristiana —aun la sincera fe cristiana— se utilizó como justificación para las más horrendas matanzas, y cuando se oraba para que Dios les diera a los cristianos la victoria sobre "los infieles". Una forma más sutil del mismo cristopaganismo fue el sistema penitencial de la iglesia medieval contra el cual protestaron los reformadores. La idea de que mediante las buenas obras uno puede persuadir a Dios para que le abra las puertas del cielo no es menos pagana que la idea de que se puede ganar el favor de Dios sacrificando un animal o una persona.

En tiempos más recientes, se ha vuelto popular otra forma del cristopaganismo, que les promete a las personas que, si solamente se unen a esta iglesia particular, o si llevan a cabo ciertas acciones, u oran de cierta manera, Dios les dará lo que le piden. Según se nos dice entonces, la única razón por la que Dios no te sana, o no te da el automóvil que quieres, ni obliga a tu cónyuge a reconciliarse contigo, es que no tienes bastante fe. El éxito del "Evangelio del éxito" es innegable. Una de las principales corporaciones internacionales brasileñas es una iglesia cuyo lema es "Pare de sufrir", y que dice que se sufre porque no se sabe cómo hacer para que Dios nos resuelva todos los problemas. También se dice que, si tienes fe, Dios te defenderá contra tus enemigos en cualquier conflicto en el que te encuentres. Jesús responde negándose absolutamente a ser manipulado: "Hombre, ¿quién me ha puesto sobre vosotros como juez o partidor?".

Por otra parte, el pasaje en el Evangelio también se refiere específicamente a los bienes materiales, y es por eso que Jesús cuenta una parábola que muestra la necedad de quienes confían en sus riquezas. Esta historia es paralela a la del mayordomo infiel en 16.1-13. Las dos se relacionan mediante la pregunta que aparece en ambas: "¿Qué haré?" (12.17; 16.3). Ambas tratan acerca de las riquezas materiales y la seguridad que proveen. El hombre de la parábola que ahora estudiamos cree que sus riquezas le aseguran el futuro, y en ello se equivoca. El hombre en la segunda historia reconoce su inseguridad, y esto le lleva a asegurarse para el futuro. Es de notar el hecho de que, mientras que el hombre en la primera historia —que parece actuar como se esperaría de alguien en su posición social y económica— es llamado necio por Jesús, el hombre de la segunda historia —que actúa deshonestamente— es llamado sabio.

Si volvemos la atención a la parábola que ahora estudiamos, vemos que el hombre está preocupado solamente por sí mismo y por sus posesiones. Esto se ve abundantemente en la cantidad de veces que aparecen verbos en primera persona del singular —yo. Es como si todo cuanto hay de importante en el mundo fueran sencillamente él mismo y sus riquezas. Su gran preocupación es que no sabe qué hacer con una cosecha extremadamente abundante. Su única solución es construir graneros más grandes, de modo que pueda tener mayor seguridad —"y diré a mi alma: Alma, muchos bienes tienes guardados para muchos años; descansa, come, bebe y regocíjate". Pero no sabe que no le queda siquiera un día más de vida. Es necio porque cree que su propia vida está en sus manos, y que todo depende de cuánto tenga.

Pero este hombre es necio también en un sentido más profundo. Es necio porque actúa como si no hubiera Dios. Esta historia inmediatamente nos recuerda el Salmo 14.1: "Dice el necio en su corazón: 'No hay Dios'. Se han corrompido, hacen obras despreciables". Este necio a quien se refiere el salmista no es un ateo moderno, quien con sus palabras niega la existencia de Dios. Se trata más bien de quien, aun siendo parte de Israel, actúa como si no hubiera Dios. No se preocupa por los deseos o mandatos de Dios, y por lo tanto hace obras despreciables. El hombre de la parábola es un necio no solamente porque cree que puede asegurarse su propia vida, sino también porque actúa como si no hubiera Dios. Puesto que la parábola se cuenta entre judíos, podemos dar por sentado que se trata de un miembro del pueblo de Dios y que conoce las Escrituras de Israel, donde Dios repetidamente manda que quienes tienen recursos ayuden a los necesitados. Este hombre lo sabe, pero no se ocupa de ello. Esto es lo que le hace un necio como aquel del Salmo 14. Como Jesús dice, bien podrá acumular tesoros, pero no será rico para con Dios.

b. 12.22-34: La angustia y la confianza.

El pasaje se introduce con las palabras: "Dijo luego a sus discípulos". Esto indica que lo que sigue es una explicación más amplia que Jesús les va a dar a sus discípulos acerca de la parábola que acaba de contar. El verbo "angustiarse" aparece repetidamente, lo cual nos muestra que el tema principal es la angustia o la ansiedad, y que hay otro modo de responder a la pregunta del necio: "¿Qué haré?". El necio responde a su propia pregunta sencillamente edificando graneros más grandes. La respuesta de los discípulos ha de ser no angustiarse. De igual manera que el primer error del necio estuvo en dejar a un lado el sentido común, también el fundamento de la respuesta de los discípulos ha de ser el sentido común: la vida es más que la comida y el cuerpo es más que el vestido. Por mucho que te angusties no vas a tener mayor estatura (ni a vivir más, según otra posible traducción del v. 25). En este punto, es importante notar que Jesús no dice que deba uno olvidarse de la comida a favor de la vida, o del vestido a favor del cuerpo. Es así que frecuentemente interpretan este pasaje quienes tienen comida y vestidos de sobra. Pero otros, quienes difícilmente tienen suficiente comida o vestido adecuado, saben que la vida no puede existir sin comida y que el cuerpo sin abrigo tampoco puede subsistir. Esto ha de servirnos de advertencia, de modo que no interpretemos este pasaje de tal modo que se desprecie la lucha de quienes en realidad están necesitados de comida y vestido.

Pero las razones que Jesús da para no angustiarse no se fundamentan únicamente en el sentido común, sino también en la buena teología. Los discípulos no deberían preocuparse por tales cosas porque Dios sabe que las necesitan. Dios alimenta a los cuervos, que no tienen graneros, como los tiene el necio en la parábola. Dios viste a los lirios, que no trabajan ni hilan —la primerísima acción en la confección de vestidos. Dios sabe que necesitamos tales cosas y que somos más importantes que las hierbas del campo a las que Dios viste.

Aunque frecuentemente se ha interpretado este pasaje en el sentido de que la comida y el vestido, por ser cosas materiales, no son importantes (lo cual resulta fácil decir para quien no sufre necesidad de comida y vestido), lo que el pasaje dice es exactamente lo contrario. La razón por la que no hemos de angustiarnos por la comida y el vestido es que Dios sabe que son importantes. Lo que es más, son tan importantes que Dios se las provee hasta a las aves y a las hierbas. Es por esto que "las gentes del mundo" —es decir, los gentiles, el mundo pagano— se preocupan por tales cosas. Sufren ansiedad porque no conocen al Dios que provee para los cuervos y los lirios. Luego, cuando los cristianos que tenemos todo cuanto necesitamos nos angustiamos por no tener lo suficiente y buscamos acumular cada vez más, estamos volviendo a lo que antes llamamos "cristopaganismo" (véase el comentario sobre 12.13-21).

Lo que se opone a tal angustia no es una actitud de liviandad, o de vivir como si las cosas no importaran. Al contrario, se trata más bien de una lucha seria en pro del reino de Dios. Y esto no quiere decir únicamente, como se nos hace fácil pensar, ser más religiosos o más píos. El reino de Dios es un nuevo orden, el nuevo orden que se ha aproximado en Jesús. Es un orden en el que se hace la voluntad de Dios, como dice claramente la Oración del Señor: "Venga tu reino, sea hecha tu voluntad…". Puesto que la voluntad de Dios es que los cuervos tengan comida y los lirios, vestido, buscar el reino de Dios incluye ocuparnos de que todos tengan comida y vestido. No hemos de angustiarnos buscando tales cosas porque Dios sabe que son importantes; pero precisamente porque son importantes para Dios, debemos oponernos a todo lo que evite que todos las tengan. Es por eso que en este mismo pasaje en el que se nos dice que no hemos de angustiarnos por la comida o el vestido, Jesús nos invita a dar limosna (12.33) —es decir, hacer provisión para quienes están hambrientos o desnudos.

La conclusión de esta sección la relaciona con la parábola del necio rico porque en ambos lugares se trata acerca de dónde está el tesoro de cada cual. Si está en la tierra, como en el caso del rico necio que decidió construir graneros más grandes, no tendrá valor alguno. Si está en el cielo, tiene valor permanente, porque en el cielo los ladrones no roban ni la polilla destruye. En este caso vemos que la enseñanza se plantea de manera semejante a un consultor financiero que hoy nos dice que no debemos invertir en acciones en una compañía cuyo valor decaerá, sino más bien en bonos que serán más duraderos. Los versículos 33 y 34 ofrecen directrices acerca de cómo hacer esto: "Vended lo que poseéis" —es decir, vuestro tesoro en la tierra— y "dad limosnas" —para de ese modo invertir en el tesoro celestial. En la antigua literatura patrística encontramos frecuentemente la aseveración de que "cuando le das al pobre, le prestas a Dios" —tema tomado de Proverbios 19.17. En este pasaje encontramos ecos de ese tema.

Es sobre este pasaje y otros parecidos que se basa el frecuentemente citado consejo de Juan Wesley: "Gana todo lo que puedas, ahorra todo que puedas, da todo lo que puedas". Pero hay que tener bien en claro que lo que Wesley quiere decir al afirmar que se debe ahorrar todo que se pueda no es lo que esa palabra implica para nosotros hoy. Para nosotros "ahorrar" quiere decir reservar, juntar riquezas —algo muy parecido a lo que hacía el necio de la parábola. Lo que Wesley quería decir con esa palabra era no gastar en asuntos innecesarios para de ese modo poder dar más. Por eso frecuentemente al citar estas palabras de Wesley se está contradiciendo en realidad lo que él quería decir, algo muy semejante a Lucas 12.33, y se lo convierte en una excusa para actuar como el necio en 12.18-19.

Para estudiar, pensar y discutir: ¿Qué piensa usted acerca de lo que más arriba se llama "cristopaganismo"? ¿Qué diferencia hay entre buscar que Dios haga nuestra voluntad y buscar más bien hacer nosotros la voluntad de Dios? Por otra parte, repetidamente oramos a Dios expresándole nuestros deseos. ¿Es eso un intento de manipular a Dios o es más bien expresión de nuestra confianza en el Dios que sabemos que nos ama y que se interesa por nuestras preocupaciones? ¿Habrá algo de "cristopaganismo" en nuestras iglesias y en nuestra predicación?

¿Será verdad que hay una relación entre negar a Dios y conformarse con la injusticia circundante? En todas las comunidades hay personas que no creen en el evangelio, y al mismo tiempo hacen mucho bien y buscan evitar o deshacer toda suerte de injusticias. Al mismo tiempo, hay creyentes que no se preocupan por tales cosas. ¿Cómo explicamos el hecho de que muchos de quienes afirmamos nuestra fe en el Dios de amor y de justicia no demos manifestaciones de amor y no nos ocupemos de las injusticias circundantes, mientras otros sí lo hacen? Juan Wesley dijo:

> El hombre se preguntó, '¿Qué haré?'. ¿No debería estar clara la respuesta? Haz el bien. Haz tanto bien como puedas. Asegúrate de que tu abundancia supla las necesidades de tu vecino y no tendrás que preguntarte qué harás. ¿No encuentras a nadie que carezca de lo necesario? ¿Que no sufra de frío o de hambre? ¿A nadie que necesite vestimenta o un lugar donde reposar la cabeza? ¿A nadie que sufra de larga enfermedad? ¿A nadie que languidezca en la prisión? (Sermón 119, *Works of John Wesley*, Jackson ed., 7:307)

¿Cómo respondemos a la pregunta que Wesley nos plantea?

4. 12.35-59: ¡Hay que estar listo!

a. 12.35-48: En espera del Señor.

Aquí se plantea el tema de la mayordomía. En la sección anterior, Jesús ha estado enseñando acerca de uno de los aspectos más conocidos de la mayordomía, el manejo de las posesiones. Ahora llega a otro elemento central de la mayordomía que frecuentemente olvidamos, es decir, el "entretanto". Es importante notar que el tema de la mayordomía aparecerá repetidamente mientras Jesús se va a preparando para su partida —para su "éxodo" mencionado en 9.31. Esto es porque la mayordomía bien entendida es la vida de los creyentes "en el entretanto". Ese tema aparecerá, por ejemplo, en las parábolas del siervo deshonesto (16.1-13), de las diez minas (19.11-27) y de los labradores malvados (20.9-19). En todas ellas se nos dice que estamos viviendo en expectativa de un futuro y que por lo tanto debemos manejar nuestros recursos en vista a ese futuro, más bien que ante la situación presente. En otras palabras, como vimos al final de la sección anterior, hemos de juntar tesoros en el cielo más que en la tierra, para el futuro más que para el presente.

La mayordomía no puede separarse de la escatología. Con demasiada frecuencia el sermón típico de mayordomía sencillamente dice que todo lo que tenemos nos ha sido dado por Dios para que lo manejemos. Esto deja a un lado dos cuestiones fundamentales. La primera de ellas es que no podemos decir sencillamente que todo lo que tenemos nos ha sido dado por Dios. Vivimos en un mundo injusto, y atribuirle a Dios el orden presente es atribuirle injusticia. Es muy posible que hayamos hecho cosas injustamente y que nuestras posesiones no sean en realidad don de Dios. Esto volverá a salir a la superficie cuando tratemos sobre la parábola del mayordomo infiel. La segunda cuestión es que deja fuera de nuestras discusiones sobre la mayordomía el tema fundamental de la esperanza y la expectativa. Hemos de manejar lo que tenemos no solamente por razón de un sentido común de moral y de justicia, y tampoco en primera instancia para apoyar a la iglesia y sus instituciones —lo que ciertamente tenemos que hacer. Hemos de manejarlo todo en vista del futuro que esperamos. En la sección anterior, Jesús lo expresó en términos de construir tesoros en el cielo más bien que en la tierra, y de buscar primeramente el reino de Dios.

En este pasaje, la expectativa escatológica, o el sentido de que vivimos en el "entretanto", se manifiesta en la necesidad de tener aceite para las lámparas. Cuando esperamos visita encendemos las luces de la casa. Si la visita no llega, sencillamente decidimos que no vienen, apagamos las luces y nos vamos a dormir. Lo que para nosotros es una actividad relativamente sencilla —todo lo que hacemos es apretar un botón y las luces se encienden—, durante el siglo primero requería atención frecuente. Era necesario mantener aceite en la lámpara. Había que ajustar el mechón. Hoy incluso podemos irnos a dormir y dejar las luces prendidas. En aquella época, si la lámpara no se atendía, se apagaba. Luego, el hecho de mantener la lámpara encendida, como nos dice este pasaje, es cuestión que requiere constante atención. Ese es el tema central del pasaje.

La sección puede dividirse en tres, según la imagen central que se emplea. En los versículos 36-39 se dice que los discípulos son como siervos en espera de su señor. En los versículos 29-40 son el padre de familia que debe velar para que los ladrones no entren en la casa. En los versículos 41-48 se los presenta otra vez como siervos, pero ahora con la categoría especial de mayordomo o administrador. Normalmente tal mayordomo era un siervo que representaba al dueño, y cuya tarea era asegurarse de que los demás siervos y todo cuanto el amo tenía se manejara y usara según los deseos del amo. Para tal mayordomo era de suma importancia conocer los deseos de su señor y poder cumplirlos en ausencia de ese señor. En esta última sección, dirigiéndose ahora a los discípulos, Jesús da a entender que, puesto que ellos saben lo que el Señor desea, y puesto que les ha sido dada responsabilidad sobre el resto de la casa, cuando el Señor regrese se les juzgará sobre la base de su fidelidad a los deseos del dueño ausente. Quienes conocían esos deseos serán por tanto juzgados con mayor severidad que quienes no los conocían. Luego, mientras se nos hace fácil pensar que por el hecho de ser cristianos ya llevamos la ventaja de conocer las intenciones de Dios para el mundo, la otra cara de la moneda es que tal ventaja en nuestro conocimiento también coloca sobre nosotros un peso mayor de responsabilidad. El siervo que no tiene contacto con el amo y no sabe lo que el amo desea no es tan culpable como quien sí lo sabe y sin embargo desobedece. Lo que es más, si ese siervo es un mayordomo o administrador, colocado por encima de los demás siervos, su responsabilidad es todavía mayor.

Excurso: La ausencia de Dios.

Aunque pueda sorprendernos, la ausencia de Dios es un tema central en las enseñanzas de Jesús. En algunas de sus parábolas, somos los humanos quienes nos ausentamos de Dios. La oveja perdida tiene que ser encontrada. Lo mismo es cierto de la moneda perdida. El pródigo tiene que regresar. Pero en otras parábolas, parecería que el tema no es nuestra ausencia de Dios, sino más bien la ausencia de Dios mismo. Frecuentemente nos referimos a estas parábolas como "parábolas de mayordomía". Este es un modo excelente de referirnos a ellas, puesto que la mayordomía es precisamente lo que el mayordomo hace cuando el dueño está ausente. Mientras el amo está presente, la tarea del mayordomo es menos rigurosa. Es cuando el amo se ausenta que el mayordomo tiene que tomar responsabilidad por lo que acontece. En una de sus más conocidas parábolas (Mateo 25.14-30), Jesús cuenta de un hombre que "yéndose lejos" llamó a sus tres siervos, le dio a cada uno una gran cantidad de dinero (cinco talentos al primero, dos al segundo y uno al tercero) y "se fue lejos". De igual manera, la parábola paralela en Lucas —la parábola de las diez minas (19.11-27)— comienza diciendo: "Un hombre noble se fue a un país lejano". Es decir, se ausentó. En otra parábola que aparece en Mateo 25, el mismo capítulo en que encontramos la parábola de los talentos, Jesús habla de diez vírgenes que salen al encuentro del novio. Pero el novio se demora —es decir, no está presente cuando se lo espera. En Lucas 20.9-18, Jesús cuenta otra parábola de ausencia: "Un hombre plantó una viña, la arrendó a labradores y se ausentó por mucho tiempo". Y además de esas, hay muchas otras parábolas en las que aparece el tema de la ausencia. Un amo regresa y encuentra que el siervo no ha estado manejando sus propiedades como era debido. Un ladrón llega de noche, cuando menos se lo espera...

Hay cierto paralelismo entre la parábola que aparece en Lucas 20 y la historia de la creación. Dios hizo la tierra y todo cuanto en ella hay, sembró en ella un huerto y le encargó a la pareja humana que lo labrara. Todo parecía estar bien. ¡Y entonces Dios descansó!

El descanso de Dios es una expresión del amor de Dios hacia toda la creación. En algunas ocasiones he hablado y escrito acerca de cómo la doctrina de la creación significa que todas las cosas subsisten gracias a la providencia divina, y que tanto es así que, si solamente por un instante se apartara la mano sustentadora de Dios, toda la creación desaparecería. Esto bien puede expresar una verdad importante. Pero al leer estas parábolas de ausencia, y unirlas con lo que la Biblia nos dice acerca del descanso de Dios, veo otra dimensión del poder creador y amoroso de Dios que hay que subrayar también. El amor de Dios se manifiesta sobre todo en su decisión de crear otros seres aparte de sí mismo, capaces incluso de desobedecerlo.

De igual manera que los padres terrenales que deciden tener un hijo han decidido crear alguien que aun cuando se relacione estrechamente con ellos no será ellos mismos, ni estará tampoco bajo su control, así la decisión por parte de Dios de crear el mundo y crearnos a los humanos es una decisión de crear algo aparte de sí mismo, no completamente bajo el control divino —aunque sabemos que a la postre los propósitos de Dios han de prevalecer.

Frecuentemente hablamos de la presencia de Dios. Y debemos hacerlo. Pero también este otro tema o metáfora de la ausencia divina aparece repetidamente en la Biblia. Aun aparte del pecado, Dios le da espacio a la criatura humana, libertad para ejercer su responsabilidad. En la historia del huerto, después de crear la humanidad y darles dominio sobre el resto de la creación, Dios les deja ejercer ese dominio, aun cuando implique la posibilidad del pecado. Y esa ausencia divina, de igual modo que su presencia, es señal de amor.

Podemos llevar la imagen de los padres y los hijos un poco más lejos. El amor de los padres no se manifiesta únicamente en el acto de procreación, ni tampoco solamente en alimentar y guiar a la prole, sino también en momentos de ausencia. Precisamente sobre la base del amor, un padre o una madre necesitan hacerse a un lado y darle oportunidad al hijo para desarrollar sus propias alas, aun cuando esto conlleve el riesgo del fracaso y del dolor. Un padre que está siempre presente, asegurándose de que el hijo nunca arriesgue nada y nunca sufra nada no es un buen padre. Un hijo cuyos padres siempre están llevándolo de la mano, guardando cada paso que da, nunca aprenderá a caminar. Y un hijo a quien nunca se le da responsabilidad por sus propias decisiones, aun cuando pueda equivocarse, nunca llegará a la madurez. Precisamente porque lo aman, los padres deben hacerse a un lado. De igual manera, el amor paternal de Dios se manifiesta no solo en la creación y en la provisión de cuanto necesitamos, sino también en esta aparente ausencia divina —en el hecho de darnos responsabilidad tanto por nuestras vidas como por buena parte de la creación, aun a riesgo de que erremos.

Acerca de esto, el teólogo danés Soren Kierkegaard escribió:

> Cuando un niño camina colgado del vestido de su madre, ¿podemos decir que está verdaderamente caminando junto a ella, de igual manera que ella camina? Ciertamente, no. Ante todo, es necesario que el niño aprenda a caminar solo, antes de que verdaderamente pueda caminar junto a su madre. Y cuando ese niño está aprendiendo a caminar solo, ¿qué tiene que hacer una madre? Tiene que volverse invisible. Sabemos muy bien que su amor hacia el niño sigue siendo el mismo, sin cambio alguno; quizá hasta que sea mayor en ese momento en que el niño está aprendiendo a caminar por cuenta propia. Pero por otra parte también es probable que el niño no entienda lo que acontece. Esto mismo de que el niño tiene que aprender a caminar solo y a caminar por cuenta propia es, en un sentido espiritual, la tarea que tiene por delante quien decida seguir a otro: tiene que aprender solo y por cuenta propia. ¿No es esto extraño?... El amor celestial para con nosotros no cambia y hasta está más ocupado de nosotros en el momento de peligro. Lo sabemos, pero se nos hace difícil entenderlo según vamos aprendiendo. (*Gospel of Sufferings* [London: James Clarke, 1955], pp. 15-16)

Y la mística Juliana de Norwich expresó lo mismo de manera semejante:

> Una madre bien puede permitir que su hijo tropiece y sufra de varias maneras en beneficio de ese mismo hijo... Si al presente algo nos perturba, debemos entender inmediatamente que Dios se está comportando como una madre sabia. Porque Dios sabe que nos convienen el dolor y el duelo, y sufre con nosotros en compasión y miseric ordia hasta que llegue el momento adecuado. Y todo esto a causa de su amor. (*Showings* [New York: Paulist Press, 1978], 300-1)

Estamos aprendiendo. Estamos aprendiendo a vivir como hijos e hijas de Dios en un mundo en el que la mano de nuestro eterno Padre o Madre no siempre se ve, en un mundo en el que Dios nos ha colocado para que seamos mayordomos del dueño ausente, para que así crezcamos de un modo que no sería posible si Dios estuviera siempre a la mano y nos dirigiera a cada paso.

Pero a esta ausencia divina se le ha añadido otra dimensión con la entrada del pecado. Este mundo es ciertamente de Dios. Pero es un mundo rebelde. Este mundo, hecho por Dios, pretende existir sin él. Es un mundo de injusticia y opresión, de guerra y prejuicios, de odio y mentira. Es un mundo en el que no hay garantía de la aprobación divina. Siempre el riesgo permanece. Los talentos han de ser invertidos en un mercado que siempre es incierto. Entre los mismos cristianos frecuentemente no nos ponemos de acuerdo ni estamos seguros del curso que hemos de seguir. Cada uno y todos juntos tenemos que estar dispuestos a correr al riesgo de actuar según lo que creamos que sea la voluntad de Dios, de manera semejante a como un mayordomo fiel toma una decisión sobre la base de lo que sabe del amo y confiando en que el amo lo aprobará.

b. 12:49-53: Lo que hemos de esperar.

Este pasaje es el primero de tres breves textos que aparentemente no tienen relación entre sí (versículos 49-53, 54-56 y 57-59). Lo que los une es el tema de la expectativa escatológica y cómo ha de afectar la vida de los creyentes en el presente. La esperanza escatológica no se refiere únicamente al futuro. Si realmente esperamos ese futuro que proclamamos, esto ha de hacer un impacto en el modo en que vivimos en el día de hoy.

La sección anterior termina anunciando que "más se le pedirá" al siervo que conociendo la voluntad de su señor no se preparó ni hizo conforme a esa voluntad. Ahora se nos dice que las condiciones serán difíciles. El propio Jesús ha de sufrir un "bautismo" doloroso. Sus discípulos también sufrirán, puesto que la oposición será tal que habrá una división amarga hasta dentro de las familias. Aquellos siervos que saben lo que su amo desea se comportarán de manera diferente al resto. Esto causará tensiones y divisiones. Es como si en una parada alguien marchara siguiendo un ritmo diferente. El resto —los que oyen el ritmo de la banda principal y sonora— lo acusarán de interrumpir la parada y tratarán de retenerlo o deshacerse de él.

c. 12.54-59: No hay excusa.

El énfasis escatológico de toda esta sección ahora lleva a ciertas advertencias. Los siervos saben que el amo viene. Sabemos que el futuro le pertenece al reino de Dios. Pero, en vista de lo que esto puede costar, no ha de sorprendernos el hecho de que nos sintamos fuertemente tentados a no ver las señales de un futuro que comienza. Para predecir el tiempo miramos a las nubes y el viento. Lo mismo debería ser posible si miramos las señales de "este tiempo". ¡Un nuevo orden se aproxima! Pero las gentes se niegan a verlo y continúan con la vida como si todo siguiera igual. De manera hipócrita, aunque sabemos lo que el amo desea, encontramos toda clase de razones y excusas para seguir viviendo como si el presente fuese un orden permanente. En realidad, todos somos como acusados que van camino a su juicio. Podemos continuar insistiendo en nuestra inocencia y enfrentarnos al juez y a la pena que nos espera, o podemos también llegar a un acuerdo con quien nos acusa antes de que llegue el momento del juicio.

Para estudiar, pensar y discutir: ¿Qué relación ve usted entre la expectativa escatológica y la mayordomía? Considere lo que dice Henri J. W. Nouwen:

> La gran tentación del ministerio es celebrar solamente la presencia del Señor y olvidar su ausencia... Es cuando nos percatamos de su ausencia que verdaderamente descubrimos su presencia. Y cuando entendemos que nos ha dejado finalmente llegamos a entender que no nos ha dejado solos. (*The Living Reminder: Service and Prayer in Memory of Jesus* [New York: Seabury, 1977], pp. 46-47)

¿Será verdad esto? ¿Qué otros pasajes puede usted citar a favor o en contra de lo que Nouwen dice? Si usted es predicador o predicadora, ¿qué impacto hará lo que acaba de leer en sus próximos sermones sobre mayordomía?

5. 13.1-9: La parábola de la higuera estéril.

Frecuentemente este pasaje se divide en dos al final del versículo 5, como si la cuestión de quienes sufren sin merecerlo no tuviera mucho que ver con la parábola que sigue. Pero en realidad las dos partes del pasaje van juntas, y en cierto modo la parábola es la respuesta de Jesús a la pregunta que se le ha hecho en los primeros cinco versículos del pasaje.

Los predicadores frecuentemente dejamos a un lado este pasaje bíblico, puesto que plantea una serie de problemas difíciles —en particular, el antiquísimo problema de la razón por la que hay tragedias humanas. Cuando ocurre la tragedia, lo primero que preguntamos es ¿por qué? ¿Por qué tenía que morir mi hijo? ¿Qué mal puede haber hecho? ¿Será algún mal que yo hice? ¿Por qué hay una hambruna en África? ¿Será quizá que los africanos y sus gobiernos son particularmente pecaminosos? ¿Por qué hay un terremoto en México y no en Colombia? ¿Por qué esta gente murió en un accidente aéreo y no otros peores que ellos? Todas estas son preguntas que naturalmente nos hacemos y que en realidad no tienen respuesta. (Véase más arriba el excurso bajo el título de "Los poderes demoníacos y el misterio de la iniquidad"). Esta es una de las razones por las que frecuentemente evadimos este pasaje en el Evangelio de Lucas.

La otra razón es que el pasaje no resuelve esas preguntas. Como pastores, frecuentemente tenemos que enfrentarnos a esas preguntas y quisiéramos tener una respuesta ya hecha que pudiéramos usar para inmediatamente consolar a los afligidos, orientar a los perplejos y reafirmar a quienes dudan. Pero Jesús no nos da, como quisiéramos, una respuesta ya hecha para darle a la madre cuyo hijo adolescente acaba de morir en un accidente automovilístico, como un médico le prescribe una pastilla a un paciente. Todo lo que Dios nos dice es que hay cierta clase de respuesta errada, y que por muy inexplicables y misteriosas que tales tragedias puedan ser, nos llaman a una obediencia mayor.

En el pasaje que estudiamos, Jesús va de camino a Jerusalén y ha estado hablando acerca de lo que significa ser un pueblo fiel. Dentro de ese contexto, alguien viene y le cuenta del terrible crimen de Herodes, quien ha mezclado la sangre de unos galileos con la de los sacrificios que estaban haciendo. En otras palabras, los ha matado precisamente en el momento en que ofrecían sacrificios a Dios. Los detalles de lo acontecido no están del todo claros. Pero si hay varios puntos que podemos aclarar.

El primero es que este terrible crimen tuvo lugar en el templo en Jerusalén, puesto que ese era el lugar donde los galileos llevarían sus sacrificios ante Dios.

El segundo es que, precisamente porque tuvo lugar en el templo, es un crimen todavía más horrendo. No era solamente homicidio, sino también sacrilegio. Bien podemos imaginarnos que los judíos recordarían otro acontecimiento semejante, varias décadas antes, cuando Pompeyo entró al lugar santísimo montado sobre su caballo. O quizá de otro tiempo, siglos antes, cuando el templo fue destruido y el pueblo llevado al cautiverio. Ciertamente hoy nos recuerda el asesinato de Becket ante el altar en la catedral de Canterbury, o, mucho más recientemente, el asesinato del arzobispo Oscar Romero en circunstancias semejantes en El Salvador.

Y, tercero, también vemos aquí ecos de otro elemento que resulta claro en todo el Evangelio: la animosidad de los líderes religiosos de Jerusalén contra todo lo que tuviera que ver con Galilea. Claramente, muchos entre los habitantes de Judea veían a los galileos como judíos de segunda clase, como si fuesen algo intermedio entre ser verdaderamente judío y ser un pagano gentil.

Por todas esas razones, quienes le cuentan lo sucedido a Jesús están planteando varias preguntas a la vez. En primer lugar, están planteando de nuevo la antigua y perenne cuestión de la razón por la cual hay sufrimientos aparentemente inmerecidos y sin explicación. En segundo lugar, están planteando la cuestión política sobre si los judíos deberían rebelarse contra Herodes y contra todo lo que tuviera apoyo romano. Como en muchos otros casos en la narración del Evangelio, quienes cuestionan a Jesús están tratando de colocarlo en la difícil posición de tener que escoger entre ser subversivo y ser mal judío. Si condena lo que Herodes ha hecho, se le acusará de incitar rebelión contra los romanos. Si dice que no es importante, quienes lo escuchan se sorprenderán por su insensibilidad tanto humana como religiosa. Y, en tercer lugar, están planteando la cuestión de la relación entre los judíos de Galilea y los de Judea y Jerusalén. Al hablarle de la terrible tragedia que les ha sobrevenido a estos galileos están también refiriéndose a la idea común de que los tales no son tan fieles como los verdaderos judíos. Posiblemente sea por esa razón que Jesús comienza su respuesta planteando una pregunta: "¿Pensáis que estos galileos, porque padecieron tales cosas, eran más pecadores que los demás galileos?". Y entonces le añade dientes a su pregunta trayéndola más cerca y refiriéndose a un incidente en Jerusalén: "O aquellos dieciocho sobre los cuales cayó la torre en Siloé y los mató, ¿pensáis que eran más culpables que todos los hombres que habitan en Jerusalén?".

Todo este pasaje cobra especial importancia cuando lo leemos al mismo tiempo que le hablamos a alguien acerca de la hambruna que existe en varias partes del mundo y se nos dice que esas personas que sufren hambre la sufren a causa de su pecado. O cuando nos referimos al sufrimiento en los centros de las ciudades o en los lugares donde moran minorías étnicas, y se nos dice que esa miseria se debe al pecado de esas personas. Ciertamente, la hambruna y la miseria son resultado del pecado humano, aunque lo más probable es que no sean tanto resultado del pecado de quienes sufren y mueren. Al referirse a los que murieron en la torre que cayó en Jerusalén, Jesús está diciéndoles a estos buenos judíos de Judea que no deben culpar a los galileos por la tragedia que han sufrido. En el día de hoy sería como preguntarle a alguien en la ciudad de New York si piensa que quienes murieron cuando cayeron las dos grandes torres eran más pecadores que el resto de la población de la ciudad. Cuando vemos la cuestión desde esa perspectiva, resulta claro que lo que digamos de cualquier sufrimiento en lugares lejanos debe ser dicho también acerca de las tragedias que ocurren en nuestra proximidad, y también de nuestras propias tribulaciones.

Pero Jesús no se queda en eso, sino que muestra que la pregunta que se le está planteando no es la correcta. Lo sorprendente no es que tantos hayan muerto, sino más bien que tantos vivan todavía. Si fuera solamente cuestión de pecado, todos estaríamos muertos. Dos veces Jesús dice: "Si no os arrepentís, todos pereceréis igualmente". Y entonces ilustra este punto mediante la parábola que sigue.

La parábola cuenta la historia de un hombre que veía que una higuera en medio de su viña no producía fruto. Su reacción natural hubiera sido cortarla, y da instrucciones para que se haga. Pero surge entonces una conversación cuyo resultado es que el dueño de la viña decide que va a dejar que la higuera viva por un año más. Se le va a dar especial cuidado. Pero si al final de ese tiempo no ha producido fruto, será cortada.

¿Qué significa esta parábola dentro del contexto en que se encuentra? Ciertamente significa que quienes sobreviven, ya sean los galileos que no han muerto a manos de Herodes o los judeos —es decir, personas de Judea— sobre quienes la torre no cayó, o aquellos de entre nosotros que no estamos muriendo de hambre, o quienes no estaban cuando las dos grandes torres de Nueva York cayeron, vivimos solo por la gracia de Dios, y que el propósito de nuestra vida y del tiempo que se nos da es que demos fruto.

La parábola también da a entender que no podemos dar por sentado que la aparente bendición y prosperidad sean el resultado de algo que hayamos hecho y de lo cual podamos ufanarnos. La higuera que no ha producido fruto recibe atención especial y más abono, no porque sea buena, sino precisamente porque no ha dado fruto.

A fin de entender la parábola más claramente, debemos recordar el aspecto que presenta una viña cuando por última vez en el año se van a buscar frutos en la higuera. La viña ya ha producido sus uvas y habrá sido podada severamente. Al mirarla, no veríamos más que unos troncos aparentemente secos. En medio de esa escena de aparente desolación hay una higuera verde. Nunca ha sido podada. Lo que es más, ahora va a recibir un tratamiento especial. El viñador cavará en torno a ella y le dará una dosis excepcional de abono. Para quien pase sin conocer las circunstancias, parecería que la higuera ha sido particularmente bendecida y las vides han sido olvidadas. Podría parecer que esa higuera debe ser particularmente valiosa, ya que se la trata con tanto cuidado. Eso es precisamente lo que podría esperarse sobre la base del llamado "evangelio de la prosperidad": las cosas buenas y la abundancia material son resultado de la fe y de los frutos que se producen. Pero en este caso, la verdad es exactamente lo contrario. La higuera recibe tratamiento especial porque hasta ahora no ha dado el fruto que se supone que dé.

Esta no es una de las parábolas más populares de Jesús. Probablemente esto se deba a muchas causas. Pero una de ellas —quizá la principal— bien puede ser que nos guste imaginar que, si tenemos casas cómodas cuando tantos no tienen dónde recostar la cabeza, o ingresos suficientes cuando otros son extremadamente pobres, o toda suerte de alimentos cuando tantos pasan hambre, o un cuerpo saludable cuando tantos sufren enfermedades, es que hemos sido particularmente fieles. Es por eso que el "evangelio de la prosperidad" resulta tan atractivo para muchos de quienes prosperan: mediante él pueden imaginar que Dios los ha bendecido porque han sido particularmente fieles.

Pero el texto bíblico nos lleva a pensar de otro modo. ¿Será quizá que la razón por la que algunos hemos recibido tales ventajas es que de otro modo no daríamos fruto alguno? ¿Será que en cierto modo todas estas cosas de las que nos ufanamos son como abono o estiércol amontonado sobre nosotros para ver si damos fruto? Y, como en el caso de la higuera, ¿será que nuestras aparentes ventajas son también una advertencia acerca del juicio que recibiremos si no llevamos fruto?

Todas estas preguntas que debemos plantearnos como individuos y como familias son también preguntas que debemos hacernos como iglesias. Nos inclinamos a admirar las grandes iglesias con altos campanarios, muchos empleados y coros profesionales. Entonces imaginamos que todo eso es señal de que esa iglesia es particularmente fiel y da fruto abundante. ¿Será entonces que nuestra abundancia nos ha sido dada en un intento de hacernos dar fruto, y que la razón por la que subsistimos no es nuestro gran presupuesto, ni nuestros elocuentes sermones, ni nuestros bellos edificios, ni nuestra cuidadosa teología, sino esta prodigiosa gracia del Señor y Dueño de la vid que ha decidido darnos una oportunidad más?

Para estudiar, pensar y discutir: ¿Ha predicado usted alguna vez —o ha escuchado a alguien predicar— sobre la parábola de la higuera o sobre el crimen de Herodes contra los galileos en el templo? ¿Se consideró uno de estos dos elementos en el texto aparte del otro? ¿Qué importancia puede tener el que los juntemos o los separemos?

6. 13.10-17: Jesús sana a una mujer en sábado.

Este pasaje, que nos es bien conocido, es una señal más del creciente conflicto entre Jesús y los líderes religiosos de la nación. Pero, como tan frecuentemente sucede, por el hecho de conocer el pasaje tan bien no vemos todo lo que está aconteciendo. En este texto no tenemos solamente un milagro de sanidad, sino también la convergencia de antiguos y aparentemente invencibles poderes, que vienen a juntarse aquel sábado en aquella sinagoga.

Era sábado, y una mujer que por largo tiempo había estado enferma, encorvada y sin poderse enderezar, entra a la sinagoga. El texto nos dice que era un espíritu maligno el que la tenía encorvada. No es posible saber el diagnóstico que los médicos harían hoy. Lo importante no es la razón de la enfermedad de la mujer, sino el hecho de que está incapacitada, no puede enderezarse, y eso en sí mismo es demoníaco (véase el excurso sobre "Los poderes demoníacos y el misterio de la iniquidad"). Con aquella mujer entra en la sinagoga una realidad que frecuentemente las personas religiosas tratamos de olvidar: la realidad del poder del mal, la realidad del sufrimiento humano.

Era sábado, día dedicado al descanso desde los más antiguos tiempos de la tradición hebrea, y esto por razón de un mandato nada menos que de Dios. Pero era un día de descanso que los humanos, a fuerza de una legislación cada vez más minuciosa, habían convertido en un día de grandes dificultades y más trabajos.

Era sábado, en la sinagoga —precisamente el lugar en el que las leyes al respecto del sábado se estudiaban, se analizaban y se exageraban. Era sábado, y allí en aquella sinagoga también estaba Jesús, Señor de la creación, Señor del sábado. ¿Qué hará? En el sufrimiento de aquella mujer el mismo diablo, que antes lo tentó en el desierto, lo confronta. Y al mismo tiempo, como muestra el dignatario de la sinagoga, el peso de la tradición era tal que parecía decir que no había nada que hacer. Jesús se dirige a aquella mujer encorvada, oprimida por el peso del mismo Satanás. A su opresión de dieciocho años, los líderes religiosos quieren añadirle otra de siglos: ¡es sábado! ¡Es día para asuntos religiosos! Jesús vio a la mujer, la llamó y le habló, y puso las manos sobre ella de tal manera que inmediatamente se enderezó y comenzó a alabar a Dios.

Pero el dignatario de la sinagoga era un hombre religioso y conocía la ley de Dios: "Seis días hay en que se debe trabajar; en estos, pues, venid y sed sanados, y no en sábado". Pero Jesús lo confronta tanto a él como a todos los que se le asemejan: "¡Hipócritas!, ¿no desatáis vosotros vuestro buey o vuestro asno del pesebre y lo lleváis a beber en sábado? Y a esta hija de Abraham, que Satanás había atado dieciocho años, ¿no se le debía desatar de esta ligadura en sábado?".

Esta confrontación nos recuerda la constante posibilidad de que los buenos principios religiosos puedan emplearse como aliados de los poderes del mal. El dignatario de la sinagoga estaba defendiendo principios religiosos tomados de la ley de Dios. Pero en esa misma defensa estaba tomando el partido de los poderes del mal que oprimían a la mujer. Hay abundantísimos casos semejantes en la historia de la iglesia. Lo que la mayoría de los inquisidores defendían era la verdad; pero su defensa hacía mal. Serveto fue quemado en Ginebra porque negaba algo que es verdad; pero el hecho mismo de quemarlo fue demoníaco. Todo esto ha de servirnos de advertencia a nosotros, los cristianos ortodoxos, no sea que de tal modo nos dediquemos a la defensa de la doctrina y la moralidad tradicionales y que al hacerlo nos tornemos en agentes de la soberbia, el prejuicio y la opresión.

Para estudiar, pensar y discutir: ¿Puede usted dar otros ejemplos de casos contemporáneos en los que un buen principio religioso se emplee para justificar la opresión? ¿Tenemos derecho, por ejemplo, a oponernos al aborto si al mismo tiempo no nos ocupamos de ofrecerles apoyo a las mujeres que tienen hijos, pero carecen de medios para criarlos, y a esos hijos mismos? ¿Qué piensa usted al respecto? ¿Habrá alguna otra acción que podamos tomar?

7. 13.18-21: La semilla de mostaza y la levadura.

Al final de la sección anterior, como resultado de la acción salvadora de Jesús y de su discusión con el dignatario de la sinagoga, "todo el pueblo se regocijaba por todas las cosas gloriosas hechas por él". Pero ahora Jesús, en lugar de hablar de cosas grandes y maravillosas, se refiere a lo pequeño: a una semilla de mostaza que alguien sembró y a un poco de levadura que una mujer puso en la harina. Una vez más, de una manera que le es típica, Lucas une una historia acerca de un hombre con otra paralela acerca de una mujer.

Jesús le dice a la multitud que el reino de Dios es como una semilla de mostaza escondida en la tierra, o como un poco de levadura escondida en una masa de harina. Dios no es como los poderosos de la tierra, que todo lo hacen con bombos y platillos. Dios es como una mujer que calladamente pone un poco de levadura en la masa, o como un hombre que siembra una pequeña semilla de mostaza.

No se trata aquí solamente de un lugar común de todos sabido. Todos sabemos que las pequeñas semillas producen grandes árboles. Se trata también y sobre todo de una afirmación cristológica. Quien habla acaba de mostrar su gran poder en el episodio de la sinagoga; pero nació como una pobre pequeña semilla de mostaza en un humilde pesebre, de niño tuvo que partir al exilio en Egipto y ahora se prepara para enfrentarse a los más formidables poderes del mal. En esa confrontación, parecerá débil e insignificante como una semilla de mostaza o como un poco de levadura. Pero en esa misma pequeñez estará abriendo camino para su triunfo final. Jesús mismo es la levadura y la semilla de mostaza del reino de Dios. Todo esto se muestra más claramente en el caso de la semilla de mostaza que, según la parábola, viene a ser un árbol. Esto frecuentemente ha causado perplejidad entre los intérpretes, pues la planta de mostaza es mucho más pequeña, apenas una hierba. Muchos tratan de resolver esa dificultad diciendo que Jesús no se está refiriendo a un grano de mostaza, sino a alguna otra semilla. Pero precisamente lo que Jesús quiere es que quienes lo escuchan entiendan cuán absurdo es que una semilla de mostaza llegue a ser un árbol. Luego lo que para muchos parece ser un error botánico es más bien una ironía intencional que muestra que

Jesús no está refiriéndose únicamente a lo ya es bien sabido —que las pequeñas semillas producen grandes árboles—, sino a la aparentemente imposible verdad de que en este Jesús que está hablando, quien será despreciado y rechazado, viene el reino de Dios.

Y, puesto que toda afirmación cristológica tiene también implicaciones eclesiológicas, se llama también a los discípulos a ser esa aparentemente insignificante semilla de mostaza y esa ignota levadura que anuncian el reino venidero. Como Jesús, la iglesia no está llamada a proclamar su poder, su influencia, su fuerza política o su prestigio. El acto de vindicar a la iglesia y a los creyentes queda en manos del amo ausente en tiempos de su retorno.

Para estudiar, pensar y discutir: ¿Qué ejemplos puede usted dar hoy de la presencia y acción del reino de Dios en cosas pequeñas? ¿Habrá algún acontecimiento pequeño en su vida que ahora resulta grande? ¿Habrá algo que usted antes pensó que era grande, ya fuese para bien o para mal, y después resultó no serlo?

¿Conoce usted casos en los que alguna iglesia se ha dejado llevar por la búsqueda del prestigio o del poder social o político, y esto la ha llevado a abandonar su verdadera misión? ¿Conoce usted el caso de alguna iglesia cuya historia pueda ser semejante a la del grano de mostaza o la pizca de levadura?

8. 13.22-30: La puerta estrecha.

Este pasaje también es bien conocido. Lo que muchas veces no vemos es la relación entre las palabras de Jesús y la vida de la iglesia antigua —así como la nuestra. Para los primeros lectores del Evangelio de Lucas, el reclamo de los excluidos, que han comido y bebido con Jesús, sería particularmente significativo. Para la iglesia, el principal acto de adoración era la comunión, una comida al menos semanal que compartían con Jesús. Luego las palabras de Jesús —que algunos de quienes han comido y bebido con él quedarán excluidos— les recordarían a aquellos primeros lectores que el hecho de ser parte de la iglesia no garantizaba que la puerta les sería abierta.

La referencia conjunta a una comida y una puerta inmediatamente nos recuerda el versículo frecuentemente citado de Apocalipsis 3.20: "Yo estoy a la puerta y llamo; si alguno oye mi voz y abre la puerta, entraré a él y cenaré con él y él conmigo". Aunque frecuentemente entendemos esto como un llamado por parte de Jesús a nuestros corazones individuales, en su contexto original ese pasaje se dirige a una iglesia que, al tiempo que se cree particularmente rica y bendecida, le ha cerrado la puerta al Señor que debería ser el anfitrión en la cena. Mientras la iglesia celebra la Cena del Señor, ¡el Señor, el anfitrión de la Cena, se encuentra fuera y llama a la puerta!

Esa relación entre el pasaje acerca de la puerta y nuestros servicios de comunión se ve claramente en la práctica común de citar un versículo de este pasaje (13.29) en nuestras celebraciones de la Cena. Al hacerlo, nos regocijamos porque esta mesa del Señor de la que ahora participamos anuncia el banquete final, cuando "vendrán gentes del oriente y del occidente, del norte y del sur". Pero tenemos que recordar que si leemos este pasaje a la luz tanto de las palabras que le preceden como de las últimas palabras del versículo 30 —que hay "primeros que serán últimos"—, tenemos en él una palabra de advertencia. Nos advierte que hemos de ocuparnos, no sea el caso de que, a pesar de haber asistido a la iglesia y participado de la comunión regularmente, a la postre nos veamos fuera de la puerta pidiendo que se nos permita entrar porque hemos comido y bebido con el Señor.

9. 13.21-35: El lamento sobre Jerusalén.

Entre los intérpretes se ha discutido mucho acerca de la razón por la cual los fariseos vienen a advertir a Jesús, puesto que ya para ese momento parece haber un conflicto irresoluble entre Jesús y los fariseos. Pero, por mucho que nos interese la cuestión, el hecho es que el pasaje no nos dice palabra alguna acerca de la motivación de los fariseos.

En todo caso, Jesús les responde que regresen a donde Herodes —a quien llama "zorra"— y le digan que Jesús va a completar su obra. El mensaje de Jesús es bastante críptico, puesto que todavía tomará bastante más de tres días de camino a Jerusalén. Por esa razón algunos entienden que esto es una referencia a los tres días en el sepulcro. No hay duda de que Jesús está refiriéndose a su pasión, como se ve en el versículo 35.

El lamento sobre Jerusalén relaciona lo que le ha de acontecer a Jesús con la historia de quienes fueron antes de él. Es posible que su declaración acerca de las muchas veces que quiso juntar a los hijos de Jerusalén sea una indicación de que se refiere a su participación en la obra toda de Dios en medio de Israel —como aquella eterna Sabiduría de Dios a la que Lucas se refirió antes, en 11.49.

La imagen de sí mismo como quien cuida de Jerusalén de manera semejante a como una gallina cuida de sus polluelos resalta lo que Jesús acaba de decir al llamar "zorra" a Herodes. La gallina guarda sus polluelos contra los zorros. Jesús quiere proteger a los hijos de Jerusalén no solo de lo que llamaríamos males espirituales o religiosos, sino también de la explotación de quienes, como Herodes, se enseñorean sobre ellos.

No cabe duda de que en este pasaje Jesús se lamenta por la desobediencia de Jerusalén. Pero los cristianos hemos de entender también que Jesús se lamenta por la desobediencia de su iglesia y de sus miembros. A estos también Jesús quiere proteger como una gallina —y protegernos contra todo mal, tanto espiritual como político.

> **Para estudiar, pensar y discutir:** ¿Qué relación hay entre lo que Jesús dice acerca de la puerta estrecha y su lamento sobre Jerusalén? ¿Qué relación hay entre el lamento de Jesús sobre Jerusalén y la tarea evangelizadora de la iglesia?

10. 14.1-24: Jesús, un huésped que incomoda.

Todo el capítulo 14 es paralelo a lo que hemos visto en 13.10-35. Ambas secciones comienzan con una acción de sanidad en un sábado, ambas pasan entonces a lecciones sobre la humildad, y ambas terminan con advertencias para quienes se creen seguros de su relación con Dios.

Jesús apenas ha llegado a casa de su anfitrión cuando empieza a crear problemas sanando a un enfermo en sábado. (El texto griego puede traducirse como lo hace la RVR, en el sentido de que Jesús estaba ya en la casa, y también en el sentido de que estaba dirigiéndose a la casa). El pasaje es muy parecido a 13.10-17. El enfermo sanado es la contraparte de la mujer sanada en la sinagoga. (Una vez más, vemos aquí el paralelismo tan típico de Lucas entre un hombre y una mujer). Puesto que el conflicto que tales acciones de sanar en el sábado crean se vio ya en la historia de la mujer encorvada, ahora esa otra historia de un hidrópico —es decir, un enfermo con retención de líquidos— es mucho más breve y no repite las razones del conflicto, que ya el lector del Evangelio debería saber por lo dicho anteriormente. Luego, la historia tiene dos propósitos: primero, presentar un episodio sobre un varón paralelo al otro sobre la mujer; segundo, establecer el escenario para la discusión que sigue.

Jesús no se contenta con el conflicto que ha creado sanando al enfermo, sino que ahora se adueña tanto de la cena como de la conversación, como si él fuese el anfitrión. Como vimos ya en la cena en casa del fariseo (11.37-50) y en lo que tuvo lugar en casa de María (10.38-42), Jesús no se presta a ser un huésped pasivo. Al contrario, se hace cargo de la situación y en cierto modo viene a ser el anfitrión. Ahora en este pasaje critica tanto a su anfitrión como a los demás invitados mediante tres aseveraciones que tienen forma de parábola (versículos 7-11,12-14,15-24). Todas esas aseveraciones tienen que ver con cenas, anfitriones y huéspedes. La primera va dirigida principalmente a los demás huéspedes, que parecían disputarse los puestos de honor. A un nivel superficial, parece que Jesús sencillamente los está criticando y sugiriendo que sería más sabio actuar humildemente y tomar lugares de menos honor, para que entonces el anfitrión los invite a un lugar mejor y tengan verdadera razón de orgullo. Pero a un nivel más profundo vemos también aquí una referencia escatológica. Jesús habla de un banquete de bodas, con lo cual parece referirse al día de la celebración final, que en la Biblia se presenta repetidamente como un banquete nupcial. Y entonces concluye su comentario aplicándolo a la dimensión escatológica más amplia del juicio final y el nuevo orden del reino, que descalabra el presente orden humano: "Cualquiera que se enaltece será humillado, y el que se humilla será enaltecido".

Tras criticar a los demás huéspedes, ahora Jesús se dirige al anfitrión y critica su lista de invitados. Podemos dar por sentado que, de igual manera que sus palabras anteriores fueron una respuesta directa a lo que veía hacer a los demás huéspedes, también estas palabras que ahora le dirige al anfitrión son la respuesta directa a lo que ve en cuanto a las personas a quienes el anfitrión ha invitado. Lo que Jesús ahora dice y propone es contrario a todas las reglas de etiqueta. En aquella época, igual que hoy, era costumbre invitar a una cena a personas del mismo nivel social que el anfitrión —familia, amigos, colegas. Puesto que tener a un huésped distinguido en la cena le trae honor y prestigio al anfitrión, se busca invitar a tales personas —en el texto de Lucas, los "vecinos ricos". Cuando se celebra tal cena, se espera que los huéspedes respondan invitando al anfitrión a sus propias cenas. Tanto para nosotros como para las personas de aquella época, tal cosa sería lo normal. Pero Jesús ve las cosas de una manera diferente: cuando quien ha sido tu huésped te invita, ya se te ha pagado lo que se te debía. Aunque esto sería lo esperado en el orden normal de la sociedad, Jesús propone invitar más bien a quienes no pueden devolver o pagar lo que se ha hecho por ellos. Tras nombrar cuatro categorías de personas que normalmente se invitan a tales cenas —los amigos, los hermanos, los parientes y los vecinos ricos—, Jesús nombra otras cuatro categorías que deberían ser los invitados —los pobres, los mancos, los cojos y los ciegos. Aunque esto nos parezca sorprendente hoy, más sorprendente sería para el anfitrión a quien Jesús se dirige, puesto que era precisamente a tales personas que un buen fariseo consideraría no solamente indignas, sino también inmundas. Luego, Jesús está rechazando las prácticas convencionales tanto sociales como religiosas.

Como en las palabras anteriores dirigidas a otros huéspedes, también estas dirigidas al anfitrión tienen una referencia escatológica. La razón para no invitar a quienes son dignos es que tales personas probablemente responderán pagando lo debido, y todo lo que se habrá logrado será un intercambio social. La razón para invitar a los pobres, los mancos, los cojos y los ciegos es precisamente que, puesto que tales personas no pueden devolver lo recibido, el pago deberá esperarse únicamente en el día final, en la "resurrección de los justos". En nuestro lenguaje cotidiano es común, cuando alguien nos hace un favor inmerecido, y particularmente cuando un mendigo recibe limosna, decir "Dios se lo pague". Lo que se implica con esto es que somos incapaces de pagar el favor recibido, lo cual lo hace más meritorio. Aquí una vez más encontramos ecos de Proverbios 19.17: "A Jehová presta el que da al pobre; el bien que ha hecho se lo devolverá".

Por último, Jesús se dirige a otro comensal quien —posiblemente tratando de calmar las aguas— ha pronunciado palabras que son verdad, pero se desentienden de lo que Jesús está diciendo: "¡Bienaventurado el que come pan en el reino de Dios!". A este hombre Jesús responde mediante una parábola acerca de una gran cena, cuyos invitados originales decidieron no asistir. Presentaron toda clase de excusas, algunas más verosímiles que otras. Tal cosa sería un grave insulto para el anfitrión, al ver que los invitados rechazan su invitación como si él fuera indigno de ellos. Pero este anfitrión, quien sabe del valor de su cena, envía a su siervo a la calle a invitar precisamente a quienes al parecer son indignos. Y cuando estas personas no son suficientes, el anfitrión manda de nuevo al siervo para que vaya "por los caminos y por los vallados" y fuerce a la gente a entrar. Esto de forzar a las personas a asistir al banquete es a la vez realista e importante. En una sociedad en la que había profundas distinciones sociales, los "indignos" no se atreverían a asistir a una fiesta en casa de los ricos y honorables. Bien podemos imaginarnos a un peón en una gran hacienda a quien se invita a sentarse a la mesa con el patrón. Es probable que trate de no asistir. O pensemos en una criada inmigrante sin documentos legales a quien el rico dueño de la casa invita a comer con la familia. Probablemente se sentirá incómoda y no querrá aceptar la invitación. Después de todo, no se supone que la mesa sea para ella. Será necesario persuadirla, y hasta ejercer alguna presión, para que acepte tal invitación inesperada. A tales personas hay que "forzar". De igual manera, en la parábola Jesús se refiere a quienes no esperan ser invitados. Piensan que no merecen la invitación y por lo tanto es necesario obligarlos a entrar.

La parábola establece un agudo contraste entre los invitados "dignos", quienes se buscaron algo más importante o más interesante que el banquete propuesto, y los "indignos", cuya sorpresa ante tal invitación sería tal que sería necesario obligarlos a entrar. Dentro del contexto de su clara referencia escatológica, la parábola es poderosa: la buena gente religiosa que encontró algo mejor que hacer que prepararse para ir al banquete quedará fuera, y los despreciados de apariencia dudosa que jamás esperaron ser invitados serán obligados a entrar al banquete.

La referencia escatológica de los tres breves discursos de Jesús en esta cena —uno a los huéspedes, otro al anfitrión y, por último, dirigiéndose a un huésped particular, a toda la asamblea— no debe llevarnos a pensar que no se aplican a la vida cotidiana. A cierto nivel, Jesús está afirmando que no son las gentes religiosas y respetadas quienes serán necesariamente los huéspedes de honor en el banquete final. Pero también está estableciendo una conexión entre ese banquete final y el presente. Para ser exaltado al fin, hay que humillarse hoy. Para recibir recompensa al final hay que dar ahora sin esperar pago alguno. Para ser invitado al banquete hay que aceptar la invitación que ahora se nos da. Quienes dan excusas quedarán fuera del banquete. Quienes ahora sirven solamente a quienes pueden pagarles ya han recibido su pago. Quienes buscan honor como si lo merecieran serán humillados. El presente tiene importancia escatológica.

Al interpretar ese pasaje no debemos olvidar que para aquellos primeros lectores —así como para la mayoría de los cristianos a través de las edades—, el acto central de adoración era una cena. En la comunión, aun cuando seamos nosotros quienes preparamos la mesa e invitamos a otros a que participen, Jesús se hace cargo. Él es el anfitrión y todos somos huéspedes. Con demasiada frecuencia los cristianos han reclamado el control sobre la mesa de la comunión como si fuese de ellos y no de él. Queremos decidir quién es lo suficientemente ortodoxo o lo suficientemente bueno y puro, o pertenece a una iglesia suficientemente santa, para participar de la comunión. En lugar de seguir las instrucciones de Jesús, buscamos puestos de honor, a veces mediante acciones y vestiduras cuyo mensaje es que somos nosotros quienes estamos a cargo. En lugar de invitar a quienes parecen más indignos y no pueden devolver lo recibido, invitamos a los dignos, a quienes apoyan a la iglesia, a gente como nosotros en cuya mesa nos sentaremos también más tarde en la semana. En lugar de salir a la calle y forzar a las gentes a entrar, cerramos las puertas de varias maneras. Pero en la comunión Jesús se hace cargo, como lo hizo en la casa de aquel fariseo, y torna nuestra indigna cena en promesa y anticipo del banquete celestial.

Para estudiar, pensar y discutir: En muchos hogares cristianos hay un rótulo en el comedor que anuncia que "Jesús es el huésped invisible en este hogar...". En muchas iglesias hay otros rótulos parecidos. ¿Es posible que Jesús sea un mero huésped, y no el anfitrión? Si Jesús se presentara hoy en una cena en cualquiera de nuestras casas, o en un culto cualquiera en una de nuestras iglesias, ¿qué diría? ¿Se sentaría sencillamente a nuestro lado para comer con nosotros y decirnos cuán buenos somos? ¿O más bien criticaría nuestras prácticas y actitudes? ¿Qué nos diría a quienes nos sentamos a la cabeza de la mesa, y a quienes en el culto parecemos dirigirlo todo? ¿Queremos de veras que Jesús sea en nuestras casas y en nuestras iglesias el huésped que se vuelve anfitrión y que nos habla de un orden diferente del que seguimos?

11. 14.25-35: El costo del discipulado.

Lucas no nos dice cómo terminó aquella cena. Ahora, en el versículo que sigue inmediatamente después de ella, sencillamente nos dice que Jesús iba acompañado de multitudes. Dirigiéndose a esas multitudes más bien que a los fariseos y doctores de la ley, Jesús aplica lo que acaba de decir al significado de ser verdaderamente discípulo. Siguiendo todavía el paralelismo entre los capítulos 13 y 14, les advierte a quienes quieran seguirlo que será un discipulado costoso. En el capítulo 13 se lamentó sobre Jerusalén, porque el pueblo de Dios no lo reconocía ni seguía la voluntad de Dios. Ahora se dirige a las multitudes que lo rodean. No es solamente Jerusalén y lo que ella representa que será amonestada contra el peligro de la desobediencia, sino también toda esta multitud que anda con él. Si a Jerusalén hay que hacerle ver que no es cuestión fácil eso de ser pueblo de Dios, también ahora esta multitud de seguidores tiene que saber que no es fácil eso de ser discípulo de Jesús.

El discipulado requiere una obediencia tan radical que ni siquiera el amor a la familia puede serle obstáculo. En el versículo 26, el verbo "aborrecer" no quiere decir que haya que tener sentimientos malos u odio hacia la familia, sino que hay que abandonarla aun a ella en pos del reino. Un verdadero discípulo de Jesús no usará sus supuestas obligaciones familiares como excusa para no seguirlo. Esto es paralelo a lo que Jesús dice acerca de tomar la cruz. Dentro de este contexto, no se trata únicamente de un sacrificio, como a menudo pensamos. La cruz es instrumento de castigo legal y de tortura. Luego, el tomar la cruz es paralelo a eso otro de aborrecer la familia. Un discípulo de Jesús debe estar pronto para llevar la carga no solamente de las tensiones dentro de su familia, sino también de una desobediencia civil que pueda redundar en castigo legal. Esto fue frecuentemente lo que experimentaron los primeros lectores de Lucas. Cuando Lucas escribió este Evangelio, resultaba claro que la vida de los creyentes dentro del Imperio romano no sería fácil. Y esa misma experiencia sigue siendo realidad para muchos cristianos en diversas partes del mundo hasta el día de hoy.

Como un modo de expresar esto, Jesús usa dos parábolas referentes al costo de lo que propone. Nadie empieza a construir una torre sin antes haber calculado lo que le costará completarla. Y un rey tampoco marcha a la guerra sin antes tener en cuenta la fuerza de la oposición y lo que será necesario para alcanzar la victoria. De igual manera, no se debe ser seguidor de Jesús sin antes considerar el costo, la oposición y el resultado final. (¿Qué nos dice esto acerca de la práctica tan común en nuestra tarea evangelizadora de invitar a las personas a levantar la mano o a venir al altar y "aceptar a Jesús", sin advertirles del verdadero costo de tal decisión si se toma en serio?).

El versículo 34, cuyos paralelos en Mateo y en Marcos aparecen en otros contextos, deja bien claro que un discipulado a medias de nada sirve, como la sal sin sabor. Lo que es más, hace daño, pues si se le coloca en el muladar donde se prepara el abono, destruirá la cosecha. Con estas palabras acerca del sabor de la sal se cierra este capítulo que empieza con la comida en un banquete.

Para estudiar, pensar y discutir: Dietrich Bonhoeffer, quien murió como mártir bajo el régimen de Hitler, escribió:

> Todo cristiano tiene que llevar la cruz. Esto empieza en el llamado mismo a abandonar los intereses y compromisos con el mundo. Es ese morir del viejo hombre que resulta del encuentro con Cristo. Al declararnos discípulos nos rendimos a Cristo y nos unimos a su muerte. Entregamos nuestras vidas a la muerte. Puesto que esto tiene lugar al principio de la vida cristiana, la cruz nunca será sencillamente un fin trágico tras una vida religiosa fácil y alegre. Cuando Cristo llama a alguien, le llama para que venga a morir. (*El costo del discipulado*, p. 73)

¿Cómo experimentamos hoy en nuestro contexto esto de llevar la cruz? ¿Cuál es el costo del discipulado para nosotros hoy? ¿Será verdad que un discipulado sin costo resulta ser un discipulado barato y por tanto falso?

12. 15.1-32: Los perdidos, los encontrados y los que nunca han estado perdidos.

a. 15.1-7: La oveja perdida.

Llegamos ahora a una serie de tres parábolas que frecuentemente se emplean en la tarea evangelizadora para dirigirse a quienes están "perdidos": la oveja perdida, la moneda perdida y el hijo pródigo, también perdido. Pero cuando las examinamos vemos que estas parábolas no van dirigidas primeramente a los perdidos, sino más bien a quienes nunca parecen haber estado perdidos. Los primeros tres versículos resultan claros. Se acercan a Jesús "los publicanos y pecadores" para escucharlo. (Nótese la relación entre esta actitud de estar dispuestos a escuchar y las últimas palabras del capítulo anterior: "El que tiene oídos para oír, oiga"). La respuesta de las personas puras y religiosas, a quienes se admira por su religiosidad y su teología ("los fariseos y los escribas"), es murmurar porque Jesús está dispuesto a recibir a estos pecadores y comer con ellos. Nótese el fuerte contraste en los primeros dos versículos entre los publicanos y pecadores por una parte y los fariseos y escribas por otra. Nótese también que el hecho de que se habla una vez más de comer relaciona todo esto con lo que se acaba de decir antes, en el capítulo 14, que se refería sobre todo al tema de la comida, a quién invitar a las comidas y cómo comportarse en ellas. Según el versículo 3, Jesús se dirige ahora a estas personas religiosas, es decir, a los escribas y fariseos, los que nunca han estado perdidos. Las tres parábolas que siguen se han vuelto tema popular en la tradición y el arte cristianos y frecuentemente se encuentran en los ventanales de las iglesias.

La primera de estas tres parábolas trata acerca de un pastor que pierde una de sus cien ovejas y de sus esfuerzos por encontrar la que estaba perdida.

Tradicionalmente vemos esto como una ilustración del amor extraordinario que Dios siente hacia los perdidos, y ciertamente esta es una buena interpretación. Pero lo que no vemos en tal caso es que la parábola habla también de las otras 99 ovejas que nunca estuvieron perdidas. Nótese que el pastor las deja a ellas "en el desierto" y parte en busca de la perdida. Lo que Jesús está contando son palabras fuertes para aquellas personas entre su audiencia que se quejaban porque Jesús comía con los pecadores. Según esta parábola, el buen pastor está dispuesto a dejar en el desierto a las 99 ovejas fieles mientras va en busca de la perdida. Aquellos fariseos y escribas que se quejaban de que Jesús comiera con los pecadores entenderían lo que esto quería decir. Ellos son las 99 ovejas que nunca han estado perdidas. Pero es precisamente por esa razón que serán dejadas en el desierto mientras el amoroso pastor va en busca de la otra. Y para cerrar esta parábola de tal manera que su enseñanza resulte inevitable, Jesús afirma que habrá más gozo en el cielo por un pecador arrepentido que por 99 que no necesitan arrepentirse. En otras palabras, hay más gozo en el cielo por uno de estos pecadores con quienes estoy comiendo y que se arrepiente que el que hay por todos los que piensan que nunca han estado perdidos.

Frecuentemente al interpretar esta parábola no nos percatamos (o preferimos no percatarnos) de un punto importantísimo: Jesús se está dirigiendo a los que nunca han estado perdidos y hablándoles a ellos de la atención preferencial que Dios les da a los perdidos. Muchos de los ventanales en las iglesias que representan esta parábola presentan al pastor, frecuentemente cargando a la oveja perdida, pero las otras 99 rara vez aparecen, y cuando lo hacen son sencillamente parte del trasfondo. Sería interesante imaginar otra composición pictórica que colocase a las 99 abandonadas en el desierto al frente de la pintura y al pastor que se va retirando en busca de la perdida.

Parte de la belleza de las parábolas radica precisamente en que van cobrando nuevos significados según el lugar en el que nos colocamos en ellas. En esta parábola en particular, nuestra tendencia es identificarnos con la oveja perdida. Naturalmente, tenemos que regocijarnos de que, habiendo estado perdidos, hemos sido encontrados. Y es importante también recordar que todos hemos estado perdidos como aquella oveja. Pero supongamos que nos colocamos en el lugar de las 99 que pensaban que no estaban perdidas. ¿Cómo no sentiríamos al ver que el pastor nos deja en el desierto para buscar a aquella otra? En tal caso, ¿qué nos diría Jesús? En estas parábolas hay una advertencia acerca de nuestra religiosidad, nuestra conducta supuestamente superior y nuestra dificultad para aceptar que otros, a quienes consideramos indignos, reciben una importancia que no merecen. O, puesto que no somos solamente ovejas, sino también pastores, ¿qué nos dice la parábola al leerla como pastores que hemos de imitar y seguir al Buen Pastor? En tal caso, ¿qué querrá decir la parábola al respecto de los programas de nuestra iglesia, nuestros presupuestos, nuestros comités y comisiones? ¿Cuánto de todos esos recursos y atención debería ir dirigido no a quienes somos parte de las 99 ovejas del rebaño, sino más bien a quienes consideramos "perdidos"?

b. 15.8-10: La moneda perdida.

Una vez más, Lucas combina una historia sobre un varón con otra acerca de una mujer. De igual manera que en la parábola de las ovejas inmediatamente pensamos que Dios es como el pastor que busca la oveja perdida, así también en la parábola de la moneda perdida debemos pensar que Dios es como la mujer que busca esa moneda. Esta segunda parábola dice bien poco acerca de las nueve monedas que no se han perdido. Tampoco hay referencia alguna a quienes no necesitan arrepentirse. Aquí el énfasis cae sobre lo perdido y sobre el gozo de hallarlo, y particularmente sobre las acciones de la mujer en busca de la moneda perdida. Luego, mientras la parábola de las ovejas inmediatamente llevaría a pensar en términos de nuestro papel como ovejas (ya seamos ovejas perdidas o no), esta otra parábola enfoca la atención sobre Dios y su actitud hacia lo perdido. Al tiempo que es posible hablar acerca de ovejas en términos de actitudes, y por tanto culpar a la perdida por haberse extraviado, no podemos hacer lo mismo en el caso de una moneda perdida. Luego, la parábola de la moneda perdida es más "teológica" en el sentido estricto de la palabra, puesto que nos obliga a pensar acerca de la naturaleza y acciones de este Dios que, como la mujer, busca la moneda perdida. La mujer insiste en su búsqueda, encendiendo la lámpara, barriendo, buscando cuidadosamente. Al leer esta parábola en relación con la anterior, nuestra atención pasa del interés por los perdidos, los encontrados y los que nunca han estado perdidos, a esta búsqueda por parte de Dios —el pastor que va tras la oveja perdida, o la mujer que busca la moneda perdida. La razón por la cual la pretensión de los escribas y fariseos —y también la nuestra hoy— de que son mejores que los demás ha de rechazarse no es solamente porque es de mal gusto, ni porque las gentes religiosas deberían estar más dispuestas a perdonar, ni tampoco porque tales actitudes crean resistencia. Todo esto puede ser cierto; pero la verdadera razón para buscar y amar lo que está perdido es que nuestro Dios es un Dios que busca y ama.

c. 15.11-32: El hijo perdido.

Llegamos ahora a una de las parábolas de Jesús más conocidas. La amamos tanto por el modo en que expresa el amor de Dios como algo semejante al del padre que espera por un hijo perdido, como por sus sutiles tonalidades psicológicas y religiosas. Como en las dos parábolas anteriores, Jesús se dirige ante todo a la gente religiosa y pía, es decir, a los escribas y fariseos. Puesto que buena parte de la narración se ocupa del hijo menor, tradicionalmente hemos llamado a esta parábola "El hijo pródigo". Pero el padre y el hijo mayor también son personajes importantes en la historia.

Muchos han señalado correctamente que el hijo menor prácticamente le está diciendo al padre que no puede esperar a que muera para cobrar la herencia. La existencia misma del padre es un obstáculo para este hijo en busca de sus propios fines. Por eso, al leer esta parábola como una indicación de la relación entre Dios como padre y sus hijos, la actitud de este joven es semejante a la de aquellos necios que según el Salmo 14.1 afirman que no hay Dios para entonces hacer lo que les plazca. Este hijo joven deseaba que su padre no existiera, para así poder hacer lo que quisiera con los bienes del padre.

Así vista, la parábola tiene cierta dimensión de mayordomía y describe por tanto a quienes hoy manejan sus bienes, su tiempo y todas sus vidas como si fueran verdadera y únicamente suyos —como si no fueran en última instancia propiedad de ese Dios cuya existencia negamos, si no en palabras explícitas, al menos en el modo en que manejamos la vida y los recursos. Como en el Salmo 14, en el día de hoy hay mucho ateísmo práctico —práctico en el sentido de que, al tiempo que decimos creer, actuamos como si no hubiera Dios, y práctico también en el sentido de que, quizá inconscientemente, muchos deciden ser ateos sencillamente para poder tener más libertad y hacer lo que les plazca.

Este hijo menor se fue "lejos a una provincia apartada". Esto establece un contraste interesante con las muchas parábolas de mayordomía en la que es el dueño, o Dios, quien se va a tierras lejanas. (Véase más arriba el excurso "La ausencia de Dios"). Pero, en todo caso, este hijo no es tan sabio al manejar sus recursos como pensaba serlo —y tampoco lo somos nosotros.

La primera gran sorpresa en la parábola es la respuesta del padre ante el regreso del hijo arrepentido. Fue "movido a misericordia", y le recibió con grandes honores. Es este aspecto de la parábola el que subrayamos cuando la empleamos en el contexto de la evangelización. Dios recibe al pecador arrepentido. Tanto subrayamos este punto que a veces aquí termina la historia.

Pero no es así. El hijo mayor, que parece haber sido solo un personaje secundario en el resto de la parábola, ahora se niega a participar del festín que su padre celebra en honor del pródigo. Se niega a entrar, no porque sea mal hijo, sino todo lo contrario, ¡porque se considera mejor hijo que el otro! Se enoja porque siempre ha servido a su padre fielmente y ahora su hermano menor es festejado como él mismo nunca lo ha sido.

En el contexto de esta combinación de tres parábolas, bien podemos imaginar que aquellos escribas y fariseos que habían estado criticando a Jesús por comer con los pecadores ahora entenderían que Jesús estaba describiéndolos como el hijo mayor. Ellos siempre han sido fieles y obedientes a Dios. Han trabajado como siervos de Dios. ¡Sería de esperarse que Dios se mostrara agradecido! Pero ahora este Dios a quien Jesús proclama resulta ser diferente. Es un Dios que, como el pastor que pierde una oveja, como la mujer que pierde una moneda, o como el padre que da a un hijo por perdido, se regocija cuando lo perdido es hallado.

Una vez más, la manera en que interpretemos la parábola y nos la apliquemos depende del lugar en que nos veamos dentro de ella. Lo más común es vernos como el hijo pródigo que ha sido bienvenido por este padre siempre amoroso. Ciertamente, tal interpretación siempre es cierta, puesto que si olvidamos que todos somos pródigos perdonados bien podemos caer en la actitud del hermano mayor. Pero al mismo tiempo que tenemos que recordar que Dios nos ha perdonado sencillamente por razón de su gracia, también tenemos que estar conscientes y confesar la posibilidad de caer en la actitud del hermano mayor. Somos miembros de la iglesia. Algunos somos líderes dentro de la iglesia. Estudiamos la Biblia. Predicamos. Invitamos a otros a regresar como lo hizo el pródigo. Escribimos libros. Trabajamos en programas para el bienestar de quienes nos rodean. Constantemente buscamos a Dios y queremos obedecer su voluntad. Son esos otros los que tienen que regresar, esos otros quienes tienen que reconocer su pecado y aceptar la gracia de Dios. Cuando oímos esta parábola, por mucho que recordemos que somos pródigos perdonados, la escuchamos desde una posición paralela a la del hermano mayor —o la de los escribas y fariseos. Como ellos, corremos el riesgo de ver en nuestra obediencia y fidelidad algo que hacemos no por razón de amor, sino por obligación, una especie de servidumbre en la que no hay deleite. O, lo que es peor, cuando tal cosa sucede, lo que le presentamos al mundo no es el padre del pródigo, sino el capataz exigente que el padre parecía ser a los ojos del hermano mayor. Constantemente estamos invitando a otros a venir a los brazos del Padre amoroso. Pero es muy posible que el carácter mismo de nuestra vida y de nuestra invitación le presente al mundo no ese padre a quien el pródigo descubrió, sino más bien el padre exigente que el hermano mayor creía tener.

Es importante notar que estas tres parábolas en Lucas 15 terminan con una nota de gozo. Hay alegría en el cielo; los ángeles se regocijan; hay un banquete de celebración ante el retorno del pródigo. Si las 99 ovejas se molestan porque se las ha dejado en el desierto mientras el pastor busca a la que se había extraviado, no podrán regocijarse debidamente cuando sea encontrada. Si el hermano mayor resiente la facilidad con que el padre ha perdonado a su hermano errabundo, él mismo se excluye del banquete y, lo que es más, de la experiencia del amor y la gracia del padre. Si los escribas y los fariseos insisten en ver la práctica de Jesús de comer con publicanos y pecadores como falta de pureza religiosa, perderán el gozo de saber lo que es el amor de Dios. Si los cristianos pretendemos predicar el evangelio al tiempo que nos consideramos a nosotros mismos como fieles hijos de Dios y miramos a los otros como hijos pródigos, posiblemente también perdamos algo del gozo del evangelio. ¡Y un evangelio sin gozo no es una buena nueva!

Para estudiar, pensar y discutir: Si está usted estudiando este comentario solo o sola, imagine por un instante que usted es un fariseo o un escriba, quien trata de obedecer la ley en todo y de servir a Dios en todas las cosas, y ahora escucha la parábola del hijo pródigo. ¿Qué le diría la parábola en tal caso? Suponga entonces que usted es una persona conocida por ser terriblemente pecadora y cuya vida se ha extraviado y oye la parábola. ¿Qué diría la parábola en tal caso? Suponga ahora que usted es un creyente fiel que asiste regularmente a la iglesia, diezma de todo lo que recibe y trata de llevar una vida tan pura como le sea posible. ¿Qué le diría la parábola en tal caso?

Si está usted estudiando este comentario como parte de un grupo, divida el grupo de tal manera que unos representen a los fariseos y escribas, otros a los cristianos más fieles en la iglesia y otros a un grupo de pecadores empedernidos. Tengan entonces una discusión en cuanto a lo que le diría la parábola a cada uno de esos grupos.

13. 16.1-13: Un bribón admirable.

Esta parábola, frecuentemente olvidada, es fundamental para ayudarnos a entender e interpretar las demás parábolas de Jesús. Ciertamente contradice la idea tan común de que las parábolas de Jesús son sencillamente bellas historias de personas admirables a quienes deberíamos imitar. No cabe duda de que muchas de las parábolas se refieren a tales personas: un sembrador, un padre amoroso, un buen pastor, una mujer que prepara pan, una mujer que se preocupa por una moneda que ha perdido. Pero hay otras que hablan de personas no tan admirables, como un necio que pretende asegurar su futuro sencillamente construyendo graneros mayores, y otro que, después de que se le ha perdonado una enorme fortuna que le debía al rey, no está dispuesto a perdonar una minucia que otro le debe. Pero esta parábola va más allá. No solamente trata de un bribón, ¡sino que lo toma por ejemplo! No ha de sorprendernos el hecho de que frecuentemente veamos en los ventanales de iglesias y en otros cuadros representaciones del padre amante que recibe al hijo que estaba perdido, o de un sembrador que esparce la semilla, o de un samaritano que ayuda a otro a la vera del camino. Pero hasta hoy nunca he visto un ventanal con un personaje de mirada taimada que le dice a otro: "Falsifica la cuenta. Pon menos de lo que en realidad es". ¡Y, sin embargo, esta parábola toma a este personaje como ejemplo digno de admiración!

Todo esto nos muestra claramente que no podemos pensar que las parábolas de Jesús son sencillamente enseñanzas y ejemplos morales. Sabemos sobradamente que, si estamos a cargo de la administración de la propiedad de otra persona, no debemos engañarla. Bien sabemos que no hemos de robar de quien nos emplea. Pero esto es precisamente lo que este hombre en la parábola hace. Y esto nos advierte que de igual manera que no podemos tomar lo que aquí se cuenta como justificación para la falta de honestidad por parte de un empleado, tampoco podemos tomar la parábola de los talentos como justificación para las inversiones sabias en el mercado de la bolsa y en el sistema económico presente. El hecho de que frecuentemente tomamos la parábola de los talentos como justificación para lo que de todos modos estamos haciendo, y no hacemos lo mismo con esta otra parábola, es un claro indicio de la propensión humana a interpretar las Escrituras según nuestra propia conveniencia.

La parábola misma es clara y sencilla. Un mayordomo todavía no ha sido despedido, pero ya se le ha avisado que lo será. En ese sentido, su condición es semejante a la de todos los seres humanos, quienes al presente tenemos vida, bienes, talentos, relaciones y tiempo que administrar, pero sabemos que a fin de cuentas seremos despedidos de esta vida. No sabemos cuándo se nos despedirá de esta administración temporal de tantas cosas; pero sabemos que seremos despedidos. El presente orden no es permanente. Nuestra autoridad sobre la vida, los bienes y todo el resto es pasajera. En el caso de la parábola, bien podemos imaginar que aquel mayordomo, hasta que se le avisó que sería despedido, se sentía seguro en su posición. Lo mismo nos sucede hasta que algo nos recuerda que nuestra administración también es provisional —que lo que tenemos no es realmente nuestro, y que nos será quitado.

El mayordomo se pregunta: "¿Qué haré?". Es la misma pregunta que se hace el necio rico en 12.17. Es de notar que en ambos casos se trata de la posesión de recursos materiales. El necio rico tiene más de lo que puede usar, y sencillamente decide construir mayores graneros. Es necio, no por decidir construir los graneros, sino porque piensa que de ese modo puede asegurar su futuro. Este mayordomo en el capítulo 16 se plantea la misma pregunta, no porque tenga tanto, sino porque inesperadamente se entera de que lo que tiene le ha de ser quitado. Luego, hay un contraste entre los dos hombres. El necio se imagina que realmente posee lo que tiene, y hasta que es propietario de su propia vida. El mayordomo sabe que lo que tiene no es verdaderamente suyo. El necio da por sentado que el orden presente continuará indefinidamente. El mayordomo sabe que un nuevo orden le aguarda.

El mayordomo bien podría seguir el camino del necio rico. Podría decirse: "Puesto que mi mayordomía es pasajera, la voy a emplear en darme gustos ahora, mientras pueda". Tal es la actitud de muchos hoy, y lo ha sido también a través de la historia. Nos decimos: "La vida es corta. Lo que tenemos no podemos llevárnoslo". Eso es cierto. Todos somos como el mayordomo en la parábola. Pero entonces añadimos: "Por lo tanto, voy a gozar de lo que tengo mientras pueda". Cuando tal es nuestra actitud, no somos más sabios que aquel necio rico del capítulo 12.

Pero aquel mayordomo también pudo haber pensado de una manera totalmente opuesta. Bien pudo decirse: "Puesto que todo esto que tengo pertenece a este orden pasajero, no me voy a ocupar más de ello. No voy a estar aquí para gozarlo por siempre. Por lo tanto, mejor me desentiendo de todo eso y pienso en alguna otra cosa". Tal es la actitud de quienes dicen que, puesto que las cosas materiales son pasajeras, deberíamos desentendernos de ellas y ocuparnos únicamente de lo espiritual, que es permanente. A través de la historia muchos cristianos han pensado tal cosa. El caso más claro es el de aquellos a quienes en la antigüedad se llamaba "gnósticos", para quienes el mundo y la realidad material eran un impedimento en el camino hacia la eternidad. Es también todavía hoy la actitud de muchos cristianos que insisten en que lo importante es la vida espiritual futura, y que por lo tanto lo que hacemos en el presente no tiene mayor importancia, ni la tiene tampoco el modo en que empleamos los dones que por el presente administramos.

Pero el mayordomo en esta parábola no sigue ni un camino ni el otro. Lo que hace es emplear la autoridad que todavía tiene dentro del orden presente para preparar su lugar en el orden futuro. Cuando su despido se vuelva efectivo, recibirá recompensa en el nuevo orden por lo que ha hecho en el viejo.

Esta también es una parábola de mayordomía. Todo lo que tenemos no es más que una administración pasajera. Todos hemos recibido anuncio de nuestro despido de esta vida. Y la parábola nos invita a ser como este bribón sabio, que está dispuesto a emplear la autoridad en el orden presente no como ese orden espera, sino a sabiendas de un nuevo orden que viene y en preparación para él.

Aunque la parábola nos escandalice, lo que está diciendo resulta claro. Pero sí hay dos puntos en los que la interpretación es difícil y que debemos por lo menos mencionar. El primero se encuentra en el versículo 8, y el segundo los versículos 9 y 11. En el versículo 8, no está claro quién es "el amo" que alaba al mayordomo bribón. La palabra que allí se emplea también podría entenderse como "Señor". En tal caso, no es el amo de la parábola quien alaba al bribón, sino el mismo Jesús. Naturalmente, esto no le quita fuerza a lo que acabamos de decir, sino que se la aumenta. Si entendemos que lo que tenemos aquí es un comentario de Jesús alabando al mayordomo, la parábola resulta más fuerte todavía. Entonces, en los versículos 9 y 11, Jesús parece relacionar la injusticia con las riquezas al decir que lo que la parábola nos enseña es que debemos ganar amigos "por medio de las riquezas injustas". A través de la historia, algunos de los más grandes teólogos de la iglesia han entendido esto en el sentido de que, dentro de un mundo injusto, toda riqueza es injusta. Otros lo entienden en el sentido de que las riquezas son injustas porque el mayordomo las está empleando de manera contraria a la justicia según su amo la entiende. El texto mismo no nos da indicio de cuál de estas interpretaciones sería la más acertada.

Para estudiar, pensar y discutir: ¿Hemos visto alguna vez un ventanal, un mural o alguna ilustración en una iglesia en la que se presente esta parábola? ¿Dónde? ¿Hemos predicado o escuchado a alguien predicar sobre esta parábola? ¿Se habla de ella con la misma frecuencia con la que hablamos del hijo pródigo, del buen samaritano o del sembrador? Jesús contó esta parábola sobre un bribón admirable y esta parábola ahora es parte de la Palabra de Dios con tanta autoridad como la parábola del buen samaritano. ¿Qué nos indica esto acerca del modo en que deberíamos interpretar las parábolas de Jesús?

14. 16.14-31: La Ley y los Profetas.

El resto del capítulo 16 debe leerse como una sola unidad, puesto que de otra manera los versículos 14 al 18 no parecen ser más que una extraña digresión o una serie de comentarios inconexos y crípticos. Pero en realidad esos versículos sirven de introducción y de contexto más amplio a la bien conocida parábola del rico y Lázaro (16.19-31).

La sección empieza relacionando lo que se acaba de decir con lo que viene. Esa conexión es provocada por la respuesta de los fariseos. En el versículo 14 se nos ha dicho que los fariseos se burlaban de Jesús porque eran avaros —es decir, porque la historia del mayordomo infiel iba contra su propia inclinación de acumular riquezas en este mundo. Según Lucas, hay una relación entre el amor de los fariseos hacia las riquezas y el modo en que se burlan de Jesús. Esto es importante. Las posturas teológicas y las opiniones religiosas no están completamente desconectadas de las agendas e intereses económicos. Los fariseos se consideran a sí mismos mejores que los pecadores y cobradores de impuestos, en parte porque pertenecen a una clase social supuestamente mejor. La razón por la que se burlan de la declaración de Jesús —que nadie puede servir a Dios y a las riquezas— es que ellos mismos aman las riquezas. Nótese la relación entre el versículo 14, que afirma que los fariseos eran avaros, y el 15, donde Jesús les dice: "Dios conoce vuestros corazones". Los fariseos buscan justificarse a sí mismos ante los demás diciendo que lo que Jesús enseña es ridículo. Jesús les dice que Dios ve las cosas de otra manera que los humanos.

Ante la burla de los fariseos, la respuesta de Jesús, tanto directamente a partir del versículo 15 como mediante la parábola que empieza en el 19, es insistir en que lo que él enseña está perfectamente de acuerdo con la Ley y los Profetas. El tema de la obediencia a las Escrituras de Israel relaciona la parábola del rico y Lázaro con su introducción en los versículos 14 a 18, que de otro modo parecerían una serie de comentarios inconexos que nada tienen que ver con lo que se acaba de decir o con lo que sigue. Luego, sería un error interpretar el versículo

16 como si quisiera decir que, después de Juan, la Ley y los Profetas ya no tienen valor. Ciertamente, ahora "es anunciado el reino de Dios". Pero la Ley todavía permanece. Ni siquiera una pequeña tilde pasará. Esa autoridad permanente de la Ley y los Profetas es lo que Jesús va a ilustrar en la parábola del rico y Lázaro. El comentario aparentemente inconexo acerca del divorcio en el versículo 18 es un ejemplo más de la autoridad de la Ley. Pero ahora "es anunciado el reino de Dios" de acuerdo y según la Ley y los Profetas. La frase que en nuestras Biblias se traduce como "todos se esfuerzan por entrar", también puede entenderse en el sentido de que "se urge a todos para que entren". Si seguimos la segunda opción, resulta más fácil relacionar lo que Jesús está diciendo con la parábola que aparece en 14.15-24, donde se habla de cómo los siervos han de forzar a las gentes para que entren al banquete que ha sido preparado. En el contexto del capítulo 16, estas palabras quieren decir que la Ley y los Profetas urgen a las gentes a aceptar la predicación del reino y entrar a él.

En el versículo 19, sin más introducción, Jesús empieza la historia del rico y Lázaro. Tradicionalmente se le ha dado al rico el nombre de "Dives" o "Divas". La Vulgata —la antigua traducción del griego al latín— dice *homo quidam erat dives*, lo cual sencillamente quiere decir que cierto hombre era rico. Pero esa palabra, que quiere decir "rico", se ha tomado por nombre propio para este personaje. El hecho es que la parábola no le da nombre a este señor. Esto es importante porque es un ejemplo más del gran vuelco en Lucas. Normalmente, son las personas importantes las que tienen nombre y renombre. Son alguien. Los demás no son nada. Pero en esta parábola el hombre rico y aparentemente importante no tiene nombre, mientras que el pobre e insignificante sí lo tiene. Desde el principio de la parábola, Jesús está ilustrando lo que acaba de decir: que "lo que los hombres tienen por sublime, delante de Dios es abominación" (16.15). Por otra parte, el nombre mismo de "Lázaro" significa "Dios ayuda". Y en la parábola veremos que tal es en verdad el caso.

Puesto que esta es la única parábola de Jesús en la que se da el nombre de uno de los personajes, y puesto que ese nombre es también el del hermano de María y Marta a quien Jesús resucitó de entre los muertos (Juan 11.1-45), la piedad popular ha confundido y unido a estos dos personajes. Por eso las imágenes de "san Lázaro" por lo general no representan al hermano de la mujer que, por lo menos, tenía una casa y podía ofrecerle hospitalidad a Jesús, sino a un mendigo vestido de harapos y rodeado de perros. En cuanto a lo histórico se refiere, esto es claramente errado. Pero a otro nivel, ilustra parte de lo que Jesús está diciendo: aquel hombre despreciado cuyos contemporáneos bien podrían pensar que estaba bajo maldición, es bendecido, y hasta merece el título de "santo".

La parábola empieza describiendo al rico y su vida, y luego contrastándolo con Lázaro y su condición. El rico "se vestía de púrpura y de lino fino". La púrpura era un tinte tan caro que se había codificado quién podía usarlo y quién no. Luego, quienes primero escucharon y leyeron esta parábola entendían fácilmente que este hombre era tan respetado que merecía ese honor particular, y también en cierto modo que era aprobado por las autoridades romanas. Es una persona importante y respetada —lo cual inmediatamente nos recuerda lo que Jesús acaba de decir en el versículo 14, que "lo que los hombres tienen por sublime, delante de Dios es abominación". Este hombre es tan rico que hace banquetes espléndidos no solamente en ocasiones especiales, sino cada día.

Y entonces aparece también Lázaro. Entre él y el rico hay una puerta o portón. Ese portón es otra señal de la riqueza e importancia del hombre, que excluye a quienes no se encuentren al mismo nivel. El rico puede fácilmente excluir a Lázaro, quien no puede pasar de la puerta. Lázaro no solamente está hambriento, sino que también parece ser un personaje inmundo a quien Dios ha maldecido, pues perros inmundos le lamen las llagas. Desde el punto de vista del prestigio, la riqueza y hasta la vida religiosa, el rico estaba muy por encima de Lázaro.

Entonces ambos mueren y hay un vuelco radical, incluso en el modo en que Jesús se refiere a su muerte. Lázaro murió "y fue llevado por los ángeles al seno de Abraham", mientras el rico sencillamente murió y fue sepultado. Pero el gran contraste llega al ver el resultado de la vida de cada cual: el rico se encuentra en el Hades, mientras Lázaro está en el seno de Abraham. Y aun después de tal vuelco en sus condiciones, el rico sigue considerándose más importante que Lázaro, puesto que quiere que este sea enviado primero a él para servirle, y si no, a sus hermanos.

(Es aquí que Abrahán declara que "una gran sima está puesta entre nosotros y vosotros, de manera que los que quieran pasar de aquí a vosotros no pueden, ni de allá pasar acá". Frecuentemente estas palabras se han usado como prueba de que el destino final de cada persona se decide en la vida presente, y que no hay esperanza de redención después de la muerte. Mientras esto bien puede ser el caso, estas palabras en medio de una parábola acerca de otro tema no son el mejor modo de probarlo).

La interpretación más común de esta parábola se refiere a las relaciones y las responsabilidades de los ricos para con los pobres. A través de la Edad Media esta parábola vino a ser la base de muchos sermones sobre la necesidad de dar limosnas. Frecuentemente se decía —y se dice todavía— que todo lo que el rico tenía que hacer para ser salvo era alimentar a Lázaro, o darle limosnas para que pudiera comprar comida. Por esa razón frecuentemente la imagen de san Lázaro cubierto de harapos y rodeado de perros se colocaba junto al arcón donde se recogían las monedas para los pobres. En cuanto a los pobres mismos, la parábola se empleaba para decirles que se consolaran sabiendo que, aunque ahora pasaran hambre, tendrían recompensa en el cielo.

Aunque tal interpretación puede ser útil, en realidad deja de lado el gran vuelco que es tema central en el Evangelio de Lucas. La parábola no trata solamente de un rico que se desentendió del pobre, sino también de un rico que acaba siendo pobre, y del pobre que recibe abundancia. Aquel que tenía festines diarios ahora no tiene ni siquiera agua para humedecer la lengua. Aquel a quien antes los inmundos perros lamían las llagas, y por lo tanto ni siquiera era contado entre los fieles hijos de Abraham, ahora se encuentra en el seno mismo de Abraham. Una vez más escuchamos ecos del cántico de María: "Quitó de los tronos a los poderosos y exaltó a los humildes. A los hambrientos colmó de bienes y a los ricos envió vacíos" (1.52-53).

Sin embargo, el tema del gran vuelco no agota lo que la parábola dice. En los versículos 29-31, la parábola se relaciona con el tema que Jesús ha estado discutiendo poco antes: la autoridad y guía de la Ley y los Profetas (vv. 16-17). Esto es lo que relaciona la parábola con su introducción. Jesús les está diciendo a quienes lo escuchan, que son avaros, que no necesitan de señales especiales o milagros para saber lo que tienen que hacer. Tienen la Ley y los Profetas, cuya autoridad es más permanente que el mismo cielo y la tierra (v. 17). También les está diciendo que su amor al dinero les impide escuchar y seguir lo que la Ley y los Profetas dicen. Al final de la parábola, cuando el rico quiere que Lázaro sea enviado para advertir a sus hermanos, Abraham le dice que ya tienen la Ley y los Profetas, y que eso debería bastarles. Cuando el hombre insiste en que, si Lázaro va y les advierte, se arrepentirán y harán lo que es debido, Abraham le responde que no es así. Si no han querido obedecer a Moisés y los profetas seguirán siendo desobedientes "aunque alguno se levante de los muertos". En otras palabras, no hay milagro capaz de llevar a la fe y la obediencia a aquellos cuyos intereses y valores son más importantes que la obediencia a Dios —como sucede con el amor al dinero de los fariseos, a quienes Jesús se dirige. Si los hermanos del rico no obedecen, aunque tienen a Moisés y los profetas, tampoco obedecerán si viene alguien entre los muertos para llamarlos al arrepentimiento. Su amor al dinero es tal que no les permite obedecer lo que ya saben, y tampoco les permitirá aceptar y creer lo que les diga alguien que venga de entre los muertos.

Resulta interesante notar que quien está contando esta parábola es precisamente quien más adelante volverá de entre los muertos. Se han escrito muchas obras tratando de probar la resurrección de Jesús. Tales obras parecen dar por sentado que, si podemos probar que Jesús resucitó, las gentes no tendrán otra alternativa que creer. Pero no es así. Los hermanos del rico no creerían. El principal obstáculo en el camino de la fe no es la falta de pruebas, sino más bien una sobreabundancia de intereses que se interponen en el camino a la fe y la obediencia.

Lo que es más, todo parecería indicar que el rico y sus hermanos pensaban que estaban en buenas relaciones con Dios. El hombre se vestía de púrpura.

Bien podemos imaginar que esos festines diarios que celebraba incluirían a los líderes religiosos, políticos y económicos de la región. Al mirarle, cualquiera podría imaginar que el rico había sido particularmente bendecido y que Dios había abandonado o maldecido a Lázaro. Según la opinión común, la abundancia de bienes, de poder y prestigio, es señal de una vida recta y de buenas prácticas religiosas. Y quien vive entre perros inmundos es prueba del otro lado de la moneda, es decir, recibe maldición porque no es tan religioso como quienes asisten a los banquetes dentro de la casa.

Pero la verdad es todo lo contrario: el rico sufre maldición y Lázaro es bendito. ¡Y todavía hoy hay quien confía en el "evangelio de la prosperidad"! Al hacer tal cosa, son como aquel rico que confiaba en sus riquezas.

Para pensar, estudiar y discutir: El teólogo y predicador alemán Helmut Thielicke ha dicho:

> No vendrá alguien de entre los muertos; no escucharemos una voz desde el cielo; y tampoco veremos algún milagro entre las nubes. Nada de esto vendrá a ti, quien eres uno de los cinco hermanos del hombre rico. No tenemos más que la Palabra, la Palabra hecha carne y crucificada, esa increíblemente silente Palabra que vino a nosotros tan pobre y despreciada como su hermano Lázaro. Porque verdaderamente quería ser su hermano.

¿Será esto cierto? En tal caso, ¿qué implica para nuestra predicación el modo en que nuestras iglesias se organizan y en general el modo en que vivimos?

E. 17.1–19.27: PREPARACIÓN PARA EL DISCIPULADO.

Continúa el camino hacia Jerusalén. En la última etapa de ese camino, Lucas centra la atención en las enseñanzas de Jesús a sus discípulos, particularmente en aquellas que tienen que ver con el reino de Dios. Las controversias con los líderes religiosos continuarán, aunque ahora no son el centro de la narración. A la postre, esas controversias llevarán a la cruz. Pero, por lo pronto, en estas últimas etapas del camino hacia Jerusalén, Jesús está preparando a sus discípulos para un camino continuo que les tomará toda la vida, llevando sus cruces y sabiendo que el reino de Dios está a la mano.

1. 17.1-10: La naturaleza de la fe.

Frecuentemente los intérpretes se muestran perplejos ante esta extraña colección de cuatro temas al parecer inconexos: el hacer tropezar a otros, el perdón, la fe de un grano de mostaza y la fidelidad de los siervos. Aunque en los demás Evangelios hay pasajes paralelos a estos, no aparecen juntos como aquí. Dejando a un lado discusiones acerca de las fuentes, la composición literaria y otras cosas por el estilo, podemos dar por sentado que Lucas ha juntado esta serie de dichos por alguna razón, y que por lo tanto debemos considerarlos en conjunto. Los cuatro dichos van dirigidos a los discípulos, en contraste con la sección anterior, que iba dirigida a los fariseos que se burlaban de Jesús y de sus enseñanzas.

El primer dicho (vv. 1-2) coloca todo el grupo en su contexto apropiado. Es una advertencia a los discípulos. Acaban de oír a Jesús reprender a los fariseos. Pero los discípulos no son como aquel hombre rico que amaba sus posesiones y su privilegio por encima de la Ley y los Profetas. Lo han dejado todo para servir a Jesús. ¡Tienen buenas razones para sentirse seguros! En ese contexto, las palabras de Jesús parecen ser una terrible advertencia, y debemos leer todo el pasaje desde esa perspectiva.

La advertencia es que, aunque siempre habrá quien tropiece, quien haga tropezar a otros lleva una responsabilidad aun mayor que quien tropieza. En el próximo dicho se tratará acerca del perdón. Pero eso no quiere decir que Dios sencillamente se desentenderá del pecado de quienes hacen pecar a otros. Su destino será peor que el de quien es lanzado al mar con una piedra de molino atada al cuello. Para entender la enormidad de esto, debemos recordar que según se pensaba en aquellos tiempos, el mar era símbolo del caos y del mal. Ser lanzado al mar sería entonces mucho más que ahogarse. Sería encontrarse en medio de la región donde el mal reina.

El segundo dicho se introduce con un llamado: "¡Mirad por vosotros mismos!". Sobre la base de lo que antecede, es una advertencia: los discípulos corren el peligro de volverse tropezadero para "uno de estos pequeñitos". Y lo sorprendente en medio de todo eso es que el pasaje se refiere ante todo ahora al perdón. Podríamos pensar que la manera en que los discípulos harán que otros tropiecen será alguna conducta inmoral, o falta de fe. Pero el peor tropezadero al que Jesús se refiere es no estar dispuesto a perdonar.

Aunque estas palabras acerca del perdón tienen un paralelo en Mateo 18.21-22, aquí el énfasis es algo diferente. Mateo habla de "setenta veces siete"; Lucas, de "siete veces al día". Lo que Lucas está subrayando en toda esta sección es una vida continua de discipulado. El perdón no solamente ha de ser ilimitado, sino que también tiene que repetirse constantemente. Es una práctica, un modo de vivir diariamente, más bien que una gran y magnánima acción.

Cuando miramos a toda la historia del cristianismo, y aún más a su condición presente, se ve claramente que el hecho de no querer perdonar ha sido uno de los tropezaderos más comunes para que otras personas lleguen al camino de la fe —quizá el tropezadero más común. Con demasiada frecuencia los cristianos estamos tan seguros de nuestra rectitud, de nuestras creencias ortodoxas y de qué es exactamente lo que Dios desea que nos convencemos de que no tenemos por qué perdonar a quienes difieren de nosotros en sus creencias, en su estilo de vida o en su modo de entender la voluntad de Dios. Sabemos que esto es falta de caridad; pero lo justificamos diciendo que estamos defendiendo la verdadera fe, siguiendo el camino estrecho. Al hacerlo, es muy posible que seamos esa clase de tropezadero al que Jesús se refiere en este pasaje. En tal caso, ¡no olvidemos lo de la piedra de molino!

En los versículos 5-6 pasamos del tema del perdón al bien conocido tema de la "fe como un grano de mostaza". En este caso, los discípulos proveen la transición al pedirle a Jesús: "Auméntanos la fe". Al leerlo dentro del contexto de lo que antecede, vemos que los discípulos sabiamente reconocen que lo que Jesús les está pidiendo es imposible. ¿Cómo hemos de perdonar a quienes más nos ofenden, y de hacerlo siete veces cada día? Para eso se necesitaría mucha fe, y esa fe es lo que los discípulos piden.

La respuesta de Jesús acerca de la "fe como un grano de mostaza" puede interpretarse de varias maneras, algunas de ellas mutuamente contradictorias. En primer lugar, hemos de notar que el griego original no dice, como a veces pensamos, "fe del tamaño de un grano de mostaza", sino sencillamente "como un grano de mostaza". Si pensamos que el centro de la cuestión es el tamaño de la semilla —y por lo tanto también de la fe—, entonces lo que Jesús está diciendo es que el problema de los discípulos es la pequeñez de su fe. Esa es la interpretación más común y se fundamenta en otros pasajes donde efectivamente lo que se dice acerca de la semilla de mostaza tiene que ver con su tamaño (particularmente Mateo 13.32 y Marcos 4.31, donde Jesús se refiere a la pequeñez de la semilla de mostaza como señal del reino). Pero si entendemos en el pasaje presente que la fe "como una semilla de mostaza" es sencillamente una fe semejante a la semilla de mostaza, entonces lo que Jesús dice significa algo diferente. La "fe" de la semilla de mostaza es estar segura de su meta. La semilla "sabe" que será una planta de mostaza. Y eso es lo que acontece. Si así entendemos el pasaje, la fe a la que se refiere Jesús es una fe tal que hace que los discípulos confíen en el resultado final de su discipulado y en el reino prometido, y, al confiar de tal manera, que sean capaces de perdonar a quienes no concuerdan con ellos o les ofenden.

De la semilla de mostaza, Jesús pasa a hablar de un sicómoro. Aquí la traducción crea ciertos problemas. En el griego hay dos maneras diferentes de expresar la clase de frase hipotética que nosotros empezamos con la palabra "si". Una de esas maneras se refiere a una condición que de hecho existe o pensamos que existe (como cuando decimos "si recuerdo bien", dando a entender que pensamos que ciertamente recordamos bien). La otra se refiere a una condición que no existe (como cuando decimos "si yo recordara", lo cual implica que en realidad no recordamos). En el pasaje que estamos estudiando aparecen ambas formas. La primera, en la referencia a la fe de los discípulos, dando a entender que de hecho los discípulos sí tienen esa fe. La segunda forma aparece en la referencia al sicómoro, dando a entender que los discípulos no le dirán que vaya a plantarse al mar.

La interpretación más común de este pasaje es que Jesús les está prometiendo a los discípulos que la fe les permitirá hacer lo que parecería imposible. Así, por ejemplo, frecuentemente se les dice a los creyentes que si tuvieran fe serían sanados —lo cual, aunque tiene algo de verdad, también implica que si no se sanan es porque no tienen fe, y que por tanto su enfermedad es culpa de ellos mismos. Pero hay también otra posible interpretación. No hay razón alguna para decirle a un árbol que se desarraigue y vaya a plantarse en el mar. El lugar apropiado para el sicómoro es la tierra, no el mar. Si los discípulos emplearan su fe para hacer tal cosa, eso sería sencillamente una especie de acto de magia. Dicho todo esto, es posible interpretar el pasaje como una forma de decir que los discípulos sí tienen fe, pero que, si tuvieran más, no sabrían qué hacer con ella y la usarían mal. El uso apropiado del poder de la fe siempre va unido a la obediencia —obediencia como la de la semilla de mostaza, que está llamada a ser planta de mostaza y lo será.

Pero hay todavía otra posible interpretación en vista del contexto en que esta frase aparece en Lucas. Jesús acaba de mandarles a los discípulos que hagan lo imposible: que perdonen a los demás siete veces, y que lo vuelvan a hacer al día siguiente, y al siguiente, y por siempre. Los discípulos piden más fe para poder obedecer ese mandato. Jesús sabe que lo que les está pidiendo a sus discípulos es difícil y requiere mucha fe —una fe aun mayor que la necesaria para mandarle a un árbol que se arranque a sí mismo y se vaya a plantar en el mar. Esta interpretación relacionaría lo que se acaba de decir con el cuarto y último de los dichos de Jesús en esta sección, que tiene que ver con la imposibilidad y sin embargo necesidad de obedecer al Señor en todas las cosas.

El último dicho o tema en esta serie (vv. 7-10) toma la forma de una breve parábola. Empieza con lo que parecería ser una proposición ridícula —lo que inmediatamente nos recuerda al árbol en medio del mar. La parábola se centra en la actitud de un amo hacia su siervo. Aparentemente se trata de una familia relativamente pequeña, en la que se espera que un solo siervo haga todo el trabajo en los campos, arando o apacentando el ganado, y además se ocupe de preparar la comida para el señor y servírsela. En tales condiciones, el siervo que regresa del campo no espera que el amo le sirva. Al contrario, sabe que ahora tiene que preparar la comida para el amo y servirle. Esto es sencillamente lo que se espera de un siervo, y el amo ni siquiera tiene que darle gracias por ello.

> Dios es el amo, y el ser humano es su siervo. En realidad, la relación del humano para con Dios es como la de un siervo ante su señor, y ciertamente esto excluye toda idea de que se le va a dar alguna recompensa, o al menos la limita. El siervo es propiedad del amo, le pertenece como su esclavo en cuerpo y alma. Por lo tanto, no tiene ningún derecho especial a exigir una recompensa.
>
> **Günther Borkamm**

Pero entonces, la parábola toma un nuevo giro. Empezó refiriéndose al amo —"¿quién de vosotros, teniendo un siervo...?". Pero ahora trata acerca del siervo: "Así también vosotros, cuando hayáis hecho todo lo que os ha sido ordenado...". Lo que todo esto quiere decir es que, por mucho que el siervo haga por el amo, no está haciendo más de lo que se espera de él; lo mismo es también cierto de los discípulos. Si relacionamos todo esto con el primero de esta serie de cuatro dichos, la parábola quiere decir que, aun cuando los discípulos hayan perdonado a alguien setenta veces al día, y lo hayan hecho día tras día, no estarán haciendo sino lo que se espera de ellos.

Tomados en conjunto, estos cuatro dichos son a la vez una palabra de juicio y de gracia; son tanto ley como evangelio. Establecen medidas inalcanzables. Muestran cuán pobre es todo discipulado. Pero al mismo tiempo libran al siervo —y a los discípulos— de la expectativa onerosa de ganarse el amor de Dios haciendo todo lo que se espera de ellos mediante una obediencia absoluta. Bien podríamos aplicar a esto lo que dice Lutero al respecto de que la ley es como un rayo que hiere un árbol: por una parte, mata al árbol, pero al mismo tiempo, hace que sus ramas apunten hacia el cielo.

En siglos pasados, lo que aquí se dice acerca de "siervos inútiles" ha ocupado un lugar importante en el debate entre protestantes y católicos romanos acerca de los "consejos de perfección", las "obras de supererogación" y el "tesoro de los méritos". Durante la Edad Media, los teólogos establecieron una distinción entre los mandamientos y lo que llamaban "consejos de perfección". Los mandamientos tienen que ser obedecidos por todos. Los consejos han de ser seguidos por quienes quieran ir más allá de la obediencia y ser perfectos. Así, el consejo de la pobreza voluntaria se basa en Mateo 19.21, donde Jesús le dice al joven rico que ha obedecido todos los mandamientos: "Si quiere ser perfecto, ve, vende lo que tienes, y dáselo a los pobres" (palabras que no aparecen en el pasaje paralelo en Lucas 18.18-25). Y el consejo sobre el celibato se basa en las palabras de Pablo en 1 Corintios 7.38 en el sentido de que quien se casa hace bien, pero quien no se casa hace mejor. Puesto que el hecho de seguir tales consejos de perfección es más de lo que los mandamientos requieren, quienes lo hacen están haciendo "obras de supererogación", y el mérito de tales obras viene a ser parte del tesoro de méritos que la iglesia administra mediante los sacramentos —particularmente el de la penitencia, y su consecuencia, las indulgencias.

En medio del debate acerca de si la salvación es por obras o por fe, y acerca del mérito de las obras, que tuvo lugar a partir de la Reforma protestante, ambos bandos se apoyaron en este pasaje. Quienes sostenían que la salvación es por el mérito de las obras entendían este pasaje como un llamado a hacer más obras. Por su parte, quienes insistían en que la salvación es solamente por gracia señalaban esta parábola que afirma que quien hace todo cuanto puede todavía no es más que un siervo inútil. Luego, las que podrían parecer palabras fuertes que señalan que, si se mide por la ley, todo discípulo fracasa, son en realidad palabras de gracia que recuerdan el amor del Señor hasta por estos siervos inútiles.

> Estamos acostumbrados a exigir que una ética sea práctica. Si eso es lo que queremos, ¡vayamos a Aristóteles! La ética del evangelio es seria… Tomar en serio la voluntad de Dios requiere que reconozcamos que es imposible hacerlo. Pero esa imposibilidad no es excusa.
>
> **Emil Brunner**

2. *17.11-19: Diez leprosos son limpiados.*

Lucas nos dice que esto aconteció cuando Jesús "pasaba entre Samaria y Galilea". Algunos han sugerido que la poca exactitud de este dato indica que Lucas no era buen conocedor de la geografía de la región. Pero lo más probable es que Lucas no vea razón para dar detalles acerca del lugar en que esto sucedió, sino que solamente desea recordarnos que estamos todavía en el largo camino que lleva de Galilea a Jerusalén. Además, la referencia a este territorio que bien puede haber estado a un lado u otro de la frontera entre Galilea y Samaria sirve de trasfondo a la historia misma, en la que un samaritano tiene un lugar importante.

La historia es relativamente sencilla, y no tenemos por qué detenernos en sus detalles. El tema de la maravillosa e inmerecida gracia de Dios relaciona esta historia con la parábola anterior acerca del amo que nada le debe al siervo. En este caso, el samaritano que regresa está agradecido por lo que Jesús ha hecho, mientras los otros parecen sencillamente pensar que lo que ha sido hecho por ellos no tiene nada de extraordinario.

Sin embargo, hay otra dimensión en la historia que resuena con el tema del gran vuelco de Lucas. Lo peor de la lepra no era la enfermedad misma, sino el aislamiento al que llevaba. La ley de Israel lo decía claramente: "Manda a los hijos de Israel que echen del campamento a todo leproso" (Números 5.2). Lo que es más, la responsabilidad de asegurarse de no tener contacto con otras personas se colocaba sobre los hombros del leproso, que debía anunciar su presencia: "El leproso que tenga llagas llevará vestidos rasgados y su cabeza descubierta, y con el rostro semicubierto gritará: '¡Impuro! ¡Impuro!' " (Levítico 13.45). Ser leproso no era solamente sufrir la enfermedad misma, sino también ser echado fuera tanto de la familia como de la sociedad.

Por otra parte, todavía le quedaba cierta esperanza al leproso. Puesto que eran varias las enfermedades que recibían el nombre de lepra, siempre era posible que algunos de los síntomas desaparecieran, y había que dejar lugar para tales casos. La ley establecía un procedimiento para restaurar a los leprosos, lo cual incluía primero un examen por parte de un sacerdote y luego un complejo ritual de limpieza (Levítico 14.2-72).

Dadas tales circunstancias, la historia que Lucas cuenta tiene dimensiones adicionales. En primer lugar, notamos que Jesús no sana de inmediato a los diez leprosos. Sencillamente les dice que vayan y se muestren a los sacerdotes, como si ya estuvieran sanos. Es de notarse el hecho de que todos ellos tienen suficiente fe para obedecerle, aun cuando todavía no han sido sanados. Es de camino a ver a los sacerdotes que descubren que han sido sanados. Al notarlo, uno regresa a darle las gracias a Jesús; los otros nueve continúan su propio camino, lo que les llevará a ser restaurados en sus comunidades. Frecuentemente nos olvidamos de estos nueve, o decimos que eran incrédulos. Pero el texto dice —o al menos implica— que creyeron a Jesús y le obedecieron siguiendo sus instrucciones de presentarse a los sacerdotes.

Pero este extraño individuo entre los diez, al descubrir que ha sido sanado, pospone su visita a los sacerdotes y regresa para darle las gracias a Jesús. Al hacerlo, está desobedeciendo a Jesús —o al menos posponiendo su obediencia—, pues Jesús le ha dicho que vaya ante los sacerdotes. Y aún más, al volver para expresar su gratitud está posponiendo la restauración con su familia y comunidad. En cierto modo, sus palabras son un ejemplo concreto de lo que Jesús dijo antes, que no se debe amar a padre/madre, esposa/o, hijos/as o hermanos/as por encima de él y de la nueva comunidad del reino (véase el comentario sobre 14.25-33).

Lo que más sorprende de todo esto no es solamente que este leproso regresó, sino que era un samaritano —como Jesús dice, un "extranjero". Es de suponer que los otros nueve, o al menos la mayoría de entre ellos, eran judíos. Todos eran personas marginadas por razón de su lepra. Pero este otro es particularmente despreciable para los judíos porque es samaritano. Quien lo ha sanado, Jesús, es judío, y se supone que los judíos desprecien y aborrezcan a los samaritanos. Quizá podemos imaginar que la razón por la cual estaba tan agradecido por haber sido sanado era que no solamente había recibido la salud, sino que también había sido aceptado por parte de este extraño maestro judío. Luego, el gran vuelco toma un nuevo giro: quienes más marginados y excluidos están, pueden también sentir mayor gratitud hacia este Señor que los incluye. Aquellos cuya experiencia en medio de la comunidad es de una dolorosa exclusión, bien pueden ser quienes, por esa misma razón, reciban el evangelio con mayor gozo.

Cuando unimos esta historia con lo que Jesús acaba de decir acerca de perdonar siete veces cada día, lo que esto quiere decir para la iglesia debería ser claro: tenemos que perdonar a quienes consideramos absolutamente imperdonables —particularmente a ellos—, porque bien puede ser que entenderán mejor que los demás y que nosotros mismos la gracia y el poder salvador del evangelio.

3. 17.20-37: La venida del reino.

Por varias razones, este es uno de los pasajes más difíciles de interpretar en todo el Evangelio de Lucas. En primer lugar, no hay conexión clara entre este pasaje y el resto de la narración. A partir de aquí y hasta 18.30, Lucas da muy pocos indicios de dónde o cuándo tienen lugar los acontecimientos. En 17.20, no se nos dice una palabra acerca de eso, y lo mismo sucede en 17.22 y 18.1, donde Lucas sencillamente dice "dijo" o "también". En 18.9, encontramos las palabras "dijo también esta parábola". Y en 18.18, la historia se introduce únicamente con las palabras "un dignatario le preguntó". No es sino en 18.31, tras otra introducción igualmente vaga, que Lucas nos recuerda que estamos camino a Jerusalén. A partir de entonces, la narración continúa.

En segundo lugar, está la cuestión de la mejor manera de traducir la palabra griega *entos*. Según diversas traducciones, todas igualmente factibles, Jesús puede estar diciendo que el reino de Dios está "dentro de vosotros", "entre vosotros" o "cerca de vosotros". La primera traducción da a entender que el reino de Dios es algo que está dentro de cada individuo, y que por tanto tiene que ver principalmente con las actitudes internas y con la relación personal con Dios. Aunque esta interpretación es la más común, presenta la dificultad de que Jesús no se lo está diciendo a los discípulos, sino a los fariseos. ¿Les estará diciendo a los fariseos que el reino de Dios está dentro de ellos? Si, por otra parte, decimos "entre", todavía eso puede resultar ambiguo, pues puede querer decir por una parte que el reino consiste en las relaciones interpersonales, o también puede ser una afirmación cristológica, afirmando que el reino de Dios está presente en Jesús y por tanto está "entre" ellos. Y algo parecido puede decirse si se traduce la frase como "cerca de vosotros".

Otra dificultad es que no está claro qué es lo que se está discutiendo. En la primera parte de la narración (vv. 20-21), los fariseos preguntan cuándo, y Jesús les responde dónde. Entonces, empezando en el versículo 22, Jesús se dirige a sus discípulos principalmente en términos de cuándo, pero todavía la pregunta de los discípulos al final es: "¿Dónde, Señor?" (17.37).

A pesar de todo eso, la dirección general del pasaje resulta clara e incluye una advertencia fundamental. Ha habido épocas en las que la gente ha seguido viviendo como si fueran tiempos ordinarios —comiendo y bebiendo, casándose, comprando y vendiendo, plantando y construyendo (vv. 27-28)—, sin hacer caso alguno de los acontecimientos catastróficos que estaban a punto de tener lugar, como el diluvio y la destrucción de Sodoma. Es significativo el hecho de que, en este pasaje, esos tiempos no se nombran sobre la base de quienes no hicieron caso, sino más bien sobre la base de quienes vieron un futuro diferente —Noé y Lot. Ahora Jesús anuncia circunstancias semejantes, pues "así también será en los días del Hijo del hombre" (v. 26). Lo que esto quiere decir es que, mientras las gentes siguen viviendo sus vidas ordinarias como si nada importante estuviera teniendo lugar, los discípulos deberían ver un futuro diferente y actuar como quienes conocen ese futuro, como lo hicieron Noé y Lot.

Esta advertencia ha sido particularmente valiosa a través de la historia cuando los cristianos han sido generalmente aceptados y hasta respetados por la sociedad y sus estructuras de poder y prestigio. En tales condiciones nos resulta muy fácil olvidar que, como Noé en tiempos de diluvio y Lot antes de la destrucción de Sodoma, sabemos de un futuro diferente que el mundo no conoce. En tales casos, estamos tentados a seguir viviendo como siempre, como si nada extraordinario hubiera tenido ni tendrá lugar en Jesucristo —o, citando las palabras de Jesús, comiendo, bebiendo, comprando, vendiendo, plantando y edificando. Tales actividades son buenas y necesarias, pero deben ser manejadas a la luz de la esperanza cristiana de la venida de "los días del Hijo del hombre".

Dentro del contenido general del pasaje hay otra advertencia. Jesús está diciéndoles una vez más a los discípulos que la vida no será fácil. Él mismo "es necesario que padezca mucho y sea desechado por esta generación" (v. 25). Días vendrán "cuando desearéis ver uno de los días del Hijo del hombre, y no lo veréis" (v. 22). Lo que quiere decir aquí la frase "uno de los días" no está del todo claro. ¿Se refiere Jesús a ciertos momentos de victoria y esperanza que pueden servir de atisbos del día final en el que el Hijo del hombre será revelado? ¿Se trata de una frase paralela a los "días de Noé" y los "días de Lot", de tal manera que los discípulos pueden ver señales de que, aun cuando el mundo continúa como antes, en realidad ya han venido los días del Hijo del hombre? Sea cual fuere el sentido exacto de la frase, no cabe duda de que Jesús les está advirtiendo a sus discípulos de los tiempos difíciles por venir —tiempos que serán particularmente difíciles porque, como Noé antes del diluvio o Lot antes de la destrucción de Sodoma, la vida parecerá continuar igual que siempre, y los discípulos tendrán que marchar a un ritmo diferente del resto del mundo en torno a ellos.

Entonces el pasaje incluye una tercera advertencia. En medio de las tribulaciones de esos días, los discípulos estarán tentados a creer a cualquiera que les diga "Helo aquí" o "Helo allí". Mientras tales anuncios resultan particularmente atrayentes para los discípulos que están asediados, Jesús les advierte que no han de prestarles atención. A simple vista esto parecería contradecir lo que acaba de decir acerca de no poder reconocer el reino mediante la mera observación analítica. Ahora les dice a sus discípulos que no tienen necesidad de escuchar a tales presuntos profetas, puesto que el día del Hijo del hombre será visto por todos "porque como el relámpago que al fulgurar resplandece desde un extremo del cielo hasta el otro, así también será el Hijo del hombre en su día" (v. 24).

Esta advertencia resulta particularmente valiosa para los cristianos que por cualquier razón son marginados o rechazados. En tales circunstancias, resulta extremadamente fácil escapar en pos de expectativas escatológicas descabelladas y creer lo que dicen ciertos "profetas" que pretende saber cuándo y dónde vendrá el reino. Mientras tales reclamos puedan parecer descabellados para los cristianos que pueden continuar comprando y vendiendo, construyendo y plantando, como si nada estuviera aconteciendo, resultarán muy atrayentes para aquellos otros cristianos que no tienen con qué comprar las necesidades más importantes de la vida, que solo plantan lo que otros han de comer y construyen casas donde otros han de vivir. (Bien podemos imaginar que, en medio de las burlas de sus vecinos, Noé estaría tentado a ver en cada gota de lluvia una señal de que el diluvio por fin llegaba).

A partir del versículo 31, el texto aplica lo que se ha dicho sobre los ejemplos de Noé y de Lot. En aquellos tiempos, solamente quienes estaban listos para un futuro escondido pero cierto lograron sobrevivir. De igual manera, en el día en que se revele el Hijo del hombre, el destino de las gentes estará sellado y ya para entonces será demasiado tarde para optar por un futuro que antes se rechazó. Optar por tal futuro bien puede privarnos de la seguridad que buscamos en el orden presente. Pero, con palabras que se hacen eco de lo que ha dicho anteriormente, Jesús les recuerda a sus discípulos que "todo el que procure salvar su vida, la perderá, y todo el que la pierda, la salvará" (v. 33).

La advertencia general acerca de la necesidad de optar por el orden futuro —de decidir entre asegurarse la vida y perderla— ocupa el centro de atención en los versículos 33-35. (Resulta sorprendente encontrar aquí la referencia a "aquella noche" después de un pasaje en que constantemente se habla de "días". Puede ser la manera dramática de completar la conversación. Y es también una referencia indirecta a la venida del Hijo del hombre de forma inesperada, como ladrón en la noche [12.39-40]). Aquí tenemos dos parejas: una de ellas está en la cama y la otra está moliendo el grano. Gramaticalmente, se emplean pronombres masculinos para quienes están en la cama. Tal sería el uso corriente en griego si se tratase de un hombre y una mujer. Pero se nos dice explícitamente que las dos personas que están moliendo el grano son mujeres, y por lo tanto podemos pensar que se trata de un caso más en el que Lucas combina dichos o hechos sobre varones con otros sobre mujeres. En todo caso, lo que el pasaje quiere decir está claro: personas que a simple vista parecerían llevar vidas idénticas al presente, en realidad pertenecen a distintos futuros —y en "aquella noche" ya será demasiado tarde para hacer cambios.

Por último, está el dicho críptico al final mismo del pasaje: "Donde esté el cuerpo, allí se juntarán también las águilas" (v. 37). La dificultad se hace mayor por cuanto la palabra que aquí se traduce como "águilas" también se puede traducir por "buitres". Si se trata de águilas, algunos intérpretes sugieren que, de igual manera que el águila cae inadvertidamente sobre su presa, así también el día del Hijo del hombre vendrá inesperadamente. También es posible que el aforismo quiera decir lo contrario, en el sentido de que es el Maligno quien cae inesperadamente sobre su presa. Y puede haber también otra interpretación. El águila era el símbolo del Imperio romano y particularmente de sus legiones conquistadoras. Sabemos que, en Palestina durante el primer siglo, los judíos veían el águila como símbolo de una odiada ocupación militar. ¿Será que aquí Jesús está sugiriendo sutilmente (como lo haría el Apocalipsis explícitamente más tarde) que el Imperio romano está al servicio de los poderes del mal y cae como águilas sobre los hijos de Dios? Es imposible saber cuál de estas interpretaciones es la más acertada.

4. 18.1-4: Una parábola sobre la oración.

Una vez más, Lucas nos presenta esta parábola sin darnos indicio del contexto en que Jesús la pronuncia. Pero la introducción misma parece indicar que hay una relación entre la parábola que Jesús está a punto de decir y la sección anterior acerca de la venida del reino y la necesidad de vivir en espera del día del Hijo del hombre. Esta impresión se confirma en las últimas palabras de esta sección: "Cuando venga el Hijo del hombre, ¿hallará fe en la tierra?" (v. 8). En otras palabras, la parábola misma se coloca en el contexto de la vida en el tiempo difícil en que se espera, pero todavía no llega el día del Hijo del hombre. Durante ese período de sufrimiento en espera de una vindicación final, el único modo de permanecer fieles es concentrarse continua y persistentemente en la promesa del orden venidero. Es por esto que inmediatamente después de la sección acerca de los días difíciles que los discípulos han de vivir mientras esperan el día cuando el Hijo del hombre sea revelado, Jesús pronuncia "una parábola sobre la necesidad de orar siempre y no desmayar".

La parábola misma es relativamente sencilla. Como en muchas otras parábolas, Jesús establece un contraste entre dos personajes. Uno de ellos es un juez poderoso que no se ocupa mucho de las demás personas; el otro es una viuda que ha sufrido injusticia. Cualquier judío que escuchara esta historia inmediatamente pensaría en la insistencia con que las Escrituras hebreas mandan que se haga justicia con las viudas y se les proteja, así como con los huérfanos, los pobres y los extranjeros. La razón por la cual la Biblia insiste tanto en esto es que normalmente las viudas no tenían quién las defendiera o protegiera. En el orden social de aquellos tiempos, una mujer necesitaba que algún hombre reclamara sus derechos. Puesto que una viuda normalmente carece de tal hombre, es responsabilidad de todo el pueblo de Dios ocuparse de ella y asegurarse de que se le haga justicia —particularmente si la viuda no tiene hijos varones. Pero en la historia que Jesús cuenta ahora, este juez, que no teme a Dios, no tiene por qué intervenir a favor de la viuda. A la postre, la insistencia de la viuda le obliga a actuar. (Lo que en nuestras Biblias se traduce como "me es molesta", también podría traducirse como "me ha amoratado el ojo", y puede referirse tanto a un ataque físico como a algo que puede dañar la reputación de la persona). Luego, la razón por la cual el juez actúa a favor de la viuda no es que sienta compasión o busque justicia; sencillamente desea que no lo moleste más.

Jesús entonces añade que, si este juez injusto prestara atención a los reclamos insistentes de la viuda, mucho más Dios, que "hará justicia a sus escogidos que claman a él día y noche". El juez demoró en hacer justicia cuanto pudo. Pero Dios "pronto les hará justicia". Hay que subrayar ese contraste entre la demora del juez y la prontitud de Dios. Si no se hace, es posible interpretar mal la parábola (como a menudo se hace), en el sentido de que Dios es como aquel juez injusto, que a la postre responderá a la oración, no por justicia o por compasión, sino abrumado por la insistencia de quienes le piden. Tal interpretación parece dar a entender que Dios es el adversario del creyente, de igual manera que el juez de la parábola, que por el hecho mismo de no actuar, tomaba el partido contrario a la viuda. Eso es todo lo contrario a lo que la parábola propone. Jesús está diciendo que Dios, quien es amante y no carente de compasión como el juez, responderá prontamente y no demorará a la espera de que se le insista y se le obligue, como lo hace el juez.

¿Por qué, entonces, la necesidad de "orar siempre y no desmayar"? Porque, como vimos en la sección anterior, los discípulos viven en tiempos difíciles en los que desean ver los días del Hijo del hombre y su victoria final. Están en condiciones semejantes a Noé cuando sus vecinos se burlaban de él. El único modo de permanecer firmes en tal situación es orar constantemente, y así participar por adelantado de la victoria del Señor. La manifestación final y completa no vendrá sino en el día cuando el Hijo del hombre será revelado. Pero quienes oran constantemente experimentan la garantía de su victoria.

En vista del modo en que esta parábola se emplea comúnmente, es importante decir algo acerca de aquello por lo que los discípulos han de orar. La parábola no se refiere a lo que deseamos. El propósito de la oración constante no es recibir la "bendición" de las riquezas o de la prosperidad. No es tampoco asegurarnos de una vida "exitosa" en los tiempos presentes. Es más bien confiar en la victoria aun en tiempos cuando no parezca ser más que una ilusión, como cuando Noé y Lot sabían que tenían razón aun cuando sus vecinos pensaran lo contrario —y a la postre resultó que efectivamente la tenían.

5. 18.9-14: Una parábola sobre la humildad.

La próxima sección en el Evangelio de Lucas es la parábola del fariseo y el publicano. También esta parábola se introduce sin mayor explicación en cuanto al momento o el lugar en que Jesús la pronunció. El pasaje dice sencillamente que Jesús "dijo también esta parábola". Por el tema del que trata, esta parábola es una especie de puente entre lo anterior y lo que sigue. Lo que viene inmediatamente después de esta parábola son las palabras de Jesús acerca de cómo los niños entran al reino y la historia del joven rico en la que —como en la parábola presente— vemos que el orgullo y la soberbia son un obstáculo para entrar al reino.

Al leer esta parábola, debemos evitar que la referencia al fariseo haga de ella una parábola acerca de la hipocresía. Aunque a veces en los Evangelios se habla de la hipocresía de los fariseos, en realidad los fariseos se contaban entre las personas más religiosas —sinceramente religiosas— en el pueblo de Israel. Su deseo de obedecer la ley hasta en sus más mínimos detalles los llevaba a estudiarla asiduamente y a discutir cómo debía interpretarse y aplicarse en todas las circunstancias de la vida. Luego la parábola no es acerca de la hipocresía y la sinceridad, sino más bien acerca del gran vuelco que tiene un lugar predominante en todo el Evangelio de Lucas. En este caso, el vuelco es religioso. Nótese el paralelismo entre esta parábola y lo que Jesús dijo antes acerca de los huéspedes en un banquete. Quienes toman los puestos de honor serán humillados y quienes toman los puestos más humildes serán exaltados. El fariseo no se acerca al publicano, aparentemente por temor a contaminarse con quienes son menos puros que él. El otro se aparta porque no se considera a sí mismo digno. Pero en realidad este que se aparta por cuenta propia está más cerca de Dios.

> Satanás tiende una emboscada para sorprenderte y hacerse dueño de ti en el momento [de tu victoria]. Te embriaga de orgullo por el dulce sonido de tu voz, por la belleza de tus cantos que son más dulces que la miel y su panal. Y entonces no te das cuenta de que todo eso le pertenece a Dios, y no a ti mismo.
>
> **Martyrius de Antioquía**

Todo lo que el fariseo dice que hace es bueno, y todo lo que dice que no hace es malo. Dar diezmos y ayunar son buenas prácticas religiosas que las Escrituras recomiendan. Ser ladrón, injusto, adúltero o explotador de los demás (como los publicanos) no son características recomendables. Jesús no está diciendo que no deba hacerse lo que hace el fariseo (ayunar y diezmar); tampoco dice que deba uno dedicarse a actividades como las de estos publicanos que viven explotando al pueblo y colaborando con los opresores. Está diciendo más bien que cuando el fariseo emplea su religiosidad para considerarse mejor que el publicano no será justificado. Y que cuando una persona tal como este publicano reconoce su pecado será justificada. El vuelco está en que uno que trae su pureza, su religiosidad y su obediencia, y confía en ellas, está más lejos de Dios que este otro que sencillamente trae miseria, debilidad y dependencia.

Como otras parábolas, lo que esta quiere decir para nosotros depende del lugar en que nos coloquemos dentro de la historia. Nuestra reacción normal es identificarnos con el publicano, porque no somos orgullosos ni hipócritas, como pensamos que lo era el fariseo. Pero la verdad es que, como personas religiosas, repetidamente nos enfrentamos a la tentación de no adoptar la actitud del publicano, sino la del fariseo. No cometemos los males que otros cometen; servimos a Dios mejor que nuestros vecinos; asistimos a la iglesia y damos ofrendas…

Y, como tantas otras parábolas, esta tiene fuerza para sorprendernos, y para hacerlo una y otra vez. Se cuenta de un maestro de escuela dominical que, después de una magnífica lección sobre la parábola del fariseo y el publicano, dirigió a la clase en oración: "Señor, te damos gracias porque tenemos tu Palabra en la iglesia y, por lo tanto, no somos como el fariseo…". La contradicción entre lo que la parábola dice y la oración de este maestro resulta obvia, y hasta irrisoria. Pero si nos detenemos a pensarlo veremos que, con nuestra propia sonrisa al escuchar esa historia acerca de cómo el maestro no comprendía la parábola, secreta e inconscientemente estamos diciendo: "Señor te doy gracias que yo no soy como ese maestro, que no entendía tu parábola…".

6. *18.15-30: La entrada al reino.*

Tras la parábola del fariseo y el publicano vienen dos episodios en los que las actitudes y acciones de diversas personas le dan a Jesús ocasión para comentar acerca de lo que se requiere para entrar al reino. En este punto, Lucas vuelve a emplear el orden narrativo de Marcos, y una vez más estos dos Evangelios son paralelos.

a. *18.15-17: Los niños.*

Lucas cuenta esta historia, que aparece también en Marcos, y la cambia poco. Normalmente se entiende que la parábola de Jesús acerca de los niños se refiere a su inocencia, su dulzura y otras cualidades parecidas. Esa interpretación se ha vuelto popular en nuestra cultura moderna, donde romantizamos a los niños; se nos olvida que ellos también pueden ser rencorosos, orgullosos y todo lo demás. En el mundo antiguo la actitud común hacia los niños era muy diferente. Entre muchas personas se consideraba a los niños pequeños como cosa de poco valor y hasta desechable. En el mundo grecorromano era perfectamente legal abandonar a la intemperie a un hijo que uno no quería criar. A los hijos se les daba valor principalmente como fuente de ingresos en el futuro, como fundamento de seguridad en la ancianidad o, en el mejor de los casos, como un medio para preservar y continuar el nombre de la familia y sus tradiciones. A los niños se los excluía de casi todas las actividades, y había pocas instituciones que los defendían. Luego, el énfasis de la parábola probablemente no esté en la necesidad de volverse inocente y dulce como un niño pequeño, sino en que el reino de Dios les pertenece a las personas que, como estos niños, parecen no tener importancia alguna. En esa historia se llevaban los niños a Jesús "para que los tocara". Se nota el papel pasivo de estos niños. Son otros quienes los traen a Jesús y los discípulos tratan de evitarlo. ¡Y estos niños que aparentemente no hacen nada ni por Jesús, ni por el reino, ni siquiera por la sociedad, son el ejemplo que Jesús emplea para mostrar cómo se entra en el reino de Dios!

Este pasaje (y los textos paralelos en los otros evangelios) frecuentemente se ha usado como argumento a favor del bautismo de los infantes; es citado en muchas liturgias bautismales. Afirmar que Jesús está hablando de alguna manera acerca del bautismo es decir lo que el texto no dice. Pero, por otra parte, el pasaje también puede verse como una respuesta a quienes dicen que los niños no deberían ser bautizados porque no tienen fe. En esta historia, lo que hace que el reino de Dios sea de estos niños es su incapacidad para decidir por sí mismos. El reino no les pertenece (ni tampoco nos pertenece) porque —como el fariseo en la parábola— ellos (o nosotros) den diezmos, ayunen o tengan fe. El reino no les pertenece a quienes entienden y pueden explicar lo que ese reino es. El reino les pertenece a los niños y nos pertenece a nosotros sencillamente por razón de una gracia inmerecida y absoluta de Dios. Ciertamente, hay muchos argumentos valiosos contra el bautismo de infantes. Uno de ellos es que a través de la historia se ha empleado de tal manera que la sociedad civil se vuelve coextensiva con la iglesia y el nacimiento físico se vuelve garantía del nuevo nacimiento cristiano. Pero decir que los niños no pueden ser bautizados porque no pueden hacer lo que nosotros podemos hacer se acerca peligrosamente al orgullo del fariseo en su propia piedad y obediencia (18.11).

En todo caso, el pasaje es importante aun aparte de la cuestión del bautismo de infantes, y lo que implica no se limita a los niños. Eso se ve claramente en el versículo 17, en el que las palabras "el que" implica que todos han de recibir el reino como niños. Luego, el tema central de la parábola es quiénes han de entrar al reino de Dios.

El modo en que entendamos la parábola tiene mucho que ver una vez más con el lugar en que nos coloquemos dentro de ella. Quisiéramos colocarnos en el lugar de los niños pequeños, y esto es ciertamente una meta legítima. Pero tenemos que cuidar de que, al hablar de nosotros mismos como niños pequeños, no nos acerquemos peligrosamente al fariseo de la parábola. Quizá convendría pensar que a veces somos como los discípulos que trataban de prevenir que otros vinieran a Jesús. Tal ha sido, y sigue siendo, la principal tentación de la iglesia y de los fieles. De igual manera que estamos tentados a ufanarnos por nuestra religiosidad, como el fariseo, también estamos tentados a establecer reglas y medidas que, a fin de cuentas, apartan a los demás de la iglesia y de su Señor. En cualquier comunidad, las iglesias están rodeadas por personas que son tan vulnerables como los niños —personas desempleadas, otras que nunca han conocido otra cosa que la violencia, y otras que no tienen techo ni abrigo, o que carecen de documentos legales. No decimos abiertamente que no los queremos. Pero, aun sin darnos cuenta, establecemos sistemas, medidas, prácticas y expectativas que los excluyen. Con nuestra vestimenta excluimos a quienes no se pueden vestir como nosotros. Con nuestros cultos excluimos a quienes no están acostumbrados a ellos. Y, sin embargo, nos guste o no ¡el reino de Dios les pertenece precisamente a tales personas vulnerables!

b. 18.18-30: El dignatario rico.

Siguiendo el mismo bosquejo de Marcos, Lucas ahora nos habla de una persona muy diferente. Se trata de quien comúnmente llamamos "el joven rico", aunque Lucas no nos dice una sola palabra acerca de su edad. En Marcos (Mc 10.17-22) se nos dice que es rico, y Mateo (Mt 9.16-22) es quien dice que era un joven rico. Por su parte, Lucas le presenta como un "dignatario" rico. De ese modo establece un contraste entre este personaje y los niños de la historia anterior. Los niños carecen de todo y son vulnerables, mientras que el dignatario es rico y poderoso.

Antes de pasar a discutir el mensaje central de la historia, conviene que nos detengamos a pensar en la importancia teológica de algunos otros puntos aparentemente menores. El primero de ellos es el diálogo mismo entre Jesús y este dignatario. Este último llama a Jesús "Maestro bueno", y Jesús le responde con una pregunta y una aseveración: "¿Por qué me llamas bueno? Nadie es bueno, sino solo Dios". ¿Qué querrá decir Jesús con tales palabras? ¿Será un acto de humildad semejante al del publicano de la parábola? ¿O estará diciendo que él mismo no es bueno? ¿O será que el sentido de sus palabras es exactamente lo contrario, es decir, que puesto que Dios es bueno y que el dignatario ha dicho que Jesús es bueno, Jesús está reclamando su propia divinidad? ¿Será, como algunos eruditos sugieren, un vestigio de una antigua cristología, según la cual Jesús no era digno de adoración, sino solo después de su resurrección, y que por tanto debemos entender las palabras de Jesús al mismo tiempo como una negación y como una promesa? Cada una de estas respuestas ha sido propuesta y defendida por algún intérprete en el pasado.

En segundo lugar, cabe notar que la invitación a ser "perfecto" que aparece en la versión de la historia de Mateo (19.22), no aparece en la versión de Lucas. Como ya hemos señalado (véase el comentario a 17.7-10), la historia que Mateo cuenta ha servido de fundamento para establecer una distinción entre los mandamientos de Dios y los consejos de perfección, de tal modo que los primeros son de obligación para todos, y los últimos solamente para quienes procuren seguir el camino de la perfección. Pero Lucas no se refiere a una obediencia superior, ni tampoco a una vida más perfecta. Tal interpretación contradiría mucho de lo que Jesús ha venido diciendo hasta este momento, en el sentido de que el ser humano nada puede hacer para merecer el reino, puesto que el reino mismo les pertenece a quienes pueden hacer poco —como los pequeñuelos en el pasaje que acabamos de estudiar. Luego, en el Evangelio de Lucas, la "cosa" que le falta al dignatario es volverse como uno de esos pequeños de la historia anterior que carecen de todo poder y riquezas. La referencia a hacerse "tesoro en el cielo" ayudando a los pobres parece ser una alusión a Proverbios 19.17: "A Jehová presta el que da al pobre; el bien que ha hecho se lo devolverá". Ese pasaje de Proverbios parece ser parte del trasfondo de buena parte de lo que Jesús dice acerca de las riquezas y la pobreza.

A diferencia de Mateo y Marcos, Lucas no dice que el hombre se haya ido, sino que da a entender que el dignatario todavía está presente cuando Jesús comenta sobre lo acontecido. Está triste, pero no se ha dado por vencido. Es muy posible que Lucas esté escribiendo esto en un momento en el que la presencia dentro de la comunidad cristiana de algunos con más recursos económicos estuviera creando dificultades semejantes a las que Pablo confrontó en su Primera Epístola a los Corintios. El hecho de que el dignatario escuchara lo que Jesús decía sería semejante a la condición de muchos en la iglesia en tiempos de Lucas, cuando escuchaban juntos el evangelio los pobres y los no tan pobres.

> No es más pecaminoso ser rico que ser pobre. Pero sí es inexpresablemente peligroso. Por lo tanto, les recuerdo a aquellos de entre ustedes que se cuentan entre los ricos, a quienes tienen todas las comodidades de la vida y algo más todavía, que andan por un camino resbaloso... Bien sé cuán convincentes son los profetas de las comodidades, que hablan acerca de la hospitalidad, de darles la bienvenida a los amigos, de mantener buena mesa, de honrar la religión, de fomentar el comercio y otras cosas. Pero Dios no ha de ser burlado. No se dejará llevar por tales falsedades.
>
> **Juan Wesley**

Es importante señalar que tanto aquí como en la parábola del buen samaritano, Jesús comienza su respuesta citando los mandamientos de Dios. Jesús no dice que los mandamientos ya no sean válidos, ni que no requieran obediencia. Hacia mediados del siglo segundo hubo algunos cristianos —sobre todo Marción— que establecían una diferencia radical entre el dios que dio la Ley de Israel y el Padre que Jesús anunció. Según ellos, esto era lo que Pablo había enseñado —lo cual no era cierto. Puesto que Lucas había sido compañero de Pablo, esas personas proponían utilizar una versión truncada del Evangelio de Lucas, de la cual habían expurgado todas las referencias a las Escrituras hebreas o al Dios de Israel. Aunque en el día de hoy quienes afirman tal cosa son pocos, muchas personas piensan que hay una oposición radical entre el Antiguo Testamento y el Nuevo, y que lo que Jesús hizo fue corregir los errores del judaísmo. Eso es un error craso. En todos los escritos de Lucas, así como a través de todo el Nuevo Testamento, se afirma la fe de Israel y los mandamientos que Dios les dio a los hijos de Israel.

Pero, al tiempo que afirmamos el valor permanente de la ley, debemos cuidar de que esto no nos lleve a interpretar el pasaje en términos de un legalismo rígido. Por la misma época en que Marción y otros querían deshacerse de la ley, había también otros cristianos —entre ellos Tertuliano— que se referían al evangelio como "la nueva ley de Cristo", con lo que querían decir que era una ley más rigurosa que la de Israel. (Lo que es más, algunos iban todavía más lejos, llegando a afirmar que hay también una "ley del Espíritu", que es aún más exigente que la del evangelio). Todo esto lleva a malas interpretaciones del pasaje que estudiamos. Jesús no está diciendo que, además de cumplir los antiguos mandamientos, sus seguidores han de vender todo lo que tienen y dárselo a los pobres. (Más adelante, en la historia de Zaqueo [19.8-9], veremos el caso de un rico que sencillamente da la mitad de lo que tiene —y Jesús declara que ese día la salvación había llegado a su casa. Y en Hechos 5.4, se nos dice que Ananías y Safira no tenían obligación alguna de vender su propiedad). Lo que Jesús está sencillamente pidiéndole a este hombre poderoso que confía en sus riquezas es que deje a un lado aquello en lo que más confía y se una a los menos favorecidos. El fariseo en la parábola anterior confiaba en su propia religiosidad; el dignatario confía en su dinero y poder. Ambos han de deshacerse de tales cosas para que la salvación pueda llegar a ellos.

Cuando el dignatario se entristece porque es rico, Jesús responde con su propio lamento acerca de cuán difícil se les hace a los ricos entrar al reino —tan difícil como el hecho de que un camello pase por el ojo de una aguja. Frecuentemente los intérpretes han tratado de suavizar estas palabras diciendo, por ejemplo, que Jesús se refería a una puerta en la muralla de la ciudad que se llamaba "el ojo de la aguja", y que los camellos podían entrar únicamente dejando a un lado sus cargas, o de rodillas. Pero las parábolas de Jesús son radicales. Jesús quiere decir exactamente lo que dice: de igual manera que le resulta imposible a un camello (el más grande de los animales conocidos en Palestina) pasar por el ojo de una aguja (la apertura más pequeña que pudiera imaginarse), así también se les hace imposible a los ricos entrar al reino.

Pero una vez más, hay que decir que no se trata de una nueva ley, como si toda persona que la obedeciera se ganara de ese modo la entrada al reino. Se trata más bien de una nueva afirmación de la necesidad de aceptar el reino como regalo de la gracia de Dios —del mismo modo en que los pequeñuelos en el pasaje anterior reciben su alimento. No importa lo que hagan los ricos; nunca podrán alcanzar el reino. Pero lo que para los humanos es imposible, es posible para Dios. Luego, toda la historia es una afirmación tanto de la Ley como de la gracia. Los ricos han de dejar a un lado sus riquezas y su confianza en ellas. Pero aun entonces, la salvación no será en última instancia el resultado de la acción humana —ni siquiera de una acción tan radical como la de dárselo todo a los pobres—, sino de la gracia divina.

La misma nota de gracia resuena de nuevo al final del pasaje cuando Pedro le recuerda a Jesús que tanto él como los demás discípulos han abandonado mucho para seguirlo. Jesús les promete una recompensa mayor que cualquier cosa que hayan dejado. Les promete que quienes lo siguen han "de recibir mucho más en este tiempo, y en el siglo venidero la vida eterna". Esto puede sorprendernos. Jesús no está proclamando un supuesto "evangelio de la prosperidad", diciéndoles a sus seguidores que den más para ser más ricos. Más bien, les está diciendo a Pedro y a sus acompañantes lo que ciertamente sería la experiencia de la iglesia en tiempos de Lucas. Aun cuando muchos habían tenido que abandonar a sus familias y sus hogares, encontrarían familia más amplia y hogar más grande en la comunidad de la iglesia. Esto será cierto "en este tiempo", desde ahora. Pero lo será más todavía en la era por venir. Luego el pasaje, que incluye la historia de un hombre que se entristeció porque sus posesiones le impedían seguir a Jesús, concluye con la nota jubilosa de la promesa del reino venidero y de su presencia desde ahora en la comunidad de fe —presencia que es anuncio del reino por venir.

7. 18.31-34: Un recordatorio.

Una vez más, Jesús anuncia su pasión, pero ahora más claramente que antes. En este resumen y anuncio de la pasión se destacan dos puntos. El primero de ellos es que, mientras antes (por ejemplo, en 9.22) Jesús se refiere principalmente al papel de los dirigentes judíos en su pasión, aquí el énfasis recae sobre el papel de las autoridades romanas. Jesús predice que "será entregado a los gentiles". Lo que los judíos harán será principalmente entregarle, y serán los gentiles —es decir, los romanos— quienes le darán muerte. El segundo punto es que los discípulos no entienden lo que Jesús les dice. Este tema aparece repetidamente en el Evangelio cada vez que Jesús se refiere a su pasión. Al leer estas historias tras la pasión y resurrección del Señor, los creyentes las entendemos de otro modo. También las entenderían de otro modo los cristianos de origen judío, quienes recordarían que poco después de la pasión de Jesús, la opresión romana había llevado a la rebelión de los judíos y la destrucción del templo y de buena parte de Jerusalén. Esto les haría pensar en el contexto político de la pasión, que tuvo lugar en una provincia cuyos gobernantes romanos temían la añoranza y esperanza de los judíos por su liberación. Y todo serviría de contexto para el pasaje que sigue, acerca de un ciego que añoraba ver, a quien Jesús devolvió la vista.

8. 18.35-43: Un ciego recibe la vista.

Frecuentemente se han establecido relaciones entre este pasaje sobre un ciego que recibe la vista y la parábola del buen samaritano. Ambas tienen lugar camino a Jericó. En la parábola, personas religiosas pasan de largo sin detenerse, mientras en la historia, Jesús se detiene y responde a las necesidades del hombre que se encuentra a la vera del camino. También hay una relación entre esta historia y el pasaje acerca de los pequeñuelos, pues en ambos casos hay quienes tratan de impedir su acceso a Jesús.

Pero hay también ciertos elementos políticos que van llevando la historia hacia lo que acontecerá en Jerusalén. Esto puede verse en el título mismo "hijo de David", que el ciego le da a Jesús. La relación entre Jesús y David aparece temprano en el Evangelio de Lucas (1.27, 32; 2.4; 11.32), pero no se lo menciona de nuevo sino hasta este momento, poco antes de la entrada en Jerusalén. Lucas 20.41 refleja la idea comúnmente aceptada de que el Mesías sería "hijo de David" —es decir, descendiente suyo. Esto nos ayudará a comprender por qué, cuando el ciego grita "Jesús, hijo de David", quienes lo escuchan procuran callarlo. (El texto no aclara quiénes eran esas personas; sencillamente dice que "iban delante". Probablemente hayan sido algunos de los discípulos que iban delante del resto del grupo). Declarar que alguien era "hijo de David" sería alentar las esperanzas mesiánicas de la liberación de Israel del yugo romano. Esto sería peligroso, y ciertamente haría peligrar a Jesús y a sus discípulos, pues Roma no toleraría tal cosa. Pero el ciego no se deja callar y clama con más fuerza. Mientras otros tratan de hacer callar a este hombre que pide su propia liberación, Jesús se detiene y escucha, para luego liberarlo de su ceguera. Esta liberación del ciego no sería la acción política que algunos esperaban. Pero no era tampoco una mera promesa de esperanza futura en el cielo, ni un llamado a la resignación. Era una liberación inmediata de la condición material que lo tenía subyugado.

Al sanarlo, Jesús corre un riesgo. El hombre lo ha llamado "hijo de David", y ahora en el milagro Jesús mismo muestra su propio poder. Quienes estaban allí verían que el poder de Jesús era tal que el ciego tenía razón al llamarlo "hijo de David". Dentro de este contexto, algunos intérpretes sugieren que, cuando al final, "el pueblo... dio alabanza a Dios", no se trataba solo de la curación del ciego, sino que también alababan a Dios porque por fin había mandado al tan esperado hijo de David. Con todo esto se va preparando la escena para la entrada en Jerusalén y los acontecimientos que la seguirán.

9. 19.1-10: Un publicano.

La marcha hacia Jerusalén continúa y en Jericó, Jesús se encuentra con Zaqueo. Esta historia aparece únicamente en el Evangelio de Lucas, y en ella se ven otra vez los temas que hemos visto a través de todo este Evangelio: el modo en que Jesús aceptaba a los peores pecadores y lo que se ha de hacer entonces con las riquezas y otros recursos. Desde los inicios de su ministerio, Jesús había tenido conflictos con quienes pensaban que su propia piedad y obediencia a la Ley garantizaban su salvación, e insistía en un gran vuelco, cuyo resultado sería un gran regocijo: la conversión de los pecadores y el encuentro de aquello que se había perdido. Ahora, esta persona que se arrepiente y se regocija ante el llamado de Jesús es un publicano rico. Los publicanos eran generalmente despreciados como colaboradores del régimen romano, explotadores de los débiles e inmundos por razón de su trato con la inmundicia de los gentiles. Los principales publicanos tenían otros publicanos subalternos que eran quienes recogían los impuestos. El hecho de que Zaqueo haya sido rico parece indicar que no era uno de esos muchos publicanos subalternos, sino un importante personaje dentro de todo el sistema de impuestos. Desde el punto de vista del pueblo en general, se contaría entre los más grandes pecadores. Por tanto, no debe sorprendernos el hecho de que las personas "decentes" murmuren cuando Jesús lo llama. Pero es precisamente este hombre a quien Jesús llama, en cuya casa quiere entrar y cuya salvación anunciará. Se trata entonces de un ejemplo más de un gran vuelco, en el que lo perdido es encontrado (véase 15.1-32).

En cuanto al uso de las riquezas, esta historia puede verse como un comentario tanto sobre la parábola del rico necio como sobre la historia del dignatario rico. Zaqueo contrasta con el necio que creyó que sus posesiones eran verdaderamente suyas, y con el dignatario entristecido porque estaba demasiado atado a sus posesiones. Este pasaje también sirve para dejar en claro que la historia del dignatario rico no quiere decir que exista una ley que obligue a todos a vender todo lo que tienen y darlo a los pobres. Zaqueo decide darles a los pobres la mitad de sus posesiones —no todas, como se sugiere en el caso del dignatario rico. A esto añade que, si algo de lo que posee ha sido resultado de una ganancia injusta, lo devolverá cuadruplicado. Jesús acepta esto como una verdadera acción de arrepentimiento y declara: "Hoy ha venido la salvación a esta casa". Cuando se trata del uso de las posesiones, no es cuestión solamente de apartar una proporción de lo que se tiene para el beneficio de los pobres —sea el 100% en el caso del dignatario, el 50% en el caso de Zaqueo o el 10% en el caso de los diezmos— y entonces pensar que lo que queda nos pertenece absolutamente. No es cuestión únicamente de obedecer un mandamiento, ya sea el diezmo o el dar a los pobres. No es cuestión de alguna limosna simbólica. Es cuestión más bien de una dádiva libre, liberal y amante. Y es cuestión también de reconocer la posibilidad de que lo que tenemos no haya sido adquirido de manera justa. En una palabra, es un entretejido de amor y justicia.

10. 19.11-27: En espera del reino.

El camino hacia Jerusalén va llegando a su meta. Ha sido un largo camino que ha ocupado nueve capítulos de la narración de Lucas. En este momento de grandes expectativas Jesús cuenta una parábola, y Lucas nos dice que esto fue porque "ellos pensaban que el reino de Dios se manifestaría". Puesto que esta parábola es semejante a la de los talentos (Mt 25.14-30), frecuentemente se le presta poca atención, sin tomar en cuenta el lugar que tiene en toda la narración de Lucas. La relación entre estas dos parábolas se ha discutido repetidamente, y no hay por qué detenerse sobre ese tema. Lo que es importante es que la parábola de las diez minas es diferente de la de los talentos en varios puntos significativos.

El primero de ellos es que no se trata aquí de un hombre rico que partió a una tierra lejana, sino más bien de un rey que va a reclamar su reino. Cuando hoy escuchamos hablar acerca de un rey nos parece que estamos escuchando una de las tantas historietas que empiezan diciendo: "Este era un rey...". Pero tal no era el caso de quienes escucharon a Jesús cuando contó por primera vez esta parábola. Todos conocían casos de reyes vasallos que tenían que obedecer a otros con mayor autoridad que ellos. Poco antes del nacimiento de Jesús, Herodes había venido a ser rey de Judea gracias al apoyo de Roma. Cuando Herodes murió, su hijo Arquelao fue a Roma en un intento fallido de lograr que su título fuera confirmado. En tiempos del nacimiento mismo de Jesús, Herodes Antipas también había tratado de que Roma lo declarara rey, aunque sin éxito. Toda la familia de los Herodes era famosa por sus abusos, y en algunos casos por ir contra las costumbres y leyes judías. Dado tal trasfondo, la parábola no es una historieta para niños, sino que alude a las realidades políticas de entonces, y el rey cruel y vengativo que aparece en la parábola no es una mera imagen ficticia.

En segundo lugar, las dos parábolas difieren radicalmente en cuanto a lo que cada servidor recibe y el modo en que se hace la distribución. El primero de los tres sirvientes en la parábola de los talentos recibe cinco talentos, lo cual sería aproximadamente el equivalente de treinta mil días de trabajo para un obrero común. Los otros dos reciben cantidades menores, pero la más pequeña de ellas, un talento, representaría unos seis mil días de sueldo. En contraste, en la parábola de Lucas cada uno de los diez siervos recibe la misma cantidad. Y la mina que reciben equivalía a unos cien días de salario para un obrero. En total, este rey les da a sus sirvientes el equivalente a mil días de trabajo, mientras el rico en la historia de Mateo les da cuarenta y ocho veces esa cantidad. Como resultado, en la parábola de las minas las recompensas no parecen justificarse con lo que cada siervo le trae al rey. El que le da lo que serían unos mil días de trabajo ¡recibe autoridad sobre diez ciudades!

En tercer lugar, en la parábola de los talentos no se habla de oposición alguna al dueño ausente, mientras que en la de las minas, "sus ciudadanos lo odiaban y enviaron tras él una embajada" con el propósito de que no fuera confirmado como rey. Inmediatamente esto llevaría a quienes escuchaban la parábola a pensar en la delegación que el pueblo judío envió a Roma para oponerse a las gestiones de Arquelao, que deseaba ser declarado rey.

El lugar que la parábola de las minas ocupa en el Evangelio de Lucas muestra que no se trata únicamente de una parábola de mayordomía —aunque sí involucra ese tema. Esta es ante todo una parábola sobre la necesidad de decidirse a favor de un rey cuya autoridad no ha sido confirmada. Es una parábola acerca del gran riesgo del discipulado, que se basa en la convicción de que este, a quien los discípulos sirven, es verdaderamente rey —cuestión que vendrá a ocupar un lugar central en el resto del Evangelio. Es una parábola acerca de la fidelidad a un rey ausente, a cuyo poder se oponen muchos en su propia tierra, y que no puede darles a quienes lo sirven más que una pobre mina.

A fin de cuentas, la mayordomía misma es una cuestión política. Quienes pretendan ser discípulos han de escoger entre el orden presente y el orden del rey cuyo reino todavía no ha sido revelado. Ese rey no les da a sus discípulos grandes cantidades de dinero, ni de poder, ni de influencia. Pero deben emplear lo que tienen como quienes verdaderamente esperan el reino venidero.

> Solamente hay dos maneras de tomar algo en serio: o bien se lo denuncia por completo, o bien se arriesga todo por ello. O bien te deshaces de tu mina o bien la usas para negociar con ella. Ese supuesto cristianismo que no es más que conservatismo, y esos otros que sencillamente piden el "punto de vista" cristiano, en realidad están buscando una tercera opción que no existe. O bien permites que Dios sea Señor y dueño de toda tu vida, o bien echas tu cristianismo al basurero.
>
> **Helmut Thielicke**

Para estudiar, pensar y discutir: Más arriba se cita la afirmación de Lutero que dice que la fe es como un rayo que hiere un árbol, lo que por una parte mata al árbol, pero por otra hace que sus ramas apunten hacia el cielo. ¿Será verdad esto? ¿Puede usted dar algún ejemplo concreto del modo en que para usted la fe ha sido como un rayo? ¿Será esto en realidad una palabra de gracia?

¿Cómo entiende usted la frase "el reino de Dios entre vosotros está"? ¿Habrá algún modo de evitar ser como el fariseo de la parábola que contrasta con el publicano? ¿En qué consiste el error del fariseo? ¿Cómo relaciona usted esa parábola con lo que Jesús dice acerca de los niños? ¿Cómo se relaciona con la historia del dignatario rico? ¿Cómo se relaciona con la historia de Zaqueo? ¿Cómo se relaciona con la parábola de las minas?

IV. 19.28—24.53: JERUSALÉN.

Lucas ha construido el cuerpo de su narración (9.51—19.27) en torno al tema del viaje hacia Jerusalén. A pesar de sus aparentes digresiones, esa sección del Evangelio que acabamos de estudiar puede verse como adiestramiento y preparación de los discípulos para los acontecimientos que tendrán lugar en Jerusalén. La culminación de esa parte del Evangelio es la parábola de las diez minas (19.11-27), que les advierte a los discípulos que no han de esperar el establecimiento inmediato del reino.

A. 19.28-46: ENTRADA A LA CIUDAD.

Las instrucciones que Jesús les da a sus discípulos, y la aparente facilidad con que los discípulos las siguen, frecuentemente han llevado a algunos a pensar que Jesús sencillamente había hecho arreglos de antemano. Pero esto contradice lo que parece ser el propósito de Lucas al contarnos todo esto, es decir, señalar que no se trata de algo que acontece al azar, sino que es parte de un amplio y misterioso plan de Dios. A través de toda la narración de la pasión, aunque Jesús es víctima de conspiraciones e intereses políticos, sigue siendo vencedor, puesto que de algún modo misterioso todo lo que acontece está todavía en manos de Dios. Jesús es un extraño rey que conquista mediante el sufrimiento y la aparente derrota; su poder, mayor que el de cualquier otro en la tierra, parece sucumbir ante los ataques de las autoridades religiosas y políticas.

Los discípulos no entienden nada de esto. A pesar de todo lo que han oído, todavía esperan que Jesús restaure el reino inmediatamente, y por eso celebran su llegada a Jerusalén como si fuera el principio de su ascenso al trono. En ese momento en que la victoria parece inminente, no es solamente el círculo interno de sus seguidores quienes lo proclaman rey, sino "toda la multitud de los discípulos".

La entrada misma muestra la profunda paradoja que representa este Mesías que sufre, este rey que ha de ser crucificado. Las entradas triunfales eran celebraciones relativamente comunes y por tanto los primeros lectores del Evangelio sabrían de qué se trataba. Pero también eran ocasiones extraordinarias. Desde tiempos inmemoriales, cuando algún conquistador tomaba una ciudad, entraba a ella en procesión de victoria. En Roma, los generales que volvían tras victorias excepcionales eran honrados con un "triunfo", una procesión solemne en la que el conquistador exhibía el botín de guerra, rodeado tanto de los líderes del ejército romano como de numerosos cautivos —algunos de ellos reyes y gobernantes— destinados a la esclavitud. El vencedor, honrado con una corona de laureles, entraba en una carroza tirada por caballos blancos (pues el blanco era símbolo de victoria) y se dirigía al templo de Júpiter para ofrecerle sacrificios. A lo largo del camino, tanto los soldados como el pueblo en general aclamaban al vencedor con gritos y entonaban himnos en su honor. En la propia Jerusalén, tres siglos antes, Alejandro el Grande había entrado en un triunfo solemne, y había sacrificado en el templo.

La entrada de Jesús a Jerusalén nos recuerda esas otras entradas triunfales, pero también contrasta con ellas. Este extraño rey no viene montado en una carroza, sino en un asno. Pero en esa misma señal de humildad hay también una paradoja, puesto que al cabalgar sobre un humilde asno, Jesús está reclamando para sí mismo el cumplimiento de la antigua profecía de Zacarías 9.9: "Mira que tu rey vendrá a ti, justo y salvador, pero humilde, cabalgando sobre un asno, sobre un pollino hijo de asna". El pueblo lo aclama como sus antepasados aclamaron antes a Alejandro o como los romanos aclamaron a César y Pompeyo. Él no tiene deseo de llevar una corona de laureles, pero pronto llevará una de espinas. Alejandro se regocijó por sus conquistas; pero Jesús llorará sobre Jerusalén. Alejandro, que era gentil, entró al templo y, sin que las autoridades se lo impidieran, ofreció sacrificios en él; Jesús entraría en el templo y denunciaría lo que en él se hace.

Aunque Jesús no se propone deponer a las autoridades romanas o judías, la escena tiene fuertes matices políticos. Judea era parte del Imperio romano. Nadie podía tener posiciones de autoridad en ella sin el apoyo de las autoridades romanas (véase el comentario sobre 19.11-27). Pero a pesar de eso, los discípulos se atreven a proclamarlo abiertamente como rey. No ha de sorprendernos el hecho de que los fariseos trataran de hacerlos callar. En su postura política, los fariseos trataban de mantener un equilibrio difícil entre la rebelión abierta y la capitulación total ante las autoridades romanas. Al tiempo que no apoyaban a los celotes, pensaban que era importante retener la medida limitada de libertad política y religiosa que Israel todavía tenía y, por lo tanto, trataban de prevenir cualquier cosa que pudiese airar a Roma. (Véase otro ejemplo de esto en Juan 11.45-53). Ahora este hombre se presenta en Jerusalén rodeado de una multitud que lo aclama como rey. Desde el punto de vista de los fariseos, era necesario hacerlo callar no solamente por razones religiosas, sino también por el bien de la nación. Y aquí también la respuesta de Jesús es paradójica. No quiere reclamar un reino a la manera en que los discípulos entienden tal reclamo. Pero sí acepta la aclamación que los discípulos hacen de él como rey, pues no es solamente rey, sino rey sobre todos los reyes de la tierra.

Lucas es el único de los Evangelios canónicos que incluye la escena de Jesús llorando sobre Jerusalén. Esa escena es también un comentario importante a la entrada triunfal, pues evita una interpretación simplista de aquel acontecimiento. (Quizá sería bueno leerla también el Domingo de Ramos para evitar una interpretación triunfalista de lo que ese día significa). A pesar de las apariencias, Jesús sabe que no será bien recibido en Jerusalén. Jesús se lamenta porque Jerusalén no conoce "lo que es para tu paz", o piensa lograr la paz por medios errados. Aquellos fariseos que le pedían a Jesús que hiciera callar a sus discípulos son un ejemplo claro de lo que es no conocer lo que verdaderamente produce la paz. Tienen tal temor de lo que Roma podría hacer que no pueden ver lo que Dios está haciendo. Roma ofrece la famosa "paz romana", y en defensa de esa falsa paz los fariseos —y junto a ellos todo el liderazgo religioso de Jerusalén— están dispuestos a olvidar lo que produce la verdadera paz. Pero la "paz" que así alcanzan no será duradera. Jerusalén será sitiada y destruida, y hasta esa paz limitada que ahora los fariseos defienden desaparecerá.

Es fácil relacionar todo esto con el sitio y la conquista de Jerusalén por Tito en el año 70; pero no es tan fácil relacionarlo con nuestros intentos de paz en el día de hoy. Confiamos en la paz de los armamentos, la paz de la vigilancia y hasta la paz de aislarnos de quienes tememos; pero se nos hace difícil confiar y practicar la paz del amor. El Jesús que lloró sobre Jerusalén sigue llorando sobre nuestras ciudades y naciones.

La entrada triunfal nos lleva directamente al templo. Esto es exactamente paralelo a lo que Josefo nos dice acerca de la entrada triunfal de Alejandro en Jerusalén, excepto que Alejandro fue al templo y ofreció sacrificios bajo la dirección del sumo sacerdote, mientras que Jesús va al templo para limpiarlo. Aquel sumo sacerdote de tiempos de Josefo traicionó de hecho la fe de Israel al rendirse ante Alejandro. En el Evangelio, Jesús no va al templo para ofrecer sacrificios, sino para oponerse a lo que se hace allí —no para que un sacrificio lo limpie a él, sino más bien para limpiar el templo, aun cuando el resultado fuese el sacrificio de Jesús mismo. Bien podría decirse que él es el verdadero sumo sacerdote que deshace lo que el sumo sacerdote y otros estaban haciendo, ya que contaminaban la fe de Israel, no solamente por servir a los intereses de Roma, sino también por permitir que el templo fuese empleado en busca de ganancias económicas. Por otra parte, también podría decirse que Jesús es la víctima sacrificial. Al limpiar el templo, Jesús está afirmando su autoridad para restaurar la fe de Israel; pero también está desatando una serie de acontecimientos que pronto llevarán a su muerte.

Para pensar, estudiar y discutir: Si usted tuviera que predicar o dirigir una clase de escuela dominical un Domingo de Ramos, ¿qué diría? ¿Cómo lo aplicaría a nuestra situación hoy?

B. 19.47–21.38: LA ENSEÑANZA EN EL TEMPLO.

1. 19.47–20.8: ¿Con qué autoridad?

Lucas nos presenta entonces a Jesús enseñando en el templo cada día —aunque la tradición cristiana ha condensado ese período en una semana. Lo que se nos dice acerca de sus enseñanzas se coloca entre dos recordatorios (19.47-48 y 22.2) de que los líderes judíos buscaban cómo matar a Jesús, pero no se atrevían a hacerlo abiertamente por temor al pueblo. Es importante notar que hay aquí un contraste entre la cúpula religiosa y política de Judea y el pueblo en general. No será sino más adelante (en 23.13) que el pueblo se volverá contra Jesús. (Esto es paralelo a lo que ocurre en los primeros capítulos de Hechos, donde los líderes no se atreven a tomar medidas severas contra los seguidores de Jesús porque temen la reacción del pueblo. Y allí también, tras una serie de acontecimientos y una conspiración, por fin el pueblo tomará el partido de los líderes contra los seguidores de Jesús [Hechos 6.12]).

Esta confrontación entre el pueblo y sus líderes frecuentemente se olvida en nuestras discusiones acerca del mensaje de Lucas. Después de todo, este tema no cae bajo ninguno de los acápites tradicionales de la teología cristiana: Dios, la creación, el pecado, etc. Pero la verdad es que la perspectiva desde la cual se interpreta la realidad tiene gran importancia teológica. La teología hecha por "los principales sacerdotes, los escribas y los altos dignatarios del pueblo" es diferente de la hecha por el pueblo. Desafortunadamente, demasiadas teologías han sido hechas por líderes religiosos sin prestarles gran atención a las experiencias y luchas del pueblo. Posiblemente esta sea una de las razones por las que tendemos a pensar que el contraste que aparece en Lucas y en Hechos entre el pueblo y sus supuestos líderes es solamente parte del trasfondo de la historia. Frecuentemente quienes hacemos teología nos contamos no tanto como parte del pueblo común, sino más bien entre sus líderes o supuestos líderes. Afortunadamente, a fines del siglo XX y principios del XXI ha surgido una nueva generación de pensadores y teólogos cristianos que vienen de un trasfondo diferente y comienza a cuestionar esa teología que se hace por los supuestos líderes a fines de que los demás la acepten, pero que no toma en cuenta la vida cotidiana y las luchas de ese pueblo que debería aceptar (según se espera) esa teología.

La primera confrontación entre Jesús y los líderes (19.47–20.8) tiene que ver con la cuestión de la autoridad. Quienes tienen autoridad —los principales sacerdotes, los escribas y los altos dignatarios— cuestionan la autoridad de Jesús, quien a su vez les responde con una pregunta que los hace callar, al menos por algún tiempo. La importancia de este pasaje va más allá de la polémica de aquel momento y de cualquier polémica con el judaísmo. La cuestión de la autoridad también fue planteada acerca de los apóstoles por el Sanedrín (Hechos 4.7). Resulta fácil leer estas historias en el Evangelio de Lucas y en Hechos y sencillamente culpar a aquellos líderes que no podían ver la autoridad de Jesús. Pero aquellos de entre nosotros que tenemos posiciones de responsabilidad en la iglesia frecuentemente nos vemos en la necesidad de tomar decisiones en cuanto a cuestiones de autoridad. El Concilio de Nicea tuvo que decidir si debían o no permitirse como ortodoxas las enseñanzas de Arrio. Inocencio III tuvo que decidir si autorizaría el proyecto de san Francisco. León IX tuvo que decidir acerca de la autoridad de Lutero. Lutero tuvo que decidir acerca de los anabaptistas, de Zwinglio y de muchos otros. La Iglesia de Inglaterra tuvo que decidir acerca de Juan Wesley. ¿Cómo hacemos nosotros tales decisiones? ¿Hasta qué punto nuestras decisiones tienen lugar, como en el caso del pasaje que estamos estudiando, sobre la base de consideraciones políticas o personales? ¿Será acaso que ninguna de nuestras decisiones finitas puede ser verdaderamente final? Tenemos que prestarle más atención a la difícil condición en que nuestras propias posiciones de liderazgo nos colocan, en la constante necesidad de decidir acerca de lo que es verdad, al mismo tiempo que sabemos que somos falibles; y tener que decidir acerca de lo que es bueno, sabiendo sin embargo que no somos buenos.

Cuando unimos todo esto con lo que se dijo antes acerca del contraste entre el pueblo y sus líderes, nos percatamos de cuán difícil y peligrosa es nuestra tarea. Se supone que los teólogos sepamos lo que es verdad y en qué consiste la buena doctrina. Pero si sobre esa base nos colocamos por encima de los demás para obligarlos a seguir nuestros dictados estaremos dejando a un lado la esencia misma del mensaje evangélico, que es buenas nuevas para el pueblo, algo que, sin embargo, queda escondido de los sabios e ilustrados (10.21).

2. 20.9-19: Los labradores malvados.

Esta es otra parábola de ausencia, y de la responsabilidad que se tiene en ausencia del maestro —es decir, una parábola de mayordomía (véase más arriba el excurso "La ausencia de Dios"). En otras parábolas de ausencia, los siervos generalmente son dejados atrás, con la esperanza de que harán la voluntad del dueño mientras este esté ausente. Pero en este caso, esa ausencia no es total. El dueño ausente envía a sus representantes, y a la postre a su propio hijo, y los labradores sencillamente golpean a los primeros y matan al último. Es en ese momento que, como en otras parábolas de ausencia, el dueño regresa para darles su merecido a los siervos o, en este caso, a los labradores.

Aunque lo que la parábola cuenta no sea una verdad histórica en el sentido de que Jesús se esté refiriendo a algún caso particular, es real de una manera más profunda. Jesús está usando esta narración para mostrar la estupidez y maldad de los labradores. En este caso, resulta claro que los labradores de la historia representan a los líderes de Judea, pues Lucas nos dice que "los principales sacerdotes y los escribas procuraban echarle mano, porque comprendieron que contra ellos había dicho esta parábola; pero temían al pueblo" (20.19).

Es fácil leer esta parábola y decidir que es sencillamente un anuncio de que la herencia de Israel sería quitada para dársela a la Iglesia. Ciertamente, tal fue la interpretación más común durante todo el período patrístico y medieval, cuando frecuentemente se usaba en la polémica antijudía. Pero esa interpretación contradice el texto mismo del Evangelio. La parábola no va dirigida contra Israel, sino contra los escribas y principales sacerdotes, y el pueblo mismo de Israel no se ofende. Jesús no está diciendo que la viña le será quitada a Israel, sino que les será quitada a los escribas y principales sacerdotes y dada al pueblo. Este es un caso más del gran vuelco que es tema central en todo el Evangelio de Lucas.

En todo caso, la parábola ciertamente es Palabra de Dios para nosotros, no porque nos diga algo acerca de los judíos y los gentiles, sino porque también se refiere a nosotros y a nuestra condición. La parábola va dirigida a cualquiera de nosotros que haya recibido responsabilidad por la viña del Señor —incluso la viña de la creación. En este sentido, es paralela a otras parábolas, pero añade otra dimensión: aquí el dueño de la viña, aunque esté ausente, envía representantes y hasta a su propio hijo. Dentro de su contexto histórico, los primeros lectores del Evangelio de Lucas entenderían que esto era una referencia a los muchos profetas que habían sido enviados a Israel (véase 11.47-51), y por último a Jesús mismo. Además, la parábola nos recuerda la historia del rico y Lázaro, en la que Jesús dice que los hermanos del rico ya tienen la Ley y los Profetas, y que no aceptarán ninguna otra advertencia. Pero la parábola es también sobre nosotros. Nosotros también, como aquellos hermanos del hombre rico y como Israel, hemos recibido repetidas oportunidades de darle a Dios lo que es de Dios. Tenemos una idea bastante clara de cómo debemos manejar nuestras vidas y manejar también todo el resto de la creación. Y, sin embargo, no lo hacemos. Al escuchar esta parábola, no vemos otra opción que decir, como los personajes que aparecen en el Evangelio de Lucas: "¡Dios nos libre!".

La parábola se explica más mediante la cita del Salmo 118.22. Este texto parece haber sido muy importante para el cristianismo primitivo, puesto que se cita no solamente en este pasaje y sus paralelos en los Evangelios (Mt 21.42 y Mc 12.10), sino también en Hechos 4.11 y 1 Pedro 2.7. Es una fuerte afirmación del gran vuelco en lo que se refiere a Jesús mismo. Se supone que los líderes religiosos sean los edificadores expertos, pero han rechazado la piedra que Dios ha señalado para que sea cabeza del ángulo. Las gentes religiosas, y particularmente los líderes religiosos tanto entonces como hoy, tenemos dificultad para aceptar tal vuelco, particularmente porque también implica que nuestras posiciones de liderazgo nos pueden ser quitadas y dadas a otros a quienes quizá consideraríamos menos santos, menos ortodoxos o menos capacitados en teología. Esto también es parte del gran vuelco.

3. 20.20-26: La cuestión de los impuestos.

El trasfondo de este episodio se encuentra al final de la sección anterior (20.19). Los maestros de la ley y los principales sacerdotes (es decir, aquellos a quienes Jesús se acaba de referir en la parábola) buscan destruirlo, pero temen la reacción del pueblo. Por lo tanto, proyectan una manera soez de atraparlo: obligarlo a tomar partido político en una cuestión controvertida. Buscan obligarlo a escoger entre enemistarse con las autoridades romanas —con el resultado de que entonces podrían "entregarlo al poder y autoridad del gobernador"— y enemistarse con el pueblo como aparente colaborador con el régimen romano. Con ese propósito, envían "espías" quienes, aparentando plantear una pregunta honesta, buscan atrapar a Jesús. La pregunta es sencilla: "¿Nos es lícito dar tributo a César, o no?". La respuesta de Jesús a esta pregunta aparentemente sencilla tendría graves consecuencias. Roma no toleraba a quien se negara a pagar impuestos, y cualquier invitación a no pagarlos sería vista como una acción de rebeldía. Por otra parte, el sentimiento nacional judío con razón resentía la opresión, explotación e impuestos romanos. Y más todavía, la cuestión se plantea de tal manera que no se refiere únicamente al dinero. Se presenta como cuestión de obediencia a la Ley de Dios: "¿Nos es lícito...?". Desde el punto de vista de las autoridades romanas, pagar impuestos no es solamente lícito, sino obligatorio. Pero para la Ley de Israel, resultaba más debatible. Los celotes afirmaban que pagarle impuestos al emperador era quebrantar la Ley de Jehová. Y al otro extremo, la explotación romana hacía uso de publicanos judíos para recolectar los impuestos. Entre uno y otro de esos extremos estaban los saduceos, a quienes Roma sostenía en su posición aristocrática, y quienes estaban por tanto dispuestos a colaborar con el Imperio. Y estaban también los fariseos, quienes seguían un camino en el que ni se rebelaban contra Roma ni colaboraban con ella. Luego, la pregunta "¿Nos es lícito...?", en última instancia quiere decir: "¿Qué ley hemos de obedecer, la de Roma o la de Dios?". Cualquier respuesta que Jesús diera, quedaría atrapado.

El pedido de Jesús parece un gesto inocente. Pero Jesús lo empleará para confundir y vencer a quienes tratan de atraparlo. El denario era una moneda romana que llevaba la imagen del emperador y una inscripción que normalmente decía "hijo del divino Augusto". El hecho mismo de que llevaran consigo tal moneda muestra ya que estos conspiradores no son tan puros como aparentan. ¿Qué razón podría haber para llevar consigo un objeto que en sí mismo era blasfemo e idólatra? ¿No es eso también quebrantar la ley de Israel? Luego Jesús les dice que han de devolvérselo al emperador, a quien realmente pertenece. Así, sin atacar a Roma ni decir que no se han de pagar los impuestos, Jesús responde de una manera más radical de lo que cualquiera de sus enemigos pudiera haber imaginado: si ustedes son tan puros, devuelvan al emperador sus monedas idólatras.

A esto Jesús añade lo que dentro de este contexto bien podríamos llamar "la otra cara de la moneda". No es solamente cuestión de darle al emperador lo que le pertenece —sus monedas idólatras y blasfemas—, sino también de darle a Dios lo que le pertenece. Los intérpretes no están de acuerdo en cuanto a lo que esto quiere decir. "Lo que es de Dios" es todo. Si lo leemos desde ese punto de vista, el pasaje quiere decir que todo se ha de dar a Dios —lo cual parece implicar una obediencia tal que se esté listo a rechazar las monedas profanas del César. Otros señalan la palabra "imagen" (20.24) como un modo de recordarles a sus interlocutores que es necesario distinguir entre el dinero, que lleva la imagen del emperador, y los seres humanos, quienes llevan la imagen de Dios (Gn 1.26). En este caso, Jesús les estaría diciendo a sus oyentes que no se ocupen del dinero del César y le entreguen sus vidas a Dios.

Lo que sí debe estar bien claro es que Jesús no está diciendo sencillamente, como frecuentemente se piensa, que algunas cosas le pertenecen al estado por derecho propio y otras a Dios. Por mucho que se haya empleado en ese sentido, este pasaje no tiene nada que ver con la separación entre la iglesia y el estado —y mucho menos con la idea de que el estado ha de mandar en unas cosas y la iglesia en otras. El pasaje trata más bien acerca de una obediencia radical. Al recordarles a sus interlocutores que llevan monedas romanas, Jesús está poniendo al descubierto su duplicidad. Al decirles que den a Dios lo que le pertenece a Dios, los está llamando a una fidelidad obediente.

Cuando entonces nos colocamos a nosotros mismos dentro de este pasaje, no debemos ver aquí un llamado a darle parte de nuestra devoción al estado y parte a la iglesia. Es más bien un llamado a entregarle a Dios nuestra total obediencia y dejar a un lado las componendas que nos facilitan vivir en el orden presente sin cuestionarlo.

4. 20.27-44: La resurrección y el reino.

Esta es la primera vez que Lucas menciona a los saduceos, quienes aparecerán repetidamente en los primeros capítulos de Hechos. En este caso, se trata de la "ley del levirato", según la cual, si un hombre casado moría sin dejar hijos, su hermano debía tomar a la viuda como esposa y de ese modo producir hijos que continuaran la descendencia del difunto. Esto era práctica común en la antigüedad del Cercano Oriente. La dificultad que los saduceos entonces le plantean a Jesús es: si es verdad que hay resurrección de los muertos, ¿a quién pertenecerá la mujer en el día de Resurrección?

Jesús corta el nudo gordiano sencillamente declarando que la era venidera es diferente de la actual y que los resucitados "ni se casan ni se dan en casamiento". Más tarde algunos cristianos tomarían estas palabras como un llamado a la vida célibe, puesto que mediante el celibato uno anuncia y hasta llega a gozar del orden venidero del reino. Tal interpretación frecuentemente ha ido unida a un ascetismo que tiende a denigrar el cuerpo y sus funciones, particularmente en el orden sexual.

Es poco mejor interpretar el texto en el sentido de que Jesús está sencillamente argumentando que las condiciones de la era presente no continúan tras la resurrección. La pregunta misma, "¿De cuál de ellos será mujer?", se desentiende de la novedad radical del reino venidero. Hay muchas otras preguntas semejantes que no encuentran respuesta, como las que los corintios parecen haberle planteado a Pablo, quien responde a ellas en 1 Corintios 15: ¿Qué apariencia tendré? ¿Tendré un cuerpo como el que tuve de joven, o más bien uno como el que tuve al morir? Jesús no intenta responder a tales preguntas, sino que sencillamente invita a quienes lo escuchan a confiar en el Dios que hizo todas las cosas y que también hará que el reino venga.

Una nota interesante acerca del matrimonio es que Jesús dice que en ese nuevo orden las personas "ni se casan ni se dan en casamiento". Para una mujer, ser "dada en casamiento" implica sujeción a otros: el padre que la da y el esposo que la recibe. En un orden de paz, justicia y libertad no se entregarán las personas unas a otras.

Tras responder a las objeciones de los saduceos, Jesús toma la iniciativa mediante su propio argumento: Moisés dice que Dios es Dios de los antepasados, y puesto que Dios no es Dios de muertos, sino solo de vivos, esto quiere decir que ante Dios todos esos antepasados todavía viven.

Por último, Jesús insiste en el carácter radicalmente nuevo del reino que proclama. Los versículos 41-44, que de momento parecen ser una digresión en medio de la narración o un dicho completamente independiente, son de hecho parte de la respuesta a los saduceos o a cualquier otro que no se percate de la novedad radical del reino. El argumento acerca del Mesías como hijo de David es un modo de mostrar que el reino que el Mesías traerá es mucho más que la mera restauración del reino de David. Aunque el Mesías será del linaje de David, esto no lo hace menor que David. Al contrario, el propio David le llamó "Señor".

5. 20.45–21.4: Los escribas y las viudas.

Aunque la división del texto en capítulos y versículos ha resultado una manera útil de referirse a pasajes específicos, frecuentemente nos oculta la relación entre el fin de un capítulo y el principio del próximo. Esto sucede aquí, pues frecuentemente leemos las palabras acerca de los escribas como si no tuvieran nada que ver con las otras palabras de Jesús acerca de la viuda que dio dos blancas. Pero la verdad es que cada uno de estos pasajes nos ayuda a interpretar el otro. Se relacionan tanto por medio de un contraste como mediante un tema común. El contraste se establece entre los escribas avaros y soberbios y la pobre viuda que da todo lo que tiene. El tema común lo provee la viuda misma. Parte de lo que Jesús condena en la vida de los escribas es que "devoran las casas de las viudas", y ahora Jesús toma a una pobre viuda como ejemplo para todos, incluso los escribas. Si entonces leemos juntamente el final del capítulo 20 y el principio del 21 vemos que en conjunto son otro ejemplo del gran vuelco que Jesús produce. Los escribas son los líderes religiosos, quienes mejor conocen las Escrituras, quienes se sientan en las sinagogas en lugares de honor, quienes reciben respeto por parte de todos. Pero se enriquecen y logran su prestigio al tiempo que toman todo lo que las pobres viudas tienen, "devorando" sus casas. En el culto, todos notan las ofrendas de los ricos. Pero Jesús nota particularmente la ofrenda de una viuda —es decir de una de esas cuyas casas los escribas devoran—, quien da todo lo que tiene. Su ofrenda, aunque materialmente menor, es mayor que las aparentemente mayores de los ricos.

6. 21.5-38: Anuncios escatológicos.

El resto del capítulo 21 se dedica a una serie de anuncios y advertencias acerca del tiempo venidero —o, más bien, a un solo discurso acerca de esos acontecimientos y de lo que ha de ser la vida de los discípulos mientras los esperan. Jesús está en el templo, donde ha estado enseñando, y lo que provocan sus palabras es la admiración de "algunos" —no necesariamente sus discípulos. En respuesta a esa admiración, Jesús comenta que el día vendrá cuando hasta el propio templo será completamente destruido, y esa destrucción será tal que "no quedará piedra sobre piedra que no sea destruida".

Las palabras que siguen entonces (vv. 7-36) pueden interpretarse de diversas maneras. Hay quien las lee como una especie de programa de los acontecimientos por venir (algo así como una guía de televisión que nos dice lo próximo que viene), de tal manera que los discípulos puedan saber cuándo se acerca el fin. Esa interpretación parece fortalecerse por el versículo 31: "Así también vosotros, cuando veáis que suceden estas cosas, sabed que está cerca el reino de Dios". Pero la verdad es que contradice muchas de las advertencias de Jesús en el sentido de que es imposible saber cuándo será que vendrá el fin. (Además de muchos otros lugares en los Evangelios, encontramos tales advertencias en Lucas 12.35-40 y Hechos 1.7). Otra posible interpretación es que Jesús esperaba que el reino viniera muy pronto, posiblemente inmediatamente después de la destrucción de Jerusalén. Tal interpretación parece encontrar apoyo en el versículo 32: "De cierto os digo que no pasará esta generación hasta que todo esto acontezca". Su principal dificultad es que Lucas estaría escribiendo bastante después de la caída de Jerusalén, y sabía que aun entonces el fin no había llegado. Lo que es más, estaba escribiendo en tiempos de relativa paz, cuando la persecución de los cristianos tanto por parte de los judíos como por parte de los romanos había amainado. Jerusalén había sido destruida. La generación original ya había pasado. Y sin embargo el fin no había llegado. Es difícil imaginar que Lucas pusiera en labios de Jesús profecías que ya el pasado parecía haber desmentido.

Por estas razones, parece mejor interpretar el texto en términos parecidos a los de las parábolas de mayordomía: Jesús les está advirtiendo a sus discípulos cómo han de comportarse mientras esperan el fin. En tal caso, la principal advertencia de Jesús a sus discípulos es que no deben creer a quienes vengan diciéndoles que el fin llegará en tal o cual fecha: "Vendrán muchos en mi nombre diciendo: 'Yo soy el Cristo' y 'El tiempo está cerca'. Pero no vayáis en pos de ellos" (v. 8). Como corolario de esa advertencia fundamental, Jesús les habla acerca de la destrucción de Jerusalén (21.9-5) —de la cual ya Lucas sabía al escribir estas palabras— y sobre cómo ya desde antes de esa caída sus discípulos serían perseguidos (21.12-19) —de lo cual Lucas también sabía, como vemos en Hechos. El sitio y la destrucción de Jerusalén se describen en términos —y en algunos casos con palabras— que son muy semejantes a la narración del historiador judío Flavio Josefo. Los versículos 12-19 son casi un bosquejo de lo que Lucas dirá más tarde en Hechos acerca de la historia de la comunidad cristiana, aunque ciertamente la frase "ni un cabello de vuestra cabeza perecerá" ha de entenderse metafóricamente, pues poco antes Jesús dice "matarán a algunos de vosotros". Al escribir estas palabras, ya Lucas sabría de las muertes de Esteban y de Jacobo. Bastante antes de la caída de Jerusalén y sus terribles escenas de muerte y destrucción, ya los discípulos de Jesús serían perseguidos.

Luego, a partir del versículo 25, Jesús les dice a sus discípulos que aun la misma destrucción de Jerusalén no será tan catastrófica como podría esperarse. Esa destrucción es señal o anticipo de otros acontecimientos más sobrecogedores. Ahora Jesús dice que "habrá señales en el sol, en la Luna y en las estrellas" y que el mar y las olas bramarán de tal modo que les causarán angustias a las gentes. Estas cosas afectarán todo el mundo habitado —la *oikoumene* (v. 26). Será entonces que "verán al Hijo del hombre que vendrá en una nube con poder y gran gloria".

Dos puntos se destacan en este anuncio de la venida del Hijo del hombre. El primero es que vendrá "en una nube". Esto nos recuerda a Hechos 1.9, 11, donde los discípulos ven a Jesús ascendiendo al cielo en una nube y se les dice: "Este mismo Jesús, que ha sido tomado de vosotros al cielo, así vendrá como lo habéis visto ir al cielo".

El otro punto importante acerca de la venida del Hijo del hombre es el contraste entre lo que será la reacción común y lo que debería ser la actitud de los discípulos: en general, "los hombres quedarán sin aliento por el temor y la expectación de las cosas que sobrevendrán en la tierra". Pero Jesús les dice a sus seguidores que cuando vean esto levanten "vuestra cabeza, porque vuestra redención está cerca".

Este último contraste nos recuerda una de las principales dificultades que muchos cristianos tienen en lo que se relaciona con la escatología. Muchos de nosotros estamos tan bien instalados y tan cómodos en el orden presente que la idea de lo que ha de pasar no produce en nosotros esperanza, sino más bien temor. No nos contamos verdaderamente entre quienes, al pensar en el fin de esta era, nos regocijamos y levantamos la cabeza, sino más bien entre quienes quedan sin aliento por el temor y la expectación de las cosas que vendrán sobre la tierra. Nos convencemos de que eso del reino suena muy bien, pero no pasa de ser una quimera irrealizable. En realidad, la idea de tal reino nos parece irrazonable, e imaginamos que no es sino el residuo de una antigua superstición que hoy perdura gracias a un atavismo irrazonable. Pero quizá tal modo de pensar, que pretende fundamentarse en la mera razón, en realidad refleja nuestra esperanza secreta, que no consiste ya en que habrá un nuevo orden, sino más bien en que el orden presente no pasará. Y así, de manera parecida a San Agustín, quien decía "Dame castidad, pero todavía no", oramos diciendo "venga tu reino", y entonces en silencio, y quizá sin siquiera notarlo, añadimos "pero todavía no". Es precisamente por esto que Jesús nos advierte: "Mirad también por vosotros mismos, que vuestros corazones no se carguen de glotonería y de embriaguez y de las preocupaciones de esta vida, y venga de repente sobre vosotros aquel día, porque como un lazo vendrá sobre todos los que habitan sobre la faz de la tierra" (vv. 30-35).

Por esa razón, hay muchos cristianos hoy que no quieren que se les hable de escatología. Y entonces les dejamos el tema a quienes pretenden saber que vamos ahora por la cuarta o la quinta trompeta del Apocalipsis, o que la bestia es X o Y, o que el rapto sucederá el miércoles. Pero el hecho es que el evangelio de Jesucristo no se entiende aparte de la escatología —es decir, aparte de la esperanza y la promesa de un orden venidero de amor, paz y justicia. Si tomáramos este mismo Evangelio de Lucas que hemos venido leyendo, y sacáramos de él todo lo que de alguna manera se pueda referir a tal promesa del reino, o al día del regreso del Dueño ausente, ¡bien poco quedaría!

La breve parábola o símil de la higuera (21.29-33) señala este punto y nos deja sin excusa. El árbol nos dice que el verano se acerca, y es por tanto señal de lo que ha de venir. Bien podemos no estar listos para el futuro que viene; pero su venida es tan segura como el verano que anuncian las primeras hojas en la higuera. Bien quisiéramos que la presente estación del año continuara. No queremos que las cosas pasen. Pero todas las cosas (el cielo y la tierra) pasarán. Por muy cómodos que estemos en la estación presente, la nueva viene porque, como Jesús mismo dice, "mis palabras no pasarán".

Con demasiada frecuencia parece que preferimos un "evangelio" sin escatología, unas "buenas nuevas" sin verdadera esperanza final, porque para nosotros tales nuevas no son en realidad tan buenas. Preferimos un evangelio sin escatología porque las buenas nuevas del gran vuelco que Lucas viene proclamando a través de todo su Evangelio no nos parecen tan alentadoras. Si la promesa del gran vuelco resulta en beneficio de los pecadores más bien que de la gente religiosa, de los explotados más bien que de los poderosos, de los pobres más bien que de los acomodados, para quienes no tienen otra esperanza alguna, ¿qué tiene que ofrecernos? ¿Será posible que el vuelco prometido sea visto con esperanza y alegría por quienes ya de algún modo se gozan en el tiempo presente? Es por esto que, aunque la verdadera escatología cristiana es cuestión de esperanza, para muchos se ha vuelto cuestión de miedo. Cuando tal cosa sucede, el cambio prometido en lugar de ser promesa se vuelve amenaza.

Hay otro camino a seguir, y es a él que Jesús se refiere en los versículos 12-19. Es un camino que requiere que vivamos ahora como quienes de veras sabemos que un futuro diferente nos aguarda. Es un camino difícil, ya que quienes viven sobre los principios de un orden diferente necesariamente tendrán conflictos con el orden presente. De momento, las buenas nuevas no parecen tan buenas: "Seréis odiados por causa de mi nombre". Para muchos cristianos en el día de hoy, esto parece un contrasentido. ¿Que se nos persiga por ser cristianos? ¿Que la familia y nuestros amigos nos rechacen por razón de nuestra fe? Eso bien puede haber sido cuestión del pasado, ¡pero no sucede en tiempos como los nuestros! Así pensamos; pero la verdad es que durante el siglo XX más cristianos murieron por razón de su fe que durante los tres siglos de persecución bajo el Imperio romano. Y la verdad es que, mientras en Europa y algunas regiones de Norteamérica muchos se desalientan porque el cristianismo no parece avanzar (al menos entre algunas de las denominaciones más tradicionales), alrededor del mundo la fe cristiana se expande de manera explosiva. Y esto tiene lugar mayormente entre personas pobres y desheredadas, muchas de las cuales saben que la fe cristiana no les hará la vida actual más fácil, sino más difícil.

¿Qué camino hemos de seguir entonces aquellos cristianos que vivimos en circunstancias en las que nuestra fe, en lugar de crearnos dificultades, nos hace socialmente respetables? Si todo lo que Lucas dice acerca del gran vuelco es verdad, solo nos queda un camino: la solidaridad. El doctor de la ley de la parábola no puede de repente hacerse samaritano. Él es quien es. La única alternativa que tiene es actuar como el buen samaritano. El fariseo no puede dejar detrás su Ley, su religiosidad y su obediencia a la Ley. El único camino que le queda es unirse a los supuestos "pecadores" en su dolor y su confianza en Dios. Zaqueo no puede deshacer todo el mal que ha hecho en el proceso de hacerse rico mediante la explotación y la colaboración con un régimen opresor. La única alternativa que le queda es usar la riqueza y el poder que tiene para deshacer tanto como pueda el mal que antes ha producido. Y, por otra parte, aquellos de nuestros hermanos y hermanas en la fe cuya situación es tal que el gran vuelco es verdadero motivo de esperanza han de ayudarnos a participar de esa fe que nos llama a tener esperanza donde no parece haber motivo para ella.

Excurso: La vida a partir de un futuro diferente.

A fin de redescubrir y recuperar la esperanza escatológica en todas sus dimensiones necesitamos también descubrir un futuro diferente. Para la mayoría de nosotros, todos los acontecimientos presentes y futuros son resultado de causas pasadas. Lo que es más, cuando decimos que un evento "causa" algo, damos por sentado que la causa viene primero, y luego las consecuencias. Pero ese no es el único modo de pensar acerca de la causalidad. Lo que ahora llamamos "causas" son solamente lo que los antiguos llamaban "causas eficientes", porque para ellos también había "causas finales". Mientras una causa eficiente tiene lugar antes que el resultado, como cuando una bola de billar golpea otra y hace que se mueva, una causa final es la meta que produce lo que acontece. Bien podríamos decir que las causas eficientes "empujan" los acontecimientos a partir del pasado, mientras que las causas finales las "tiran" o halan desde un futuro que las llama. Desde ese punto de vista, las cosas suceden no solamente porque otras cosas las produzcan, sino también porque tienen un propósito. Los acontecimientos no tienen lugar solamente "porque", sino también "para que...".

Hoy se nos hace difícil pensar de esa manera, porque la modernidad se ha caracterizado por el gran éxito de las ciencias físicas, y lo que esas ciencias estudian es precisamente las causas eficientes de las cosas. Si queremos saber por qué una bola de billar cae en el saco, miramos a la otra bola de billar que le dio, al golpe que impulsó a esa primera bola, etc. Este modo de ver las cosas es importante y tiene valor, puesto que nos ayuda a prever las consecuencias de nuestras acciones y de los acontecimientos presentes. Cuando presiono un botón en mi automóvil lo hago sabiendo que producirá una chispa que a su vez producirá una combustión que hará funcionar el motor, y que cuando el motor funcione podré mover el auto. Si no hubiera causas eficientes, ni de algún modo pudieran predecirse las consecuencias de tales causas, el orden sería inconcebible.

Pero al mismo tiempo podemos ver esa misma secuencia de acontecimientos desde la dirección opuesta: presiono el botón porque quiero que haya una combustión interna en el motor. Y quiero esa combustión interna porque quiero que el motor funcione. Quiero que el motor funcione porque quiero mover el coche. Y quiero mover el coche porque voy a visitar a mi hija. Luego, no es solo el pasado lo que causa el presente, sino también el futuro que le llama. Esto es lo que se entiende por "causas finales".

Ese doble entendimiento de la causalidad aparece frecuentemente en los grandes tratados teológicos medievales, donde se dice que Dios es la "primera causa" (es decir, la primera causa eficiente de todas las causas) y también la "causa final" (es decir, la meta última hacia la cual todas las cosas se dirigen).

La escatología cristiana —lo que es más: toda la visión bíblica de la historia— ha de entenderse teniendo en mente las causas finales, el futuro que llama al presente hacia su cumplimiento, los propósitos finales de Dios que se cumplen. Sobre la base de esa creencia, cuando los cristianos miramos a la historia del mundo y a nuestras propias historias personales, no debemos olvidar jamás que toda la historia, así como toda vida, tiene su "para que...". Dentro de ese contexto, la escatología es un atisbo de un futuro tan glorioso que no podemos completamente imaginarlo ni entenderlo, pero que todavía esperamos y hacia el cual vivimos.

No cabe duda de que el futuro causa mucho de lo que acontece en el presente. Escribo ahora estas líneas porque espero que sean publicadas; y serán publicadas porque se espera que sean leídas. Ciertamente, es posible que tales esperanzas nunca se cumplan. Pero es por ellas que escribo estas palabras, y sin esa esperanza jamás serían escritas.

La otra cara de la misma moneda es que nuestra fe en el futuro o bien se corrobora o bien se desmiente mediante nuestras acciones presentes. Si digo que espero que este libro se publique, pero no lo escribo, nadie creerá que verdaderamente espero que el libro se publique. Si declaro que creo en un reino venidero de paz, amor y justicia, y mientras tanto no practico la paz, ni el amor, ni la justicia, todas mis afirmaciones de fe poco valen.

Una vez que entendemos esto, vemos que la escatología es mucho más que especulación acerca de las "últimas cosas", o de si el milenio viene antes o después de la segunda venida. La escatología es el fundamento mismo de nuestra esperanza, y por tanto de nuestra vida cristiana. Es también el fundamento de nuestra proclamación, y corrobora nuestra fe en lo que predicamos. La esperanza escatológica es el futuro a partir del cual vivimos. Si no vivimos a partir de ese futuro, nos encontramos en una posición semejante a la de Pablo cuando decía "somos hallados falsos testigos de Dios" (1 Co 15.14).

Para pensar, estudiar y discutir: Al principio de esta sección se discutía la autoridad de Jesús, que el liderazgo de Israel cuestionaba. ¿Qué indicios tenemos hoy de que una autoridad —sea la nuestra o la de otra persona o personas— es lícita? ¿Debemos obedecer a las autoridades establecidas a toda costa? ¿Debemos defender nuestra propia autoridad?

¿Qué le diríamos a quien nos dice que los cristianos no deben ocuparse de la política, pues Cristo dijo que había que darle al César lo que es del César, y a Dios lo que es de Dios?

¿Qué le diríamos a quien nos dice que ve en acontecimientos tales como la restauración del Estado de Israel, las recientes pandemias y otras cosas parecidas, señales de que el fin se acerca?

¿Queremos de verdad que el reino de Dios venga? ¿O estamos tan acomodados en el orden presente que quisiéramos que continuara por siempre?

C. 22.1–23.54: LA PASIÓN.

1. 22.1-6: El complot.

Si bien es cierto que la esperanza nos provee una visión del futuro, también es cierto que el presente no puede evitarse. Lucas rápidamente nos trae de vuelta al orden presente, donde el mal y la injusticia frecuentemente prevalecen. En este orden presente, hay casos en que los sentimientos religiosos, el temor y la avaricia se combinan para servir a los poderes del mal. Irónicamente, lo que aquí Lucas cuenta tiene lugar según se acerca el festival religioso más importante en Israel. Es una fiesta que celebra la liberación de Israel del yugo imperial de Egipto; y sin embargo los líderes religiosos de Israel traman para entregar a Jesús en manos de Roma, el nuevo imperio. Lucas nos dice que hicieron esto porque temían al pueblo. Ese temor bien puede haber tenido dos caras. Por una parte, resulta claro que temían la posible reacción del pueblo si Jesús era arrestado en público. Por otra parte, también pueden haber temido las consecuencias políticas si el pueblo mostraba ser demasiado entusiasta al respecto de Jesús. (En Juan 11.47-50 se nos dice que los principales sacerdotes y los fariseos comenzaron a tramar la muerte de Jesús porque temían que, si su fama se extendía y aumentaba el número de sus discípulos, Roma intervendría en perjuicio de Israel).

Muchas interpretaciones tradicionales del complot para matar a Jesús se ocupan únicamente de las dimensiones religiosas de la historia, como si la religión pudiera existir aparte de un contexto político, social y sicológico. Aquí el contexto es la presencia imperial, las esperanzas de liberación por parte del pueblo, y una élite que trata de navegar entre ambas aguas y que con ese propósito usa su autoridad religiosa. Aunque técnicamente Judea no era una colonia romana en el sentido en que entonces se usaba esa palabra, sí era una colonia en el sentido actual. Los principales sacerdotes, los escribas y los oficiales del Templo tenían que mantener el difícil equilibrio que las élites locales en una colonia siempre tienen que mantener: debían granjearse el agrado del poder imperial y por otra procuraban no enajenar al pueblo.

Entonces, en el versículo 3, entra Judas; o más bien, Satanás entra en Judas. Con Judas y Satanás, también la avaricia entra en escena. La élite está dispuesta a pagar a fin de poder arrestar a Jesús sin causar un motín, y Judas está dispuesto a proveerles la oportunidad de hacerlo a cambio de dinero. Ya queda lista la escena para la traición y el arresto.

2. 22.7-38: La cena pascual.

La Pascua era la gran fiesta judía que celebraba la liberación del pueblo del yugo de Egipto. Su tema fundamental era la memoria de lo acontecido y la esperanza que esa memoria proveía. Ese tema se introducía con la pregunta ritual: "¿Por qué es esta noche diferente de todas las demás?". La respuesta comenzaba con la historia de aquella primera Pascua, a la que seguía una lista de otras ocasiones en las que Dios había librado a Israel, y normalmente concluía con una oración que pedía también la liberación de la tierra de Israel del régimen romano —aunque cabe suponer que esta última oración no siempre se incluía en las cenas pascuales de quienes apoyaban el poder romano y se beneficiaban de él.

a. 22.7-20: Preparación e institución de la Cena del Señor.

La historia de la preparación para la cena pascual (22.7-13) plantea las mismas preguntas que ya hemos discutido en relación con la preparación para la entrada a Jerusalén (18.28-40). Lo que se subraya con todo esto es que lo que ha de acontecer no es sencillamente cuestión de azar, ni mero resultado de circunstancias históricas, sino que es parte de un plan divino que se está cumpliendo.

La historia de la Última Cena en Lucas (22.14-20) difiere en varios aspectos de lo que se nos dice en Mateo y Marcos. La diferencia más notable es que, en el Evangelio de Lucas, Jesús les da la copa a los discípulos tanto antes como después del pan, mientras en los otros dos Evangelios el partimiento del pan tiene lugar antes de la bendición y la participación en la copa. Probablemente esto refleje diversas prácticas en la iglesia antigua, puesto que algunos textos antiguos se refieren al pan primero y luego a la copa, mientras otros siguen el orden opuesto. Aun así, hay una uniformidad estructural en el uso de lo que vienen a ser prácticamente los mismos verbos, tanto en los Evangelios como en la más antigua literatura cristiana: "Tomó... dio gracias [o bendijo]... dio... dijo...". Luego, aunque hubiera diferencias en cuanto al modo en que se celebraba la eucaristía, también había cierto grado de comunalidad.

La Cena del Señor, también conocida como "comunión" o "eucaristía", ha constituido el centro de la adoración cristiana a lo largo de la historia de la iglesia. También ha sido fuente de algunas de las más amargas controversias entre cristianos y entre diversas tradiciones teológicas. Así, uno de los puntos de desacuerdo que surgieron durante la Edad Media entre las iglesias orientales y occidentales tenía que ver con la cuestión de si la comunión debía celebrarse con pan leudado, como en el Oriente, o sin levadura, como en el Occidente. También hubo debates acerca de si los creyentes debían acercarse a la mesa para participar de la comunión, o si los elementos se debían llevar a los escaños. Pero sin lugar a dudas, las controversias más prolongadas, amargas y divisivas se han centrado en la cuestión del modo en que Cristo está presente en la comunión. En el siglo IX, y también en el XI, pero particularmente en el XVI, los creyentes se han condenado mutuamente declarando a otros herejes y pecadores porque no estaban de acuerdo en estas cuestiones. Hasta el día de hoy, hay iglesias que solamente admiten a la comunión a quienes concuerdan con ellas en cuanto al modo exacto en que Cristo está presente en la cena.

Los debates en cuanto al modo en que Cristo está presente en la eucaristía y otros desacuerdos paralelos en cuanto a quién puede presidirla, cómo se ha de administrar, qué clase de pan o de vino ha de usarse, etc. han oscurecido varias dimensiones de la comunión que necesitan recuperarse.

Una de esas dimensiones es la relación entre los elementos que se emplean en la comunión y las aguas del bautismo. Tradicionalmente (y en algunas iglesias hasta el día de hoy), el pan y el vino se llevaban al frente durante el ofertorio. Con este gesto se quería decir que, en cierto sentido, el pan y el vino son nuestro don o sacrificio al Señor. El pan y el vino son resultado del trabajo humano. En esto contrastan con el agua que se emplea en el bautismo, que se usa sencillamente como la naturaleza la provee, sin trabajo humano alguno. Luego, si el agua bautismal apunta hacia la gracia inmerecida de Dios, el pan y el vino en la comunión apuntan a la mayordomía mediante la cual Dios ha invitado a los humanos a participar en la obra de Dios mediante su propio trabajo. Dios da el trigo y las uvas, pero es el trabajo humano el que hace de ellos pan y vino. En el ofertorio, el pueblo de Dios le ofrece sus dones a Dios. Pero entonces tradicionalmente, al invitar a los congregados a participar en la comunión, se dicen las palabras: "Los dones de Dios para el pueblo de Dios". Nosotros traemos nuestros dones, pero no somos los anfitriones. Lo que acontece es algo parecido a cuando se nos invita a cenar en casa de algún amigo y traemos unos dulces. La mesa sigue siendo de ellos. No son nuestros dones los que nos nutren, sino la cena que nuestros anfitriones han preparado. Estamos respondiendo a su hospitalidad con una señal mucho menor de agradecimiento. Aun cuando sentados en su mesa consumamos los dulces que trajimos, ellos siguen siendo nuestros anfitriones, y nosotros los huéspedes que, al traer nuestro pequeño regalo, hemos ofrecido señal de que queremos participar de su hospitalidad no solamente comiendo en la cena, sino también siendo hospitalarios como lo son ellos. En la comunión, el pueblo trae sus dones a la mesa, pero la cena es mucho más que lo que el pueblo trae. Cuando el celebrante dice "los dones de Dios para el pueblo de Dios", se nos invita a participar no solamente en lo poco que hemos ofrecido, sino sobre todo en lo mucho que Dios ofrece.

También tenemos que prestarles más atención a los posibles sentidos de las palabras "Haced esto". Ciertamente quieren decir que los seguidores de Jesús han de reunirse periódicamente para participar de una cena como aquella que Jesús celebró con sus primeros discípulos. Es por esto que a través de las edades los cristianos han respondido a los maravillosos dones de Dios reuniéndose para partir el pan y compartir la copa. Es también por esto que, a través de las edades, cada vez que han sido oprimidos o se han visto en dificultades, los cristianos han respondido reuniéndose para partir el pan. Pero "Haced esto" también puede entenderse como una referencia al modo en que el cuerpo de Jesús es entregado por nosotros. En tal caso, "haced esto en memoria de mí" implica también entregar la vida y el cuerpo por los demás. Y también esto los cristianos lo han hecho a través de las edades, frecuentemente inspirados por esta cena eucarística. Era a esto que se refería Ignacio de Antioquía cuando, camino al martirio, escribió: "Soy trigo de Dios, para ser molido por las fauces de las bestias y así presentarme como pan puro de Cristo... Permítaseme ser imitador de la pasión de mi Dios" (*Epístola a los Romanos* 4.1; 6.3).

Por último, debemos tener en cuenta el sentido de las palabras "en memoria de mí" en el contexto original de una celebración pascual. Como hemos dicho, la cena pascual era un momento en el que se repasaba toda la historia del modo en que Dios había intervenido como redentor de Israel, centrándose en la gran acción liberadora de Dios al sacar al pueblo de Egipto, y al mismo tiempo recordando otras intervenciones liberadoras, para por fin expresar la esperanza y el anhelo de una nueva liberación. En la Pascua, no solo se recordaba el pasado, sino también el futuro. La Pascua es una celebración de la segura confianza en que el Dios que sacó al pueblo de Egipto también le llevará a una nueva vida de libertad. De igual manera, cuando "hacemos esto" en memoria de Jesús, recordamos no solamente su muerte y resurrección, sino también la promesa de que una vez más beberemos con él del fruto de la vid en el reino de Dios. Es de notarse el hecho de que la oración eucarística más antigua que existe expresa esa dimensión escatológica: "Así como este pan estaba esparcido por los montes y colinas, y reunido se ha hecho uno, así también pueda tu iglesia ser reunida en tu reino desde los confines mismos de la tierra" (*Didajé* 9.4). Lo mismo es cierto de muchas otras antiguas oraciones eucarísticas que han llegado hasta nuestros días, pues en ellas se repiten las grandes acciones amorosas de Dios desde la creación hasta la resurrección de Jesús, y todo lleva a la esperanza del reino.

b. 22.21-38: Negación, burla y juicio.

Las tres breves historias que siguen a la institución de la Cena del Señor todas tienen lugar dentro del contexto de la misma cena pascual, lo cual las hace más conmovedoras y trágicas. La primera es el anuncio de la traición de Judas (22.21-23). Frecuentemente los teólogos han estado tan preocupados por cuestiones que tienen que ver con la libertad, la predestinación y el predeterminismo que hemos olvidado la amarga ironía de esta narración. Jesús acaba de declarar que su cuerpo será entregado por ellos, y ahí está Judas, quien ya ha hecho arreglos para entregar ese cuerpo a cambio de dinero. Judas ha tomado del pan y bebido de la copa. Ha escuchado que el cuerpo de Jesús será quebrantado por amor a él. ¡Pero también sabe que ese cuerpo será entregado por razón del amor de Judas al dinero!

También están allí los demás discípulos. La mayoría de ellos tienen dudas acerca de su propia fidelidad, excepto Pedro y Judas: Judas porque sabe que es un traidor, y Pedro porque está demasiado seguro de sí mismo. El resto de la narración mostrará que todos debieron haber tenido sobradas razones para dudar de sí mismos. En contraste con sus discípulos, Jesús permanecerá fiel. Una vez más, hay un paralelismo entre la historia de Jesús y sus discípulos, y la historia de Dios con Israel. El pueblo será infiel y será necesario llamarlo a la obediencia una y otra vez. Pero Dios siempre es fiel. En la comunión no celebramos nuestra propia fidelidad (aunque estemos tentados a hacerlo), sino que celebramos la fidelidad de Dios. Si se nos prohibiera tomar la comunión por tener dudas sobre nosotros mismos y nuestra fidelidad, nadie podría participar en ella. Pero en la Cena de hoy, como en aquella primera Santa Cena, Jesús se muestra dispuesto a cenar una vez más con los pecadores, como lo ha hecho a través de todo el Evangelio.

El debate en torno a quién sería mayor (22.24-30) es paralelo a 9.46-48. En ambos casos, la discusión acerca de la jerarquía entre los discípulos sigue inmediatamente después de que Jesús anuncia los sufrimientos que le esperan —y esto deja más claro que el debate mismo es inapropiado. Aquí, en el capítulo 22, la conexión entre este debate y la cuestión anterior de quién traicionaría a Jesús no está del todo clara. Sin transición alguna, la conversación pasa de la duda de los discípulos acerca de su propia fidelidad a la cuestión del orden de primacía entre ellos. Es de suponerse que pensaran que si mostraban ser más fieles que los demás esto les daría mayor honor. Pero una vez más el gran vuelco echa por tierra sus expectativas —como también echa por tierra las nuestras. En los reinos humanos, el camino a la grandeza es la mera lealtad al rey. Como personas religiosas, pensamos que nuestra grandeza está en nuestra lealtad al Rey. Pero Jesús les dice a sus discípulos que su verdadera grandeza está en el servicio. ¿Quiere decir esto que la lealtad al Señor no sea importante? De ningún modo. Lo que sí quiere decir es que la verdadera lealtad a este extraño Señor nuestro está precisamente en servir de igual manera que él sirve.

En el anuncio de la negación de Pedro (22.31-34), Jesús le habla a Pedro directamente, diciéndole que todo el grupo será probado, y que hasta el mismo Pedro tendrá que regresar después de la prueba. Nótese que la referencia a quienes serán zarandeados está en plural, mientras que Jesús se dirige a Pedro mismo en singular. Pedro confía en su propia fuerza y fidelidad, y promete que nunca abandonará a Jesús. Pero el propio Pedro también tendrá que retornar después de haberle abandonado, y entonces podrá confirmar a los demás porque Jesús ha orado por él. Como en toda la narración bíblica, lo que es seguro e inmutable no es la fidelidad de Pedro, sino la del Señor. Pedro podrá volver y seguir al Señor, y fortalecer a los demás, no porque sea fiel, sino porque el Señor que ha intercedido por él es fiel.

La narración acerca de la cena termina con una serie de instrucciones (22.25-28). Este es un pasaje intrigante que solo se entiende si se lo considera en relación con el tema del rechazo que aparece a través de toda la escena. En 10.4, Jesús había enviado a sus discípulos con instrucciones de no llevar "bolsa ni alforja ni calzado". Ahora les dice que han de llevar bolsa, alforja y espada. En su misión anterior, los discípulos no tendrían necesidad de llevar provisiones, puesto que muchos los recibirían en sus casas. Pero ahora ha pasado el tiempo de esa aceptación general. Ahora viene el tiempo de resistencia y rechazo. El tiempo de la misión fácil ha pasado. Ahora la misión requiere fortaleza, preparación y provisión.

También la referencia a la espada que han de llevar ha sido muy discutida a través de los años. ¿Les está dando Jesús a sus discípulos instrucciones de que se armen y estén así preparados a responder a la violencia con violencia? Esto parecería contradecir todas las enseñanzas de Jesús y todo lo que el resto del Nuevo Testamento nos dice acerca de la iglesia primitiva. Lo que es más, cuando los discípulos toman lo que Jesús les dice al pie de la letra y hacen un inventario rápido tras el cual dicen que tienen dos espadas, Jesús les dice que con eso basta. Por tanto, lo más probable es que la referencia a las espadas no sea una invitación a tomar las armas, sino más bien una referencia simbólica a las luchas que están por delante. Más tarde en el mismo capítulo, cuando uno de los discípulos hiere al esclavo del sumo sacerdote con una espada, Jesús lo reprende (22.52).

Quizá lo más importante sea el contexto en el que Jesús instruye a sus discípulos para que hagan provisión de lo necesario. Es un contexto de rechazo, oposición y hasta persecución. Desafortunadamente, en épocas cuando la situación de los cristianos ha sido absolutamente diferente, y han gozado de popularidad, poder y respeto, los cristianos y la iglesia hemos estado demasiado prontos a tomar estas palabras de Jesús como una invitación a acumular riquezas y recursos.

3. *22.39-53: En el monte de los Olivos.*

Ahora pasamos de la cena pascual al monte de los Olivos, donde Lucas describe la angustiosa oración de Jesús al enfrentarse a la cruz. Lucas no coloca esto en Getsemaní, como Mateo y Marcos, ni tampoco en un huerto, como en Juan, sino más bien en el monte de los Olivos, donde también Jesús sería arrestado. Debe notarse que los versículos 43-44 no aparecen en varios manuscritos antiguos, y que buen número de eruditos piensa que la estructura misma del pasaje parece indicar que no eran parte del texto original, sino alguna añadidura posterior.

En todo este pasaje hay dos tópicos principales: la oración de Jesús y el sueño de sus discípulos. En la oración de Jesús se ven dos elementos que contrastan con el modo en que muchas veces entendemos y practicamos la oración: por una parte, Jesús expresa sus propios deseos; pero por otra también se somete a los deseos del Padre. Frecuentemente hoy oímos decir que, si uno insiste suficientemente, Dios dará lo que se le pide. Poco antes de escribir estas líneas, vi a un predicador que le decía a su audiencia por televisión que, si estaban desempleados y oraban con suficiente insistencia, Dios tendría que darles lo que pedían. Después de todo, decía este predicador, Dios lo ha prometido, y Dios está obligado a cumplir sus promesas. Lo que decía era tajante: "Demándale a Dios y Dios te lo dará". Quizá en respuesta a tales actitudes, hay en el otro extremo quienes piensan que en la oración no deberíamos decirle a Dios lo que deseamos, puesto que el propósito de la oración no es pedir, sino más bien conformarnos a los deseos de Dios. Ambas posturas contradicen mucho de lo que encontramos en la Biblia, y ciertamente en este pasaje. A través de todas las Escrituras (y ciertamente en los Salmos), hay oraciones en las que no solamente se le pide a Dios ayuda, sino que hasta se discute con él y se protesta contra sus acciones y decisiones. Y hay también numerosos ejemplos de oraciones que no fueron respondidas del modo en que se quería, sino de un modo diferente, y a veces hasta contrario a lo pedido.

Es importante notar que, en su oración en el monte de los Olivos, Jesús se dirige a Dios como "Padre". Ver la oración como una relación entre un hijo y un padre o una madre nos ayudará a evitar los dos extremos que acabamos de mencionar. Al acercarnos a uno de nuestros padres, no le exigimos que haga algo. El respeto a la autoridad y sabiduría de esos padres lo prohíbe. Pero, por otra parte, quien verdaderamente confía en uno de sus padres no le dice sencillamente: "Estoy de acuerdo en todo lo que tú digas". La confianza en el firme amor de los padres le permite al hijo expresar deseos y sentimientos que el padre o la madre no aprobarían. Pero el hecho mismo de expresarlos es señal a la vez de amor y de respeto. Es sobre la base de esa relación que Jesús puede decir a la vez "aparta de mí esta copa" y "no se haga mi voluntad, sino la tuya". Mientras más estrecha sea la relación con Dios, más nos será posible tanto expresar sin ambages nuestra angustia como aceptar la decisión amorosa de Dios.

El otro elemento central en el pasaje es el sueño de los discípulos, aun cuando Jesús les ha dicho que deben orar. Lucas se refiere a esto tanto al principio como al final de la historia, con el resultado de que la oración de Jesús al centro del pasaje ilumina su llamado a los discípulos a orar para que "no entréis en tentación". Por largo tiempo ha venido diciéndoles que su cruz llevará a las de ellos. Ahora parece advertirles que ellos también pasarán por pruebas difíciles como la que él confronta. Tales tiempos de prueba no han de buscarse. Al contrario, los discípulos han de orar rogando que no vengan sobre ellos. Pero cuando vengan tales tiempos, deben enfrentarlos en oración de igual manera que Jesús se enfrentó a su propio juicio y a su pasión en angustiosa plegaria. Esto les proveía a los cristianos en los primeros siglos de vida de la iglesia una guía valiosa, llevándolos a la vez a admirar el martirio y a insistir en que era necesario rechazar la actitud de quienes lo buscaban —es decir, los llamados "espontáneos".

Aunque frecuentemente pensamos acerca del arresto de Jesús (22.47-53) y de su plegaria en el monte de los Olivos como dos episodios separados, Lucas los relaciona explícitamente: "Aún estaba él hablando cuando vino Judas...". Por otra parte, aunque por lo general Lucas expande las narraciones de Marcos, aquí sigue un camino opuesto: su descripción del arresto de Jesús es más breve que en cualquiera de los otros Evangelios. Esa brevedad subraya la importancia de lo que ha de seguir. Es como si Lucas tuviera prisa por llegar al juicio de Jesús, a su muerte y sobre todo a su resurrección.

El pasaje se entrelaza con lo que antecede porque a la vez aparecen tanto Judas como el tema de las espadas. Cuando por última vez se nos dijo algo de Judas, estaba con el resto de los discípulos en la última cena. Ahora aparece con sus compañeros de conspiración. Lo que se implica es que mientras Jesús oraba y los discípulos dormían Judas conspiraba. Al respecto de las espadas, la narración sobre la cena pascual concluye cuando los discípulos declaran que tienen dos de ellas y Jesús les dice que con eso basta. Ahora, cuando vienen a arrestarlo "con espadas y palos", los discípulos se ofrecen a defenderlo y uno de ellos hiere al siervo del sumo sacerdote en la oreja, Jesús lo reprende y sana la herida del siervo. Todo el episodio claramente refuta cualquier interpretación belicosa o militarista del pasaje anterior.

Por último, hemos de notar que una vez más tenemos aquí un intento por parte de los líderes religiosos de Israel —"los principales sacerdotes, los jefes de la guardia del Templo y los ancianos"— de arrestar a Jesús cuando el pueblo esté ausente (véase 19.47-48; 20.1, 19.26; 22.2). Este tema del apoyo popular a Jesús y sus seguidores, y del consiguiente temor al pueblo por parte de la élite gobernante, aparecerá una vez más en Hechos (véase 3.11-12; 4.1-2.5-6, 17.21; 5:12-13.17, 21.24, 25-26).

4. 22.54–23.25: Negación, burla y juicio.

a. 22.54-65: La negación de Pedro y la burla a Jesús.

La escena está ahora lista para el juicio y la muerte de Jesús. Pero antes de pasar a esos acontecimientos, Lucas nos cuenta del cumplimiento del anuncio de Jesús acerca de la negación de Pedro. Mientras los demás evangelistas interrumpen esa historia entretejiéndola con varios momentos en el juicio de Jesús, Lucas nos la presenta de una sola vez. Todo tiene lugar en secuencia rápida en el patio del sumo sacerdote. Ha llegado la hora anunciada por Jesús en 22.31. Es también el comienzo del retorno de Pedro después de su negación para ahora fortalecer a los demás, como Jesús lo había predicho. Es muy probable que, al colocar toda la historia de las negaciones de Pedro en un solo pasaje, Lucas esté preparando el camino para una historia parecida en Hechos, en la que Pedro fortalece al resto de la comunidad. Al final de la historia se nos dice que Pedro "saliendo fuera, lloró amargamente". Después de esto Lucas no vuelve a mencionar a Pedro sino en 24.12, 34, y después en el libro de Hechos.

Lucas es el único evangelista que nos dice que "vuelto el Señor, miró a Pedro, y Pedro se acordó de la palabra del Señor". Mucho se ha escrito acerca de estas palabras y lo que debe haberse comunicado mediante esa mirada —recriminación, tristeza o perdón. Calvino dijo que Pedro "no volvió en sí hasta que su mirada se encontró con la del Señor" (*Comentarios sobre el Nuevo Testamento*, Grand Rapids: Eerdmans, 1972, 1:173). Al igual que Calvino, la mayoría de los intérpretes subrayan los temas del pecado, el arrepentimiento y el perdón. No cabe duda de que esto es elemento central en todo el pasaje. Aunque se le había advertido, Pedro cayó en la tentación. Pero, aunque había caído en apostasía, todavía podía arrepentirse, ser perdonado y venir a ser líder en la primitiva comunidad cristiana.

Hay en este pasaje una ironía que rara vez notamos, y que surge cuando lo leemos en relación con los tres versículos que siguen. Jesús les ha demostrado repetidamente a sus seguidores que es un verdadero profeta. En su propio arresto y su muerte venidera, y en las negaciones de Pedro, sus predicciones han resultado ser verdad. Y ahora las gentes se van a burlar de él como falso profeta.

Mucho se ha debatido acerca de si fueron los judíos o los romanos quienes condenaron a Jesús. En ese debate se ha estudiado mucho tanto la ley romana como la judía, tratando de establecer quién tenía autoridad para imponer la pena de muerte, qué reglas se suponía se siguieran en el Sanedrín y otras cuestiones parecidas. Todo esto merece consideración, puesto que la idea de que fueron los judíos quienes mataron a Jesús ha resultado en mucho prejuicio, odio y hasta violencia contra los judíos. Pero Lucas presenta la historia ante todo como una acción de violencia aparentemente sin sentido. No está claro quiénes eran los hombres que guardaban a Jesús. ¿Serían miembros del personal del sumo sacerdote? ¿Serían parte de la compañía que salió a arrestar a Jesús? ¿Serían sencillamente personas que estaban en el patio? Es imposible saberlo, y en ello mismo se encuentra el mensaje terrible de la historia. La violencia reprimida puede explotar en cualquier momento y en cualquier lugar. Jóvenes criados en hogares aparentemente serios y decentes son capaces de salir a la calle para apalear otros jóvenes de otras razas. Personas que de otro modo parecen ser absolutamente normales, pero que han sido sometidas a las terribles experiencias de la guerra son capaces de cometer atrocidades inusitadas. Los niños abusan unos de otros en la escuela, y los abusadores frecuentemente van seguidos de una especie de cortejo que a la vez les admira y les teme. Un joven que se siente excluido y rechazado por sus compañeros se arma y sale a matar a esos compañeros. Nos decimos que todo esto no son sino conductas anormales y aberrantes. Y lo son. Pero también son conductas y tendencias que, en una medida u otra, existen bajo la superficie en cada uno de nosotros. Como Pedro, estamos listos a decir "Yo no, Señor". Pero al hacerlo no tenemos en cuenta el poder del pecado y la violencia.

El poder de la violencia está en su capacidad de reproducirse. Esto sucede de dos maneras diferentes, pero paralelas. Por una parte, frecuentemente la violencia crea una reacción violenta, como en el caso del discípulo que cortó la oreja de uno de los que venían a arrestar a Jesús. Por otra parte, la violencia también se reproduce mediante el contagio. Aquellos que se burlaban y golpeaban a Jesús muy bien pueden haber sido personas respetables que nunca hubieran hecho tal cosa por cuenta propia. Pero ahora, en el calor del momento, cada uno, inspirado por los demás, se vuelve un canalla violento y cruel.

Estas dos maneras en que la violencia se ejerce y extiende su poder requieren dos respuestas diferentes, pero paralelas. El único modo de evitar que la violencia engendre mayor violencia es reaccionar a ella de un modo tal que la desarme y destruya. Frecuentemente esto se llama "no-violencia". Pero quizá sería mejor decir que se trata de "hacerle violencia a la violencia". La violencia solamente puede ser destruida por la paz (véase más arriba el excurso "Violencia y no violencia"). Al practicar la paz, se deshace el poder de la violencia, es decir, se le hace violencia a la violencia. En el resto de la historia del evangelio, Lucas mostrará cómo Jesús le hace violencia a la violencia. Como diría Efesios 4.8, "llevó cautiva la cautividad", o como dirían otros antiguos escritores cristianos, mató a la muerte.

La otra respuesta, el modo de evitar el contagio de la violencia, consiste en crear una comunidad en la que el amor y el perdón tomen el lugar del odio y la violencia. Esa comunidad es la iglesia, y es a ella que Lucas le dedicará todo su segundo volumen, que hoy conocemos como el libro de Hechos.

b. 22.66–23.25: Los juicios.

La historia que Lucas cuenta acerca del Concilio o sanedrín (22.66-71) es más breve que las de Mateo (Mt 26.57-66) y Marcos (Mc 14.53-64), y difícilmente puede llamarse un juicio. Aquí no hay testigos, y tampoco se menciona la acusación de haber dicho que podía destruir y reconstruir el Templo, que aparece tanto en Mateo como en Marcos. Además, en contraste con los otros dos evangelistas sinópticos, Lucas aclara que quienes llevaron a Jesús ante el Concilio fueron "los ancianos del pueblo, los principales sacerdotes y los escribas". Nótese una vez más el contraste típico en los escritos de Lucas entre el pueblo en general y la cúpula sociopolítica de ese pueblo.

En la narración de Lucas, el sanedrín o Concilio cuestiona a Jesús al respecto de dos títulos: "Mesías" e "Hijo de Dios". A la primera de estas dos preguntas, si él es verdaderamente el Mesías, Jesús responde diciendo que no importa lo que él diga porque el Concilio no le creerá. Su respuesta a la segunda es que el Concilio es el que le da a él ese título: "Vosotros decís que lo soy". Sobre ese escaso fundamento, el Concilio declara que "nosotros mismos lo hemos oído de su boca". Durante toda esa conversación, Jesús se da a sí mismo otro título que parece preferir a través de toda la narración del Evangelio, el de "Hijo del hombre". Al hacerlo anuncia el gran vuelco que se encuentra en el centro mismo de la historia evangélica: que quien está a punto de ser crucificado, el Hijo del hombre, "se sentará a la diestra del poder de Dios".

Más adelante quedará ampliamente demostrado que Jesús sí merece ambos títulos, "Mesías" e "Hijo de Dios". Pero en este momento prefiere llamarse "Hijo del hombre", título que ha usado repetidamente a través de toda la narración del Evangelio para referirse tanto a sus sufrimientos por venir como a su victoria final. Luego, esta breve comparecencia de Jesús ante el sanedrín, más bien que un juicio, establece la escena y provee una explicación de lo que sigue.

Jesús es llevado ante Poncio Pilato dos veces (21.1-5,13-25), con la visita a Herodes entre ambas ocasiones (23.6-12). Ya Lucas nos ha advertido de la crueldad e injusticia tanto de Herodes Antipas (9.9) como de Poncio Pilato (13.1). La historia que Lucas acaba de narrar sobre la comparecencia ante el sanedrín ha dejado claro que las acusaciones contra Jesús serán débiles; pero ahora en consecuencia de eso mismo se vuelven falsas e insidiosas. Son falsas, porque Jesús nunca prohibió ni tampoco desalentó el pago de impuestos al emperador. Al contrario, había deshecho los argumentos de quienes recomendaban que se siguiera tal camino (20.20-26). Eran insidiosas, porque tenían el propósito de despertar la sospecha y el peso de la ley romana. Empiezan por decir que Jesús "pervierte a la nación". Si hubieran dicho que pervertía "al pueblo", Pilato sencillamente se habría deshecho de la acusación. Pero pervertir a la nación tiene serias tonalidades políticas. Entonces, no solo dan testimonio falso, diciendo que Jesús se ha dado a sí mismo el nombre de "Mesías", sino que también le dan más peso político explicando que la palabra "Mesías" quiere decir rey. Por último, dicen que Jesús ha estado alborotando a toda Judea, y no había crimen que Roma temiera y persiguiera más que el promover desórdenes y sedición.

Pero aparentemente Pilato no quiere emitir veredicto, y tan pronto como se entera de que Jesús es de Galilea, se deshace de la responsabilidad pasándosela a Herodes, quien está en ese momento en Jerusalén. Aunque "los principales sacerdotes y los escribas" insistían en su acusación contra Jesús, la actitud de Herodes es más bien de curiosidad y desprecio. Había esperado que Jesús le entretuviera con algún milagro, y cuando no lo hace, Herodes y sus soldados se burlan de él, vistiéndolo con una burda imitación de las ropas de un rey y devolviéndoselo a Pilato.

Lucas declara que Pilato y Herodes, quienes hasta entonces habían tenido serias diferencias, "se hicieron amigos" en aquella ocasión. Quizá esto pueda interpretarse como una señal del poder reconciliador de Jesús, que alcanza hasta a sus enemigos. Pero lo más probable es que el propósito de Lucas sea mostrar que las autoridades romanas y judías, políticas y religiosas, todas estaban igualmente involucradas en el desprecio, la crueldad y la injusticia con que trataron a Jesús. Esto parece reforzarse cuando Pilato convoca "a los principales sacerdotes, a los gobernantes y *al pueblo*" (23.13). Hasta este punto, Lucas repetidamente nos ha hecho ver que es la élite social y religiosa de Jerusalén la que se opone a Jesús, mientras que el pueblo, o bien le sigue, o al menos no está dispuesto a verlo arrestado y acusado —lo que, como hemos visto, requiere la traición de Judas. Pero ahora, sin explicación alguna, el pueblo cambia de parecer. Esto es paralelo a lo que aparece en Hechos, en cuyos primeros capítulos también el pueblo está a favor de los seguidores de Jesús. No sería difícil convencer al pueblo para que cambiara de actitud. Si se acusa a Jesús de pretender ser rey, y de aconsejar que no se le paguen impuestos al emperador, quien le defienda posiblemente será acusado de lo mismo. Por lo tanto ahora, viendo que los principales sacerdotes, los ancianos y otros miembros del Concilio acusan a Jesús de tales cosas, el pueblo trata de apartarse de Jesús tan claramente como sea posible.

Lucas deja bien en claro que no hay razón legal alguna para la crucifixión de Jesús. Ni Herodes ni Pilato lo encontraron culpable de cargo alguno. Herodes sencillamente se burló de él, y Pilato buscó resolver la cuestión azotando a Jesús y ofreciendo liberarlo en lugar de Barrabás. La comparación de manuscritos antiguos sugiere que el versículo 17, que afirma que se esperaba que Pilato perdonara a alguien en ocasión de la fiesta, es una interpolación. Todo lo que Lucas dice es que la multitud pidió que Barrabás fuese liberado. Al final resulta una trágica e irónica injusticia: Barrabás, quien "había sido echado en la cárcel por rebelión en la ciudad y por un homicidio" queda libre, y Jesús es castigado. Y con ironía aún mayor, el criminal que ha de ser perdonado se llama Barrabás, que quiere decir "hijo del padre".

La imaginación literaria ha escrito mucho acerca de este Barrabás, la primera persona por quien Jesús murió. El tema más común en tal literatura ficticia es que Barrabás se sintió sobrecogido por la gran injusticia que se había cometido al librarlo a él y crucificar a Jesús, y esto llevó a su conversión. Nada hay en los Evangelios que dé base para tales ideas. Pero a pesar de eso, tal literatura se ha vuelto popular, puesto que refleja la experiencia de muchas personas que llegan al convencimiento de que Jesús murió por sus pecados.

La falta de interés por parte de Pilato en condenar a Jesús (aunque en Lucas no se dice nada de lavarse las manos) y el hecho de que Herodes no encontrara culpa en él se han usado en ocasión para afirmar que, al escribir sus dos libros, Lucas tenía el propósito de mostrarles a las autoridades romanas que no había razón alguna para crucificar a Jesús ni para perseguir a sus seguidores. Pero lo cierto es que Lucas no presenta la justicia romana bajo una luz muy favorable, como hubiera debido hacerlo si su propósito fuera presentar a Jesús y sus seguidores de tal modo que fueran más aceptables ante las autoridades romanas. Dos veces se ofrece Poncio Pilato a azotar a Jesús y entonces dejarlo ir —castigo demasiado fuerte si era inocente, y demasiado débil si era culpable. El resultado final de todo el episodio es que se crucifica al personaje indebido, aun desde el punto de vista de la ley y los intereses romanos.

Algo muy diferente resulta si leemos el pasaje dentro del contexto de lo que se ha dicho antes acerca de cómo se conquista la violencia mediante el sufrimiento y la cruz. La injusticia es una forma de violencia. La mejor manera de conquistarla es desenmascararla, mostrar su verdadero carácter. Al oponerse a la segregación racial e ir preso por ello en Alabama, Martin Luther King Jr. hizo ver claramente la injusticia de la ley y estableció los fundamentos para un orden nuevo y más justo. Al dejar al descubierto la prevaricación del sanedrín y la veleidad de Pilato, así como la flexibilidad de una supuesta justicia, Jesús le dio mayor vigor a su llamado y su promesa de un reino de paz y verdadera justicia.

5. 27.26-54: Muerte y sepultura.

a. 27.26-32: Camino a la cruz.

Los versículos que siguen han dado origen a la tradición del *vía crucis*, el "camino de la cruz". Las "estaciones" del vía crucis son una serie de escenas o acontecimientos, algunos tomados de los Evangelios y otros de la tradición popular, que frecuentemente aparecen en las paredes de las iglesias, o a la vera de caminos en algunos monasterios y lugares de retiro. Los devotos se detienen en cada una de esas estaciones para meditar acerca de los sufrimientos de Jesús y de su propia vida espiritual.

El versículo 26 incluye una serie de verbos sin sujeto: "Llevaban", "tomaron", "pusieron". En griego, como en castellano, no es necesario decir siempre el sujeto de un verbo, que se sobreentiende por la forma verbal. En este caso, los sujetos de esos verbos quedan innominados. ¿Serían las mismas personas que antes "lo prendieron, lo llevaron y lo condujeron a casa del sumo sacerdote (22.54)? De ser así, es de suponerse que quienes llevaban a Jesús ahora hacia la cruz eran la misma turba y los mismos sacerdotes y otros líderes que antes le arrestaron. ¿O serían quienes antes "llevaron a Jesús a Pilato" (23.1)? (El verbo que aparece en 22.54 es el mismo que se emplea en 23.1, y también semejante al que aparece en 23.26). ¿O serían los mismos sujetos del párrafo anterior, cuando se trata de "los principales sacerdotes, los gobernantes y el pueblo" (23.13)? Esto es importante, puesto que tiene que ver con la cuestión de la participación del pueblo judío en la muerte de Jesús. Excepto en 23.3, el pueblo no participa activamente en la oposición, conspiración y juicios que llevarían a Jesús a la cruz. Al llegar al momento mismo de la crucifixión, Lucas cuidadosamente distingue entre el pueblo y sus supuestos líderes: "El pueblo estaba mirando, y aun los gobernantes se burlaban de él" (23.35). Algo semejante aparece en Hechos, donde cerca del principio del libro, Pedro le dice a "toda la casa de Israel" que han crucificado al Señor y Mesías (Hch 2.36). Pero estas personas enseguida se arrepienten, y a partir de entonces y hasta lo que se cuenta en Hechos 6.12, el pueblo generalmente apoya a los seguidores de Jesús frente al liderazgo que se les opone. Lucas no culpa por la muerte de Jesús y de sus primeros seguidores al pueblo de Israel en general, sino más bien a sus líderes, quienes temían que Jesús y su movimiento subvertirían su autoridad y provocarían la ira de Roma y sus poderes de ocupación.

Simón de Cirene es un personaje interesante. Aparece en los tres Evangelios Sinópticos. Marcos 15.21 nos dice que era padre de Alejandro y Rufo, lo cual parece indicar que Marcos pensaba que sus lectores sabrían de quiénes se trataba. Tanto Mateo como Lucas omiten ese detalle. ¿Habrá sucedido algo entre el tiempo en que Marcos escribió su Evangelio y el tiempo en que los otros dos fueron escritos, de tal manera que estos últimos omitieron la referencia a Alejandro y Rufo? Para complicar la cuestión, Hechos nos dice que entre los dirigentes de la iglesia en Antioquía estaban "Simón el que se llamaba Níger" y "Lucio de Cirene". ¿Será que este Simón era llamado "Níger" porque, siendo oriundo de Cirene, su tez era oscura? ¿Sería entonces esta la misma persona que llevó la cruz de Jesús? En Hechos 19.33 aparece de pronto cierto Alejandro, sin que se nos diga más acerca de quién es. En Romanos 16.13, Pablo saluda a "Rufo". Toda esta información se puede entretejer de diversas maneras. Pero el hecho es que todos estos nombres —Simón, Alejandro y Rufo— eran relativamente comunes en el siglo primero, y que por tanto no es seguro que podamos identificar a estas diversas personas. Todo lo que podemos decir es que los lectores de Marcos conocían a Rufo y Alejandro, y que unas décadas más tarde tanto Mateo como Lucas no los mencionan. En el siglo tercero, las leyendas sobre Simón de Cirene se multiplicaron. El gnóstico Basílides afirmaba que camino a la cruz Jesús se intercambió con Simón, de manera que mientras este último era crucificado, Jesús, en apariencia de Simón, ¡se burlaba de quienes creían crucificarlo!

Todo esto nos recuerda cuán peligroso es pretender que el texto diga más de lo que en realidad dice, como si fuera posible descifrar todo su trasfondo. Esto resulta particularmente cierto cuando se trata de textos narrativos originalmente dirigidos a lectores que conocían a las personas y circunstancias de una manera que hoy no podemos recuperar. Todo lo que sabemos o podemos saber acerca de Simón de Cirene es lo que el texto nos dice, con el dato añadido en Marcos de que era padre de Alejandro y Rufo —de quienes tampoco podemos decir más. El texto siempre nos confronta con misterios que quisiéramos poder resolver, pero no podemos.

Aun tras haber dicho todo eso, podemos reflexionar acerca de estos dos hombres a quienes Lucas ha introducido en su narración sin decirnos mucho de quiénes eran ni darles tampoco seguimiento: Barrabás y Simón de Cirene. El primero de ellos es la primera persona en cuyo lugar Jesús muere; el otro es el primero en compartir su cruz. A través de los últimos capítulos de Lucas, Jesús les ha hablado repetidamente a los discípulos de su muerte por ellos, y también de la necesidad de que ellos a su vez tomen la cruz. Ahora la primera persona por quien Jesús muere es un criminal que, aparte de este hecho, sería solo un desconocido, y el primero en llevar la cruz parece ser un mero espectador. (El modo en que Lucas expresa la tarea de Simón es semejante a las palabras que emplea Jesús en su invitación a tomar la cruz en 9.23). Bien pudiéramos seguir esa línea de pensamiento preguntándonos dónde Jesús pueda estar actuando hoy más allá de los confines de los que pensamos ser sus seguidores y creyentes. Pero al mismo tiempo debemos cuidarnos de no dejar a un lado el texto mismo para dejarnos llevar por fantasías alegóricas.

La mención en el versículo 27 de "una gran multitud del pueblo" no se refiere sencillamente a mucha gente, sino quiere decir que quienes le seguían eran muchos de ese pueblo que antes albergaron esperanza en él. Además, hay que notar que no iban burlándose, sino que al menos las mujeres entre ellos lloraban y hacían lamentación. Es de notarse el hecho de que Lucas dice que estas personas le "seguían", empleando el mismo verbo que usa en otros lugares en el sentido de seguir a Jesús como Maestro. La referencia a las mujeres que lloran nos recuerda el énfasis de Lucas sobre el papel de las mujeres en la vida tanto de Jesús como de la iglesia primitiva. En estos últimos dos capítulos del Evangelio de Lucas, serán las mujeres quienes lloren por el camino a la cruz, mujeres a quienes Lucas mencione entre la multitud (de 3.49), mujeres que acompañarán su cuerpo hasta el sepulcro (23.25), mujeres quienes primero se enterarán de su resurrección (24.1-7) y mujeres quienes primero les anunciarán esa resurrección a los apóstoles (24.8-10).

Las palabras de Jesús a las mujeres bien pueden tener dos niveles de significado. Por una parte, parecen ser un anuncio del mal que sobrevendrá sobre Jerusalén menos de cuarenta años más tarde —es decir, antes de que Lucas escribiera su Evangelio. Por otra, son una advertencia escatológica del mal que vendrá sobre el mundo. La frase "hijas de Jerusalén" tiene una larga historia en la literatura bíblica, y ya en tiempos de Jesús significaba toda la ciudad de Jerusalén. Al dirigirse a estas mujeres, Jesús entonces se está dirigiendo a toda la ciudad. Grandes males vendrán sobre la tierra, al punto que lo que antes se consideraba una bendición (tener hijos) será una maldición, y las gentes clamarán pidiendo su destrucción final, incluso pidiéndoles a las montañas que caigan sobre ellas. Todo esto será resultado del mal que estas mujeres ahora ven y que seguirá creciendo, "porque si en el árbol verde hacen estas cosas, en el seco, ¿qué no se hará?".

b. 22.33-49: La cruz.

Aunque nada de lo que se cuenta en los Evangelios ha producido más literatura, arte y reflexión teológica entre los creyentes que la crucifixión, Lucas la cuenta en pocas palabras. Su informe acerca de los juicios ante el sanedrín, Pilato y Herodes es mucho más extenso que el de la crucifixión. Buena parte del pasaje gira en torno al número tres: tres cruces, tres grupos en torno a la cruz (el pueblo, sus líderes y los soldados), un rótulo en tres idiomas, tres dichos de Jesús desde la cruz y tres respuestas a su muerte (la del centurión, la de la multitud y la de quienes lo conocían, entre quienes Lucas destaca una vez más a las mujeres).

El primero de los dichos de Jesús (v. 34) no aparece en todos los manuscritos, por lo cual algunos eruditos piensan que no era parte del texto original de Lucas. Pero otros arguyen que encaja tan bien dentro de la teología de Lucas y de la estructura tripartita de la narración que ciertamente debe haber sido parte del texto original. No cabe duda de que lo que este versículo dice concuerda con el modo en que Lucas entiende el evangelio. El ruego de Jesús a favor de quienes lo atormentan es paralelo al de Esteban en Hechos 7.60. En cuanto a la afirmación de que lo hacen en ignorancia, en Hechos 3.17 Pedro declara que quienes crucificaron a Jesús lo hicieron "por ignorancia", y Pablo parece decir lo mismo en Hechos 13.27.

En la mayor parte de lo que se dice acerca de lo que sucedió en el "lugar llamado de la calavera" no está claro quiénes son los sujetos de la acción. El hecho de no decir quiénes son las personas que hacen tales cosas ha facilitado la expresión común según la cual cada uno de nosotros es parte de esa multitud que crucificó a Jesús.

Al llegar a los versículos 35-36, los sujetos de las oraciones se vuelven explícitos una vez más: "El pueblo", "los gobernantes" y "los soldados". Es de notarse que, mientras los gobernantes y los soldados se burlan de Jesús, el pueblo sencillamente observa. Es como si ese pueblo estuviera dividido entre su simpatía hacia Jesús por una parte y el temor a Roma y a sus jefes por otra, y por lo tanto no pudiera hacer otra cosa que limitarse a observar. Se ve claramente que Lucas no tiene intención alguna de culpar al pueblo judío por la muerte de Jesús, que en realidad es resultado de una convergencia entre los intereses de Roma y los de los gobernantes locales, cuyo poder depende de la aprobación romana. La inscripción "Este es el rey de los judíos" lo deja bien claro. Ni Roma ni la élite que gobernaba en Judea podrían tolerar tal cosa. Roma tenía que aplastar la más mínima señal de rebelión, y las autoridades locales que necesitaban el apoyo romano tenían por tanto que apartarse de todo lo que pudiera parecer de alguna manera sedicioso. Una vez más, el mal manifiesta su poder al encarnarse en la realidad política y colonial.

La frase burlona "a otros salvó; sálvese a sí mismo" incluye una trágica ironía: los presuntos lectores de Lucas, como creyentes en Jesús, sabrían que Jesús no se salva a sí mismo porque está allí para salvar a otros —incluso a quienes se burlan de él.

Siguiendo la estructura tripartita de todo el pasaje, en el versículo 39, un tercer burlador se une a los gobernantes y los soldados. Se trata ahora de uno de los dos que están crucificados junto a Jesús. Aquí aparece una vez más la misma ironía cuando este tercer burlador dice: "Si tú eres el Cristo, sálvate a ti mismo y a nosotros". La respuesta del otro reo es la primera de una serie de tres indicaciones de que este que está a punto de morir en la cruz no es un criminal común. El ladrón declara que Jesús es inocente —veredicto que después el centurión reafirmará. Entonces reconoce lo que todos los moradores rechazaban, la extraña verdad de la inscripción declarando a Jesús rey: "Acuérdate de mí cuando vengas en tu reino". Los gobernantes y los soldados se burlaron de Jesús como pretendido rey; pero ahora este reo se le acerca como un peticionario ante un rey.

Es de notarse que, mientras todas esas personas se burlan, Jesús guarda silencio. Pero ahora se dirige a quien le ruega, diciendo lo que en la narración de Lucas es el segundo dicho desde la cruz: "De cierto te digo que hoy estarás conmigo en el paraíso". Este dicho de Jesús frecuentemente se ha empleado para probar que, inmediatamente después de la muerte, el alma del creyente va al cielo, contra quienes dicen que el alma tiene que esperar a la resurrección final. Sin entrar en tal debate, cabe decir al menos que el argumento no es muy fuerte. Ciertamente, si tomáramos este texto de esa manera literal, tendríamos que citar también otros textos que dicen que inmediatamente después de su muerte, Jesús no estaba en el paraíso, sino también en el lugar de los muertos o, como dice el Credo Apostólico, "descendió a los infiernos" (Ef 4.9; 1 P 3.18-20), y que, por tanto, el ladrón no podría estar con él en el paraíso.

Tal debate tiende a eclipsar la importancia de este texto como respuesta a la ironía que aparece por todas partes al principio de la narración. Jesús, quien ha salvado a otros, no se salvará a sí mismo. Pero aun en este momento, cuando está a punto de morir, cuando sufre los tormentos de la cruz, está pronto para salvar al criminal arrepentido.

Esta historia del ladrón arrepentido es una de las tres señales antes de la muerte de Jesús que indican que no se trata de una ejecución cualquiera, y tampoco sencillamente de la muerte de un hombre inocente. A la historia del ladrón arrepentido sigue el momento en que la oscuridad cubre la tierra. En la antigüedad, Cirilo de Alejandría declaró que esto era señal de que toda la creación estaba de luto. O puede ser también señal de que ha llegado el momento de "la potestad de las tinieblas" a la que Jesús se refirió cuando fue arrestado (22.53). Tal fue la interpretación más común durante la Edad Media, y en algunos casos dentro del catolicismo romano hasta el siglo XXI, cuando a veces la piedad popular todavía declara que en el Viernes Santo "el diablo está suelto", y por tanto no debe hacerse nada que sea peligroso. Hasta el día de hoy, en algunas regiones de España y de América Latina, no se les permite a los niños jugar en el Viernes Santo, por temor a que el diablo, quien "está suelto", pueda dañarlos. En la antigua literatura cristiana, las tres horas de tinieblas a veces se interpretaban tipológicamente como señal de los tres días que Jesús estaría en el sepulcro (véase más arriba el excurso "La tipología").

Las tinieblas sobre toda la tierra desde la hora sexta hasta la hora novena son señal de la importancia cósmica de lo que está teniendo lugar. De igual manera que la caída involucró a toda la creación —"maldita será la tierra por causa tuya" (Gn 3.17)— ahora la lucha de Jesús con los poderes del mal y su victoria final también tendrán su impacto sobre toda la creación.

La tercera señal, que el velo del Templo se rasga en dos, también ha sido interpretada de diversas maneras. Ya desde el siglo cuarto hubo personajes como Ambrosio, quienes veían en aquello el rechazo de Israel y de su fe por parte de Dios. La interpretación más común lo ve como una señal de que ahora el camino queda abierto para que todos puedan entrar al lugar santísimo, o que ya Dios no está escondido bajo un velo. En Hebreos es señal de que ahora tenemos una esperanza segura y firme "y que penetra hasta dentro del velo, donde Jesús entró por nosotros como precursor" (He 6.19; véase también He 9.1-14; 10.19-21). Así, al mismo tiempo que Hebreos afirma que el rompimiento del velo quiere decir que ahora el lugar santísimo queda abierto, también relaciona esto con el papel de Jesús como precursor, como quien va delante abriéndonos el camino.

Después que se ha mostrado la importancia de su crucifixión y ha sido reconocida y anunciada entre los humanos (el ladrón), en la creación (las tinieblas) y en la esfera religiosa y espiritual (el rompimiento del velo), Jesús pronuncia su último dicho desde la cruz y muere. Sus últimas palabras, "Padre, en tus manos...", cierran un ministerio público en el que repetidamente anunció el amor paternal de Dios y la necesidad de confiar y entregarse en manos de ese amor.

Inmediatamente después de la muerte de Jesús, Lucas nos presenta tres reacciones. La primera es la del centurión quien, haciéndose eco de lo que el ladrón había dicho desde la cruz, dice: "Verdaderamente este hombre era justo". En segundo lugar, la multitud de los que estaban presentes regresa a casa lamentándose y golpeándose el pecho en señal de arrepentimiento (véase 18.13). Por último, los conocidos de Jesús, particularmente las mujeres, "estaban mirando estas cosas de lejos". No hay por qué especular, como hacen algunos intérpretes, sobre si su condición era de perplejidad, de temor o de expectativa. Lo que Lucas sí deja bien en claro es que todas esas personas fueron testigos de la muerte de Jesús. Esto es importante, porque después varias de ellas serían también testigos de su resurrección.

Desde los mismos inicios de la iglesia, los cristianos se referían a Jesús como su Salvador. Un antiquísimo símbolo cristiano era el pez, cuyo nombre en griego se entendía como una abreviatura de la aseveración "Jesucristo, Hijo de Dios, Salvador". No cabe duda de que, en la historia de la crucifixión, el tema de Jesús como Salvador aparece repetidamente. Pero el texto no responde a la pregunta: ¿cómo es que Jesús salva? Lucas nos dice que Jesús tenía que sufrir (9.22; 17.25; 24. 26, 46), pero nos dice poco acerca de la relación entre esos sufrimientos y la salvación de los creyentes. Lucas ni siquiera incluye la explicación de que Jesús tenía que "dar su vida en rescate por muchos", que los otros dos Evangelios sinópticos ofrecen (Mt 20.28; Mc 10.45). Está escribiendo desde una perspectiva y a una audiencia de creyentes. Pero al tiempo que cuenta la historia, no dice mucho acerca de su interpretación doctrinal. Ciertamente, sus lectores sabrían que Jesús era su Salvador, y leerían en el escrito de Lucas la narración de cómo esto aconteció. Pero Lucas no pretende decirles exactamente cómo han de entenderlo. (De paso, resulta interesante notar una vez más que Lucas es el único de los Evangelios que se refiere a Jesús como "Salvador").

Excurso: Teorías de la expiación.

El hecho de que Lucas no nos dé una interpretación teológica no ha de sorprendernos. Aunque frecuentemente nos inclinamos a pensar que expresamos nuestra teología en nuestra adoración, lo cierto es que en la mayoría de los casos lo que sucede es lo contrario: que nuestra adoración le da forma a nuestra teología y doctrina. La iglesia antigua estaba adorando a Jesús como Dios desde mucho antes de preguntarse cómo ha de entenderse su divinidad. Y estaba celebrando el poder salvador de Jesús desde mucho antes de preguntarse cuál sería la mejor manera de expresar doctrinalmente una teoría de la expiación.

Ahora, veinte siglos más tarde, se nos hace difícil entender esto. El curso de la historia le ha dado forma a nuestro entendimiento del texto bíblico, de tal manera que ahora lo vemos a través de los lentes de todo un proceso de desarrollo doctrinal. Esto es particularmente cierto cuando se trata del modo en que entendemos la obra salvadora de Jesús. Uno de los cinco puntos "fundamentales" que originalmente le dieron nombre al fundamentalismo era la teoría sustitutiva de la expiación —es decir, que Cristo murió en nuestro lugar en pago por nuestros pecados. Este modo de entender la expiación se ha vuelto tan prevalente que, a muchos, aunque no sean fundamentalistas, se les hace difícil imaginar que haya otro modo de pensar acerca de la obra salvífica de Jesús. Resulta irónico el hecho de que la teoría de la expiación que la mayor parte de los cristianos occidentales hemos aprendido y sostenemos, y que para los fundamentalistas era uno de los cinco puntos fundamentales de la fe, no se formuló claramente dentro de la iglesia sino en el siglo XI, ¡y entonces se la veía como una innovación!

Cuando estudiamos la iglesia antigua y sus escritos que han sobrevivido, resulta claro que los cristianos trataron de expresar su experiencia de la salvación mediante Jesucristo con una serie de imágenes o metáforas. Es mejor llamarlas imágenes o metáforas, porque no eran doctrinas en competencia una con otra, ni "teorías de la expiación", sino más bien modos alternos y frecuentemente complementarios de expresar la obra salvadora de Jesús que la iglesia celebraba en su culto y vivía en su experiencia. Aunque es cierto que en la iglesia había énfasis diferentes y que iban surgiendo tradiciones teológicas variadas, también es cierto que por lo general esas diversas posturas no se consideraban mutuamente excluyentes. Por lo tanto, cuando se trata de las metáforas o imágenes mediante las cuales expresar o tratar de entender la obra salvadora de Cristo, esas metáforas no se entendían de tal manera que una debía ser correcta y las otras no. Siempre que esas imágenes no negaran la realidad física de la vida, muerte y resurrección de Jesús, todas eran consideradas aceptables y se enriquecían mutuamente. Una de ellas es la que hoy llamamos "expiación sustitutiva", que entiende que Jesús murió para pagar nuestros pecados. Como ya hemos dicho, esa manera de entender la obra salvadora de Jesús se fue desarrollando lentamente, y en el siglo XI llevó al modo en que más comúnmente la conocemos hoy. En la antigüedad no hay un solo escritor cristiano que pensara que esta era la única —y en la mayoría de los casos, ni siquiera la principal— manera de entender la obra salvadora de Cristo. Otras metáforas se referían a Cristo como nuestro ejemplo, como el vencedor sobre la muerte y el pecado ("llevó cautiva la cautividad", Ef 4.8) y como cabeza de una nueva humanidad (1 Co 15 22). Esta última imagen contribuía también a darle mayor importancia a la iglesia y a los sacramentos. La iglesia es crucial para la salvación porque es el cuerpo de la nueva cabeza que es Jesucristo. Es en la vida de esa nueva cabeza que la iglesia vive, y en virtud de la resurrección de la cabeza, la iglesia, su cuerpo, espera su propia resurrección. Y, de igual manera que los pámpanos son injertados en la vid, y entonces se nutren de ella para vivir, así también los cristianos han de estar injertados en Cristo a través del bautismo y entonces alimentarse constantemente mediante la comunión. Aunque todas estas metáforas son útiles, ninguna de ellas —ni siquiera todas juntas— alcanza a comprender ni describir las profundidades del hecho indudable de que los creyentes y la iglesia toda le debemos nuestra vida y salvación a Jesús.

El Evangelio de Lucas no le da apoyo particular a ninguna de estas metáforas. Cuando vemos todo lo que Jesús ha dicho acerca de sí mismo y de su relación con los discípulos, y nos adelantamos al resto de la narración, parece que lo importante es seguir a Jesús, no solamente adorándole, sino en el camino mismo de la cruz y de la victoria a través de ella. Quienes le siguen se vuelven partícipes de sus sufrimientos y de su cruz así como de su nueva vida y resurrección. Cuando la historia de Jesús llega ser la historia de sus discípulos, ellos también llevan su cruz y celebran su victoria.

c. 20.50-54: La sepultura.

Los cuatro Evangelios subrayan la sepultura de Jesús y mencionan testigos de ella. En los sinópticos (Mateo, Marcos y Lucas), esos testigos son José de Arimatea y las mujeres. En Juan, son el mismo José de Arimatea y Nicodemo. El sepelio era tema importante para los primeros cristianos porque refutaba toda sugerencia de que Jesús solamente parecía haber muerto, y de ese modo dejaba bien en claro que la resurrección no era una mera ilusión o un truco de magia. Afirmar que Jesús fue sepultado y que hubo testigos de aquel hecho era un modo de decir que había estado verdaderamente muerto y que verdaderamente también se levantó de entre los muertos. Por la misma razón, en el siglo segundo, el Antiguo Símbolo Romano, precursor del presente Credo Apostólico, afirmaba que Jesús fue "crucificado, muerto y sepultado".

José de Arimatea se ocupa de hacer los arreglos para la sepultura. En este punto Lucas no nos dice exactamente quiénes eran las mujeres, pero es de suponerse que eran las mismas que se mencionan en 8.2-3 y 24.10, y su participación en el proceso de sepultura parece haber sido sencillamente la de estar presentes. A José de Arimatea no se le menciona en ningún otro contexto dentro del Nuevo Testamento. Al igual que Simón de Cirene, aparece brevemente hacia el fin de la narración evangélica con poca introducción —lo que hizo que después apareciera en numerosas leyendas y tradiciones. Su papel en el sepelio de Jesús sirve ante todo para recordarnos que fueron los romanos, y no los judíos, quienes se hicieron legalmente responsables de la crucifixión. José tiene que ir ante Poncio Pilato para pedirle el cuerpo de Jesús. Además, puesto que era miembro del sanedrín, sus acciones muestran que, a pesar de que antes Lucas parece haber dado otra impresión (23.1), no había unanimidad dentro del sanedrín en cuanto al rechazo de Jesús. Según Lucas, José "no había consentido en el acuerdo ni en los hechos de ellos" —lo cual parece indicar que, a diferencia de los demás miembros de aquel

Concilio, no estaba dispuesto a someterse incondicionalmente al poderío romano. Por último, se nos dice que era natural de la ciudad de Arimatea en Judea, y que por tanto no era como las mujeres, quienes habían venido con Jesús desde Galilea. El conflicto entre los naturales de Judea y los galileos parece haber tenido un papel importante en el rechazo de Jesús. Pero a pesar de ello en la propia Judea, y hasta en el sanedrín, había personas tales como José de Arimatea.

La presencia de las mujeres en este pasaje prepara al lector para el papel crucial que tendrán en la historia de la resurrección. No se nos dice que tuvieran parte activa en el sepelio mismo, sino sencillamente que "lo siguieron y vieron el sepulcro y cómo fue puesto su cuerpo". Este papel aparentemente pasivo le daría mayor credibilidad a su testimonio tras la resurrección. No habían participado en el sepelio, y quedarían absolutamente sorprendidas por la resurrección. Volverían al sepulcro el primer día de la semana sencillamente esperando ungir el cadáver de Jesús con hierbas y especies, lo que normalmente se hacía antes del sepelio, pero aparentemente en este caso se había pospuesto porque ya se ponía el sol del viernes y el sepelio tenía que tener lugar antes de que comenzara el sábado al ponerse el sol.

Mientras Mateo y Marcos se refieren al sábado que pasó entre la crucifixión y la resurrección, Lucas es el único que dice explícitamente que las mujeres "descansaron el sábado, conforme al mandamiento". Esto puede interpretarse de diversos modos. En primer lugar, puede verse en ello la misma ironía que aparece a través de toda la historia de Jesús. Repetidamente, Lucas se refiere a casos en los que Jesús pospuso la obediencia ciega al sábado para responder a las necesidades de otros. Lo que es más, esta había sido una de las principales causas de su conflicto con las autoridades religiosas. Ahora su cuerpo tiene que esperar mientras estas discípulas, listas para ungirlo, guardan el sábado. En segundo lugar, se puede ver en esto un caso más en que se manifiesta el interés de Lucas por mostrar que Jesús y sus seguidores no despreciaban ni rechazaban la Ley. El sepelio de Jesús tuvo lugar de prisa porque el sábado se acercaba y era día que había que respetar, y por el mismo respeto, las mujeres esperan hasta el fin del sábado para ungir el cuerpo de Jesús. Por último, puede verse en esto un modo de señalar que Jesús descansó en el sepulcro el mismo día en que Dios descansó después de la creación —que el descanso de Jesús en la tumba, como el descanso de Dios en la creación, señala el comienzo de una nueva creación e historia. (Había una tradición dentro del judaísmo según la cual una mañana gloriosa, después del sábado, el mundo despertaría para descubrir que, en lugar de ser otra vez un primer día de la semana después del sábado, había llegado el octavo día, el cumplimiento de los propósitos de toda la creación, el fin de los ciclos interminables de semanas y de años. Al celebrar la Resurrección en el primer día de la semana, los cristianos también celebraban el advenimiento de lo nuevo, del fin de la historia, el octavo día de la creación. Es por esta razón que muchos de los antiguos baptisterios tenían forma octagonal).

Para pensar, estudiar y discutir: Al principio de esta sección vimos que en torno a toda la historia de la pasión de Jesús se manifiestan los contrastes entre los poderosos tanto religiosa como políticamente por una parte y el pueblo por otra. ¿Ha escuchado usted predicar sobre este contraste alguna vez? Si no, ¿porque cree usted que tal sea el caso? Si lo ha escuchado, ¿qué se ha dicho? ¿Sería cierto?

Al centro de esta sección se encuentra la historia de la última cena del Señor con sus discípulos, que en cierto modo hoy continuamos celebrando, siguiendo su mandato. Cuando en la iglesia celebramos la comunión, ¿quién es el anfitrión y quiénes son los huéspedes? ¿Será cierto que en la iglesia siempre somos huéspedes que estamos presentes a invitación de Jesucristo a través del Espíritu? Y si esto es verdad, ¿podemos referirnos a quienes están en la iglesia por primera vez como "visitantes", y darles la bienvenida como si nosotros fuéramos los anfitriones?

¿Qué entiende usted por frases como "llevó cautiva la cautividad" o "mató a la muerte"? ¿Será este un buen modo de referirnos a lo que Jesucristo ha hecho mediante su cruz y resurrección?

D. 23.55–24.53: RESURRECCIÓN Y ASCENSIÓN.

1. 23.55-24.12: Resurrección.

La narración pasa sin más del sepelio a la resurrección. En 23.55, Lucas dirigió nuestra atención hacia las mujeres que estaban presentes en el sepelio, y ahora continúa diciéndonos acerca de las actividades de esas mujeres una vez que el descanso sabatino había pasado. Es interesante notar que aquí una vez más Lucas narra historias paralelas pero diferentes acerca de las mujeres y los hombres. En este caso particular, sin embargo, la historia acerca de las mujeres viene primero. Estas mujeres han estado presentes, pero han sido mayormente parte del trasfondo de la historia, desde que Lucas las presentó en 8.2-3. En la historia de la pasión y el sepelio, mientras otros niegan a Jesús o huyen, las mujeres permanecen firmes, aunque siempre a distancia. Ahora vuelven el centro de la historia como las primeras testigos de la resurrección. Ellas, al igual que los demás, habían creído que en la cruz todo había terminado. Era tiempo de regresar a sus hogares y a sus vidas más tradicionales. Pero antes de hacerlo, quieren mostrar su amor hacia el maestro muerto, y por tanto se preparan para ungir su cuerpo.

Al leer este pasaje y compararlo con lo que sigue, hay un contraste claro entre estas mujeres y los demás discípulos. Las mujeres no ven al Jesús resucitado. Los dos personajes en la tumba (aparentemente ángeles) sencillamente les dicen que ha resucitado como él mismo anunció, y ellas lo creen. Lucas ni siquiera dice, como Mateo y Marcos, que se les dieron instrucciones de llevar las nuevas a los discípulos (lo que hacen según Mateo, pero no según Marcos). Sencillamente escuchan el testimonio de estos dos personajes en la tumba y por su propia iniciativa van y se lo cuentan a los demás. En contraste, esos otros no les creen, y todos excepto Pedro se desentienden de ellas. El propio Pedro, aunque corre a la tumba y la encuentra vacía, y aunque está sorprendido, sencillamente regresa y no parece hacer nada más —ni siquiera decírselo a los demás. Y aun cuando Jesús se presente ante esos otros discípulos y les muestre sus manos y sus pies, todavía no estarán completamente listos para creer (24.40-41). El contraste es tal que no se puede evitar llegar a la conclusión de que se presenta a propósito, y que Lucas está subrayando la fe de estas mujeres que viajaron con Jesús desde Galilea y fueron las únicas que permanecieron fieles a través de toda la historia de la traición y pasión. Aunque la tradición posterior de la iglesia dio por sentado que el liderazgo de la iglesia siempre sería masculino, Lucas parece decirnos otra cosa, pues son estas mujeres quienes anuncian el mensaje de la resurrección a los once.

Aunque todo esto es importante, no debe eclipsar ni ocultar la importancia de la resurrección misma. Las narraciones de Lucas acerca de las apariciones de Jesús después de la resurrección son más extensas que en los otros Evangelios, pero aun en Lucas son breves si se las compara con la extensión de todo su libro. Aunque tal brevedad podría dar la impresión de que la resurrección no es importante, probablemente lo contrario sea cierto: los evangelistas subrayan la culminación de toda su historia en la resurrección misma. La resurrección trae una nueva realidad, un nuevo orden. Las cosas no continuarán como antes, y precisamente por esa razón no es necesario continuar la historia después de las apariciones del Señor resucitado. El propio Lucas, quien nos da tres historias de tales apariciones, menciona como de pasada que Jesús se le apareció a Simón, pero no dice más acerca de ello (24.34). La resurrección no es mera continuación de lo que ha estado narrando, y tampoco es sencillamente un final feliz para una historia difícil. Es el principio de la nueva historia, de una nueva era en la historia. Como veremos al comentar sobre la historia de la Ascensión, Lucas es el único evangelista que nos dice algo acerca de lo que pasó después de esas apariciones del Resucitado. Más adelante continuará su narración en Hechos. Pero a pesar de eso deja bien en claro que la historia antigua terminó con la resurrección. La victoria ha sido ganada. Lo que ahora quedan son escaramuzas finales en una batalla que ya se ganó.

Excurso: La centralidad y el reto de la resurrección.

Aunque la resurrección fue el centro mismo del mensaje y el culto cristiano durante los primeros tiempos, el mensaje de la resurrección lentamente fue perdiendo énfasis. Poco a poco el culto, la devoción y la predicación cristiana comenzaron a enfocarse cada vez más en la muerte de Jesús más que en su victoria. A la postre, a muchos se les haría difícil predicar sobre la Resurrección, porque todo lo que podían decir acerca de ella es que es una prueba de que Jesucristo es verdaderamente el Hijo de Dios, o que es una prueba de que hay vida después de la muerte. En todo ese proceso, el mensaje de la resurrección de Jesús se fue desplazando, dejando de ser el centro de la piedad y el culto cristiano, como lo había sido al principio.

En el siglo XX, y mucho más en el XXI, tuvieron lugar grandes cambios en la vida de la iglesia, parte de cuyo resultado fue que el mensaje de la resurrección volvió a ser el centro de la espiritualidad y el culto cristiano. En los países tradicionalmente cristianos, el cristianismo parecía perder fuerzas tanto en términos numéricos como en términos de su influencia social. Esto despertó el interés de muchos líderes y teólogos cristianos en un periodo anterior, cuando el cristianismo se encontraba en condiciones semejantes, es decir, antes del siglo cuarto. Uno de los muchos resultados de este interés (que fue unido también a algunos descubrimientos importantes de textos antiguos) fue una renovación litúrgica que en buena medida restauró y adaptó a los tiempos presentes muchas de las prácticas de adoración de la iglesia antigua. Entre los cambios que resultaron de todo eso se cuentan nuevas prácticas en la celebración de la comunión que fueron apareciendo en varias de las principales denominaciones protestantes, así como dentro del catolicismo. Ahora se volvió a enfatizar la relación estrecha entre la comunión, y la resurrección y victoria final de Jesús. Esto no se hizo quitándoles importancia a la cruz y al Viernes Santo, sino, por el contrario, subrayando cuán grande es la victoria de la Resurrección tras los grandes males del Viernes Santo.

Entretanto, la fe cristiana se iba expandiendo de manera explosiva en países donde hasta entonces había sido solamente una pequeña minoría. Ese crecimiento, unido a lo que sucedía en dirección contraria en los países tradicionalmente cristianos, quiso decir que el centro numérico del cristianismo —y buena parte de su creatividad— se traspasaron del Atlántico del Norte hacia el sur y el este. En muchos casos, en esos países el cristianismo está tomando formas muy diferentes de las que se habían vuelto familiares en Occidente. Lo que es más, buena parte de ese crecimiento no ha tenido lugar principalmente en las denominaciones fundadas por misioneros, sino en iglesias nativas, profundamente arraigadas en su propia cultura. Al leer de nuevo la narración evangélica, esas iglesias jóvenes están descubriendo elementos en la fe cristiana que a través de los siglos habían quedado olvidados o eclipsados. Buena parte de eso se relaciona con los contextos de esas iglesias, que frecuentemente son hostiles. En tales circunstancias de hostilidad, el mensaje de la oposición radical, de la conspiración política, de la muerte inmerecida y de la resurrección victoriosa viene a ser verdaderamente buenas nuevas para los creyentes. Frecuentemente tales creyentes proceden de grupos oprimidos o marginados, y por tanto para ellos la victoria de la resurrección es señal de victoria sobre la opresión de los poderes del pecado y del diablo, pero también sobre los poderes igualmente opresivos en la política, la economía, los sistemas de castas y los prejuicios étnicos.

Todo esto quiere decir que tanto en las zonas que formaron parte de la antigua cristiandad como en el resto del mundo, los cristianos han estado redescubriendo la importancia de la resurrección como victoria sobre los poderes de la vieja edad, y como el principio de un nuevo orden y una nueva historia que apuntan hacia el establecimiento final del reino de Dios.

Todo esto puede sonar muy positivo, pero no siempre es fácil. La poeta presbiteriana Julia Esquivel ha escrito un poema bajo el título "Amenazados de Resurrección". Esto puede parecernos extraño, pues es insólito decir que el mensaje de la Resurrección sea amenazante. Pero la verdad es que la resurrección de Jesús, y el principio de una nueva era con ella, son una amenaza para quienes quisiéramos continuar viviendo como si la cruz fuese el fin de la historia. Las mujeres que iban camino a la tumba pensaban que iban a hacer una última acción de amor hacia Jesús, y entonces probablemente volverían a sus hogares y sus vidas anteriores. Pedro y el resto a la postre volverían a sus barcas, sus redes y sus varias ocupaciones. Pero la tumba vacía les abre nuevas posibilidades. Ahora ya no es posible volver a la antigua vida en Galilea. Aunque Lucas nos dice que Pedro sencillamente regresó tras ver la tumba vacía, pronto nos dirá también que Pedro nunca volvió a la vida apacible de un pescador en Galilea. A la postre Pedro también moriría en su propia cruz. La resurrección es motivo de gozo; pero es también prueba de que el mensaje de Jesús a sus discípulos de tomar la cruz y seguirlo sigue siendo vigente. Ahora el camino de regreso a Galilea queda vedado. La resurrección de Jesús les impele hacia una nueva misión y hacia sus propias cruces —y sabemos que varios de los discípulos sufrieron muerte violenta como resultado de seguir y proclamar al Resucitado.

Cuando Esquivel escribió ese poema, parte de lo que tenía en mente era el discipulado difícil en su propia Guatemala, donde ser creyente era peligroso, y todo sería mucho más sencillo y seguro si la resurrección no impulsara a los creyentes a oponerse a la injusticia, la opresión y todas las formas del mal. El mensaje completo de la Resurrección de Jesús es tanto un mensaje de victoria como un reto. Es el anuncio de una victoria final sin paralelo, pero es también el llamado a un discipulado radical, peligroso y hasta doloroso.

2. 24.13-35: Camino a Emaús.

Todos los casos que Lucas recuenta acerca de la resurrección de Jesús y de sus apariciones a sus seguidores tienen lugar en un solo día, el domingo después de su crucifixión, el día de la Resurrección. Esta segunda historia tiene lugar "el mismo día", cuando dos discípulos (quizá dos varones, o un varón y una mujer, pues el griego se presta a ambas interpretaciones) van camino a una pequeña aldea llamada Emaús, por lo demás completamente desconocida. El pasaje tiene tres componentes principales: la conversación de los discípulos con Jesús camino a la aldea (vv. 13-27), la cena en Emaús (vv. 28-32) y lo que los discípulos hacen después (vv. 33-35).

En la conversación, Jesús los acompaña de incógnito. Algunos han empleado esta historia para afirmar que el cuerpo resucitado es tan diferente del anterior que ya no se puede reconocer. Pero esto no es lo que Lucas quiere decir. El asunto no es el cuerpo de Jesús, sino más bien los ojos de los discípulos que no pueden reconocerlo. Lo que es más, cuando más tarde Jesús aparece ante sus discípulos, estos lo reconocen fácilmente. En todo caso, no es a eso a lo que el pasaje se refiere, y por lo tanto no debería ocultarnos la importancia de lo que el pasaje mismo dice, que tiene que ver con la relación entre Jesús y toda la historia de la revelación de Dios a Israel. Al principio de su Evangelio, Lucas ofreció una genealogía que unía a Jesús con la historia de Israel y con la de toda la humanidad hasta los tiempos de Adán. Ahora, hacia el final, Jesús explica cómo es que él cumple las profecías que aparecen en las Escrituras, "comenzando desde Moisés y siguiendo por todos los profetas". Lo más común es que leamos la historia del camino a Emaús como una aparición más del Señor resucitado; y ciertamente lo es. Pero es también mucho más que eso. Nótese que los dos discípulos, aunque ya han escuchado de la resurrección (vv. 22-24), todavía van entristecidos. La resurrección por sí misma no basta para deshacer su tristeza. Están desilusionados porque esperaban grandes cosas de Jesús como cumplimiento de las antiguas promesas hechas a Israel (v. 20), y eso no es lo que ha sucedido. Al contrario, aquel que debería librar a Israel ha sido entregado a las autoridades romanas por los principales sacerdotes y líderes de Israel. Aparentemente van entristecidos no solamente porque Jesús murió, sino también porque no ha hecho lo que ellos esperaban. Es por esa razón que Jesús les muestra que "era necesario que el Cristo padeciera estas cosas y que entrara en su gloria".

Casi al cierre de su Evangelio, Lucas retoma un tema que había aparecido desde el principio: Jesús ciertamente es el cumplimiento de las promesas hechas a Israel. Las buenas nuevas no son solamente que ha resucitado, sino también que las Escrituras han sido cumplidas. El gozo de esa resurrección —así como de toda su vida, enseñanzas y muerte— no es solo que la muerte ha sido conquistada, sino también que se ha cumplido lo que Dios había prometido como parte de sus planes eternos. El "camino a Emaús" que los cristianos y la iglesia siempre han de seguir es la continuación del camino que Abraham tomó cuando dejó la tierra de su parentela.

La segunda sección del pasaje es la cena misma (vv. 28-32). Se ha dicho que, a través de todo el Evangelio de Lucas, Jesús parece comer con harta frecuencia. Es de notarse por tanto que lo último que Jesús hace con sus discípulos antes de su pasión es compartir con ellos una cena, y lo primero que hace cuando se les aparece es también comer con ellos. No se trata de una cena ordinaria. Es una cena reveladora. Es una cena que hace que todas las cosas tengan sentido para los discípulos. Ahora entienden por qué su corazón ardía cuando él les hablaba en el camino. Todas las explicaciones escriturarias y teológicas que Jesús les dio en el camino ahora cobran nuevo sentido. La cena cobra importancia particular precisamente porque Jesús les ha explicado estas cosas. La enseñanza bíblica y la cena van juntas; cada una ilumina y enriquece a la otra. Sin una de ellas, la otra pierde importancia. Usando palabras más comunes en la teología posterior, la Palabra y el Sacramento van juntos: la Palabra explica el Sacramento, y el Sacramento es práctica de la Palabra. Jesús se les da a conocer en el partimiento del pan, pero entienden lo que eso significa porque a lo largo del camino Jesús les ha ido explicando las Escrituras.

Los dos discípulos actúan ahora sobre la base de lo que han escuchado y visto (vv. 33-35): regresan a Jerusalén a toda prisa, "en esa misma hora", aun cuando poco antes le habían dicho a Jesús que ya era demasiado tarde para estar de camino. Allí encuentran a "los once reunidos y a los que estaban con ellos". Es de suponerse que este grupo incluía a las mujeres que habían encontrado el sepulcro vacío. Al parecer Pedro, quien antes sencillamente había regresado tras ver la tumba vacía, ahora había tenido un encuentro directo con el Señor resucitado, y los discípulos comentaban al respecto. A esto se añade ahora el testimonio de los dos que vienen de Emaús y les cuentan "las cosas que les habían acontecido en el camino, y cómo lo habían reconocido al partir el pan".

En esta tercera sección de la historia sobre la experiencia de Emaús, la Palabra y el Sacramento conducen al testimonio. Porque han entendido el sentido de las Escrituras "comenzando por Moisés" y porque han visto al Señor resucitado en el partimiento del pan, estos discípulos saben que no pueden sencillamente permanecer donde están. Tienen que contárselo a otros. Por eso se apresuran a volver a Jerusalén, donde les dirán a los que están allí reunidos lo que ha acontecido. La Palabra hablada y la acción del Sacramento quedan incompletos sin el testimonio. Y el testimonio mismo incluye tanto palabra como acción.

3. 24:36-49: Los discípulos.

"Mientras aún hablaban de estas cosas, Jesús se puso en medio de ellos". Una vez más, según vamos leyendo estos distintos episodios, vemos que se van siguiendo unos a otros sin costura. El de los dos discípulos camino a Emaús tuvo lugar el mismo día en que las mujeres fueron a la tumba. Los dos discípulos regresaron a

Jerusalén en la misma hora. Y ahora, mientras todavía estaban discutiendo lo que estos discípulos les decían, Jesús se aparece en medio de ellos. Como en muchos otros casos en el Evangelio de Lucas, la primera reacción es el temor, que luego de creer, se transforma en gozo.

El énfasis teológico de este pasaje está en la afirmación de la verdadera resurrección física de Jesús. Los discípulos piensan que quizá están viendo un fantasma —reacción paralela a la de otros discípulos en Hechos cuando Pedro aparece inesperadamente (Hch 12.12-16). Jesús trata de convencerlos de que verdaderamente se ha levantado de entre los muertos y que lo que ven es su cuerpo físico, mostrándoles sus manos y pies e invitándolos a tocarlo. Entonces, quizá como otra prueba, les pide comida y come un pedazo de pescado. El Jesús que repetidamente comió con sus discípulos, con los pecadores, los publicanos y los fariseos, ahora come con sus discípulos su última comida antes de la ascensión. Al hacerlo, queda comprobado que no se trata de una visión o de un fantasma, sino que Jesús verdaderamente ha conquistado la muerte.

Este de quien la iglesia ahora participa en la Palabra y el Sacramento no es un fantasma ni un espíritu incorpóreo. Es el Señor resucitado. Quienes lo sirven no sirven un principio general moral o religioso, ni sencillamente las inclinaciones espirituales de la humanidad, sino que sirven a uno que es como ellos y, sin embargo, es Señor de todo. Y, puesto que la resurrección de Jesús no es solamente cuestión espiritual, tampoco pueden limitar su servicio a este Señor a las cuestiones puramente espirituales. El Señor que comió con los discípulos para mostrarles su resurrección, invita ahora a sus seguidores a mostrar esa misma resurrección alimentando a los hambrientos. El Señor que rompió las cadenas de la muerte llama a sus seguidores a romper toda cadena de injusticia y opresión.

En este pasaje, el orden entre la acción y la palabra se invierte. Antes, los discípulos camino a Emaús escucharon primero las palabras y luego participaron de la acción, el partimiento del pan. Primero vino el oír, y luego el partimiento del pan. Ahora los discípulos primero ven la acción —Jesús come el pescado— y se les dan entonces las palabras —las enseñanzas de Jesús acerca del cumplimiento de lo que estaba escrito. La acción y la palabra se conectan mediante la promesa. La resurrección misma es el cumplimiento de la promesa de las Escrituras. Pero entonces ese mismo cumplimiento lleva a una nueva promesa: "Yo enviaré la promesa de mi Padre sobre vosotros; pero quedaos vosotros en la ciudad de Jerusalén hasta que seáis investidos de poder desde lo alto". Aunque no sabemos si al escribir estas palabras ya Lucas estaba pensando en escribir su segundo volumen, no cabe duda de que estas palabras, y la historia de la Ascensión que sigue, marcan la pauta para el segundo libro, Hechos. Aquí, casi al final de su Evangelio, Lucas, quien ha subrayado la obra del Espíritu Santo a través de toda su narración, nos presenta a Jesús prometiéndoles a los discípulos que recibirán el poder de ese Espíritu. Y entonces, casi al principio de Hechos, establece una conexión con lo que se cuenta en el Evangelio: "Recibiréis poder cuando haya venido sobre vosotros el Espíritu Santo, y me seréis testigos en Jerusalén, en toda Judea, en Samaria y hasta lo último de la tierra" (Hch 1.8). Aunque la obra de Jesús en la tierra está a punto de completarse, Dios todavía estará presente por medio del Espíritu. La historia que termina con la resurrección y ascensión de Jesús todavía continúa en la vida de la iglesia, hasta el día de la victoria final. Tras completar su Evangelio en el que habla de "todas las cosas que Jesús hizo y enseñó desde el comienzo hasta el día en que fue recibido arriba" (Hch 1.1-2), Lucas escribirá otro volumen acerca de lo que el Espíritu hace después de la Ascensión y el Pentecostés.

4. 24.50-53: La Ascensión.

Lucas termina su Evangelio con una breve narración de la Ascensión de Jesús, que después expandirá al principio de Hechos. La Ascensión de Jesús es a la vez un puente literario entre las dos obras de Lucas y la culminación teológica de toda la historia del Evangelio. Como puente, se repite al principio de Hechos, con algunas diferencias que no tenemos que discutir aquí. Pero la Ascensión es también la culminación teológica de todo lo que Lucas ha venido contando, y esto es lo más importante para nosotros y para nuestro entendimiento del evangelio. Desafortunadamente, la Ascensión de Jesús no ha recibido por parte de la mayoría de los teólogos ni tampoco de la iglesia en general toda la atención que debe. Casi parecería que para muchas personas la Ascensión no es más que un buen modo de terminar la historia, o un modo conveniente de explicar lo que sucedió con el cuerpo de Jesús después de su resurrección.

Pero la Ascensión es mucho más que eso. La Ascensión de Jesús a la diestra de Dios, como afirma el Credo Apostólico, es nada menos que la culminación de la historia del evangelio mismo y el comienzo del cumplimiento de los fines para los que la humanidad fue creada. Muchos de los primeros teólogos cristianos (entre ellos Ireneo y Clemente de Alejandría) pensaban que cuando Dios hizo a la humanidad a su imagen, esa imagen que Dios empleó como modelo para los humanos era nada menos que el Verbo encarnado (véase Col 1.15: "Cristo es la imagen del Dios invisible"). ¡Adán y Eva fueron creados a imagen de Jesús! En tal caso, la encarnación es el cumplimiento del plan eterno de Dios de unirse con su criatura humana. Pero la Ascensión es el momento en que esa unión cambia la historia, porque ahora "uno de nosotros" está donde todos estaremos —donde desde el primer momento de la creación Dios quería que estuviésemos. Es a esto a lo que Pablo se refiere en Colosenses 3.3, cuando declara que nuestra vida "está escondida con Cristo en Dios". Nuestra vida está en este Jesucristo, uno de nosotros, quien está ahora con Dios, y por lo tanto nuestra vida está escondida allí.

El libro de Hebreos se refiere a lo mismo, quizá con mayor claridad, cuando, hacia el principio del primer capítulo, declara que se está refiriendo al Señor, quien es la imagen de Dios, que ha resucitado y ascendido hasta la presencia de Dios: "Él, que es el resplandor de su gloria, la imagen misma de su sustancia y quien sustenta todas las cosas con la palabra de su poder, habiendo efectuado la purificación de nuestros pecados por medio de sí mismo, se sentó a la diestra de la Majestad en las alturas, hecho tanto superior a los ángeles cuanto que heredó más excelente nombre que ellos" (Hb 1.3-4). Entonces en su segundo capítulo, Hebreos plantea la pregunta de cómo es que en el Salmo 8 se le promete a la humanidad un poder que no tiene, y responde que vemos ese poder en el Jesús que ascendió, puesto que "todavía no vemos que todas las cosas le estén sujetas [al ser humano]. Pero vemos a aquel que fue hecho un poco menor que los ángeles, a Jesús, coronado de gloria y de honra" (Hb 2.8-9). Jesús se ha elevado a la diestra de Dios abriéndoles camino a todos aquellos cuya vida está escondida con él en Dios, y quienes con él reinarán cuando él sea finalmente manifestado.

Esto quiere decir que la Ascensión es mucho más que un puente entre el Evangelio de Lucas y el libro de Hechos. Es la culminación misma de todo lo que Lucas ha venido diciendo. Se trata de una historia que comenzó en el principio de la creación (ver Lucas 3.88), lleva a la encarnación, y se cumple en la resurrección y ascensión de Jesús. El resto —la historia que Lucas contará en Hechos, la historia que todavía vivimos y la consumación final de todas las cosas— es el proceso mediante el cual lo que ahora vemos en Jesús será también verdad de todos sus seguidores. Es este Jesús, quien desde la diestra de Dios envía al Espíritu que ha prometido, quien viste a sus seguidores con poder de lo alto hasta que veamos de nuevo a Jesús en gloria —¡gloria suya y también nuestra!

Para pensar, estudiar y discutir: Reflexione sobre el papel de las mujeres, no solamente en la historia de la resurrección, sino también a través de todo el Evangelio y en la historia de la pasión. ¿Se recalca esto suficientemente en la vida de la iglesia hoy? Si no, ¿por qué no? ¿Qué podemos hacer para que se reconozca la importancia de las mujeres tanto en la iglesia primitiva como en la de hoy?

¿Tendrá razón Julia Esquivel al usar la frase "amenazados de resurrección"? Si todo hubiera terminado en la cruz y el sepulcro, ¿en qué modos sería nuestra fe diferente? ¿Basta con decir que Jesús nos salva por su muerte, o hay que decir también que nos salva por su resurrección y ascensión?

Imagínese que prepara usted una clase sobre el tema de la ascensión. Haga un bosquejo de lo que diría. Si está estudiando este libro con un grupo, compártalo.

TERCERA PARTE

HECHOS

I. 1.1-26: INTRODUCCIÓN

A. 1.1-3: DEDICATORIA Y PRÓLOGO

Las primeras palabras de Hechos indican que este libro es continuación del Evangelio de Lucas —del cual Hechos es la secuela. Ambos van dirigidos a "Teófilo" (sobre quien se habló más arriba, Lc 1.1-4). El hecho mismo de que tanto este libro como el Evangelio de Lucas lleven un prólogo que en cierto modo sigue las estructuras convencionales de la literatura de la época, así como el otro hecho de que el libro va dedicado a un cristiano con cierto status social como Teófilo, dan a entender que para el tiempo en que Lucas escribe la iglesia cristiana se va abriendo paso entre algunos elementos de las clases medias y más elevadas de la sociedad. Los problemas que esto plantea se encuentran en el trasfondo de mucho de lo que Lucas ha de contarnos en el libro de Hechos.

La palabra que la RVR traduce por "tratado", y la VP por "libro", es *logos*. Es el mismo término que aparece en el prólogo del Evangelio de Juan, y que allí se traduce por "Verbo" (RVR) o por "Palabra" (VP). Sin embargo, en este caso tiene ciertamente el sentido de "libro", "tratado" o "relato".

> Muchas personas saben tan poco acerca de este libro que sencillamente se desentienden de él... Pero este libro está tan lleno de sabiduría cristiana y sana doctrina que estudiarlo nos será de gran provecho, particularmente en lo que se refiere al Espíritu Santo. No lo leamos a la ligera, sino examinémoslo cuidadosamente. En él veremos cumplirse las promesas y enseñanzas de Cristo en los Evangelios.
>
> **Juan Crisóstomo**

La forma verbal "comenzó" en el v. 1 aparece en el griego de un modo que es difícil de traducir. Por eso algunas versiones lo omiten, mientras otras dicen "desde el principio", o alguna frase parecida. Lo que el verbo mismo parece indicar es que el primer libro (es decir, el Evangelio de Lucas) trata sobre lo que Jesús empezó a hacer y a enseñar, "hasta el día en que fue recibido arriba" (1.2), y que por tanto este segundo libro sigue tratando sobre lo que Jesús continuó haciendo y enseñando después de su ascensión, aunque ahora a través del Espíritu Santo. La afirmación de que Jesús dio sus mandamientos "por el Espíritu Santo" (1.2) contribuye a entretejer los dos libros. En el primero, cuando Jesús estaba físicamente presente, el Espíritu Santo actuaba a través de Jesús. En el segundo, después de la ascensión, Jesús continuará actuando a través del Espíritu Santo.

Las "pruebas indubitables" del v. 3 probablemente se refieran, no solamente a las apariciones de Jesús, sino también a su insistencia en su resurrección física.

En Lucas 24.37-43, cuando los discípulos "atemorizados, pensaban que veían espíritu", Jesús les muestra sus heridas, los invita a que lo toquen y, por último, como prueba final, come delante de ellos. Es a esto a lo que se refieren las "pruebas indubitables", y por tanto no basta con decir, como la Versión Popular, que "Jesús mismo se presentó en persona a ellos".

En el mismo v. 3, los "cuarenta días" no han de tomarse necesariamente de manera literal, pues es una frase que frecuentemente se emplea en el sentido de "muchos días". Así la emplea el propio Lucas en Lucas 4.2 (véase, además, por ejemplo, Gn 7.4, 12, 17; Ex 24.18; Ez 4.6; en Hechos mismo: 7.30, 36, 42). Sí es de notarse el paralelismo entre estos "cuarenta días" y el tiempo que se nos dice que pasó Moisés en el monte Sinaí recibiendo la ley (Ex 24.18). De igual modo que Moisés en esos cuarenta días recibió instrucciones acerca de la conducta futura de Israel, así también Jesús en estos cuarenta días instruyó a los apóstoles para su tarea futura.

Por último, debe subrayarse que Lucas resume lo que Jesús enseñó durante los "cuarenta días" como "el reino de Dios". Esto es importante porque, como veremos en la próxima sección, el tema del reino se relaciona íntimamente con la expectativa de los discípulos.

Excurso: La obra de Jesús y la obra del Espíritu Santo.

Al leer los dos libros que Lucas nos ha dejado, y notar que en el primero de ellos leemos mucho acerca de Jesús, y en el segundo mucho acerca del Espíritu Santo, es muy fácil llegar a la conclusión de que se trata de dos cuestiones completamente separadas. Esto sería un grave error. Como hemos indicado en la Introducción, el Evangelio de Lucas recalca la presencia y obra del Espíritu Santo mucho más que los demás Evangelios. Y en Hechos vemos a la iglesia proclamando el mensaje de Jesús mediante el poder del Espíritu Santo. En una palabra, no se trata de dos historias separadas, como si la primera se ocupara únicamente de Jesús, y la segunda del Espíritu. Se trata de una sola historia, de la presencia de Dios en el mundo y en la iglesia, en el Evangelio en la persona de Cristo y en su obra por el poder del Espíritu, y en Hechos en la persona del Espíritu, quien constantemente les da poder a los discípulos para ser testigos de Cristo.

La razón por la cual es importante subrayar esta continuidad es que a través de toda la historia de la iglesia repetidamente han aparecido grupos que han entendido la doctrina de la Trinidad como una especie de bosquejo de la historia de la obra de Dios en el mundo. Según este modo de entender la Trinidad, primero vino el período del Padre, quien es el creador y el que se manifiesta no solamente en la creación, sino también en todo el Antiguo Testamento. Después viene el período del Hijo, que corresponde al tiempo de Jesús sobre la tierra. A esto sigue el tiempo del Espíritu Santo, en el que vivimos hoy. Esto es un error, pues da a entender que el Hijo y el Espíritu Santo no estuvieron presentes en el acto de la creación ni en la historia de Israel, y que de igual manera ni el Padre ni el Espíritu Santo estuvieron actuando en tiempos de Jesús. Y, por último, también implica que cuando llega el Espíritu, no tenemos que ocuparnos mucho del Padre ni del Hijo.

Este error teológico tiene también consecuencias prácticas. En sus formas más extremas, ha habido en el pasado quien ha pensado que cuando Jesús dice "mas yo os digo…", está diciendo que su ley sobrepasa a la de Moisés, que era menos rigurosa que la de Jesús. Y, siguiendo la misma línea de pensamiento, hubo quien dijo que la ley del Espíritu es todavía más rigurosa que la de Jesús. Esto ha llevado a algunos grupos a un legalismo que es marcadamente antibíblico y que no deja lugar para la gracia de Dios.

Si bien esa manera de entender las cosas ocurre solamente en grupos extremistas, hay otro modo en el que ese entendimiento incorrecto de la doctrina de la Trinidad tiene consecuencias prácticas. Frecuentemente lo que se piensa es que, puesto que la supuesta era del Espíritu es superior, lo espiritual se encuentra por encima de todo lo que sea material. Ocuparse de cuestiones materiales tales como la comida para los hambrientos o la ropa para los desnudos no parece entonces tan importante como ocuparse de cuestiones espirituales tales como asistir a la iglesia, orar y alabar. Esto es contrario a todo el testimonio bíblico, en el que Dios hace el mundo entero y ve que es bueno; en el que Moisés promulga leyes que promueven la justicia; en el que los profetas anuncian que Dios no se agrada de los sacrificios cuando se practica la injusticia; en el que Jesús dice que él está presente en los hambrientos y desnudos; y en el que el Espíritu Santo manifiesta su presencia en la iglesia por una parte mediante el milagro de las lenguas, pero también por otra mediante milagros como el compartimiento de bienes, la sanidad del cojo y muchos otros.

Según Lucas ve las cosas, toda la historia bíblica es una sola historia. Es la historia de una creación, obra de Dios, corrompida por el pecado. Es la historia de un pueblo con el que Dios hace un pacto para la salvación de la humanidad. Es la historia de un hombre en quien Dios mismo está presente reconciliando al mundo consigo. Y es la historia de un Espíritu Santo que desde el principio se movía sobre la faz de las aguas y que, al acercarse el fin, se mueve también sobre la faz de la iglesia.

Por último, es importante subrayar que cuando Lucas escribe este segundo libro no lo está haciendo primeramente, como algunos han sugerido, porque los primeros testigos han muerto y él quiere dejar constancia de lo que aconteció. Lo escribe más bien porque está convencido de que tanto él como Teófilo son continuación de la misma historia que empezó en aquellos primeros tiempos cuando Dios dijo "sea", culminó en la venida de Dios al mundo en carne en la persona de Jesucristo, y llegará a su término cuando él regrese para reclamar el reino que ya es suyo. En el entretanto, Lucas, Teófilo, toda la muchedumbre de los creyentes, usted y yo, seguimos viviendo entre los tiempos: entre el tiempo de la inauguración del reino y el tiempo de su manifestación final.

B. 1.4-8: LA PROMESA DEL ESPÍRITU.

Esta sección y la que sigue (1.9-11) vuelven sobre lo que se trató al final del "primer tratado" (es decir, el Evangelio de Lucas). Sirven de puente entre los dos libros. La instrucción de permanecer en Jerusalén y la promesa del Espíritu Santo, que son el tema de esta sección, aparecen abreviadas en Lucas 24.49. La ascensión del Señor, que será el tema de la próxima sección de Hechos, aparece también, mucho más brevemente, en Lucas 24. Sin embargo, lo que allí era conclusión, aquí es introducción; lo que allí sirvió para completar la narración, aquí sirve para marcar el tono de todo lo que sigue.

Lucas (al igual que Pablo en Gálatas) emplea dos términos que en castellano se traducen por "Jerusalén": *Ierousalêm* (Jerusalén) y *Hieorosolyma* (Jerosólima). El primero es de origen hebreo, mientras que el segundo es helenista. Por lo general, Lucas emplea el primero cuando tiene connotaciones religiosas y relacionadas con el templo, mientras que el otro es sencillamente el nombre geográfico del lugar. Aquí, Jesús les dice a los discípulos que vayan a "Jerosólima". Hay quien piensa que el uso de este término es indicación de que no han de tener nada que ver con el templo y las instituciones religiosas judías de Jerusalén. Sin embargo, tales argumentos no convencen.

En el v. 4, la palabra que se traduce como "estando juntos" quiere decir literalmente "compartiendo la sal", y da a entender que Jesús estaba a la mesa con los discípulos. Esto recuerda que una de las "pruebas convincentes" que el Señor dio de su resurrección según Lucas fue comer ante los discípulos, y que tanto en Lucas como en Juan se cuentan cenas en las que el Señor resucitado estuvo en medio de sus discípulos. Además, bien pronto la iglesia, siguiendo las instrucciones del propio Jesús, se reunió periódicamente para celebrar una cena en la que entendían que Jesús mismo estaba presente.

En el mismo versículo, la "promesa del Padre" (frase que aparece también en el texto paralelo en Lucas 24.49) es el Espíritu Santo, según lo explica el próximo versículo: "Juan ciertamente bautizó con agua, mas vosotros seréis bautizados con el Espíritu Santo". Este contraste entre el bautismo de Juan y el de Jesús aparece en todos los evangelios, siempre en boca de Juan el Bautista (Mt 3.11; Mr 1.8; Lc 3.16; Jn 1.33). Las palabras de Juan el Bautista, dichas al principio del ministerio de Jesús, aparecen aquí cuando ya ese ministerio ha terminado, pero ahora en boca de Jesús.

En los versículos 6-8, "los que se habían reunido" le preguntan a Jesús sobre la restauración del reino de Israel, y es en respuesta a esa pregunta que Jesús les promete más claramente la dádiva del Espíritu Santo. Sobre este pasaje, hay varios puntos que ameritan un análisis más detallado. El primero de ellos es que no se dice que los que hicieron la pregunta fueran los apóstoles mismos. El propósito de Lucas no es recalcar la ofuscación mental de los apóstoles, que tras "cuarenta días" de instrucción especial después de la resurrección no comprenden todavía de qué se trata el mensaje de Jesús. Más adelante (1.15) veremos que los reunidos en Jerusalén eran "como ciento veinte". Entonces, es posible interpretar el texto en el sentido de que la pregunta la hicieron algunos de estos que estaban reunidos.

En todo caso, hay que aclarar el sentido de la respuesta de Jesús. A veces se dice que los discípulos todavía pensaban en términos materialistas, como la restauración de un reino político, y que Jesús los corrigió porque no es de eso de lo que se trata su mensaje. Sin embargo, el texto no dice tal cosa. Jesús corrige, sí, a los discípulos, pero no por sus intereses materialistas o políticos. De hecho, la palabra misma, "reino", que es central en el mensaje de Jesús, necesariamente tiene connotaciones políticas. Jesús los corrige más bien por dos razones. Primera, que quieren "saber los tiempos o las sazones, que el Padre puso en su sola potestad". Segunda (y esto más por implicación que directamente), que el reino no ha de ser restaurado únicamente a Israel, sino que hay que incluir también en él a los samaritanos y a todas las gentes "hasta lo último de la tierra".

Lucas acaba de decir que Jesús pasó los cuarenta días después de su resurrección hablándoles del reino de Dios (1.3). El reino de Dios es el centro del mensaje de Jesús en el Evangelio, y ha de ser también el mensaje de los apóstoles en Hechos. Ese reino, en la visión bíblica, no es un lugar puramente espiritual donde van las almas de los muertos. Es la consumación de la voluntad de Dios para toda la creación, física y espiritual. Es sobre eso que Jesús les ha hablado durante cuarenta días, y es sobre eso que ahora algunos le preguntan. La respuesta de Jesús no es que tal reino no haya de venir, sino que les advierte que no han de preocuparse por cuándo tal cosa ha de suceder. La venida del reino tendrá lugar en el tiempo y la sazón "que el Padre puso en su sola potestad". Lo que se niega aquí no es la idea del reino; lo que se niega es el interés en saber cuándo ese reino ha de venir.

Hoy hay tanta especulación acerca de si estamos en los últimos días, si la restauración de Israel es señal de ello, si vamos por la cuarta o la sexta trompeta del Apocalipsis, y otros temas parecidos, que bien valen las siguientes palabras de un sabio sirio del siglo cuarto, Efrén Siro:

> Jesús no quería que sus discípulos se preguntaran acerca del tiempo de su retorno... No nos dijo cuándo vendría para que de ese modo estemos siempre prevenidos y cada uno piense que esta segunda venida puede llegar en sus propios días. Si Cristo nos hubiera anunciado la fecha de su retorno, nuestros hermanos de siglos pasados no hubieran esperado ese retorno ardientemente. Por eso dijo que vendría, pero no cuándo, y por eso todas las generaciones y todos los tiempos lo esperan con la misma esperanza.

Por otra parte, la idea de que ese reino sería para Israel, y únicamente para Israel, sí se niega en estos versículos. Los discípulos indagan sobre la restauración del reino "a Israel"; el Señor les responde con la necesidad de serle testigos "hasta lo último de la tierra". Ese contraste no se aclara más en este texto. Sin embargo, en realidad todo el resto del libro va a ser la narración del modo en que, gracias a la dirección del Espíritu, los discípulos van descubriendo que el reino no es solamente para Israel. Se ha dicho con cierta razón que la última parte del versículo 8 es el bosquejo de todo el resto del libro: "En Jerusalén, en toda Judea y Samaria, y hasta lo último de la tierra". Lo que no se ha recalcado suficientemente es que, en todo ese proceso, y especialmente en sus primeras etapas, los primeros cristianos están descubriendo, por obra del Espíritu, que el alcance del reino es mucho más amplio de lo que pensaban anteriormente.

La función de los discípulos ha de ser la de ser "testigos". El texto mismo no dice más que esto. Sin embargo, conviene que aclaremos la relación entre esto y el reino. Según la teología de Lucas, Dios le ha dado el señorío a Jesús. Por tanto, el mensaje del reino es también el mensaje de que, con la venida de Jesús, ese reino ha sido inaugurado. Es por esto que ser testigos de Jesús es también ser testigos del reino. El reino mismo, como idea y esperanza, no necesitaba de "testigos" entre los judíos. Era parte de la expectación de todos los judíos fieles. Aquello de que los discípulos han de dar testimonio, sin embargo, no es sencillamente la idea o la promesa del reino, sino que en Jesús ese reino ha quedado inaugurado. Sobre esto volveremos al ver lo que Hechos dice sobre la obra de Jesús y del Espíritu. Sin embargo, hay que subrayar el carácter histórico del "testimonio" de los discípulos. No se es "testigo" de una idea. Se es "testigo" de un hecho, de un acontecimiento, de la obra y las palabras de una persona. El testimonio para el cual los discípulos reciben poder es el anuncio concreto de lo que Dios ha hecho en la vida, muerte y resurrección de Jesús.

Excurso: Un hecho histórico requiere testigos.

Cuando examinamos el texto con detenimiento, vemos que hay en él una extraña paradoja: por una parte, se les dice a los discípulos que hay ciertas cosas que no les será posible saber —en este caso específico, el tiempo en que Jesús establecerá su reino. Pero, por otra parte, se les dice que recibirán poder para ser testigos. Esta paradoja es importante para entender no solamente la condición de aquellos primeros discípulos, sino también nuestra propia tarea en nuestros días.

Comencemos entonces por el primer polo de la paradoja. Con demasiada frecuencia pensamos que para ser testigos de Jesucristo hace falta tener respuestas a todas las preguntas. Tenemos que estar listos a responder a cualquier duda o dificultad que se nos plantee. El resultado es que nos dedicamos a buscar respuestas intelectuales, explicaciones racionales que tengan el poder de convencer a quienes nos escuchan o reciben nuestro testimonio. Pero se nos olvida que aquellos primeros discípulos no tenían respuesta a la pregunta fundamental que muchos les plantearían tan pronto como empezaran a hablar acerca del reino: "¿Cuándo vendrá?". Ese olvido nos lleva entonces a pensar que nuestra tarea —particularmente la de quienes somos pastores, maestros o líderes en la iglesia— consiste en tener respuesta a todas las preguntas que se nos puedan hacer. Naturalmente, tal cosa es imposible, puesto que solamente Dios tiene respuesta a todas las preguntas. Un resultado es que esa imposibilidad misma nos lleva a ser testigos temerosos y vacilantes, y por tanto nuestro testimonio carece del convencimiento necesario para convencer a otros. El resultado contrario es que empezamos a pretender que tenemos respuestas a preguntas cuya solución está escondida en el seno de la voluntad de Dios. Siguiendo esa línea, muchos hoy pretenden que pueden determinar la fecha exacta del retorno de Jesucristo y del establecimiento de su reino, aun cuando él mismo nos dice que no nos toca a nosotros saber los tiempos y las sazones. En ambos casos, nos olvidamos de la promesa de la Ascensión y su cumplimiento en el Pentecostés: que recibiríamos el poder del Espíritu Santo para ser testigos.

Nuestro testimonio no se basa en nuestra teología, ni en nuestra capacidad de responder a cualquier pregunta que se nos pueda plantear, sino más bien en el poder del Espíritu Santo. Buscamos respuestas a las preguntas porque nuestro Dios nos ha creado como seres curiosos. Buscamos respuestas a nuestras preguntas porque el amor mismo que tenemos para con Dios y su Palabra nos impele a buscarlas. Buscamos respuestas a nuestras preguntas porque tenemos que hacer todo lo necesario para descubrir y cumplir la voluntad de Dios. Pero sabemos que hay preguntas que no nos corresponde a nosotros responder —específicamente, en el caso del texto que estamos estudiando, la pregunta de cuándo Jesús establecerá la plenitud de su reino. Pero no buscamos respuestas sencillamente porque pensemos que con ellas nuestro testimonio será más poderoso. Si nuestro testimonio tiene el poder del Espíritu Santo, no hay cosa alguna que podamos hacer para que sea más poderoso y convincente.

Por otra parte, tenemos que considerar lo que significa eso de ser "testigos". Hay ideas que no necesitan testigos, pues son del conocimiento universal. Todos sabemos que dos y dos son cuatro porque lo vemos a diario y porque nuestras propias mentes nos indican que así ha de ser. Lo sabía un campesino griego 500 años antes de Jesucristo, y lo sabe otro campesino en Manchuria y un científico en Perú. Hasta los principios matemáticos más avanzados no necesitan entonces de testigos, sino de maestros y maestras. El hecho de que la raíz cuadrada de cuatro sea dos requiere que alguien nos explique qué es eso de una "raíz cuadrada"; pero esa persona no será testigo, sino maestro —o, como diría Sócrates, "partera" de una idea que ya se encuentra dentro de nuestras propias mentes.

Pero hay cosas que no podemos saber sin que alguien nos dé testimonio de ellas. Alguien que viviera en una de las islas del Caribe en el siglo XIV no tendría modo alguno de saber que cuando hace mucho frío el agua se congela. Solamente podría saberlo de haber llegado allá algún viajero que lo hubiera visto en otro lugar. El principio mismo de que el agua se congela sería verdad también allá en el Caribe; pero sería imposible saberlo sin estar en un lugar donde tal verdad pudiera experimentarse. Quien no viviera en tal sitio, necesitaría de algún testigo que pudiera decírselo.

También los acontecimientos históricos requieren testigos para ser conocidos. Sabemos que Colón llegó al hemisferio occidental en el año 1492. El único modo que tenemos de saber tal cosa es que alguien nos lo contó. Sería quizá un maestro o maestra, o quizá algún libro. Pero en todo caso, si no nos lo contaran, no lo sabríamos. Luego, los hechos históricos requieren testigos para ser conocidos. Lo que es más, de alguna manera esos testigos tienen que conectarnos con el acontecimiento original. Colón y sus acompañantes regresaron a España, y ellos mismos dieron testimonio del lugar donde habían llegado. Lo que ellos dijeron, otros escribieron, y así, a través de una cadena ininterrumpida de testigos —unos por voz directa y otros por medios escritos— nos ha llegado conocimiento del hecho de que Colón llegó a las Américas. Sin tal cadena de testigos, jamás lo sabríamos.

Lo mismo sucede con ese hecho histórico que llamamos encarnación de Dios en Jesucristo. No sabríamos de Jesús, ni tampoco de sus enseñanzas, milagros y promesa de salvación si alguien no nos lo contara. Cuando las mujeres van a la tumba, lo primero que se les dice es que tienen que contarlo. Ahora, cuando Jesús promete la venida del Espíritu Santo, lo que les dice a los discípulos es que han de ser sus testigos —es decir, que han de ser narradores de lo que han visto y experimentado. Y es con ese propósito que se les dará el poder del Espíritu Santo. No se les dará el Espíritu Santo para conocer los tiempos y las sazones, sino para que otros conozcan a Jesucristo mismo.

Pero el extraño testimonio de estos testigos no se refiere solamente a Jesucristo, sino también a su reino. Ese reino al que Jesús se refiere repetidamente no es solamente una promesa, sino también en cierto modo una realidad ya presente.

Él mismo dijo por una parte que su reino está presente entre sus discípulos, y por otra que ese reino ha de venir. En ese sentido somos como algún visitante procedente de tierras nórdicas que llegara al Caribe en el siglo XIV diciéndoles a los habitantes de una isla caribeña que el agua se congela cuando hace mucho frío. El visitante lo sabría por experiencia, por haber estado en tierras donde tal cosa sucede. Estaría entonces dándoles testimonio a aquellos caribeños de lo que sucedía en otras latitudes u otros lugares. Esto es lo que sucede cuando damos testimonio del reino a quienes no lo conocen. Aunque todavía esperamos el cumplimiento final de ese reino, ya en cierto modo vivimos en él. Tenemos al menos un atisbo y una experiencia parcial de lo que es ese reino. Vivimos no solamente en el reino u orden social que otros hoy experimentan, y del que somos ciertamente parte, sino también en ese otro reino u orden que es el que Jesucristo promete. Somos entonces testigos a la vez de un rey y de un reino, de un Señor y de un orden bajo su señorío. Es precisamente por eso que el testimonio cristiano es a la vez testimonio de lo que aconteció en Jesucristo y testimonio de la manera en que, por el poder del Espíritu Santo, gustamos ya de un anticipo de su reino. Es invitación para que otros no solamente sepan de Jesucristo, sino que también se inicien en su reino y comiencen a experimentar lo que es la vida bajo el señorío de Jesús.

C. 1.9-11: La ascensión.

¿Y dejas, Pastor santo,
tu grey en este valle hondo, escuro,
con soledad y llanto;
y tú, rompiendo el puro
aire, ¿te vas al inmortal seguro?

Los antes bienhadados,
y los agora tristes y afligidos,
a tus pechos criados,
de ti desposeídos,
¿a dó convertirán ya sus sentidos?

¿Qué mirarán los ojos
que vieron de tu rostro la hermosura,
que no les sea enojos?
Quien oyó tu dulzura,
¿qué no tendrá por sordo y desventura?

Aqueste mar turbado,
¿quién le pondrá ya freno? ¿Quién concierto
al viento fiero, airado?
Estando tú encubierto,
¿qué norte guiará la nave al puerto?

¡Ay!, nube, envidiosa
aun deste breve gozo, ¿qué te aquejas?
¿Dó vuelas presurosa?
¡Cuán rica tú te alejas!
¡Cuán pobres y cuán ciegos, ay, nos dejas!

Fray Luis de León

Este texto es paralelo a Lucas 24.50-52. Algunos afirman que hay una discrepancia entre ambos textos, pues aquí se habla de una ascensión que tuvo lugar después de "cuarenta días", y en Lucas se da a entender que fue el mismo día de la resurrección de Jesús. A base de ese contraste, algunos argumentan que los dos libros eran originalmente uno solo, y que fue al separarlos que algún redactor incauto introdujo esa discrepancia. Lo cierto es que el Evangelio de Lucas no dice claramente que la ascensión haya tenido lugar inmediatamente después de la resurrección, y por tanto el supuesto contraste no lo es en verdad. Lo mismo puede decirse al respecto de la cuestión del lugar en que tiene lugar la ascensión. En Lucas, es en Betania; aquí, es en el monte de los Olivos (1.12). En efecto, Betania está en la ladera del monte de los Olivos, a unos tres kilómetros de Jerusalén. Entonces, el único contraste que resta es que en Lucas la ascensión parece tener lugar a unos tres kilómetros de Jerusalén, mientras en Hechos tiene lugar "camino de un día de reposo", que es más bien como a un kilómetro.

Donde sí hay contraste es en el énfasis de cada uno de los textos. En Lucas, a pesar de la brevedad del texto, se nos dice que Jesús estaba bendiciendo a los discípulos cuando se separó de ellos, y después se nos dice únicamente que "volvieron a Jerusalén con gran gozo". En Hechos, el énfasis recae más bien sobre lo que acontece inmediatamente después de la ascensión. Mientras los presentes están todavía mirando al cielo, "dos varones con vestiduras blancas" aparecen junto a ellos y les preguntan por qué miran al cielo. El tono de la pregunta es tal que les indica que no tienen por qué quedarse así: "¿Por qué estáis mirando al cielo? Este mismo Jesús, que ha sido tomado de vosotros al cielo, así vendrá como le habéis visto ir al cielo". Estos dos personajes nos recuerdan a los "dos varones con vestiduras resplandecientes" que se les aparecieron a las mujeres en la tumba vacía y les dijeron que no debían buscar entre los muertos al que vive (Lc 24.4-5).

En ambos casos, lo que estos personajes hacen es cambiar la dirección en que los discípulos dirigen la mirada. En el primero, les dicen a las mujeres que no busquen en la tumba vacía. En el segundo, les dicen a los discípulos que no sigan mirando al cielo, sino que confíen en que Jesús ha de volver.

Excurso: La importancia de la ascensión.

Pocas doctrinas cristianas han sido tan descuidadas como la de la ascensión. Tanto es así que cada vez escuchamos menos que se predique desde los púlpitos o se explique en las clases de preparación para el bautismo o en la escuela dominical. Para muchos, la ascensión no parece ser sino un modo de explicar por qué es que Jesús, tras su resurrección, no está más presente con nosotros en el cuerpo. Esto es triste y deplorable, pues la ascensión, en lugar de venir a ser fuente de fortaleza y de confianza para el pueblo de Dios, se vuelve más bien cuestión de ausencia, o punto final a la historia de Jesús. Esto se ve claramente en el poema de Fray Luis de León que aparece en el recuadro. Todo el poema es un lamento acerca de la ausencia de Jesús.

Pero el texto bíblico dice que, tras la ascensión, los discípulos "volvieron a Jerusalén con gran gozo". El texto mismo no da la razón de ese gozo. Pero sí nos dice que inmediatamente tras la ascensión "dos varones con vestiduras blancas" les hicieron ver que no era cuestión de quedarse mirando al cielo con añoranza de ausencia, sino que era más bien cuestión de vivir con el gozo de la promesa de que ese mismo Jesús vendría otra vez a establecer el reino prometido y en cierto modo ya inaugurado.

Mientras los discípulos están todavía mirando al cielo, quizá con una añoranza semejante a la que describe fray Luis de León, estos dos varones les dan razón para su gozo: quien ascendió al cielo también ha de volver en gloria celestial. Esto puede tomar tiempo, y ni el Espíritu ni la Biblia señalan fecha alguna —por más que a través de los siglos muchos se hayan convencido de que el regreso de Jesús tendría lugar en una fecha determinada, solo para después quedar decepcionados al llegar esa fecha. Pero por mucho tiempo que tome, es cuestión segura: el triunfo final le corresponde a quien en la resurrección triunfó ya sobre la muerte y sobre los poderes del mal.

Pero lo que la resurrección y la ascensión señalan no es solamente la victoria de Jesucristo. Es también nuestra victoria. Es también la victoria del ser humano. Quien se levantó de entre los muertos y ascendió al cielo es uno de nosotros los humanos. Dios se ha hecho humano y vivió entre nosotros; lo vimos lleno de gloria y majestad, así como también escarnecido, crucificado y muerto. Pero lo vimos también resucitado, vencedor de la muerte y ascendido al cielo a la diestra de Dios Padre. Si en el Evangelio de Lucas vimos a Dios andando por los caminos humanos de Galilea, ahora en el libro de Hechos y en nuestros propios tiempos, gracias a la fe y a la obra del Espíritu Santo, lo vemos sentado a la diestra del Padre. ¡Y este a quien vemos es uno de nosotros! Bien podemos decir que, si antes vimos a Dios hecho hombre, ahora vemos a este hombre en toda la gloria de su divinidad.

Luego, la doctrina de la ascensión no es un mero modo de explicar la ausencia física de Jesucristo entre nosotros, sino que es más bien el modo de recordar nuestra propia presencia, nuestra propia representación, ante el trono celestial. Pablo lo expresa diciendo que "Cristo es el que murió; más aun, el que también resucitó, el que además está a la diestra de Dios, el que también intercede por nosotros" (Ro 8.34). Juan lo afirma diciendo que este "Jesucristo el justo", quien ha resucitado, es también el "abogado" a quien tenemos "para con el Padre" (1 Jn 2.1). Y el autor de Hebreos, tras preguntarse cómo es que el Salmo 8 dice que el ser humano es señor de todas las cosas, cuando en realidad no lo vemos en la vida presente, responde que la promesa de aquel salmo se cumple en la persona de Jesús, pues ahora "vemos a aquel que fue hecho un poco menor que los ángeles, a Jesús, coronado de gloria y de honra, a causa del padecimiento de la muerte, para que por la gracia de Dios gustase la muerte para todos" (Hb 1.9). Y esto lo lleva a la conclusión de que "no tenemos un sumo sacerdote que no pueda compadecerse de nuestras debilidades, sino uno que fue tentado en todo según nuestra semejanza, pero sin pecado". Esto nos permite acercarnos "confiadamente al trono de la gracia, para alcanzar misericordia y hallar gracia para el oportuno socorro" (Hb 4.15, 16).

En resumen y conclusión, al afirmar la ascensión de Jesús no solamente afirmamos su victoria y señorío, sino que también afirmamos la nuestra, en la promesa de que con él reinaremos en justicia en el tiempo venidero.

> No es superfluo esto de decir que [Jesús] subió al cielo después de haber resucitado, pues aunque Jesús comenzó a magnificar su gloria y poder al resucitar tras haber tomado la condición baja y despreciable de esta vida mortal, y la ignominia de la cruz, fue sin embargo verdaderamente elevado a su reino al subir al cielo... Porque Jesucristo se ha apartado de nosotros de una manera tal que ahora está presente de una manera más útil que cuando estaba en la tierra.
>
> **Juan Calvino**

D. 1.12-26: LA ELECCIÓN DE MATÍAS.

Este capítulo introductorio se completa con la elección de Matías. Tras la ascensión de Jesús, los discípulos volvieron a Jerusalén (como también lo indica Lc 24.52), y allí "subieron al aposento alto". Este parece ser el mismo aposento en que tuvo lugar la Santa Cena (Lc 22.12; Mr 14.15). Aquí se añade el dato de que los Doce moraban en el aposento alto. Lucas repite la lista de sus nombres, que nos dio anteriormente en el Evangelio (Lc 6.14-16). Sin embargo, acto seguido nos habla de otros que, junto a ellos, "perseveraban unánimes en oración". Estos incluyen a "las mujeres", así como a María y los hermanos de Jesús.

En cuanto a estos "hermanos", se ha discutido mucho, no porque el texto bíblico lo requiera, sino porque va envuelta en la discusión la virginidad perpetua de María. Los que defienden esa virginidad han argumentado que este texto y otros que hablan de los "hermanos" de Jesús, en realidad se refieren a sus primos. Sin embargo, aparte de la cuestión de la virginidad perpetua de María, la discusión no tiene mayor importancia. (Uno de estos hermanos de Jesús es Jacobo, quien vino a ser el líder de la iglesia en Jerusalén [Ga 1.20]. Según una tradición, no solamente Jacobo, sino también varios de sus descendientes siguieron siendo líderes en la iglesia de Jerusalén por algún tiempo —bastante después de que esa iglesia huyó debido a la destrucción de la ciudad en el año 70).

El tema de las "mujeres" sí merece atención. Al parecer se trata de las mismas mujeres, varias de ellas pudientes, que acompañaban a Jesús y se ocupaban de sus gastos, según se ve en Lucas 8.2-3. Un manuscrito de alrededor del año 500, el "Códice Bezae", dice "las esposas e hijos", dando a entender que eran personas que dependían de los discípulos varones. Sin embargo, ese manuscrito, como también buena parte del llamado "texto occidental", muestra cierto prejuicio antifemenino, y lo que está tratando de hacer en este caso es restar importancia a estas mujeres que acompañaron a Jesús en su ministerio, sufragaron sus gastos y, al parecer, también participaron de los acontecimientos de Pentecostés, como veremos más adelante.

Lo que complica la situación es que, en el versículo 16, Pedro se dirige claramente a un grupo que es exclusivamente masculino: "Varones hermanos". Un modo de resolver esta aparente contradicción es pensar que entre el versículo 14 y el 15 la escena ha cambiado, de modo que los ciento veinte reunidos cuando Pedro habla es un grupo distinto del que se describe en los versículos 13 y 14. Ciertamente, en algún lugar durante todo este pasaje la escena cambia, pues es inconcebible que en el aposento alto entraran las ciento veinte personas a las que se refiere el versículo 15. Sin embargo, lo más probable es que el cambio de escena tenga lugar entre el versículo 13, donde se nos dice que los Doce moraban en el aposento alto, y el 14, donde se añaden las mujeres y otras personas que perseveraban en oración junto a los Doce. En ese caso, lo que hemos de imaginarnos es que, tras regresar a Jerusalén y al aposento alto, los apóstoles se reunieron con otros en otro lugar, y que el número de los congregados era de unas ciento veinte personas. Entonces, a partir del versículo 15, Lucas nos está describiendo una escena típica como la que podría tener lugar en alguna sinagoga u otra asamblea en la que las mujeres están presentes, pero no participan en la decisión. En algunos casos, los varones estaban en el centro del salón, y las mujeres en los bordes o en un balcón. En ese caso, en medio de una asamblea mixta, Pedro se está dirigiendo a los varones, y pidiéndoles que nombren a otro para ocupar el lugar entre los apóstoles que Judas había dejado vacante. (Este fenómeno del cambio de escena sin advertir al lector ocurre en otros lugares de Hechos, como veremos al estudiar el episodio de Pentecostés).

Sigue entonces el discurso de Pedro, instando a los "hermanos" a elegir un sucesor en lugar de Judas. Aunque el discurso aparece en boca de Pedro, en realidad es Lucas quien lo está resumiendo, y no pretende citar las palabras exactas de Pedro. Esto puede verse en el versículo 19, donde Pedro explica que Acéldama "en su propio idioma" quiere decir "Campo de sangre". Hablando en arameo, entre personas que hablaban el mismo idioma, Pedro no tenía por qué explicar el sentido de una palabra aramea. De igual modo, las citas de los Salmos 109.8 y 69.25 que aparecen en el versículo 20 no son tomadas del texto hebreo, sino de la versión griega del Antiguo Testamento que se conoce como Septuaginta (la misma versión que usan todos los autores del Nuevo Testamento, excepto Juan en el Apocalipsis). Entonces, Lucas está describiendo una escena en términos generales, adaptándola para que sus lectores (que son de habla griega y que, por tanto, sí usan la Septuaginta y también necesitan que se les expliquen las palabras hebreas y arameas) entiendan lo que está sucediendo.

El discurso de Pedro gira alrededor de dos "necesidades": en el versículo 16, la traición de Judas se introduce con la frase "era necesario", y en el 21, la acción que Pedro va a proponer se introduce con la misma palabra en presente: "Es necesario". En ambos casos se emplea la misma palabra en griego. La primera necesidad se refiere a la traición de Judas en cumplimiento de las Escrituras. Esa necesidad, sin embargo, no disminuye la culpa de Judas. Pedro no está tratando sobre el tan discutido tema de la relación entre la predestinación divina y la responsabilidad humana. Sencillamente está diciendo que, en cumplimiento de las Escrituras, Judas traicionó al Señor. La segunda "necesidad" se refiere a la responsabilidad presente: en vista de lo sucedido, hay que nombrar a otro para que tome el lugar de Judas.

En cuanto a lo que le sucedió a Judas tras su traición, hay dos tradiciones, ambas reflejadas en el Nuevo Testamento. Según una de ellas, que puede verse en Mateo 27.3-8, Judas arrojó las monedas en el templo y se ahorcó. Fueron entonces los sacerdotes quienes utilizaron ese dinero para comprar el "Campo de sangre". Según la otra tradición, que aparece en Hechos, fue Judas mismo quien compró el campo en el cual cayó y murió. Desde tiempos antiguos, se hizo costumbre unir estas dos tradiciones explicando que Judas se ahorcó, pero la cuerda o la rama de la que colgaba se rompió, de modo que Judas, al caer, se reventó la cabeza.

Lo que Pedro propone es que otro tome "su oficio". El texto griego de los Salmos que Lucas cita en el versículo 20 dice *episkopê*. Esta palabra, "episcopado", quería decir antiguamente "oficio", "cargo" o "supervisión". Sin embargo, con el correr de los años fue asociándose con uno de los oficios en la iglesia cristiana, y fue surgiendo la idea de que los obispos —los que ocupaban el "episcopado"— eran los sucesores de los apóstoles. Este texto dio cierta base para ello, pues en él el cargo de un apóstol recibe el nombre de "episcopado".

Pedro sugiere que de entre los "varones" —eso es lo que dice literalmente el versículo 21— que han estado con Jesús a través de todo su ministerio se escoja a otro para ocupar el lugar de Judas. El requisito es extraño e interesante, pues varios de los Doce no habían "estado junto con nosotros, todo el tiempo que el Señor Jesús entraba y salía entre nosotros, comenzando desde el bautismo de Juan". En Juan 1.40-41, se da a entender que Pedro y Andrés sí llenaban ese requisito. Pero eso no es cierto de varios de los otros. Y en cuanto a haber estado siempre con Jesús, hay que recordar que, en el momento de la crucifixión, todos menos Juan le abandonaron. En todo caso, la congregación sugiere dos nombres: José Barsabás "el Justo", y Matías. De ninguno de estos personajes se sabe más que lo que dice este texto. En Hechos 15.22, se habla de un Judas Barsabás que bien pudo haber sido hermano de José. De Matías —quien finalmente, según una tradición posterior, predicó en Judea y murió como mártir, apedreado—, Hechos tampoco dice una sola palabra.

En cuanto al modo de echar suertes, el texto no da indicación alguna. Lo más común era escribir los nombres de los candidatos en piedrecillas, echarlas en un recipiente, y sacudirlo hasta que alguna cayera fuera del recipiente.

Excurso: Requisitos cuestionables.

El discurso de Pedro que resulta en la elección de Matías es sorprendente, pero en cierto modo ilumina lo que ha sucedido repetidamente en la vida de la iglesia. Pedro se muestra conservador, diciendo que, puesto que el Señor originalmente escogió a 12 para seguirlo, ahora también el número de los apóstoles ha de ser 12. No importa que uno de ellos resultó traidor. Tienen que ser 12. Y entonces Pedro establece los requisitos que ha de cumplir la persona elegida para ocupar el lugar dejado vacante por el traidor. Pero ni el propio Pedro cumple los requisitos que él mismo establece. Si de haber estado desde el principio con Jesús se trata, solamente unos pocos de entre los 12 cumplían ese requisito. Si se trata de quienes han estado con Jesús "hasta el día en que de entre nosotros fue recibido arriba", solamente Juan cumplía con ese requisito.

Este es un procedimiento común en toda sociedad humana: quienes en ella están "dentro", por así decir, establecen requisitos para que otros puedan entrar; y frecuentemente, ni ellos mismos cumplen esos requisitos. En muchos de nuestros países, hay colegios de abogados u otras instituciones semejantes que determinan quiénes podrán practicar el derecho ante los tribunales. Frecuentemente esos colegios establecen reglas cada vez más exigentes, no siempre porque quieran mejorar el cuerpo de abogados, sino para evitar la competencia que otros abogados más jóvenes pudieran ofrecer. Lo mismo sucede con otras carreras, así como con clubes sociales y otras instituciones semejantes.

Tristemente, este no es un fenómeno ajeno a la iglesia. Hay congregaciones que se las dan de santas y virtuosas, y entonces, al tiempo que dicen que están evangelizando, no admiten en su seno sino a otras personas tan santas y virtuosas como ellas (supuestamente) son. En cuanto al ministerio ordenado, este tampoco está exento de tales prácticas. Entre el pueblo latino en los Estados Unidos, y entre otras minorías étnicas en toda nuestra América y en el resto del mundo, hay casos frecuentes en los que los miembros de un comité cierran las puertas a una persona que se siente llamada al ministerio diciendo que no cumple los requisitos; en realidad, los obstáculos son otros, y algunos de los mismos miembros de estos comités no cumplen con esos requisitos que, según dicen, quienes pertenecen a la minoría étnica no cumplen. Quizá el hecho de que los discípulos hayan elegido a Matías, pero no sepamos que este haya hecho gran cosa nos sirva de recuerdo y advertencia.

Por otra parte, antes de dejar este tema de la elección de Matías, conviene que lo veamos como un ejemplo de los diversos modos en que podemos interpretar el libro de Hechos. Si entendemos que este libro nos dice lo que los apóstoles hicieron para que lo imitemos al pie de la letra, esto quiere decir que, cuando haya una vacante en un púlpito, en lugar de hacer investigaciones o tener algún comité u otro cuerpo para nombrar al nuevo pastor, sencillamente echemos varios nombres en un sombrero y nombremos al que salga a la suerte. Si, por el contrario, pensamos que ese no es el mejor modo, esto quiere decir que tenemos que interpretar todo el libro de Hechos y lo que nos dice de una manera diferente. El libro no es la historia de las acciones de un grupo de personas infalibles, sino que es también la historia de una iglesia falible como la nuestra, con líderes falibles como los nuestros, pero guiada por el Espíritu Santo. Es la historia de cómo el Espíritu Santo a la vez guía y corrige a la iglesia. Y es una historia que por tanto nos llama a tener siempre a la vez una firme confianza en nuestro Señor y sus promesas, y una clara apertura a la corrección y dirección del Espíritu Santo.

Para pensar, estudiar y discutir: El pasaje que acabamos de estudiar sirve de puente entre el Evangelio de Lucas y el libro de Hechos. ¿Qué indicios de esto ve usted en el pasaje mismo? ¿Habrá temas comunes?

Se ha dicho que en el Evangelio de Lucas el Espíritu actúa a través de Jesús, y que en Hechos Jesús actúa a través del Espíritu. ¿Será esto cierto?

¿Qué le diría usted a alguien que le dijera que, para elegir pastor en su iglesia, deberían hacerlo echando suertes, siguiendo el ejemplo de lo que los apóstoles hicieron?

Vuelva sobre lo que se dijo al final del comentario del Evangelio de Lucas acerca de la ascensión. Note que la ascensión aparece también al principio de Hechos, y que por tanto la base de todo lo que allí acontece es precisamente que Jesucristo reina. Tome nota de esto para tenerlo en cuenta en el resto de nuestro estudio.

II. 2.1-41: EL PENTECOSTÉS.

A. 2.1-13: LA MANIFESTACIÓN DEL ESPÍRITU SANTO.

Los acontecimientos que se narran aquí tienen lugar el día de Pentecostés. La palabra "Pentecostés" quiere decir "quincuagésimo" o "número cincuenta". Era el nombre que los judíos de habla griega le daban a la "fiesta de las Semanas". Se celebraba después de siete semanas (una "semana de semanas" 7 X 7 = 49) a partir de la Pascua. Era originalmente una celebración agrícola, cuando se completaba la cosecha y se hacía un sacrificio simbólico de dos panes hechos con el trigo de la nueva cosecha, así como de ciertos animales que la ley estipulaba (Lv 23.15-21). Tras la destrucción del primer templo, la celebración del Pentecostés entre los judíos se fue transformando poco a poco en una celebración de la entrega de la ley a Moisés en el Sinaí.

Algunos comentaristas han relacionado la dádiva de la ley en la celebración judía del Pentecostés con la dádiva del Espíritu en la fecha de esa celebración. De ser así, la conclusión sería que Lucas está diciendo que, así como Dios dio la antigua ley en el monte Sinaí en Pentecostés, así también dio la nueva ley del Espíritu en Pentecostés. Sin embargo, el hecho es que Lucas no ofrece el menor indicio de tal relación.

> No quiero contradecir a Agustín, quien dice que, de igual modo que la Ley le fue dada al pueblo de antaño cincuenta días tras la Pascua, escrita por la mano de Dios en tablas de piedra, así también el Espíritu, cuya obra es escribir la Ley de Dios en los corazones, vino el mismo número de días después de la resurrección de Cristo, quien es nuestra verdadera Pascua, y quien cumplió lo que se anunció al dar la Ley… Yo prefiero la interpretación más sólida, que el milagro tuvo lugar en ese día de fiesta en el que siempre se reunía en Jerusalén una enorme multitud, para que así tuviera mayor reconocimiento. Y claramente fue por esto que el mensaje se expandió a los lugares más lejanos.
>
> **Juan Calvino**

En todo caso, no hay que ir tan lejos para encontrar la razón por la que Lucas declara que estos acontecimientos tuvieron lugar el día de Pentecostés. Esa fiesta atraía a gran número de peregrinos judíos de todas partes del mundo conocido, que venían a adorar en Jerusalén, y es precisamente la presencia de estas personas de diversos trasfondos lo que provee la oportunidad para el milagro de las lenguas.

En el versículo 1 se dice que estaban "todos unánimes juntos". Este "todos" y la misma palabra en el versículo 4 han de entenderse en el sentido de que no eran solamente los Doce los que estaban presentes, sino también las mujeres y los demás que se indican en 1.13-15. Fue sobre todos estos, y no solamente sobre los Doce, que descendió el Espíritu.

Los versículos 2 y 3 describen dos fenómenos extraordinarios, cuya fuerza sobrecogedora se oculta porque ya se sabe lo que se va a decir en el 4, que todo esto era manifestación del Espíritu Santo. Leído el texto por orden, como quien no sabe lo que viene después, se aprecia algo de la situación dramática que Lucas describe. Los discípulos están reunidos en oración, como al parecer han estado por varios días desde la ascensión del Señor (véase 1.14). La escena, aunque de expectación, es tranquila. *De repente*, sin anuncio alguno, de manera inesperada, vino de lo alto un gran "estruendo como de un viento recio que soplaba, el cual llenó toda la casa donde estaban". El texto no dice que soplara un viento recio, sino que se oyó un estruendo que el autor compara con el sonido del viento, y que ese estruendo llenó la casa. Acto seguido, a lo que se oye se une lo que se ve: "Se les aparecieron lenguas repartidas, como de fuego, asentándose sobre cada uno de ellos". Hasta este punto, no se ha descrito sino una escena que causa espanto.

Es en el versículo 4 que Lucas por fin indica cuál es la causa de lo que está sucediendo: "Todos fueron llenos del Espíritu Santo". A consecuencia de ello, "comenzaron a hablar en otras lenguas". (Nótese el paralelismo entre las "lenguas" de fuego y las "lenguas" en las que hablan los creyentes. En griego, como en castellano, la palabra es la misma. El verbo griego que NVI traduce como "hablar" es *apoftheggomai*, verbo que aparece en el Nuevo Testamento solamente en Hechos (2.4,14; 26.25). Quiere decir hablar en términos solemnes, aunque no necesaria ni normalmente en éxtasis.

Lucas hace entonces un paréntesis en su narración (1.5) para decir que había en Jerusalén judíos de "todas las naciones bajo el cielo". Ese paréntesis es necesario para entender lo que sigue. Lucas, como buen narrador, da la información necesaria y nada más, a fin de no interrumpir su relato. La mayoría de los comentaristas piensa que estos judíos eran en su mayor parte peregrinos que habían venido a Jerusalén para las festividades religiosas. Según algunos cálculos, los que acudían a Jerusalén en tales ocasiones llegaban hasta los cien mil. Además, aunque la mayoría hayan sido peregrinos, también es un hecho que muchos judíos piadosos de la diáspora (es decir, de los que estaban dispersos por otras partes del mundo) iban a Jerusalén a terminar sus días (véase más abajo, el comentario sobre 6.1). En otras palabras, algunos serían visitantes temporales, mientras otros serían residentes permanentes de la ciudad. Esto querría decir por una parte que pronto habría buen número de creyentes entre las personas procedentes de la diáspora, pero residentes en Jerusalén, y por otra parte que aquellos peregrinos que estaban de paso en la ciudad para las fiestas especiales pronto llevarían el mensaje de lo acontecido en Jerusalén al resto del mundo.

Lucas vuelve entonces a su narración diciendo que "al oír este estruendo, se juntó la multitud". Sin aviso, ha cambiado el lugar de la acción, pues antes se trataba de una "casa" y ahora parece que se trata de un lugar más amplio, tal como una plaza frente a la casa. La imagen mental que frecuentemente se presenta es que el "estruendo" que atrae a la multitud es el de los cristianos hablando en diferentes lenguas. Pero es posible que se refiera al estruendo de 2.2. Sea cual fuere el caso, el hecho es que "estaban confusos". Esto es interesante, pues a veces se ha hablado del Pentecostés como lo contrario de la torre de Babel, afirmando que, mientras en Babel se confundieron las lenguas, en Pentecostés se sobrepasó el obstáculo entre las lenguas. Lo cierto es que, según el texto, la primera reacción de la multitud es de confusión, precisamente porque cada uno los escuchaba hablar en su propio idioma. Aquí cabe notar que este fenómeno no es exactamente el mismo de la *glosolalia* que se discute en las epístolas paulinas, pues allí las lenguas no son inteligibles a quienes las escuchan y requieren de alguien que las interprete, mientras que aquí el fenómeno mismo de hablar en lenguas tiene el propósito de comunicar el mensaje, y no hay necesidad de traductores.

La sorpresa de los que escuchan se relaciona con el hecho de que todos los que hablan son "galileos". ¿Qué quiere decir esto? Una posibilidad es que el término "galileo" se emplee aquí como sinónimo de "cristiano". Hay pruebas de que este término se usó así, normalmente en sentido peyorativo, por largo tiempo. De ser así, la pregunta querría decir, "¿no son cristianos todos estos que hablan?". Tal pregunta, sin embargo, no vendría al caso en este contexto, donde los que escuchan no tienen por qué saber que los que hablan son cristianos. Otra posibilidad es que los que escuchan reconocen el acento galileo de los que hablan (como en Mt 26.73). Sin embargo, esto tampoco vendría al caso, visto que los que escuchan oyen hablar a cada uno en su propio idioma. Todo lo que podemos afirmar es que, por cualquier razón que sea, los que escuchan reconocen que los que hablan son galileos, gente despreciada por los judíos más cultos y religiosos de Jerusalén, y que el sentido de la pregunta sea más bien: "¿No son todos estos unos galileos ignorantes y atrasados? ¿Cómo, pues, les oímos hablar cada uno en nuestra lengua?". En otras palabras, lo que les sorprende es que estas personas supuestamente incultas puedan hablar en las lenguas de tantas regiones diferentes.

La lista de las naciones de origen de estos judíos que escuchan y comentan ha sido objeto de mucha discusión entre los eruditos. Los puntos en discusión tienen que ver principalmente con la relación entre esta lista y otras semejantes. Lo que Lucas quiere recalcar es que estas gentes vienen de todo el mundo conocido, incluso de Partia —en buena medida, lo que hoy es Irán—, más allá de los confines del Imperio romano. Los "romanos" que se mencionan en la lista son también judíos, en este caso procedentes de Roma, y no "romanos" en el sentido de gentiles. El texto dice claramente que todos los que participan son judíos, si no de nacimiento, al menos por conversión ("prosélitos" en 2.11).

El tema del que los creyentes hablan es "las maravillas de Dios" (2.11). Lucas no dice más. Dado todo el contexto, y el discurso de Pedro que sigue, es de suponerse que no hablaban específicamente de la muerte y resurrección de Jesús, sino de todo lo que Dios había hecho a través de la historia.

También es interesante notar que los que escuchan, aunque vienen de diferentes regiones y sus lenguas nativas son distintas, sí pueden comunicarse entre sí, aun aparte del milagro pentecostal, preguntándose unos a otros cuál sería el significado de lo que estaban presenciando (2.12).

Hay, sin embargo, otros que se burlan (2.13). Una vez más, al leer este texto se da por sentado lo que el texto no declara. Se piensa que estas gentes se burlan de los cristianos que hablan en lenguas, y que es a ellos a quienes acusan de estar ebrios. Sin embargo, el texto también puede interpretarse de otro modo, que probablemente tenga más sentido. Estos que se burlan son "otros", es decir, no son los que escuchan a los cristianos hablando en sus propias lenguas. Por alguna razón que el texto no aclara, estos "otros" no perciben el milagro. Están presentes con la multitud, pero el milagro les pasa desapercibido. El texto no dice por qué. Una posibilidad es que sean judíos naturales del país, que esperan entender lo que se dice, y que por tanto no se maravillan ante el hecho de que los oyen en su propia lengua, el arameo que se hablaba entonces en la región. Al no percibir el milagro, se burlan. ¿De quién se burlan? ¿Únicamente de los que hablan? ¿O de los que escuchan y se muestran maravillados? Posiblemente de ambos. Puesto que no ven el milagro, deciden que todos los que están involucrados en él, tanto los que hablan como los que escuchan atónitos, "están borrachos".

Excurso: Otra instancia del "gran vuelco".

En la Introducción hablamos acerca del "gran vuelco" que parece ser parte esencial del mensaje y la teología de Lucas. Las instancias más claras de ese vuelco se manifiestan con palabras tales como "los primeros serán postreros". Pero también, al comentar sobre el Evangelio de Lucas, vimos que ese vuelco aparece repetidamente en otras instancias. Para comprobarlo basta el ejemplo de la parábola del rico y Lázaro, en la que hay un vuelco sorprendente entre los destinos del rico, que ofrecía repetidos banquetes opulentos, y de Lázaro, que hambreaba y mendigaba a sus puertas. Una vez que hemos entendido este principio o tema general en la obra lucana, podemos verlo en repetidas instancias quizá más sutiles.

Esto viene al caso en la cuestión de quiénes eran los que se burlaban en el día de Pentecostés. Es difícil creer que un parto o un elamita, al escuchar a aquellos galileos supuestamente incultos hablar en sus idiomas se burlaran de ellos. Pero sí es muy fácil pensar que un judío de Jerusalén, cuya experiencia era constantemente oír su propio idioma, y quien hasta posiblemente había escuchado ya lo que había acontecido poco antes en torno al juicio y crucifixión de Jesús, no viera nada de extraordinario. Para tal persona, lo que sería extraordinario y hasta motivo de burla sería ver a tantas personas sorprendidas y hasta anonadadas sin saber el motivo de su sorpresa. Traigamos esto al día de hoy para entenderlo mejor. Supongamos que un buen día en medio de la ciudad de Milán, un grupo de personas andrajosas y aparentemente incultas están anunciando algo en voz alta. De momento en medio de la multitud que se amontona, un español, un maya, un quechua, un mongol, un nigeriano y un japonés se sorprenden porque entienden lo que se está diciendo. Con el poco italiano que cada uno de ellos sabe empiezan a comentar entre sí acerca de este inexplicable acontecimiento. Pero en torno a ellos hay otro grupo de italianos que están acostumbrados a entender todo lo que se dice en las plazas de Milán, y que por tanto no ven por qué aquellos otros se sorprenden. Para ellos, la sorpresa de estos otros (mayormente extranjeros) resulta motivo de burla —pues frecuentemente nos burlamos de lo que no entendemos. Luego, lo que acontece es que quienes esperaban entender no entienden precisamente porque esperaban entender. Para usar el vocabulario de Lucas, bien podemos decir que los que estaban dentro o creían estar dentro quedan fuera. El gran vuelco tiene lugar precisamente en que estos supuestamente bien informados milaneses resultan ahora quedar fuera de un acontecimiento importante que está teniendo lugar en su propia ciudad, mientras los extranjeros lo entienden y participan de él.

Excurso: Las lenguas y la autoridad.

Todo esto nos lleva a otra consideración que es de suma importancia. Si el propósito del Espíritu Santo era que todos entendieran el mensaje que proclamaban los discípulos, el Espíritu tenía dos opciones. Una de ellas sería hacer que todos entendieran la lengua de los discípulos, es decir, el arameo. La otra sería hacer que cada cual entendiera en su propia lengua. En términos de comunicación, ambos métodos hubieran sido igualmente eficaces, y el milagro no sería menos sorprendente. Pero sí habría una diferencia importante en cuanto a las consecuencias últimas de esta manifestación del Espíritu.

Si, por una parte, el Espíritu hubiera hecho que todos entendieran la lengua de los apóstoles, esto querría decir que a partir de entonces el mensaje cristiano debería proclamarse esencialmente en esa misma lengua. Y puesto que la lengua implica también la cultura, esto hubiera querido decir que el lugar propio para entender mejor el mensaje sería dentro de la cultura de los discípulos. En consecuencia, en términos de autoridad, la iglesia debería siempre estar dirigida por quienes hablaban la lengua de los primeros discípulos y podían repetir el mensaje en esa lengua de tal manera que otros pudieran entenderlo.

Si, por otra parte, tomamos en cuenta lo que el Espíritu hizo, vemos consecuencias completamente diferentes. Un parto o un elamita que escucharon el mensaje en su propia lengua tienen ahora autoridad para regresar a Partia o a Elam y allí proclamar el mensaje con una autoridad igual a la de los primeros discípulos que lo escucharon y entendieron en arameo. Su autoridad no depende de entender el arameo, o de participar de la cultura de los primeros discípulos. No tienen que hablar como ellos, y por tanto tampoco tienen que vestir como ellos. Al contrario, su tarea será más bien asegurarse de que lo que entendieron allá en Jerusalén en su propia lengua se pronuncie y manifieste ahora en Partia y en Elam en las lenguas, culturas y tradiciones de esos países.

> Este es el Espíritu que, como Lucas cuenta, descendió sobre todos los discípulos el día de Pentecostés, después de la Ascensión del Señor. Es el Espíritu que tiene potestad de darles entrada a la vida a todas las naciones, y tiene también autoridad para establecer un nuevo pacto. Por eso en aquel momento todos a una voz y en todas las lenguas elevaron a Dios la misma alabanza. Así el Espíritu traía a las tribus más lejanas a la unidad, y le ofrecía al Padre las primicias de todas las naciones. Porque el Señor había prometido enviar al Consolador, quien nos uniría con Dios. No es posible crear una masa de harina con solo trigo seco y sin agua; y un pan no puede tener unidad, ni podríamos tenerla nosotros, sin haber recibido el agua del cielo que nos hace uno en Jesucristo. De igual manera que la tierra seca no produce nada sin humedad, así tampoco nosotros, quienes no éramos sino un árbol seco, hubiéramos podido producir fruto sin esta copiosa lluvia de lo alto. Nuestros cuerpos han recibido unidad entre ellos gracias al lavacro que lleva a la incorrupción. Pero nuestras almas se unen gracias al Espíritu.
>
> **Ireneo, *Contra las herejías* (3.17.2)**

Podemos decir eso de otra manera: el primer traductor del mensaje cristiano, quien primero empezó a adaptarlo a otras lenguas y culturas, ¡es nada menos que el Espíritu Santo! Esto lo vemos en nuestra vida cotidiana como creyentes en Jesucristo. La Biblia que la inmensa mayoría de los creyentes de habla hispana emplea en sus devociones y en su predicación no es la Biblia en sus lenguas originales, sino más bien una o varias traducciones. Cuando llevo la Biblia en la mano, aunque esté en castellano, no digo que sea una traducción de la Biblia, sino que es la Biblia misma. Ciertamente, hay casos en los que, para entender mejor el texto traducido, o para corregir alguna traducción, es necesario regresar a las lenguas originales. Pero así y todo la Biblia traducida sigue siendo Palabra de Dios que le habla al pueblo de Dios en multitud de lenguas, así como el Espíritu Santo hizo que los primeros cristianos escucharan el mensaje en diversas lenguas.

Pero hay más. Cuando el Espíritu Santo, derramado sobre los discípulos, hace que quienes escuchen los oigan en diversas lenguas, lo que acontece es que esos mismos discípulos, bendecidos por el poder del Espíritu Santo, les dan ese mismo poder a quienes los escuchan. Un discípulo galileo que ha estado con Jesús a través de todo su ministerio, y que ahora, por obra del Espíritu Santo, logra que un capadocio escuche y entienda el mensaje, está usando el poder que tiene en virtud del Espíritu Santo para compartirlo con el capadocio. En una palabra, cuando el Espíritu Santo se derrama sobre una persona, no lo hace ante todo para darle a esa persona un poder o una autoridad sobre el resto de la iglesia, sino que lo hace más bien para darle el poder de compartir su autoridad con otras personas. Si alguien dice que tiene el poder del Espíritu Santo y en lugar de compartirlo lo utiliza para aumentar y afirmar su autoridad sobre otras personas, el espíritu que tiene es muy diferente del que se manifiesta en el libro de Hechos. Lo que es más, todo el libro de Hechos es la historia de cómo ese poder va pasando de mano en mano. Al principio se habla de los apóstoles. Pero ya en el capítulo seis los personajes principales no son los apóstoles, sino otros: primero Esteban y Felipe, y después Pablo. Todos ellos pudieron hacer lo que hicieron gracias a que, aunque no se contaran entre los 12 apóstoles, pudieron ser tan llenos del Espíritu Santo como cualquiera de los apóstoles.

B. 2.14-41: EXPLICACIÓN Y RESPUESTA.

1. 2.14-36: El discurso de Pedro.

Es en respuesta a la acusación de embriaguez que Pedro pronuncia su discurso. Sobre los discursos en Hechos y especialmente los llamados discursos "kerigmáticos" —es decir, los que van dirigidos a la proclamación del evangelio— se ha discutido mucho. Buena parte de la discusión ha girado alrededor de la tesis de C. H. Dodd: que los discursos en Hechos nos sirven para reconstruir el bosquejo de la predicación apostólica, y que hay ciertos elementos constantes en ese bosquejo. Sin embargo, en fecha más reciente, los eruditos han llegado a la conclusión de que Lucas tiene su propia teología y emplea los discursos como modo de presentarla. Esto no quiere decir, sin embargo, que Lucas haya inventado sus discursos, sino que ha empleado materiales antiguos, que de algún modo le han llegado a través de la tradición de la iglesia, y con ellos ha compuesto sus discursos. Al mismo tiempo, el propio Lucas parece estar consciente del desarrollo del pensamiento cristiano desde los orígenes hasta sus días, y trata de ser fiel a ese desarrollo. Entonces, en los discursos de Hechos se encuentra una combinación de materiales antiguos con la propia teología de Lucas, y con el esfuerzo de Lucas por ser fiel al desarrollo histórico tal como él lo entiende.

El modo y la medida en que estos diversos elementos se combinan varía de discurso en discurso. Esto puede verse particularmente en el contraste entre el discurso de Pedro que ahora estudiamos y el que aparece en Hechos 3. El sermón de Pentecostés tiene todas las características de un discurso compuesto por Lucas, un resumen de los puntos esenciales de su teología, aunque con elementos de origen petrino. El del capítulo siguiente, por otra parte, tiene un indudable sello arcaico, y posiblemente se acerque mucho más a la primitiva predicación de la iglesia.

La razón de esto es que la cita de Joel en Hechos 2, y el sermón de Pedro que sigue, tienen en Hechos una función paralela a la que tienen en el cuarto capítulo del Evangelio de Lucas la cita de Isaías y el sermón de Jesús que sigue. En ambos casos, Lucas nos ofrece un texto bíblico que sirve de resumen o de anuncio de lo que ha de seguir. Entonces, el sermón de Hechos 2 lleva bien marcado el sello de Lucas el teólogo, mientras que en el discurso de Hechos 3, Lucas el historiador nos ofrece materiales de sabor más antiguo.

Volviendo entonces al discurso de Pedro tal como aparece en Hechos 2, la palabra que se traduce como "poniéndose en pie" normalmente se emplea para un orador que se dispone a hacer un discurso. El verbo "diciendo" es el mismo verbo griego al que nos hemos referido en 2.4. Las palabras con las que Pedro empieza su sermón también se ajustan al principio de una pieza de oratoria. Entonces, la imagen que Lucas quiere presentar es la de un discurso formal.

Este discurso se divide en tres partes, cada una de las cuales comienza con un llamado a la audiencia: "Varones judíos" (2.14), "varones israelitas" (2.22), "varones hermanos" (2.29). Cada una de las tres porciones gira alrededor de citas bíblicas, la primera de Joel y las otras de los Salmos.

En la primera sección de su discurso, Pedro responde al comentario de que quienes participan del milagro están ebrios diciendo sencillamente que son las nueve de la mañana o "la hora tercera del día". Algunos comentaristas han querido relacionar esto con las horas de oración de los judíos o con otras prácticas parecidas. Pero lo más probable es que Pedro no le esté prestando mucha importancia al comentario sobre la embriaguez, por lo que sencillamente dice que es demasiado temprano para estar borracho.

Sigue entonces la interpretación de Pedro de lo que está ocurriendo. Como en todos estos discursos en Hechos, lo que Lucas nos ofrece aquí es un resumen que va dirigido a la vez a las personas a quienes Pedro habla en el pasado, y a "Teófilo" y los demás lectores del propio Lucas. Esto produce ciertos anacronismos, de los cuales el más importante es que los textos bíblicos que Lucas pone en labios de Pedro son tomados no del texto hebreo o de alguna traducción aramea, sino de la Septuaginta (la versión griega a la que ya hemos hecho referencia). Citando esa versión, Pedro explica que lo que está teniendo lugar es el cumplimiento de la profecía de Joel ("esto es lo dicho por el profeta Joel").

La profecía se refiere a "los postreros días", es decir, a la venida del reino. Esto es de suma importancia para entender todo el mensaje, no solo del discurso de Pedro, sino del libro mismo de Hechos. Lo que está aconteciendo aquí es que el reino se va abriendo camino. Estamos "en los postreros días". No importa cuán largos sean esos postreros días (ya lo dijo Jesús: "No os toca a vosotros saber los tiempos o las ocasiones", 1.7). El hecho es que, con la muerte y resurrección de Jesús, y con la dádiva del Espíritu, el reino se ha inaugurado. Lo que falta ahora es el cumplimiento final, cuando estos "últimos días" lleguen a su término.

La obra del Espíritu en estos "últimos días", según la describe el texto que Pedro cita, podría describirse como "niveladora" (2.17-18) y como "catastrófica" (2.19-20). Es "niveladora" porque el Espíritu se derramará sobre "toda carne" (es decir, no será prerrogativa exclusiva de los profetas o los sacerdotes): incluye también a los hijos y las hijas, los jóvenes y los ancianos, los siervos y las siervas. Es "catastrófica" porque habrá prodigios en el cielo y señales en la tierra, el sol se convertirá en tinieblas, etc. Y el final de todo esto será "el día del Señor, grande y glorioso". Ese día, como en toda la tradición profética, produce peligro y temor, y por tanto es necesaria la palabra final de esperanza e invitación: "Todo aquel que invoque el nombre del Señor, será salvo".

Quizá sea bueno insistir en que esta cita de Joel es de suma importancia para todo el libro de Hechos, donde juega un papel semejante al que juega en Lucas la cita de Isaías en Lucas 4. En el tercer Evangelio, aquella cita resume el carácter del ministerio de Jesús. Aquí, la cita de Joel resume el carácter de la obra del Espíritu. En cierto modo, todo lo que sigue es desdoblamiento de lo que ya estaba implícito en la cita de Joel.

En 2.22, "como vosotros mismos sabéis", Pedro parece indicar que los que lo escuchan, aunque sean peregrinos en Jerusalén, saben lo que ha sucedido en los últimos meses. Las otras citas bíblicas que Pedro aduce son tomadas de los Salmos. Ya en tiempos de Jesús, algunos exégetas judíos acostumbraban interpretar en términos mesiánicos los Salmos que originalmente se referían a los reyes. Esto es lo que aquí hace Pedro, cosa que parece haber sido práctica general de la iglesia primitiva, como puede verse en el uso repetido de un texto tal como el Salmo 110.1 (aparte del discurso de Pedro en 2.34-35, en Mt 22.43-45; Mr 12.36-37; Lc 20.42-44; 1 Co 15.25; He 1.13, 10.13, y muchas otras posibles alusiones). Por último, nótese que en 2.32, cuando Pedro dice "de lo cual todos nosotros somos *testigos*", se hace alusión al modo en que lo que está teniendo lugar es cumplimiento de la promesa de Jesús en 1.8. Jesús les prometió que, por el poder del Espíritu Santo, serían testigos; ahora, al momento mismo de haber recibido ese poder, ya son testigos.

2. *2.37-41: La respuesta de la multitud.*

Lucas continúa relatando que los que oyeron "se compungieron de corazón". La palabra griega que aquí se emplea indica un dolor profundo, y la traducción de la Nueva Biblia Española es más literal, al decir que las palabras de Pedro "les traspasaron el corazón". El modo en que se dirigieron a los apóstoles, llamándoles "hermanos" —no ya "estos galileos"—, indica su actitud favorable. La respuesta de Pedro incluye una invitación y una promesa. La invitación es al arrepentimiento y al bautismo. Aunque esto no resulta claro en la RVR, en el texto griego, "cada uno de vosotros" se aplica tanto al arrepentimiento como al bautismo. Luego, ambos términos de la invitación están en singular: cada uno ha de arrepentirse y bautizarse. La promesa también tiene dos elementos: el perdón de los pecados y el don del Espíritu Santo. Por otra parte, la promesa de ese don sí está en plural: "Recibiréis".

El versículo 39 ayuda a borrar algo de la impresión antijudía que puede haber dejado el discurso de Pedro. Pedro los acusa, sí, de ser cómplices en la muerte del Señor; pero acto seguido, les recuerda que ellos son herederos especiales de la promesa. La frase "para todos los que están lejos" no ha de entenderse, como es el caso en Efesios, como refiriéndose a los gentiles. Al contrario, en toda la narración de Hechos, Lucas muestra claramente que hay un progreso en el entendimiento de los apóstoles en cuanto a la amplitud de la promesa. El punto de conversión para Pedro en ese sentido aparecerá en el capítulo 10. Por tanto, en este pasaje, Pedro se está refiriendo más bien a los judíos de todo el orbe —de la diáspora— que son, a fin de cuentas, los que están representados entre quienes lo escuchan.

El versículo 40 ha sido introducido por Lucas para darnos a entender que el discurso de Pedro que nos ha dado no es sino un resumen de todo lo que dijo y enseñó.

Por último, en el versículo 41 llegamos al resultado del discurso y la invitación de Pedro: unas tres mil personas son bautizadas. De acuerdo con lo que Pedro les prometió en 2.38, es de suponerse que también recibieron el don del Espíritu Santo, aunque no se nos dice que ese don fuera acompañado de señales extraordinarias tales como el hablar en lenguas. Por lo general, en el libro de Hechos el bautismo y el don del Espíritu Santo van de la mano, aunque hay excepciones, que veremos más adelante (8.16, 10.44, 19.2-6).

Excurso: La vida en los postreros tiempos.

De todo este pasaje se deduce que Pedro y sus contemporáneos estaban convencidos de que vivían "en los últimos tiempos". ¿Quiere esto decir que se equivocaron? ¿O será más bien que, a partir de los acontecimientos que se narran en el Evangelio de Lucas, vivimos todos "en los postreros tiempos"? Ciertamente, puesto que no les tocaba ni a Pedro ni nos toca a nosotros saber los tiempos o las ocasiones que el Padre puso en su sola potestad, no podemos decir que Pedro se equivocó, ni tampoco que erremos nosotros hoy si continuamos diciendo que estamos en "los últimos tiempos". Quizá lo mejor sería decir que en virtud de la obra de Jesucristo vivimos ya con un pie en el reino de Dios y otro en los reinos humanos y pasajeros. Somos como aquel presunto visitante nórdico a las islas del Caribe, que conocería unos mundos distintos y estaría ahora viviendo en aquella isla, tratando de explicarles a sus habitantes las realidades de sus tierras de origen. Tal persona viviría, por así decirlo, con un pie en el Caribe y otro en otras latitudes. De igual manera, nosotros vivimos con un pie en el reino de Dios y otro en el reino presente.

Participamos de dos órdenes y reinos diferentes. En uno de esos órdenes, los primeros siguen siendo primeros; en el otro, los postreros son primeros. En uno de esos órdenes, el rico celebra festines; en el otro, Lázaro recibe su recompensa. En uno de esos órdenes, "los reyes de las naciones se enseñorean de ellas, y los que sobre ellas tienen autoridad son llamados bienhechores"; en el otro, "no así vosotros, sino que el mayor entre vosotros sea como el más joven, y el que dirige como el que sirve" (Lc 22.25-26).

Esto lo expresó con toda claridad el autor anónimo del *Discurso a Diogneto*, en tiempos en que el Imperio romano perseguía a los cristianos. Describiendo la vida y condición de los creyentes, este documento dice:

> Viven en sus propias tierras, pero como extranjeros. Contribuyen a todo lo que sucede como ciudadanos, pero al mismo tiempo lo soportan todo como extranjeros. Toda la tierra es para ellos como su patria, y cualquier patria les es tierra extraña… Están en la carne, pero no siguen los designios de la carne. Viven en la tierra, pero son ciudadanos del cielo. (*Discurso a Diogneto*, 5.5-9)

Pero no se trata únicamente de aquellos antiguos tiempos de persecución. Este "vivir entre los tiempos", o ser ciudadanos de dos reinos, es parte de la condición de todo creyente desde el día de la resurrección hasta el día de la consumación final. Vivimos todos en esos dos reinos a los que nos hemos referido, con un pie en uno y otro pie en el otro. Nuestra ciudadanía terrena no es un orden totalmente corrompido que sea necesario abandonar radicalmente. Gracias a esa ciudadanía y a su orden político tenemos leyes de tránsito que nos ayudan a movernos de un lugar a otro y al mismo tiempo evitar accidentes y muertes. Tenemos que obedecer tales leyes, sin las cuales nuestra sociedad sería un caos. Somos ciudadanos de este reino en el que se proclaman y siguen leyes y reglas tales como las que se refieren al tránsito. Somos ciudadanos de un reino en el que el comercio es necesario, pues de otro modo quien produce frijoles no tendría jabón; y quien produce jabón no tendría frijoles. No digamos por tanto que el presente orden es totalmente malo y corrupto. Es un orden necesario, que sin embargo ha sido corrompido por el pecado. El mismo orden que produce las muy necesarias reglas de tránsito también construye carreteras cuyo propósito final es darles mayores ventajas a los ya aventajados, y al mismo tiempo reclama que no hay fondos para construir carreteras que ayuden a los pobres a tener mayor acceso a los mercados. En muchos de nuestros países, el mismo orden que establece un sistema de policía para evitar el crimen usa a esa misma policía para oprimir y explotar a los indefensos. Ese es uno de los reinos en los que vivimos, necesario, pero corrompido.

Pero no basta con ser ciudadanos de ese reino. Somos también ciudadanos del reino venidero, del reino de Dios, inaugurado en la obra de Cristo y que se consumará también por obra suya. Es un reino cuyos principios constitutivos son el amor, la paz y la justicia. Nuestra ciudadanía en ese reino de Dios bien puede entrar en conflicto con nuestra ciudadanía terrena. Bien puede ser que nos topemos con leyes injustas, o con una aplicación injusta de leyes que en teoría son justas. En tales casos, es muy fácil ceder a las presiones del reino presente y dejar a un lado los reclamos del venidero. Pero estos reclamos exigen nuestra fidelidad última. Las leyes y prácticas del reino presente han de seguirse siempre que no choquen con las leyes y esperanzas del orden venidero.

Hay muchos ejemplos que pueden citarse para ilustrar esto. En tiempos antiguos en el Imperio romano, y en tiempos presentes en muchas otras tierras, los cristianos entregaron y siguen entregando sus vidas para ser obedientes a ese reino venidero. En el siglo pasado, Martin Luther King y sus miles de seguidores tomaron la difícil decisión de desobedecer leyes que establecían la segregación racial, y por ello pagaron un alto precio. En el siglo presente, hay todavía regiones en las que los creyentes que insisten en las demandas de su fe, o que por razón de esas demandas se dedican a la defensa de los oprimidos, pagan también un alto precio.

Pero hay también ejemplos bíblicos de esa tensión entre los dos reinos. Tomemos el caso de Pablo y el esclavo Onésimo. Pablo les escribió a los gálatas: "Ya no hay judío ni griego; no hay esclavo ni libre; no hay hombre ni mujer, porque todos vosotros sois uno en Cristo Jesús" (Gl 3.28). Pero en sus prisiones se encontró con el esclavo Onésimo, fugitivo de su amo Filemón, quien vivía en la ciudad de Colosas. La condición de un esclavo fugitivo era siempre precaria, y los castigos que sufriría si fuera descubierto serían extremadamente crueles. Por otra parte, la ley estipulaba condiciones difíciles para la emancipación de un esclavo. Pablo le escribe entonces a Filemón, y le envía la carta nada menos que por mano de Onésimo. En otras palabras, a pesar de haber dicho que en Cristo no hay esclavo ni libre, ahora se sujeta a las leyes enviando a Onésimo de regreso a su amo. Esto bien puede escandalizarnos. Pero lo que frecuentemente no vemos es que, en esa misma epístola, Pablo le dice a Filemón que reciba a Onésimo "no ya como esclavo, sino como más que esclavo, como hermano amado" (v. 16). ¿Qué está haciendo Pablo? A primera vista, parece estar sencillamente sometiéndose a las leyes del reino presente. Pero lo que en realidad está haciendo es subvertir la injusticia de esas leyes mediante una justicia superior. Las leyes hacían que fuera difícil que Filemón emancipara a Onésimo. Pero lo que Pablo le dice es que, no importa lo que las leyes digan, Onésimo es ahora su hermano, y ha de tratarle como tal. Esto es lo que significa vivir entre los tiempos, o ser ciudadanos de dos reinos. Significa respetar las leyes del reino presente siempre que no entren en contradicción con las del venidero, pero siempre practicando una fidelidad última a las leyes y promesas del reino celestial.

Esa vida entre dos reinos es también una realidad en casos aparentemente menos dramáticos, pero igualmente importantes. Si Pedro me ofende, según las prácticas sociales del reino presente, tengo razón para ofenderlo y odiarlo. Pero según las demandas del reino venidero, tengo la obligación de perdonarlo. Si tengo dinero que manejar, según las normas del reino presente, puedo usarlo como mejor me parezca, según mi gusto y provecho. Pero sobre la base del reino venidero al que ya pertenezco, sé que soy mayordomo de lo que tengo, administrador de lo ajeno, administrador de lo que en realidad es de Dios. Si en el reino presente se proponen leyes que son para mi provecho, pero les harán daño a los menos privilegiados, como ciudadano del reino de Dios tengo que oponerme a esas leyes, aun en perjuicio propio.

Un buen modo de entender lo que esto significa es imaginarnos una parada que marcha al son de una banda, todos caminando al mismo ritmo. En medio de esa parada va un joven con unos audífonos que le hacen oír otra música. Él también marcha al ritmo de la música; pero, como su música es otra, marcha a otro ritmo. Va caminando en la misma dirección, como parte de la parada. Pero hay también otra voz que le hace marchar a un ritmo diferente. Vive, por así decirlo, entre dos realidades. Por un lado, está la realidad de la parada con su música. Por el otro, está la música secreta que escucha. Es parte de la primera realidad, puesto que camina junto a la parada. Pero es también parte de otra realidad que le hace marchar a un ritmo diferente. En tal parada, muchos le criticarán. Pero también encontrará otros que, como él, llevan sus audífonos y escuchan la misma música celestial que él oye. Estos otros también marcharán al mismo ritmo secreto. En cierto modo, eso es la iglesia: el conjunto de quienes somos parte de la parada de este reino, pero buscamos marchar al son de la música de amor, paz y justicia que son parte del reino venidero que ya está presente entre nosotros.

Para pensar, estudiar y discutir: Es muy fácil leer esta historia y no darnos cuenta de lo sobrecogedora que sería la experiencia que aquí se cuenta. Imagine que usted no ha leído la historia y colóquese al principio de ella. ¿Qué pensaría usted al oír el estruendo y ver las llamas? ¿No habría ante todo una respuesta de terror? ¿Qué nos dice esto acerca del derramamiento del Espíritu Santo?

En esta historia (y repetidamente en los Evangelios), el título de "galileo" tiene un tono despectivo. Se trata de judíos de segunda clase. ¿A quiénes en nuestra propia comunidad o cercanía se les da hoy algún título semejante? ¿Quiénes son los despreciados a nuestro alrededor?

Trate de imaginar la forma que la iglesia habría tomado si el Espíritu Santo, en lugar de hacer que cada cual entendiera en su propia lengua, hubiera hecho que todos entendieran el arameo de los primeros discípulos. ¿Sería igual la iglesia hoy?

¿Quiénes recibieron el Espíritu Santo aquel día de Pentecostés? ¿Fueron solamente los apóstoles? ¿Qué nos dice el discurso de Pedro al respecto?

III. 2.42–8.3: LA IGLESIA EN JERUSALÉN.

Siguiendo el bosquejo de Hechos, pasamos ahora a considerar el modo en que, por el poder del Espíritu, los discípulos son testigos de Jesús en Jerusalén. Durante poco más de cinco capítulos se ofrecerán descripciones de la vida de esa iglesia y se contarán incidentes de esa vida. Después, será poco lo que se dirá sobre la iglesia de Jerusalén. Si Hechos fuera una historia de la iglesia, o una historia de los apóstoles, uno podría quejarse de que Lucas deja al lector "en el aire", sin contar más del curso posterior de aquella iglesia o de la vida de varios de sus líderes. Pero, como se vio, el propósito de este libro no es contar toda la historia de la iglesia, sino mostrar cómo, por el poder del Espíritu Santo, la iglesia va descubriendo y redescubriendo su misión. Por tanto, cuando la línea de choque de esa misión deje de ser Jerusalén, la iglesia en esa ciudad pasará a segundo plano en la narración.

A. 2.42-47: UN RESUMEN.

Diseminados por el libro se encuentran varios "resúmenes" o sumarios que han suscitado discusión entre los eruditos (aparte de este, los más extensos son 4.32-35 y 5.12-16; pero hay muchos otros más breves: 6.7, 9.31, 19.20, 28.31, etc.). Buena parte de esa discusión tiene que ver con las fuentes que Lucas emplea para esos resúmenes y no afecta en gran modo la interpretación de los textos en nuestra situación. En cuanto a la función de esos resúmenes, debería resultar clara: Lucas busca un equilibrio entre la narración de incidentes particulares y la declaración más generalizada de lo que está sucediendo.

Quien escribe este comentario ha tenido el gozo y el privilegio de escribir varios libros de carácter histórico —algunos de ellos publicados por esta misma editorial. En el proceso de esa escritura, me he visto repetidamente en la necesidad de resumir algún tema por razones muy semejantes a las de Lucas aquí. Escribiendo, por ejemplo, la *Historia del pensamiento cristiano*, inmediatamente resulta obvio que es imposible decir todo lo que todos los cristianos creyeron y escribieron en siglos pasados; es más, sobre cualquiera de nuestros antepasados en la fe y en el pensamiento teórico se podrían escribir al menos docenas de libros. Luego, al escribir aquella historia tuve que decidir cuáles serían los puntos y personajes sobresalientes, y entonces, con unas breves palabras, explicar que esos personajes eran solamente ejemplos de muchos otros.

Pero no hace falta ser escritor para percatarse de esa necesidad de hacer resúmenes ni de que el resumen que hagamos dependerá de las condiciones en las que estemos y los propósitos que tengamos. Si hoy usted va a ver a un médico ortopédico porque le duelen las rodillas y el médico le pregunta lo que usted hizo ayer, usted no empezará hablando acerca de lo que comió, con quien conversó y lo que dijeron en esa conversación. Usted selecciona de entre todas sus actividades de ayer aquellas que se relacionan con la razón de su visita al médico. Si entonces usted sabe de la consulta y se encuentra con un amigo que le pregunta qué hizo ayer, usted quizá le diga algo acerca del dolor en las rodillas, pero también le contará de una conversación que tuvo con un amigo mutuo. Luego, al contar la historia del día de ayer, usted por una parte la resume y por otra escoge aquellos elementos de esa historia que son pertinentes para la situación en la cual usted se encuentra.

Eso es lo que hace Lucas. No tiene que contar lo que hizo cada cual cada día —el contenido de sus oraciones, a qué hora se reunían, lo que comían, etc. Le interesa sencillamente destacar los elementos más importantes en la vida de la iglesia primitiva que también serán pertinentes para sus lectores. Luego, los resúmenes que a primera vista parecen ser de poca importancia nos ayudan a tener una visión general de la vida de la iglesia en sus primeros tiempos, siempre vista a través del propósito de Lucas de subrayar la obra del Espíritu Santo en aquella iglesia.

En el primero de sus resúmenes, Lucas nos describe la vida cotidiana de los primeros cristianos. El tema que aquí se destaca es la perseverancia, tema de especial importancia para la iglesia en el tiempo en que Lucas escribió, cuando se empezaban a entrever las grandes dificultades que los cristianos tendrían que enfrentar en su relación con la sociedad de su tiempo. En el versículo 42, se dice que "perseveraban" en cuatro cosas: 1) la doctrina de los apóstoles; 2) la comunión unos con otros; 3) el partimiento del pan; 4) las oraciones. En cierto modo, esas cuatro cosas son el bosquejo del resto del resumen.

1) Perseverar en la "doctrina" de los apóstoles no quiere decir sencillamente que fueran ortodoxos, que no se desviaran de las enseñanzas de los apóstoles. Quiere decir que perseveraban en la práctica de aprender de los apóstoles; que eran asiduos estudiantes o discípulos bajo los apóstoles. Además, esa doctrina apostólica no consistiría en meras lecciones verbales, pues en el versículo 43 se nos dice que los apóstoles seguían haciendo "muchas maravillas y señales". Para entender a cabalidad lo que es la "doctrina de los apóstoles", hay que recordar que "apóstol" quiere decir "enviado", y que por tanto la doctrina "apostólica" es, por definición, doctrina misionera, doctrina abierta y flexible dirigida hacia la misión. Es de suponerse, sin embargo, que buena parte del contenido de la enseñanza apostólica era la narración y repetición de los hechos y dichos de Jesús, a quien los nuevos conversos no habían podido escuchar personalmente.

2) La "comunión" merece discusión aparte. La palabra griega que se traduce así es *koinônia*. Hay pocas palabras griegas de uso más frecuente entre los cristianos hoy que *koinônia*. En algunos círculos, todos se precian de saber lo que quiere decir *koinônia*; según se afirma, quiere decir "compañerismo". Sin embargo, esa es una interpretación harto parcial e incompleta del sentido de esa

palabra. *Koinônia*, en su uso corriente en la vida cotidiana de la sociedad de ese tiempo, no quería decir solamente el sentido de fraternidad o de solicitud entre compañeros. Quería decir también "sociedad", "corporación" o "compañía", en un sentido semejante al que empleamos hoy al decir que Pedro y Juan son dueños de una "compañía", que son "socios" o que tienen una "corporación". La *koinônia* es compañerismo, sí; pero también es solidaridad y compartimiento de sentimientos, de bienes y de acciones. Tenemos un ejemplo de esto en Lucas 5.13, donde nuestras traducciones dicen que Jacobo y Juan eran "compañeros" de Simón, el texto griego dice que eran *koinônoi*, es decir, tenían una *koinônia* con él. Allí, lo que se entiende es que eran juntamente dueños de la barca.

En vista de esto, los versículos 44 y 45 son una explicación de esta "comunión". La "comunión" consistía precisamente en que "tenían en común [*koina*] todas las cosas". Esto no quiere decir, como a veces suponemos, que sencillamente juntaran todos sus recursos en un fondo común, de tal modo que ya nadie tenía nada. Los verbos en el versículo 45 están en pretérito imperfecto, como bien los traduce la RVR: "Vendían" y "repartían". Lo que esto indica es una acción continuada. No "vendieron" y "repartieron", sino que iban vendiendo y compartiendo, como el texto mismo lo dice, cuando se iba haciendo necesario: "Según la necesidad de cada uno". Sobre esto volveremos al tratar sobre el próximo de los "resúmenes" de Hechos (4.32-35) y sobre el episodio de Ananías y Safira (4.36-5.11), donde se trata sobre este tema de las propiedades y su uso con más detenimiento.

> Es necesario entender este pasaje correctamente, puesto que hay espíritus fanáticos que proponen una *koinônia* en la que se destruye todo el orden civil... Tenemos que cuidarnos de no caer en ninguno de los dos extremos. Algunos fundamentándose en el orden civil esconden lo que tienen y de ese modo roban a los pobres, pensando que lo que hacen es muy justo si se limitan a no tomar lo que no les pertenece. Otros se dejan llevar por el error opuesto, proponiendo que todo lo que todos tienen se junte. Pero, ¿qué es lo que Lucas dice? Ciertamente señala un orden diferente al hablar del modo en que se hacía la distribución. Si alguien propone hacer de la propiedad común una práctica obligatoria, debe tomar nota de que aquí lo importante no es eso, sino más bien guardar los intereses de los pobres, de modo que los necesitados tengan lo que necesitan.
>
> **Juan Calvino**

3) El "partimiento del pan" no quiere decir sencillamente comer juntos. Se refiere a la comunión o cena del Señor, que desde el principio y por largos siglos fue el centro del culto cristiano. Es por esto que en el versículo 46, donde Lucas

vuelve sobre este tema, se le une a la asistencia al templo. Según ese versículo, los cristianos perseveraban tanto en la asistencia al templo (su culto como judíos, algo que todos ellos eran) como en el partimiento del pan (el nuevo culto cristiano que iba surgiendo). En ese mismo versículo, es de notarse que ese partimiento del pan se hacía "con alegría". En sus orígenes, la eucaristía o cena del Señor era una celebración, pues lo que se recordaba no era solamente la muerte de Jesús, sino también y sobre todo su resurrección y su futuro regreso en gloria. Fue después, con el correr de los siglos, que el énfasis empezó a recaer en la crucifixión, y que el culto de comunión tomó el carácter solemne y fúnebre que en muchos círculos tiene todavía.

4) Sobre "las oraciones" no se dice mucho, en parte porque más adelante se va a presentar un cuadro de la iglesia en oración. En el versículo 47 se dice que alababan a Dios; pero eso es todo, por el momento.

Excurso: La perseverancia.

Puesto que podemos leer los primeros capítulos de Hechos en unos pocos minutos, nos hacemos la idea de que lo que allí se cuenta tuvo lugar en unos pocos días, o cuando más en unas pocas semanas de fervor inicial. Pero cuando estudiamos con más detenimiento la posible cronología de los acontecimientos, bien podemos comprender que en estos breves capítulos Lucas se está refiriendo a un proceso que tomaría años. (Entre la ascensión de Jesús que aparece en el capítulo primero de Hechos hasta la predicación de Pablo en Corinto, que aparece en el capítulo 18, deben haber pasado casi 20 años. Y la llegada de Pablo a Roma bien puede haber sido 13 años más tarde). Luego, cuando Lucas habla de "perseverancia" no está hablando de cuestión de unos pocos días, sino de una firme y repetida práctica.

Esto es de enorme importancia, pues muchas veces pensamos que basta con ese momento crucial en el cual aceptamos a Jesucristo, y que de ahí en adelante no hay mucho más que hacer. Tales conversiones instantáneas son importantes, y no debemos despreciarlas ni criticarlas. Pero si nos quedamos en eso no hemos empezado a entender lo que Lucas nos está contando. Lucas nos cuenta de un Espíritu Santo que ciertamente viene a los seguidores de Jesús de una manera maravillosa en cierto día de Pentecostés, pero que después continúa guiándolos y corrigiéndolos a través de toda su vida y ministerio. De esto tendremos abundantes ejemplos más adelante. Pero lo que aquí importa subrayar es el lugar de la perseverancia en la vida cristiana.

El pasaje que estudiamos nos da algunas pistas acerca de lo que tal perseverancia incluye. Incluye en primer lugar la perseverancia en recibir la doctrina o enseñanza que nos ayuda a entender mejor el mensaje bíblico.

En tiempos de Lucas, esto no era un problema difícil. La mayoría de quienes aceptaban a Jesucristo eran judíos. Casi todos los que no eran ya judíos eran lo que los judíos llamaban "temerosos de Dios". Estas eran personas que, sin hacerse prosélitos judíos, asistían a la sinagoga, estudiaban las escrituras, adoraban al Dios de Israel y seguían sus mandatos morales. Más adelante nos toparemos con casos como el del eunuco etíope y el de Cornelio. Cuando tales personas aceptaban a Jesucristo —es decir, lo aceptaban como el Mesías prometido a Israel— era fácil bautizarlos de inmediato y unirlos a la iglesia.

Pero según fueron uniéndose a la iglesia mayor número de personas de origen gentil, la cuestión se complicó. Tales personas habían crecido en ambientes politeístas, donde la idolatría era común y las prácticas morales dejaban mucho que desear desde el punto de vista bíblico. Muchos tenían oficios que los obligaban a pertenecer a gremios que se reunían periódicamente para adorar al dios patrono de ese oficio. Si alguien procedente de tal trasfondo aceptaba a Jesucristo y pedía el bautismo, era necesario entonces, antes de acceder a su petición, asegurarse de que entendiera a cabalidad el mensaje cristiano, el monoteísmo absoluto del judaísmo y del cristianismo, los requisitos morales del Dios de Israel y de la iglesia, y muchas cosas semejantes. Por tanto, ahora la "doctrina" que tales personas recibían y en la que debían perseverar no era ya cuestión de unos pocos días o semanas, sino hasta de un par de años en los que la iglesia se aseguraba de que verdaderamente entendieran el Evangelio, que hubieran experimentado las dificultades que su conversión les acarrearía en la sociedad en que vivían y otras cosas semejantes. En tal caso, perseverar en la doctrina no era sencillamente aceptar unas pocas doctrinas que alguien dijera, sino que era más bien continuar estudiando y aprendiendo al menos hasta el momento de ser bautizados y a partir de entonces a través de toda su vida.

En esa perseverancia en la doctrina, los cristianos habían heredado también algo de la tradición judía, en la que el estudio continuo de las Escrituras tenía un lugar de primera importancia.

En segundo lugar, Lucas nos dice que perseveraban en la "comunión". Como hemos visto, esto no se refiere a lo que hoy llamamos "la Comunión", es decir, la Santa Cena. Eso vendrá en las próximas palabras. Lo de la "comunión" se refiere principalmente a la comunidad y compartimiento de todas las cosas, de todos los bienes tanto externos como temporales. La comunión es entonces compartir la fe, compartir el testimonio, compartir la esperanza, pero también compartir los recursos económicos de tal manera que se puedan llenar las necesidades de todos. Para tener una verdadera *koininía,* no basta con decir "mirad cuán bueno y cuán agradable es habitar los hermanos juntos en armonía". Hay que ser también parte de una comunidad que busca llenar las necesidades de todos, tanto espirituales como materiales.

Estudiando los documentos antiguos se puede ver que al menos el ideal de tal compartir entre todos los creyentes perduró mínimamente hasta principios del siglo cuarto. Entonces, cuando la iglesia alcanzó el favor de las autoridades imperiales y por tanto prácticamente toda la población vino a ser cristiana, lo de compartir los bienes se relegó a un grupo de cristianos especiales llamados monjes y monjas, mientras el resto de los creyentes se sintieron exonerados de tales obligaciones.

Pero, aunque tal haya sido el caso a partir del siglo cuarto, lo cierto es que la perseverancia a la que se refiere Lucas en Hechos es también una perseverancia en el compartir de los bienes de modo que no haya en la comunidad ningún necesitado.

Todo esto significa para nosotros hoy al menos que hemos de ser parte de una comunidad de apoyo y compartimiento tales que se responda a las necesidades de todos —necesidades tanto espirituales como psíquicas y materiales. No es posible ser creyente en Jesucristo sin ser parte del cuerpo cuya cabeza es ese mismo Jesucristo. Lo de "yo soy cristiano como me parece" es una contradicción insostenible.

Lucas continúa diciéndonos que aquellos primeros creyentes perseveraban "en el partimiento del pan", y que lo hacían "con alegría y sencillez de corazón". El partimiento del pan es lo que hoy llamamos la Comunión. Desde los mismos inicios, siguiendo el mandato de Jesús, este fue el acto típico de adoración de los cristianos. Mientras todos los cristianos fueron de origen judío, al tiempo que continuaban asistiendo a la sinagoga o al templo en el séptimo día de la semana, es decir, el sábado, tan pronto como empezaba el primer día de la semana, el que hoy llamamos domingo, los cristianos se reunían para partir el pan. Esto se ve, por ejemplo, en Hechos 20.7-8. Partir el pan no era solamente señal de compañerismo entre ellos mismos, sino que era también una especie de anticipo del banquete celestial en que los creyentes cenarían en las bodas del Cordero. Partían el pan, sí, en memoria de Jesús; pero no solamente de su muerte, sino también y sobre todo de su resurrección y de su regreso futuro. Es por esto que, al participar en la comunión, en lugar de hacerlo con rostros afligidos como hoy frecuentemente pensamos que deberíamos hacerlo, lo hacían "con alegría y sencillez de corazón".

Por último, Lucas nos dice que aquellos primeros cristianos perseveraban no solamente en la doctrina, en la comunión de bienes y recursos y en la Cena del Señor, sino también "en las oraciones". Esto no quiere decir que oraran cada cual por su cuenta cada vez que pudieran. Ciertamente incluía tal cosa. Pero se refiere particularmente a las horas de oración que eran costumbre entre judíos, y que pronto pasaron también a los cristianos. Tenemos varios documentos antiguos que hablan acerca de esas horas de oración y que muestran que para aquellos primeros cristianos la oración no era solamente una actividad esporádica, o lo que hacían cuando les parecía necesario, sino que era también una actividad disciplinada, para la cual se apartaban ciertas horas. La vida cristiana requiere perseverancia no solamente en el estudio, en el compartir y en la asistencia al culto, sino también en la disciplina. La perseverancia lleva a la disciplina y se nutre de ella. Perseverar en algo nos lleva a crear hábitos que expresan esa perseverancia. Y después de que tenemos los hábitos, esos mismos hábitos nos ayudan también en la perseverancia. Tristemente, muchas veces dejamos a un lado este tema de la disciplina en la oración. Leyendo documentos antiguos, vemos que uno de los modos en que esa disciplina se sostenía era combinarla con lo que hemos dicho anteriormente acerca del sentido de comunidad, estableciendo ciertas horas del día en las que todo creyente que pudiera se dedicara, aunque fuera por unos pocos minutos, a la oración, sabiendo que a la misma hora otros estaban también en la misma actividad. En esa oración, orando unos por otros, se fortalecía el sentido de comunidad y todos se preparaban para participar juntamente del primer día de la semana en la Cena del Señor; y también, del último día de la historia, en la Cena del Cordero.

El resumen termina con una doble aseveración sobre el resultado que todo esto tenía entre "el pueblo". Más adelante volveremos sobre el contraste entre este pueblo y sus jefes. La primera aseveración se refiere a la aceptación general de la que los discípulos gozaban: tenían "favor con todo el pueblo". La segunda, al crecimiento constante de la iglesia: "Cada día el Señor añadía a la iglesia los que habían de ser salvos". (Algunos de los manuscritos más antiguos no incluyen la palabra "iglesia", sino que dicen sencillamente que "el Señor añadía", sin decir a qué. Pero el sentido está claro: el Señor añadía a la comunidad de los creyentes).

Para pensar, estudiar y discutir: Haga una lista de las cosas en las que los primeros discípulos perseveraban, según se ha visto en esta sección. ¿En qué modos se manifiestan esas cosas en la vida de nuestra iglesia hoy? ¿Qué podemos hacer para que se manifiesten más clara y continuamente?

B. 3.1–4.31: UN MILAGRO Y SUS CONSECUENCIAS.

Tras el "resumen" que se acaba de estudiar, Lucas pasa a relatar un acontecimiento particular que ilustra el resumen, y luego a contar de sus consecuencias. Este es un procedimiento que el autor emplea repetidamente. Por ejemplo, en la sección que viene inmediatamente después de esta (4.32–5.11) ofrece primero un resumen sobre la vida de los cristianos y el modo en que usaban sus bienes, para luego hablar específicamente de los casos de Bernabé, y de Ananías y Safira.

En el caso que ahora se estudia, como se verá según se van desdoblando los acontecimientos, lo que se tiene es una ampliación de lo que significa la frase del resumen anterior, "teniendo favor con todo el pueblo" (2.47).

1. 3.1-10: El milagro.

La narración es clara, y basta con leer el texto bíblico para seguir su sentido. Por tanto, nos limitaremos aquí a tocar algunos detalles. La "hora novena" de la RVR son aproximadamente las tres de la tarde, como bien traducen otras biblias. Como veremos más adelante (4.3), es por lo avanzado de la hora que la convocatoria del concilio se deja para el día siguiente. La puerta llamada "Hermosa" presenta dificultades para los intérpretes, pues hasta donde sabemos, no había puerta alguna con tal nombre. Algunos piensan que se trata de la puerta de Nicanor, que el autor llama "hermosa" porque era de bronce pulido. Otros sugieren diversas alternativas. En todo caso, la geografía del templo no es lo que le interesa a Lucas, sino el milagro y sus consecuencias. El "míranos" de 3.4 contrasta con 3.12, donde Pedro increpa a las gentes: "¿Por qué os admiráis?" —o "¿Por qué nos miran...?". Cuando el enfermo les presta atención, Pedro pronuncia las palabras más citadas de este pasaje: "No tengo plata ni oro, pero lo que tengo te doy: en el nombre de Jesucristo de Nazaret, levántate y anda". El "nombre" de Jesucristo es tema que merece especial atención, pues aparece repetidamente en esta sección. Comentaremos sobre él al llegar a 4.12. Por último, los saltos que el cojo da (3.8) recuerdan la profecía de Isaías 35.6: "Entonces el cojo saltará como un ciervo".

> ¿Qué hace Pedro al ver al cojo que mendiga? No lo desprecia. Tampoco busca a algún rico a quien favorecer. Ni pensó que el milagro tendría más efecto si beneficiara a algún poderoso. No buscó honores ni fama para sí mismo. Ni tampoco busca la manera de sanar al cojo donde muchos lo vieran, pues el cojo estaba a la entrada del templo y no dentro, donde estaría la multitud.
>
> **Juan Crisóstomo**

2. 3.11-26: La explicación de Pedro.

Acto seguido Lucas nos lleva al punto en que Pedro pronuncia un discurso en el que explica lo sucedido. Pedro y Juan siguen abriéndose camino por el patio del templo. Pero el cojo que había sido sanado no los deja ir, y al llegar al pórtico de Salomón la concurrencia es grande (el texto dice, en una hipérbole sugestiva, que "todo el pueblo... concurrió a ellos").

En este versículo y medio que sirve de introducción al discurso de Pedro (3.11-12a), la palabra "pueblo" —*laos*—aparece dos veces. Esto es importante, pues al llegar a 4.1-2a se verá que Lucas está estableciendo un contraste entre el "pueblo" y sus dirigentes. (Recuérdese además que, en el último versículo de la sección anterior, 2.47, se afirma que los cristianos tenían "favor con todo el *pueblo*").

El discurso de Pedro tiene el propósito de darle el crédito a Jesús, y no a Pedro o a Juan, por el milagro que ha tenido lugar. Pedro les dice a los que lo escuchan que no deben mirarlo con los ojos fijos (*atenizein*) como si fueran ellos los que hicieron andar al cojo. Esto es interesante, puesto que en 3.4 el mismo verbo es utilizado al respecto de Pedro: "Fijando en él los ojos". Este verbo —que usa Pedro para pedir a los presentes que no lo aplicaran a él— es el mismo verbo que él usó para hablar del ciego. La diferencia está en que Pedro fijó los ojos en el necesitado para ver su necesidad y responder a ella, mientras que estas gentes fijan los ojos en Pedro, no para ver su necesidad, sino en señal de admiración o casi de adoración.

En 3.16, Pedro dice dos veces que el cojo ha sido sanado por fe en Jesús; pero no dice si se trata de la fe del cojo (que al parecer no sabía de Jesús), o de la fe de Pedro y Juan. En todo caso, lo que Pedro dice es que el Dios del pueblo a quien se dirige, el Dios de Abraham, de Isaac, etc., es el que ha glorificado a Jesús, y que fue a ese mismo Jesús a quien ellos negaron. Lo trágico de esa situación llega a su cumbre en el contraste de 3.15: "Matasteis al Autor de la vida".

Sin embargo, no todo termina en tragedia. No termina en tragedia por dos razones: la primera es que Dios resucitó a Jesús (3.15b), de tal modo que el *nombre* de Jesús tiene ahora poder —tema sobre el que volveremos al tratar sobre 4.7-12—, y que, por la fe en ese *nombre*, el cojo ha sido sanado. La cosa no termina en tragedia, ante todo, porque Dios es poderoso para sobreponerse al mal de los humanos (3.15b-16).

La segunda razón por la que la cosa no termina en tragedia es que para los mismos que mataron al Autor de la vida queda todavía abierta la puerta del arrepentimiento y la conversión (3.17-26). Pedro les dice que sabe que lo hicieron por ignorancia, no solo ellos, sino también sus gobernantes (3.17), y también que era necesario que el Cristo sufriera (3.18). En consecuencia, los invita a arrepentirse y a convertirse, aceptando a Jesucristo, quien fue anunciado por "todos los profetas" (3.19-26).

El carácter literario y el estilo de este discurso difieren notablemente del sermón de Pedro en Pentecostés que acabamos de estudiar. Esto puede verse en los títulos que Pedro le da a Dios ("Dios de Abraham, de Isaac y de Jacob"; "Dios de nuestros padres" [3.13]), los que le da a Jesús ("Autor de la vida" [3.15]; "Hijo" [3.13,26]; "Santo" y "Justo" [3.14]) y los que les da a sus oyentes ("hijos de los profetas y del pacto" [3.25]). Además, hay varias otras palabras que no son las que Lucas normalmente emplea. Esto da a entender que, al escribir este discurso, Lucas hizo uso de materiales muy antiguos, probablemente provenientes de la iglesia primitiva. Sin embargo, los eruditos no se atreven a afirmar que sean materiales provenientes del mismo Pedro.

3. *4.1-22: La reacción de los poderosos.*

a. 4.1-6: La irrupción.

Pedro dirige todo este discurso al pueblo, que estaba atónito por haber visto el milagro. Sin embargo, ahora irrumpen en escena los poderosos, quienes reaccionan negativamente. Su motivación se muestra bien claramente en 4.1-2. Pedro y Juan están todavía hablándole al *pueblo* cuando "vinieron sobre ellos los sacerdotes, con el jefe de la guardia del Templo y los saduceos, resentidos de que enseñaran al *pueblo,* y anunciaran en Jesús la resurrección de entre los muertos".

El tema del "pueblo" tiene gran importancia para Lucas, tanto en el Evangelio como en Hechos. En el Evangelio, *laos* aparece 29 veces, y solamente en dos de esos casos se puede encontrar un uso paralelo en otro de los Evangelios. En Hechos, *laos* aparece 48 veces. En la mayor parte de esos casos, *laos* tiene connotaciones positivas (excepciones: 6.12; 12.4). Al estudiar el uso de este término por Lucas, se ve que tiene dos dimensiones: por una parte, señala la importancia de la comunidad para la vida de fe, y por la otra, cuando se usa en contraste con los "principales", señala el carácter "popular" del mensaje cristiano y la oposición de quienes ven su poder amenazado.

Lucas nos da a entender que en la acción contra los apóstoles hay dos motivaciones. Una es de carácter teológico: los saduceos no creían en la resurrección de los muertos, y la predicación de Pedro y Juan claramente iba en contra de sus creencias. Pero el texto muestra que esa no es la verdadera causa por la que las autoridades intervienen. La verdadera causa es que estaban "resentidos" porque los apóstoles enseñaban *al pueblo;* en otras palabras, usurpaban y subvertían su autoridad. El "jefe de la guardia del templo" —literalmente, el "general del templo"— era el jefe de una guardia compuesta toda de levitas. Los saduceos, aunque eran un partido religioso más bien que una estructura de autoridad reconocida, sí eran en su mayoría representantes de las clases altas y pudientes. Entonces, Lucas reconoce aquí que hay estructuras oficiales de poder, como el jefe de la guardia del templo, y otras que no por ser extraoficiales dejan de ser poderosas, como los saduceos; y reconoce también que estas se confabulan cuando peligra su control sobre el pueblo. Que ese control peligra en este caso lo indica claramente Lucas cuando dice que "muchos de los que habían oído la palabra creyeron, y el número de los hombres era como cinco mil" (4.4).

Son los poderosos, celosos de su poder y prestigio, quienes encarcelan a Pedro y a Juan hasta el día siguiente, pues es demasiado tarde para hacerles juicio a esa hora (véase 3.1).

El versículo 4 suena extraño en medio de esta narración. Los apóstoles acaban de ser encarcelados y en lugar de continuar contando los sucesos de su encarcelamiento y juicio, Lucas nos dice que muchos de los que oyeron el mensaje creyeron, y que estos eran unos cinco mil. Literalmente, el griego se refiere únicamente a los varones. Contar a los varones es señal del carácter patriarcal de aquella cultura, y se ha de entender en el sentido de que se suponía que con ellos vendrían sus familias, de igual modo que a veces hoy se dice que en una congregación hay "cincuenta familias". Pero lo sorprendente del texto es que, en un momento de amenaza y al parecer de inminente derrota, Lucas nos habla de todos estos millares de conversiones. Juan Crisóstomo, uno de los más grandes predicadores de todos los tiempos, señala lo inaudito del hecho:

> ¿Cómo es eso? ¿Los vieron acaso honrados? ¿No los vieron más bien encadenados? ¿Cómo fue entonces que creyeron? ¿No se ve en esto el evidente poder de Dios? Era de suponerse que hasta los que habían creído anteriormente flaquearan en su fe [al ver a los apóstoles encarcelados]. Pero lo que sucede es todo lo contrario, porque el sermón de Pedro había sembrado la semilla profundamente en ellos y había penetrado sus mentes. Por eso los enemigos se resienten todavía más, porque no les tienen miedo. (*Homilías sobre Hechos,* 10)

Lo que Juan Crisóstomo está indicando es que Lucas pone este versículo precisamente en este lugar para señalar que la fe no es cosa únicamente para los buenos tiempos, y que no son necesarios el prestigio y el poder para que las gentes crean. Al contrario, es precisamente en el momento en que los poderosos muestran su desaprobación, y lo hacen con mano fuerte, que el número de los creyentes aumenta.

Al día siguiente, los que se reunieron para pronunciar juicio representaban a las mismas clases pudientes que encarcelaron a los acusados: "Los gobernantes, los ancianos y los escribas, y el sumo sacerdote Anás, y Caifás y Juan y Alejandro y todos los que eran de la familia de los sumos sacerdotes" (4.5-6). Aunque Anás no era ya el sumo sacerdote, se acostumbraba que los que habían tenido ese título lo conservaran aun después de retirados. Caifás, el sumo sacerdote en función, era yerno de Anás. De Juan y Alejandro no se sabe nada (excepto si tiene razón el texto occidental, que dice "Jonatán" en lugar de "Juan", pues Jonatán sucedió a su cuñado Caifás en el año 36).

> Fuimos azotados por Caifás y Alejandro y Anás por seguir a Cristo, y salimos gozándonos porque se nos haya contado dignos de sufrir por nuestro Salvador. Regocijaos también vosotros cuando sufrimos lo mismo, porque ese será día de bendición para vosotros. Recibid a todos los que están perseguidos por razón de su fe y quienes huyen de una ciudad a otra siguiendo el mandato del Señor.
>
> ***Constituciones apostólicas***

Excurso: El "pueblo", los gobernantes y la iglesia.

Al estudiar el Evangelio de Lucas, vimos que allí buena parte de lo que se cuenta acerca de los acontecimientos de Semana Santa tiene que ver con el temor de los gobernantes a las acciones y reacciones del pueblo. Lucas deja bien claro que la razón por la cual era necesario que Judas entregara a Jesús era precisamente esa. Los gobernantes sabían dónde estaba Jesús cuando enseñaba a las multitudes, pero no se atrevían a arrestarlo en tales situaciones "por temor al pueblo". Luego, la función de Judas fue decirles a quienes procuraban matar a Jesús cuándo y dónde podrían arrestarlo sin que el "pueblo" estuviera presente.

Ahora, en Hechos, vemos que algo semejante sucede con los primeros discípulos. En el templo, tras ver la curación del cojo, el pueblo los escucha con atención. Son los poderosos quienes —aparentemente aprovechando la santidad del templo, donde sería más difícil producir un motín— los arrestan y llevan a juicio. Pero aun entonces, esos mismos poderosos, los gobernantes de la nación y sus líderes religiosos, temen tomar acción drástica contra Pedro y Juan precisamente por temor al pueblo.

El tema de la relación entre la iglesia y los gobernantes y líderes de las naciones es complejo. Pero, por esa misma razón, requiere discusión urgente.

Por una parte, no podemos decir que no deberíamos tener gobiernos o gobernantes. Sin algún tipo de gobierno —por malo que sea— el desorden sería incontenible. Si hoy pensamos que el tránsito en las ciudades se detiene con demasiada frecuencia, imaginemos lo que sería si no hubiera leyes de tránsito ni policías que de algún modo las aplicaran. Si hoy con sobrada razón nos preocupan los gobernantes que se llenan los bolsillos con las arcas públicas, imaginemos lo que sería si no hubiera algún sistema policíaco —por corrupto e ineficiente que sea— que nos proteja contra cualquier ladrón que deseara entrar en nuestra casa. Las leyes y los gobiernos son absolutamente necesarios.

Por otra parte, bien sabemos de la corrupción que reina en prácticamente todos los ambientes políticos. En América Latina ha habido y sigue habiendo crueles dictadores tanto de derecha como de izquierda. También existe profunda corrupción en las llamadas "democracias", tanto en nuestra América como en el resto del mundo. Frecuentemente el único modo de ganar en una elección es contar con sumas fabulosas para campañas políticas, con la consecuencia de que los ricos y las corporaciones que pueden ofrecer esos millones obligan a los políticos a comprometerse con ellas, de modo que al llegar a los cargos públicos no son representantes del pueblo que los eligió, sino más bien de quienes financiaron su elección.

La mayoría de los gobiernos democráticos modernos, en teoría al menos, evita colocar el poder en manos de una sola persona o grupo. Por eso hay constituciones que establecen distinciones entre el poder ejecutivo, el legislativo y el judicial.

Eso se fundamenta en la convicción —derivada en buena medida de la influencia cristiana— de que todos somos pecadores, y que por tanto no se le debe dar poder absoluto a ninguna persona o grupo. Pero aun esas provisiones constitucionales no logran sobreponerse a nuestra condición pecaminosa. En consecuencia, en unos casos el poder ejecutivo se vuelve una dictadura, haciendo títeres tanto al poder legislativo como al judicial. En otros casos, la lealtad al partido político lleva a los legisladores a tomar decisiones no sobre la base de los intereses del pueblo, sino sencillamente siguiendo las directrices de su propio partido.

En resumen, al tiempo que es necesario tener gobiernos, también tenemos que reconocer que, por razón de su propia condición humana, en todo gobierno habrá corrupción, y mientras más se centralice el poder, mayor serán la corrupción y el abuso.

Luego, la descripción lucana de una situación en la que los supuestos líderes del pueblo temen que ese mismo pueblo socave su autoridad no es meramente una cuestión del siglo primero, sino de la condición humana misma. Los líderes, quienes por ser humanos son también pecadores, buscan sostenerse en el poder, y frecuentemente ese deseo se sobrepone a la justicia y la equidad.

¿Qué hemos de hacer entonces los creyentes como parte que somos de sociedades sujetas a un gobierno, ya sea democrático o no? Lo primero que tenemos que hacer, como condición absolutamente necesaria para una respuesta fiel, es reconocer que nosotros también somos pecadores. La corrupción y el mal manejo de recursos no existen solamente en los gobiernos y en las sociedades seculares, sino que son también parte de la iglesia, que está constituida por pecadores como cualesquiera otros. Más adelante en nuestro estudio de Hechos, veremos al Espíritu Santo corrigiendo las acciones de los apóstoles. En tal caso, la tarea de los apóstoles no es insistir en sus propias decisiones, sino reconocer que ellos también se equivocan y entonces marchar adelante bajo la dirección del Espíritu. Si la iglesia olvida su propio pecado y pretende juzgar a la sociedad y al gobierno como si ella fuera absolutamente pura, ella misma se volverá cada vez más corrupta.

Esto fue lo que sucedió durante la Edad Media, cuando repetidamente la iglesia reclamó autoridad sobre el estado, como si ella fuera pura y por tanto capaz de juzgar de manera infalible al resto de la sociedad. Se decía que Dios había establecido dos grandes luminarias para gobernar sobre la sociedad, como el Sol gobierna sobre el día y la Luna sobre la noche. La iglesia era como el Sol, y el gobierno civil como la Luna, cada cual con sus tareas determinadas. Pero al mismo tiempo se señalaba que mientras el Sol tiene su propia luz, la Luna no tiene otra luz que la que recibe del Sol. Esto llevó a algunos papas a declarar depuestos a reyes y emperadores declarándolos corruptos e inmorales, cuando también en la iglesia —y hasta en algunos de aquellos mismos papas— reinaban la corrupción y la inmoralidad.

Y no limitemos esto al catolicismo romano. El gran reformador Martín Lutero, héroe de muchas lides, quien arriesgó su vida en defensa de su fe, se prestó sin embargo a defender la bigamia de Felipe de Hesse, y su respuesta a la rebelión de los campesinos dejó mucho que desear. Juan Calvino, el reformador de Ginebra y el principal teólogo de la Reforma protestante, apoyó sin embargo la ejecución de Miguel de Serveto como hereje. Y de igual modo podemos estudiar la vida de cualquiera de nuestros héroes y ver en ellas manchas que quisiéramos borrar, pero que son testimonio de nuestra pecaminosidad universal.

Luego, lo primero que la iglesia tiene que hacer para poder enfrentarse con autoridad a los males que existen en la sociedad en general es reconocer que en ella también hay pecado y que sus líderes no son perfectos, de modo que ellos también necesitan corrección y dirección. Un papa, un pastor o pastora, o un "apóstol" tienen que sujetarse todos primeramente a la autoridad de las Escrituras y luego también a la autoridad de una comunidad de fe que pueda llamarles la atención sobre sus errores y ayudarles a corregirlos.

Hecho esto, sin embargo, la iglesia no puede desentenderse de los grandes males sociales que aquejan a nuestra sociedad y de su relación con los malos manejos en los erarios públicos y en las más altas esferas de la autoridad social y política. Como creyentes que somos, y mirando siempre hacia ese reino que esperamos de justicia, paz y amor, no podemos sencillamente callar ante los males presentes. Pero para que nuestra respuesta y critica tengan autoridad, tenemos no solo que reconocer nuestra propia pecaminosidad, sino también que reconocer la presencia del pecado en todo partido político, y por tanto uncir nuestro carro no a un partido político, sino más bien a la visión del reino venidero. Si algunas propuestas y acciones de este partido particular nos llevan a apoyarlo, eso no quiere decir que tenemos que seguirlo cuando sus acciones y propuestas contradigan los valores del reino.

Esto que acabamos de ver en términos generales tiene que examinarse en cada caso concreto y en cada situación a la que nos enfrentemos. Por no hacer eso, hemos tenido casos en nuestra propia América en los que el pueblo creyente ha apoyado indiscriminadamente a un cruel dictador por el solo hecho de declararse evangélico. Y en otras zonas del hemisferio, hemos tenido casos de políticos aparentemente carentes de toda visión moral, corruptos, abusadores de su poder, dedicados a concentrar los bienes en una pequeña élite, destructores del medio ambiente, a quienes buena parte del pueblo evangélico ha apoyado sencillamente porque se han declarado en contra del aborto y de la homosexualidad, aun cuando tampoco han hecho mucho al respecto de estos temas. El que un partido político diga que el aborto es malo no le puede servir de excusa para destruir el medio ambiente y de ese modo causar la muerte de generaciones futuras. Y, sin embargo, hay millones de creyentes que se declaran partidarios inconmovibles de tales partidos.

> Los obispos han de tener mucho cuidado de no inmiscuirse en causas seculares, excepto en la medida en que les sea necesario para defender a los pobres.
> **Gregorio el Grande**

Cuando Pedro declara con toda razón que es necesario obedecer a Dios antes que a las autoridades humanas, esto se refiere a todas las autoridades, y no solamente a aquellas que por alguna razón nos gustan. En aquel caso concreto, bien podemos imaginar que Pedro estaría a favor de muchas de las políticas del sanedrín, que defendían la Ley de Dios y eran ciertamente mucho mejores que las autoridades paganas de las regiones circundantes. Pero aun cuando buena parte de lo que el sanedrín hacía era bueno y necesario, cuando ese mismo sanedrín les ordena que hicieran lo que su conciencia no les permitía, Pedro y Juan lo desobedecen abierta y firmemente. Y eso no quiere decir que estén contra el sanedrín, sino sencillamente que no pueden aceptar algunas de las políticas y órdenes de ese mismo sanedrín que apoyarían en otros casos.

b. 4.7-12: El discurso de Pedro.

El juicio tiene lugar ante el "consejo" o "sanedrín". Este estaba compuesto principalmente por la aristocracia judía y los principales escribas. Puesto que los aristócratas eran en su mayoría saduceos, y los escribas, fariseos, frecuentemente había fuertes debates en el concilio. A parecer, el sanedrín o concilio había estado completamente dominado por los saduceos hasta el principio de la era cristiana, cuando los fariseos comenzaron a disputarles parte del poder. Hacia los tiempos de la guerra judía y la destrucción de Jerusalén en el año 70, ya eran los fariseos quienes dominaban en el sanedrín. (Y el judaísmo moderno es heredero directo del judaísmo de los fariseos, quienes en lugar de subrayar los sacrificios en el templo subrayaban sobre todo el estudio de la ley. Tras la destrucción del templo, el judaísmo de los saduceos, centrado en el templo y en la autoridad de los sacerdotes, no pudo subsistir, mientras que el judaísmo de los fariseos, centrado en el estudio de la Ley en las sinagogas, fue el modo en que la fe de los antiguos hebreos se transmitió al judaísmo moderno).

Al comenzar el juicio, la pregunta que les plantean a Pedro y Juan no es al respecto de lo que han hecho, sino con qué autoridad lo han hecho (4.7). El problema es en última instancia cuestión de poder y de control.

La respuesta de Pedro, inspirada por el Espíritu Santo ("lleno del Espíritu Santo"), va dirigida a los jefes ("gobernantes" y "ancianos"), pero les da a entender que es respuesta tanto para ellos como para el pueblo ("sea notorio a todos vosotros, y a todo el pueblo de Israel"; 4.10).

El modo en que Pedro expresa el milagro que ha tenido lugar es significativo, pues la palabra griega que la RVR traduce como "enfermo" (*asthenês*) quiere decir, literalmente, "débil", carente de poder o de fuerza, y el verbo que se traduce por «sanar» (*sôzô*) quiere decir tanto "sanar" como "salvar" o "liberar". Entonces, lo que Pedro está diciendo es a la vez que un enfermo ha sido sanado y que una persona carente de poder, oprimida por su enfermedad, ha sido sanada, salvada, liberada, fortalecida.

Los jefes le han preguntado en qué nombre, o con qué autoridad, Pedro y Juan han realizado el milagro; y Pedro les contesta que lo han hecho "en el nombre de Jesús de Nazaret". Citando el Salmo 118.22, les dice que este Jesús es "la piedra reprobada por vosotros los edificadores" (4.11), es decir, por los jefes que se suponía fueran los constructores de Israel.

La repetición del "nombre" en todo este pasaje es importante. Cuando se habla aquí del "nombre", no se quiere decir sencillamente el sonido, las dos sílabas "Je-sús". El nombre es la esencia misma de una cosa. Es por eso que el nombre de Yahvé es sagrado: porque Yahvé mismo es sagrado. El "nombre" es la autoridad y el poder con que se realiza una acción. Los jefes de Israel les preguntan a Juan y a Pedro en qué "nombre", con qué autoridad, han hecho lo que han hecho. Pedro les contesta que lo han hecho "en el nombre de Jesús de Nazaret". El "nombre" de Jesús no es sino Jesús mismo. Y Pedro llega entonces a su tan citada conclusión: "No hay otro *nombre* bajo el cielo, dado a los hombres, en que podamos ser salvos" (4.12). El verbo "salvar" se refiere tanto a la salvación eterna como a la salvación del cuerpo, es decir, la salud. Entre salvar y sanar no hay en el Nuevo Testamento la distancia enorme que muchas veces pensamos. Por ello, la aseveración de Pedro podría traducirse como "no hay otro nombre bajo el cielo dado a los hombres mediante el cual podamos ser *sanos*". Lo que Pedro está diciendo aquí no es solo que toda "salvación" viene de Jesús, sino también —y mucho más directamente— que toda salud es dada por el mismo nombre. A alguien podría parecerle que al señalar esto estamos limitando el poder de Jesús, o el alcance de la aseveración de Pedro; pero lo que estamos haciendo es todo lo contrario. Al afirmar que *toda* salud y *toda* salvación (salud física y espiritual, salvación social, etc.) vienen de Jesús, Pedro está afirmando el señorío universal de ese Jesús en cuyo nombre el cojo ha sido sanado/salvado/liberado/fortalecido. Y esto tiene consecuencias directas, pues la otra cara de la afirmación del poder universal de ese *nombre* es la limitación de la supuesta autoridad de los poderosos que les están pidiendo cuentas a Pedro y a Juan.

c. 4.13-22: El veredicto.

Los jueces se maravillan del "denuedo" de Pedro y de Juan. Esto da a entender que no fue solamente Pedro, cuyo discurso Lucas resume, sino también Juan, quien habló. Una vez más, se debe recordar que Lucas no está dando una versión taquigráfica y literal de todo lo que cada quien dijo, sino más bien una narración de los puntos sobresalientes, siempre con miras a mostrar cómo obra el Espíritu Santo. El "denuedo", la confianza o valentía con que hablaban los apóstoles es la misma que más adelante la iglesia pedirá (4.29) y recibirá (4.31). Las palabras que la RVR traduce como "hombres sin letras y del vulgo" (*agrammatos* e *idiôtês*) literalmente quiere decir analfabetos e incultos.

Sin embargo, lo que más sobresale en 4.13 es la afirmación que "les reconocían que habían estado con Jesús". Esto no quiere decir que fue en ese momento que se enteraron de que Pedro y Juan eran discípulos de Jesús. Ya lo sabían, y probablemente de sobra. Lo que ahora reconocen es que, aunque supuestamente se han deshecho de Jesús crucificándolo, todavía no han salido del problema, pues ahora tienen que vérselas con estos otros que desde el punto de vista de ellos son tan tercos como Jesús. Y, lo peor del caso, tampoco pueden negar el milagro, pues el ex-cojo está ahora con ellos. Y los que ahora se les enfrentan con argumentos contundentes y seguros de lo que están diciendo son "gente sin letras y del vulgo"; es decir, gente que normalmente no se atrevería a hablar ante una asamblea tan distinguida como lo es el sanedrín.

Lucas no dice cómo fue que se enteró de las deliberaciones del concilio; pero lo que cuenta es sumamente realista. Los poderosos no saben qué hacer. Lo que sucedió es manifiesto y notorio, y por tanto dicen "no lo podemos negar" (4.16). Por implicación, se da a entender que si pudieran lo negarían, aunque saben que es cierto. La única solución que encuentran, ya que no pueden negar la verdad, es ocultarla, "que no se divulgue más entre el pueblo". Lo que está en juego es el control del pueblo, en este caso mediante el control de la información.

Para controlar la información, hay que controlar sus fuentes, y por tanto el concilio decide amenazar a los apóstoles, para que no sigan hablando o enseñando en el nombre de Jesús. La respuesta de los apóstoles, hombres iletrados, pone de manifiesto la veleidad de los miembros del concilio, pues les dicen que, ya que ellos son jueces, supuestamente maestros de la ley de Dios, juzguen ellos sobre lo que han dictaminado. La conclusión inevitable es que los jueces son juzgados por la misma ley que no obedecen.

Los jueces no encuentran modo alguno de castigarlos, y se limitan a amenazarlos de nuevo y dejarlos ir. Los dejan ir, no porque buscaran justicia, sino "por causa del pueblo". Luego, como se nota en todo este pasaje, para entender lo que está sucediendo hay que verlo desde la perspectiva de una lucha por el control del pueblo.

Excurso: El control de la información.

El debate y la decisión del sanedrín no deberían sorprendernos. Los líderes le temen al pueblo y el modo en que pueda reaccionar a lo que está teniendo lugar; por lo tanto, su principal preocupación es "que no se divulgue más entre el pueblo" la noticia de lo que Pedro y Juan han hecho sanando al cojo. Esto es lo mismo que hacen los gobernantes de hoy, y lo que hacen también muchos de quienes se les oponen. Cuando alguna estación de televisión, algún periódico u otro medio noticioso dice algo que no le gusta a un personaje importante cualquiera —digamos, por ejemplo, el presidente de una nación—, este normalmente no reconoce sus errores ni los malos manejos de algunos de sus seguidores, sino que sencillamente lo achaca todo a "noticias falsas". Y entonces, para defender sus posturas y acciones, se buscan expertos que le den a lo acontecido un aspecto particular que sea menos dañino. En los países de habla inglesa, se le llama a ese nuevo aspecto "spin" o giro. En otras palabras, se toma el acontecimiento y se lo da vuelta de tal manera que le haga menos daño a la causa o persona que se defiende, y a veces hasta que le resulte favorable. Esto se ha llevado a tal punto que los presidentes y otros políticos emplean "spin doctors" o expertos en dar a todas las noticias el giro debido.

No son solamente los políticos quienes hacen esto. También lo hacen las grandes corporaciones para defender sus negocios y sus prácticas. El caso más notorio es el de las compañías productoras de productos tabacaleros, que por varias décadas se dedicaron —y en muchos casos todavía se siguen dedicando— a mostrar científicamente que el tabaco no hace daño. De igual manera, en tiempos más cercanos, algunas de las grandes corporaciones petroleras han invertido enormes sumas para convencer al público de que las emisiones producto del uso de combustibles derivados del petróleo no dañan el medio ambiente ni amenazan la salud.

Y hasta los medios noticiosos se dejan llevar por actitudes semejantes, de modo que en cualquier país se sabe que ciertos diarios apoyan el gobierno mientras otros se les oponen, y que ciertas estaciones de televisión apoyan una postura mientras otras apoyan lo contrario.

Todo esto se nota tan pronto como empezamos a examinar las declaraciones de los políticos, los anuncios de las corporaciones y el modo en que se nos presentan los acontecimientos. De esto tuve una experiencia directa hace muchos años, cuando hubo cierta discusión sobre las relaciones entre los Estados Unidos y Cuba, y el presidente Nixon dijo que estaba dispuesto a cambiar sus políticas tan pronto como Fidel Castro cambiara algunas de las suyas. Esto fue lo que dijeron los diarios y las estaciones de televisión en inglés. Pero en la ciudad de Miami, la estación de televisión más vista por los exiliados cubanos informó en español que Nixon había dicho que no cambiaría sus políticas hasta que Castro no cambiara las suyas. Era lo mismo; pero no era lo mismo. En un caso lo dicho se presentaba como una posible invitación a la apertura, mientras en el otro se presentaba como todo lo contrario.

En una palabra, el "spin" y el control de la información no son solamente cuestión de tiempos del sanedrín, sino también de los nuestros.

En el caso de Pedro y Juan ante el sanedrín, todo esto lleva a una orden de silencio. El sanedrín los amenaza "para que no se divulgue más entre el pueblo" su mensaje. En muchos casos hoy, esto lleva a la supresión de libertades, a la clausura de diarios y estaciones de televisión, y a las amenazas contra quienes insisten en dar a los acontecimientos una interpretación o "spin" que no concuerde con la de los poderosos.

4. 4.23-31: La reacción de los fieles.

Pedro y Juan van entonces y les cuentan a "los suyos" (¿a toda la congregación o a sus más allegados?) todo lo que ha acontecido. Aparentemente les cuentan sobre todo de las amenazas de que han sido objeto, pues la respuesta de los creyentes es elevar una oración que trata precisamente sobre el tema de las amenazas.

La oración misma es interesante. La primera parte (4.24-27) plantea el viejo y difícil problema de cómo un Dios soberano, hacedor de todo cuanto existe, permite que los buenos sean perseguidos y oprimidos. La confabulación contra Jesús es enormemente poderosa. Herodes, Poncio Pilato, los gentiles y el pueblo de Israel. (Nótese que aquí se incluye al pueblo. El pueblo se dejó llevar por sus jefes, pero no por ello deja de ser responsable). ¿Cómo permite Dios tales cosas? La pregunta, a menudo angustiosa, no tiene respuesta desde nuestra perspectiva humana, y por tanto puede ser paralizadora. Pero estos creyentes, aun cuando plantean y reconocen la dificultad, al fin de cuentas reconocen que la respuesta última está en los designios de Dios (4.28). Y pasan entonces a pedir el poder para proclamar la palabra "con denuedo", y que se hagan "sanidades y señales y prodigios" mediante el nombre de Jesús. Lo interesante de esto es que los discípulos piden lo que ya tienen. Ya se han hecho sanidades y señales, y fue precisamente por ello que Pedro y Juan fueron llevados ante el concilio. Y allí, ante el concilio, mostraron el mismo denuedo que ahora le piden a Dios.

En el v. 31, su oración es contestada. Tal es el significado del temblor del lugar en que estaban congregados. Nótese que no se habla necesariamente de un temblor de tierra, sino de una sacudida en el lugar de su asamblea. Si el temblor es señal de la respuesta divina, el Espíritu Santo, del cual fueron llenos, es la respuesta misma que les permite, tal como pidieron en el v. 29, hablar "con denuedo" la palabra de Dios.

Aquí también conviene relacionar esto con las situaciones de hoy. Como vimos en el "excurso" anterior, parte de lo que le preocupa al sanedrín es el mejor modo de controlar la información para que no se sepa lo que está aconteciendo y el modo en que se está manifestando el poder de Jesucristo. El sanedrín acaba de amenazar a Pedro y a Juan ordenándoles que callen y no sigan hablando. En respuesta a esto la iglesia se regocija en recibir a Pedro y a Juan, pero lo que pide no es que haya tranquilidad, ni tampoco que Pedro y Juan aprendan a hablar con mayor diplomacia, sino al contrario: piden más del mismo "denuedo" que ha sido causa de las dificultades anteriores.

Esto contrasta fuertemente con lo que acontece en muchas de nuestras iglesias e instituciones religiosas, donde muchas veces preferimos no tratar sobre algún tema o no invitar a alguna persona a exponer sus opiniones porque pueden ser "controversiales". Lo que entonces en tales casos sucede es que las iglesias quedan excluidas de la discusión de esos temas. El debate mismo continúa en los foros públicos, mientras en la iglesia tratamos de desentendernos de ellos.

El problema está en que quienes somos parte de la iglesia somos también parte de la misma sociedad en que se debaten esos temas. No podemos excluirnos como si el debate nada tuviera que ver con nosotros. Y si el debate queda fuera de la iglesia, esto resulta en que empezamos a llevar dos vidas muy diferentes: la vida de la iglesia, en la que se discuten temas "religiosos", y la vida del foro público, que tiene que ver con asuntos tales como el cuidado del ambiente, la equidad en los salarios, el carácter de la educación pública y otros.

No hubo en sus tiempos personaje más controversial que aquel Jesús de Nazaret a quien predicaban Pedro y Juan. Poco después, Pedro y Juan fueron también tema de controversia. En sus mejores tiempos, la iglesia no ha huido de la controversia, sino que ha presentado siempre la visión del reino como regla y medida de todo el orden social, y por tanto se ha visto involucrada en numerosas controversias. Y también lo contrario es cierto: repetidamente, a través del curso de su historia, la iglesia ha decidido que tales cuestiones no tienen nada que ver con una misión puramente espiritual, y de ese modo ha abdicado a su responsabilidad como testigo y anuncio del reino de Dios.

Para pensar, estudiar y discutir: ¿Por qué será que cuando se produce un milagro que redunda en bien de un enfermo estos líderes religiosos se molestan? ¿No deberían, al contrario, gozarse en la sanidad del cojo? ¿Será que ponen su religión, y particularmente su autoridad religiosa, por encima del bien del cojo? ¿Será que a veces en la iglesia hacemos algo parecido? ¿Puede usted ofrecer algún ejemplo?

C. 4.32–5.11: EL USO DE LOS BIENES.

1. 4.32-35: Otro resumen.

Se llega ahora a otro resumen de los que, como se ha dicho, Lucas incluye en su narración para ofrecer generalizaciones y comentarios que luego se ilustran o se discuten en casos particulares. El presente resumen trata sobre la vida económica de la iglesia primitiva. Puesto que las cuestiones económicas no se discuten en las iglesias actuales con la frecuencia que merecen, haremos un estudio cuidadoso de este pasaje.

Al leer este pasaje (así como el otro, más breve, que ya se ha estudiado en 2.44-45), lo primero que hay que preguntarse es si lo que aquí se cuenta sucedió realmente. ¿Es cierto que los primeros cristianos practicaron el tipo de propiedad común que se describe aquí, o se trata más bien de una ficción de la imaginación de Lucas, quien proyecta hacia la vida de la iglesia en el pasado una visión romántica o idealizada? Tenemos que plantearnos esta pregunta, porque hay eruditos que lo han hecho, argumentando que lo que aquí se describe es en realidad la comunidad ideal según la concebían algunos filósofos griegos y helenistas —especialmente los pitagóricos— y que, por tanto, lo que tenemos aquí no es sino un intento de pintar a la iglesia cristiana primitiva como una comunidad ideal. Tal es también la interpretación de quienes se refieren a este pasaje como un intento de simbolizar la autoridad de los apóstoles. Tales intérpretes presentan toda una lista de fuentes griegas y helenistas: Platón, un proverbio citado por Aristóteles y las vidas de Pitágoras escritas por Diógenes Laercio, Porfirio y Jámblico. En breves palabras, lo que argumentan es que Lucas, al tratar de describir la comunidad cristiana primitiva, toma de fuentes helenistas sobre el valor de la unidad y de la amistad, y en particular sobre el modo en que esa unidad y amistad se manifiestan en la comunidad de bienes.

Lo primero que ha de decirse sobre tal interpretación es que no toma en cuenta las grandes diferencias entre el ideal pitagórico y lo que se describe en este texto. El primero es una asociación elitista de filósofos que comparten los bienes porque ello les ayuda a consagrarse a la "vida filosófica"; lo segundo es una comunidad abierta que se regocija aumentando su número, y cuya capacidad de compartir es el resultado de la dádiva del Espíritu y de su expectación escatológica.

Otra objeción que ha de hacérsele a tal interpretación del texto es que no explica por qué o cómo el autor puede describir un pasado relativamente reciente proyectando hacia él prácticas que nunca existieron, y que tampoco existían en tiempos del autor mismo. Ciertamente, uno de los principios básicos en la interpretación de textos históricos es que los autores tienden a proyectar hacia el pasado las prácticas y condiciones de su propio tiempo. Si cuando Hechos fue escrito —digamos que por el año 80 d.C.—, la comunidad de bienes no se practicaba en la iglesia, ¿qué razón tendría el autor para afirmar que se practicó antes? Ciertamente no su deseo de presentar la comunidad primitiva en términos ideales, puesto que inmediatamente después del "resumen" que estamos estudiando, Lucas nos cuenta el episodio de Ananías y Safira, y poco después el de la injusticia en la distribución para las viudas (6:1).

En tercer lugar, la interpretación de este pasaje como un intento por parte de Lucas de idealizar la iglesia primitiva choca con la posibilidad, sugerida por varios autores, de que este y otros "resúmenes" de los que aparecen en Hechos son el resultado de la incorporación al libro, por parte de Lucas, de otros materiales que andaban circulando independientemente. Si estos materiales son anteriores a la composición de Hechos, se nos hace más difícil todavía pensar que se trata de una falsa proyección hacia el pasado de condiciones supuestamente ideales.

Sí podría argumentarse que, de igual modo que Lucas reinterpretó y subrayó el tema del renunciamiento en su Evangelio para avergonzar a los ricos, así también introdujo el de la comunidad de bienes en Hechos con el mismo propósito.

Sin embargo, puede ponérsele punto final a toda esta discusión si se demuestra que no solamente en el tiempo en que Lucas fue escrito, sino por algún tiempo después, la comunidad de bienes que aquí se describe siguió practicándose en la iglesia. Tal es ciertamente el caso, como mostraremos en un momento.

Sin embargo, antes de pasar a esa demostración histórica, es necesario comentar y rechazar otra interpretación común de este pasaje y de su importancia. Según esa interpretación, la iglesia primitiva sí tenía originalmente todas las cosas en común, pero esa práctica pronto fue abandonada. Frecuentemente esa explicación va unida a la idea —totalmente carente de base en el texto bíblico— de que la pobreza que existió poco después en la iglesia de Jerusalén se debió, en parte al menos, a esa práctica de compartir los bienes, y que fue por eso que Pablo tuvo que esforzarse tanto en recoger dinero para los pobres en Jerusalén. Esta opinión aparece en su forma típica en la siguiente cita, tomada de uno de los comentarios más frecuentemente empleados en los Estados Unidos:

> No importa cuán amplio haya sido el experimento "comunista" de Jerusalén, parece ser que muy pronto dejó de funcionar, quizá debido en primer lugar a la desavenencia entre los "griegos" y los "hebreos" (6.1), y, en segundo lugar, porque los administradores que habían sido nombrados a raíz de la disputa fueron obligados por los judíos a abandonar la ciudad. Probablemente también la ardiente expectación del fin llevó a la improvidencia para el futuro, con el resultado de que la comunidad de Jerusalén siempre fue pobre. (H. C. Macgregor, en *The Interpreter's Bible*, 9.73)

Esta idea de que la pobreza de los cristianos en Jerusalén fue el resultado de la práctica de la comunidad de bienes es relativamente común. Sin embargo, no hay base alguna para tal interpretación, ya sea en Hechos mismo, ya sea en otros documentos antiguos. Por el contrario, Hechos sí habla de una gran hambre, y da a entender que esa fue la razón por la que la iglesia de Jerusalén se vio en necesidad de recibir ayuda del exterior (11.27-30). Josefo también se refiere a una hambruna que tuvo lugar en Judea, y que llegó a su clímax alrededor del año 46. Y los historiadores romanos Tácito y Suetonio ambos mencionan varios períodos de hambre durante el reinado de Claudio (que es también la fecha en que Hechos coloca el hambre que hizo necesaria la colecta para los pobres en Jerusalén).

A fin de responder tanto a la interpretación que hace de este texto un idilio romántico como a la que afirma que la comunidad de bienes fue un desastre económico, lo primero que se ha de hacer es aclarar la naturaleza de la comunidad de bienes que Hechos describe. Para ello, el lector debe remitirse a lo dicho más arriba (2.42, 44-45) sobre el sentido de la palabra *koinônia* y sobre el hecho de que los verbos en aquel pasaje, como en este, están en pretérito imperfecto. En síntesis, lo que se indicó allí es que estos verbos en tiempo imperfecto dan a entender que no se trata de que todos fueran y vendieran lo que tenían, como en las comunidades monásticas de fecha posterior. Lo que el texto dice es más bien que, según iba surgiendo la necesidad o la oportunidad, los cristianos iban vendiendo lo que tenían para responder a esas necesidades.

Lo que el texto bajo estudio le añade al de Hechos 2 son dos cosas: primera, que "no había entre ellos ningún necesitado"; segunda, que "traían el precio de lo vendido, y lo ponían a los pies de los apóstoles".

Lo primero es una referencia a Deuteronomio 15.4-11, donde se insta a Israel a cumplir con la ley de Dios, de tal modo que "no haya en medio de ti necesitado" y que en caso de que hubiera alguno, se compartirá con él de lo que se tiene. Quizá esto explique un fenómeno interesante en los dos libros de Lucas-Hechos: se ha señalado que, mientras en el Evangelio de Lucas los pobres son tema constante, en Hechos ni siquiera aparece la palabra "pobre". Este es el único lugar donde se trata del tema, y aun en este caso se emplea una palabra griega distinta (*endeês*), que no da la idea de pobreza radical que aparece repetidamente en Lucas (*ptôjos*). ¿Cómo ha de explicarse esto? Una posible explicación es que Lucas está diciendo que, en virtud de la dádiva del Espíritu, se va cumpliendo la promesa de Deuteronomio.

El segundo detalle que este texto añade por encima de lo que se nos dice en el capítulo 2 es que el producto de lo que se vendía se colocaba a disposición o "a los pies" de los apóstoles. Es posible que esto deba entenderse literalmente: los apóstoles están sentados presidiendo la asamblea, y los creyentes que han vendido posesiones colocan el dinero a sus pies. También es posible que deba entenderse en el sentido de que lo ponían a disposición de los apóstoles, como cuando hoy se dice "a los pies de usted". En todo caso, lo que se añade aquí es que había un método para la distribución de los recursos, y que ese método consistía sencillamente en que los apóstoles repartían lo que había según la necesidad de cada cual.

En conclusión, lo que este resumen describe no es un régimen en el cual todos venden lo que tienen, lo ponen en un fondo común, y luego viven de ello, sino más bien una comunidad cuyo amor mutuo es tal que si alguien tiene necesidad otros van y venden sus propiedades para responder a esas necesidades. Además, en este segundo resumen, al parecer ya la comunidad ha crecido lo suficiente que se hace difícil la ayuda directa al necesitado por parte del que vende una propiedad. Ahora, los que venden sus propiedades les traen el resultado a los apóstoles, que son quienes se ocupan de la distribución de lo recibido.

Una vez aclarado todo esto, se puede volver a la pregunta que quedó pendiente más arriba, es decir, si hay otros indicios de prácticas semejantes en la iglesia antigua aparte de estos textos en Hechos. La primera respuesta que viene a la mente es la colecta para los pobres en Jerusalén que ocupa un lugar tan importante en las epístolas de Pablo. Al examinar lo que Pablo dice sobre esa colecta resulta claro que aquí se tiene una continuación de la *koinônia* que se describe en Hechos, aunque ampliada ahora para incluir a la iglesia en diversas ciudades. Hechos fue escrito más tarde que las epístolas de Pablo, en un círculo de fuerte influencia paulina. De hecho, la mayor parte del libro se dedica al ministerio de Pablo. Entonces, en lugar de sugerir que la comunidad de bienes que se describe en Hechos es el resultado de influencias helenísticas o de la idealización de la comunidad primitiva, bien puede argumentarse que —aunque algunas frases en Hechos 2 y 4 tengan algún paralelo en la literatura griega anterior— lo que Lucas está describiendo es el sentido de *koinônia* que se encontraba en el centro mismo del ministerio de Pablo. De ser así, lo que Hechos está describiendo no es un momento efímero en la vida de la iglesia, ni un sueño idílico de cómo las cosas debieron haber sido en los primeros días de vida de la iglesia, sino un aspecto fundamental de la vida de la iglesia tanto en sus orígenes como en tiempos de Lucas.

Lo que es más, la comunidad de bienes, lejos de ser un elemento efímero en la vida de la iglesia antigua, continuó por largo tiempo. En la *Didajé*, un documento que parece ser de fines del siglo primero o principios del segundo, se dice: "No has de menospreciar al necesitado, sino que has de compartir [*synkoinônein*, ser *koinônoi* juntos] todas las cosas con tu hermano, y no has de decir que son propiedad tuya. Porque si somos socios [*koinônoi*] en lo imperecedero, ¿no hemos de serlo más en lo perecedero?" (*Did.* 4.7-8). Y las mismas ideas aparecen, posiblemente unos cincuenta años más tarde, en la llamada *Epístola de Bernabé* (19.8). Por la misma época, es decir, a mediados del siglo segundo, el *Discurso a Diogneto* afirma que los cristianos "ponen mesa común, mas no lecho" (5. 7). Esto es probablemente un modo breve de distinguir la comunidad de bienes de los cristianos de la que habían propuesto Platón y otros, que incluía también la promiscuidad sexual. En todo caso, lo importante es que la comunidad de bienes de la que habla Hechos continuaba en tiempos de este documento. Lo que es más, semejantes aseveraciones se encuentran en los escritos de Justino Mártir, también de mediados del siglo segundo, y de Tertuliano, hacia fines de ese siglo.

Entonces, las interpretaciones que pretenden deshacerse de este texto diciendo que se trata de un experimento fallido y efímero en la iglesia primitiva carecen de fundamento histórico.

2. 4:36–5.11: Casos concretos.

Como es su costumbre, Lucas entreteje sus resúmenes con ejemplos concretos de lo que se dice en ellos. Aquí presenta dos ejemplos, uno positivo (4.36-37) y otro negativo (5.1-11). Después veremos uno intermedio, en el que surgen problemas, pero se resuelven (6.1-6).

El primer caso es el de un hombre cuyo verdadero nombre era José, pero a quien los apóstoles habían puesto por sobrenombre Bernabé. Se dice que era levita, "natural de Chipre" (lo que también puede querer decir que su familia era de Chipre) y que vendió una propiedad. El texto no dice si la propiedad estaba en Jerusalén o en Chipre. Que *Barnabás* quiere decir "Hijo de consolación" lo dice Lucas, pero es difícil ver cómo se obtiene esa etimología del arameo.

El que se mencione en particular la acción de Bernabé no quiere decir que esa acción fuera un caso extraordinario, como afirman algunos intérpretes que parecen querer descontar lo que Lucas dice acerca de las prácticas económicas de la iglesia primitiva. Pero hacer del caso de Bernabé una excepción negaría lo que Lucas acaba de decir en los versículos anteriores. El ejemplo de Bernabé es sencillamente un caso más en el que Lucas, tras la generalización de sus resúmenes, ofrece un ejemplo concreto. Además, Lucas aprovecha esta oportunidad para presentar a un personaje que tendrá cierta importancia en el resto de su historia. Si Lucas dice poco acerca del donativo de Bernabé, y parece contentarse con solo mencionarlo, esto se debe a que el caso de Bernabé, al mismo tiempo que es admirable, no es excepcional. Lucas no quiere dar a entender que Bernabé hizo un donativo como nadie lo había hecho, sino sencillamente usarlo como un ejemplo de lo que según él mismo era práctica común en la iglesia.

Sigue entonces la historia de Ananías y Safira, a la que Lucas dedica mucho más espacio precisamente porque se trata de una violación del amor comunitario que parece ser esencial en la iglesia según la concepción de Lucas. Aunque el texto no lo dice, la secuencia de la narración y el hecho de que los apóstoles le habían dado a Bernabé el título de "Hijo de consolación" sugieren fuertemente que Ananías y Safira fueron movidos por celos, o por deseos de que se les admirara tanto como a Bernabé y a otros que hacían ofrendas semejantes. Sea cual fuere el caso, lo que el texto narra resulta bien claro. Primero Ananías y después Safira mienten en cuanto al precio de la propiedad, dando a entender que están entregándole la totalidad a la comunidad, y mueren a consecuencia de su mentira. El uso de un verbo griego poco común, que la RVR traduce por "sustraer" en 5.1 y 3, relaciona este episodio con otro en que aparece el mismo verbo: el de Acán en Josué 7 (según la versión griega llamada Septuaginta, que es la que Lucas usa). Sin embargo, mientras Acán tomó lo que no era suyo, Ananías sencillamente sustrajo una parte y pretendió entonces que lo estaba entregando todo.

Un problema que la narración presenta es el modo en que se suceden los acontecimientos. Ananías muere, y los jóvenes de la congregación lo llevan a enterrar, al parecer sin siquiera tratar de decírselo a su viuda. Cuando Safira llega, tres horas después, no sabe lo que ha acontecido. Lucas no explica por qué tanta prisa en enterrar a Ananías, ni tampoco por qué no se le enviaron noticias a Safira. El texto casi da a entender que fue a propósito que Pedro no hizo nada por avisarle a Safira, para atraparla como cómplice en la mentira de su esposo. Una explicación sobre la prisa en enterrar a Ananías es que había leyes que ordenaban que los muertos fueran sacados de Jerusalén antes de cierta hora. Según el texto, los jóvenes que se llevaron el cadáver de Ananías demoraron tres horas en llevárselo, sepultarlo y regresar. Entonces, es posible pensar que, debido a la prisa en llevarse al muerto, y quizá porque Safira no estaba en su casa, nadie pudo avisarle. Pero todo eso son conjeturas, pues el texto nos sugiere sencillamente que Safira no estaba enterada.

Los "jóvenes" a quienes se refiere el texto no son necesariamente un grupo específico, en contraposición, por ejemplo, a los "ancianos", que pronto llegaron a serlo. Lo que se da a entender es más bien que para este trabajo que requería cargar un cuerpo los jóvenes eran los más indicados. En cuanto a la sepultura, lo más probable es que no fuera una fosa en la tierra, sino una cueva o hendidura sobre la que se colocarían una o varias piedras. También esto requeriría la fuerza de los más jóvenes.

Aparte de estos detalles sujetos a interpretación, la historia misma muestra que la comunidad de bienes a la que se refiere el resumen anterior era, como ya hemos dicho, voluntaria y continua. No es que todos vendieron todo lo que tenían, sino que iban vendiendo sus propiedades según se iba haciendo necesario para suplir las necesidades de los menos afortunados. Aunque 4.32 parece implicar que todos los que tenían propiedades las vendían, esto parece ser una hipérbole, pues aquí Pedro le dice a Ananías que no tenía obligación alguna de vender su propiedad, y que aun después de vendida no tenía obligación de traer el dinero. Su pecado no está en retener lo que de todos modos era suyo, sino en mentir al Espíritu.

El terrible castigo de Ananías y Safira parece fuera de toda proporción con su crimen, hasta que uno se da cuenta de que —según lo que Pedro dice— lo que han hecho es mentirle, no a la iglesia, sino a Dios. Pedro ve la situación como un gran conflicto entre Satanás y Dios. Lo que le ha sucedido a Ananías es que Satanás ha llenado su corazón, y en consecuencia Ananías le ha mentido al Espíritu Santo (5.3) o, lo que es lo mismo, a Dios (5.4). Y a Safira, Pedro le dice algo semejante: ha tentado al Espíritu del Señor (5.9).

El resultado de todo esto lo expone Lucas en otro de sus resúmenes, en este caso el brevísimo resumen que aparece en 5.11. En ese resumen no está claro quiénes son la "iglesia", y quiénes los que "oyeron". Una posibilidad es que la "iglesia" en este caso quiera decir la asamblea, los que estaban congregados al suceder el hecho, en contraste con los que más tarde "oyeron" lo que había sucedido. Otra posibilidad es que se trate de una construcción paralela (es decir, una construcción en que se repite lo mismo para darle mayor énfasis), y que la "iglesia" y los que "oyeron" sean los mismos. En todo caso, lo que le importa recalcar a Lucas es el temor general que estos hechos provocaron.

En todo caso, todo este episodio nos ayuda a aclarar el carácter de la comunidad de bienes que se practicaba en la iglesia antigua. Pedro le dice bien claro a Ananías que no tenía obligación alguna de vender su propiedad, y que una vez vendida tampoco tenía obligación de entregarle a la iglesia cierta cantidad. En otras palabras, los donativos debían ser absolutamente voluntarios. Para pertenecer a la iglesia no había obligación de entregar todo lo que se tenía. Lo que sí se esperaba es que hubiera la compasión y el amor suficientes para hacer todo lo posible por responder a las necesidades de los más pobres. El propósito de la iglesia no es, como en una comuna moderna, compartir lo que se tiene. Al contrario, se comparte para así cumplir con la misión de la iglesia, que consiste en dar a conocer el evangelio de Jesucristo y en hacerlos experimentar, en la medida de lo posible, al menos un atisbo o un anticipo del gozo y la comunión del reino prometido. No se esperaba que Ananías y Safira vendieran su propiedad, ni tampoco que le dieran el resultado de la venta a la iglesia. Lo que sí se esperaba es que tuvieran suficiente respeto a la comunidad de la iglesia para no mentirle. La mentira dentro de la comunidad de los creyentes corroe el amor y la confianza que se requieren para que esa comunidad pueda verdaderamente dar testimonio del orden prometido por Dios. Es por eso que Pedro dice que la mentira ha sido nada menos que contra el Espíritu Santo.

Para pensar, estudiar y discutir: ¿Cómo piensa usted que podríamos hoy imitar el modo en que la iglesia primitiva expresaba su amor compartiendo los bienes? ¿Qué razones se dan para no hacerlo?

Piense en lo que usted diría si se le pidiera dar una clase, predicar un sermón o de alguna u otra manera tratar sobre el episodio de Ananías y Safira.

D. 5.12-42: ARRECIA LA PERSECUCIÓN.

Esta sección es un ciclo parecido al que ya se estudió en 4.1-31: los milagros producen celos que llevan a un juicio, y al final del juicio, el mensaje sigue abriéndose paso.

1. 5.12-16: Aumenta la popularidad del evangelio.

El ciclo empieza con otro de los resúmenes que se encuentran repetidamente en estos primeros capítulos de Hechos. En este caso, el resumen trata casi exclusivamente de los milagros que tenían lugar y de la creciente popularidad de los cristianos. Una vez más, el centro de actividades parece ser el pórtico de Salomón, aunque ahora los que buscan milagros parecen seguir a Pedro, poniendo a los enfermos donde se espera que Pedro pase, con la esperanza de que su sola sombra los sane.

Como en el caso anterior, aquí también puede verse el contraste entre el "pueblo" y los poderosos. "Por mano" de los apóstoles —es decir, usando de ellos como de un instrumento— se hacían milagros "en el pueblo" (5.12), y el pueblo los elogiaba (5.13). Sin embargo, en este último versículo se nos dice también que no se atrevían a "juntarse" con ellos. La palabra que se traduce por "juntarse" no quiere decir unirse, en el sentido de hacerse miembros de la iglesia, sino acercarse, codearse. Algunas traducciones dan a entender que quienes los elogiaban eran los mismos que no se atrevían a juntarse con ellos. Sin embargo, el texto también puede traducirse como si se tratase de dos grupos diferentes, y en tal caso vale considerar la interpretación que sugiere que son los "principales" o "jefes" del pueblo. De ser así, lo que el texto da a entender es que la cúpula religiosa y social ejercía tal presión sobre sus miembros, que aun aquellos que querían acercarse a los discípulos, no se atrevían (lo cual nos recuerda el caso de Nicodemo, el "dignatario de los judíos", que vino a Jesús "de noche").

Los milagros se multiplican y, contrariamente al deseo del sanedrín (4.17: evitar que lo acontecido siguiera divulgándose), cada vez son más los que creen y los que acuden buscando salud.

2. 5.17-42: Se intenta callar a Pedro y a Juan.

El versículo 17 dice claramente que lo que movió al sumo sacerdote y a los saduceos fue lo que ya hemos indicado anteriormente: los celos. A través de todo el pasaje los que tratan de hacer callar a los apóstoles son el sumo sacerdote (5.17, 21, 24, 27), los principales sacerdotes (5.24) y el jefe de la guardia del templo (5.24, 26), mientras que los apóstoles enseñan al *pueblo* (5.20, 25), y es por ese *pueblo* que los guardias temen ser apedreados (5.26).

La intervención de un ángel para librar a los discípulos de la cárcel aparece no solo en este pasaje, sino también en 12.6-11 (donde Pedro es librado) y en 16.26-27 (donde los beneficiarios del milagro son Pablo y sus compañeros). Al encontrar aquí el término "ángel", no debemos pensar necesariamente en un ser resplandeciente, con alas y vestiduras blancas. En griego, la palabra "ángel" quiere decir "mensajero", y frecuentemente tales mensajeros no dan señales de ser distintos de cualquier ser humano, de tal modo que es posible hasta brindarles hospitalidad sin saberlo (por ejemplo, He 13.2).

A la mañana siguiente, los alguaciles encuentran la cárcel vacía, y dan parte a sus superiores. De momento, los poderosos están perplejos (v. 24); pero tan pronto como se enteran de que Pedro y Juan están otra vez enseñando en el templo, los hacen arrestar de nuevo, aunque sin violencia, por temor al *pueblo.*

Resulta interesante notar que en el juicio que sigue ni siquiera se menciona el haber escapado de la cárcel. Esto se debe en parte a que el encarcelamiento no se consideraba castigo, sino un modo de asegurarse de que los acusados acudieran a su juicio. Puesto que estos dos han salido de la cárcel, pero no han intentado escapar, no hay por qué insistir sobre el asunto, sino que sencillamente se pasa al juicio.

Este juicio es secuela del anterior, pues el sumo sacerdote comienza recordándoles a los acusados lo que se les había ordenado en esa otra ocasión, y ellos a su vez contestan de igual modo que lo hicieron antes: "Es necesario obedecer a Dios antes que a los hombres" (5.29; cf. 4.19). Paralelamente, el resumen del mensaje de los apóstoles que Lucas ofrece aquí (5.30-32) es semejante al que aparece antes en 4.10-12.

Sin embargo, la respuesta del sanedrín es ahora más extremada, y quieren matarlos (5.33). Es aquí que interviene Gamaliel —fariseo según dice Lucas—, y ofrece su famoso consejo. Las ilustraciones históricas de Gamaliel, sobre Teudas y Judas el galileo, les causan dificultades a los eruditos. El único rebelde de nombre Teudas de quien se tiene noticia se alzó alrededor del año 45, varios años después de la fecha más probable para el incidente que Lucas narra. También causa problemas la fecha exacta de la rebelión de Judas el galileo (alrededor del año 4 a. C.). En todo caso, lo que Lucas pone en boca de Gamaliel es un consejo sabio, aunque a base de un argumento dudoso: que no se mate a Pedro y a Juan, pues "si este consejo o esta obra es de los hombres, se desvanecerá; pero si es de Dios, no la podréis destruir" (5.38-39). El consejo es sabio, pues el pueblo está a punto de amotinarse, y si el sanedrín hace matar a los apóstoles perderá mucho del poco prestigio que le queda. Los demás miembros del sanedrín aceptan el consejo, probablemente porque de ese modo podrán practicar la supuesta misericordia de condenar a los acusados a azotes en lugar de a una pena más severa, olvidándose de que en fin de cuentas no se les ha hallado culpables de crimen alguno.

El sanedrín aceptó el consejo, aunque no totalmente, pues dejaron ir a los apóstoles, pero antes los mandaron callar una vez más y los azotaron. El número de azotes que se administraba en tales casos era de treinta y nueve, y el castigo era suficientemente fuerte para que algunos murieran bajo los azotes. Entonces, aunque no murieron, Pedro y Juan sí fueron castigados de manera severa.

A pesar del castigo brutal, Pedro y Juan salieron "gozosos", considerando que era un gran honor "haber sido tenidos dignos de padecer afrenta por causa del

Nombre" (5.41). Esa actitud de gozo y hasta de gratitud en medio del sufrimiento caracterizó a los mártires cristianos a través de los primeros siglos de persecución.

Por último, el pasaje termina con un breve resumen que sirve para cerrar el incidente.

Sobre todo este pasaje, cabe notar que el famoso consejo de Gamaliel, a pesar de toda su sabiduría, también involucra una falacia. El consejo es sabio porque evita una acción drástica, si bien hubiera podido resultar en un motín y en graves consecuencias para toda la nación judía. Pero también se fundamenta en una falacia, como resulta evidente si pensamos en aplicarlo universalmente. Si pensamos, como sugiere Gamaliel, que podemos desentendernos de los problemas presentes sencillamente diciendo que, si lo que está aconteciendo es de Dios no lo podemos detener, y que si no es de Dios no podemos hacer nada al respecto, estaremos diciendo, por ejemplo, que no podemos hacer nada frente a la injusticia, el crimen, la opresión, la pobreza y toda suerte de injusticia. Podemos, por ejemplo, ver una condición en la que se explota a los campesinos y decir que no tenemos por qué intervenir en el asunto, ya que, si esa explotación es de Dios, no la podemos detener, y si no es de Dios, terminará por cuenta propia. Esto sería una negación del principio fundamental de la mayordomía cristiana, según el cual somos mayordomos o representantes de Dios para administrar lo que él nos ha confiado. En medio de un mundo caído que se olvida de Dios, parte de nuestra tarea es hacer todo cuanto esté a nuestro alcance para que se cumplan los planes divinos de amor y justicia. No podemos escondernos tras el consejo de Gamaliel para no hacerlo.

Para pensar, estudiar y discutir: En cierto modo, este episodio ante el sanedrín es semejante al que vimos poco antes. ¿En qué se diferencian? ¿Va en aumento la enemistad hacia los cristianos, o es lo contrario?

Más arriba se habla sobre el control de la información. ¿En qué modo se controla hoy la información? ¿Será que también en la iglesia se practica a veces ese control?

E. 6.1-7: GRIEGOS Y HEBREOS.

Llegamos ahora al episodio en que surgen conflictos referentes a la distribución de la ayuda para las viudas, y en respuesta a ello se elige a siete hombres para supervisar esa distribución. Lo único que Lucas dice al respecto de la fecha de este conflicto es que tuvo lugar "en aquellos días" (6.1). El hecho de que ya había una "distribución diaria" puede ser indicación de que había transcurrido algún tiempo desde el Pentecostés, pues la ayuda a los necesitados había evolucionado hasta llegar a ser una práctica diaria. Algunos eruditos sugieren que al menos seis años han transcurrido entre el Pentecostés y lo que se cuenta ahora sobre los helenistas; ciertamente, tal cronología encaja mejor con el resto del libro, y con lo que sabemos sobre la cronología paulina.

Dadas las circunstancias, muchas de las personas que tendrían necesidad de ayuda serían viudas. En una sociedad en que las mujeres dependían de los varones para su sustento, las viudas se contaban entre las personas más desamparadas. Por eso el Antiguo Testamento reitera la obligación de velar por las viudas (Dt 14.29; 24.19; 26.12; Is 1.17; etc.). En la comunidad cristiana, según se iba ensanchando el abismo entre los cristianos y los judíos en general, las viudas cristianas se verían más y más necesitadas de acudir a la iglesia para su sustento (cf. Stg 1.27). Naturalmente, esto no era cierto de todas las viudas, sino solamente de aquellas que no tenían hijos u otros parientes o allegados que se ocuparan de sus necesidades. Es posible también que hubiera algunas viudas que se hubieran hecho seguidoras de Cristo y que por eso hubieran perdido el apoyo y sostén de sus hijos, para quienes sus madres sencillamente habían perdido el juicio.

El conflicto surge porque hay en la comunidad dos grupos: los judíos de habla griega (a quienes el texto llama "griegos") y los de habla aramea (a quienes se denomina "hebreos"). Los primeros son judíos que se han criado en la Diáspora, lejos de Palestina, y que por tanto hacen uso principalmente del griego, que era la lengua franca de toda la cuenca oriental del Mediterráneo. La palabra griega que se emplea aquí, *hellênistoi*, quiere decir "helenistas", y por tanto la traducción más literal es "los helenistas". Otras biblias dicen "los que hablaban griego", lo cual traduce bien el sentido general de la historia, aunque no es seguro que todos los "helenistas" hablasen griego. En contraste, los "hebreos" son los judíos de Palestina, cuya lengua es el arameo, aunque la llamen "hebreo". Si unos u otros saben hebreo clásico, depende del carácter de la instrucción religiosa que hubieran recibido. Al mismo tiempo, en Palestina los "hebreos" se consideran a sí mismos como mejores judíos, y miran con suspicacia a los "griegos", que parecen haber aceptado costumbres y tradiciones ajenas a Israel.

A pesar de los prejuicios de los "hebreos", lo cierto es que muchos de los "griegos" eran judíos de profunda convicción religiosa —tanto más por cuanto muchos de estos "griegos" eran personas de edad avanzada que venían a Jerusalén para pasar sus últimos días y ser sepultados en tierra santa. Por la misma razón, habría en Jerusalén un crecido número de viudas "griegas", y lo mismo sería cierto en la naciente iglesia.

Las sinagogas judías normalmente se ocupaban de las viudas necesitadas dentro de sus congregaciones, y tenían modos para responder a sus necesidades más urgentes. Pero es de suponer que cuando algunas de esas viudas se declaraban cristianas, serían echadas de la sinagoga y perderían su sostén. Por tanto, ahora la iglesia sentiría la obligación y la necesidad de ayudar a las viudas pobres.

El conflicto al que se refiere nuestro pasaje no estalla en pleito ni división, sino que se limita a la queja, el chisme o la "murmuración". Mas eso es suficiente para que "los doce" tomen el problema en serio y convoquen a una reunión de todos los cristianos. Puesto que era a los pies de estos doce que se ponían las ofrendas para su distribución (4.35), es de suponer que las fallas en esa distribución eran responsabilidad de los apóstoles mismos. Y ahora son ellos quienes piden ayuda, solicitando que se nombre a otros para esa función. La frase "servir mesas", que se emplea para describir esa función (6.2), puede querer decir servir o distribuir alimentos, posiblemente en una comida comunitaria (que es lo que algunas traducciones parecen implicar en 6.1: "La distribución diaria de alimentos"); pero también puede significar distribuir dinero, pues "las mesas" era también el lugar en que se llevaban a cabo las transacciones económicas (de igual modo que en nuestro idioma "banco" puede ser el lugar donde uno se sienta o el lugar donde se maneja el dinero).

Los doce, aunque galileos y por tanto despreciados también por los judíos de Jerusalén, son "hebreos", pues se han criado en Palestina y su idioma es el arameo. Luego, no es de sorprender el hecho de que no se mostrara hacia los "griegos" toda la comprensión debida. Al conocer la situación, los doce le piden a la congregación que elija a siete hombres. La única cualidad necesaria en estas personas es que sean "de buen testimonio, llenos del Espíritu Santo y de sabiduría". Su función sería servir a las mesas, mientras la función de los doce seguiría siendo "la oración" y el "ministerio de la palabra".

Es interesante notar que los siete elegidos tienen nombres griegos. De Prócoro, Nicanor, Timón y Parmenas no se sabe más que el nombre. Nicolás, dice el texto, era un "prosélito de Antioquía". Esto quiere decir que ni siquiera era judío de nacimiento, sino por conversión. En cambio, Esteban viene a ser el protagonista del resto de todo este capítulo y del próximo, y de Felipe se ocupa Lucas en el capítulo 8 de Hechos (y más adelante, en 21.8-9).

El hecho de que los siete sean "griegos" ha llevado a algunos eruditos a sugerir que lo que se constituyó fue un cuerpo gobernante aparte para ocuparse de la creciente iglesia helenista, mientras los doce seguían a cargo de la comunidad en lengua aramea. Pero tal suposición no tiene apoyo en el texto mismo, ni tampoco en otros datos históricos.

Todos estos siete reciben su oficio por imposición de manos. Aunque la imposición de manos era costumbre conocida en el Antiguo Testamento (por ejemplo, Nm 27.18), esta es la primera vez que aparece en el Nuevo Testamento, excepto en los casos en que se imponían las manos para sanar.

Tradicionalmente se les ha dado a estos siete el título de "diáconos", y se ha pensado que en este pasaje tenemos la fundación del diaconado. Es cierto que se habla aquí de la *diakonia* diaria (6.1), y que el verbo que se traduce como "servir" (6.2) es *diakonein*. Pero también es cierto que la función que los doce apóstoles se reservan para sí se describe como la *diakonia* de la palabra (6.4). Además, en ningún lugar del Nuevo Testamento se habla de alguno de estos siete como "diácono". Luego, no hay que pensar que este texto se refiera necesariamente a la fundación del diaconado.

El pasaje termina con otro breve resumen (6.7). Lo que este resumen añade a los anteriores es la conversión de "muchos de los sacerdotes". Hasta aquí, Lucas ha hablado de los "principales sacerdotes", los cuales han aparecido como enemigos de la nueva fe. Se ha calculado que por ese entonces había en Jerusalén más de siete mil sacerdotes, la mayoría de los cuales vivía en la más extrema pobreza, y por tanto muy distantes socialmente de los que juzgaron a Pedro y a Juan en el sanedrín. Es posible que Lucas añada la nota sobre los sacerdotes dándonos a entender que, ahora que los apóstoles se ocupaban más del "ministerio de la palabra", lograron hacer más impacto entre otros "hebreos".

Excurso: Griegos y hebreos.

Las dificultades a las que la iglesia de Jerusalén tiene que enfrentarse en vista de la diversidad cultural en su propio seno son muy semejantes a las dificultades a las que algunas iglesias se enfrentan hoy. La extrema movilidad de las sociedades modernas, en las que la migración es frecuente y hasta constante rápidamente llevan a situaciones semejantes a las que se describen en Hechos. Como bien sabemos, buena parte de esa migración no es voluntaria en el sentido estricto, sino que es más bien el resultado de condiciones insuperables de violencia, opresión e injusticia. Esto es particularmente cierto de las poblaciones indígenas en buena parte de nuestros países, así como también de los millares que huyen de países en los que reinan la injusticia y la violencia. Cuando tales migrantes se establecen en una nueva región, frecuentemente provocan la hostilidad de quienes se sienten amenazados por su presencia.

En la antigua Palestina, los judíos que se habían criado en la región presentían la "innovación" de estos otros judíos procedentes de la Diáspora, muchos de los cuales tenían costumbres muy diferentes a las de los supuestamente verdaderos y puros "hebreos". Interesantemente, el hecho de que aquellos judíos que ni siquiera hablaban ya la lengua de sus antepasados se declararan a sí mismos los verdaderos "hebreos" es paralelo al modo en que muchas de las poblaciones que hoy rechazan a los recién llegados reclaman para sí historias y tradiciones que no les pertenecen. Para dar sencillamente un ejemplo, cabe mencionar que en los

Estados Unidos buena parte de quienes ven la creciente presencia de inmigrantes de origen hispano como una "invasión" se llaman a sí mismos "anglosajones", cuando en realidad muchos de ellos son descendientes de inmigrantes irlandeses, italianos, escoceses y de otros países. Y algunos de quienes hoy se oponen a la inmigración son hijos o nietos de inmigrantes.

En todo caso, los supuestamente "nativos", quienes en realidad no son sino descendientes de otras generaciones de inmigrantes ven a estas nuevas generaciones como una amenaza, y por tanto las rechazan y apoyan a los políticos que habrán de construir cercas y hasta murallas para excluir a los presuntos inmigrantes. Y esto no acontece únicamente en la población secular, sino también dentro de la iglesia, donde frecuentemente existe malestar y hasta tensiones entre diversos grupos étnicos.

La respuesta de aquellos primeros cristianos en Jerusalén es admirable. Se está cometiendo injusticia contra la población "helenista", y es necesario nombrar a alguien para administrar los bienes con mayor justicia, así que se nombra a un grupo de personas que se cuentan entre los mismos helenistas y por tanto entenderán mejor las condiciones en que viven los más necesitados. ¿Qué sucedería hoy si en nuestras iglesias les diésemos mayor poder de decisión precisamente a las personas que más necesitan del apoyo de la iglesia?

Por otra parte, también cabe señalar el error en el modo en que tradicionalmente se ha leído este pasaje como el fundamento del diaconado. Esto es parte de una lectura tradicional del libro de Hechos según la cual lo que se nos ofrece aquí es una serie de ejemplos de lo que hicieron los apóstoles y los primeros discípulos para que nosotros hagamos lo mismo. Ciertamente, hay algo de verdad en eso. Pero no debemos tomar lo que se hace en Hechos como si fuera una especie de constitución en cuanto al orden y gobierno de la iglesia. En tal caso, tendríamos que elegir a los pastores echando suertes, como lo hicieron los discípulos para determinar quién ocuparía la "vacante" dejada por Judas. Pero eso es precisamente lo que hacemos cuando pensamos que, porque en Hechos 6 se nombró a siete hombres para que se ocuparán del "diaconado de las mesas", ahora siempre los diáconos tendrán que ser siete, o tendrán que ser todos varones —cuando en realidad hasta en la misma Biblia, en Romanos 16.1, se menciona a Febe, quien ocupaba el diaconado en Cencrea. Si nos detenemos a pensarlo, veremos que esto es parte de una lectura de Hechos que nos llevaría no solo a insistir en que los diáconos han de ser siete y todos varones, sino también a elegir a nuestros líderes echando suertes. En Hechos tenemos casos repetidos en los que el Espíritu Santo corrige lo que los discípulos deciden y hacen. Y, como veremos en la próxima sección, esto es precisamente lo que sucede con algunos de estos a quienes se nombró para que se ocuparan de la administración de las viudas mientras los doce retenían para sí el ministerio de la predicación.

Para pensar, estudiar y discutir: ¿Ve usted alguna semejanza entre lo que aquí se narra y los conflictos que hay en algunas iglesias por razón de diferencias culturales? ¿Cómo resolvemos en la iglesia hoy los conflictos que surgen de tales diferencias? Al tratar de responder a tales conflictos, ¿podemos aprender algo de lo que hicieron aquellos primeros cristianos?

F. 6.8–8.3: ESTEBAN.

1. 6.8-12: Su arresto.

Sin decir cuánto tiempo ha transcurrido desde la elección de Esteban para servir a las mesas, Lucas cuenta que Esteban hacía "grandes prodigios y señales", y que disputaba con algunos de entre los judíos. Aquí cabe notar que no fue Esteban quien inició la disputa. Quizá hay en ello un indicio de que Esteban no se lanzó a predicar, contra lo dictaminado por los doce, sino que fueron sus contrincantes quienes lo llevaron a ello. El versículo 9, donde se nombran estos contrincantes, es ambiguo, pues no está claro si los libertos, los de Cirene, los de Alejandría, los de Cilicia y los de Asia eran todos miembros de la misma sinagoga, o de varias. Los intérpretes no están de acuerdo en este punto, pues algunos piensan que se trata de una sola sinagoga, otros de dos, y otros de cinco.

En todo caso, lo importante es que quienes provocan la oposición a Esteban no son "hebreos", sino personas a quienes los habitantes del lugar llamarían "griegos". Ahora la oposición no viene del templo ni de los poderosos escribas y saduceos, sino de otros judíos helenistas. La oposición se realizó sobre la base de calumnias y sobornos que "alborotaron al pueblo". Esta es la primera vez en la narración de Hechos que "el pueblo" es quien se opone a los cristianos (aparte de 4.27, que se refiere a la muerte de Jesús). Este pueblo amotinado es quien lleva a Esteban ante el sanedrín, que por alguna causa parece estar ya reunido.

La acusación contra Esteban es doble, pues se le acusa esencialmente de hablar mal del templo y de la ley. En 6.11, se dice que le habían oído "hablar palabras blasfemas contra Moisés y contra Dios"; en 6.13, que "no cesa de hablar palabras blasfemas contra este lugar santo [el templo] y contra la ley"; y en 6.14, que "le hemos oído decir que ese Jesús de Nazaret destruirá este lugar [el templo] y cambiará las costumbres que nos transmitió Moisés". Es interesante notar que a las palabras acerca de la destrucción del templo, que los otros evangelistas sinópticos incluyen en la narración de la pasión de Jesús (Mt 26.61, 27.40, Mr 14.58, 15.29; cf. Jn 2.19), Lucas no las incluye en su Evangelio, sino que las reserva para el momento de la acusación contra Esteban. En todo caso, los eruditos han comprobado que la oposición al templo de Jerusalén en el siglo primero no fue tema exclusivamente cristiano, sino que era un tema mucho más generalizado en el judaísmo de la época.

También es interesante notar que hay en el arresto de Esteban una combinación de elementos legales con otros que tienen más bien carácter de motín. Los enemigos de Esteban sobornan a unos testigos falsos, que luego son los que aparecen para acusarlo ante el sanedrín. Pero además "alborotaron al pueblo, a los ancianos y a los escribas" (es decir, tanto al pueblo como a sus líderes más respetados), y son estos los que llevan a Esteban ante el sanedrín. La importancia de esto está en que, ahora que el pueblo está soliviantado contra Esteban, el sanedrín no tiene que actuar con la misma cautela con que actuó en el caso de Pedro y Juan, quienes gozaban del favor del pueblo.

2. 6.13–7.56: Su juicio.

Los versículos 13 y 14 contienen la acusación formal contra Esteban. Como se vio, esa acusación incluye dos cargos: blasfemar contra el templo, diciendo que Jesús lo destruirá, y blasfemar contra la ley, diciendo que Jesús cambiará "las costumbres que nos transmitió Moisés".

Los que están en el sanedrín, al mirar a Esteban, ven "su rostro como el rostro de un ángel" (6.15). Es posible que con esa aseveración Lucas esté estableciendo un paralelismo entre Esteban y Moisés, cuyo rostro resplandecía al bajar del Sinaí (Ex 34.29-30). Lo mismo dice el historiador Flavio Josefo sobre José, cuyo rostro resplandecía en señal de la presencia del Espíritu en él. Esteban habla con autoridad porque, como Moisés y como José, ha estado con Dios.

A la pregunta del sumo sacerdote, Esteban responde con un largo discurso sobre la historia de Israel. Este es el discurso más largo en todo el libro de Hechos, pues ocupa aproximadamente el 5% de todo el libro. No es necesario detenerse en todos los acontecimientos de la historia de Israel a los que se refiere Esteban. Pero sí debemos señalar cómo Esteban le da su propio giro a esa historia.

Los versículos 2-8 tratan sobre la historia de Abraham. Sobre esta historia, Esteban tiene poco nuevo que decir. Abraham es el prototipo que establece el carácter del pueblo escogido como pueblo peregrino, lo cual será tema central en todo el resto del discurso. Este es el sentido de las palabras: "No le dio herencia en ella [la tierra], ni aun para asentar un pie" (7.5).

Tras la transición del versículo 8, los versículos 9-16 tratan sobre la historia de José. El punto principal que Esteban recalca en esta historia aparece en el versículo 9, donde se afirma que los patriarcas, por envidia, vendieron a José, pero que Dios estaba con él. Junto con el tema del pueblo peregrino, este otro tema del rechazo por parte de los humanos, pero todo lo contrario por parte de Dios, juega un papel central en todo el discurso. (Sobre la sepultura de los hermanos de José en Siquem, el Antiguo Testamento no dice nada. Según Josefo, fueron enterrados en la cueva de Macpela).

Los versículos 17-43 son el meollo del discurso, donde Esteban relata la historia de Moisés. Lo que Esteban desea recalcar es el paralelismo entre Moisés y Jesús, pues Esteban acusa a sus propios antepasados de haber hecho con Moisés lo mismo que los jefes del pueblo hicieron con Jesús. La historia de Moisés muestra cómo el pueblo de Israel ha rechazado una y otra vez a los que le fueron enviados. Rechazado por vez primera por el pueblo a quien había sido enviado, Moisés tuvo que huir a Madián cuando mató al egipcio. Sin embargo, como declara Esteban, "a este Moisés, a quien habían rechazado... envió Dios como gobernante y libertador". Después de esa alusión velada al caso de Jesús, Esteban continúa con su historia, señalando que el pueblo de Israel ha vivido siempre entre la fe y la apostasía. De hecho, el mismo pueblo que había sido liberado por Moisés siguió rechazándolo, pues "en sus corazones se volvieron a Egipto" (7.39) cuando le pidieron a Aarón que les hiciera dioses a los cuales seguir. (La cita de Amós 5.25-27 que aparece en 7.42-43 es tomada de la Septuaginta, y por ello no concuerda exactamente con lo que se encuentra en el Antiguo Testamento traducido a partir del Texto Masorético).

Es en el versículo 44 que el discurso toma un nuevo giro, que llevará al martirio de Esteban. Allí empieza un ataque al templo y su religión. En el desierto, lo que Israel tenía era el tabernáculo del testimonio, construido según Dios se lo había ordenado a Moisés. Lo que David hizo construir (7.46) no fue un templo, sino un tabernáculo o tienda —es decir, un lugar de adoración ambulante, para el camino. Viene entonces el momento en el cual Esteban afirma que Israel erró: "Pero fue Salomón quien le edificó casa" (7.47). Según Esteban, el Dios de Israel es un Dios de peregrinos, que va delante del pueblo, y que no puede circunscribirse a un solo lugar. Sobre todo, Dios "no habita en templos hechos de manos". La religión del templo pretende precisamente todo lo contrario: circunscribir a Dios a un templo hecho por manos humanas.

Todo esto sirve de base para las fuertes palabras de 7.51-53, con las que termina el discurso formal. Dios le dio a Abraham la circuncisión como señal del pacto; pero estos hijos de Abraham son "incircuncisos de corazón y de oídos". Como sus antepasados, resisten al Espíritu Santo y persiguen a los profetas. Aquí, en el versículo 52, aparece la única referencia cristológica explícita en todo el discurso; Esteban les dice a sus oyentes que han "entregado y matado" al "Justo", que había sido anunciado por los profetas. Sin embargo, aunque esta es la única referencia explícita, resulta claro que todo el discurso ha sido construido a fin de hacer ver el doble paralelismo. Primero, un paralelismo positivo: José / Moisés / Profetas = Jesús; y entonces otro paralelismo negativo: hermanos de José / Israel en Egipto / los que mataron a los profetas = los que escuchan a Esteban.

Al terminar este discurso, cabe preguntarse si en realidad Esteban ha respondido a las acusaciones de que es objeto. Esta pregunta, a la que algunos exégetas responden negativamente, ha llevado a una larga discusión acerca del origen del discurso. Algunos sugieren que Lucas lo tomó de una fuente que no se relacionaba originalmente con el juicio de Esteban. Otros dicen que parte del discurso sí tiene que ver con el juicio, y que el resto Lucas lo tomó de otra fuente. En realidad, no hay que ir tan lejos. A Esteban se le ha acusado de atacar al templo y de criticar a Moisés. Su discurso acepta la primera acusación y rechaza la segunda. El templo construido por manos humanas ha llevado a Israel a abandonar al Dios del tabernáculo en el desierto, al Dios peregrino que va delante de su pueblo. Y esa apostasía no tiene nada de sorprendente, pues ya en tiempos de Moisés (así como antes, en el caso de José, y después, al perseguir a los profetas) los hijos de Israel hicieron lo mismo. Quienes rechazan a Moisés no son Esteban y los suyos, sino los que acusan a Esteban. Moisés, rechazado por su pueblo, pero levantado por Dios "como gobernante y libertador", anunció y en su vida misma prefiguró a Jesús, "el Justo de quien vosotros ahora habéis sido entregadores y matadores".

La reacción inicial de los que le escuchan se describe en el versículo 54 como una furia al parecer sorda: "Se enfurecían en sus corazones y crujían los dientes contra él". Mas Esteban parece no prestarles atención, pues tiene una visión de la gloria de Dios, con Jesús a su diestra, y continúa hablando, declarando lo que ha visto. Al decir: "Veo los cielos abiertos, y al Hijo del hombre que está a la diestra de Dios", está afirmando lo que el resto de su discurso ha implicado: que, al igual que Moisés, Jesús ha sido levantado por Dios y constituido en "gobernante y libertador".

3. 7.57–8.3: Su muerte. Se desata la persecución.

Esto es demasiado. Los que lo escuchan gritan y se tapan los oídos. Tal actitud puede parecer extraña hoy, pues taparse los oídos cuando alguien habla es costumbre de niños malcriados. Sin embargo, en aquel tiempo esa era la reacción prescrita cuando alguien blasfemaba, pues de ese modo no se manchaba uno oyendo blasfemias. Lo que esto quiere decir es que, sin más discusión, se ha decidido que es cierto que Esteban blasfema.

"Arremetieron a una contra él", dice el texto. Esto da a entender que no se trata de un veredicto formal. Había leyes claras y precisas acerca del modo en que debían emitirse los veredictos del sanedrín. Esto era particularmente cierto en el caso de sentencias de muerte. Lo que es más, en este tiempo el sanedrín no tenía autoridad para decretar la pena de muerte. Entonces, lo que Lucas describe no es un juicio que resulta en un veredicto, sino un juicio que empieza con el pueblo soliviantado, contiene un discurso nada conciliador por parte de Esteban, y termina en motín. Aunque Esteban muere apedreado, y aunque se habla de "testigos" (6.13), lo que tiene lugar es un linchamiento, no una ejecución.

Sea cual fuere el caso, Esteban muere de manera ejemplar, imitando el modo en que Jesús muere en la narración del mismo Lucas, encomendando su espíritu a Dios (Lc 23.46) y rogando por los que le dan muerte (Lc 23.34).

En la escena del martirio, como de pasada (7.58), se habla por primera vez de "un joven" llamado Saulo, que será personaje importante en el resto de la narración. La palabra "joven" no quiere decir aquí que fuera casi niño, pues se empleaba para cualquier hombre que no hubiese llegado a la edad madura. Por tanto, es posible que Saulo tuviera unos treinta años. Aunque este Saulo no parece ser más que un espectador en la muerte de Esteban (7.58 y 8.1), poco después se dice que es figura predominante en la persecución que se desata.

> El amor que llevó a Esteban de la tierra al cielo es el mismo amor que llevó a Cristo del cielo a la tierra. El amor que se anunció y se vio en la persona del rey y señor brilló también después en este su soldado Esteban...
>
> Con la fuerza de ese amor, Esteban se sobrepuso a la furia y crueldad de uno como Saulo quien le persiguió en la tierra, pero ahora le acompaña en el cielo. Con ese amor santo y firme y con su oración Esteban buscaba vencer a quienes no había podido convencer antes con su discurso.
>
> Hoy Pablo y Esteban se gozan en la gloria de Cristo y en la alegría que allí reina. En aquel cielo donde primero llegó Esteban por las piedras lanzadas por gente como Pablo, después entró Pablo, por quien Esteban había orado.
>
> **Fulgencio de Ruspe**

En 8.1-3, el orden de la narración es algo confuso, pues primero se cuenta que se desató la persecución y los cristianos se esparcieron, luego (8.2) que hubo gran lamento por la muerte de Esteban, y por último que Pablo perseguía a la iglesia. Si hoy se escribiera una narración sobre el mismo tema, se ordenaría de otro modo, mencionando el lamento sobre la muerte de Esteban primero, y luego todo lo que tiene que ver con la persecución. En tiempos antiguos, las historias a veces se narraban como lo hace Lucas, introduciendo un tema antes de terminar con el otro, con el propósito de mantener la atención del lector. En todo caso, hay aquí varios elementos dignos de mención. En primer lugar, el que "todos, salvo los apóstoles, fueron esparcidos" es una hipérbole, pues el propio Lucas afirma (8.3) que Saulo iba de casa en casa apresando a los creyentes que no habían huido; y más adelante cuenta (9.26-27) que todavía había una comunidad cristiana en Jerusalén que no se limitaba a los apóstoles. Al parecer, la persecución se desató principalmente contra los cristianos helenistas, y no contra los "hebreos", de modo que los apóstoles, Bernabé y otros pudieron permanecer en Jerusalén. En segundo lugar, el versículo 2 confirma que la muerte de Esteban no fue una ejecución formal, sino un linchamiento, pues estaba prohibido enterrar o hacer duelo por quien hubiera muerto apedreado. Por último, hay que notar que lo que Saulo hacía no era matar a los cristianos, sino encarcelarlos. Tal encarcelamiento no se consideraba castigo, sino que era el modo de asegurar su presencia para ser juzgados. Aunque las autoridades judías no tenían el derecho de condenar a muerte, sí podían condenar a alguien a azotes, y esos azotes podían ser tantos y tan fuertes que con frecuencia producían la muerte.

Excurso: Dinámicas interculturales.

A Esteban frecuentemente se le admira como el primer mártir cristiano. Es importante recordarlo como tal, pues en cierto modo es prototipo de lo que les ocurriría a muchos cristianos a través de los siglos y hasta el día de hoy. Pero para entender lo que está sucediendo en el martirio de Esteban hay que recordar lo que dijimos antes acerca de las diferencias entre los judíos "helenistas" o "griegos" y los judíos "hebreos". En Jerusalén y en toda Judea los "hebreos" se consideraban a sí mismos los verdaderos herederos de las enseñanzas de Moisés y los profetas, y veían a los "helenistas" con cierto desprecio, considerándolos judíos de segunda clase, no tan obedientes a la Ley como lo eran los "hebreos". Luego, la comunidad de los helenistas se vería constantemente despreciada y criticada, y por tanto tendría una preocupación particular al respecto de su prestigio en medio de una sociedad en que se los consideraba judíos de segunda clase.

En el capítulo 6 vimos ya algo de las consecuencias de tales diferencias aun en medio de la iglesia. Lo que sucede en aquel capítulo, al elegir a Esteban y los otros seis, es que la iglesia afirma la presencia de los judíos helenistas y hasta les da posiciones de liderazgo. No olvidemos que los siete tienen nombres griegos. Esto es una magnífica muestra de un espíritu de amor que cruza las fronteras culturales.

Pero veamos ahora ese mismo acontecimiento desde el punto de vista, no ya de la iglesia, sino de los judíos helenistas que no se habían hecho cristianos y que ahora veían que en esa secta aparentemente herética empezaban a destacarse judíos helenistas tales como Esteban, Felipe y los demás. Para esos judíos helenistas que veían a los cristianos como herejes, eso de que entre los líderes de ese grupo hubiera helenistas como ellos se vería como una amenaza a su propio prestigio —un prestigio ya en posición precaria.

Podemos clarificar lo que esto significaría al traerlo a nuestros días y lo que acontece en medio de las comunidades inmigrantes o despreciadas. Repetidamente veo ejemplos de esto en la comunidad latina en los Estados Unidos.

Se trata de una comunidad muy diversa. Algunos son descendientes de quienes vivían en tierras anteriormente mexicanas y después apropiadas por los Estados Unidos tras la guerra con México. Estos hispanos no cruzaron la frontera, sino que en cierto modo la frontera pasó por encima de ellos. Otros son de origen puertorriqueño. Tienen ciudadanía norteamericana, pero frecuentemente se los trata como ciudadanos de segunda clase. Otros son inmigrantes procedentes de diversas tierras que dejaron por razones de violencia, opresión, pobreza o falta de oportunidades y de libertad. Desde el punto de vista de la sociedad en general, todos son parte de un grupo que muchos ven como una amenaza que invade el país trayendo una lengua y culturas diferentes a las tradicionales. El presidente y varios otros personajes de importancia han declarado que los inmigrantes que pretenden cruzar la frontera son criminales, traficantes de drogas, violadores de mujeres y hasta "como animales".

Ante tales insultos, la mayoría del pueblo latino se enfurece. Pero hay también muchos que tratan de mostrar que ellos no son como esos otros inmigrantes recientes que son vistos como invasores. Cuando se habla, por ejemplo, de los inmigrantes "ilegales" o "indocumentados", muchos latinos se apresuran a señalar que ellos no son "ilegales" como esas otras personas. En otras palabras, sufrimos ya suficiente desprecio y discriminación, y hemos trabajado arduamente para mostrar que estamos haciendo contribuciones positivas al país. Y no queremos ahora que estos otros manchen nuestra reputación o que se nos confunda con ellos. El resultado es lo que bien podría llamarse el "latino anti-latino", que se enorgullece del éxito alcanzado ya sea por el mismo, o ya por su propia comunidad, pero que todavía teme que estos otros recién llegados manchen su propio prestigio.

Algo semejante es lo que acontece con Esteban. La comunidad helenista en Jerusalén tenía ya suficientes dificultades. Y ahora en medio de ella surgían algunos que se habían unido a la "secta" de los seguidores de Cristo; en particular este Esteban, que andaba haciendo "grandes prodigios y señales entre el pueblo". Esteban sería orgullo de los cristianos, pero era vergüenza para los judíos helenistas que no se habían hecho cristianos. Es precisamente entre ellos que surge el complot que lleva a la muerte de Esteban. Hay que destruirlo para que no se piense que los judíos helenistas son herejes dentro del pueblo de Israel.

Pero en el pasaje hay también otra lección: el Espíritu Santo, al tiempo que afirma algo de lo que los apóstoles han decidido, los corrige. Según lo que se había propuesto, los siete elegidos se ocuparían de la distribución de la ayuda a las viudas, mientras los apóstoles se dedicarían a la predicación. Pero inmediatamente después de hablarnos acerca de esa decisión, Lucas introduce la historia de Esteban, quien, en aparente violación de lo que se había decidido, ¡predica el sermón más largo en todo el libro de Hechos! Los apóstoles habían pensado una cosa, pero el Espíritu tenía otros planes. Una vez más, el principal protagonista en todo el libro no es alguno de los apóstoles, ni siquiera todos los apóstoles juntos, sino que es más bien el Espíritu Santo.

Para pensar, estudiar y discutir: En el episodio que estamos estudiando, por primera vez vemos que el pueblo común, en lugar de apoyar a los cristianos frente a los poderosos, se une a estos últimos. ¿A qué puede deberse esto? ¿Por qué razón cambiaría el sentir del pueblo al respecto de los cristianos?

Esteban fue nombrado en el capítulo anterior para que fuera uno de los siete cuya tarea sería administrar los bienes de la iglesia que se repartían a las viudas. Los Doce pensaban que al darles a estos siete la tarea de administrar esos bienes, ellos mismos se reservarían para la tarea de predicar. Y ahora Esteban, quien se supone que no predique, ¡predica el sermón más largo en todo el libro de Hechos! ¿Qué nos enseña esto?

IV. 8.4–12.24: NUEVOS HORIZONTES.

La narración toma ahora un nuevo giro. Como resultado de la persecución que se ha desatado en Jerusalén a raíz de la muerte de Esteban, el testimonio de los cristianos se expande a otras partes de Judea y a Samaria. En términos generales, se va siguiendo el bosquejo de 1.8: "En Jerusalén, en toda Judea, en Samaria...". Pero ese orden no es estricto, pues Lucas va a hablar primero de Samaria y luego de Etiopía, para pasar después a la conversión de Saulo, y por último en esta sección al testimonio en Judea.

En cierto sentido, toda esta sección es como un puente entre lo que antecede y el resto del libro. Hasta aquí la atención del narrador se ha centrado sobre Jerusalén. En el episodio de Esteban se ha presentado un nuevo liderazgo, no ya "hebreo", sino helenista. Ahora se va a hablar de cómo esa iglesia helenista llevó el mensaje más allá de los límites de Jerusalén y hasta de Palestina (y cómo Pedro, en el episodio de Cornelio, mostró estar de acuerdo). En la próxima sección, el centro de interés pasará a Antioquía, donde permanecerá por todo el resto del libro.

A. 8.4-40: LA OBRA DE FELIPE.

Los Doce le pidieron a la congregación que eligiera a siete hombres para que sirvieran a las mesas, mientras ellos se reservaban el ministerio de la predicación. Ya vimos que en el caso de Esteban el Espíritu Santo contradice el deseo de los Doce de reservarse ese ministerio. Ahora, en el capítulo 8, será Felipe quien proclamará el evangelio, con lo cual se señala una vez más que los Doce (cuya autoridad no se niega, sino se afirma) se equivocaron al pensar que serían ellos los únicos encargados de predicar la palabra.

1. 8.4-25: En Samaria.

El pasaje empieza con uno de esos resúmenes que hemos encontrado repetidamente en Hechos. En este caso es brevísimo, pues consiste únicamente del versículo 4. Sin embargo, ese resumen es importante porque, al igual que los demás, indica que lo que sigue es un ejemplo particular de algo más general. Lucas no pretende que sea Felipe el único que anda predicando. Felipe, al contrario, es un ejemplo del hecho general que se afirma en este versículo, y Samaria no es sino un caso particular de lo que estaba teniendo lugar "por todas partes".

Lucas no pretende contar toda la historia de la expansión del mensaje cristiano, sino solamente conectarla con Teófilo y con el resto de sus lectores. Por ello, lo que va contando son como etapas sucesivas mediante las cuales el mensaje ha llegado a su auditorio. Es algo semejante a lo que se ha hecho tradicionalmente al estudiar la historia supuestamente "universal": se dice muy poco del lejano Oriente, y se centra la atención sobre Mesopotamia y la cuenca del Mediterráneo. De ahí se pasa a la civilización occidental, y se estudia poco de la bizantina o la islámica. Más tarde, se le presta especial atención a España, Francia, Italia, Alemania y Gran Bretaña, y uno se desentiende de Polonia, Escandinavia, etc. Se sabe que todos esos países tienen también su historia; pero, como esa historia no conduce directamente a la nuestra, nos ocupamos poco de ella. De igual modo, Lucas ofrece atisbos de toda esa otra historia en Galilea, en Fenicia y en otros lugares, pero solamente se ocupa con detenimiento de algunos episodios que por alguna razón son de especial interés para su narración.

La "ciudad de Samaria" donde Felipe va (8.5) bien puede ser la misma Samaria (que entonces se llamaba Sebaste) o Siquem, que también estaba en Samaria. Sebaste era una ciudad mayormente gentil, mientras que Siquem era principalmente samaritana. Por esa razón muchos comentaristas se inclinan hacia Siquem. Lo que Felipe hace allí es predicar y hacer "señales" o milagros. Las gentes "oyen" y "ven" (8.6). Según la RVR traduce el versículo 6, el oír parece referirse a las voces que daban los espíritus inmundos; y el ver, a los paralíticos y cojos que eran sanados (8.7). Sin embargo, el énfasis en el texto no recae sobre las "señales", sino sobre la predicación. La función de Felipe no es primordialmente hacer milagros, sino predicar. El "gran gozo" del versículo 8 se refiere tanto a que muchos eran sanados como al mensaje, las buenas nuevas, que Felipe predicaba. En cuanto al mensaje de Felipe, el texto nos dice que "predicaba a Cristo" (8.5), es decir, al Mesías, al Ungido. Esto puede ser significativo, pues la esperanza mesiánica era fuerte entre los samaritanos, quienes también llamaban al Ungido *Taeb* o "el que restaura". Y es posible que todo esto se relacione también con los milagros de Felipe, que son señales de restauración. También sabemos que los samaritanos se oponían al culto del templo en Jerusalén (cf. Jn 4.20-21). Esto resulta interesante, pues al estudiar el discurso de Esteban vimos su crítica al templo "hecho de manos". Ahora Felipe, otro de los siete y por tanto probablemente miembro del mismo círculo que Esteban, va a trabajar entre los samaritanos, quienes también rechazaban el culto en el templo.

En el v. 9 se presenta a Simón, conocido por la historia como Simón Mago, y se describe su prestigio y autoridad. De él decían los samaritanos: "Este es el gran poder de Dios" (8.10). Entre los muchos conversos de Felipe se encuentra este Simón, quien también es bautizado y sigue a Felipe por todas partes. Aunque tradicionalmente se ha dicho que Simón era un hipócrita, el texto no da indicación alguna al respecto.

Intervienen entonces los apóstoles (8.14), quienes envían a Pedro y a Juan. Al llegar estos, ven que los creyentes no han recibido el Espíritu Santo, sino que "solamente habían sido bautizados en el nombre de Jesús" (8.15-16). Los apóstoles

les imponen las manos, y reciben el Espíritu Santo (8.17). Este pasaje ha sido utilizado a través de la historia de la iglesia de muy diversos modos, pues hay en él varios puntos que no resultan claros. Por una parte, lo usan quienes dicen que el bautismo fue originalmente solo en el nombre de Jesús, y que así debe ser hoy. En sentido contrario lo usan los que insisten en el bautismo trinitario, diciendo que lo que este texto muestra es que el bautismo en el solo nombre de Jesús es deficiente. También utilizan este texto quienes insisten en dos bautismos: uno con agua y otro que tiene lugar más tarde, del Espíritu Santo. Por último, este es el texto en que se basan quienes dicen que, aunque el bautismo puede administrarlo cualquier cristiano, la confirmación es función exclusiva de los obispos. Por tanto, este texto amerita discusión detallada.

En primer lugar, ¿qué quiere decir el que "solamente habían sido bautizados en el nombre de Jesús"? Claramente, algo les faltaba; pero el texto no aclara la naturaleza exacta de esa deficiencia. Según una interpretación, la deficiencia consistía en haber sido bautizados únicamente "en el nombre de Jesús", y no "del Padre, el Hijo y el Espíritu Santo". El problema está en que hay otros pasajes en Hechos en que el bautismo "en el nombre de Jesús" se propugna o se practica, sin que parezca haber deficiencia alguna en ello. En 2.38, Pedro les dice a sus oyentes en el día de Pentecostés: "Arrepentíos y bautícese cada uno de vosotros en el nombre de Jesucristo... y recibiréis el don del Espíritu Santo". En 10.48, el mismo Pedro manda que Cornelio y los suyos sean bautizados "en el nombre del Señor Jesús". Por último, en 19.1-6, Pablo encuentra en Éfeso a unos creyentes que solamente han sido bautizados en "el bautismo de Juan". Pablo entonces los bautiza "en el nombre del Señor Jesús", les impone las manos y reciben el Espíritu Santo. Luego, el solo hecho de que el bautismo de los samaritanos haya sido "en el nombre del Señor Jesús" no parece haber sido el problema.

De todo lo anterior se deduce que lo que les faltaba era la dádiva del Espíritu Santo. Cabe entonces preguntarse, ¿por qué no había descendido sobre ellos el Espíritu Santo? Y la única respuesta es que es imposible saberlo. En el texto citado arriba, 2.38, Pedro parece dar a entender que el don del Espíritu Santo vendrá sobre los que lo escuchan tan pronto como se bauticen. En el pasaje de Cornelio, el Espíritu Santo viene sobre Cornelio y los suyos antes del bautismo, y es sobre la base de ese don del Espíritu que Pedro ordena que sean bautizados. En el episodio en Éfeso, la cosa es aún más complicada, pues estos creyentes no habían recibido sino el bautismo de Juan. Es tras bautizarlos en el nombre de Jesús que Pablo les impone las manos y reciben el Espíritu. En consecuencia, el Espíritu es completamente libre de manifestarse y derramarse donde lo desee, ya sea antes del bautismo o después, ya en el bautismo mismo o tras la imposición de las manos. En conclusión, hay que tener cuidado de no emplear este, o cualquiera de los textos citados más arriba, como norma rígida a la cual el Espíritu ha de ajustarse, o como principio absoluto y esencial de la práctica eclesiástica de hoy.

Otro punto interesante es que el texto no dice si el don del Espíritu Santo iba acompañado de manifestaciones extraordinarias como la de hablar en lenguas, o de qué otro modo se sabía que habían recibido el Espíritu Santo. Más adelante, en los episodios de Cornelio y de Éfeso, sí se hablará de glosolalia; sin embargo, este texto nada dice al respecto.

Tampoco dice el texto si Simón Mago se contaba entre los que recibieron el Espíritu Santo por la imposición de manos de los apóstoles. Muchos intérpretes piensan que no, pues se les hace difícil compaginar el don del Espíritu con la ofuscación espiritual del Mago. Sin embargo, el texto no dice ni una cosa ni la otra. Es aventurado afirmar, por tanto, que Simón no recibió el Espíritu porque era un candidato inaceptable para el bautismo del Espíritu Santo. Además de que el texto no dice si Simón recibió el Espíritu o no, ese don no se recibe en base a nuestros méritos o a ser "aceptables".

En todo caso, Simón Mago se ofrece a comprar este don de los apóstoles: no el don de hacer milagros, que había visto antes en Felipe, sino el don de hacer que las personas recibieran el Espíritu Santo mediante la imposición de las manos. El término que se traduce aquí por "asunto" es *logos*, que también quiere decir "palabra", "mensaje" o "doctrina". Puesto que la respuesta de Simón está en plural ("rogad vosotros"), parece ser que, aunque Lucas cita solamente a Pedro, está dando a entender que Juan también lo había increpado.

La respuesta de Simón parece indicar arrepentimiento, aunque no se dice explícitamente que se arrepintiera, sino solo que pidió que se orara por él.

El texto termina con el regreso de Pedro y Juan a Jerusalén, quienes por el camino aprovechan para predicar en las aldeas samaritanas por las que pasan.

Pocos personajes bíblicos han tenido tan mala prensa como la que ha tenido Simón Mago. En la iglesia antigua se decía, y en muchos libros de historia se dice hasta el día de hoy, que fue él quien fundó cuanta herejía de origen incierto circulaba en la época. Por el siglo tercero o cuarto, un escritor anónimo con espíritu de novelista escribió la llamada literatura *Pseudo-Clementina*, en la que Simón Mago es el villano que va por todas partes tratando de deshacer la obra de Simón Pedro. En la Edad Media, los cristianos de espíritu reformista se dolían ante la práctica de comprar y vender cargos eclesiásticos; a esa práctica le pusieron el nombre de "simonía", en honor de Simón Mago, quien quiso comprar el don del Espíritu. Y, por no quedarse detrás, en el siglo veinte Hollywood produjo una película en la que Simón Mago es un embustero que trata de hacer trucos de magia que superen los milagros de los apóstoles. Por lo general, se habla de Simón Mago como un hipócrita que quiso aprovecharse del evangelio para su propia ganancia.

> Nos hemos enterado de que en algunas iglesias en el Oriente no se llega a las órdenes sagradas sino mediante el soborno. Si encuentras que esto acontece, lo primero que has de hacer como ofrenda ante el Dios todopoderoso es detener este terrible error y herejía de la simonía en las iglesias que te están sujetas. De otro modo, ¿qué clase de persona podrá ser quien llega a las órdenes sagradas, no mediante sus méritos, sino comprándolas? Por eso vemos con cuánta severidad el príncipe de los apóstoles repudia esta herejía al pronunciar sentencia contra Simón.
>
> **Gregorio el Grande**

Sin embargo, el texto no dice tal cosa, sino que dice que Simón creyó y que estaba "atónito". Y dice además que Simón era un hombre poderoso. Era tan poderoso que las gentes decían de él: "Este es el gran poder de Dios". Ese prestigio inaudito de Simón es confirmado por el testimonio de Justino Mártir, quien era oriundo de Samaria. Simón, este hombre poderoso y prestigioso, se convierte. Pero al ver que los apóstoles tienen el poder de conferir el Espíritu Santo quiere él también recibir ese don; y quiere recibirlo a cambio de dinero. Siempre ha sido poderoso, y ahora quiere cambiar el dinero, símbolo de su poder en Samaria, por el don de los apóstoles, para ser tan poderoso en la iglesia como lo es en Samaria.

Es a esas pretensiones que Simón Pedro responde con fuertes palabras, diciéndole a Simón Mago que está "en hiel de amargura y en prisión de maldad", y que por tanto su dinero ha de perecer con él. A lo que Simón Mago responde con palabras que parecen ser de arrepentimiento.

Visto así, el texto trata no sobre la sinceridad y la hipocresía, sino sobre cómo el poder afecta la vida cristiana. Puesto que este es un tema de importancia para la iglesia, es bueno explorarlo con más detenimiento.

Simón Mago está acostumbrado a ser poderoso, y por tanto se le hace difícil ver la diferencia entre el poder que cuenta en la sociedad de Samaria, el dinero, y el poder que cuenta en la iglesia, el Espíritu. Simón Pedro es un humilde pescador de Galilea convertido por la gracia de Jesús y por obra del Espíritu en pescador de hombres. Simón Mago, acostumbrado a que le llamen "el gran poder de Dios", no puede ver el poder de Dios tal como lo vio Simón Pedro en Pentecostés, como el gran nivelador que se derrama sobre todo el género humano, y que hace que los hijos y las hijas profeticen.

En medio de ellos está Felipe. No se dice exactamente qué fue lo que enseñó, ni se explica por qué tras su bautismo fue necesaria la imposición de manos por parte de Pedro y de Juan. Pero el texto sí implica que, por la razón que haya sido, Felipe no supo o no pudo hacerle ver a Simón Mago la diferencia entre el poder del dinero y el poder de Dios, entre el poder que hace que las gentes digan de Simón Mago que es "el gran poder de Dios" y el poder que hace de Simón Pedro un apóstol de Jesucristo.

Excurso: La iglesia entre los dos simones.

El pasaje que acabamos de estudiar, con su agudo contraste entre Simón Pedro y Simón Mago, se relaciona estrechamente con buena parte de nuestra experiencia evangélica latina. Quienes nacimos antes de 1950 recordamos un tiempo cuando los evangélicos éramos una minoría exigua y despreciada —y en algunos casos tan pequeña que ni siquiera desprecio recibía. El catolicismo romano nos atacaba con mayor energía que a cualquier otro sistema de pensamiento —incluso tanto el fascismo como el comunismo. Se nos tachaba de herejes y buena parte de la población pensaba que en fin de cuentas éramos prácticamente lo mismo que ateos o incrédulos. Cuando no se nos tachaba de tal cosa, se nos llamaba fanáticos, gente alborotadora y sin sentido, "aleluyas", "canutos". En algunos países nos gozábamos de haber alcanzado el 10% de la población; pero en otros éramos menos del 2%.

Hoy todo eso ha cambiado. En espacio de unas pocas décadas, hemos pasado de ser una exigua minoría a constituirnos en una importante fuerza social, y en algunos países nos vamos ya volviendo mayoría. Al mismo tiempo, algo semejante sucede en los Estados Unidos, una nación tradicionalmente protestante, pero en la que los latinos evangélicos no éramos muchos, y se nos descontaba no solamente en la sociedad en general, sino también en las iglesias mismas. En eso también las cosas van cambiando, pues hay denominaciones en las que buena parte del crecimiento numérico se debe a la presencia latina.

Como bien sabemos, tanto en un caso como en el otro, esto ha ido aparejado con un énfasis en el Espíritu Santo y su obra, principalmente entre las iglesias llamadas "pentecostales", pero también en cierta medida entre las iglesias más tradicionales —erróneamente llamadas "históricas", puesto que en fin de cuentas toda iglesia y toda vida humana son "históricas".

Durante todos aquellos años formativos, nuestro protestantismo les dio cierta medida de autoridad y autoestima a muchos que de otro modo hubieran quedado olvidados. Para ayudarles a leer la Biblia, el protestantismo latinoamericano se dedicó asiduamente —y todavía se dedica— a combatir el analfabetismo, promoviendo campañas para enseñar a nuestro pueblo a leer. Creando iglesias en las que la voz de los miembros tenía poder determinante en las decisiones que se hacían, se nos fue formando para más adelante reclamar derechos democráticos y justicia social. Nuestros líderes no eran entonces necesariamente las personas más cultas o más respetadas en la sociedad circundante, sino aquellas que de alguna manera daban manifestaciones del poder del Espíritu Santo —algunos mediante las manifestaciones llamadas "extraordinarias", y otros sencillamente mediante los dones de la administración, del liderazgo o sencillamente de la sabiduría.

En una palabra, éramos como el pobre y humilde pescador de nombre Simón a quien Jesús dio el apelativo de "Pedro" o "piedra". El pescador antes llevado de un lugar a otro por las olas del mar de Galilea, ahora se había vuelto la piedra contra la que se romperían las olas del poderoso Simón Mago —y a la postre del Imperio romano.

Pero lo que sucedió en Samaria también va sucediendo en nuestras tierras. Atraídos unos por las grandes señales que ven en nuestras iglesias, y otros por el poder y prestigio que ahora esas iglesias van adquiriendo, se nos van uniendo cada vez más personajes tenidos por poderosos en la sociedad en general. Quizá no se diga de ellos que son "el gran poder de Dios". Pero son personajes prestigiosos y poderosos en la sociedad: senadores y gobernadores, administradores de empresas, intelectuales distinguidos, militares de alto rango y muchos otros.

Ciertamente, debemos gozarnos de la llegada de tales personas y de su conversión, puesto que ellas también están en necesidad de remisión de pecados y de la salvación que Jesucristo les ofrece. Pero es muy fácil dejarnos llevar por el poder y prestigio de tales personas, y no retarlas con la plenitud de las demandas del evangelio.

Quizá esto fue lo que aconteció en Samaria con Felipe. No sabemos nada de los orígenes sociales o culturales de Felipe. Pero sí podemos imaginar que al inicio de su predicación se enfrentaría a grandes dificultades, predicando un mensaje desconocido en medio de la también desconocida ciudad de Samaria. Y ahora uno de los personajes más destacados de esa ciudad —un personaje tan importante que lo llaman "el gran poder de Dios"— empieza a seguirlo, y a la postre se bautiza y se une a la comunidad. Pero —quizá por razón de su mismo prestigio— Felipe no parece haberle hecho ver lo que era la iglesia a la que se estaba uniendo. La iglesia que hemos visto en los capítulos de Hechos que hemos estudiado hasta aquí era una iglesia en la que los ricos compartían con los pobres a tal punto que no había entre ellos ningún necesitado. Pero aparentemente Simón piensa que puede unirse a esta iglesia trayendo consigo el poder y el prestigio que trae de la sociedad circundante; quiere mantenerse con ese poder y prestigio sin que nada cambie.

Cuando señalo esto lo hago en cierta medida por experiencia propia. Hace muchos años, todavía antes de empezar mis estudios de teología, yo asistía regularmente a la pequeña iglesia en el pueblo de campo en que mi padre se había criado. Era una pequeñísima iglesia constituida prácticamente por una o dos familias, casi todos con los mismos apellidos. Visitando por las casas del pueblo, llegué a conocer a uno de los más respetados personajes de aquella comunidad, el maestro de escuela. En mis largas visitas le hablé acerca del mensaje cristiano y de la iglesia, y un buen día el maestro se presentó en la iglesia a participar del culto. Tras dos o tres visitas, le sugerí que diera clases de escuela dominical, aun cuando yo sabía que sus doctrinas y pensamientos dejaba mucho que desear —era más espiritista que cristiano, propugnando la transmigración de las almas y la comunicación con los difuntos. ¡Y yo pensé que por el solo hecho de ser maestro de escuela podría ser maestro en la escuela "dominical", lo cual equivale a decir la escuela del Señor! Por tanto, no me sorprende el hecho de que Felipe estuviera dispuesto a bautizar a Simón sin darle a conocer todo lo que tal bautismo implicaría.

Lo que hice yo en aquella pequeña iglesia hace muchos años es paralelo a lo que está aconteciendo en muchas de nuestras iglesias en tiempos más recientes. Ahora escucho a muchos de nuestros pastores gloriarse, no en la cruz de Jesucristo, sino en la presencia del senador Fulano o de la gobernadora doña Mengana. Lo que es más, ¡hasta dictador evangélico hemos tenido!

Y de ahí muchos han pasado a un "evangelio de la prosperidad", que confunde el éxito en la sociedad con la vida cristiana. Y así llegamos a un evangelio truncado, que afirma correctamente que Dios no quiere que suframos, pero al mismo tiempo promete que quien es fiel dejará de sufrir —lo cual hace una burla de la cruz de Cristo, de la espina de Pablo y de la muerte de los mártires. Es un supuesto evangelio en el que se supone que quien verdaderamente cree prosperará en todo, se hará rico, no tendrá problemas. Es un evangelio de la prosperidad en el que indudablemente quienes prosperan son quienes lo propugnan —de lo cual da testimonio un señor que puso en Internet una invitación a unirse a la red apostólica, señalando que antes de unirse a esa red predicaba "por un racimo de plátanos" y "ahora ando en Cadillac".

En el país en que vivo, buena parte de los líderes evangélicos se ha declarado a favor de un presidente cuya vida personal es marcadamente inmoral, que se ha hecho rico mediante maniobras económicas y legales declarándose repetidamente en bancarrota para no pagarles a los obreros, que ha afirmado que los inmigrantes no son mucho mejores que bestias salvajes. ¿Por qué lo apoyan? Porque va a sus iglesias con su séquito de personajes importantes y porque recibe a esos mismos pastores en el palacio presidencial. En esas reuniones se intercambian halagos mutuos, pero jamás se mencionan las demandas del evangelio. Después de todo, este hombre es casi "el gran poder de Dios", y nadie se atreve a decirle "tu dinero perezca contigo".

A través de toda la historia, esta ha sido una de las grandes tentaciones de la iglesia: establecer alianza con los poderes existentes, y en esa alianza aceptar los valores de esos poderes como si fueran los mismos valores que se encuentran en el fundamento mismo de la fe cristiana y del testimonio bíblico.

Pero viene entonces la irrupción dramática del Espíritu Santo. Viene unas veces mediante dones extraordinarios y otras mediante otros dones menos sorprendentes, pero igualmente poderosos. Viene, no para hacer las cosas más fáciles, sino para hacerlas más claras. Viene en medio del Imperio romano creando testigos y hasta mártires cuya sangre se vuelve semilla de fe. Viene cuando el obispo Ambrosio le niega la comunión al poderoso emperador Teodosio, quien acaba de ordenar una matanza. Viene cuando un pobre italiano apodado "Francisco" se presenta ante el más poderoso Papa de todos los tiempos como ejemplo de una fe verdaderamente humilde. Viene cuando un monje agustino de apellido Lutero abre las Escrituras y descubre un mensaje liberador. Viene cuando en la Alemania de Hitler un tal Dietrich Bonhoeffer entrega su vida por razón de su fe. Viene cuando en una aldea guatemalteca un pastor muere en defensa de su congregación. Viene y sigue viniendo no porque alguien lo compre con dinero, sino porque es Espíritu soberano del Dios de amor y de justicia.

2. 8.26-40: El etíope.

Felipe, quien fue el protagonista inicial del episodio anterior, pero luego quedó relegado en medio del encuentro entre los dos simones, vuelve a ser el protagonista de este episodio. Un ángel (lo cual no quiere decir necesariamente un ser alado, como ahora se los representa, sino un mensajero de Dios) le dice que vaya de camino hacia Gaza. Se han sugerido tres posibilidades acerca del lugar donde estaba Felipe al recibir la visita angélica. La frase "el camino... desierto" puede referirse a la misma Gaza, que fue desolada repetidamente; pero parece referirse más bien a uno de los dos caminos que iban de Jerusalén a Gaza, de modo que con esta frase se está indicando cuál de los dos ha de tomar Felipe. Si esta última interpretación es correcta, parece indicar que Felipe se encontraba en Jerusalén. Sin embargo, también es posible leer este pasaje de corrido con el anterior, y por tanto llegar a la conclusión de que Felipe estaba todavía en Samaria. Otra posibilidad es que estuviera en Cesarea, donde Lucas dice que residía, al menos unos años más tarde (21.8). No se dice dónde estaba Felipe, pero sí que debía ir hacia el sur (el texto dice literalmente, "por el mediodía", pero el sentido parece indicar que se trata, no de la hora, sino de la dirección, de igual modo que hoy se habla del sur como el "mediodía").

El término "eunuco" (*eunoujos*) se usa en algunos textos antiguos, no en su sentido literal de un hombre que ha sido emasculado, sino para referirse a algún alto funcionario del gobierno. Sin embargo, el hecho de que Lucas dice "eunuco, funcionario" (*eunoujos dynastês*) nos da a entender que el hombre era verdaderamente eunuco, pues en caso contrario la segunda palabra sobraría.

"Candace" no es el nombre de una reina particular, sino el título que se les daba a las reinas que gobernaban en Nubia, al sur de Egipto. Era a una de tales reinas a las que el eunuco servía como tesorero. La región que en aquella época se llamaba "Etiopía" no corresponde al país que hoy recibe el mismo nombre. Se refería más bien a Nubia, cuyos territorios bordeaban el Nilo al sur de Egipto, y correspondían más bien a lo que hoy es Sudán. En el Antiguo Testamento, su nombre es Kush. Su capital, a donde es de suponerse viajaba el eunuco, era Meroe.

El hecho de que el eunuco había ido a Jerusalén para adorar indica que era uno de esos "temerosos de Dios" que, aunque creían en el Dios de Israel, no se sometían totalmente a la ley ni a la circuncisión. Que un personaje de ese lejano país hubiera venido a Jerusalén a adorar no ha de sorprender, pues ya en el siglo VI a. C. había una fuerte colonia judía en la isla de Elefantina, en la primera catarata del Nilo, en la frontera misma entre Egipto y Etiopía.

Este funcionario de Candace iba "leyendo al profeta Isaías" (8.28). Puesto que Felipe le oye, lo iba leyendo en voz alta, lo cual era costumbre en la antigüedad, o se lo iba leyendo algún subalterno, lo cual también era costumbre entre personas pudientes. (Varios siglos más tarde, todavía Agustín se asombraba al ver a Ambrosio leer sin mover los labios).

La cita que aparece en 8.32-33 es de Isaías 53.7-8. Esto no quiere decir que el eunuco fuera leyendo únicamente esos dos versos. Puesto que en esa época no se dividía el texto en capítulos y versículos, lo que Lucas hace es citar una porción conocida del texto, para indicarnos que el eunuco iba leyendo lo que ahora conocemos como Isaías 53. Y esto tampoco implica que se limitaba a ese capítulo, sino más bien que estaba leyendo el pasaje que comienza con esas palabras, pero que bien podría continuar por espacio de varios capítulos. Felipe le pregunta si comprende lo que lee. La pregunta, "¿entiendes lo que lees?" es un juego de palabras en griego: *ginôskeis ha anaginôskeis.* El eunuco lo invita a subir al carro y a explicarle la referencia del profeta. La gramática griega que el eunuco utiliza es sumamente refinada y difiere del estilo más común de Lucas. El lenguaje que el eunuco utiliza corresponde verdaderamente al de un alto funcionario de una corte real. Es "comenzando desde esta escritura" —es decir, empezando por Isaías 53— que Felipe le anuncia "el evangelio de Jesús". Nótese que el texto no dice que únicamente le explicara ese texto, sino que a partir de él le fue hablando de todo el evangelio.

Es entonces (quizás después de varias horas) que, viendo agua, el eunuco le pregunta a Felipe si puede bautizarse. La frase que se usa aquí aparece también en 10.47 y 11.17. Al parecer era la fórmula que se empleaba antes de aceptar a una persona para el bautismo. El versículo 37 no aparece en los mejores manuscritos y por ello muchos eruditos piensan que fue añadido posteriormente para redondear la acción citando la respuesta de Felipe. En todo caso, la narración indica que Felipe le respondió que no había impedimento.

Ambos "descendieron" al agua, y después del bautismo "subieron" de ella. Las formas gramaticales que se emplean en griego dan a entender que entraron al agua, y que el bautismo fue hecho dentro del agua, no por aspersión. Esa era la forma normal del bautismo, como se implica en Ro 6.4, Col 2.12 y otros lugares del Nuevo Testamento.

Después de esto, el Espíritu se llevó a Felipe, a quien al parecer depositó en Azoto, y el eunuco siguió su camino lleno de gozo. Desde Azoto, Felipe siguió su camino, predicando en cada ciudad, hasta llegar a Cesarea (donde, según 21.8, tenía su casa, al menos más tarde).

Este pasaje se interpreta frecuentemente como el comienzo de la misión a un nuevo país. La Iglesia de Etiopía, una de las más antiguas del mundo, que cuenta con millones de miembros, afirma que sus orígenes se remontan al encuentro de Felipe con el eunuco etíope. Lo que es más, este pasaje representa también el comienzo de la misión a los gentiles aun antes de que la iglesia en general lo autorice. No será sino después del episodio de Pedro y Cornelio que los líderes de la iglesia en Jerusalén llegarán a la conclusión de que "también a los gentiles ha dado Dios arrepentimiento para vida" (11.18).

Excurso: Misión y escatología.

Sin embargo, antes de tratar sobre eso, es bueno considerar la entrevista misma entre Felipe y el eunuco, y lo que puede significar para hoy. Para entender esto, hay que darse cuenta de que el eunuco, aunque es "temeroso de Dios", no puede convertirse al judaísmo, pues lo prohíbe la ley de Israel (Dt 23.1). Aunque esa ley no sea conocida hoy, sí debe haberla conocido el eunuco, quien tenía suficiente interés en el judaísmo como para acudir a Jerusalén a adorar, aunque sabía que la entrada al pueblo de Dios le estaba vedada para siempre por su condición de eunuco. Y también, por esa misma condición, debe haber conocido la promesa que aparece en el libro de Isaías, solamente tres capítulos más adelante de lo que iba leyendo (Is 56.3-5): que llegaría el día en que habría lugar en la casa de Israel tanto para el extranjero como para el eunuco.

Comenzando con Isaías 53, Felipe le anuncia "el evangelio de Jesús". ¿Qué son esas buenas nuevas para el eunuco extranjero sino, en parte al menos, las nuevas de que con Jesús y con la dádiva del Espíritu Santo se han inaugurado los "últimos días", y que la promesa de Isaías empieza a cumplirse? Es tras oír las buenas nuevas que el eunuco, al ver agua, le pregunta a Felipe: "¿Qué impide que yo sea bautizado?". Sobre la base de la ley que ha regido en Israel por siglos, la respuesta sería clara: "Tu condición de eunuco". Esto el eunuco lo sabría de sobra, pues esa era precisamente la razón por la cual no podía pasar de ser "temeroso de Dios" y unirse al pueblo de Israel como un prosélito. Pero a base del evangelio que Felipe le acaba de proclamar, del reino que se ha inaugurado, la respuesta es otra: ¡nada lo impide!

Al bautizar al eunuco, Felipe está haciendo mucho más que lo que a menudo se piensa. No está únicamente bautizando a un nuevo converso. Tampoco está únicamente abriéndole el camino al evangelio en toda una nación o todo un continente. Está haciendo todo eso, sí. Pero está haciendo mucho más. Está declarando que ha llegado el día del cumplimiento de las promesas del reino. Está reafirmando y aplicando lo que dijo Pedro en Pentecostés: "Esto es lo dicho por el profeta Joel: 'En los postreros días'...". Porque la iglesia vive en los "postreros días" se cumple la promesa de Isaías y al eunuco y al extranjero se les da también lugar en la casa del Señor (Is 56.3-5).

Al dar este paso, Felipe se está adelantando al resto de la iglesia, que no descubrirá estas implicaciones del evangelio sino tres capítulos más adelante en Hechos. Si Felipe se puede adelantar a los Doce, esto es en parte porque, mientras ellos son "hebreos", él es "griego" (véase lo dicho sobre 6.1-7). Como persona que ha sido marginada dentro del pueblo de Israel, Felipe puede ver que los márgenes se han ampliado y así comienza la misión a los gentiles antes que los viejos jefes de la iglesia la hubieran sancionado.

Felipe está dispuesto a bautizar al eunuco, aunque la Ley lo prohíbe, porque está convencido de que lo que los profetas anunciaron se está cumpliendo. En otras palabras, sabe que está viviendo en lo que el profeta Joel llamó "los postreros días". Gracias a la resurrección de Jesucristo y al don del Espíritu Santo, la iglesia vive ya en los postreros días. Vivimos entre el tiempo en que el fin comenzó y el tiempo en que el fin se cumplirá. Ese vivir entre los tiempos nos hace a la vez ciudadanos del reino venidero y ciudadanos de los reinos presentes. En medio de los reinos presentes, damos testimonio del reino venidero, de cuyos atisbos ya gustamos. Felipe sigue siendo súbdito del Imperio romano, pero sabe sobre todo que es el heredero del imperio eterno. Sigue siendo judío, y sabe que la ley de Israel prohíbe añadir a un eunuco al pueblo de Dios; pero porque sabe y está convencido de que los tiempos postreros han comenzado, sabe también que nada impide que el eunuco sea bautizado.

Con demasiada frecuencia en el día de hoy pensamos que la escatología se refiere únicamente al futuro, cuando veamos un cielo nuevo y una tierra nueva, y la ciudad santa descienda del cielo como una esposa ataviada para su esposo. Pero la escatología es mucho más que eso. La escatología es la promesa que también empieza a cumplirse. Es promesa que se cumple cuando, siguiendo el ejemplo de Jesucristo y movida por el Espíritu Santo, la iglesia está dispuesta a practicar amor y justicia, a alimentar a los hambrientos, darle agua a los sedientos y libertad a los oprimidos, ya sea por los poderes del demonio o por los poderes demoníacos de nuestros tiempos. Lo importante de la escatología cristiana no es saber cuándo. Repetidamente encontramos tanto en los Evangelios como en Hechos que no nos toca a nosotros "saber los tiempos o las ocasiones que el Padre puso en su sola potestad". Lo importante de la escatología cristiana es saber qué: en qué consiste el Reino que anunciamos y del que ya somos ciudadanos. Y la respuesta bíblica está clara: consiste en amor, paz y justicia.

Excurso: ¿Qué impide que yo sea bautizado?

Una pregunta que repetidamente los cristianos de hoy se hacen es por qué no siempre seguimos la práctica que vemos en el pasaje que estamos estudiando: la de bautizar a una persona tan pronto como acepta a Jesucristo. Claramente, en el libro de Hechos tales bautismos inmediatos son comunes, y a veces alcanzan los millares de personas. Pero también sabemos que bien pronto la iglesia dejó de bautizar inmediatamente a los conversos. ¿A qué se debió esto? ¿Habrá justificación posible?

La respuesta es sencilla. Los millares bautizados en los primeros capítulos de Hechos eran todos judíos, y por tanto conocían la Ley de Israel tanto en sus dimensiones morales como en su oposición a toda forma de idolatría. El eunuco del que ahora tratamos, así como Cornelio, quien aparece en el capítulo 10, y muchos otros de los primeros gentiles bautizados no eran en realidad paganos, sino que eran personas que creían en el Dios de Israel y seguían sus normas morales, pero por alguna razón no se hacían "prosélitos" judíos. Asistían a la sinagoga, pero en cierta medida como visitantes, pues no se circuncidaban ni se sujetaban tampoco a las leyes dietéticas de Israel. Algunos, como este eunuco etíope, estaban tan comprometidos con la fe de Israel que venían desde regiones lejanas como Etiopía para adorar frente a un templo al que no se les permitía entrar. De igual manera que, para bautizarse, todo lo que un judío tenía que hacer era reconocer que Jesucristo era el cumplimiento de las promesas hechas a Israel, el Mesías o Ungido esperado, así también un temeroso de Dios que aceptaba a Jesucristo estaba pronto para recibir el bautismo.

Pero pronto llegaron a acercarse a la iglesia gentiles que sabían poco o nada del Dios de Israel, de su oposición a toda idolatría o de sus demandas morales. Muchas personas, al oír de las enseñanzas de Jesús, lo veían como un famoso y gran maestro, o hasta como un dios que podían añadir a sus muchos dioses. Algunos estaban tan comprometidos con el orden social y religioso existente que se les haría difícil apartarse de él. Los ejemplos podrían ser muchos. Quien tenía algún oficio normalmente tenía que ser miembro del gremio de quienes practicaban ese mismo oficio, y ese gremio tenía reuniones periódicas dedicadas al culto del dios patrono del oficio en particular. Una persona tal no podía ser bautizada inmediatamente, sino que tenía que tener oportunidad de aprender más acerca de la fe, no solo en términos de doctrina, sino también en términos de cómo vivir como creyentes en medio de un mundo y un orden social paganos.

La respuesta de la iglesia fue crear todo un sistema de instrucción para nuevos miembros que se conoce como el "catecumenado" —palabra derivada de la "catequesis" griega, que quiere decir "enseñanza". Una persona que recibía el testimonio de algún vecino o compañero en el taller podía empezar a asistir a la iglesia y participar de lo que se llamaba el "servicio de la Palabra", en el que, además de alabar y orar, se escuchaba y se explicaba la Escritura —normalmente antes de la madrugada, para que todos pudieran asistir, y por espacio de varias horas. Cuando esa persona, tras escuchar las enseñanzas de la iglesia por algún tiempo, decidía que quería unirse a ella, se declaraba oficialmente "catecúmeno" —es decir, participante del catecumenado. Se nombraba entonces a alguien que lo guiara en sus pasos de fe y frecuentemente se unía a un grupo de estudio y devoción. Tras el espacio de al menos un par de años, cuando la persona estaba completamente segura de que verdaderamente quería unirse a la iglesia y pagar el precio que esto requeriría, y cuando ya había adaptado su vida al compromiso que tendría que hacer en el bautismo, se le bautizaba.

En pocas palabras, mientras los primeros conversos, procedentes todos del judaísmo, o al menos "temerosos de Dios", podían ser bautizados inmediatamente, cuando empezaron a llegar personas que no tenían el mismo trasfondo, se reconoció la necesidad de asegurar que no existieran impedimentos antes de recibir el bautismo.

Todo esto es particularmente pertinente el día de hoy, cuando cada vez hay más personas, aun en los países tradicionalmente cristianos, que saben poco o nada de la fe cristiana. En el caso particular de América Latina, cuando llegaron los primeros misioneros evangélicos y alguien pedía unirse sus iglesias, se les podía recibir casi inmediatamente pues, aunque nunca hubieran visto una Biblia, sabían al menos lo que era y algo de lo que decía. Sabían que no hay sino un solo Dios, y que todo lo demás es idolatría y abominación a Dios. Sabían que ese Dios no es solamente Padre, sino también Hijo y Espíritu Santo. Sabían que ese Dios trino abomina el adulterio y la fornicación. Luego, cuando decidían aceptar el mensaje de los predicadores evangélicos, era muy fácil bautizarlos y recibirlos sin mucha mayor preparación.

Pero ahora las cosas han cambiado. En la mayoría de esos países tradicionalmente cristianos, la ignorancia de los principios mismos de la fe cristiana, de la Biblia, de los valores cristianos, frecuentemente es abismal. Según se va perdiendo ese conocimiento común que las gentes antes tenían, la iglesia se va viendo obligada a crear nuevos sistemas de catecumenado o algo parecido. La misma Iglesia católica romana afirma que es necesario volver a evangelizar el hemisferio, aun cuando todavía buena parte de la población se declare católica. Y varias de las iglesias protestantes evangélicas van desarrollando métodos y programas más eficaces para asegurarse de que su evangelización sea eficaz y perdurable. En tales casos, muchas veces si alguien pregunta "¿qué impide que yo sea bautizado?", la respuesta es sencilla: necesitas asegurarte de que de veras sabes en qué consiste el bautismo y lo que la fe cristiana requiere.

Para pensar, estudiar y discutir: el intento por parte de Simón Mago de comprar el Espíritu Santo le dio nombre a la "simonía", que era la práctica corrupta, pero común en ciertos tiempos de la Edad Media, de comprar cargos eclesiásticos. Ahora bien, ¿en qué se diferencia esto de la práctica común hoy según la cual algunas iglesias consiguen el pastor que desean mediante ofertas especiales de salarios y otros beneficios? Es algo que vale la pena considerar...

B. 9.1-31: LA CONVERSIÓN DE SAULO.

1. 9.1-19: La conversión.

Llegamos ahora a uno de los pasajes más dramáticos de las Escrituras. Se trata de la conversión de Saulo, que Lucas cuenta no solo aquí, sino también en 22.4-16 y en 26.12-18. Puesto que se trata del mismo episodio, será necesario estudiar aquí las tres versiones que aparecen en Hechos. Hasta este punto, Lucas solamente ha dicho de Saulo que estuvo presente en la muerte de Esteban, y que después empezó a perseguir a los cristianos. Más adelante, Lucas dirá también que era fariseo (23.6), educado bajo el famoso Gamaliel (22.3) y que era ciudadano romano de nacimiento (22.28). Además, en las cartas del propio Pablo hay varios pasajes que se refieren a su conversión y a los hechos subsiguientes.

Esta es la primera ocasión en que Hechos se refiere a la fe cristiana como el "Camino" (9.2). No volverá a hacerlo hasta 19.9, y luego en 19.23, 22.4, 24.14 y 24.22. Varias de estas referencias tienen que ver con la conversión de Pablo, y todas con algún aspecto de su ministerio. Esto es interesante, puesto que en sus cartas Pablo nunca se refiere a la fe cristiana como "el Camino".

Los tres relatos de conversión afirman que Saulo había pedido cartas de las autoridades religiosas en Jerusalén para perseguir y arrestar a los cristianos en otras ciudades, y que era con ese propósito que iba a Damasco (9.2, 22.5, 26.12). Esto les ha causado dificultad a los eruditos, pues no se sabe con qué autoridad el sumo sacerdote u otros jefes judíos podían expedir órdenes de arresto contra personas en otras ciudades. Lo más probable es que Saulo no llevara órdenes de arresto, sino cartas de presentación a los jefes de las sinagogas en Damasco, y que sobre la base de tales recomendaciones esperaba que esos jefes hicieran lo necesario para que se arrestara a los cristianos —que, según se entiende, eran todos judíos, y por tanto estarían sujetos a las leyes de su comunidad, como era a veces el caso en el Imperio romano. Además, se ha sugerido que, puesto que Damasco era el lugar por donde pasaban muchos de los peregrinos judíos de camino a Jerusalén, las autoridades judías de Jerusalén tenían especial interés en advertir a sus correligionarios de Damasco sobre los peligros de la nueva herejía, o que quizá habían llegado a Jerusalén noticias de que la nueva fe se había infiltrado entre algunos de los dirigentes judíos de Damasco, cuya responsabilidad era verificar las credenciales de los peregrinos a Jerusalén.

La experiencia dramática de Saulo tiene lugar "al llegar cerca de Damasco" (9.3, con la confirmación de 22.6) y "como al mediodía" (22.6 y 26.13; el relato del capítulo 9 no indica la hora). De repente lo rodeó una gran luz, cayó en tierra y oyó la voz del Señor. Todo esto se cuenta con palabras muy semejantes en las tres narraciones. Y lo primero que Jesús le dice en ellas es prácticamente lo mismo: "Saulo, Saulo, ¿por qué me persigues?". En el texto del capítulo 26, las palabras de Jesús son bastante más extensas, pues Jesús añade: "Dura cosa te es dar coces contra el aguijón". Esta frase es un proverbio que aparece en la literatura griega clásica, donde se aplica a todo esfuerzo fútil.

En la respuesta de Pablo, el término "señor" probablemente no ha de interpretarse en el mismo sentido en que se emplea después en las epístolas paulinas. Allí es un título que indica la suprema dignidad de Jesús. Aquí es la forma corriente de dirigirse con respeto a un desconocido (como cuando uno se acerca a alguien en la calle y comienza a hablarle: "Perdone, señor...").

En las tres narraciones, con ligeras variantes, la respuesta es la misma: "Yo soy Jesús [de Nazaret, 22.8] a quien tú persigues". Es importante señalar la relación que las palabras de Jesús establecen entre el Maestro y la iglesia. Saulo no perseguía a Jesús, sino a la iglesia. Sin embargo, el Señor le dice: "Yo soy Jesús, a quien tú persigues". La relación entre Jesús y la iglesia es tal que perseguirla a ella es perseguirlo a él (lo cual recuerda lo dicho al comentar sobre Ananías y Safira: mentirle a la iglesia es mentirle al Espíritu Santo).

Saulo pide entonces instrucciones. En las dos primeras versiones (capítulos 9 y 22), Jesús le dice sencillamente que vaya a la ciudad, donde se le dirá lo que tiene que hacer. Pablo va a Damasco, donde tiene lugar la entrevista con Ananías. En la tercera narración (capítulo 26) se omite toda referencia a Ananías, y Saulo recibe sus instrucciones al parecer en el mismo camino a Damasco. También en esta tercera narración, Pablo recibe instrucciones más detalladas sobre su ministerio futuro (26.16-18). La razón parece ser que en este tercer caso Pablo le está contando su conversión al rey Agripa, y lo importante es el resultado de la conversión, más que el proceso mediante el cual llegó a ella. Las instrucciones que Pablo parece recibir en 26.16-18 son en realidad un reflejo del ministerio y vocación que él mismo fue descubriendo y recibiendo poco a poco, según nos narra buena parte del libro de Hechos.

En cuanto a la experiencia de los que iban con Pablo, hay cierta diferencia (no contradicción, pues las dos cosas son compatibles) entre la narración del capítulo 9 y la del 22: en un caso oyen la voz, pero no ven a nadie; en el otro ven la luz, pero no entienden la voz. Otra diferencia es que en 9.7 "los hombres que iban con Saulo se pararon atónitos", mientras que en 26.14, Pablo dice que todos cayeron en tierra. Si iban a caballo, las dos narraciones parecen complementarse, pues la imagen es la de unos caballos espantados y los jinetes levantándose del suelo atónitos. En todo caso, estos compañeros de Saulo camino a Damasco no son personajes de importancia en la narración. Aunque normalmente se los imagina como soldados que iban con él y bajo sus órdenes, lo más probable es que se tratara sencillamente de otras gentes que iban en la misma caravana a la que Saulo se había unido.

Saulo queda ciego (no como castigo, sino a causa de la luz misma: 22.11), y sus compañeros tienen que llevarlo de la mano hasta Damasco. Esto marca un agudo contraste con el Saulo que iba "respirando amenazas de muerte", y que ahora se ve en la necesidad de que otros lo lleven de la mano. A esto sigue un período de tres días de ayuno absoluto.

En el versículo 10, Lucas nos lleva a otra escena para presentarnos a Ananías, a quien Dios va a mandar a Saulo. Este Ananías no ha de confundirse con el del capítulo 5, quien ya había muerto. Ananías es cristiano. Luego, la sospecha de Saulo, en el sentido de que había cristianos en Damasco, estaba bien fundada, aunque Lucas no dice cómo llegó el evangelio a esa ciudad. Ananías teme ir a Saulo, quien es ya famoso por la persecución que ha desatado; pero el Señor insiste, y Ananías va adonde se encuentra Saulo. La calle "Derecha" existe todavía en Damasco, aunque no hay razón alguna para identificar la casa que se les muestra a los turistas con el lugar donde Saulo moró tras su experiencia. Ananías va adonde está Saulo, ora con él y la ceguera desaparece. La misma historia, aunque sin tratar sobre la conversación entre el Señor y Ananías, y con más énfasis en lo que Ananías le dijo a Saulo, aparece también en 22.12-16. En la narración del capítulo 9, la futura misión de Pablo se anuncia en la visión de Ananías: "Ve, porque instrumento escogido me es este para llevar mi nombre en presencia de los gentiles, de reyes y de los hijos de Israel, porque yo le mostraré cuánto le es necesario padecer por mi nombre". En la versión del capítulo 22, es Ananías quien le habla a Pablo acerca de su llamamiento: "El Dios de nuestros padres te ha escogido para que conozcas su voluntad, veas al Justo y oigas la voz de su boca, porque serás testigo suyo ante todos los hombres, de lo que has visto y oído". No hay tensión alguna entre ambas versiones, pues es de suponerse que lo que Ananías recibió en visión se lo contó también a Pablo.

Es entonces (al parecer después de recibir el Espíritu Santo, 9.17) que Saulo recibe el bautismo, después de lo cual rompe el ayuno completo que había guardado durante los tres días desde su experiencia con el Señor.

2. 9.20-31: Los primeros años de Pablo como discípulo.

"En seguida", dice Lucas, Saulo empezó a predicar en las sinagogas. Después fue a Jerusalén. Esto plantea el problema de cómo compaginarlo con lo que el mismo Pablo dice en Gálatas 1.15-21. Allí dice que inmediatamente después de su conversión, sin ir a Jerusalén, fue a Arabia, y que tres años después fue a Damasco y luego a Jerusalén. Algunos eruditos han concluido que Lucas no sabía lo del viaje a Arabia, y que por tanto pensó que las visitas a Damasco y Jerusalén fueron inmediatamente después de la conversión.

Abordaremos primero lo que Hechos cuenta, para luego ver cómo se compagina o no con el testimonio del mismo Pablo. Según Lucas, Pablo empezó a predicar en las sinagogas, y esto despertó la enemistad de los judíos en Damasco, quienes decidieron matarlo y tenían vigiladas las puertas de la ciudad. Para que pudiera escapar, los otros cristianos lo descolgaron por encima de la muralla, en una canasta. Para entender esto hay que recordar que en las ciudades antiguas frecuentemente había casas adosadas a las murallas, con ventanas que daban hacia fuera de la ciudad.

Saulo fue entonces a Jerusalén, donde tuvo dificultades para establecer contacto con los cristianos, pues desconfiaban de él. Parece extraño que después de que Pablo estuviera "muchos días" predicando a Cristo en Damasco (9.23), los cristianos de Jerusalén no se hubieran enterado. Pero es posible que, en vista de la saña anterior de Pablo contra ellos, temieran que se tratara de un ardid. A la postre es Bernabé quien apadrina a Pablo y lo introduce al resto de la iglesia. Entonces Saulo se da a conocer como cristiano, dejándose ver con ellos (9.28) y disputando con los "griegos" (el griego dice "helenistas", como en el caso de las viudas en 6.1), es decir, con los judíos de la Diáspora que estaban en Jerusalén. Este testimonio provoca entonces la ira de esos judíos "helenistas", quienes, como se ha dicho, ya eran vistos con suspicacia por los judíos naturales del lugar. Es entonces que los cristianos hacen arreglos para que Saulo fuera a Cesarea, y de allí a Tarso, su tierra nativa.

Por último, el pasaje termina con el versículo 31, que es otro de esos frecuentes resúmenes que ya aparecieron anteriormente. En este se afirma que las iglesias tenían paz "por toda Judea, Galilea y Samaria". El hecho es que Lucas no ha dicho palabra de las iglesias en Galilea y muy poco de "toda Judea", o de Samaria, aparte de lo de Felipe y Simón Mago. Entonces, este resumen nos da a entender que Lucas está contando solamente algunos episodios que ilustran los acontecimientos de aquellos primeros años. Por otra parte, sí es interesante que este resumen, combinado con la conversión de Saulo, casi da a entender que con esa conversión terminó la persecución. Que esto no es así se ve por el hecho mismo de que Saulo tuvo que huir tanto de Damasco como de Jerusalén. Sin embargo, por alguna causa que Lucas no explica, sí hubo un período de paz para las iglesias después de la conversión de Saulo.

Retomemos entonces el problema de cómo coordinar lo que narra Lucas con el testimonio del propio Pablo. De la lectura de Gálatas 1.17-23 se desprenden los siguientes hechos:

a) Tras su conversión, Pablo no fue a Jerusalén, sino a Arabia.
b) Luego volvió a Damasco.
c) Entonces, después de tres años, sí fue a Jerusalén.
d) Allí pasó quince días, y no vio de los apóstoles, sino a Pedro y a Jacobo, "el hermano del Señor".
e) Por último fue a "las regiones de Siria y Cilicia".
f) Durante todo este tiempo, las iglesias de Judea, que sin embargo sí habían recibido noticias de su conversión y predicación, no lo conocían personalmente.

Según Hechos, por otra parte:

a) Tras su conversión, Saulo estuvo "varios días" en Damasco, predicando en las sinagogas y "diciendo que este [Jesús] era el Hijo de Dios".
b) "Pasados muchos días" (9.23), los judíos trataron de matarle, y los cristianos lo salvaron bajándolo por el muro en una canasta.
c) Entonces Saulo fue a Jerusalén, donde Bernabé le creyó y lo llevó a donde estaban los apóstoles.
d) Allí predicó y disputó con los (judíos) helenistas, quienes resolvieron matarlo.
e) Para salvarlo, los cristianos lo llevaron a Cesarea y lo enviaron a Tarso.

El problema de dónde fue Pablo los primeros años tras su conversión se aclara a la vez que se complica si tomamos en cuenta que en 2 Co 11.32-33, Pablo menciona el episodio de su huida de Damasco siendo descolgado del muro en un canasto, aunque con un giro distinto, pues allí es el gobernador bajo el rey Aretas quien tiene la ciudad vigilada, mientras que en Hechos son los judíos. Aretas IV, a quien se refiere Pablo, fue rey de los nabateos desde el año 9 a. C. hasta el 40 d. C. Sobre los nabateos no se sabía mucho hasta fecha relativamente reciente, pues sus inscripciones no se habían descifrado, y todo lo que se conocía de ellos se encontraba en autores tales como Josefo, el libro de los Macabeos y algunos autores clásicos. Sin embargo, durante el siglo pasado se descifró su escritura, y los trabajos históricos y arqueológicos nos permiten conocer mucho de su historia y civilización. Pues bien, gracias a esas investigaciones se sabe que alrededor del año

37 el emperador Calígula le cedió el gobierno de Damasco a Aretas IV, quien lo retuvo hasta tiempos de Nerón. Además, el término "Arabia" no quería decir en la antigüedad lo que quiere decir hoy, sino que se refería a un extenso territorio que incluía tanto la península que hoy lleva ese nombre como la península del Sinaí y buena parte de Transjordania. El principal pueblo que habitaba esa región era precisamente el de los nabateos, de tal modo que se hace referencia al rey de los nabateos como "rey de los árabes".

Luego, cuando Pablo fue a Damasco tras su experiencia con el Señor, estaba en territorio que pertenecía al rey Aretas, pero que no era en realidad parte de Arabia.

Sobre esta base, cobra sentido lo que cuenta Lucas en Hechos, así como lo que dice Pablo en Gálatas y en 2 Corintios. Nótese que según Hechos 9.19, Saulo estuvo "varios días" en Damasco, y que según 9.23, "pasados muchos días" tuvo que huir. Entonces, es concebible y hasta probable que tras su conversión Saulo pasara unos pocos días en Damasco, luego saliera de la ciudad, adentrándose en otras porciones del reino del mismo Aretas por espacio de tres años, para por fin volver a Damasco. Allí tuvo conflictos, al parecer tanto con los judíos (Hechos) como con las autoridades que representaban a Aretas (2 Corintios), y tuvo que ser descolgado por una ventana en un canasto.

De ser esto así, el viaje a Jerusalén al que se refiere Hechos 9 sería el mismo del que habla Pablo en Gálatas 1. La principal diferencia estaría en que en Hechos no se dice cuánto tiempo estuvo en Jerusalén, mientras Pablo indica que fueron solamente quince días. Y la otra diferencia sería que, mientras Lucas dice que Bernabé le presentó a Pablo a los apóstoles, Pablo no menciona a Bernabé (que de todos modos no vendría al caso en su epístola a los Gálatas) y aclara que solamente vio a Pedro y a Jacobo.

Es tras esa visita que viene el período que Pablo pasó en Tarso y sus alrededores (9.30) o, lo que es aproximadamente lo mismo, en "las regiones de Siria y Cilicia" (Gl 1.21; no olvidemos que Tarso era la principal ciudad de Cilicia).

Excurso: El llamado y los llamados.

Sin lugar a dudas, la experiencia de Pablo cuando iba llegando a Damasco fue dramática y decisiva en su vida. Testimonio de ello es el hecho de que él mismo la cuenta varias veces, tanto en la narración de Hechos como en su propia correspondencia. Como sucede frecuentemente con tales acontecimientos dramáticos, la tradición cristiana y la predicación frecuentemente le han añadido elementos que no son parte de la historia. Uno de los más notables es la afirmación de que "Pablo se cayó del caballo", cuando en realidad el texto no menciona caballo alguno. Quizá algunos de los que acompañaban a Pablo irían a caballo. Pero lo más acostumbrado era sencillamente viajar a pie con otras personas que iban en la misma dirección, para protección mutua. La otra afirmación que frecuentemente se hace es que "Saulo cayó por tierra y se levantó Pablo", implicando que el cambio de nombre es el resultado directo de la experiencia de camino a Damasco. Pero basta con leer el mismo libro de Hechos para ver que tal afirmación es errónea. Ciertamente, fue Saulo quien cayó por tierra, pero también fue Saulo quien se levantó y fue a casa de Ananías. Fue a Saulo que Ananías fue enviado. Fue Saulo quien, por mediación de Bernabé, por fin logró hablar con los apóstoles. Fue Saulo quien andaba por las tierras de Cilicia cuando Bernabé fue a buscarlo. En breve, el nombre de "Saulo" sigue apareciendo en Hechos hasta el capítulo 13, y a partir de entonces se le da el nombre de "Pablo". La razón de esto se explicará al discutir el capítulo 13. Baste aquí sencillamente hacer notar que la experiencia del camino a Damasco se ha adornado con detalles y afirmaciones carentes de fundamento en el texto bíblico mismo.

Pero quizá lo más importante que debemos corregir al pensar acerca de la conversión de Pablo de camino a Damasco es la idea que frecuentemente nos hacemos de que este fue su gran y único llamado, y que a partir de entonces el camino estaba trazado. Pero tal no es el caso. Todo lo que se le dice a Pablo de camino a Damasco fue que se levantara, siguiera hasta la ciudad y que allí se le diría lo que debería hacer (9.6). En Damasco, Ananías le dice algo acerca de su ministerio futuro, pero no le da más detalles. Saulo predica entonces en Damasco, y después va a Jerusalén, para finalmente regresar a su nativa ciudad de Tarso. Allí está, predicando por las regiones de Cilicia, cuando Bernabé va a buscarlo para que se uniera al liderazgo de la iglesia en Antioquía. En esa iglesia escucha el llamado del Espíritu Santo, quien pide que Bernabé y Saulo sean apartados "para la obra que los he llamado" (13.2). Salen entonces en su primer viaje, donde van descubriendo nuevas dimensiones en su llamado. En otro viaje, Pablo está en los extremos occidentales de Asia cuando tiene la visión del varón macedonio que pide su ayuda, y Pablo va a Europa. Todos esos son llamados de Dios a los que Pablo responde. Todos se fundamentan en la experiencia del camino a Damasco; pero esa experiencia no agota todos los llamados que Pablo recibiría más adelante.

Esto es de importancia para nosotros y para la iglesia de hoy, puesto que al subrayar únicamente el llamado que tiene lugar en el camino a Damasco y olvidar los otros llamados que Pablo recibió nos hacemos la idea de que cuando Dios nos llama nos da todo un plan de vida que determina todo lo que hemos de hacer en el futuro. Pero tal no es el caso de Pablo, ni tampoco el nuestro. Cuando Dios nos llama, lo que nos corresponde hacer es obedecer a ese llamado y continuar con oído atento a todo otro llamado que pueda venir posteriormente. Como bien dijo Jesús, el Espíritu Santo es como el viento, que sopla en una dirección u otra según lo desea. El soberano Espíritu de Dios no se sujeta a nuestros planes, deseos y sueños, sino que constantemente nos llama a nuevas aventuras de fe.

Para pensar, estudiar y discutir: Comúnmente se dice que cuando Saulo se convirtió dejó su nombre judío para venir a ser Pablo. Como hemos visto, esa afirmación contradice lo que el libro de Hechos muestra. Se trata más bien de una tradición que se ha transmitido en las iglesias porque escuchamos lo que alguien dijo y no nos ocupamos de corroborarlo en las Escrituras. ¿Qué nos dice esto acerca de nuestra supuesta negativa a aceptar la tradición y aferrarnos únicamente a la Biblia? ¿No será que a veces también nosotros tenemos nuestras tradiciones de las que ni siquiera nos percatamos ni colocamos bajo el juicio de las Escrituras?

C. 9.32–11.18: LA OBRA DE PEDRO.

Regresamos ahora a Pedro, a quien habíamos dejado de vuelta en Jerusalén, después del episodio de Simón Mago (8.25). Lo que sigue es una serie de episodios en los que veremos cómo el evangelio se va expandiendo geográficamente al mismo tiempo que se va abriendo cada vez más hacia los gentiles. Estos episodios empiezan con dos milagros de Pedro.

1. 9.32-43: Dos milagros.

a. 9.32-35: La curación de Eneas.

Pedro anda "visitando a todos". Esta es otra de esas frases con las que Lucas indica que lo que va a contar es un caso particular en medio de una serie más extensa de acontecimientos. (O más bien, va a contar dos casos, uno concerniente a un varón y otro a una mujer, como suele hacer repetidamente). Pedro andaba predicando y enseñando. En una de esas ocasiones ocurrió lo que Lucas va a contar. "Lida" (en hebreo "Lod") era una pequeña villa a unos cuarenta kilómetros de Jerusalén, camino a Jope (en la actualidad es una ciudad mediana, donde está ubicado el aeropuerto internacional de Israel). Aunque el nombre "Eneas" es griego, lo más probable es que se tratara de un judío de trasfondo helenista. Aunque el texto no dice explícitamente que fuera creyente, sí es de suponerse, pues el "allí" donde Pedro le encontró (9.33) no parece referirse a la ciudad de Lida, sino al lugar en que Pedro visitaba a "los santos". Los "ocho años" pueden traducirse, como lo hacen casi todas las versiones castellanas, por "desde hacía ocho años", pero también como "desde que tenía ocho años". De igual modo, la frase que se traduce por "haz tu cama" también quiere decir "pon tu mesa". Por último, "Sarón" es una llanura que sigue toda la costa desde Lida y Jope hasta el Monte Carmelo. Naturalmente, el "todos" de 9.35 es un giro literario, pues Lucas no quiere dar a entender que fueron literalmente todos los habitantes de esa vasta región los que se convirtieron al Señor.

b. 9.36-43: Dorcas es resucitada.

"Jope" es la actual ciudad de Jaifa, junto al mar, a unos quince kilómetros de Lida. El nombre de "Dorcas" es la traducción griega de "Tabita", y quiere decir "gacela". El texto no dice si los discípulos mandaron a buscar a Pedro para que los acompañara en su duelo o para que resucitara a Tabita. Las "viudas" de 9.39 son mujeres empobrecidas para quienes Dorcas había cosido vestidos. Ahora los llevan puestos y se los muestran a Pedro en señal de todo el bien que la difunta ha hecho.

Pedro les ordena a todos que abandonen la habitación. El milagro que ha de tener lugar no es un espectáculo. La frase que Pedro pronuncia en 9.40, "¡Tabita, levántate!", se acerca mucho a la que Jesús emplea en arameo en Marcos 5.41: "Talita cum". Por esto, algunos eruditos sugieren que se trata de la misma historia atribuida unas veces a Jesús y otras a Pedro. Sin embargo, lo más acertado parece ser que Lucas está narrando esta historia, junto a la de Eneas, subrayando el paralelismo entre estos episodios y los dos de los evangelios, para así mostrar que el poder de Jesús continúa con los discípulos.

Por último, Lucas dice que Pedro permaneció "muchos días" en Jope, alojándose "en casa de un cierto Simón, curtidor". Esta será la dirección que el ángel le dará a Cornelio en el capítulo siguiente, para que mande a buscar a Pedro (10.6). También es interesante que la ocupación de curtidor era considerada impura por muchos judíos, y que fue precisamente en casa de este Simón, como se verá en el próximo capítulo, que Pedro tuvo que enfrentarse a la visión de los animales inmundos.

2. 10.1-48: Pedro y Cornelio.

Los capítulos 10 y 11 de Hechos conforman uno de los puntos cruciales en la narración de Lucas, pues allí se relata que los cristianos de Jerusalén llegan a la conclusión que el evangelio es también para los gentiles, tema fundamental en todo el libro de Hechos.

a. 10.1-9a: La visión de Cornelio.

Mientras Pedro está todavía en Jope, en casa de Simón, cambia la escena. Nos encontramos ahora en Cesarea, la gran ciudad de corte romano construida por Herodes el Grande en honor de Augusto César (de ahí el nombre de "Cesarea").

Aunque había judíos en ella, era mal vista por los judíos más ortodoxos y nacionalistas, pues era allí que tenía su asiento el gobierno romano, y en ella eran muchos los que practicaban costumbres paganas. El nombre de "Cornelio" era muy común, pues en el año 82 a. C. Sila había dado la libertad a diez mil esclavos, los cuales tomaron el nombre de familia de Sila, Cornelio. El hecho de que este Cornelio fuera centurión quiere decir que era ciudadano romano, pues quien no lo fuera no podía tener tal cargo en el ejército. La "compañía llamada 'la Italiana'" parece ser un cuerpo auxiliar de arqueros. El problema al que tienen que enfrentarse los eruditos es que hasta donde sabemos no hubo tropas romanas estacionadas en Cesarea, sino después de la muerte de Herodes Agripa en el año 44, y lo que aquí se narra parece haber tenido lugar antes de esa fecha. ¿Será necesario colocar el episodio de Cornelio más tarde de lo que pensamos? ¿Estaría Cornelio en la ciudad bajo comisión especial, sin su cohorte? Es uno de los muchos problemas que no pueden responderse sino a base de conjeturas.

En todo caso, este Cornelio era "piadoso y temeroso de Dios". Esto quiere decir que, como el eunuco etíope del capítulo 8, se contaba entre los gentiles que creían en el Dios de Israel, pero no estaban dispuestos a circuncidarse ni a seguir toda la ley dietética y ceremonial. Ya desde el capítulo 6 se vio que había en la iglesia de Jerusalén "prosélitos", es decir, gentiles que se habían convertido al judaísmo y luego al cristianismo, como era el caso de Nicolás (6.5). También se habla de la conversión de samaritanos en 8.2-13. Sin embargo, hasta ahora, aparte del eunuco etíope, no hay noticia de gentiles que se hubieran convertido.

Este Cornelio tiene una visión. La frase de 10.3, "vio claramente", es enfática. Algunos la interpretan en el sentido de que no fue un sueño, sino una visión mientras estaba despierto. En apoyo de tal opinión señalan que esto tuvo lugar a la hora novena, a las tres de la tarde. Es de notarse que esa era una de las horas indicadas para la oración de los judíos, y que por tanto es posible que Cornelio, devoto y "temeroso de Dios" como era, estuviera en sus oraciones al recibir la visión. En todo caso, lo que el ángel le dice a Cornelio está claro, pues le indica con lujo de detalles dónde sus emisarios podrán encontrar a este Simón Pedro, a quien Cornelio debe hacer venir a su casa.

En respuesta a la visión, Cornelio manda buscar a Pedro en Jope por medio de dos criados y un soldado "devoto", lo cual indica que, como el centurión, este soldado pertenecía al grupo de los gentiles que se habían acercado al judaísmo. Su confianza en estos mensajeros se pone de manifiesto en el hecho de que les cuenta todo lo que ha visto (10.8).

b. 10.9b-23a: La visión de Pedro en Jope.

Al día siguiente, Pedro tiene una visión paralela que le servirá para responder adecuadamente al pedido de Cornelio. En contraste con la visión de Cornelio, la de Pedro tiene lugar en éxtasis. Lucas parece establecer una relación entre el "hambre" que tiene Pedro antes de la visión y el hecho de que lo que se le presenta es comida. Algunos comentaristas han querido ver una relación entre las velas de los barcos que Pedro vería desde la azotea antes de su éxtasis y el "algo semejante a un lienzo" en que descienden los animales de su visión. Sea cual fuere el caso, lo importante es que Pedro ve toda clase de animales, tanto buenos para comer como inmundos, y que lo que la voz parece decirle —al menos así lo entiende Pedro— es que coma de todo ello. Pedro se niega, y la voz insiste tres veces antes de que el lienzo con sus animales regrese al cielo.

> Fue el Espíritu Santo quien nos libró de la impureza de los gentiles. En aquella visión de los animales cuadrúpedos y bestias salvajes y aves de toda clase había una alusión metafórica a la condición del ser humano, revestido de una ferocidad bestial hasta que seamos santificados por el Espíritu. Es por tanto inefable esta gracia que nos lleva de ser como bestias furiosas a la simplicidad del Espíritu... Gracias a esta renovación por medio del Espíritu venimos a ser herederos de Cristo.
>
> **Ambrosio**

Aquí termina la visión. Pero su interpretación está en el resto de la historia. Mientras Pedro está todavía perplejo, los mensajeros de Cornelio llegan a la casa de Simón, y el Espíritu le dice a Pedro que debe recibirlos e ir con ellos.

El hecho de que la visión tenga lugar en Jope es significativo. Fue en Jope que Jonás, cuando Dios le ordenó ir a Nínive, tomó una embarcación en dirección contraria, rumbo a Tarsis (Jon 1.3). El verdadero nombre de Pedro es "Simón, hijo de Jonás" (Mt 16.17). Sin embargo, ahora este hijo de Jonás, en contraste con el Jonás de antaño, en la misma ciudad de Jope, se apresta a obedecer el mandato que le envía allende los límites del pueblo de Israel. Mientras Jonás, llamado a Nínive, partió en dirección contraria hacia Tarsis, Simón hijo de Jonás acepta el extraño llamado que le llega por medio de los enviados de Cornelio.

Un detalle interesante es que Pedro actúa como si la casa fuese suya (v. 23). Esto puede tomarse como indicación de su autoridad, o como señal del modo en que los cristianos ponían sus posesiones al servicio de los demás.

c. 10.23b-48: Los acontecimientos de Cesarea.

Pedro va a Cesarea con los dos mensajeros, el soldado y "algunos de los hermanos de Jope". Luego (11.12) Lucas dirá que eran seis. Algunos comentaristas entienden que Pedro los llevó consigo para que le sirvieran de testigos. Más tarde esa será su función. Pero del modo en que Lucas nos narra la historia, sobre todo si la leemos como quien no conoce lo que viene después, resulta claro que Pedro mismo no sabe por qué ha ido a Cesarea, ni lo que le espera allí. Por tanto, no tiene por qué pensar que necesitará testigos, sino que al parecer lleva a estos seis hermanos sencillamente como acompañantes.

Cornelio sí está seguro de que Pedro vendrá, y lo está esperando junto a "sus parientes y amigos más íntimos", a quienes había convocado. El primer encuentro no es del todo grato. Cornelio le rinde homenaje a Pedro, quien lo reprende por ello (10.25-26).

Pedro entra a la casa y no muestra gran tacto. Su interés no está en congraciarse con los presentes. Al contrario, lo primero que les dice es que desde el punto de vista en que él se ha criado, lo que está haciendo al entrar a esa casa es "abominable", y que solo lo ha hecho por razón de la visión que ha tenido, en la cual Dios le ha mostrado "que a nadie llame común o impuro". (Casi les da a entender que, de no ser porque Dios se lo ha prohibido, esa es precisamente la forma en que quisiera llamarlos). Acto seguido, sin más preámbulos, pregunta por qué lo han llamado.

La respuesta de Cornelio parece sorprender a Pedro, cuyo discurso es semejante a los que hemos visto anteriormente, con dos grandes diferencias. La primera es el comienzo: "En verdad comprendo que Dios no hace acepción de personas, sino que en toda nación se agrada del que lo teme y hace justicia". Hasta ese momento, su interpretación de la visión de Jope era, primero, que debía ir con los mensajeros; después, que debía sentirse libre de entrar a una casa de gentiles. Pero ahora, al saber de la visión de Cornelio, llega a la conclusión de que Dios también le ha hablado al gentil. La segunda diferencia es más sorprendente todavía. Pedro se lanza a su discurso (casi diríamos, su sermón rutinario) sobre lo que Dios ha hecho en Jesús. Lo sorprendente ahora, sin embargo, es el resultado: el Espíritu Santo cae sobre los que lo escuchan, y empiezan a hablar en lenguas. Esto causa gran estupefacción entre los cristianos judíos de Jope, pues no pensaban que fuera posible que el Espíritu viniera sobre los gentiles: "los fieles" de la circuncisión que habían llegado con Pedro se quedaron asombrados de que el don del Espíritu Santo se hubiera derramado también sobre los gentiles.

Es entonces que viene el momento más sorprendente. Pedro, el que dos días antes nunca hubiera soñado tal cosa, se pregunta si hay razón alguna para no bautizar a estos creyentes. La pregunta es muy parecida a la que ya vimos en 8.36, en el caso del etíope. Y la respuesta es la misma: "Mandó bautizarlos en el nombre del Señor Jesús" (10.48).

Y, para no terminar con las sorpresas, viene lo que hoy no sorprende, pero sí sorprendería a cualquier judío ortodoxo de aquella época, para quien el contacto con los gentiles debía ser evitado a toda costa: Pedro se queda en casa de Cornelio "por algunos días".

3. 11.1-18: Informe de Pedro a la iglesia de Jerusalén.

Es precisamente esto último lo que más molesta a algunos creyentes en Jerusalén. La frase sobre la "circuncisión" (11.2) puede entenderse de dos modos: (1) los cristianos judíos, que hasta ese momento eran todos; (2) los cristianos que insistían en la circuncisión. En este segundo caso, lo que Lucas estaría haciendo sería empezar a hablar sobre un partido que surgió en respuesta a la creciente apertura de la iglesia hacia los gentiles. Este grupo, los llamados "judaizantes", insistía en la necesidad de circuncidarse y de cumplir toda la ley de Israel para ser cristiano. Sin embargo, puesto que tal grupo no surge sino después, y puesto que en 10.45 Lucas se ha referido a los fieles de Jope como "fieles de la circuncisión", lo más probable es que se esté refiriendo a los cristianos judíos. Otros entienden el texto como "los defensores de la circuncisión".

En todo caso, estas gentes llaman a Pedro a cuentas, aunque al parecer no tanto por haberles predicado a los gentiles, o por haberlos bautizado, sino por haber entrado a su casa y comido con ellos.

La respuesta de Pedro es un recuento de lo que ya hemos visto en el capítulo 10, excepto que en los versículos 16 y 17 dice algo de lo que pensó cuando vio que el Espíritu Santo se derramaba sobre los gentiles. Se acordó de la promesa de Jesús sobre el bautismo del Espíritu Santo y se preguntó: "¿Quién era yo que pudiera estorbar a Dios?".

La reacción de los presentes es de sorpresa y es positiva. De sorpresa: "¡De manera que también a los gentiles ha dado Dios arrepentimiento para vida!". Y positiva: "Callaron [es decir, no siguieron disputando] y glorificaron a Dios". Si no se conociera el resto de la historia, podría pensarse que con ello quedó resuelta la cuestión de la admisión de los gentiles a la iglesia.

Excurso: El gran vuelco se revela también en la misión.

Toda esta narración de los capítulos 10 y 11 equivale a una manifestación del "gran vuelco" que Lucas subraya de varias maneras, pero ahora en el campo de la misión y la evangelización.

La historia gira en torno a dos visiones, la de Cornelio y la de Pedro. Cornelio es un centurión romano, quien por tanto debe haberse formado en un ambiente pagano hasta que de algún modo conoció algo del judaísmo y se hizo "temeroso de Dios". Vive en la ciudad de Cesarea, a la que los buenos judíos consideran inmunda por ser una ciudad pagana fundada en Palestina por los invasores romanos y nombrada en honor de su emperador, el César. Cesarea es el puerto que sirve a Jerusalén, y por tanto los judíos que viajan frecuentemente se ven obligados a pasar por Cesarea; pero hacen todo lo posible para que su estancia sea lo más breve posible.

En contraste con Cornelio, Pedro pasó años siguiendo a Jesús. Fue él quien le dijo a Jesús "tú eres el Cristo, el Hijo del Dios viviente", y Jesús respondió llamándolo piedra y afirmando que sobre esa piedra edificaría su iglesia. Pedro está viajando por las regiones de Judea predicando el evangelio, sanando enfermos y ofreciendo toda clase de señales de la presencia y acción de Dios. Aparentemente a través de esa misión, Dios lo ha estado preparando para el encuentro con Cornelio, pues por razones que Lucas no cuenta, Pedro está hospedado en casa de un curtidor, quien por su propio oficio es ya persona inmunda para el judío tradicional.

Si no conociéramos la historia y se nos dijera que cada uno de estos dos, Pedro y Cornelio, tendría una visión, de inmediato pensaríamos que sería Pedro quien tuviera una visión clara, mientras la de Cornelio sería más vaga. Pero lo que sucede es todo lo contrario. El texto dice que Cornelio "vio claramente en una visión". Y entonces cuenta que esa visión no solamente decía a Cornelio que mandara a traer a Pedro, sino que también le daba la dirección exacta a donde debía mandar a sus emisarios, diciéndole: "Envía, pues, ahora hombres a Jope y haz venir a Simón, el que tiene por sobrenombre Pedro. Este se hospeda en casa de cierto Simón, un curtidor que tiene su casa junto al mar" (10.5-6). En contraste, la visión de Pedro, que no le viene sino al día siguiente de la de Cornelio, es confusa. El texto dice que vio "algo semejante a un gran lienzo", y no intenta describirlo más. Allí ve animales puros y otros inmundos, y se le ordena matar y comer. Tres veces la visión insiste, y Pedro se resiste. Al final de la visión, Pedro queda "perplejo dentro de sí sobre lo que significaría la visión". En una palabra, el centurión, nacido pagano y quien, a pesar de ser "temeroso de Dios", no se ha hecho siquiera prosélito judío, tiene una visión mucho más clara que el apóstol que predicaba y hacía milagros.

La visión de Pedro empieza a aclararse cuando llegan los emisarios de Cornelio. Quizá en vista a la repugnancia que cualquier buen judío tendría ante la invitación a casa de un centurión en la inmunda Cesarea, el Espíritu le ordena a Pedro que fuera con los hombres que vienen a buscarlo. Aun así, Pedro parece ir de mala gana. Al llegar a la casa de Cornelio empieza hablándoles de "cuán abominable es para un judío acercarse a un extranjero". En respuesta a la petición de Cornelio, Pedro empieza a declararles las buenas nuevas de Jesús cuando el Espíritu Santo irrumpe y quienes escuchan empiezan a hablar en lenguas y a glorificar a Dios.

Es entonces que Pedro toma una acción drástica, haciéndose una pregunta que también Felipe debió hacerse cuando el eunuco le pidió ser bautizado: "¿Puede acaso alguno impedir el agua, para que no sean bautizados estos que han recibido el Espíritu Santo lo mismo que nosotros?" (10.47). Y en respuesta a tal pregunta ordena que todos sean bautizados.

Y entonces tiene lugar un elemento sorprendente que Lucas cuenta con tan breves palabras que frecuentemente pasa desapercibido: "Le rogaron que se quedara por algunos días". Pedro, quien al llegar les había dicho claramente que, si Dios no se lo hubiera prohibido, llamaría a Cornelio y a los suyos inmundos y abominables, y preferiría no estar allí, ahora se alojan en casa de Cornelio "por algunos días".

Pero las cosas no se quedan ahí. La iglesia de Jerusalén se entera de lo que Pedro ha hecho en Cesarea y le pide cuentas: "¿Por qué has entrado en casa de hombres incircuncisos y has comido con ellos?" (11.3). A esto sigue el testimonio de Pedro en cuanto a lo acontecido en casa de Cornelio, y por fin la iglesia descubre sorprendida que "¡también a los gentiles ha dado Dios arrepentimiento para vida!" (11.18).

El pasaje todo, desde el principio del capítulo 10 hasta este punto, es la historia de varias conversiones. Naturalmente, la conversión que de momento parece dominar la escena y que más nos llama la atención es la de Cornelio, el centurión romano que, con toda su casa, por obra del Espíritu Santo, conoce y acepta a Jesucristo y es bautizado. Pero observamos también la conversión de Pedro. Si antes vimos cómo Pablo recibió diversos llamados que fueron guiando su vida, algo semejante sucede con Pedro. Aparentemente, a pesar de todo lo que Jesús había dicho, y a pesar del mandato de ser testigos a todas las naciones y "hasta lo último de la tierra", Pedro se contentaba con predicar en Judea y a judíos. Los demás le parecían inmundos e indignos de la gracia de Dios. Pero ahora, gracias primero a una visión confusa y luego al encuentro directo con Cornelio y los suyos, Pedro experimenta cierto tipo de conversión: deja de ser un judío tradicional de mente estrecha, que pensaba que las buenas nuevas de Jesús eran solamente para su propio pueblo, y descubre que el Espíritu de Dios obra también entre los gentiles. Y esa conversión se manifiesta también en lo práctico, cuando aquel judío que antes habría llamado inmundos a Cornelio y los suyos accede a morar en su casa.

Pero esto no es todo. La conversión de Pedro también lleva en cierto modo a la conversión de la iglesia en Jerusalén. Al enterarse de lo que Pedro ha hecho en casa de Cornelio, los creyentes en Jerusalén se sorprenden y lo llaman a capítulo. Están convencidos de que lo que Pedro ha hecho está fuera de lugar, y que de algún modo ha mancillado a la iglesia al juntarse con aquella fuente inmunda. Lucas no dice cuánto tiempo duró la discusión, pero es de suponer que no fue cuestión de unas pocas palabras. Ciertamente, los de Jerusalén tampoco aceptaron la autoridad de Pedro como si todo lo que Pedro hiciera o dijera estuviera bien. Pero en fin de cuentas, el testimonio de Pedro en cuanto a lo ocurrido en Cesarea los llevó a descubrir que el evangelio no es solamente para los hijos de Israel, sino que ha sido dado "también a los gentiles".

En pocas palabras, lo que acontece en toda esta historia no es solamente la conversión de Cornelio. Tampoco es solamente la conversión de Pedro. Es la conversión de Cornelio, sí; pero una conversión que lleva también a la conversión primero de Pedro y luego de toda la iglesia.

La importancia de esto para nuestros días es enorme. Repetidamente a través de los siglos los cristianos han encontrado a su Señor no solamente en la iglesia, sino también en la misión, en la tarea de volcarse hacia fuera dando testimonio. En esta misión, como en el caso de Cornelio, la iglesia descubre que su Señor estaba ya activo en el resto del mundo incluso antes de que la iglesia llegara a esos lugares.

Para pensar, estudiar y discutir: ¿Por qué sería que la conversión y el bautismo de Cornelio causaron revuelo en la iglesia de Jerusalén, y no aconteció lo mismo con la conversión y bautismo del eunuco etíope?

Se ha dicho que lo que ocurrió en el capítulo 10 de Hechos no fue solo la conversión de Cornelio, sino también la de Pedro, y a la postre, en el próximo capítulo, de la iglesia de Jerusalén. ¿Será cierto esto? En tal caso, ¿será que tanto la iglesia como los creyentes necesitamos convertirnos repetidamente, quizá no de igual manera que la conversión en sentido estricto, pero sí descubriendo nuevas dimensiones de la fe que profesamos?

D. 11.19-30: LA IGLESIA DE ANTIOQUÍA ENTRA EN ESCENA.

Aunque lo que se narra en esta sección parece ser un paréntesis dentro de la historia de una serie de acciones por parte de Pedro, lo que le interesa a Lucas no son los hechos de Pedro o de cualquiera de los otros apóstoles, sino el modo en que el Espíritu va llamando a la iglesia a nuevas formas de obediencia. Por ello, ahora que ha dicho que Pedro bautizó a Cornelio y los suyos, es decir, que hubo una iglesia de cristianos de origen gentil en Cesarea, pasa a decir algo sobre otra iglesia semejante, la de Antioquía. El orden cronológico de los acontecimientos no está claro, pues en 11.19 se repite lo que se dijo en 8.4, y por tanto parece darse a entender que estos acontecimientos tuvieron lugar al mismo tiempo que los otros que se cuentan en el capítulo 8. Algunos comentaristas señalan que la lógica de la narración parece indicar que todo esto sucedió después de la conversión de Cornelio y los suyos, pues es solamente entonces que la iglesia de Jerusalén está dispuesta a aceptar la existencia de una iglesia de gentiles como la de Antioquía. Lo más sencillo es suponer que 11.19 se refiere a acontecimientos que tuvieron lugar a raíz de la muerte de Esteban, y que lo que se cuenta en 11.20 aconteció después —o casi al mismo tiempo— de la conversión de Cornelio. De ese modo se entiende por qué los cristianos de Jerusalén no se escandalizaron al enterarse de que había gentiles en la iglesia de Antioquía. Por otra parte, quizá lo mejor sea no exagerar demasiado el elemento lineal de una cronología como esta, pues posiblemente lo que Lucas esté tratando de hacerles ver a sus lectores es que la misión a los paganos fue obra del Espíritu Santo, que estaba actuando en esa dirección a través de varios acontecimientos paralelos: la conversión del eunuco etíope por mediación de Felipe, la de Cornelio y los suyos por mediación de Pedro, y ahora la fundación de una comunidad de origen gentil en Antioquía.

Antioquía misma era una gran ciudad, la tercera de todo el Imperio romano. Fue fundada a orillas del río Orontes, alrededor del año 300 a. C., por Seleuco I Nicator, quien le dio el nombre de "Antioquía" en honor de su padre Antíoco. En el siglo primero, la ciudad contaba con unos quinientos mil habitantes. En ella se daba un gran intercambio de ideas, culturas, costumbres y religiones. La comunidad judía era numerosa y tenía en Antioquía una bella sinagoga a la que muchos paganos se sentían atraídos. Por tanto, no es de extrañarse el hecho de que hubiera en Antioquía un buen número de paganos interesados en escuchar el evangelio, ni tampoco que la iglesia de esa ciudad se mostrara dispuesta a predicarles.

La historia que Lucas narra en 11.19-20 es muy escueta. Indica que, de los que huyeron a raíz de la muerte de Esteban, algunos fueron directamente a Antioquía y otros a Fenicia y Chipre. Esta lista de lugares no pretende ser completa, pues en el próximo versículo, el propio Lucas va a hablar de otros procedentes de Cirene. En todo caso, Fenicia es una estrecha faja costera que se extiende desde Samaria hasta el río Orontes, y es por tanto normal pensar que algunos de los esparcidos pasaran de Jerusalén a Fenicia y de allí a Antioquía. Sin embargo, Lucas no dice que entre los que predicaron inicialmente en Antioquía hubiera personas procedentes de Fenicia. Chipre era una isla cercana, de donde había comunicación marítima tanto con el puerto de Cesarea, que servía a Jerusalén, como con Antioquía. Bernabé, quien volverá a aparecer en escena después de los primeros misioneros, era natural de Chipre (4.36), y fue a esa isla que primero se dirigieron Bernabé y Saulo en su viaje misionero, como se verá más adelante. Entonces, al terminar el versículo 19, todo lo que se ha dicho es que, al menos en Fenicia, Chipre y Antioquía, se había ido predicando el evangelio, aunque al parecer exclusivamente a los judíos.

En el versículo 20 entra en escena lo radicalmente nuevo. Algunas personas procedentes de Chipre y de Cirene llegaron a Antioquía y empezaron a predicarles también a los griegos o gentiles. Cirene era una ciudad de Libia, al norte de África, donde había una fuerte comunidad judía. Los cirenaicos judíos se mencionan en el episodio de Pentecostés (2.10) y entre los helenistas que se opusieron a la predicación de Esteban (6.9). El propio Lucas en su Evangelio menciona a Simón Cireneo, quien llevó la cruz de Jesús (Lc 23.26; cf. Mt 27.32, Mr 15.21). Más adelante, en 13.1, al mencionar a los líderes de la iglesia en Antioquía, Lucas va a referirse a "Simeón, el que se llamaba Níger", y a Lucio de Cirene. Es posible que estos dos se cuenten entre los que primero predicaron entre los gentiles de Antioquía.

En todo caso, la gran novedad es que estas personas de Chipre y de Cirene empiezan a predicarles también a los gentiles. Lucas dice que "la mano del Señor estaba con ellos" para asegurar que esta nueva empresa era obra bendecida por el Señor, y no alguna herejía que alguien inventó. Para Lucas era importante señalar esto, pues una de las cuestiones que todavía se discutía en su tiempo era la conversión de los gentiles. Lucas rechaza la opinión de los "judaizantes": que los gentiles que se convierten al evangelio deben cumplir toda la ley (e incluso circuncidarse, en el caso de los varones). Los gentiles de Antioquía se hicieron cristianos sin hacerse judíos, y Lucas subraya que el poder del Señor estaba con ellos al hacer esto.

Bernabé, a quien la iglesia de Jerusalén envió a Antioquía, es uno de los personajes más atractivos en todo el libro de Hechos. Ya se dijo que los apóstoles lo llamaban "Consolador" o "Hijo de consolación", y que era generoso con sus bienes (4.36-37). También se dijo que tras la conversión de Saulo fue él quien lo recibió en Jerusalén y lo presentó a los demás cristianos (9.27). Por último, Bernabé será un personaje importante desde 12.25 hasta 15.39. Es únicamente en Gálatas 2.13 que Pablo dice algo negativo sobre Bernabé, y esto en tono de sorpresa, como indicando que Bernabé era de quien menos se esperaría tal cosa. En el texto que ahora nos ocupa, Lucas dice que la iglesia de Jerusalén envió a Bernabé a Antioquía. Es interesante notar que Bernabé recibe su comisión de la iglesia de Jerusalén, no de los apóstoles. ¿No estarían estos en la Ciudad Santa? Es imposible saberlo a ciencia cierta. El texto tampoco dice si Bernabé fue enviado para investigar lo que estaba sucediendo a fin de presentar luego un informe a la iglesia de Jerusalén, o si fue enviado más bien para apoyar a los de Antioquía. Cualquiera haya sido la razón de su envío, el hecho es que permaneció en Antioquía, sin regresar a Jerusalén por algún tiempo.

Al llegar a Antioquía, Bernabé se regocijó con lo que vio, y comenzó a exhortar a los fieles. El verbo que se traduce por "exhortó" debería traducirse más bien por "exhortaba", pues da a entender que Bernabé continuó esta práctica por algún tiempo.

El versículo 25 nos dice que "después fue Bernabé a Tarso en busca de Saulo". Esto parece indicar que Bernabé llevaba ya algún tiempo en Antioquía y que había llegado a ser uno de los dirigentes de esa iglesia. En tal caso, el propósito de Bernabé al buscar a Saulo sería tener un ayudante en esa obra. Por ese entonces, parece que Pablo andaba predicando por "las regiones de Siria y de Cilicia" (Gl 1.21). Tarso era la capital de esta última región. El texto griego da a entender que Bernabé tuvo que buscar activamente a Saulo, hasta que lo halló.

De regreso, pasaron "todo un año" trabajando en Antioquía. Lucas dice bien poco acerca de ese año, que debió haber sido crucial en la historia del cristianismo, pues es de suponerse que fue allí y en ese tiempo que se fueron forjando las características básicas de la iglesia de los gentiles, a la que pertenecemos hoy. También hay que imaginarse las conversaciones entre Pablo, Bernabé y otros sobre la relación entre la fe de Israel que habían recibido de sus antepasados y su nueva convicción cristiana.

Índice del fermento que estaba teniendo lugar es que fue entonces, y en Antioquía, que por primera vez se les dio a los discípulos el nombre de "cristianos". Sobre el sentido original de este término se han sugerido varias teorías. La más común es que era un mote que los gentiles les pusieron a los discípulos en son de burla, quizá en imitación del nombre que se daba a los seguidores fanáticos de Nerón. Otros sugieren que el nombre quería decir "esclavos (o siervos) de Cristo", y que los discípulos lo tomaron como distintivo propio. Esta teoría, hacia la cual nos inclinamos, sostiene que los discípulos tomaron este nombre dando a entender que eran agentes del Rey Ungido, del "Cristo", lo cual les daba un importante sentido de dignidad tanto en el presente difícil como en el reino por venir. También es digno de mención que quien primero empleó el término "cristianismo" para referirse a la nueva fe fue un obispo de Antioquía, Ignacio, cuando a principios del siglo segundo marchaba hacia el martirio.

Fue mientras Bernabé y Saulo trabajaban juntos en Antioquía que llegaron unos "profetas" procedentes de Jerusalén. Esto no tiene nada de extraño, pues está claro que en la iglesia antigua había predicadores que viajaban de un lugar a otro exhortando y edificando a los creyentes, y de ese modo manteniendo unida a una iglesia que no tenía muchos otros medios de comunicación. Uno de esos profetas, Agabo, anunció una gran hambre que asolaría a "toda la tierra habitada" (toda la *oikoumenê*, es decir, todo el territorio del Imperio). De Agabo se habla también en 21.10-11, donde se anuncia el arresto de Pablo. Según Lucas, el hambre que Agabo anunció tuvo lugar "en tiempo", es decir, durante el reinado de Claudio. De hecho, la historia registra cinco períodos distintos de hambre durante el reinado de Claudio (41-54 d. C.), cuando hubo malas cosechas en diversas partes del Imperio. Tomado en conjunto, el reinado de Claudio fue sin lugar a dudas un período de malas cosechas y de hambre. Sin embargo, es difícil puntualizar más allá de estos rasgos generales. El historiador judío Josefo habla de una gran carestía en Palestina en los años 47 y 48, cuando Cuspio Fado y Tiberio Alejandro eran procuradores romanos. Sin embargo, si se toma literalmente la aseveración de Hechos 12.1 —"En aquel mismo tiempo, el rey Herodes" —, uno se ve obligado a colocar el pasaje que estudiamos en el mismo tiempo de la persecución de Herodes Agripa, entre el año 41 y el 44 d. C.

Los cristianos de Antioquía recogieron una ofrenda y la enviaron a Jerusalén por medio de Bernabé y de Saulo, aunque el texto no aclara si el hecho mismo de recoger la ofrenda fue en respuesta a la profecía de Agabo o al hambre. Es interesante que, aunque en Hechos no se habla de la colecta para Jerusalén, que ocupa un lugar tan importante en las cartas de Pablo, sí se nos muestra que desde fecha muy temprana Pablo estuvo envuelto en los esfuerzos por ayudar a los discípulos de Jerusalén.

Quiénes eran los "ancianos" o "presbíteros" a quienes los cristianos de Antioquía enviaron sus ofrendas (11.30), no está claro. Ciertamente, para el tiempo en que Lucas escribió, había en cada iglesia "ancianos" que servían de pastores y directores de la congregación. El problema es que Lucas no ha dicho una palabra sobre "ancianos" en Jerusalén. Ciertamente, no son los apóstoles. Una posibilidad que pocos intérpretes mencionan es que sean los siete elegidos en Hechos 6, o sus sucesores. La razón de sugerir tal posibilidad es que la función de los siete era administrar lo recogido, y la misma parece ser la función de estos "ancianos". Pero, como vimos inmediatamente después de la elección de los siete, las líneas divisorias entre diversos cargos y funciones no eran rígidas ni definidas.

Este pasaje, como tantos otros de Hechos que se refieren a la vida de Pablo, vuelve a presentar el problema de cómo compaginar sus datos con lo que dice el mismo apóstol en sus cartas. En breve, el problema consiste en que en Gálatas 1 y 2, al resumir su carrera, Pablo no habla sino de dos viajes a Jerusalén, de los cuales el segundo es para asistir al llamado "Concilio apostólico" que se describe en Hechos 15. ¿Qué hacer entonces con este viaje de las ofrendas? Algunos eruditos cambian el orden en que Lucas presenta las cosas y pretenden que este viaje tuvo lugar después del concilio apostólico. Otros sugieren que tal vez Lucas se equivocó, y Pablo no fue a Jerusalén con la delegación que llevó las ofrendas de Antioquía. Desde nuestra perspectiva, la solución más aceptable parece ser que en Gálatas, porque no viene al caso en su argumento, Pablo no menciona este breve "viaje de las ofrendas", en el que ni siquiera parece haberse entrevistado con los apóstoles, y en todo caso fue como subalterno o acompañante de Bernabé (cuyo nombre aparece primero con razón en 11.30).

Para pensar, estudiar y discutir: Hasta llegar a este punto, el centro de la iglesia parecía estar en Jerusalén; pero ahora parece que las cosas cambian, y el centro empieza a trasladarse hacia Antioquía. A partir de entonces, a través de la historia de la iglesia, el centro de la fe cristiana y de su labor misionera ha variado repetidamente. ¿Qué cambios estaremos viendo ahora en este siglo XXI?

E. 12.1-24: LA PERSECUCIÓN DE HERODES.

1. 12.1-2: Introducción: muerte de Jacobo.

Tras el breve "paréntesis" sobre Antioquía, que como se ha visto es de enorme importancia, Lucas vuelve su relato a Jerusalén y cuenta sobre la muerte de Jacobo y el encarcelamiento de Pedro. Dice que esto tuvo lugar "en aquel mismo tiempo" (12.1); pero es difícil imaginar, si Bernabé y Saulo estaban en Jerusalén durante este período de persecución, por qué Lucas no los menciona. Quizá lo que el texto quiere decir es que, mientras estaban teniendo lugar en Antioquía los hechos que se acaban de narrar, y antes de que Bernabé y Saulo llegasen a Jerusalén, fue que tuvo lugar la persecución. Por otra parte, cuando en 12.25 se retoma la narración sobre los dos enviados de Antioquía, no se cuenta de su entrevista con los hermanos de Jerusalén, posiblemente porque fue una breve visita que tuvo lugar apenas terminada la persecución, y Lucas está interesado en pasar a otros acontecimientos de mayor importancia.

El Herodes de quien se habla aquí es Herodes Agripa I, nieto de Herodes el Grande y sobrino de Herodes Antipas, a quien se refiere Lucas 3.1 en el contexto del nacimiento de Jesús. En el año 37 recibió el título de "rey". A partir de entonces, sobre la base de su habilidad política y de sus mañas con los romanos y con los jefes judíos, fue añadiendo territorios bajo su dominio, que llegó a alcanzar un área semejante a la que había gobernado su abuelo. Sin embargo, mientras Herodes el Grande tuvo conflictos casi constantes con los judíos, Herodes Agripa supo congraciarse con los jefes judíos y los principales sacerdotes; por ese motivo contaba con su colaboración.

No se sabe quiénes fueron esos "algunos" a los que se refiere Lucas (12.1), a los que Herodes arrestó para maltratarlos, ni qué fue lo que les hizo. Como en tantos otros casos, Lucas menciona la situación general para luego dar uno o dos ejemplos. El Jacobo que fue muerto por Herodes era hermano de Juan, y no ha de confundirse con el otro Jacobo, hermano de Jesús, que también jugaba un papel importante en la iglesia de Jerusalén (cf. 12.17). Su muerte "a espada" da a entender que se trató de una ejecución oficial, tras un juicio formal. Al mismo tiempo, el hecho de que Herodes haya escogido a este apóstol como su primera víctima nos da a entender que continuaba activo, quizá predicando o "perturbando el orden" de algún otro modo. Esto nos recuerda que lo que Lucas nos está ofreciendo no es una crónica de todo lo que sucedió, ni de todas las acciones de todos los apóstoles, sino una serie de ejemplos, hilados según los propósitos del propio Lucas, y que al mismo tiempo que Pedro y Juan llevaban a cabo la obra que Lucas describe, se supone que al menos algunos de los otros apóstoles, así como incontables discípulos, contribuían también a la expansión del evangelio.

2. 12.3-19a: Pedro encarcelado y librado.

Lo que la RVR traduce como "sacarle" (*anagagein*), al respecto de los planes de Herodes para Pedro (12.4,6), también conlleva la idea de un juicio formal, aunque "público" (literalmente, "ante el pueblo"), lo que indica que ese juicio sería en busca de popularidad más que de justicia. Entonces, lo que se presenta aquí es el primer caso de persecución de los cristianos por parte no ya de los judíos, sino de los oficiales puestos por Roma; en este caso, el rey Herodes Agripa. Herodes actúa para congraciarse con "los judíos" (con lo cual probablemente se quiera decir los jefes de los judíos), pero su autoridad le viene de Roma, y es como oficial sancionado por Roma que ejecuta a Jacobo y hace prender a Pedro.

Las referencias a "los días de los Panes sin levadura" y a la "Pascua" en 12.3-4 dan la razón por la que Pedro no fue juzgado y condenado inmediatamente. Herodes estaba esperando que pasaran las festividades religiosas. Posiblemente Herodes quiere asegurarse de que, pasadas las fiestas, el juicio y suplicio de Pedro fueran el centro de la atención, y que los peregrinos que hubieran venido a Jerusalén para las celebraciones religiosas regresaran a sus países contando cómo Herodes defendía la ortodoxia judía. Hasta este punto en la narración hay varias frases y circunstancias paralelas a lo que Lucas cuenta sobre la pasión de Jesús, y ese paralelismo parece ser intencional. Lo que el lector espera es que Pedro muera tras un juicio alrededor de los días de Pascua, como murió Jesús.

Herodes toma toda clase de precauciones para evitar que Pedro escape. Los grupos de cuatro soldados cada uno (*tetradion*, 12.4) eran costumbre en el ejército romano, donde un grupo de cuatro soldados se turnaba en cada puesto, haciendo guardia por tres horas cada uno. Herodes asigna cuatro de esas cuadrillas (*tessarsin tetradiois*, un total de dieciséis hombres) a la tarea de guardar a Pedro. Además, para mayor seguridad, atan a Pedro con dos cadenas, entre dos soldados (12.6). La costumbre para guardar a un prisionero peligroso era atarlo a un soldado con una cadena (como las "esposas" que usan los policías de hoy). En el caso de Pedro, esa precaución se redobla, atándole cada mano a un soldado (12.6). Además, otros guardias (probablemente dos, uno de cada una de las otras dos cuadrillas) custodiaban la puerta.

Sin embargo, frente a todas estas precauciones hay otro poder: la iglesia ora sin cesar (12.5). La última noche antes del juicio ("aquella misma noche", 12.6), un ángel se aparece en la cárcel. La "luz" que resplandece es señal de la presencia divina. Pedro sigue dormido, y es necesario que el ángel lo despierte. Lo que se traduce como "tocó" es una expresión más fuerte; da a entender que el ángel tuvo que golpearlo o sacudirlo. Desde este punto hasta el final del versículo 10, Pedro parece estar todavía medio dormido. Cree que está soñando (12.9). El ángel tiene que darle instrucciones detalladas para que se vista (12.8). Juntos pasan por donde están los otros dos guardias. Aunque el texto no lo dice, se da a entender que también ellos duermen. Por fin llegan a la última puerta, la cual se abre por sí sola. Es entonces, en la calle, que el ángel deja a Pedro, al parecer sin despedirse, y que Pedro, "volviendo en sí", se da cuenta de que de veras está libre.

El relato que sigue, al mismo tiempo que es muy serio, tiene un viso de comedia. Pedro se dirige a una casa donde sabía que habría muchos cristianos orando. Lucas dice que era la casa de "María, la madre de Juan, por sobrenombre

Marcos". Era raro en esa cultura que a una mujer se la designara a partir de la relación con su hijo. Esto da a entender que Juan Marcos era o llegó a ser un personaje importante en la iglesia antigua. Tradicionalmente se le ha atribuido el segundo Evangelio. A él se lo vuelve a encontrar más adelante en este mismo libro de Hechos (12.25, 13.5, 13, 15.37-39), así como en otros lugares del Nuevo Testamento (Col 4.10, donde se dice que era pariente de Bernabé, 2 Ti 4.11, Flm 24, 1 P 5.13).

Según una tradición posterior, fue en casa de María y de su hijo Juan Marcos que tuvieron lugar la Santa Cena y el Pentecostés. Parece haber sido una casa grande, no solo por el número de los reunidos, sino también porque tenía un patio cercado, con una puerta por la que había que pasar antes de llegar a la casa. Pedro toca y viene la criada, Rode. Esta reconoce la voz de Pedro y, en lugar de abrirle, corre alborozada a avisar a los demás. Estos, aunque han estado orando por la liberación de Pedro, no creen el milagro y le dicen que está loca. Cuando ella insiste, le dicen que ha visto un fantasma. Mientras tanto Pedro sigue tocando. Si se recuerda que es un fugitivo, se ve la tensión del momento, pues si los vecinos despertaran, habría problemas. Por fin le abren, y lo primero que Pedro hace es mandarlos a callar con un gesto. No conviene que los vecinos oigan un alboroto. Les cuenta lo que ha sucedido, manda avisar a "Jacobo y a los hermanos", y se va "a otro lugar".

Lucas no nos dice dónde se escondió Pedro. Algunos piensan que fue a Antioquía, y otros, que fue a Roma. Lo que Lucas quiere dar a entender es que se escondió, sin decirnos dónde. A partir de este momento, Pedro desaparecerá del relato de Lucas, para reaparecer solo por un instante, sin otra explicación, en 15.7.

Al final del pasaje, Herodes culpa a los soldados por la fuga de Pedro. Aunque una traducción literal del griego diría sencillamente que Herodes "los hizo llevar fuera", la RVR correctamente entiende que esto quiere decir que los hizo salir al lugar en donde debían ser ejecutados.

Toda esta historia del encarcelamiento y la liberación de Pedro está escrita en un estilo más gráfico y con más detalles que el que Lucas emplea corrientemente; es posible imaginarse que el autor de Hechos la haya oído de labios del mismo Marcos, quien lo recordaría con el humor y los detalles que aquí se cuentan.

3. 12.19b-24: La muerte de Herodes.

Aunque técnicamente Cesarea estaba en Judea, para Lucas era tierra extraña, como lo era también para muchos de los judíos del siglo primero. Por eso dice que Herodes "descendió de Judea a Cesarea".

No se sabe exactamente en qué consistía la disputa entre Herodes, por una parte, y Tiro y Sidón, por otra. Ciertamente no era una guerra armada (aunque el texto dice que "pedían paz", 12.20), pues todos eran súbditos del Imperio romano, que no hubiera permitido tal cosa. Parece que se trataba más bien de una guerra económica. Sea cual fuere la naturaleza del conflicto, al fin las ciudades fenicias piden paz, "porque su territorio era abastecido por el del rey" (12.20). Esto parece referirse al hecho de que Tiro y Sidón necesitaban abastecerse del trigo de Galilea. La referencia a estos acontecimientos, y específicamente a "Blasto, que era camarero del rey", apuntan al interés de Lucas, tanto en su Evangelio como en Hechos, por relacionar su narración con la historia general del Imperio y de Palestina. Desafortunadamente, no se sabe nada más sobre este Blasto, que parece haber jugado un papel importante en la corte de Herodes, y ciertamente en las negociaciones entre el rey y los de Tiro y Sidón.

Es en la celebración de esa paz que Herodes muere. El historiador judío Josefo cuenta también la muerte de Herodes, y lo que nos dice aclara un poco la narración de Lucas. Josefo dice que Herodes estaba vestido en ropas de pura plata, y que la reacción de sus aduladores en parte se debió a ello. Estas son las "ropas reales" a las que se refiere Lucas. También Josefo dice que Herodes estuvo enfermo por cinco días a partir de su fastuosa audiencia, y que murió al quinto día. No habla de gusanos, sino de un intenso dolor en el vientre, que da la idea de una infección aguda. Era el año 44, y por tanto se piensa que la liberación de Pedro tuvo lugar en la Pascua del 43.

Por último, Lucas termina toda esta sección con otro de sus famosos resúmenes: "La palabra del Señor crecía y se multiplicaba".

Para pensar, estudiar y discutir: Al leer todo este pasaje, notamos que repetidamente los milagros sorprenden a los creyentes. En su prisión, Pedro cree que está soñando. Cuando por fin se percata de que se trata de un milagro, y llega a la casa de Juan Marcos, la criada que abre la puerta no cree lo que está viendo. Y cuando esta va y se lo cuenta a quienes están orando por Pedro, estos tampoco lo creen. ¿Será que los más grandes milagros de Dios son también los más inesperados? ¿Será que deberíamos constantemente estar esperando milagros? ¿O será todo lo contrario? ¿Qué piensa usted?

V. 12.25–15.35: LA MISIÓN SE DEFINE.

Comienza ahora una sección de Hechos muy distinta de lo que antecede. Señal de ello es que a partir de aquí Pedro y los Doce casi desaparecen de la narración, para dejarle el lugar a Pablo. Además, el centro de actividad misionera deja de estar en Jerusalén para pasar a Antioquía. Sin embargo, al comenzar esta nueva sección es importante que recalquemos lo que se ha dicho anteriormente: que el propósito de Lucas no es hacer una historia completa de la vida y expansión de la iglesia en las primeras décadas. De igual modo que antes nos ofrecía un resumen, y luego nos contaba uno o dos incidentes que ilustraban ese resumen, ahora también hemos de ver lo que Lucas dice sobre Pablo y su obra como la historia de uno de tantos misioneros que debe haber habido. Lucas no nos dice nada, por ejemplo, de cómo se expandió el cristianismo hacia el sur, y sin embargo sabemos que de algún modo la nueva fe llegó a Alejandría, la capital de Egipto. Tampoco nos dice Lucas palabra alguna de la obra misionera hacia el este, y sin embargo sabemos que esa obra fue extensa, y que pronto hubo iglesias dentro del Imperio persa. Además, cuando Pablo llegó a Roma, ya había cristianos en esa ciudad y hasta en el cercano puerto de Puteoli (28.13-15), y Lucas ni se ocupa de decirnos cómo llegó la nueva fe a la capital del Imperio romano. El propio Lucas nos habla también de cristianos de Cirene, en el norte de África, pero no nos dice si se habían convertido en sus tierras nativas o en Antioquía. Sin embargo, sabemos que al menos en el siglo siguiente ya había una fuerte iglesia en el norte de África.

Naturalmente, Pablo fue el más importante de todos aquellos primeros misioneros, pero no porque fuera el único, ni el más decidido, sino porque sus cartas vinieron a formar parte de nuestro Nuevo Testamento, y a través de ellas su interpretación del evangelio y de la misión de la iglesia ha hecho enorme impacto en toda la historia del cristianismo. Además, Pablo fue importante como ejemplo del modo en que el Espíritu Santo fue mostrándole a la naciente iglesia dimensiones inesperadas de su misión; y es precisamente sobre esto último que trata la sección del libro de Hechos que ahora comienza.

Conviene advertir además que, aunque lo que ahora se estudia se llama tradicionalmente "el primer viaje misionero de Pablo", ese nombre no es del todo exacto, pues la misión a las regiones de Siria y Cilicia, cerca de su propia ciudad de Tarso, a la que Pablo se refiere en Gálatas 1.21, debe haber tenido lugar antes de este viaje. De hecho, cabe suponer que cuando Bernabé fue a Tarso para buscar a Saulo y tuvo que buscarlo (véase el comentario sobre 11.25), Saulo andaba en una de sus giras misioneras.

En todo caso, la tendencia a leer todo el resto de Hechos como una serie de "viajes misioneros" de Pablo se debe no tanto a una lectura cuidadosa del texto, como al interés de las sociedades y movimientos misioneros de los siglos XIX y XX de encontrar en Hechos pautas para su trabajo, y de hallar en Pablo y en sus viajes el paradigma que los misioneros modernos deberían seguir. Resulta interesante notar, en ese sentido, que la idea de que toda esta parte del libro de Hechos se pueda bosquejar en términos de los "tres viajes misioneros" de Pablo no aparece en ningún comentarista antiguo ni medieval, sino que es creación precisamente del movimiento misionero moderno.

A. 12.25–13.3: EL ENVÍO.

El centro de la acción vuelve otra vez a Antioquía (donde había estado en 11.19-30), con el regreso de Bernabé y Saulo, quienes traen consigo a Juan Marcos (12.25). No se dice cuánto tiempo pasó entre ese regreso y el envío que se narra en el capítulo 13. Es de suponerse que fue suficiente tiempo como para que Bernabé y Saulo informaran sobre su misión y se dieran a conocer de nuevo como líderes en la comunidad de Antioquía.

En 13.1 se habla de "profetas y maestros", y se da una lista de cinco nombres sin indicar quiénes eran "profetas" y quiénes eran "maestros", y sin distinguir entre ambas funciones. Los intérpretes que tratan de distinguirlas piensan que los primeros tres nombres corresponden a "profetas", y los dos últimos a "maestros". Bernabé es el primero de la lista, y Saulo el último. Es acerca de estos dos que Lucas nos seguirá contando. De los otros tres, no se sabe más que lo que aquí se dice. Se ha sugerido que "Simeón el que se llamaba Níger [es decir, 'Negro']" era de Cirene al igual que Lucio, y sobre esa base algunos suponen que era el Simón de Cirene que fue forzado a llevar la cruz de Jesús (Lc 23.26). De lo que Lucas dice sobre Manaén, que se crio con Herodes el tetrarca (Herodes Antipas, el que hizo ejecutar a Juan el Bautista), se ha pensado que fue Manaén quien sirvió a Lucas como fuente para sus conocimientos sobre Herodes y sus acciones. Por último, a base de la semejanza entre "Lucio" y "Lucas", a veces se ha pensado que este "Lucio" es el autor del Evangelio de Lucas y de Hechos. Esto último no pasa de ser una teoría interesante, pero carente de fundamento.

La palabra en 13.2 que se traduce por "ministrar" es la misma que se empleaba para los servicios públicos requeridos de los súbditos del Imperio, y de la cual se deriva el término moderno "liturgia". Parece dar a entender que fue en el culto que vino la palabra del Espíritu. La urgencia de este mandato del Espíritu no aparece en las traducciones castellanas, pues aquí Lucas emplea una partícula griega (*dée*) que es difícil de traducir. El sentido de esta partícula es el de una interjección como ¡eh!, ¡ea! u ¡hola! Nótese además que el Espíritu no da detalles sobre la "obra" o tarea a la que ha llamado a Bernabé y a Saulo. Esto se irá descubriendo poco a poco en el resto del libro.

La imposición de manos en 13.3 no es indicación de que los otros tres tuvieran mayor autoridad que los dos enviados, sino que es más bien un modo de conferirles la autoridad y bendición de la comunidad toda, en cuyo nombre son enviados.

Excurso: Misión y comunidad.

En el pasaje que acabamos de estudiar, Bernabé y Pablo reciben el llamado de ir como misioneros a otras tierras. Pero en realidad se dice poco acerca de la naturaleza de ese llamado, pues el Espíritu Santo solamente dice que quiere que Bernabé y Saulo sean apartados "para la obra a que los he llamado". Es por el resto de la historia que sabemos la naturaleza de ese llamado. Una vez más, el llamado rara vez es totalmente claro, de tal manera que sepamos todos los pasos que hemos de dar. Lo que sucede es más bien que cada vez que se responde a un llamado se escucha otro nuevo. A esto nos hemos referido antes.

Hay sin embargo otro elemento que nos interesa en esta historia del llamado de Bernabé y Saulo. Debido en buena medida a las tendencias individualistas de nuestra sociedad moderna, y en buena medida a lo que nos han enseñado algunos de nuestros primeros misioneros, nos hacemos la idea de que el llamado siempre es cuestión personal, privada, que la persona descubre por sí misma. Pero no es así. En este caso el Espíritu Santo no se dirige directamente a Bernabé y Saulo, sino más bien a la comunidad que está reunida. Aunque el texto no dice claramente si la palabra del Espíritu vino a toda la congregación o al grupo de los líderes, el verbo está en plural: "Apartadme". En una palabra, el llamado no les viene personal e individualmente a Bernabé ni a Saulo, sino que le viene a una comunidad de fe reunida en servicio y ayuno. Esto nos indica que el llamado no es cuestión puramente individual, sino que también conlleva una relación con toda la comunidad de la iglesia.

Podríamos dar muchos ejemplos de esto. Pero quizá el más notable sea que cuando los discípulos le pidieron a Jesús que les enseñara a orar y Jesús les dijo que empezaran diciendo "Padre nuestro". Aunque estemos solos en un tiempo de devoción privada, no decimos "Padre mío", sino "Padre nuestro". Aun en nuestra soledad privada no estamos solos o solas. Somos parte de este cuerpo cuya cabeza es Cristo. Oramos a "nuestro" Dios no solamente por nuestra cuenta, sino también y sobre todo como parte de una iglesia que toda juntamente puede decir "Padre *nuestro*". Por eso decimos que somos "miembros", de igual manera que nuestras manos y nuestros pies son miembros de nuestro cuerpo.

Todo esto quiere decir que la obra toda de la iglesia tiene una dimensión comunitaria. Es por eso que nos reunimos para adorar. No nos reunimos solamente para tener quién nos apoye o música que nos inspire. Nos reunimos porque la adoración comunitaria nos es necesaria y es expresión de nuestra realidad como Cuerpo de Cristo.

En cuanto a la misión acontece lo mismo. Aunque hablamos de los viajes misioneros de Pablo, o de la misión inicial de Bernabé y Saulo, por lo general hablamos solamente de los misioneros, pero no de la iglesia que los envió. La iglesia de Antioquía es parte de la misión que Bernabé y Saulo llevan a cabo. No es que decidieron que Bernabé y Saulo serían misioneros y se desentendieron de ellos. Tampoco fue cuestión de darles dinero para que fueran como misioneros, lo cual es la costumbre más común en algunas de nuestras iglesias hoy. Pablo y Bernabé van comisionados por la iglesia de Antioquía, y más adelante regresarán a esa iglesia repetidamente para darle informes. Lo que es más, casi podríamos decir que estos capítulos de Hechos que estamos estudiando ahora son una especie de informe a la iglesia de Antioquía, así como a todo el resto de la iglesia.

Es por esto que hoy se insiste tanto en que la misión de la iglesia no consiste sencillamente en enviar misioneros. La misión de la iglesia es más bien vivir y actuar como un cuerpo cuya cabeza es Cristo. Ciertamente, esto incluye enviar personas a lugares lejanos donde se requiere algún testimonio particular. Pero incluye también todo lo que la comunidad de fe hace para vivir el evangelio y dar testimonio de él. La misión de la iglesia incluye alimentar a los pobres, consolar a los afligidos y promover el amor y la justicia en todos los ámbitos de la sociedad.

Cuando Saulo y Bernabé viajan llevando el mensaje de Jesucristo a otras regiones del mundo no viajan únicamente como enviados de Jesucristo y del Espíritu Santo, sino también como enviados de la iglesia en Antioquía. Y lo que es cierto de aquellos misioneros de antaño lo es también hoy, no solamente entre aquellas personas a quienes damos el título de "misioneros" o "misioneras", sino también cuando cada cristiano da testimonio de su fe. Lo hacemos siempre como parte de una comunidad.

Dentro de todo eso, los llamamientos toman diversas formas. Si seguimos el caso de Pablo, vemos que recibe varios llamamientos. Uno de ellos —ciertamente el más dramático— es el que tiene lugar de camino a Damasco. Este es un llamamiento privado en el sentido de que le viene únicamente a él en aquel momento. Pero el llamamiento inmediatamente une a Pablo con la comunidad de fe, ya que le indica que ha de escuchar lo que Ananías le dirá en Damasco. Más adelante, cuando Bernabé va a buscarlo en Cilicia para llevarlo a Antioquía, el llamamiento le viene a Pablo a través de Bernabé. Pero en cierto modo Bernabé representa a la iglesia de Antioquía, que necesita los servicios de Saulo. En Antioquía misma, como hemos visto, el llamamiento le viene a la comunidad reunida en ayuno y servicio a los demás. Más tarde, cuando se preparaba para regresar a Antioquía, el llamamiento le viene a través de la visión privada del varón macedonio. Pero en todos esos casos, Pablo está sirviendo al Señor como miembro de su cuerpo. Bien podemos imaginarlo orando en alguna de las iglesias por él fundadas, o a solas en alguna prisión y diciendo "Padre nuestro" —es decir: "Padre mío, Padre de la iglesia en Antioquía, y Padre de todos quienes hoy invocan tu nombre".

Todo esto puede parecer muy teórico. Pero es una realidad que tenemos que subrayar en nuestros días. Con demasiada frecuencia hablamos de "mi ministerio" como si fuera algo que hiciéramos por nuestra propia cuenta. Una persona bien puede tener un llamado particular; pero eso no hace que su ministerio sea privado o por cuenta suya. (Y cuando digo "cuenta", ¡no olvidemos que esto también se refiere a las "cuentas" en el sentido de cuentas de banco!). Todo ministerio es comunitario, parte de la obra del cuerpo de Cristo, y por tanto requiere no solamente el apoyo, sino también la participación de esa comunidad. Jamás se trata de "mi ministerio", sino de "nuestro ministerio" como miembros de un solo cuerpo; o, cuando más, del "ministerio al cual la comunidad me ha llamado y en el cual la comunidad me apoya y supervisa". Si Pablo, el gran héroe misionero cuya vida ha inspirado a tantos otros misioneros le rindió cuentas repetidamente a la iglesia en Antioquía y a la iglesia en Jerusalén, todo ministerio y toda misión tiene que rendirle cuentas a la comunidad de fe, pues en última instancia es a ella a la que pertenecen tanto el ministerio como la misión.

Para pensar, estudiar y discutir: En lo que antecede hemos visto el papel que tuvo la iglesia de Antioquía en el envío de Bernabé y Saulo. ¿Será exacto entonces decir que la misión no es en el sentido estricto la tarea de los misioneros, sino más bien la tarea de toda la iglesia?

B. 13.4-12: CHIPRE.

Aunque la iglesia de Antioquía "despidió" a los misioneros (13.3), Lucas subraya que fueron "enviados por el Espíritu Santo" (13.4). Seleucia, donde embarcaron, era el puerto que servía a Antioquía, de la que lo separaban 25 kilómetros. La ciudad de Seleucia había sido fundada en el 301 a. C. por Seleuco Nicátor, y en tiempos de Pablo era una "ciudad libre" dentro del Imperio romano. De la actividad de los misioneros en Salamina, donde desembarcaron en Chipre, solo se dice que predicaron en las sinagogas. En la ciudad había bastantes judíos, y por tanto no ha de extrañar que hubiera varias sinagogas. Los contactos entre Chipre y Judea eran frecuentes. Algunos años antes, el emperador Augusto le había dado a Herodes el Grande la mitad de la utilidad de las famosas minas de cobre en la isla, y es de suponerse que ello aumentó los contactos entre Chipre y Judea.

De Salamina, Bernabé y Saulo, acompañados por Juan Marcos, pasaron a Pafos. La palabra "ayudante" (*hypêretês*) puede indicar que Juan Marcos iba como secretario o como criado personal, o también que era colaborador en la obra misionera, quizá dándoles instrucción a los que se convertían.

Del viaje hasta Pafos, la capital romana de Chipre, nada se dice. El verbo "atravesar" parece dar a entender que fueron por tierra; pero algunos exégetas se inclinan hacia un viaje por mar. En todo caso, como se verá a través de todos los viajes de Pablo, sus centros de operación siempre eran las ciudades, y normalmente no se dice que predicara al ir de una ciudad a otra. Esto puede ser el resultado del estilo de Lucas, que centra su atención en los puntos sobresalientes y dice poco sobre lo que sucede entre ellos. Pero también en algunos casos puede deberse a que en el interior se hablaban todavía las antiguas lenguas de los pueblos conquistados por el Imperio romano, y Pablo y sus acompañantes no conocían tales lenguas.

El nombre del falso profeta, "Barjesús", quiere decir "hijo de Jesús". Puede ser en contraste con ese nombre que Pablo le llama "hijo del diablo" (13.10). Sobre su otro nombre, "Elimas", se ha discutido mucho, pues tal nombre no se conoce en griego. Un manuscrito antiguo dice "Etoimo", y esto ha llevado a conjeturas sobre si no sería otro mago, también judío de Chipre, de nombre "Átomo", a quien Josefo menciona. Ciertamente, las palabras de 13.8: "Elimas, el mago (pues así se traduce su nombre)" no han de interpretarse en el sentido de que "Elimas" fuese una traducción de "Barjesús". Una posible interpretación es que "mago" fuera una traducción de "Elimas".

Del "procónsul Sergio Paulo" (13.7) no se sabe más que lo que Lucas dice, aunque se han encontrado inscripciones que bien pueden referirse a él. Como en tantos otros casos, Lucas da señal de su exactitud histórica al decir que Chipre estaba gobernada por un procónsul (*anthupatos*), pues en esa época Chipre era una provincia senatorial, y tal era el título de quienes gobernaban en tales provincias.

Es en 13.9 que por primera vez aparece el nombre de Pablo: "Saulo, que también es Pablo". Puesto que tal era también el nombre del procónsul, esto ha llevado a especulaciones sobre si Saulo tomó el nombre de Pablo en honor del procónsul. No hay base para tales especulaciones. Lo cierto es que era costumbre que cada romano tuviera tres nombres: el suyo, el de su clan y el de su familia. Además, los padres les daban a los hijos otro nombre, llamado *signum* o *supernomen* (literalmente, "sobrenombre") que su familia y sus allegados usaban. En el caso en cuestión, "Pablo" era el nombre romano de familia (casi diríamos su apellido), y "Saulo" parece haber sido el *signum* que se le dio en honor del antiguo rey de la tribu de Benjamín (que era también la tribu de Pablo). De sus otros nombres nada se sabe. En todo caso, "Saulo" era el nombre que usaba entre judíos y entre sus allegados, y "Pablo" el que usaba entre gentiles. Es al emprender su misión a los gentiles, y luego al escribir sus cartas, que Saulo prefiere el nombre de "Pablo".

Puesto que Barjesús/Elimas trata de impedir que el procónsul acepte la predicación de Bernabé y de Pablo, este último lo increpa y se produce el milagro de que queda ciego "por algún tiempo". Viendo esto, el procónsul "creyó". No está claro si esto quiere decir que se convirtió, o que creyó en el poder de Pablo. Es de notarse que no se dice que fue bautizado, cuando hasta aquí tal había sido el resultado inmediato de la conversión. Esto puede deberse a que se trata del primer gentil que se convierte sin siquiera haber sido antes "temeroso de Dios", es decir, estudioso de las Escrituras. Tales personas, que nada sabían del judaísmo antes de creer en Cristo, requerirían un tiempo mayor de preparación para el bautismo, mientras aprendían todo lo que separaba su nueva fe de sus antiguas creencias y costumbres. Mientras un judío o un "temeroso de Dios" que se convertía era ya monoteísta y había sido instruido en los principios morales del judaísmo —que eran también los del cristianismo—, tal no era el caso de los paganos que se convertían, y por tanto no se los bautizaba de inmediato. Es por esto que, con el correr del tiempo, y según fue aumentando la proporción de gentiles entre quienes se convertían al cristianismo, se fue prolongando el tiempo que se dedicaba a la instrucción de los nuevos conversos antes de bautizarlos.

Excurso: Saulo, quien también es Pablo.

Antes, al referirnos a la experiencia de Pablo de camino a Damasco, señalamos que es erróneo decir que el cambio de nombre de "Saulo" a "Pablo" es el resultado inmediato de esa experiencia de conversión. Para mostrarlo basta con leer el libro mismo de Hechos. Hasta llegar al pasaje que estudiamos ahora, Saulo sigue siendo Saulo. Es Saulo quien se levanta en el camino a Damasco, Saulo quien va a Damasco y Saulo a quien Ananías se dirige. Sigue siendo Saulo el que va a visitar a los apóstoles en Jerusalén y Saulo quien después va a refugiarse en su tierra nativa de Cilicia. Es a Saulo que Bernabé va a buscar allá para que venga a ayudarlo en Antioquía. Y es a Saulo juntamente con Bernabé aquel a quien el Espíritu Santo pide para ser apartado para una obra específica.

Ahora, en Hechos 13.9, al comienzo mismo de los llamados "viajes misioneros" de Pablo, Lucas casi de pasada nos dice "entonces Saulo, que también es Pablo". Y a partir de entonces sigue llamándolo "Pablo". Luego, si hay un cambio de nombre, este no tiene lugar en el camino a Damasco, sino en Chipre, al inicio de la misión.

Pero en realidad no hay tal cambio de nombre en el sentido en que comúnmente lo entendemos. La realidad es que en medio del Imperio romano muchas personas que pertenecían a pueblos conquistados por los romanos, al tiempo que conservaban sus nombres en sus propias lenguas, empleaban también otro de origen latino o griego, y por tanto más fácilmente entendible fuera de los límites de su propia cultura. Saulo llevaba el nombre del único rey que su propia tribu (Benjamín) había producido, Saúl (Saúl en el antiguo hebreo y "Saulo" en el arameo que se hablaba en Palestina en tiempos neotestamentarios). Este sería entonces el nombre que emplearía en las sinagogas y en medio de cualquier comunidad judía. Pero cuando Saulo salía fuera de sus ámbitos, de manera semejante a muchas otras personas, empleaba el nombre latino de "Pablo", que se parecía al suyo, y que sería más entendible fuera de los ámbitos de lengua aramea. Lo mismo acontece con otros personajes tales como el "Silas" de Hechos, quien en las epístolas se llama "Silvano".

Todo esto no es solamente cuestión de curiosidad anticuaria, pues en el día de hoy sucede algo semejante. Cuando pasamos de una cultura a otra, esto afecta nuestra identidad, y a veces ello se manifiesta en nuestros nombres. Un caso bien común en nuestros propios tiempos es el de muchas personas de origen latino cuyo nombre es "Jesús". Mientras en la sociedad hispana tal nombre es común, en la sociedad anglosajona se pensó por largo tiempo que, puesto que ese es el nombre del mismo Dios hecho carne, no debería nombrarse así a ningún ser humano. Tengo un amigo cuyo nombre es Jesús, pero cuando fue por primera vez a la escuela, la maestra le dijo que no podía llevar tal nombre y le dio el de "Jesse". A partir de entonces, mi amigo sigue siendo "Jesús" en el seno de su familia y en la comunidad latina; pero fuera de esos ámbitos, es "Jesse". Y lo mismo acontece con María Luisa, quien también se llama Mary Lou.

Este hecho de tener dos nombres es parte de vivir en medio de dos culturas y tradiciones. Va por tanto más allá de la mera cuestión del nombre que la persona lleva. Es también expresión de la experiencia, frecuentemente dolorosa, de quien vive en medio de dos o más culturas. Por muy acostumbrado que estuviera a escribir y hablar en griego, Saulo siempre sentiría que su identidad era diferente según viviera dentro de una u otra de las dos culturas en las que le tocó vivir. Al menos, tal es la experiencia de muchas personas en el día de hoy, cuando multitudes se mueven de un lugar a otro por diversas razones, y cuando todavía hay minorías culturales en muchos de nuestros países. Es ciertamente la experiencia del pueblo latino en los Estados Unidos y en Canadá, donde se vive en cierto mestizaje cultural mediante el que se pertenece en cierto modo a ambas culturas y también en cierto modo a ninguna de ellas. Es también la situación de muchos de los grupos aborígenes en nuestro hemisferio, que al tiempo que guardan sus propias culturas, lenguas y tradiciones, se ven obligados a relacionarse con el resto de la sociedad en español o en portugués —y en muchos casos, al tiempo que llevan un nombre en su propia lengua, llevan también otro en la de los conquistadores europeos. Y es la experiencia de las multitudes que en todas las regiones del mundo se ven obligadas a emigrar huyendo de la violencia y la opresión.

En la mayoría de los casos esa vida de mestizaje cultural se hace difícil. Pero el ejemplo de Pablo/Saulo nos recuerda también que ese mestizaje cultural es oportunidad y llamamiento a la misión. Saulo, quien también era Pablo, pudo llevar a cabo su tarea precisamente por razón de ese mestizaje cultural. Como judío, formado en la tradición cultural y religiosa de Israel, Saulo podía entender la obra salvífica de Jesucristo dentro del contexto de las promesas hechas a Abraham y su descendencia. Conocía las Escrituras en las que se anunciaba la venida de Jesucristo. Conocía al Dios de Israel, quien es también el Dios de los cristianos. Conocía las leyes morales de Israel, que los cristianos también conocían. Y, precisamente porque también era "Pablo" podía cruzar barreras culturales y comunicarle todo aquello a un nuevo mundo.

Pero hay más. Cuando hablamos de Pablo como el "apóstol a los gentiles", no debemos hacernos la idea de que Pablo iba directamente a predicarles principalmente a los paganos y que estos se convertían. En realidad, cuando estudiamos todo el libro de Hechos vemos que casi todos los conversos de Pablo que se bautizaron como cristianos no habían sido paganos en el sentido estricto, sino que se contaban ya entre aquellos a quienes los judíos llamaban "temerosos de Dios". La misión de Pablo tuvo lugar mayormente en las sinagogas. Esto se ve repetidamente en Hechos. Al llegar a cada ciudad, Pablo va a la sinagoga, y es allí que primero predica el evangelio. Muchos de quienes aceptaban el mensaje que Pablo predicaba y se bautizaban se habían contado antes entre aquellos "temerosos de Dios" que vivían también en cierta forma de mestizaje. Por una parte, creían en el Dios de Israel y asistían a la sinagoga para aprender acerca de la Palabra de Dios. Pero por otra parte vivían en medio de una sociedad pagana que bien poco sabía acerca de ese Dios y de sus propósitos. Fueron mayormente aquellos anteriormente "temerosos de Dios" quienes después llevaron el evangelio a los hogares, los mercados y los foros paganos. Fueron aquellos temerosos de Dios quienes sirvieron de puente para que los gentiles paganos se acercaran a la iglesia —de manera semejante a como Pablo/Saulo sirvió de puente para que los judíos y los gentiles temerosos de Dios escucharan el mismo evangelio. Muy posiblemente serán hoy quienes viven en las difíciles condiciones del mestizaje que el mundo moderno ha producido y sigue produciendo quienes servirán de puente a generaciones futuras procedentes de toda clase de culturas a fin de que puedan llegar también a la fe cristiana y a la iglesia.

Para pensar, estudiar y discutir: Muchas de nuestras iglesias hispanas son multiculturales. En países de habla inglesa, son iglesias de cultura minoritaria que se relacionan constantemente con la cultura de la mayoría. En países de América Latina, frecuentemente combinan personas y tradiciones de culturas ibéricas y otras que representan las culturas nativas de América y las traídas de África. ¿Será todo esto un valor positivo en nuestra tarea misionera? ¿O será más bien algo que obstaculiza nuestra misión?

C. 13.13-51a: ANTIOQUÍA DE PISIDIA.

La mayor parte de lo que Lucas dice sobre este primer viaje misionero tiene lugar en Antioquía de Pisidia. Para llegar allí, "Pablo y sus acompañantes" (a partir de este punto, Pablo es el personaje principal) fueron a Perge de Panfilia, y de allí a Antioquía. En Panfilia (según se nos aclara en 15.38) y sin que Lucas nos explique por qué, Juan Marcos los abandonó y regresó a Jerusalén. Más adelante (15.37-40) esto fue causa de un desacuerdo que llevó a la separación entre Bernabé y Pablo.

La región de Panfilia estaba en la costa sur de Asia Menor, y Perge estaba a unos once kilómetros del mar, remontando el río Cestro. El puerto de desembarque probablemente fue Atalia, que Lucas menciona en 14.26, cuando Pablo y Bernabé van de regreso. El texto no dice cuánto tiempo los misioneros permanecieron en Perge, lo cual ha dado lugar a especulaciones en el sentido de que, por estar Perge en una región pantanosa, Pablo enfermó, y que fue por esa razón que subieron a la región más salubre de Antioquía. Es una teoría interesante, pero no pasa de eso. En realidad, dado el modo en que Lucas cuenta su historia, es muy posible que los misioneros hayan permanecido en Perge por algún tiempo. Lo que sí es cierto es que no hay indicios arqueológicos de que hubiera una sinagoga en Perge. Puesto que Pablo y Bernabé parecen haber tenido la costumbre de empezar su obra en cada lugar en la sinagoga, esa puede haber sido la razón que los impulsó a seguir hasta Antioquía.

Antioquía "de Pisidia" no estaba en realidad en Pisidia, sino en Frigia. Sin embargo, así se le llamaba comúnmente para distinguirla de Antioquía de Siria (la ciudad de la que venían los misioneros), y ese es el nombre que Lucas le da. Era un lugar importante, pues estaba en el corazón del Asia Menor, y por ella pasaba el camino que iba desde el Oriente hacia Éfeso. Administrativamente, era parte de la provincia de Galacia, al igual que Iconio, Derbe y Listra, y es posible que Pablo haya dirigido su epístola a los Gálatas a los cristianos de esta región.

La historia detallada de la misión en Antioquía de Pisidia empieza un "sábado" (13.14). El hecho de que los "altos dignatarios de la sinagoga" invitaran a Pablo y a Bernabé a hablar puede ser indicio de que, de hecho, ya llevaban algún tiempo en Antioquía, y que Lucas —como tantas otras veces— ha resumido su historia sin tenernos al tanto del tiempo transcurrido. También es posible que esta fuera la primera ocasión en que los misioneros visitaban la sinagoga, y que los invitaron a hablar porque Pablo era rabino, y quizá porque ambos habían dado indicación de que tenían algo que comunicarle a la congregación. En todo caso, tal invitación era parte del culto, en el que tras recitar la *Shema* (Dt 6.4-9; 11.13-21; Nm 15.37-41), se leían porciones de la Ley y los Profetas, para luego pasar a un sermón o exhortación sobre esa lectura.

Pablo empieza su discurso a la manera de un orador clásico, de pie y con un gesto que pedía silencio. Aunque el discurso es bastante largo (13.16-41), naturalmente lo que Lucas nos ofrece no es sino un resumen del sermón de Pablo. A partir de este punto, cada vez que Pablo se encuentre en una situación parecida, hablando en la sinagoga, Lucas no nos dirá mucho sobre el contenido de su sermón. Entonces, este discurso ha de verse como un resumen por parte de Lucas del mensaje que Pablo predicaba en las sinagogas.

En ese caso, Pablo está consciente de que hay en la audiencia tanto judíos (ya sea de nacimiento o ya por conversión formal) como gentiles "temerosos de Dios", es decir, personas que creían en el Dios de Israel y hasta asistían a la sinagoga, pero no estaban dispuestas a someterse a la circuncisión y a todo el resto de la Ley (13.16).

La primera parte del discurso (vv. 16-25) es un resumen de la historia de Israel, tomado mayormente de los libros que ahora llamamos el "Antiguo Testamento", y se parece mucho a los discursos que hemos visto antes en labios de Pedro y de Esteban. Sin embargo, a diferencia de Esteban, Pablo no se refiere a la ingratitud y desobediencia de Israel. La referencia particular al rey Saúl (13.21) puede reflejar el interés del propio Pablo, quien llevaba el nombre de ese rey y era también de la tribu de Benjamín. (Los "cuarenta años" del reinado de Saúl no aparecen en el Antiguo Testamento, pero sí había una tradición ya en tiempos de Pablo que decía que Saúl había reinado por cuarenta años).

Es en el versículo 23 que Pablo introduce algo que sus oyentes no habían escuchado antes. Hasta este punto ha estado relatando la historia conocida por todos. Ahora viene lo nuevo: "Dios levantó a Jesús por Salvador a Israel". Este Jesús fue anunciado tanto por las promesas antiguas como por Juan el Bautista.

En la segunda parte de su sermón (vv. 26-37), Pablo reitera que su mensaje es tanto para los "hijos del linaje de Abraham" como para "los que entre vosotros teméis a Dios" (13.26); es decir, tanto para los judíos como para los gentiles que participan de la vida en la sinagoga. Lo que sigue se parece mucho a los discursos que hemos visto antes, y que Lucas pone en labios de Pedro y de Esteban. Hasta algunas de las referencias bíblicas se repiten (compárese, por ejemplo, 13.35-37 y 2.27-31). Sin embargo, en estas circunstancias distintas también el mensaje es diferente. El tema del rechazo de Jesús no se usa ahora para culpar a los que escuchan, como en el caso de los discursos ante el sanedrín, sino que se usa para declarar que, puesto que los judíos de Jerusalén han rechazado la promesa, la buena nueva es ahora para estos judíos de la diáspora y gentiles "temerosos de Dios", que escuchan a Pablo. Nótese la lógica de este argumento en los vv. 26-27: "A vosotros es enviada la palabra de esta salvación, porque los habitantes de Jerusalén y sus gobernantes, no conociendo a Jesús, ni las palabras de los profetas que se leen todos los sábados, las cumplieron al condenarle". Tras esta declaración, los vv. 28-37 se emplean para ampliar y corroborar lo que se acaba de decir: se cuenta la muerte de Jesús, y sobre todo su resurrección, que había sido anunciada en las Escrituras hebreas.

La tercera parte del discurso (vv. 38-41) invita a los que escuchan a aceptar lo que se les acaba de decir. Pablo les anuncia el perdón de pecados y los invita a creer. En 13.39 se introduce el tema típicamente paulino de la imposibilidad de justificarse mediante la ley, y la justificación por la fe en Jesús. Este versículo es significativo, porque indica que, si bien Lucas posiblemente esté resumiendo discursos y sermones como este, y probablemente su propósito sea darnos una idea general de la predicación de Pablo en las sinagogas, sí se ocupa de que las palabras que pone en boca de sus personajes en diversas circunstancias sean fieles al mensaje de tales personajes.

Los versículos 42 y 43 han suscitado divergencias en cuanto a su interpretación. Tomados al pie de la letra, y en orden cronológico, parecen decir que Pablo y Bernabé salieron de la sinagoga antes de terminar el servicio, y que los que ya estaban fuera les pidieron que les hablaran el próximo día de reposo (13.42). La dificultad está en que, si no están en la sinagoga, no tienen por qué pedirles a los misioneros que les digan más. Después de "despedir a la congregación" (13.44), los judíos y los "prosélitos piadosos" iban con los misioneros, escuchando lo que les decían. Otro detalle que complica la interpretación del texto es que la frase que aquí se traduce por "el siguiente sábado" en el v. 42, también puede entenderse en el sentido de que querían que les hablaran "entre sábados", es decir, entre semana. En castellano, podría preservarse la ambigüedad del texto en ese sentido al decir que les rogaron que les hablaran "para el siguiente sábado". Lo más probable es que los detalles en estos dos versículos no se deban tomar estrictamente en el orden en que aparecen, sino que lo que Lucas nos está narrando es que, al salir de la sinagoga, muchos de los judíos y de los gentiles "temerosos de Dios" continuaron escuchando a los misioneros, y que a ellos se añadieron otros gentiles según fueron oyendo que el mensaje no era solamente para los judíos, sino también para ellos.

El resultado de todo esto es que al siguiente día de reposo "se juntó casi toda la ciudad para oír la palabra de Dios" (13.44). Al ver tanta gente, los judíos "se llenaron de celos". El texto no aclara por qué; pero lo que se entiende es que se llenaron de celos porque lo que hasta entonces había sido propiedad exclusiva de ellos (y de unos pocos conversos que se ajustaban a lo que ellos decían) se abría ahora a toda la multitud de la ciudad. Si tal cosa continuaba, los judíos perderían el control de la sinagoga. Por eso empiezan a argumentar contra Pablo, contradiciéndolo y blasfemando. Esta última palabra también puede traducirse como "insultando", y no se nos dice si insultaban a Jesús, a Pablo o a quién.

Es en respuesta a esto que ambos, Pablo y Bernabé, responden (13.46) con palabras que a partir de entonces marcarían mucho del carácter de su misión. El mensaje era ante todo para los judíos; pero puesto que ellos lo rechazan, dicen los misioneros, "nos volvemos a los gentiles". Esta es la expresión narrativa de lo que en otro lugar Pablo pone en términos más generales: "No me avergüenzo del evangelio, pues es poder de Dios para salvación de todo aquel que cree, del judío, primeramente, y también del griego" (Ro 1.16). Sin embargo, esto no quiere decir que a partir de ese momento Pablo y Bernabé se dirigieran únicamente a los gentiles. Al contrario, en el resto del libro veremos que la práctica normal de Pablo seguirá siendo comenzar la obra en cada ciudad en la sinagoga, y luego acercarse a los gentiles.

Como es su costumbre, Lucas no da detalles cronológicos que permitan saber cuánto tiempo los misioneros permanecieron en Antioquía de Pisidia. Es de suponerse, sin embargo, que los versículos 48 y 49 resumen al menos varios meses de trabajo, quizás años. En este sentido, ha de notarse que, antes de que los misioneros se vieran obligados a abandonar la ciudad, el evangelio se difundió "por toda aquella provincia", lo cual debe haber tomado algún tiempo.

En respuesta a la obra de los misioneros y al éxito alcanzado, "los judíos" —entiéndase, los que no creyeron— instigaron acción contra los misioneros. Lo que el versículo 50 parece indicar es que las "mujeres piadosas y distinguidas" eran mujeres gentiles, pero "temerosas de Dios", es decir, que participaban del culto de la sinagoga. La mayoría de los intérpretes piensa que estas mujeres influyeron sobre sus esposos, quienes eran magistrados de la ciudad, para que expulsaran a los misioneros. Nótese que, en este caso, a diferencia de lo que hemos visto anteriormente, los misioneros no huyen, sino que son oficialmente expulsados. Y nótese por último que, a pesar de ser expulsados de la ciudad, y de sacudirse el polvo de los pies (cf. Lc 10.11), dejan tras de sí discípulos "llenos de gozo y del Espíritu Santo" (13.52).

Excurso: Creyentes evangelizadores, pero celosos de los evangelizados.

Lo que acontece en Antioquía de Pisidia es lo mismo que tendrá lugar en varias otras ciudades donde Pablo predica. Pablo va a la sinagoga, donde tiene oportunidad de dirigirse tanto a los descendientes de Abraham como a los gentiles que temen a Dios y que por tanto están también presentes en la sinagoga. Su mensaje es esencialmente que el perdón de pecados y la justificación están disponibles no solamente para los hijos de Israel, sino también para los temerosos de Dios. Su predicación es generalmente bien recibida, pues "muchos de los judíos y de los prosélitos piadosos" al salir de la sinagoga siguieron a Pablo y Bernabé pidiéndoles más explicaciones y persuadiéndose de lo que habían escuchado en la sinagoga acerca del cumplimiento de las promesas de Dios en la persona de Jesús. Lo que es más, el éxito de los misioneros fue tal que al sábado siguiente, cuando la sinagoga tenía su servicio, la multitud presente fue enorme, y los judíos "se llenaron de celos". Es entonces que comienza la oposición a la predicación del cristianismo con la consecuencia de que Pablo y Bernabé son expulsados de la ciudad. En otras palabras, los judíos estaban dispuestos a tener unos pocos "temerosos de Dios" en la sinagoga siempre y cuando estuvieran dispuestos a ser solamente una minoría y a estar marginados tanto en la estructura de la sinagoga como en el culto mismo. Pero cuando vieron la enorme multitud que amenazaba apoderarse de la sinagoga se llenaron de celos.

Es muy fácil leer todo esto y llegar a la conclusión de que el tema en general es sencillamente el celo de los judíos cuando vinieron tantos gentiles a la sinagoga. Pero en realidad lo mismo acontece hasta el día de hoy en muchas iglesias. Estamos muy interesados en predicar el Evangelio y traer otras personas a la iglesia. Pero nos preocupa la posibilidad de que a la postre perdamos el control de la iglesia. Esto lo veo repetidamente en iglesias de una cultura dominante en cualquier región que empiezan un ministerio para servir a personas de otras culturas y se alegran mucho cuando vienen los primeros 10 o 12. Pero cuando empieza a aumentar el número de tales personas, los líderes de la iglesia también empiezan a preocuparse por el control que antes tenían y que sienten que se les va de las manos. En otras palabras, como aquellos judíos de la sinagoga en Antioquía de Siria, nos alegra que vengan muchos, ¡pero no demasiados! Y lo que hacemos entonces, muchas veces sin siquiera notarlo, es que cambiamos nuestras prácticas de evangelización para asegurarnos de que quienes vengan no interrumpan lo que siempre hemos hecho.

Hay otro ejemplo claro de esta actitud en la Biblia, en el libro de Jonás. Jonás es un profeta, supuestamente admirado y aprobado entre el pueblo de Israel, y se le manda ir a una ciudad enemiga para llamarlos al arrepentimiento. Pero la verdad es que Jonás no quiere que se arrepientan, y por eso en lugar de partir hacia Nínive se embarca en dirección opuesta. Muchas veces pensamos que lo que le acontecía a Jonás era que temía a los ninivitas. Pero lo que hacia el final del libro Jonás mismo confiesa es que no quería ir a Nínive porque sabía que Dios es compasivo y que por tanto si la ciudad se arrepentía, Dios la perdonaría. En pocas palabras, Jonás prefería predicarle a su gente y llamarlos a la obediencia. Pero no quería que la ciudad de Nínive se arrepintiera, y mucho menos que Dios la perdonara. En otras palabras, Jonás es un profeta de mala gana. Y lo es porque prefiere que la gracia y la protección de Dios se limiten a su propia nación, y no a estos otros que tradicionalmente han sido enemigos de Israel.

Eso es lo que acontece frecuentemente en muchas iglesias, particularmente las de una cultura dominante que ven en su derredor a otras personas de otras culturas, necesitadas tanto del evangelio como de recursos físicos. Quieren evangelizar a esas personas y quieren ayudarlas a alcanzar trabajo, educación y otros beneficios de la sociedad. Pero harán esto siempre que esas personas no sean demasiadas. Si ven que poco a poco aquella minoría cultural antes despreciada se va haciendo mayoría en la iglesia, si ven cambios que no les agradan, a la postre tratan de limitar el ministerio de esa otra minoría que antes fue objeto de su evangelización.

Lo que acontece en todo esto es lo que vimos ya al discutir el Pentecostés: el Espíritu Santo no nos es dado para retener el poder, sino para compartirlo y traspasarlo a otros. Esto se ve en la historia misma que Hechos cuenta. En los primeros cinco capítulos los protagonistas parecen ser los 12 apóstoles. En el capítulo 6, en parte por iniciativa de los apóstoles mismos, se nombra a otras siete personas cuya tarea será sencillamente librar a los apóstoles de las responsabilidades administrativas, de modo que puedan dedicarse a la predicación. Pero inmediatamente, en los capítulos 7 y 8, al menos dos de esos siete se dedican a la evangelización y predicación. A partir de entonces, se dice poco acerca de los Doce; pero tampoco de los Siete, o de la iglesia en Jerusalén, para dedicar la atención principalmente a la iglesia de Antioquía y su labor misionera.

Lo que vemos en Hechos se ve también en todo el resto de la historia de la iglesia. Al principio el centro de la iglesia estuvo en Jerusalén, y de allí parece haber pasado a Antioquía. Pero pronto, según la fe cristiana se fue expandiendo hacia el oeste, el centro de la iglesia vino a ser el Mar Mediterráneo mismo, en ambas costas, con Grecia e Italia al norte de ese mar y las fuertes iglesias de Cartago y de Alejandría al sur. Más adelante, con las invasiones árabes y el desarrollo del imperio carolingio, el centro vino a ser un eje que corría de norte a sur desde las Islas Británicas hasta Roma. Las antiguas iglesias de Jerusalén, Antioquía y Alejandría, entonces bajo el régimen musulmán, perdieron fuerza. Pero unos pocos siglos más tarde, con la conquista de América, el centro vino estar principalmente en la península ibérica, que hacia el oriente ejercía gran poder sobre el papado y hacia el occidente se expandía a través del Atlántico. Y todavía después, el centro del protestantismo estuvo en el norte de Europa y de América. Ese fue el mapa del cristianismo en que nos formamos quienes nacimos temprano en el siglo pasado. Los grandes centros misioneros evangélicos estaban en Nueva York, Londres, Escocia y Alemania, y los protestantes en América Latina dependíamos principalmente de los Estados Unidos y Gran Bretaña.

Hoy ese mapa va cambiando. Los centros de vitalidad, misión y evangelización se han desplazado hacia el sur y el este, de modo que hay fuertes iglesias protestantes tanto en Corea como en China e India, así como en varios países de América Latina. Todavía los centros de estudio, las grandes universidades y bibliotecas, los recursos económicos dedicados al estudio de la teología, se centran en el antiguo eje que iba del norte de Europa a los Estados Unidos. En muchos casos todavía también se centra allí el poder administrativo de algunas denominaciones. Pero la vitalidad evangelizadora y la creatividad teológica van pasando rápidamente a nuevos centros. Esto crea dificultades semejantes a las que tuvo Pablo en Antioquía de Pisidia cuando inesperadamente llegaron a la sinagoga multitudes de gentiles para escuchar el mensaje del evangelio. Esperemos que el estudio de este pasaje, así como de tantos otros que nos muestran el camino en estas nuevas circunstancias nos haga posible trabajar en un espíritu de armonía y aceptación mutua, el que aquellos judíos de Antioquía de Pisidia no tuvieron.

Para pensar, estudiar y discutir: En Antioquía de Pisidia los judíos probablemente se regocijarían al ver a los temerosos de Dios en la sinagoga, interesados en el Dios y la fe de Israel. Pero cuando vieron que, como resultado de la predicación de Pablo, esos temerosos de Dios amenazaban con venir a ser la mayoría en la sinagoga, se llenaron de celos. Es muy fácil culpar a los judíos por esto. Pero ¿no será cierto que a veces la labor evangelizadora de la iglesia se interrumpe u obstaculiza por razón de nuestros celos? ¿Habrá en nuestra comunidad personas a quienes no quisiéramos ver en la iglesia por una razón u otra? ¿Qué haríamos si de momento se presentaran ante nosotros en multitudes semejantes a las que se presentaron ante los judíos en la sinagoga de Antioquía?

D. 13.51b–14.6a: ICONIO.

Los últimos dos versículos del capítulo 13 sirven de conexión entre Antioquía de Pisidia e Iconio. Lo que se resume al final del v. 51 con las palabras "llegaron a Iconio" es un viaje de más de ciento cincuenta kilómetros. El versículo 52, aunque aparece después de que los misioneros han salido de Antioquía y llegado a Iconio, parece referirse a los discípulos de Antioquía, pues Lucas no da indicio alguno de que se hubiera predicado el evangelio en Iconio antes. Iconio, en la provincia de Galacia, era una ciudad grande y rica. Hoy se llama Konya. Lo que sucedió allí en cuanto al éxito en la sinagoga y la oposición de los que no se convirtieron fue muy parecido a lo que ya se vio en Antioquía de Pisidia, aunque en este caso Lucas lo resume en dos versículos (14.1-2). Como en Antioquía, estos opositores promueven la mala voluntad de los gentiles contra "los hermanos" (14.2). Sin embargo, puesto que no los habían expulsado como en Antioquía, los misioneros permanecieron en Iconio "mucho tiempo", y el conflicto llegó a tal punto que la población estaba dividida entre los que estaban "con los judíos" y los que estaban "con los apóstoles" (14.4).

Esta es la primera vez que Lucas llama "apóstoles" a Pablo y Bernabé (cf. 14.14). Al hacerlo está históricamente acertado, pues hay en el Nuevo Testamento muchos indicios de que al principio el título de "apóstol" no se limitó a los Doce, sino que muchos otros lo tuvieron también. Por otra parte, también es posible que Lucas esté empleando el término, no como un título, sino en el sentido de "enviados" o "misioneros". Por fin todo llevó a la tentativa de apedrear a los misioneros, quienes huyeron.

Al terminar de estudiar este pasaje, conviene señalar el resultado que tiene la predicación en la ciudad de Iconio, donde "la gente de la ciudad estaba dividida, unos con los judíos, y otros con los apóstoles". Frecuentemente pensamos que, porque el evangelio es palabra de reconciliación, su predicación nos ayudará a borrar todos los desacuerdos que puedan existir en nuestra sociedad. Ciertamente, la reconciliación es parte esencial de la vida cristiana. Esto lo señaló la iglesia desde sus primeros tiempos en el "beso de paz" que se daban unos a otros tras la confesión de pecados. Parte de esto permanece todavía en algunas de nuestras iglesias, donde hay un momento en el culto en el que los creyentes se dan la mano o se abrazan unos a otros. Ese compartir la paz quiere decir que, a pesar de las diferencias que pueda haber entre unos y otros, todos somos parte del mismo cuerpo; todos somos pecadores; ninguno posee la verdad y la justicia de manera absoluta. Cuando al pasar la paz le damos la mano a quien es nuestro enemigo, por ejemplo, en cuestiones políticas, le estamos diciendo que no permitiremos que nuestras diferencias rompan nuestra comunión.

Pero al mismo tiempo, ese énfasis en la reconciliación no quiere decir que hemos de abandonar la predicación de un evangelio de paz y justicia, aun cuando esto cause dificultades y conflictos con la sociedad que nos rodea, por una parte, y con algunos hermanos y hermanas dentro de la iglesia por otra. El evangelio es palabra de reconciliación; pero es también palabra de un amor que se experimenta y se practica dentro de un contexto de justicia y de paz.

E. 14.6b-21a: LISTRA Y DERBE.

Los misioneros huyeron "a Listra y Derbe, ciudades de Licaonia, y a toda la región circunvecina" (14.6). Lo que esto da a entender es que por algún tiempo los misioneros anduvieron predicando por la región, yendo de un lugar a otro. Es en medio de ese período que ocurre el incidente de Listra.

En Listra tiene lugar un milagro que deja atónita a la muchedumbre. Para subrayar lo sorprendente del milagro, Lucas nos describe la condición del paralítico con tres frases que parecen decir lo mismo: "Imposibilitado de los pies, cojo de nacimiento, que jamás había andado" (14.8). El cojo había oído a Pablo predicar, y el apóstol, "fijando en él los ojos" (el mismo verbo que vimos en la curación del otro cojo en el templo; 3.4), vio que tenía fe y "a gran voz" le ordenó que se levantara. El milagro acontece, y el cojo "saltó y anduvo". El orden de estos dos verbos es interesante, y recalca lo repentino del restablecimiento del cojo.

Sin embargo, la gente que ve el milagro lo interpreta de otro modo. Hablando en su propia lengua, que Pablo y Bernabé no comprenden, comentan que los misioneros son dioses. Bernabé ha de ser Zeus, y Pablo, el que habla, debe ser Hermes, el dios mensajero. Hasta el sacerdote de Zeus se convence de que se trata de una visita de los dioses, y se prepara para ofrecerles sacrificios. Los comentaristas señalan que existía en esta región una leyenda según la cual una anciana pareja de pastores, Filemón y Baucis, había recibido la visita de estos dos dioses. Entonces, no ha de extrañar el que ahora se identificara a Bernabé y a Pablo con ellos. Lucas no dice dónde se encontraban Pablo y Bernabé mientras el sacerdote hacía tales preparativos. Lo más probable es que no se trate de algo que sucedió instantáneamente, sino que pasó algún tiempo entre el milagro de la curación del cojo y la acción por parte del sacerdote.

Los "apóstoles" se enteran por fin de lo que está sucediendo, se rasgan las ropas en señal de duelo y vergüenza, y salen entre las gentes tratando de disuadirlos a gritos. Lucas ofrece un resumen de sus argumentos. Nótese que en ellos no se apela a las Escrituras, pues los oyentes no eran judíos, sino que se apela más bien al orden de la naturaleza, y se dice que el "Dios vivo" es el creador de todo cuanto existe (14.15), que, aunque en tiempos pasados "ha dejado a todas las gentes andar por sus propios caminos", no por eso quedó sin testigos, pues todas las cosas buenas —las lluvias y los tiempos fructíferos, el sustento y la alegría— vienen de su mano. Sin embargo, lo más importante que los "apóstoles" dicen, sobre lo cual se basa todo el resto de su argumento, es que ellos no son sino "hombres semejantes a vosotros" (el griego dice *homoiopatheîs*, "de semejantes sentimientos"). Sobre la base de esos argumentos, y con mucha dificultad, logran disuadir a la multitud.

En el versículo 19 Lucas nos dice que "entonces vinieron unos judíos de Antioquía y de Iconio" Este "entonces" no implica necesariamente que la llegada de los judíos tuvo lugar inmediatamente después del episodio que Lucas acaba de narrar. Algún tiempo puede haber transcurrido, como lo indica el hecho de que, cuando Pablo es apedreado, ya había discípulos en la ciudad. En todo caso, estos judíos vienen de otros lugares donde Pablo y Bernabé ya han predicado y persuaden a la misma multitud, que antes quiso adorar a los misioneros, para que apedreara a Pablo y lo diera por muerto en las afueras de la ciudad. Es allí que los discípulos van a buscarlo, y Pablo se levanta y regresa a la ciudad. Lucas no parece querer dar a entender que el hecho de que Pablo se levantara tuviera algo de milagroso; pero al menos hay que reconocer el valor de Pablo de regresar a una ciudad donde acaban de apedrearlo. También debe señalarse la ironía de que los que ahora hacen apedrear a Pablo no son sino personas que participan de las mismas convicciones de las que Pablo participaba antes de su conversión. Así como Pablo, en su celo, salió de Jerusalén para perseguir a los discípulos en Damasco, ahora estos judíos salen de Antioquía de Pisidia y de Iconio para perseguir a Pablo.

Al terminar de estudiar este pasaje, cabe notar que Pablo y Bernabé, a quienes Lucas llama "apóstoles", no permiten que se les brinde una pleitesía indebida. El que se los tenga por dioses es un malentendido, y los apóstoles no se regocijan en ello, sino que se rasgan las ropas en señal de duelo y hacen todo cuanto está a su alcance para probar que no son más que meros humanos. Esto contrasta con algunos "apóstoles" del día de hoy que buscan pleitesía, adulación, poder, riquezas y autoridad. Los verdaderos apóstoles, como Pablo y Bernabé, se esfuerzan por mostrar su humanidad y no hacerse superiores a los demás. Los verdaderos apóstoles no se enriquecen, sino que, como Pablo, comparten los sufrimientos de Cristo.

F. 14.21b-28: EL REGRESO.

Los siguientes versículos resumen muy rápidamente el viaje de regreso. Empiezan diciendo que predicaron en Derbe, donde hicieron muchos discípulos. Más tarde Pablo volvería a Derbe (16.1-4). Sin embargo, ahora Lucas presenta un vertiginoso viaje de regreso: Derbe, Listra, Iconio, Antioquía de Pisidia, Panfilia, Perge, Atalia (que no se mencionó durante el viaje en la otra dirección) y por fin Antioquía de Siria. Aunque la narración es rápida, esto no quiere decir que el viaje de regreso fuera igualmente rápido. Al contrario, en los versículos 22 y 23 Lucas dice que "en cada iglesia" los misioneros confirmaban los ánimos de los discípulos y los exhortaban a la perseverancia. Su mensaje en tales ocasiones, según Lucas lo resume, era la necesidad de sufrir para entrar al reino, lo cual se relaciona con mucho de lo que ya se ha visto en los capítulos anteriores de Hechos. Además, se ocuparon de la organización de las iglesias, constituyendo "ancianos". Tales "ancianos" serían los dirigentes de esas iglesias, o sus pastores. Nuestra palabra "presbítero" se deriva de la palabra griega que se emplea aquí y en otros lugares del Nuevo Testamento para referirse a estos "ancianos". En cuanto al modo de su selección, no está claro, pues el verbo que el griego emplea puede dar a entender que eran elegidos por la congregación.

Una vez de regreso en Antioquía, los misioneros le rindieron informe a la iglesia que los había enviado. El verbo que se traduce por "refirieron" está en pretérito imperfecto en el texto griego, y por tanto sería más exacto traducirlo como "referían". El informe tomaría varias reuniones, pues es probable que los misioneros hayan estado ausentes más de cuatro años. Terminado su viaje, Pablo y Bernabé permanecieron "mucho tiempo" en Antioquía.

Para pensar, estudiar y discutir: En las ciudades del centro de Asia Menor —Iconio, Listra y Derbe— los misioneros se encuentran dos dificultades. La primera de ellas es la que han encontrado ya en otros lugares, es decir, la oposición de los judíos que no aceptan la predicación cristiana. La segunda es la actitud de quienes no entienden lo que los misioneros dicen. Aparentemente creen que ya saben quiénes son los misioneros y qué es lo que desean; y cuando descubren que no es así se molestan y hasta llegan a la violencia. ¿Será que en ocasiones la misión se impide no porque las gentes no sepan quiénes somos o lo que creemos, sino más bien porque creen que ya saben, y por eso no nos escuchan? ¿Qué podemos hacer al respecto?

G. 15.1-35: EL CONCILIO DE JERUSALÉN.

1. 15.1-3: Se plantea el problema.

Lucas no aclara la relación cronológica entre el capítulo 15 y lo que antecede. Aunque nuestra traducción dice "entonces", el texto griego no da indicación alguna de tiempo. Puesto que el capítulo anterior termina diciendo que Pablo y Bernabé permanecieron largo tiempo en Antioquía con los discípulos, Lucas no parece indicar que el problema haya surgido a raíz del primer viaje misionero, sino bastante tiempo después.

Tampoco dice Lucas quiénes eran los "que venían de Judea". En Gálatas 2.12, Pablo dice que unos judaizantes que llegaron a Antioquía venían de parte de Jacobo. Si se trata del mismo episodio, parece que Lucas está suavizando el conflicto entre los apóstoles y Pablo, lo cual ha llevado a algunos eruditos a la conclusión de que lo que Lucas narra aquí no es históricamente cierto.

En todo caso, de lo que no cabe duda es de las enseñanzas de estas personas: "Si no os circuncidáis conforme al escrito de Moisés no podéis ser salvos". Naturalmente, la circuncisión no era todo lo que se discutía, pues la ley de Moisés incluía además un buen número de reglas sobre alimentos, fiestas, etc. La opinión tradicional, y probablemente correcta, es que estos "judaizantes" eran judíos, probablemente fariseos, convertidos al cristianismo, y que ahora pretendían que todos los cristianos se sometieran a la ley de Moisés.

La enseñanza de estos judaizantes causa una gran contienda en Antioquía, en la que los principales protagonistas de la parte contraria parecen ser Pablo y Bernabé. Como resultado, la iglesia de Antioquía decide enviar a los dos antiguos misioneros y a "algunos otros de ellos" a Jerusalén "para tratar esta cuestión". El hecho mismo de que se decida ir a Jerusalén para aclarar la cuestión parece indicar que los judaizantes decían contar con el apoyo de la iglesia madre; y esa puede ser la razón por la que, como hemos visto, Pablo dice que habían venido de parte de Jacobo. En Gálatas 2.1-2, Pablo cuenta de este viaje: "Subí otra vez a Jerusalén con Bernabé, llevando conmigo también a Tito. Subí debido a una revelación y, para no correr o haber corrido en vano, expuse en privado a los que tenían cierta reputación, el Evangelio que predico entre los gentiles". Esto nos da a entender que Tito fue uno de los que acompañaron a los misioneros en el viaje a Jerusalén.

De camino, al pasar por Fenicia y Samaria, iban contando cómo se habían convertido los gentiles, y "causaban gran gozo a todos los hermanos". Lucas parece haber incluido este detalle para indicarnos que la posición de Pablo y de Bernabé al respecto de la admisión de los gentiles contaba con amplio apoyo, no solamente en Antioquía, sino también en Fenicia y Samaria, regiones donde ellos no habían trabajado.

2. *15:4-29: Los hechos de Jerusalén.*

a. *15.4-5: Primera acogida y dificultades.*

Cuando la delegación antioqueña llega a Jerusalén "fueron recibidos por la iglesia, por los apóstoles y los ancianos" y les contaron todo lo que había estado aconteciendo —especialmente, es de suponerse, el viaje misionero de Bernabé y Pablo, y sus resultados. Es entonces que surge la dificultad en Jerusalén, pues "algunos de la secta de los fariseos" empiezan a exigir que todos esos conversos deben circuncidarse y guardar la ley. Para entender esto hay que recordar que, para estos cristianos judíos, el cristianismo no era una nueva religión. Era más bien el cumplimiento de las promesas hechas a Israel, de todo lo que ellos habían esperado. Por tanto, un fariseo que aceptaba a Jesús como Mesías no dejaba por ello de ser judío ni de ser fariseo. No se trata entonces de ex-fariseos que todavía conservan remilgos de sus antiguas creencias, sino de fariseos sinceros y practicantes que, al tiempo que continúan su cuidadosa observancia de la ley, también son cristianos.

Aquí resulta interesante e irónico notar que Pablo, quien es uno de los dos campeones de una nueva apertura a los gentiles, era también fariseo. Sin embargo, su propia labor misionera, según se ha visto, lo fue obligando a abrirse cada vez más hacia los gentiles, de un modo en que no tenían que hacerlo los cristianos fariseos de Jerusalén.

Hay intérpretes que se sorprenden de que la iglesia de Jerusalén tenga que volver a discutir la cuestión de la admisión de los gentiles, en vista de que antes había tenido lugar la conversión de Cornelio, y se había fundado en Antioquía una iglesia compuesta mayormente de gentiles. Sin embargo, tal sorpresa se debe a un modo demasiado esquematizado de ver la realidad humana, y el modo en que los grupos humanos se van acostumbrando a nuevas ideas. Lo que Lucas da a entender hasta este punto es mucho más realista que la reconstrucción de muchos estudiosos. Según Lucas, el problema de la admisión de los gentiles se ventiló repetidamente. Si bien la conversión de Cornelio debió haberlo resuelto de una vez por todas, no fue así. Lo mismo puede decirse de la fundación de la iglesia de Antioquía. Y, aunque tras este capítulo 15, Hechos se dedica principalmente a la misión entre los gentiles, y no vuelve a tratar a fondo el tema de si deben ajustarse o no a la ley de Moisés, lo cierto es que por las cartas de Pablo sabemos que el problema distaba mucho de haber sido resuelto. Lo que Lucas cuenta aquí, como lo que contó antes, no es sino uno de tantos episodios que poco a poco fueron abriéndoles las puertas a los gentiles.

b. 15.6-29: La asamblea.

En respuesta al debate suscitado por la conversión de los gentiles y la resistencia de los judaizantes, tiene lugar una reunión. Hay indicios en el texto de que, de hecho, hubo más de una reunión, pues en 15.6 los que se reúnen son los apóstoles y los ancianos, y al llegar a 15.12 se nos dice que "toda la multitud" calló. Por último, en 15.22 se afirma que la decisión les pareció bien "a los apóstoles y a los ancianos, con toda la iglesia", lo cual da a entender que el resto de la congregación participó en el debate. Por todas estas razones, quizá debamos pensar no en términos de una sola reunión, sino de todo un proceso en el cual los puntos sobresalientes fueron los que Lucas narra. Esto además se compagina mejor con lo que Pablo cuenta en Gálatas 2.2, en el sentido de que expuso sus enseñanzas en privado a los jefes de la iglesia en Jerusalén. De ser así, Lucas está utilizando su licencia narrativa para dramatizar en una sola reunión lo que en realidad fue todo un proceso que probablemente tomaría varios días y un número de reuniones y de conversaciones.

i. 15.6-12: La intervención de Pedro.

Lo que Pedro cuenta en estos versículos es lo que ya se vio sobre la conversión de Cornelio (10.1–11.18). Las palabras del versículo 7, "hace algún tiempo", dan a entender que ha pasado bastante tiempo desde la conversión de Cornelio. Esto serviría para explicar por qué hay que volver a discutir la cuestión de la admisión de los gentiles. Desde el punto de vista de los cristianos en Jerusalén, la admisión de Cornelio y los suyos sería un episodio notable, pero no algo que se había repetido con suficiente frecuencia para marcar pauta en la vida de la iglesia. Es ahora, con la obra misionera de Bernabé y de Pablo (y tal vez de otros), que se plantea con más urgencia la cuestión de la conversión de los gentiles y lo que ha de exigírseles.

Sin embargo, en este discurso Pedro va más allá de lo que había dicho en el caso de Cornelio. Ahora ofrece una razón teológica por la cual no se les ha de imponer a los gentiles el "yugo" de la ley: se trata de un yugo "que ni nuestros padres ni nosotros hemos podido llevar", cuando en fin de cuentas lo importante es que todos, tanto los gentiles como los judíos, no son salvos sino por gracia (15.10-11). Esto ha llevado a algunos eruditos a declarar que las palabras que aparecen aquí en labios de Pedro no exponen sino la teología de Lucas.

ii. 15.13-21: La intervención de Jacobo.

Al oír a Pedro, "toda la multitud calló". Hasta ahora no se ha dicho que estuvieran haciendo ruido, ni que hubiera alboroto. Lo que Lucas desea indicar es que hubo un espíritu de reflexión. Es esa apertura la que aprovechan Bernabé y Pablo para contar otra vez (ya lo habían hecho antes, según 15.4) lo que había sucedido en su misión entre los gentiles. Es de suponerse que lo que decían se vería como confirmación de la experiencia de Pedro en el caso de Cornelio.

Viene entonces la intervención de Jacobo. En todo el libro de Hechos, hasta este punto, este Jacobo, que no era uno de los Doce, va cobrando cada vez más importancia. En 12.17, que fue la última vez que se supo de Pedro antes de este pasaje, se dice que cuando Pedro se preparaba para huir de Jerusalén, les mandó avisar "a Jacobo y a los hermanos". Ahora, de regreso en Jerusalén, encontramos a Pedro que ha vuelto sin que se diga cómo ni cuándo, y a Jacobo como uno de los jefes de la iglesia.

Jacobo empieza su discurso refiriéndose a lo que "Simón ha contado". En realidad, el texto griego no dice "Simón", sino "Simeón", que era el equivalente arameo de ese nombre. Esto sugiere que Lucas está indicando que Jacobo habló en arameo. El resumen del discurso de Pedro por parte de Jacobo incluye una aseveración notable: Dios ha visitado a los gentiles "para tomar de entre ellos pueblo para su nombre" (15.14). Lucas emplea el término "pueblo" —*laos*— para referirse al "pueblo de Dios". Entonces, lo que Jacobo afirma es que Dios se está levantando un nuevo pueblo, o una extensión de Israel. Y para sostener esa postura ofrece un argumento bíblico que parece confirmar lo que Pedro dijo antes. Según un texto de Amós (9.11-12, que Jacobo cita según el texto de la Septuaginta), Dios llevará a cabo una obra de restauración, "para que el resto de los hombres busque al Señor, y todos los gentiles, sobre los cuales es invocado mi nombre". Sobre esa base, Jacobo ofrece su solución, que es la que a la postre se adopta.

Sin embargo, antes de pasar a discutir esa solución hay que tratar sobre un problema que presenta esta cita de Amós. En este caso, el texto que Lucas pone en labios de Jacobo está citado según la Septuaginta, es decir, la traducción griega del Antiguo Testamento que la mayor parte de los cristianos de habla griega utilizaba. En este pasaje, el texto hebreo difiere del de la Septuaginta, y no se hubiera podido utilizar para probar lo que Jacobo quiere probar. ¿Cómo se explica que Jacobo, hablando en Jerusalén y en arameo, citara un texto bíblico, no según el hebreo, sino según la Septuaginta, y esto en un caso en el que hubiera sido bien fácil refutarle diciendo que el texto hebreo decía otra cosa? Los eruditos que insisten en la exactitud histórica de los discursos que aparecen en Hechos han tenido que recurrir a extrañas teorías para resolver esta dificultad. Unos han sugerido que en realidad el texto tal como aparece en la Septuaginta es el original, que en tiempos de Jacobo circulaba en Palestina una traducción al arameo que es la que Jacobo cita, y que esa versión aramea decía lo mismo que la Septuaginta. Sin embargo, lo cierto es que no hay indicios de que haya existido tal texto arameo. Otros sugieren que Jacobo, en vista de que se trataba de la misión a los gentiles, y porque Pablo y Bernabé estaban presentes, citó el texto según la Septuaginta. Sin embargo, sería difícil imaginar que, en tal caso, no hubiera alguno del partido contrario dispuesto a refutar el argumento de Jacobo sobre la base del texto hebreo de Amós. Por todo esto, probablemente lo más acertado sea decir que, si bien Jacobo apoyó la posición de Pedro y ofreció quizá argumentos bíblicos para sostenerla, Lucas está poniendo en labios de Jacobo un argumento que fue utilizado más tarde entre los gentiles, cuando la Septuaginta vino a ser la Biblia de uso común.

Lo importante, en todo caso, es la conclusión a la que llega Jacobo, pues lo que él sugiere es lo que por fin se decide. Y lo que sugiere es "que no se inquiete" (otras versiones dicen "moleste") a los gentiles que se conviertan, sino que se les escriba sobre cuatro puntos que sí han de guardar. Sin embargo, sobre esto también hay amplia discusión, y esa discusión gira tanto en torno al texto mismo como a lo que quiere decir.

La discusión en torno al texto se debe a que en este punto los manuscritos griegos difieren. El más antiguo que se conserva incluye solamente tres cosas de las que los conversos deben abstenerse: la idolatría, lo ahogado y la sangre. Sin embargo, puesto que es solamente ese manuscrito el que incluye esa lista, prácticamente todos los eruditos concuerdan en que en este punto hay sencillamente una omisión en este manuscrito particular. El texto egipcio, que es el que la mayoría de los eruditos acepta, dice lo que se traduce en la RVR, y por tanto se refiere a cuatro puntos: la idolatría, la inmoralidad sexual, animales estrangulados y sangre. El texto occidental omite lo estrangulado, y tiene por tanto una lista de tres cosas —idolatría, fornicación y sangre—, a la que se añade entonces la "regla de oro" en su forma negativa: "No hacer a los demás lo que no quieren que les hagan a ellos".

La discusión en torno al texto es importante, porque de lo que el texto diga depende su significado teológico. El texto occidental da a entender que las cosas que se prohíben son de orden moral. Lo que se prohíbe es la idolatría, el homicidio y la fornicación. Sobre la base de este texto, durante los primeros siglos de vida de la iglesia, muchos consideraron que esto era una lista de los tres peores pecados que un cristiano podía cometer —y que algunos consideraban imperdonables. Pero el texto egipcio, que es probablemente el original, da a entender que las prohibiciones son de orden ritual. Esto se ve particularmente en el caso de la "sangre". ¿Qué quiere decir abstenerse de sangre? Si, como en el caso del texto occidental, no se dice nada sobre lo "estrangulado", el abstenerse de sangre se puede interpretar como no matar o cometer violencia. Si, por otra parte, como en el texto egipcio, la "sangre" aparece junto a lo "estrangulado", se entiende que la prohibición se refiere a la antigua ley ritual judía de no comer sangre, ya fuera en la carne de animales que habían muerto sin desangrar (estrangulados), o ya fuera como ingrediente de alguna comida —por ejemplo, morcillas.

El problema que se plantea es entonces que, si el texto egipcio es el original, Jacobo parece contradecirse, pues está diciendo que concuerda con Pedro en que los gentiles no han de sujetarse a la ley, pero luego les dice que sí hay cuatro puntos de la ley a los que sí deben sujetarse, y que esos puntos incluyen no comer sangre ni animal alguno que no haya sido degollado y desangrado. Este es el principal argumento a favor del texto occidental, que, de no ser por esta dificultad, sería generalmente rechazado.

A pesar de esa dificultad, nuestra opinión es que el texto original es el egipcio, y que en efecto las prohibiciones se refieren a cuestiones rituales más bien que morales. La razón de esto es que estas cuatro prohibiciones son precisamente las que, según la ley de Moisés, debían imponerse a los gentiles que moraran en Israel (Lv 17.8–18.26). Así mirado, lo que Jacobo está haciendo no es imponerles reglas a los gentiles a fin de que fueran cristianos. Lo que está haciendo es más bien hacerles saber que, a fin de poder tener comunión con los judíos, y a fin de ser como los gentiles que antiguamente moraban en medio de Israel, debían cumplir únicamente con las mismas leyes que antiguamente se prescribían para esos gentiles.

Para entender todo esto, es preciso colocarse en aquel momento y ver las cosas desde la perspectiva de aquella antigua iglesia judía. Para ellos, lo que estaba sucediendo no era, como muchas veces se piensa hoy, que algunos de entre los judíos estaban dejando el judaísmo para hacerse cristianos. Lo que estaba sucediendo era más bien que algunos de entre los gentiles se estaban añadiendo a Israel. Entonces, la pregunta no era, como hoy, ¿cuánto de la ley hay que obedecer para ser cristiano? Era más bien, ¿cuánto de la ley hay que obedecer para vivir en medio de Israel? La respuesta a esa pregunta estaba bien clara, pues la ley misma lo establecía en Levítico 17 y 18. Y son esos principios los que Jacobo sugiere ahora como base para que los cristianos judíos pudieran tener comunión con los cristianos gentiles.

Tomando todo esto en cuenta, vemos que el propósito de la decisión no es decirles a los cristianos gentiles que la ley ya no cuenta, sino solamente en estos cuatro puntos. El propósito es más bien encontrar un modo mediante el cual los cristianos gentiles puedan allegarse a los judíos sin violar la conciencia de estos últimos. Es por esto que, según la iglesia se fue haciendo más gentil y menos judía, estas prohibiciones fueron perdiendo importancia. Ya no era necesario pensar constantemente en los hermanos judíos con los cuales había que guardar comunión. Es por esta razón y con el mismo espíritu que, en 1 Corintios 8, Pablo les dice a los corintios que, aunque en fin de cuentas el comer carne sacrificada a los ídolos no les haría ni bien ni mal, si hubiera algún hermano que se escandalizara por ello, sí debían abstenerse de comerla.

Por último, antes de pasar a la decisión misma, debemos decir unas palabras sobre el versículo 21, donde lo que Jacobo dice no parece relacionarse con el tema que se discute. ¿Por qué se incluyen estas palabras, y qué quieren decir en este contexto? De las muchas interpretaciones, la más probable es que lo que Jacobo quiere decir es doble: 1) que los cristianos gentiles, aunque no estén en Palestina, viven en medio de Israel, pues hay sinagogas y judíos por todas partes, y que por ello la ley de Levítico 17 y 18 se les aplica; 2) que, puesto que hay sinagogas por todas partes, donde se lee la ley de Moisés, los cristianos gentiles no están obligados a dar testimonio de esa ley obedeciéndola.

iii. 15.22-29: La decisión.

Los apóstoles (aunque no se ha dicho cuáles de ellos estaban presentes), los "ancianos" (cuyo origen y función no se ha especificado) y "toda la iglesia" deciden escribir una carta y mandarla por medio de Silas y Judas Barsabás. De Judas Barsabás no se sabe más que el nombre. (¿Sería hermano de José Barsabás, el otro candidato al apostolado cuando Matías fue electo?). De Silas sí se sabe más, tanto por el libro de Hechos como por el resto del Nuevo Testamento. En Hechos se lo vuelve a encontrar acompañando a Pablo en su viaje misionero por Filipos, Tesalónica y Berea, hasta que desaparece de la escena en Corinto (18.5), sin que se diga nada más sobre él. Bajo la forma latina de su nombre, "Silvano", se lo encuentra en 2 Corintios 1.19, 1 Timoteo 1.1, 2 Timoteo 1.1 y 1 Pedro 5.12.

La carta, aunque breve, tiene la estructura característica de las cartas de ese periodo, que es la misma que vemos repetidamente, aunque con mayor extensión, en las cartas de Pablo. Al inicio se dice quién escribe: "Los apóstoles, los ancianos y los hermanos". Y acto seguido se nombran los destinatarios: "A los hermanos de entre los gentiles que están en Antioquía, Siria y Cilicia". Sigue un breve saludo ("Salud"), luego el mensaje de la carta, y por último una despedida que toma la forma de un buen deseo o una bendición: "Pasadlo bien". Sobre los destinatarios, es importante notar que la carta no va dirigida solamente a los gentiles de Antioquía, sino también a los que se han convertido gracias a la obra misionera de la iglesia antioqueña, tanto en Siria como en Cilicia. En cuanto al mensaje de esta breve epístola, es en esencia lo que Jacobo dijo antes: que a los gentiles no ha de imponérseles más carga que abstenerse de los cuatro puntos ya conocidos (tres de los cuales tienen que ver con lo que se ha de comer): lo sacrificado a ídolos, sangre, lo ahogado, y fornicación.

3. 15.30-35: El regreso a Antioquía.

Este pasaje no requiere mayor explicación. Según se había acordado, Judas Barsabás y Silas van a Antioquía. El recibimiento fue alegre, pero formal. El verbo que se traduce por "entregaron" es el que se empleaba en ese tiempo para la presentación formal de una carta u otro documento. La carta fue leída en la congregación, y esto produjo alegría, evidentemente porque los cristianos gentiles de Antioquía estaban preocupados porque era posible que los de Jerusalén les dijeran que era necesario circuncidarse y cumplir toda la ley, y por la posible ruptura que ello acarrearía.

Como profetas que eran, Judas y Silas predicaron en la congregación, y esa predicación fue de estímulo y aliento ("consolaron y animaron a los hermanos con abundancia de palabras"). El "algún tiempo" que permanecieron allí puede ser desde unas semanas hasta más de un año. El texto no lo aclara. Pasado ese tiempo, al disponerse a regresar a Jerusalén, la iglesia de Antioquía los despidió formalmente, pues esto es lo que quiere decir el v. 33.

El v. 34 aparece únicamente en el texto occidental. Por eso se omite en algunas versiones. Los estudiosos de la Biblia sugieren que posiblemente fue introducido allí para eliminar la aparente contradicción entre el v. 33 y el 40, pues en uno se dice que Silas regresó a Jerusalén y en el otro que estaba en Antioquía cuando Pablo se dispuso a salir en un nuevo viaje. En el texto común o egipcio se da a entender que la iglesia de Antioquía despidió a los dos delegados (v. 33), y no se explica cómo ni cuándo Silas regresó de Jerusalén a Antioquía, aunque el hecho es que en el v. 40 ya está allí. El v. 34 es un intento de aclarar la situación indicando que Silas regresó a Antioquía.

Excurso: Misión y visión.

Con esto termina el llamado "primer viaje misionero" de Pablo. Comúnmente, al estudiar toda esta historia, lo que parece interesarnos más es la expansión geográfica del cristianismo; y no cabe duda de que esto es de suma importancia. Pero al mismo tiempo, por centrar nuestra atención principalmente sobre la expansión geográfica, no vemos la enormidad del cambio que está teniendo lugar en la iglesia misma. Lo que ha acontecido con los casos del eunuco etíope, de Cornelio y ahora de la misión paulina a los gentiles, es que en cierto sentido la iglesia misma y su fe se han transformado. Aunque al principio del libro, Jesús les dice a sus discípulos que han de ser testigos a las naciones —es decir, a los gentiles y esto hasta lo último de la tierra—, los discípulos mismos no parecen percatarse del alcance de lo que estaban escuchando. La mayoría de ellos son judíos que se han convencido de que Jesucristo es el Mesías prometido, y no ven el alcance que tiene esa afirmación. No lo ven, no porque sean menos sinceros o menos devotos o menos inteligentes, sino sencillamente porque su contexto no los lleva a ello.

Pero ahora los informes que reciben de Pablo y Bernabé les hacen ver que el Mesías no ha venido para rescatar solamente a Israel, sino más bien para rescatar a toda oveja perdida, ya sea en Israel mismo o entre las naciones.

Esto es lo que acontece siempre en la misión. La misión no es solamente decirles a otras personas lo que Dios ha hecho por ellas en Jesucristo e invitarlas al discipulado, sino que es también un modo en el que Dios le habla a la iglesia para mostrarle nuevas realidades. En cierto modo, esto es lo que se dice en la Gran Comisión —que no aparece en Lucas, sino en Mateo, pero que la historia que Lucas cuenta en Hechos confirma: "Toda potestad me es dada en el cielo y en la tierra. Por tanto, id y haced discípulos a todas las naciones" (Mt 28.19). Al citar esta Gran Comisión, frecuentemente nos olvidamos de la razón por la cual Jesús envía a sus discípulos, que él mismo dice: "Toda potestad me es dada en el cielo y en la tierra. *Por tanto*, id". La razón para ir es que el Señor a quien anunciamos ha recibido toda potestad en el cielo y en la tierra. Frecuentemente imaginamos que cuando vamos a un lugar nuevo estamos llevando a Jesucristo; pero no es así. Ya él ha recibido la potestad sobre ese lugar para nosotros desconocido. Ya él ha estado actuando allí por siglos y siglos antes de nuestra llegada. Luego, aunque las personas que allí están no conozcan el nombre de Jesucristo, de alguna manera él ha estado presente entre ellas. Por tanto, parte de lo que nos corresponde hacer es no solamente llevarles el nombre de Jesucristo, contarles los grandes hechos de su pasión, muerte y resurrección, e invitarlos a seguirlo, sino que es también tratar de descubrir lo que el Verbo eterno de Dios ha estado haciendo entre ellos a través de las edades, y de ese modo ensanchar y profundizar nuestro conocimiento de Dios que se ha revelado en Jesucristo.

Por esto bien podemos decir que la misión y la visión siempre van unidas entre sí. La visión causa misión, como sucedió cuando Pedro tuvo su visión en Jope. Pero también la misión causa visión, como sucedió cuando Pedro visitó a Cornelio en Cesarea. Y lo mismo acontece hoy. Ya hemos señalado que en las últimas décadas los centros de vitalidad del cristianismo se han ido desplazando hacia el sur y el este. Grupos étnicos, culturales y raciales que hasta hace 50 o 60 años estaban al margen de la iglesia ahora vienen a estar en el centro, dándonos a todos nuevas visiones de lo que el evangelio verdaderamente incluye. Lo que la iglesia aprendió de los judíos es importante. Lo que después aprendió de los griegos también es importante. Y lo mismo es cierto de lo que aprendió de los romanos, más tarde de los pueblos germánicos, y en tiempos más recientes de los Estados

Unidos, Gran Bretaña y otros centros misioneros. Pero también es importante lo que la iglesia está aprendiendo hoy en las montañas de Perú, las pampas argentinas, los bosques del Congo, las multitudes de Asia y en todo lugar donde se pronuncia el nombre de Cristo. En todo esto algunos ven dificultades y amenazas. Pero me atrevo a decir que Lucas, relacionándolo con lo que nos cuenta en Hechos, vería en muchos de esos cambios radicales la obra del Espíritu Santo.

Para pensar, estudiar y discutir: ¿Ha experimentado usted los cambios en el mapa de la iglesia que se describen más arriba? Hace unos pocos años, ¿de dónde salían más misioneros? ¿Dónde había más entusiasmo evangelizador? ¿Será lo mismo hoy? ¿Ve usted en torno suyo señales de cambio en ese sentido, bien sea en su propia iglesia local, bien en su denominación, o bien a nivel de la iglesia mundial?

VI. 15.36–18.22: LA MISIÓN A EUROPA.

En este punto, tras el "Concilio" de Jerusalén, comienza verdaderamente la gran misión paulina, aproximadamente por los años 48 al 55, precisamente el período en la vida de Pablo sobre el que sus cartas arrojan más luz.

A. 15.36–16.10: EL LLAMAMIENTO.

1. 15.36-41: Pablo y Bernabé se separan.

La misión a Europa no surge de una gran visión. Al contrario, todo comienza con una idea que no tiene mucho de original. "Después de algunos días, Pablo dijo a Bernabé: 'Volvamos a visitar a los hermanos en todas las ciudades en donde hemos anunciado la palabra del Señor, para ver cómo están'". Los "algunos días" a los que se refiere Lucas pueden no haber sido más de unas semanas, aunque lo más probable es que se trate por lo menos de unos meses, y posiblemente de años, como parece indicar el v. 35. En todo caso, el propósito de Pablo no es emprender una nueva misión evangelizadora, sino visitar las iglesias fundadas anteriormente, y ver "cómo están".

Lo que es más, la nueva misión comienza de modo poco halagador, con una seria disputa entre Pablo y Bernabé. Lucas nos dice que el motivo de la disputa fue que Bernabé quería llevar consigo a Juan Marcos, y que Pablo se resistía a ello, pues Marcos los había abandonado en el viaje anterior (13.13). El choque fue fuerte. La palabra que se traduce por "desacuerdo" es *paroxysmos*, de donde se deriva la palabra castellana "paroxismo". Por las cartas de Pablo sabemos que la cuestión era más complicada de lo que dice Lucas. Para empezar, Marcos era pariente de Bernabé (Col 4.10). En Gálatas 2.13, Pablo indica que su desacuerdo con Bernabé era mucho más profundo que la mera cuestión de si debían llevar a Marcos o no. Al parecer, Pablo entendía la decisión de Jerusalén con mayor amplitud que Bernabé. Para Pablo, lo que se había decidido en Jerusalén quería decir que los cristianos judíos y gentiles podrían comer juntos, es decir, participar juntos de la Cena del Señor. Sin embargo, cuando surgió una disputa sobre esto en Antioquía, tanto Pedro como Bernabé tomaron el partido de los judíos que insistían en comer aparte, para mantener su pureza ritual. La disputa fue amarga, y Pablo llega a acusar a Pedro y a Bernabé de hipocresía.

El resultado de todo esto fue que Pablo y Bernabé se separaron. Bernabé y Juan Marcos partieron para Chipre —de donde Bernabé era oriundo—, mientras Pablo y Silas tomaron el camino por tierra a través de Siria y Cilicia. Nótese que el propósito de ambos equipos misioneros sigue siendo visitar las iglesias fundadas anteriormente, y que Pablo y Silas iban por Siria y Cilicia "animando a las iglesias".

La disputa que tuvo lugar en Antioquía fue sanada a la postre. Aunque "los hermanos" encomendaron a Pablo "a la gracia del Señor", a partir de este momento Pablo actuó más como misionero independiente que como representante de la iglesia de Antioquía. Bernabé no vuelve a aparecer en la narración de Hechos. Sin embargo, en 1 Corintios 9.6, Pablo da a entender que Bernabé continúa su obra misionera y que, al igual que Pablo, se sostiene a sí mismo con su trabajo. Tanto esa referencia como la de Colosenses 4.10 muestran que Bernabé era ampliamente conocido y respetado, no solamente en las iglesias visitadas anteriormente por él junto a Pablo, sino también en otras. Marcos aparece más tarde en Roma como acompañante de Pablo (Col 4.10; Flm 24; 2 Ti 4.11) y de Pedro (1 P 5.13).

2. 16.1-5: Timoteo se une a la misión.

Las ciudades que se mencionan aquí, Derbe, Listra e Iconio, habían sido objeto de la obra misionera de Pablo y Bernabé en su viaje anterior (14.1-21). El verbo "llegó" en el v. 1 está en singular porque lo que se dice es continuación del final del capítulo 15: que Pablo, escogiendo a Silas, "salió... y pasó". Pablo y Silas están juntos en Derbe y Listra.

Es en esta última ciudad que se encuentra Timoteo, quien es bien conocido y respetado entre los cristianos, tanto de Listra como de Iconio. Timoteo debe haber sido muy joven, pues mucho más tarde, en las cartas pastorales, se da a entender que cuando Pablo era ya anciano, Timoteo todavía era relativamente joven (1 Ti 4.12; 2 Ti 2.22).

Timoteo era hijo de madre judía y padre pagano ("griego"). Según la ley judía, los vástagos de madre judía eran considerados hijos de Israel. Pablo quería llevar a Timoteo consigo, pero temía que su condición de judío incircunciso les crearía problemas con los judíos. La frase "todos sabían que su padre era griego" indica que el hecho de que no había sido circuncidado era generalmente conocido. En consecuencia, Pablo decide circuncidar a Timoteo. (Compárese con Gl 2.3, donde Tito, que era de origen puramente pagano, no es circuncidado).

Aunque la decisión de Jerusalén sobre los conversos del paganismo iba dirigida estrictamente a "los hermanos de entre los gentiles que están en Antioquía, Siria y Cilicia", Pablo entiende que en realidad se ha de aplicar a todas las comunidades cristianas, y por ello va entregando a todas las iglesias las "ordenanzas" (*dogmata*) de Jerusalén.

Por último, el v. 5 es otro de los resúmenes de Lucas, en el que posiblemente se incluye un buen número de iglesias y un buen espacio de tiempo.

3. 16.6-10: La visión del macedonio.

La dirección general del itinerario que aquí se describe es hacia el noroeste. En unas pocas palabras se resume un larguísimo viaje que, en el mejor de los casos, tomaría varios meses. La "provincia" de Galacia debería traducirse mejor como la "región" de Galacia. La importancia de esto está en que la provincia romana de Galacia, creada por Augusto en el año 25 a. C., incluía, además de la región de Galacia propiamente dicha, habitada por los gálatas, territorios habitados por frigios, licaonios y otros. Puesto que más tarde Pablo les escribió una epístola a los gálatas, la cuestión de qué región fue la que el apóstol visitó tiene mucho que ver con la cuestión de los destinatarios de esa carta. En todo caso, aunque Hechos no lo dice, Pablo sí indica que lo que lo obligó a ir a Galacia fue una enfermedad (Gl 4.13, 14).

Esa enfermedad puede ser el impedimento del Espíritu al que se refiere repetidamente nuestro pasaje, de tal modo que Pablo no pudo predicar en Asia ni Bitinia. Sin embargo, también es posible que el impedimento le haya llegado a Pablo en visión, como poco después le llegaría el llamado a Macedonia.

La traducción "pasando junto a Misia" es más exacta que "cruzaron Misia", como dicen otras traducciones, y da a entender que bordearon la región. Por esa razón, lo más lógico es pensar en un viaje por mar hasta Troas.

Es en Troas que Pablo tiene una visión "una noche", lo cual puede indicar que fue un sueño. En la visión, un macedonio le ruega que "pase" a Macedonia, es decir, que cruce el mar, y que les ayude.

Es en el v. 10, en respuesta a esa visión, que por primera vez aparece el "nosotros" (aparte del texto dudoso de 11.28): "En seguida *procuramos* partir para Macedonia, dando por cierto que Dios *nos* llamaba para que les anunciáramos el evangelio". Estas secciones que aparecen en primera persona plural (16.10-17; 20.5-15; 21.1-18; 27.1–28.16) han sido motivo de mucha discusión. ¿Por qué en algunos pasajes, y solamente en algunos, Lucas dice "nosotros"? Algunos eruditos piensan que, al redactar el libro de Hechos, Lucas utilizó aquí algún material escrito por uno de los participantes del viaje, una especie de "diario de viaje". El problema con tal tesis es que no se explica por qué Lucas no se tomó el trabajo —harto sencillo— de transponer la narración a la tercera persona, como en el resto de su obra. Ciertamente, Lucas debe haber estado consciente de que en estos pasajes la narración se presentaba desde otra perspectiva, la de un testigo ocular. Otros piensan que Lucas empleó la primera persona plural como un recurso estilístico, para subrayar algunos puntos. Uno de sus eruditos (Haenchen) piensa que el "nosotros" tiene el propósito de hacer de esta porción como un coro que responde y confirma el resto del libro. Este argumento tampoco convence, pues no todos los pasajes en los que Lucas usa el "nosotros" parecen dignos de tal énfasis especial. Otros sugieren que el "nosotros" es una especie de clave teológica. Lo más sencillo es pensar que el autor de Hechos participó al menos de los episodios que narra en primera persona, y que si no cuenta cómo ni dónde se unió o se separó del grupo, ello se debe a que tal es su proceder constante, en el que los personajes desaparecen y vuelven a aparecer sin que se diga dónde fueron ni cuándo se apartaron o se volvieron a unir a la narración. Sin embargo, aun así, no queda resuelto el problema, que es harto complejo.

Excurso: Misión y cuidado pastoral.

En toda esta historia del viaje de Pablo y sus acompañantes hay varias lecciones en cuanto a la estrategia misionera y el modo en que hemos de ver la misión misma. Parte del problema está en que hemos aprendido a leer el libro de Hechos pensando que todo ocurre a la carrera; que Pablo va de una ciudad a otra predicando y que tan pronto hay una iglesia en alguna ciudad, sale inmediatamente a otro lugar para fundar una nueva iglesia en otra ciudad. Esto se debe en buena medida a que nos desentendemos de los frecuentes resúmenes en los que Lucas condensa largos períodos de tiempo. Cuando tomamos en cuenta esos resúmenes, vemos que, excepto cuando se le expulsaba de una ciudad, Pablo permanecía en cada lugar por espacio de al menos varios meses y en ocasiones bastante más de un año. Luego, la imagen que tenemos de Pablo como un evangelista ambulante que corre de un lugar a otro no es cierta. Lo que es más, lo que Pablo se propone en este segundo viaje que ahora estamos estudiando no es fundar nuevas iglesias, sino mantener el contacto con las que ya existen y fortalecerlas. Es solamente cuando piensa que ya ha terminado su viaje que recibe la visión para ir a las nuevas tierras de Macedonia.

Todo esto nos lleva a algunas reflexiones acerca del carácter de la misión. La misión de la iglesia no es solamente llevar el Evangelio a nuevas regiones, sino que es también asegurarse de que en esas regiones surjan iglesias tan fuertes y tan capaces de gobernarse a sí mismas como las iglesias madres. Aun en el sitio en que la iglesia está, la misión al respecto de los no creyentes no termina con la evangelización. Más bien, la evangelización es solamente el principio de la misión, que consiste también en enseñar y dirigir a estos nuevos creyentes de tal modo que llegan a tener tanta autoridad y tanto conocimiento de la fe como quienes primero le hablaron de ella.

En una palabra, todo esto quiere decir que la misión incluye el cuidado pastoral. Pero el cuidado pastoral en un sentido amplio. En tiempos recientes se habla de tal cuidado principalmente en términos de la consejería pastoral, el asesoramiento matrimonial y otras tareas parecidas. Todo esto es importante, pero es solamente parte del cuidado pastoral. El cuidado pastoral incluye todo lo que tiene que ver con el bienestar y la fidelidad del rebaño. En consecuencia, incluye también la enseñanza. La misión evangelizadora no concluye cuando alguien decide aceptar a Jesucristo, sino que comienza con ese momento. El neófito o la neófita tiene que tener entonces oportunidades constantes para crecer en la fe, para aprender más acerca de las Escrituras, y para relacionar su fe con las nuevas circunstancias que vayan surgiendo.

En cierto modo, esto se ve en la incorporación de Timoteo al equipo misionero que Pablo encabeza. Timoteo era un joven inexperto quien, aunque de madre judía, tenía un padre pagano, y por tanto no sabría mucho de las tradiciones de Israel. Pero Pablo lo toma por acompañante y ayudante, y a la postre Timoteo resulta ser líder en la próxima generación de cristianos.

Bien podemos decir que el éxito misionero de Pablo no se mide tanto en términos de las iglesias que fundó, sino más bien en términos del modo en que esas iglesias pudieron continuar la obra de Pablo cuando este faltó. De igual manera, el verdadero éxito de un pastor o pastora no se debe medir solamente en términos de cuántas personas asisten al culto, o cuántos servicios la iglesia presta a la comunidad, sino también en términos de lo que sucede cuando termina el pastorado de esa persona. Si lo que se hacía antes pierde ímpetu, muy posiblemente esto no se deba única ni principalmente al nuevo pastor o pastora, sino también a que su antecesor no supo preparar adecuadamente al liderazgo que iba surgiendo. En otras palabras, su misión, al parecer tan exitosa, era incompleta.

Pero en este pasaje acerca de Timoteo hay también otra lección. Pablo había trabajado larga y constantemente para dejar en claro que, por razón de Jesucristo y de la gracia de Dios revelada en él, cuando un gentil aceptaba a Jesucristo venía a ser hijo de Abraham sin necesidad de circuncidarse ni de cumplir todas las leyes rituales de Israel. Ahora, sin embargo, quiere que Timoteo le acompañe en su labor misionera. Aparentemente Timoteo tiene dones excepcionales, y ha aprendido de la fe de Israel de su madre y su abuela. Pero puesto que su padre es griego, Timoteo no ha sido circuncidado. Según lo que Pablo ha mostrado repetidamente a través de su misión y en el "concilio" de Jerusalén, Timoteo no tiene necesidad de circuncidarse. Pero Pablo sabe que, si este joven judío viene a ser parte del equipo misionero sin circuncidarse, los ataques de los judíos arreciarán y la misión se impedirá. Por tanto, no porque crea que sea doctrinalmente necesario, sino porque cree que es necesario para la misión, Pablo hace que Timoteo se circuncide.

Aquí también hay una lección importante para nuestros días. Muchas de las iglesias de hoy insisten de tal manera en todo punto de doctrina y en todo detalle en cuanto al modo en que se ha de vivir, frecuentemente emplean más tiempo discutiendo con otras iglesias y defendiendo sus posturas particulares que hablándole al mundo acerca de Jesucristo. Pablo tendría buenas razones teológicas para no circuncidar a Timoteo. Pero está dispuesto a dejar a un lado las mismas razones que ha discutido antes con los apóstoles y otros para poder incorporar a

Timoteo a la misión. Lo que Pablo requiere no es que Timoteo se circuncide por alguna razón teológica o doctrinal, sino sencillamente por la necesidad planteada por la misión.

Si hoy aprendiéramos esa lección nos dedicaríamos menos a nuestras discusiones teológicas y más a trabajar en conjunto "para que el mundo crea". Tristemente, esto no es lo que siempre acontece. Basta con ir a nuestras computadoras para ver páginas y más páginas dedicadas a debates que tienen valor histórico, y en los que frecuentemente hay puntos importantes, pero que se presentan de tal manera que damos a entender que quien no crea exactamente igual que nosotros, o quien no adore como nosotros adoramos, no puede ser cristiano ni participar con nosotros en la misma misión. Sobre esto, un día le rendiremos cuentas al Señor.

B. 16.11-40: FILIPOS.

La narración continúa en primera persona del plural, hasta el v. 17, en que el "nosotros" empieza a apartarse de Pablo ("a Pablo y a nosotros"), y en el v. 18 vuelve a tercera persona.

1. 16.11-15: Inicio de la misión en Europa.

El viaje desde Troas hasta Neápolis les toma dos días. En ese tiempo los marinos evitaban navegar de noche y por ello hacen escala en la isla de Samotracia, aproximadamente a media travesía. La distancia es de unos 250 kilómetros, lo cual indica que el viento fue excepcionalmente favorable. En otra ocasión, en sentido contrario, el mismo viaje tomaría cinco días (20.6). Neápolis (cuyo nombre quiere decir "ciudad nueva") era un puerto a unos 15 kilómetros de Filipos. La frase "que es la primera ciudad de la provincia de Macedonia" se presta a diversas interpretaciones. Podría querer decir sencillamente que Filipos era la primera ciudad en el camino de los misioneros. El Códice Bezae, un manuscrito que representa el texto occidental, dice que Filipos era "ciudad capital de Macedonia". Esto no es cierto. Otros intérpretes, aduciendo la posibilidad de que algún copista haya cambiado el texto por error, y el hecho de que Macedonia estaba dividida en cuatro distritos, entienden que la frase quiere decir que Filipos estaba en el primer distrito. En todo caso, tiene razón Lucas al decir que era "colonia", pues Filipos contaba con esa categoría. (El título de "colonia" originalmente se refería a un lugar nuevo donde se asentaban los veteranos, lo cual proveía medios de defensa en caso de ataque. Pero paulatinamente se fue volviendo un status legal, que les concedía a las ciudades con tal título ciertas ventajas y privilegios, particularmente en lo que se refiere a los impuestos.

Filipos pertenecía a esta segunda categoría, pues no fue fundada por soldados o veteranos romanos, sino mucho antes del poderío romano, en tiempos del florecimiento de Macedonia).

Los "algunos días" del v. 12 se refieren al tiempo transcurrido antes del sábado del que se habla en el v. 13, pues evidentemente los misioneros permanecieron en Filipos más tiempo. En todo caso, ese sábado fueron a las afueras de la ciudad, junto al río, donde pensaban que habría un lugar "donde solía hacerse la oración". Al parecer, no habían hecho contacto con los judíos de la ciudad, o no habían encontrado judíos con quienes hacer contacto. La palabra *proseujê*, traducida como "lugar donde solía hacerse la oración", también se empleaba a veces como sinónimo de "sinagoga". Entonces, los misioneros andan en busca del lugar en que se reúnen los judíos para orar, o de la sinagoga.

Lo que encuentran es un grupo de mujeres. No era un culto formal en la sinagoga, pues para esto se necesitaban diez varones. Sin embargo, parece que encontraron el sitio justo, pues las mujeres que estaban allí se habían reunido para orar. Fue allí que encontraron a Lidia de Tiatira, que "adoraba a Dios" —es decir, que se contaba entre los "temerosos de Dios" a los que nos hemos referido antes—, vendedora de púrpura. Puesto que Tiatira está en la región de Lidia, es posible que "Lidia" no haya sido verdaderamente su nombre, sino el apodo que se le daba por su lugar de origen. Se ha especulado, sin mayor base, que Lidia puede haber sido una de las dos mujeres a quienes Pablo más tarde se refirió en su carta a los filipenses (Flp 4.2). La púrpura era un tinte que se obtenía de unos moluscos pequeñísimos, y era de gran valor. Entonces, es de suponerse que quien se dedicaba a vender púrpura tenía recursos económicos.

No hay que entender por el texto que Lidia se convirtió la primera vez que Pablo y sus compañeros le hablaron. Al contrario, los tiempos verbales parecen indicar que el proceso continuó por algún tiempo, y culminó con el bautismo de Lidia y su familia (el griego dice "su casa"). Según el uso de la época, la "familia" o "casa", especialmente en el caso de una persona pudiente, incluía a todos sus familiares, siervos y allegados. Entonces, la sola "casa" de Lidia bien puede haber incluido un buen número de personas.

Tras su conversión, Lidia invita a los misioneros a residir en su casa. Sabemos que Pablo evitaba recibir dinero o bienes materiales de sus discípulos o conversos (véase 20.33-35), y es por ello que Hechos dice que "nos obligó a quedarnos". Pablo no olvidaría este gesto, ni la generosidad continua de los filipenses, a la cual se refiere en Filipenses 4.15: "Y sabéis también vosotros, filipenses, que al principio de la predicación del Evangelio, cuando partí de Macedonia, ninguna iglesia participó conmigo en razón de dar y recibir, sino vosotros únicamente porque aun a Tesalónica me enviasteis una y otra vez para mis necesidades" (Véase también: 2 Co 11.9).

Excurso: Misión y sorpresa.

Es muy fácil leer el pasaje que acabamos estudiar y no ver en él sino una nueva expansión geográfica de la fe. Una iglesia que hasta entonces había existido mayormente en tierras de Asia cruza ahora para penetrar en Europa. En realidad, esto es parte de toda una lectura del libro de Hechos que no ve en él sino la historia de la expansión del cristianismo. En esa lectura, dejamos a un lado todo lo que Hechos nos dice acerca del modo en que la fe cristiana fue descubriendo su propia naturaleza en el proceso mismo de llevar a cabo la misión. Ya hemos visto lo que la misión a Cornelio en Cesarea implicó en cuanto a lo que la iglesia en Jerusalén descubrió acerca del alcance del evangelio. Hemos visto también cómo la misión paulina va tomando forma según va avanzando. En este caso particular, lo que acontece no es solamente un llamado como los anteriores, sino uno que tiene otros alcances. Resulta interesante notar que en el texto bíblico se subraya el hecho de que el macedonio a quien Pablo ve es un varón; sin embargo, al llegar a Filipos y buscar una sinagoga o lugar de oración, lo que Pablo encuentra es a un grupo de mujeres reunidas junto al río para orar. En ese momento bien pudo haber dicho sencillamente que no veía al varón que le había pedido que viniera a Macedonia, y entonces podría regresar a Antioquía. Después de todo, en aquella ciudad aparentemente ni siquiera había una sinagoga. Pero Pablo se deja llevar por el Espíritu Santo, y a la postre resulta que aquella iglesia, surgida de un grupo de mujeres que oraban, vino a ser una de las iglesias que más apoyo prestó a Pablo y que, de ese modo, fue determinante en todo el curso de su ministerio.

Esto nos hace ver que, puesto que en fin de cuentas la misión está en manos del Espíritu, quien, como el viento, sopla desde donde desea, la verdadera misión siempre nos sorprende. Hacemos nuestros planes —y hacemos bien en hacerlos. Pero debemos siempre tener disposición de ver nuestros planes cambiar y de ver nuestra misión tomar nuevos rumbos. Pablo mostró esa disposición poco antes al invitar a Timoteo, con todas las consecuencias que hemos visto. Y ahora la mostró de nuevo al estar dispuesto a empezar su ministerio, no ya en una sinagoga como hasta entonces lo había hecho, sino entre un grupo de mujeres reunidas para orar.

Los muchos cambios de toda suerte que tiene lugar hoy en la sociedad que nos rodea bien pueden parecernos amenazas; pero quizá al menos algunos de entre ellos sean nuevos "llamados a Macedonia" que el Espíritu le está haciendo a la iglesia.

2. 16.16-24: La joven con espíritu de adivinación.

Este episodio posiblemente tiene lugar bastante tiempo después del que Lucas acaba de narrar, pues con él se acerca el fin del ministerio de Pablo en Filipos. En la historia de Lidia, Lucas cuenta el principio de ese ministerio. En el episodio de la adivina y su secuela, el del carcelero de Filipos, cuenta su fin. Entre ambos debe haber transcurrido algún tiempo.

El sitio hacia donde los misioneros se dirigen cuando la muchacha les sale al paso parece ser el mismo lugar de oración (*proseujê*) donde antes habían encontrado a Lidia. Ahora aparece esta muchacha con "espíritu de adivinación". Lucas entiende esto en sentido peyorativo. El espíritu de adivinación es un demonio.

Este demonio, como ocurre tantas veces en los Evangelios, ve lo que los humanos no pueden ver, y por tanto declara: "Estos hombres son siervos del Dios Altísimo, y os anuncian el camino de salvación". Y no lo hace solamente una vez, sino que la muchacha va siguiendo a los misioneros y dando voces. Pablo lo soporta por algún tiempo; pero al final, tras "muchos días", reprende al espíritu en nombre de Jesucristo, y este sale de la muchacha.

Se podría imaginar que, en vista de que la muchacha había sido sanada de lo que era claramente un caso de posesión, todos se alegrarían. Pero no es así. Los amos de la joven, que derivaban "gran ganancia" de su condición (v. 16), se enojan, y en venganza por lo que han perdido, les echan mano a Pablo y a Silas (el texto no nos dice qué fue de Timoteo o del protagonista del "nosotros"), y los acusan ante las autoridades. Puesto que no pueden acusarlos de haber echado un espíritu de adivinación, los acusan de perturbar la paz (v. 20) y de corromper las buenas costumbres de los romanos (v. 21).

El juicio no es tal cosa, sino que es más bien un motín. Los magistrados ni siquiera les piden a Pablo y Silas que se defiendan, sino que les rasgan las ropas y los mandan a azotar y encarcelar. El encarcelamiento "en el calabozo de más adentro" y con los pies en el cepo va a hacer más sorprendente la liberación que va a tener lugar en el pasaje que sigue.

3. 16.25-34: *La conversión del carcelero de Filipos.*

El pasaje es uno de los más conocidos en todo el libro de Hechos. A pesar de haber sido azotados y de estar adoloridos y atados en el cepo, Pablo y Silas cantan a medianoche. Los presos los oyen, lo cual convierte a los presos en testigos del milagro que ha de seguir. De repente viene un terremoto. Que se trata de un milagro, y no sencillamente de un fenómeno de la naturaleza puede verse por cuanto no solamente se abren las puertas, sino que también se sueltan las cadenas. Sin embargo, nadie escapa; Lucas no dice por qué. El carcelero, pensando que los presos han escapado y que ha quedado deshonrado, se prepara a darse muerte cuando Pablo le avisa que nadie ha huido.

Viene entonces la famosa pregunta del carcelero, temblando y postrado a los pies de Pablo y de Silas: "Señores, ¿qué debo hacer para ser salvo?". Posiblemente la pregunta en sí misma no tiene toda la dimensión teológica que la predicación posterior le ha dado. El carcelero está asustado ante el temblor, que es prueba indudable de la ira divina ante el modo en que se ha tratado a los misioneros. Lo que desea es escapar del castigo, cualquiera que sea, que un Dios tan poderoso le tiene deparado. ¿Cómo salvarse de tal castigo? Los versículos 31 y 32 contienen la famosa respuesta de los misioneros: "Cree en el Señor Jesucristo y será salvo tú y tu casa". El hecho de que Lucas nos dice que esto fue lo que los dos le dijeron nos indica que no se trata de una sencilla fórmula que ambos repitieron al unísono. Se trata más bien de que, en respuesta a su pregunta, los misioneros le expusieron el mensaje del evangelio. En respuesta a tal mensaje, el carcelero les lava las heridas, y entonces se bautiza "con todos los suyos".

4. 16.35-40: Los misioneros son absueltos y expulsados.

Al día siguiente, los magistrados enviaron "guardias" con orden de soltar a Pablo y a Silas. El texto no dice por qué dieron esa orden. El Códice Bezae, exponente del texto occidental, se lo atribuye al terremoto, dando a entender que los magistrados sabían que el sismo había sido causado por el Dios de los misioneros. Otros sugieren que Lidia o algún otro cristiano influyente había intervenido en pro de los presos. El hecho es que los magistrados habían ordenado azotar y encarcelar a los acusados en medio de un motín, cediendo a las presiones del momento; probablemente no tendrían interés en seguir un proceso judicial.

Es entonces que Pablo sorprende a las autoridades diciéndoles que tanto él como Silas son ciudadanos romanos. La Ley Julia, vetustísimo principio legal de Roma, prohibía azotar a un ciudadano romano. Los magistrados quieren que Pablo y Silas salgan de la ciudad a escondidas, lo cual parecería redundar en desmedro del evangelio que predican. Por tanto, ahora Pablo exige que vengan los magistrados y que sean ellos los que los saquen. Esto causó gran temor entre los magistrados, quienes van a la cárcel, les ofrecen disculpas y les ruegan que salgan de la ciudad sin crearles más problemas.

Al parecer los misioneros accedieron, aunque no abandonaron la ciudad antes de regresar a casa de Lidia y despedirse de la iglesia. Tiempo después, Pablo recordaría aquel episodio en 1 Tesalonicenses 2.2.

Para estudiar, pensar y discutir: Cuando Pablo sale en este viaje misionero, no tiene plan alguno de pasar a Europa. Sin embargo, eso es lo que acontece. ¿No será que en cierta medida la misión se descubre haciéndola? Ciertamente, los planes son buenos. Pero, ¿no será necesario también dejar lugar abierto para los inesperados llamados del Espíritu?

La llegada de Pablo a Filipos pudo haber sido decepcionante. Allí no había ni siquiera una sinagoga en el sentido formal. Sin embargo, la iglesia en aquella ciudad fue una de las que más apoyó su misión. ¿No será que en ocasiones la misión más exitosa bien puede ser la que menos nos entusiasma?

C. 17.1-9: TESALÓNICA.

La narración sigue en tercera persona. Por tanto, si el "nosotros" incluye a Lucas, es de suponerse que este permaneció en Filipos. De Timoteo el texto no nos dice nada, pues su nombre no vuelve a aparecer hasta Berea (17.14). Sin embargo, Lucas tiene la costumbre de ocuparse solamente de los personajes centrales y no mencionar los secundarios sino cuando es necesario. Además, en la salutación de las dos cartas de Pablo a los tesalonicenses se menciona, junto a Pablo, a Silas ("Silvano") y Timoteo, y en el resto de las dos cartas parece darse a entender que Timoteo se contaba entre los fundadores de la iglesia en Tesalónica. Por tanto, lo más probable es que Timoteo haya salido de Filipos con Pablo y con Silas, o que se haya reunido con ellos poco después en Tesalónica.

El camino que se describe en 17.1 corresponde a la ruta de la gran "via Egnatia", uno de los principales caminos del Imperio romano. Entre cada una de las ciudades mencionadas (Filipos a Anfípolis, Anfípolis a Apolonia, Apolonia a Tesalónica) hay unos 50 kilómetros, de modo que el recorrido total es de unos 150 kilómetros. Si se menciona a Anfípolis y Apolonia es porque fue allí que los viajeros hicieron noche; es probable que anduvieran a caballo, pues de otro modo la distancia es demasiado grande para vencerla en un día. No parece que los misioneros se hayan detenido a predicar en esas ciudades, que no vuelven a mencionarse en el Nuevo Testamento. Tesalónica era la principal ciudad de la región, y en ella moraba el gobernador romano (aunque Lucas no lo menciona). Sobre sus ruinas se alza la moderna ciudad de Salónica.

El texto presenta pocas dificultades. En Tesalónica, Pablo sigue su costumbre de comenzar su predicación en la sinagoga, donde expone su mensaje tres sábados. Ese mensaje se resume en tres puntos (17.3): a) el sufrimiento del Mesías —o del Cristo, como dice el texto; b) su resurrección; c) que Jesús es ese Mesías.

Los que aceptaron el mensaje se describen en el v. 4. "Algunos de ellos" se refiere a los judíos que creyeron. La frase "griegos piadosos" crea ciertas dificultades. Tal como aparece en la RVR y en los manuscritos que esa versión utiliza, parece referirse a los que en otros contextos se llaman "temerosos de Dios", es decir, gentiles que se habían acercado al judaísmo. Sin embargo, hay manuscritos del texto occidental y una versión antigua (la Vulgata) que dicen "griegos y piadosos". En tal caso, se trata de dos grupos: algunos "temerosos de Dios" y otros sencillamente paganos. Las "mujeres nobles" constituyen un fenómeno que se haría más y más común en los primeros siglos del cristianismo: había mujeres de "buena familia" que se unían a la iglesia, muchas de ellas sin el consentimiento o participación de sus padres o esposos.

Lucas no dice cuál era el motivo de los "celos" de los judíos. En 13.45 esos celos parecen deberse a la muchedumbre de los conversos, que parecía hacer peligrar su carácter de "pueblo escogido" —lo cual vimos antes en el caso de Antioquía de Pisidia. Aquí se habla de "gran número" de "griegos piadosos" y de "mujeres nobles" convertidas. Sin embargo, puesto que no se dice que los misioneros hayan predicado fuera de la sinagoga, es dable suponer que el motivo de los celos era que muchos de estos griegos piadosos y mujeres prominentes se contaban entre quienes apoyaban a la sinagoga económicamente, y ahora parecían tomar un camino diferente del que seguiría la sinagoga misma.

En todo caso, estos judíos buscan el apoyo de algunas de esas gentes que hay en toda ciudad, que no tienen más ocupación que juntarse al último alboroto del momento. La RVR los llama "algunos ociosos". Lucas no ha dicho una palabra sobre Jasón, quien aparece repentinamente en el v. 5.; obviamente, era allí que se alojaban Pablo y los suyos. A falta de encontrar a los misioneros, la turba toma a Jasón y a algunos cristianos y los lleva ante las autoridades. La acusación es contra Jasón, por haber alojado a unos subversivos "que trastornan el mundo" y que contravienen los decretos de César "diciendo que hay otro rey, Jesús". Sin embargo, puesto que los misioneros no aparecen, los magistrados le exigen fianza a Jasón y sueltan a los que la turba ha traído. El texto no dice qué fue de Jasón y de los demás hermanos, aunque en 1 Tesalonicenses Pablo habla del "sufrimiento" que los hermanos en esa ciudad experimentaron (1 Ts 1.6).

D. 17.10-14: BEREA.

Los misioneros, que aparentemente estaban escondidos en Tesalónica, salen de noche hacia Berea. Esta era una ciudad algo apartada de los principales caminos, a unos 80 kilómetros de Tesalónica. Posiblemente los hermanos de Tesalónica les recomendaron a los misioneros que fueran a esa ciudad porque tenían contactos allí, o porque, por no estar en una de las principales rutas del Imperio, era menos probable que sus enemigos los buscaran allí.

Allí también los misioneros comenzaron su trabajo en la sinagoga. Lucas dice que estos judíos eran "más nobles" (literalmente, "mejor nacidos", es decir, de mejor disposición) que los de Tesalónica, pues estaban dispuestos a estudiar las Escrituras y ver si lo que Pablo decía era cierto.

El éxito fue notable, según lo indica el v. 12. Otra vez vemos aquí que se menciona explícitamente a las "mujeres griegas de distinción".

Sin embargo, de algún modo llegó a Tesalónica la noticia de lo que ocurría en Berea, y los mismos judíos que habían incitado a las multitudes en Tesalónica repitieron su obra en Berea. El resultado fue que Pablo tuvo que huir "inmediatamente", mientras Silas y Timoteo (de quien no se nos había dicho que estuviera con los misioneros) permanecieron en Berea.

E. 17.15-34: ATENAS.

Pablo no fue solo de Berea hasta Atenas, sino que lo acompañaron algunos hermanos. Esto hace suponer que fue por tierra, pues para un viaje por barco no haría falta tal compañía. Con estos hermanos, Pablo manda instrucciones para que Silas y Timoteo se le reúnan tan pronto como sea posible.

Según el v. 16, el propósito de Pablo en Atenas no era predicar, sino solo esperar a sus compañeros. Sin embargo, mientras los esperaba, como buen judío y cristiano, "su espíritu se enardecía viendo la ciudad entregada a la idolatría". Atenas había visto mejores tiempos. Grecia era una de las zonas más empobrecidas del Imperio romano. La ciudad misma estaba relativamente despoblada. Sin embargo, le quedaba algo de su vieja gloria. Todavía brillaban los mármoles de la Acrópolis, con sus famosos portales, su Partenón —el templo a Atenea la virgen (*parthenos*)— y sus otros templos menores: el Erecteo, el templo a la Victoria Desalada, etc. En esos templos, y en otros muchos de menos fama, continuaba el viejo culto a los dioses. Entonces, en una ciudad en la que la población había decaído, pero que contaba todavía con tan espléndidos templos, no es de extrañarse que el espíritu de Pablo se enardeciera viendo la idolatría (v. 17).

Sin embargo, la fama de Atenas no se limitaba a sus templos. Mucho más famosos eran sus filósofos y sus letras. Allí habían florecido Sócrates y Platón, Aristófanes, Eurípides y Fidias, el escultor sin par. La Academia de Atenas, fundada por Platón, seguía existiendo y era considerada todavía un centro intelectual con pocos rivales hasta que fue clausurada en el año 529 d. C. por el emperador Justiniano. Es a ese gusto por parte de los atenienses de "oír algo nuevo" que Lucas se refiere, con cierto desprecio, en 17.21.

En aquel ambiente, Pablo luchaba en dos frentes, pues "discutía en la sinagoga con los judíos y piadosos, y en la plaza cada día con los que concurrían". Estos griegos pertenecían al grupo de los "piadosos" o "temerosos de Dios" de los que ya se ha tratado en otra ocasión (véase el comentario a 10.2). La "plaza" puede haber sido la antigua *agora* o alguna de las plazas menores de la ciudad. Sobre el testimonio en la sinagoga y la posible conversión de algunos judíos, Lucas no dice más. Su interés está en relatar lo que de nuevo hay en cada ciudad. Por eso el resto del capítulo se dedica a los esfuerzos de Pablo entre los griegos.

Las dos escuelas filosóficas que se mencionan en el v. 18 eran efectivamente las que se disputaban la hegemonía en esa época. Ambas se esforzaban por ofrecer, más que una metafísica, una filosofía para la vida. Los estoicos sostenían que la vida debe conformarse a la ley natural que rige el universo, y que cuando uno se conforma a esa ley se llega al estado de "apatía", en el que ya no se sufre ni se es víctima de las pasiones. Los epicúreos, por su parte, sostenían que el propósito de la vida es el placer; pero no el placer desenfrenado, sino el placer sabiamente administrado y dirigido, para que no lleve al dolor y la desesperación. Son los filósofos de estas escuelas quienes muestran cierta curiosidad por las enseñanzas de Pablo. Curiosidad, pero no respeto. La palabra que se traduce por "palabrero" (*spermologos*) originalmente se aplicaba a los pájaros que andaban escarbando en busca de semillas. De ahí, pasó a utilizarse para referirse a quienes andaban buscando trapos en los basureros, y por último a cualquier charlatán o diletante que anda buscando migajas de ideas y juntándolas como mejor le parece. Es en este último sentido que se lo aplican a Pablo. La segunda parte del versículo da a entender que algunos pensaban que Pablo predicaba una pareja de nuevos dioses: Jesús y "Resurrección".

Son estos filósofos, por curiosidad, quienes llevan a Pablo al Areópago. Este era el nombre de una colina al norte de la Acrópolis, separada de ella por un arroyo. Desde tiempos antiguos se había reunido en esa colina el tribunal de la ciudad, que por eso se llamaba también "Areópago". El texto no aclara si Pablo fue llevado a la colina o al tribunal; este seguía existiendo en tiempos romanos, aunque su autoridad era limitada. Puesto que la motivación al oír a Pablo parece ser mera curiosidad, y no hay indicio alguno de que se tratara de un juicio, parece que Pablo habló en la colina, y no en el tribunal, que ya para esa fecha se reunía en otra parte.

El discurso de Pablo comienza, como era costumbre en esa época, con unas palabras de elogio a sus oyentes (como cuando hoy comenzamos un sermón en una iglesia donde estamos de visita diciendo que "es un placer y un privilegio estar con ustedes"). En la retórica de entonces, se llamaba a esta clase de introducción la *captatio benevolentiae*. Ese es el propósito de los vv. 22-23a. En lugar de comenzar atacando sus ídolos, Pablo les dice a los atenienses que son muy religiosos, pues hasta ha encontrado una inscripción: "A UN DIOS DESCONOCIDO".

Esta introducción se ha interpretado frecuentemente como si Pablo quisiera decir que ya los atenienses saben algo de Dios. Pero tal interpretación no se percata de la fina ironía del discurso de Pablo. Pablo les dice que ha visto esta inscripción al "Dios no conocido" (*agnôstos theos*). En la segunda parte del versículo el tono comienza a cambiar, pues sutilmente se acusa a los atenienses, que se creen tan sabios, de ignorancia: "Eso que ustedes adoran como algo desconocido [*sin conocerle*; *agnoountes*, en ignorancia] es lo que yo les anuncio".

Como muestra de la ignorancia de los atenienses, Pablo pasa a una descripción de la obra de Dios, basada en parte en Isaías 42.5. Este Dios, desconocido para los atenienses, ha creado a toda la humanidad "de una sangre", con dos propósitos: "Para que habiten sobre toda la faz de la tierra", y "para que busquen a Dios". El v. 28 les dora la píldora a los atenienses con unas citas ligeramente adaptadas del poeta Epiménides de Creta ("Porque en él vivimos, y nos movemos, y somos") y de los estoicos Cleantes y Arato: "Porque linaje suyo somos". Acto seguido, el v. 29 rechaza la idea de que tal Dios sea "semejante a oro, o plata, o piedra, escultura de arte y de imaginación de hombres". Esto tampoco era nuevo para los atenienses, pues sus propios filósofos, desde tiempos de Jenófanes (siglo 6 a. C.), habían hecho críticas semejantes a la religión tradicional.

Es el v. 30 el que por fin introduce el centro del mensaje de Pablo: todo lo que ha precedido eran "tiempos de tal ignorancia (*agnoía*)". Ahora vemos que el *agnôstos theos* (Dios no conocido) a quien los griegos adoraban *agnoountes* (sin conocerle) es índice de esa *agnoia* (ignorancia). El Dios verdadero, que ha pasado por alto tal ignorancia aun entre estos griegos que se creen sabios, *ahora manda* a todos que se arrepientan. Aquí Pablo llega al meollo mismo de la cuestión. No se trata de verdades estáticas o de teorías que los filósofos puedan discutir. Se trata más bien de este momento histórico. Se acabó el tiempo de la ignorancia. Viene el tiempo del juicio (v. 31). Y la prueba de ello es la resurrección de Jesús.

Al llegar a este punto, sus oyentes se rebelan. Unos se burlan abiertamente. Otros le dicen: "Ya te oiremos acerca de esto otra vez", como quien hoy dice "un día de estos", queriendo decir "nunca". La sesión termina sin que Pablo hubiera concluido su discurso.

A pesar del fiasco, algunos se convierten. Entre ellos, Lucas menciona a dos: el más famoso de ellos es Dionisio el areopagita (es decir, el miembro del consejo del Areópago), sobre quien después se tejieron importantes leyendas, y Dámaris.

(Varios siglos más tarde, un cristiano de tendencias fuertemente platónica, e inclinado a un misticismo al estilo de los neoplatónicos, escribió varias obras haciéndose pasar por Dionisio el Areopagita. Puesto que durante casi toda la Edad Media se pensó que aquellos escritos eran en realidad obra del discípulo de Pablo, se les dio una autoridad casi apostólica. Esta fue una de las principales razones por las que por largo tiempo hubo una tendencia a confundir la fe cristiana y las disciplinas espirituales que conlleva con el misticismo neoplatónico).

F. 18.1-17: CORINTO.

Atenas es una de las pocas ciudades de las que no se dice que Pablo tuvo que salir huyendo. Tampoco se dice si el viaje a Corinto fue por tierra o por mar. Por tierra serían poco más de 80 kilómetros. En el caso de ir por mar, Pablo se habría embarcado en el Pireo (el puerto de Atenas) y desembarcado en Céncreas, puerto que se encontraba a unos 14 kilómetros de Corinto.

Corinto era una ciudad rica. Estaba en una posición geográfica privilegiada, pues dominaba el istmo de Corinto. El tráfico terrestre entre el Peloponeso y el resto de Grecia tenía que pasar por Corinto. Y el tráfico marítimo entre el Mar Egeo y el Adriático frecuentemente evitaba la circunnavegación del Peloponeso transbordando entre Céncreas, el puerto sobre el Egeo, y Lequeo, sobre el Adriático, con el resultado de que todo ese tráfico también tenía que pasar por Corinto. Aunque Corinto había florecido siglos antes, en el año 146 a. C. fue completamente arrasada por los romanos, en represalia por el papel predominante que había tenido en la resistencia a la conquista romana. En el 44 a. C. fue reconstruida por orden de Julio César, quien asentó en ella un número de colonos italianos. Debido a su gran actividad comercial, pronto volvió a atraer numerosos habitantes, que se ocupaban principalmente del comercio. En el 27 a. C., Augusto César creó la provincia senatorial de Acaya, e hizo de Corinto su capital.

La nueva ciudad, que tenía menos de un siglo de existencia cuando Pablo la visitó, bullía en actividad. Como sucede frecuentemente en tales casos, buena parte de esa actividad consistía en una vida licenciosa. Desde tiempos antiguos, la fama de Corinto había sido proverbial, hasta tal punto que se había inventado el verbo "corintizar" como sinónimo de llevar una vida fácil y de licencia.

Según el mismo Pablo cuenta (1 Co 2.3), estuvo en Corinto "con debilidad [¿su vieja enfermedad?], y mucho temor y temblor". Dado lo que sabemos de Corinto, no es de sorprendernos que el misionero cristiano se haya sentido atemorizado al llegar a tal ciudad.

En Corinto, Pablo estableció contacto con Aquila y Priscila. El texto no dice cómo se inició ese contacto, sino solamente que Pablo los "halló". Aquila era judío, natural del Ponto (en la costa sur del Mar Negro), y poco antes él y Priscila habían llegado procedentes de Roma. El decreto de Claudio al que se hace referencia en 18.2 nos es conocido gracias al historiador romano Suetonio, quien dice que Claudio "expulsó a los judíos de Roma, porque estaban haciendo disturbios constantes instigados por Cresto". Los historiadores concuerdan en que este "Cresto" no es sino Cristo, y que lo que sucedió fue que, como en tantos otros lugares, la predicación cristiana en la sinagoga produjo tumultos que llevaron a la expulsión de los principales responsables.

Lucas no dice una palabra sobre la conversión de Priscila y de Aquila. Lo más probable es que hayan sido cristianos desde que estaban en Roma, antes del edicto de Claudio. De otro modo no se explica cómo un judío que había tenido que salir de Roma debido a los tumultos ocasionados por la predicación cristiana le ofreciera ahora alojamiento a un misionero cristiano. Poco después, en Éfeso, Priscila y Aquila tenían suficiente peso y experiencia en la comunidad cristiana como para corregir la predicación de Apolos (18.26).

El versículo 2 es el único lugar en todo el Nuevo Testamento en que se menciona a Aquila antes que a Priscila (véase 18.18,26; Ro 16.3; 2 Ti 4.19). En este caso, la construcción gramatical y la necesidad de explicar que Aquila era judío (¿lo sería también Priscila?) son el motivo para nombrarlo a él primero. El hecho de que en todos los otros casos se nombre a Priscila primero parece indicar que ella fue más importante que él en la vida de la iglesia de aquellos tiempos.

En 18.3 se informa que el oficio de Pablo era "hacer tiendas". Al parecer, sus necesidades económicas eran tales que solamente podía estar libre para predicar los sábados (18.4), lo cual hacía en la sinagoga (v. 4), hasta que llegaron Silas y Timoteo trayendo ayuda de los hermanos en Macedonia, lo cual le permitió a Pablo entregarse "por entero a la predicación" (v. 5). En su segunda epístola a los corintios, Pablo les recuerda que "cuando estaba entre vosotros y tuve necesidad, a ninguno fui carga, puesto que lo que me faltaba, lo suplieron los hermanos que vinieron de Macedonia, y en todo me cuidé y me cuidaré de no seros una carga" (2 Co 11.9).

Al respecto de los viajes de Timoteo y de Silas, ya hemos indicado que, por no ser estos personajes centrales en la narración de Hechos, no siempre esta nos mantiene al tanto de dónde estaban. Al parecer Timoteo se reunió con Pablo en Atenas, pero pronto salió de nuevo para Macedonia. En cuanto a Silas, no hemos sabido más de él desde que estaba en Berea (17.14). Lo que es más, esta es la última vez que se menciona a Silas en Hechos. Como se indicó anteriormente, sí aparece en el resto del Nuevo Testamento bajo su nombre latino, "Silvano" (véase más arriba el comentario a 15.22).

Aparentemente a consecuencia de la mayor persistencia de Pablo en su misión, aumenta la oposición dentro de la sinagoga, y Pablo se aparta de ellos con un gesto dramático ("sacudiéndose los vestidos") y una imprecación ("vuestra sangre sea sobre vuestra propia cabeza"). Sacudirse los vestidos apartándose de ellos era señal de disgusto (casi como quien hoy se tapa la nariz). La "sangre" sobre la "cabeza" quiere decir que ellos, y no Pablo, son responsables de lo que les acontezca. (Compárese la expresión con Mt 27.25).

Abandonando la sinagoga, Pablo fue y estableció su centro de predicación en casa de un tal Ticio Justo, junto a la sinagoga. El texto occidental da a entender que Pablo se mudó de casa de Priscila y Aquila; sin embargo, el sentido de lo que se dice aquí es que lo que Pablo estableció en casa de Ticio Justo fue su centro de enseñanza cristiana, que antes había estado en la sinagoga. Varios manuscritos, algunos de ellos muy antiguos, dicen "Tito Justo". Pero no parece haber razón para pensar que este Justo, aunque quizá se llamara también "Tito", sea el mismo de las epístolas paulinas. (Resulta extraño, sin embargo, que en todo el libro de Hechos no se mencione a este otro colaborador de Pablo).

Entre los judíos que se convierten está Crispo, "el principal de la sinagoga" (*ho arjisynagôgos*; el artículo definido da a entender que había solamente un archisinagogo, y que, si después se le da a Sóstenes el mismo título, debe ser porque sucedió a Crispo). Aunque Hechos no lo dice, Pablo sí informa (1 Co 1.14) que bautizó a Crispo. Según Hechos, Crispo creyó "con toda su casa" y hubo muchos otros que también creyeron y fueron bautizados. Puesto que Pablo no los bautizó, es de suponerse que fueron bautizados por miembros de la comunidad cristiana que el misionero encontró en Corinto al llegar, y cuyo núcleo parecen haber sido Priscila y Aquila.

La visión de los vv. 9-10 cobra especial importancia si se recuerdan las palabras de Pablo citadas más arriba, en cuanto al temor que le produjo la misión en Corinto. Y esa importancia se aclara con el episodio que sigue, del juicio (o conato de juicio) ante Galión.

Ese episodio (18.12-17) se encuentra "emparedado" entre dos aseveraciones sobre el tiempo que Pablo permaneció en Corinto: "Un año y seis meses" (18.11) y "muchos días" (18.18). No está claro si el año y medio se refiere al tiempo antes del episodio ante Galión, o si es la suma de todo el tiempo que Pablo pasó en Corinto. En todo caso, pasó por lo menos año y medio en esa ciudad.

Este Galión, "procónsul de Acaya", es un personaje conocido por otras fuentes en la literatura e historia romanas. Era natural de España y hermano mayor del famoso filósofo Séneca. Su nombre de nacimiento era Marcus Annaeus Novatus; pero había sido adoptado, como era costumbre entre las familias aristócratas de Roma, por un amigo de su padre, y por tanto su nombre oficial era Lucius Junius Gallio Annaeus. Amigo de Nerón, al igual que su hermano Séneca, algunos años después cayó en desgracia y tuvo que suicidarse por orden de Nerón. Gracias a una inscripción encontrada y publicada a principios del siglo XX, se sabe que Galión fue procónsul de Acaya desde julio del año 51 hasta la misma fecha del 52; el puesto de procónsul, muy codiciado por los aristócratas romanos, normalmente se ocupaba solamente por un año. Gracias a este dato, y a la fecha del edicto de Claudio al que nos hemos referido anteriormente (18.2), es posible afirmar que el tiempo que Pablo pasó en Corinto fue más o menos desde el otoño del 50 hasta la primavera o mediados del 52. Este es uno de los pocos episodios en Hechos para los cuales es posible dar una fecha relativamente exacta.

Lo que sucede ante Galión no puede llamarse juicio. La acusación es ambigua, pues se dice que Pablo "persuade a los hombres a honrar a Dios contra la ley", pero no se indica si se trata de la ley romana o la de Moisés. Sin embargo, Galión no permite que lo involucren en el asunto. Antes que Pablo pueda defenderse, responde con palabras de tono despectivo, y termina con la fórmula empleada por un juez para declarar que no va a ver el caso: "Yo no quiero ser juez de estas cosas". El tono despectivo probablemente se relaciona con la actitud de la aristocracia romana hacia los judíos. En las obras de Séneca, hermano de Galión, se encuentra la misma actitud. Entonces, no es que Galión sea justo o que tome el partido de Pablo, sino que sencillamente desprecia tanto a los acusadores como al acusado, quienes para él no son sino unos judíos despreciables. La misma actitud se ve cuando, acto seguido, manda echar a todos del tribunal y luego permite que golpeen a Sóstenes "delante del tribunal", sin que le importase para nada.

El v. 17 es difícil de interpretar. Los mejores manuscritos no dicen quién se apoderó de Sóstenes, sino solo que fueron "todos". Las palabras "los griegos", que la RVR incluye en su traducción, parecen haber sido añadidas por algún copista, precisamente porque el sentido del texto original no estaba claro. ¿Quiénes golpearon a Sóstenes? Hay varias posibilidades: (1) los que lo golpearon fueron parte de la turba de la ciudad, como burla por el desprecio con que el procónsul había tratado a los judíos, y aprovechándose de la actitud de Galión; (2) los que lo golpearon fueron los propios judíos, molestos porque su jefe les había fallado y les había hecho pasar la vergüenza de ser humillados y echados del tribunal; (3) los que lo golpearon eran judíos, pero lo hicieron porque Sóstenes, al igual que el archisinagogo anterior, se inclinaba hacia el cristianismo o se había hecho cristiano. A favor de esta última interpretación está el hecho de que Pablo más tarde se refiera a un "Sóstenes" que lo acompañaba en Éfeso, precisamente cuando les escribía a los corintios (1 Co 1.1).

G. 18.18-22: EL REGRESO.

La estancia de Pablo en Corinto fue larga ("muchos días", 18.18). Es posible que durante ese tiempo se hayan fundado iglesias en algunas ciudades cercanas. En Romanos 16.1, Pablo se refiere a la iglesia de Céncreas, que, como hemos dicho, era el puerto de Corinto sobre el Egeo. Y en 2 Corintios 1.1 les dirige su carta no solamente a los corintios, sino también a "todos los hermanos que están en Acaya". En todo caso, por fin llegó la hora de regresar a Antioquía: "Navegó a Siria". En el sentido en que los romanos empleaban el término "Siria", esta incluía tanto lo que hoy es Siria como Palestina. Como veremos más adelante, Pablo fue primero a Cesarea, que era el puerto de desembarco para Jerusalén, y luego a Antioquía. Lo acompañaban, al principio del viaje, Priscila y Aquila. Posiblemente estos dos viajaban a Éfeso por motivos de negocios, y Pablo, que vivía con ellos, aprovechó la ocasión para ir con ellos. En cuanto a Silas y Timoteo, no se dice una palabra, y es de suponerse que permanecieron en Corinto, trabajando con la iglesia en esa ciudad y sus alrededores.

La última parte del v. 18 es difícil de interpretar. La primera pregunta es: ¿quién se rapó la cabeza, porque tenía voto? En sentido gramatical estricto, esa frase parece referirse a Aquila, la última persona que se menciona. Sin embargo, rara vez Lucas nos da detalles tales sobre sus personajes secundarios, y el sentido mismo de la narración, cuyo sujeto principal es Pablo, parece indicar que la frase en cuestión se refiere al apóstol.

La otra dificultad que la frase plantea es independiente de la primera: ¿en qué consistía el voto que Pablo (o Aquila) había hecho? El hecho de raparse la cabeza nos hace pensar de inmediato en el voto de los nazareos, que se describe en Números 6.1-21. Al concluir su voto, el nazareo se rapaba la cabeza y ofrecía sus cabellos en sacrificio a Dios. Sin embargo, esto se hacía normalmente en el templo, y quien hacía tales votos lejos de Jerusalén tenía que pasar los últimos días de su nazareato en Jerusalén. Según la escuela de Shamai, la más flexible en tales asuntos, era necesario pasar al menos treinta días en Jerusalén antes de raparse la cabeza. Por otra parte, un texto bastante ambiguo de Josefo parece dar a entender que el nazareo que se encontraba lejos de Jerusalén podía raparse la cabeza y más tarde traer sus cabellos para el sacrificio en el templo.

Sea cual fuere el caso, lo más probable es que Lucas mencione este voto de Pablo para recalcar su fidelidad continuada a las prácticas religiosas judías. Pablo no era antijudío, ni abogaba por el abandono de las prácticas de sus antepasados, sino que sencillamente insistía en que quienes no eran judíos no tenían que cumplir con esas prácticas para aceptar a Cristo y unirse a su iglesia.

De Corinto, Pablo fue a Éfeso. Quien siga esta ruta en un mapa puede extrañarse de que, para ir de Corinto a Cesarea, Pablo navegara primero a Éfeso. Esto puede deberse en parte a que quería acompañar a Priscila y Aquila, quienes iban a establecerse en esa ciudad. Sin embargo, se debe sobre todo al carácter de la navegación en esa época. Los marinos hacían todo lo posible por permanecer siempre a vista de la costa, o al menos evitar largas travesías en alta mar. Por ello, quien se dirigía desde Céncreas hacia el oriente frecuentemente atravesaba el Egeo dirigiéndose primero a Éfeso, para luego tomar la ruta hacia el sur y el este.

Éfeso era un importante puerto de mar en Asia Menor. Su templo a Artemisa (o Diana) era una de las "siete maravillas" del mundo. En medio de la ciudad había una amplia avenida de diez metros de ancho, con cuatro metros más de portales a cada lado. Esta avenida iba desde el puerto hasta el teatro. El teatro, con asientos para 24 000 personas, nos da una idea del tamaño de la ciudad.

A partir de este momento, Éfeso ocupará un lugar importante en la historia del cristianismo del siglo primero. Esa ciudad y su iglesia ocuparán el centro de la atención hasta el final del capítulo 21. Más tarde, volverá a aparecer en el Apocalipsis.

¿Qué quieren decir las palabras "los dejó allí" en 18.19? La lectura inmediata del texto parece indicar que la sinagoga estaba fuera de Éfeso, y que Pablo, tras dejar a sus acompañantes en Éfeso, fue a la sinagoga. Sin embargo, el resto del pasaje —especialmente los verbos, que en el griego están en pretérito imperfecto: "discutía", "rogaban"— parece indicar que Pablo visitó la sinagoga repetidamente. Entonces, lo más acertado parece ser que en el v. 19 Lucas se adelanta a su narración. Pablo dejó a Priscila y Aquila en Éfeso cuando siguió su viaje hacia Palestina. En el entretanto, mientras permaneció en Éfeso, discutía con los judíos en la sinagoga, y estos le rogaban que se quedase con ellos por más tiempo.

No se sabe cuál era "la fiesta que viene" que Pablo quería guardar en Jerusalén. Los mejores manuscritos no incluyen esa frase, sino que dicen: "Al despedirse les prometió: 'Ya volveré, si Dios quiere'". Si la referencia a la "fiesta" es parte del texto original, probablemente se refiera a la Pascua.

Aunque en el texto griego, el v. 22 no menciona a Jerusalén, lo más probable es que "subió para saludar a la iglesia" se refiera a la iglesia de Jerusalén. Ya se ha visto que en Hechos quien va a Jerusalén "sube", y quien va de Jerusalén a Antioquía "desciende". Si "subió para saludar a la iglesia", se refiere a que Pablo subió desde el puerto mismo a la ciudad de Cesarea; no se entiende por qué Lucas dice entonces que "descendió" a Antioquía. De Jerusalén a Antioquía sí se desciende; pero no de Cesarea a Antioquía. Además, la razón para navegar desde Éfeso a Cesarea, y no directamente a Antioquía, no puede ser sino el deseo por parte de Pablo de ir a Jerusalén. Entonces, aunque Jerusalén no aparezca en los mejores manuscritos del v. 21, y aunque Lucas no la mencione aquí por nombre, el texto sí da a entender que antes de regresar a Antioquía, Pablo fue a Jerusalén.

Por último, Pablo regresó a la ciudad de Antioquía, de donde había salido largo tiempo antes.

Excurso: La misión no es de Pablo, sino de la iglesia.

Resulta interesante notar que cada vez que Pablo termina uno de sus viajes misioneros regresa a sus raíces en Antioquía y en Jerusalén. Pablo no tiene necesidad de regresar a esos lugares como la que tienen algunos misioneros de hoy, que tienen que regresar a sus puntos de apoyo porque es de allí que viene su sostén económico y tienen que promover ese sostén. Como hemos visto, Pablo casi siempre se sostiene a sí mismo y a sus acompañantes mediante su oficio como fabricante de tiendas. Por tanto, no tiene que regresar a Jerusalén ni a Antioquía en busca de mayor apoyo. Lo que es más, si leemos las cartas de Pablo vemos que el apoyo económico fluye mayormente en la dirección contraria, pues son las iglesias de la misión paulina las que envían fondos para los pobres en Jerusalén.

La razón por la que Pablo regresa a sus puntos de partida es que en realidad la misión no le pertenece a él, sino a la iglesia en su totalidad. Parte de su tarea es mantener el contacto constante entre las iglesias que se van fundando en diversas partes de la cuenca del Mediterráneo, y de todas ellas con las antiguas iglesias de lugares como Jerusalén y Antioquía.

Esto es importante porque, si la iglesia es el cuerpo de Cristo, como repetidamente se afirma en el Nuevo Testamento, la unidad de ese cuerpo es esencial. La iglesia no puede ser más que un solo cuerpo con una sola cabeza, Jesucristo. Pero para poder ser parte de un solo cuerpo es necesario que haya comunicación entre los diversos miembros, de igual manera que en el cuerpo humano esa comunicación es necesaria. Hace falta que la sangre fluya de un lugar a otro, que los nervios comuniquen lo que acontece en diversas partes del cuerpo, que cada miembro cumpla la función que le ha sido asignada. Buscar que esto acontezca es parte de nuestra obediencia al Señor, que al orar por nosotros pidió: "Que todos sean uno, para que el mundo crea". Y si esto es parte de la obediencia de cada cristiano a ese Señor, es también parte de la misión de la iglesia en su totalidad. Ser parte de esa misión nos llama a ser representantes, no solo de una parte del cuerpo, sino también del cuerpo en su totalidad, y a fomentar los vínculos que le dan vida a ese cuerpo.

VII. 18.23–20.38: EN DERREDOR DE ÉFESO.

En el v. 23 comienza un nuevo viaje de Pablo. Aunque en este viaje el apóstol visitará otros lugares, en algunos de los cuales había estado antes, Lucas le prestará especial atención a Éfeso y a los acontecimientos que tienen lugar en esa iglesia y sus alrededores.

A. 18.23–19.7: DISCÍPULOS DEFICIENTES.

1. 18.23-28: El episodio de Apolos.

a. Un resumen (18.23).

La brevedad del v. 23 no debe ocultar todo lo que en él se resume. Pablo pasó "algún tiempo" en Antioquía. ¿Cuánto tiempo? Es imposible saberlo. Sin embargo, dadas las condiciones de los caminos que debería recorrer para llegar a Galacia y Frigia, es de suponerse que estuvo en Antioquía por lo menos hasta la próxima primavera. Efectivamente, los pasos a través de las montañas eran intransitables en invierno. Además, la región "de Galacia y de Frigia" incluye varias de las ciudades que Pablo había visitado antes: Derbe, Iconio, Listra, etc. Puesto que Lucas nos dice que iba "animando a todos los discípulos", es de suponerse que en cada una de esas ciudades pasó por lo menos algunas semanas. Por tanto, se trata de un largo viaje, a pesar de ocultarse en la brevedad de este versículo. Una vez más, Lucas nos ofrece un brevísimo resumen de lo que ciertamente tomó meses y quizá hasta años.

b. 18.24-28: La predicación de Apolos.

Lucas introduce ahora en su narración un nuevo personaje, que va a desaparecer de nuevo en 19.1. De no ser por las referencias de Pablo en 1 Corintios, estos versículos serían todo lo que sabríamos de Apolos.

En el v. 24 se describen su persona y carácter. El nombre "Apolos" es una forma abreviada de "Apolonio". Era judío alejandrino. El judaísmo alejandrino se había destacado, ya desde antes de tiempos de Jesús, por sus sabios y filósofos, muchos de los cuales habían tendido puentes entre el judaísmo y lo mejor de la cultura pagana. Entonces, cuando Lucas nos dice que Apolos era judío alejandrino, esto nos trae a la mente toda esa tradición intelectual, de la cual probablemente Apolos era heredero. La palabra (*logios*), "elocuente", también puede significar erudito o inteligente. Era además "poderoso en las Escrituras", lo cual parece referirse a su capacidad de refutar a sus contrincantes sobre la base de las Escrituras, como lo indica el v. 28.

Apolos era cristiano, ferviente de espíritu (el griego dice literalmente que "bullía en el espíritu") y enseñaba diligentemente las cosas referentes a Jesús. Todo esto concuerda con lo que sabemos acerca de Apolos por el testimonio de 1 Corintios.

Sin embargo, la predicación de Apolos era deficiente, pues "solo conocía el bautismo de Juan". Es difícil saber exactamente en qué consistía la deficiencia de Apolos. Al comparar este pasaje con el que sigue (19.1-7), parece que el conocer solamente el bautismo de Juan quiere decir no conocer o no haber recibido el Espíritu Santo. Si así fuera, no hubiera bastado, como en este caso, que Priscila y Aquila tomaran a Apolo aparte y le expusieran "con más exactitud el camino de Dios". En este pasaje no se hace mención alguna de que, tras tal exposición, Apolos haya recibido el Espíritu Santo. Entonces, parece que se trata de una deficiencia teológica. Lo que dificulta la interpretación del pasaje es que en el v. 25 se dice que Apolos "hablaba y enseñaba diligentemente lo concerniente al Señor", y en el 26 se nos dice que su enseñanza era deficiente. Algunos eruditos pretenden resolver la dificultad alegando que las fuentes de Lucas alababan a Apolos, pero que Lucas, seguidor y admirador de Pablo, trata de restarle importancia al ministerio de este rival de Pablo, y por tanto introduce lo de su deficiencia teológica. Sin embargo, leyendo el texto como un todo se llega a la conclusión de que, aunque Apolos conocía perfectamente y con exactitud la vida de Jesús, no había llevado las consecuencias de esa vida más allá de un llamado al arrepentimiento (el "bautismo de Juan"). De ser así, lo que habló en la sinagoga y provocó a Priscila y Aquila a llamarlo aparte sería sencillamente la vida de Jesús, sus enseñanzas, y la injusticia que se había cometido al crucificarlo (quizá también su resurrección); pero no la inauguración de los "últimos días", como había dicho Pedro en su discurso de Pentecostés. Así se entiende por qué en 19.1-7 la cuestión del Espíritu Santo se contrasta con el bautismo de Juan. Sobre esto volveremos al tratar acerca de ese otro pasaje.

Una vez instruido "con más exactitud", Apolos fue a Corinto, con carta de recomendación de los cristianos de Éfeso, y allá fue de gran provecho a la iglesia. Sobre este ministerio de Apolos en Corinto tenemos también el testimonio de 1 Corintios.

Excurso: Priscila, profesora de teología.

Al leer todo este pasaje, debido a la falta de claridad en cuanto a qué era lo que enseñaba Apolo, frecuentemente nos dedicamos tanto a tratar de responder a esa pregunta que no nos percatamos de otro punto fundamental en este pasaje y en buena parte del Nuevo Testamento. Se trata del lugar que tienen las mujeres en los ministerios de la iglesia. En este caso, el pasaje se refiere específicamente a Priscila, quien aparece en las cartas de Pablo bajo el nombre de Prisca. Como ya hemos señalado, cuando Lucas se refiere a esta mujer y a su esposo, su nombre aparece antes que el de Aquila. En la cultura de aquella época, el orden de los nombres tenía importancia. Se nota, por ejemplo, que en Hechos 13, cuando el Espíritu llama "a Bernabé y a Saulo", parece dársele más importancia a Bernabé que a Saulo. Poco a poco, el orden va cambiando, y esto ocurre paralelamente al proceso en el que Saulo viene a ocupar el centro de la narración. Lo mismo acontece en nuestra cultura. En una lista cualquiera se nombran primero los personajes más importantes. Por eso desde niño me enseñaron a nunca decir "yo, Pedro y Juan", sino más bien "Pedro, Juan y yo". Cuando olvidaba esa regla y me colocaba a mí mismo en primer lugar, el comentario a modo de lección era "el burrito delante, para que no se espante". Por eso, resulta importante notar que en este episodio, cuando Apolos necesita instrucción teológica y la recibe de esta pareja, se nombra a Priscila antes que a Aquila. En una palabra, Priscila fue el principal personaje en la tarea de educar teológicamente al elocuente y sabio Apolos.

Con esto debería bastar para hacernos ver que la idea que frecuentemente nos hacemos de Pablo como misógino es muy diferente al cuadro que nos presenta Lucas. En medio del ministerio de Pablo, nos topamos con una Lidia de Tiatira, quien viene a ser el principal apoyo de una de las mejores iglesias que Pablo fundó, y quien en cierta medida nos recuerda a las mujeres de medios que contribuían económicamente al ministerio de Jesús. Y en la correspondencia paulina, al tiempo que encontramos algunos pasajes que parecen limitar el ministerio de las mujeres, nos encontramos al menos con una mujer que es diaconisa —Febe (Ro 16.1)— y otra que es apóstol —Junias (Ro 16.7).

En una palabra, el tema de la actitud de Pablo ante el ministerio femenino merece más atención. Pero al menos sobre la base del pasaje que estamos ahora estudiando podemos decir que tenemos aquí una mujer que le enseñó teología a un famoso predicador.

Para estudiar, pensar y discutir: Frecuentemente se dice que Pablo no les daba lugar a las mujeres en el liderazgo en la iglesia. En lo que antecede, acabamos de mencionar varias mujeres que tuvieron un papel importante en la misión paulina. Lea las cartas de Pablo y considere cuántas otras hay.

2. 19.1-7: Los doce discípulos de Éfeso.

Este otro episodio se relaciona temáticamente con el anterior. Tiene lugar después de la partida de Apolos. (Resulta interesante notar que, mientras Apolos pasa de Corinto a Éfeso, Pablo, tras recorrer el interior de la provincia de Asia, pasa a Corinto). Pero al parecer quedan todavía en Éfeso algunos discípulos que no conocen más que "el bautismo de Juan" (19.3). Puesto que esta es la misma frase que aparece en 18.25 con referencia a Apolos, el texto parece implicar que había alguna relación entre estos doce (o, mejor dicho, "unos doce", 19.7) discípulos y Apolos. ¿Serían personas a quienes Apolos había enseñado antes que Priscila y Aquila dieran su lección de teología? ¿O serían quizá gentes procedentes del mismo círculo donde se había formado Apolos? Es imposible saberlo.

En todo caso, ahora se explica con más claridad en qué consistía la deficiencia, si no de Apolos, al menos de estos discípulos. Pablo añade dos cosas a lo que sabían: primera, que la predicación de Juan el Bautista señalaba hacia el que vendría después de él, Jesús el Cristo (19.4); y, segunda, que hay tal cosa como el Espíritu Santo (19.2, 6). Al parecer, estos "discípulos" eran seguidores de Jesús como maestro, pero no como el Cristo, el Mesías prometido, el cumplimiento de las promesas. (¿Sería esto también la deficiencia de Apolos, es decir, que podía enseñar con exactitud acerca de las doctrinas y milagros de Jesús, pero no sabía que en él se cumplían las promesas?). Lo que Pablo les dice es que ese era precisamente el mensaje del propio Juan. Entonces, sobre la base de ese testimonio conjunto de Pablo y Juan, los doce son bautizados y, cuando Pablo les impone las manos, reciben el Espíritu.

Excurso: Jesús y el Espíritu.

Al estudiar este pasaje, inmediatamente se plantea la cuestión de la relación entre Jesús y el Espíritu Santo. No es este el lugar para incluir un tratado sobre la doctrina de la Trinidad. Pero sí conviene señalar dos puntos cruciales que frecuentemente olvidamos. El primero de ellos es que no se puede dar el verdadero testimonio de Jesús sin el poder del Espíritu. El testimonio no tiene poder convincente debido a nuestra elocuencia o nuestros buenos argumentos, sino que es el Espíritu quien toma nuestra elocuencia y nuestros argumentos, ya sean fuertes o no, y les da poder para convencer a otras personas. El segundo es que la relación cronológica entre la dádiva del Espíritu y el hecho de aceptar a Jesús no es siempre la misma. Nosotros los humanos, con nuestra tendencia a querer clasificarlo todo, establecemos procesos y órdenes en los cuales esperamos que venga el Espíritu. Pero en este mismo libro de Hechos que estamos estudiando, vemos que la soberanía del Espíritu es tal que no se sujeta a ningún orden establecido. En este pasaje, primero viene el bautismo y luego el derramamiento del Espíritu. También en Hechos 8.17, el don del Espíritu viene tras el bautismo; pero en este caso se recibe mediante la imposición de manos por parte de los apóstoles. Y en el capítulo 10, cuando se trata de la conversión de Cornelio, el orden se invierte, pues quienes escuchan a

Pedro primero reciben el Espíritu y después son bautizados. En una palabra, todo esto es una advertencia a fin de que tengamos mayor cautela cuando decimos que el Espíritu viene de esta o de aquella manera, o que sus dones se derraman cuando hacemos esto o aquello. El Espíritu siempre es libre y soberano, y no se sujeta a nuestras órdenes ni a nuestras expectativas.

B. 19.8-22: MILAGROS EN ÉFESO.

1. 19.8-10: La enseñanza de Pablo.

Estos versículos son un rápido resumen en el que se incluye, primero, la predicación de Pablo en la sinagoga, segundo, la ruptura con la sinagoga y, tercero, la enseñanza continuada de Pablo en la escuela de Tirano. Tras dos años de predicación —además de los tres meses anteriores—, la palabra se había difundido por toda la región, "de manera que todos los que habitaban en Asia, judíos y griegos, oyeron la palabra del Señor Jesús". Precisamente porque se trata de un rápido resumen, Lucas no dice una palabra de un viaje a Corinto durante este tiempo, según se deduce de la correspondencia de Pablo con los corintios.

El único punto de este pasaje que necesita aclaración es la referencia a la escuela de Tirano. En este punto, la RVR sigue el texto occidental al decir "la escuela de *uno llamado* Tirano". El texto alejandrino, que es probablemente el original, dice sencillamente (como la RVA y otras traducciones) "la escuela de Tirano". No se sabe quién era el tal Tirano, ni cuál era su relación con la "escuela". Quizá Tirano era un maestro que enseñaba o había enseñado en el mismo lugar, y cuya fama le había dado nombre a la escuela. Quizá era el dueño de un edificio que se utilizaba para conferencias. O quizá era su arquitecto o constructor. En todo caso, ya cuando se compuso el texto occidental, probablemente en el siglo segundo, el escriba que lo compuso no sabía quién era el tal Tirano, y por ello puso "la escuela de uno llamado Tirano".

2. 19.11-16: Los falsos milagros.

Toda esta sección trata sobre los milagros que tuvieron lugar en Éfeso gracias al ministerio de Pablo. Es de notarse que Lucas normalmente no presenta a Pablo como taumaturgo o hacedor de milagros. Según Hechos, la principal función de Pablo es predicar, enseñar y confirmar la fe de las iglesias. En las epístolas paulinas, se añade su tarea como recolector de la ofrenda para la iglesia en Jerusalén. Los milagros que tienen lugar por intermedio de Pablo aparecen en la narración de Hechos repetidamente, pero por lo general no son el tema de esa narración, sino la causa u ocasión para lo que Lucas desea narrarnos. Así, por ejemplo, la curación de la muchacha con espíritu de adivinación en 16.16-18 sirve de introducción al encarcelamiento de Pablo y Silas en Filipos.

Aquí, los milagros que tienen lugar "por mano de Pablo" sirven de introducción, no ya a un episodio de la vida del mismo Pablo, sino a un episodio en el que se muestra el fracaso de los que pretenden imitar a Pablo con la esperanza de poder realizar milagros como los que se atribuyen al apóstol.

a. 19.11-12: Un resumen sobre los milagros.

Lucas introduce el episodio del demonio sarcástico (19.13-16) con un resumen sobre los milagros que Dios hacía "por mano de Pablo". Cuando se lee este pasaje, de inmediato se piensa que todos los milagros a los que se refiere tuvieron lugar en Éfeso. Pero es posible que el texto deba leerse en términos más generales. Lucas va a contar un episodio que tuvo lugar en Éfeso, en el cual se muestra la debilidad de los falsos milagreros, e introduce ese episodio con un comentario general sobre los milagros que tenían lugar en conjunción con el ministerio de Pablo.

Lo de los pañuelos y delantales de Pablo ha dado ocasión a que algunos anuncien la venta de pañuelos bendecidos y otras cosas por el estilo. Nótese, sin embargo, que aquí el texto da a entender, no que Pablo repartía o anunciaba el poder de sus pañuelos y delantales, sino que las gentes los sustraían sin que el apóstol lo supiera. No se trata, como algunos parecen pensar hoy, de que Pablo bendijera los pañuelos para que a través de ellos se hicieran milagros.

b. 19.13-16: El demonio sarcástico.

La fama de Pablo, que se manifiesta en el hecho de que las gentes toman sus pañuelos y delantales para hacer milagros, lleva también a que unos exorcistas traten de imitarlo. La referencia a exorcistas judíos no sorprende, pues se sabe que entre los judíos del siglo primero el exorcismo era práctica común. Sin embargo, la narración misma presenta varios problemas. En primer lugar, la relación entre el v. 13 y el 14 no está clara. En el 13 se habla de "algunos de los judíos", y en el 14 de "siete hijos de un tal Esceva, judío, jefe de los sacerdotes". ¿Son dos grupos distintos, o son los del v. 14 un caso particular de los del 13? En segundo lugar, entre quienes ocuparon el cargo de Sumo Sacerdote de los judíos no aparece el nombre de Esceva, a quien el texto ordinario le da ese título (*arjiereôs*) —razón por la que la Nueva Versión Internacional dice "uno de los jefes de los sacerdotes". En tercer lugar, es difícil explicar por qué Lucas se referiría a un personaje tan importante como "un tal Esceva". Por último, en el v. 14 se habla de *siete* hijos de Esceva, mientras en el 16 se dice que el espíritu malo saltó sobre *ambos*. En todos estos puntos el texto occidental parece resolver las dificultades, y por ello algunos eruditos se inclinan a pensar que esa es la versión original, mientras otros insisten en que no es sino una revisión muy bien hecha, precisamente con el propósito de resolver las dificultades del texto ordinario u original.

Las dificultades del texto ordinario no son insalvables. En primer lugar, el v. 14 puede ser un ejemplo particular de lo que el 13 indica en términos más generales. Había exorcistas judíos que pretendían echar fuera demonios en el nombre de Jesús. Entre estos se contaban los siete hijos de Esceva, sobre los cuales el relato trata más específicamente. En segundo lugar, el título de *arjiereôs* que se aplica a Esceva puede interpretarse no como "sumo sacerdote", sino como "principal entre los sacerdotes" —quizá entre los sacerdotes del lugar. Por último, en algunos escritos de la época se emplea el término "ambos" (*amfoterôn*) en el sentido de "todos".

En todo caso, el sentido esencial de la narración resulta claro: unos exorcistas pretenden echar fuera demonios con la fórmula: "Os conjuro por Jesús, el que predica Pablo". Se trata de una fórmula harto extraña, en la que el exorcista se distancia de Jesús, en cuyo nombre pretende echar fuera el demonio. (El texto griego no dice literalmente "en el nombre de Jesús", sino "por Jesús, el que predica Pablo").

La respuesta del demonio tiene un tono sarcástico: "A Jesús conozco, y sé quién es Pablo; pero vosotros, ¿quiénes sois?". En el texto griego aparecen dos verbos distintos, que la RVR con razón traduce de manera diferente: el demonio *conoce* a Jesús, y *sabe* de Pablo. Aunque quizá no se deba subrayar demasiado el contraste entre esos dos verbos, sí indican que el demonio reconoce a Jesús y a Pablo de dos modos distintos: el primero más directamente, como quien conoce a alguien; el segundo más como materia de información, como quien sabe algo. En otras palabras, el demonio parece decir que tiene la relación más directa, que conoce mejor a Jesús que a Pablo, de quien solamente sabe.

Acto seguido, este demonio que parece burlarse de los exorcistas añade la acción física a la burla, pues el endemoniado salta sobre los exorcistas y los deja mal parados.

3. 19.17-20: La reacción del pueblo.

Estos cuatro versículos resumen la reacción de diversos grupos a todo lo acontecido, y especialmente a la paliza recibida por los hijos de Esceva. El v. 17 indica que cuando esto se supo en Éfeso, todos temieron, tanto los judíos como los griegos. El v. 18 afirma que la noticia de lo sucedido afectó también a los cristianos, quienes "venían, confesando y dando cuenta de sus hechos". El v. 19 se refiere a "los que habían practicado la magia". No aclara si eran creyentes que habían continuado con sus prácticas mágicas, o si eran otras personas que se enteraron de lo que había sucedido. Lo más probable es que sean ambos, y que al menos uno de los pecados que algunos cristianos confesaron (v. 18) haya sido el de continuar con sus viejas supersticiones.

El hecho de que este episodio haya tenido lugar en Éfeso tiene especial importancia, pues esa ciudad era conocida por los libros de magia que en ella se producían, y que frecuentemente recibían el nombre de "escritos efesinos" (*Efesia grammata*). También es importante señalar el monto al que ascendía el valor de los libros quemados. Cincuenta mil piezas de plata equivalían a un buen jornal para otros tantos días, es decir, más de ciento cincuenta años de jornal. Cabe suponer que Lucas menciona esta cifra en contraste con el próximo episodio, en el que los intereses económicos tratarán de obstaculizar la predicación del evangelio. Aquí, el impacto de esa predicación es tal que se sobrepone a todo interés económico.

Por último, el v. 20 es otro de los muchos resúmenes con los que Lucas redondea su libro.

4. 19.21-22: Un bosquejo del futuro.

Estos dos breves versículos son una especie de resumen de lo que ha de venir, un bosquejo del futuro. Especialmente en el v. 21, se anuncia que Pablo ha de recorrer Macedonia y Acaya, para luego ir a Jerusalén y por último a Roma. Esto es lo que el resto de Hechos va a narrar. Sin embargo, lo que aquí se tiene es más que un resumen: es un anuncio de un cambio radical en el carácter de la narración. El modo en el que la RVR traduce el comienzo del v. 21 ("pasadas estas cosas") no tiene la misma fuerza del original griego. Mejor sería decir "cumplidas estas cosas". Aquí el griego da el sentido de algo que se ha cumplido o completado. En cierto modo, Pablo ya ha completado la tarea misionera que el Espíritu le ha encomendado. Lo que falta es ir a Jerusalén y a Roma, lugares no tanto de trabajo misionero como de sufrimiento y persecución. En la carrera de Pablo, este pasaje es paralelo a lo que dice Lucas sobre Jesús, que "afirmó su rostro para ir a Jerusalén" (Lc 9.51). En ese versículo del Evangelio aparece el mismo verbo "cumplir"; como en el caso de Pablo en Hechos, Lucas tiene todavía bastante que contar en su Evangelio antes de la llegada de Jesús a Jerusalén.

En el v. 22, Pablo comienza a hacer preparativos para ese viaje que se propone, enviando delante de él a Timoteo y Erasto. A Timoteo ya se lo encontró antes (16.1; 17.14-15; 18.5). Esta es la primera vez que se menciona a Erasto en Hechos, aunque el mismo nombre se menciona también en 2 Timoteo 4.20 (donde evidentemente se refiere a la misma persona que se menciona en Hechos) y en Romanos 16.23. Puesto que se trata de un nombre relativamente común en esa época, es imposible saber si el "Erasto" que se menciona en Romanos, que era "tesorero de la ciudad" (¿de Corinto?), es el mismo. Aunque Hechos no se refiere a la colecta para Jerusalén, por las cartas de Pablo se sabe la importancia que el apóstol le daba a esa colecta, y por tanto es posible que haya enviado a estos dos colegas para que fueran estimulando a los creyentes en Macedonia, preparando el campo para la colecta, y quizá hasta recogiendo ya algunos fondos.

Excurso: La lucha contra los poderes del mal.

El demonio que en este pasaje se muestra algo sarcástico nos dice algo importante acerca de nuestra presente lucha con los poderes del mal. El demonio declara que conoce a Jesús y que de Pablo al menos sabe algo; pero de estos exorcistas ambulantes que pretenden echarle no sabe nada. El demonio conoce a Jesús no solamente porque es poderoso y porque es el Hijo de Dios, sino también porque se enfrentó a todos los poderes del mal en la cruz y venció sobre ellos. Sabiendo acerca de esa gran victoria de Jesús sobre los poderes del mal y de la muerte, el demonio sabe que tiene que habérselas con uno más poderoso que él. Algo semejante sucede con Pablo, a quien el demonio no conoce del mismo modo que conoce a Jesús, pero de quien al menos sabe, porque Pablo también se ha enfrentado a los poderes del mal y ha sufrido a causa de ese enfrentamiento. Pero estos otros exorcistas ambulantes pretenden tener poder sobre el demonio sin en realidad haberse enfrentado personalmente a los poderes del mal.

En el día de hoy la iglesia y los cristianos se oponen al mal en todas sus formas. Al menos, eso dicen nuestras declaraciones y nuestra predicación. Pero esa oposición al mal tendrá fuerza únicamente en la medida en que el mal nos reconozca como sus enemigos, y sepa que estamos dispuestos y dispuestas a sufrir sus embates a fin de vencerlo.

Con demasiada frecuencia pensamos que el modo en que la iglesia debe oponerse al mal es sencillamente haciendo declaraciones, proponiendo soluciones o criticando a quienes parecen servir al mal. Pero con igual frecuencia esas personas que se aprovechan del mal, que se enriquecen con el sufrimiento de otros, o que practican cualquier otra clase de maldad nos ven como aquel demonio vio a los exorcistas ambulantes: hablamos, pero no hacemos; reclamamos, pero no sacrificamos; queremos deshacernos del mal sin acercarnos a él. Cuando tal cosa hacemos, el mundo frecuentemente nos dice que conoce a Jesús, pero nosotros en realidad no tenemos autoridad alguna para decir ni reclamar.

Los demonios a los que hoy nos enfrentamos son muchos y diferentes. Está el demonio del cambio climático, del cual decimos mucho, pero ante el cual hacemos poco. Está el demonio de los sistemas médicos y educativos que excluyen a los pobres. Está el demonio de los gobiernos tiránicos y demagógicos. Está el demonio del abuso y la explotación sexual. Y así podríamos seguir nombrando demonios que pululan en nuestros días. Pero todos esos demonios tienen dos puntos en común: en primer lugar, sabemos que sus días están contados, que no tendrán lugar en el reino de Dios, que la victoria final es de aquel que los enfrentó en la cruz y la tumba. Y, en segundo lugar, solo reconocerán nuestra autoridad si nos ven involucrados en la lucha contra ellos, y dispuestos a sufrir el mal que pueden hacernos. De otro modo, por muy sonoras que sean nuestras declaraciones, el demonio seguirá burlándose de nosotros y quizá hasta haciéndonos huir despavoridos como a aquellos exorcistas.

Para estudiar, pensar y discutir: El episodio del demonio sarcástico nos hizo ver claramente que no basta con pronunciar buenas frases en contra del mal, sino que hay que enfrentarse a él, a veces sufrir sus embates, y así vencerlo. ¿En qué modos concretos podemos involucrarnos en las luchas que se mencionan en los últimos párrafos?

C. 19.23-41: EL ALBOROTO EN ÉFESO.

En estos versículos estalla el conflicto entre la predicación del evangelio (o, como diría Lucas, del "Camino") y los intereses religiosos y económicos de Éfeso. Esos intereses giraban alrededor del gran templo de Artemisa. (La RVR dice "Diana", porque desde tiempos antiguos se identificó a la diosa Artemisa de Éfeso con la diosa Diana de los romanos. El texto griego dice "Artemisa", y la RVR lo ha traducido con el nombre más común de "Diana"). El primer templo a Artemisa que se había alzado allí fue destruido por un incendio, según una antigua tradición, precisamente el mismo día en que nació Alejandro el Grande, en el 356 a. C. Casi inmediatamente, los efesios comenzaron a reconstruir su famoso templo, cuya planta tenía más de cien metros de largo y cincuenta de ancho, y fue tenido por una de las grandes maravillas del mundo antiguo hasta que los godos lo destruyeron en el 262 d. C. En él se adoraba a la diosa Artemisa, representada por una estatua de piedra con una almena en la cabeza y múltiples mamas en el pecho, por lo que se la llamaba *polymastos.* Esta no era en realidad la antigua diosa Artemisa de los griegos, sino que era una diosa de fertilidad conocida en otras regiones vecinas como la "Gran Madre". Su sacerdote supremo era siempre un eunuco que recibía el título de *megabyzos.* Bajo este había un numeroso séquito de sacerdotes y sacerdotisas.

Este templo, además de ser el orgullo de la ciudad, era también fuente de ingresos, pues a él acudían peregrinos de todo el mundo mediterráneo. También, como era costumbre en los tiempos antiguos, servía de banco en el que se depositaban los tesoros, tanto de la ciudad como privados. Por último, hay indicios de que en la mente del pueblo el culto a Artemisa se confundía con el servicio al emperador, especialmente por cuanto la emperatriz Agripina se interesaba e identificaba de manera particular con ese culto.

La historia que Lucas narra es relativamente sencilla. Todo comienza con el negocio del platero Demetrio y los artífices que trabajaban junto a él. Su negocio consistía en hacer pequeños templos de plata, réplicas del gran templo de Artemisa, para que los peregrinos los llevaran consigo al regresar a sus hogares. Preocupado por la pérdida económica que la predicación de Pablo podía representar, Demetrio convoca a "los obreros del mismo oficio" y los arenga con una combinación de motivos económicos y fervor religioso. Según Demetrio, la predicación de Pablo ha apartado a muchos del culto de los dioses, y por tanto "no solamente hay peligro de que este nuestro oficio venga a desacreditarse, sino también que el templo de la gran diosa Diana sea estimado en nada y comience a ser destruida la majestad de aquella a quien venera toda Asia y el mundo entero". Los que lo oyen se llenan de ira, gritando: "¡Grande es Diana de los efesios!". Pronto la confusión es grande, y la turba marcha hacia el teatro, el lugar más apropiado en la ciudad para asambleas y manifestaciones populares. En el camino toman a dos compañeros de Pablo, Gayo y Aristarco, y los llevan consigo.

Esta es la primera vez que Aristarco aparece en Hechos. Se lo volverá a mencionar en 20.4 y 27.2, y en Colosenses 4.10 y Filemón 24. El caso de Gayo es más complicado. En 20.4, junto a Aristarco, se lo menciona de nuevo, pero ahora se nos dice que era de Derbe. ¿Sería otra persona del mismo nombre, o será por otra razón que primero se nos dice que era de Macedonia y luego de Derbe? Además, Pablo menciona a un "Gayo" en Corinto (Ro 16.23 y 1 Co 1.14), y la tercera epístola de Juan también va dirigida a "Gayo". Es imposible saber la relación entre todos estos personajes, sobre todo por cuanto el nombre "Gayo" era muy común.

El teatro de Éfeso era imponente. Era un amplio semicírculo en una concavidad que miraba hacia el puerto, con asientos de mármol para 24 000 espectadores. En esa época estaba siendo reconstruido, en una serie de obras que comenzaron en tiempos del emperador Claudio (41-54 d. C.) y no terminaron sino a principios del siglo II. Todavía se conservan las ruinas de ese teatro, que son imponentes.

Cuando Pablo se enteró de lo que estaba teniendo lugar, quiso acudir al teatro, pero "los discípulos no lo dejaron". En Romanos 16.3 y 4, Pablo dice que Priscila y Aquila expusieron su vida por él. ¿Se referiría quizá a algo que sucedió durante el motín de Éfeso, y estaría esta pareja entre los que impidieron a Pablo ir al teatro? Además, "algunas de las autoridades de Asia" le enviaron recado a Pablo, que no fuera al teatro. La palabra que Lucas emplea aquí es "asiarcas". Los asiarcas eran jefes religiosos de la provincia de Asia. Había allí una especie de liga de ciudades, en la que cada cual estaba representada por su asiarca. Entonces, estas autoridades eran religiosas más que políticas, aunque sí tenían cierto peso político.

Mientras tanto, en el teatro el motín continuaba. En el v. 32 Lucas pinta esa confusión magistralmente: "Unos, pues, gritaban una cosa y otros otra, porque la concurrencia estaba confusa y la mayoría no sabía por qué se habían reunido".

Los vv. 33 y 34 son parte de esa misma confusión, hasta tal punto que se le hace difícil al lector moderno entender qué sentido tienen en medio de la escena que se está describiendo. ¿Quién es este Alejandro, que aparece en escena sin otra explicación? Lucas dice que los judíos lo empujaron para que hablara. Quizá los judíos temían que la reacción contra Pablo se desbordara en una reacción contra ellos, quienes tampoco adoraban a Artemisa. O quizá querían aprovechar la ocasión para soliviantar al pueblo más contra Pablo y los cristianos. En todo caso, cuando el pueblo vio que era judío no le permitió hablar, probablemente porque sabían que los judíos no creían en su diosa, y el pandemonio fue tal que por casi dos horas estuvieron gritando: "¡Grande es Artemisa de los efesios!".

Por fin interviene el "escribano". Tal título no refleja toda la autoridad de este personaje, quien era responsable de ejecutar las decisiones de la asamblea, y era por tanto uno de los principales administradores de la ciudad. En cierto modo, servía de intermediario entre el gobierno romano y la asamblea popular (el *dêmos*) de la ciudad. Es con esa autoridad que ahora logra calmar a la multitud. Empieza haciéndoles ver que no es necesario que anden aclamando la grandeza de su diosa con esos gritos desordenados, pues "¿quién es el hombre que no sabe que la ciudad de los efesios es guardiana del templo de la gran diosa Diana, y de la imagen avenida de Júpiter?". Esta última frase (en griego, *diopetês*) posiblemente podría traducirse mejor como "la imagen caída del cielo", y es la respuesta del escribano a lo que Demetrio ha dicho en el v. 26, sobre la predicación de Pablo contra los "dioses que se hacen con las manos". Artemisa, puesto que ha caído del cielo, no resulta vulnerable a tales críticas. En consecuencia, dice el escribano, "puesto que esto no puede contradecirse, es necesario que os apacigüéis". Hasta este punto, el escribano está diciendo muy hábilmente que el pueblo tiene razón. Sin embargo, ahora cambia el tono de su discurso. Precisamente porque el pueblo tiene razón, y su diosa es todo lo grande que dicen, no hace falta defenderla con tumultos y motines. Y viene entonces la palabra final: el haber arrebatado a Gayo y Aristarco, que no han cometido crimen contra la diosa, no es conforme a la ley. Hay procedimientos legales y procónsules; y si Demetrio y sus compañeros lo desean, pueden presentar acusación siguiendo los procedimientos legales. Con estas palabras se descubre la causa del motín, y se nos recuerda que Demetrio, después que provocó el alboroto, no parece haber dado la cara. Y por último el escribano le recuerda al pueblo que por encima de ellos está el poder del Imperio, y que "hay peligro de que seamos acusados de sedición por esto de hoy, ya que no existe causa alguna por la cual podamos dar razón de este alboroto". Con esas palabras de advertencia, que pueden haberles causado escalofríos a los más revoltosos, recordándoles los castigos romanos contra los perturbadores de la paz, el escribano despide la asamblea.

Excurso: Motivaciones ocultas.

El episodio del alboroto en Éfeso parece no ser más que otro de los muchos casos en los que la predicación de Pablo y de sus acompañantes causa revuelos y hasta violencia. Pero debemos notar que en este caso hay una nueva dimensión. Aquí la oposición a la predicación cristiana mezcla motivaciones religiosas con otras de carácter económico. Según el pasaje, todo empezó porque el platero Demetrio, preocupado por la posibilidad de que la predicación de los cristianos resultara en desmedro de su negocio, convocó a sus colegas y los exhortó con una mezcla de razones económicas y religiosas. Los hizo temer que sus negocios decayeran, y al mismo tiempo apeló a la religión de sus oyentes, sugiriendo que Artemisa sería despreciada.

Esto no debería sorprendernos, pues en realidad sucede constantemente en el día de hoy. Los casos más crasos son aquellos en los que algún pastor, predicador o profeta se aprovecha del evangelio para hacerse rico pidiéndoles dinero a quienes lo escuchan. Pero en realidad las amenazas más serias al verdadero mensaje cristiano no están en eso, ya que en realidad el mal que más nos amenaza es el que menos notamos. El Maligno se viste de luz y nos toma desprevenidos.

Los casos son muchos, y difieren según los contextos en los que estemos. A veces es cuestión de individuos o pequeños negocios que buscan convencer a los creyentes para que compren sus productos. Por ejemplo, hace algún tiempo el director de una funeraria me escribió una larga carta con muchos argumentos "teológicos" por los cuales no se debía cremar a los difuntos. Mucho de lo que decía parecía lógico a primera vista, pero leyendo entre líneas se notaba que la razón por la cual este señor se oponía a la cremación era sencillamente que un entierro le producía mucho mayor ganancia que una cremación. Y lo más interesante del caso es que muy probablemente sus argumentos, surgidos de motivaciones económicas, pero al mismo tiempo guiados por una interpretación de la fe que convenía a esas motivaciones, eran perfectamente sinceros. Él mismo posiblemente no vería lo que le resultaba obvio a cualquier lector: que sus afirmaciones teológicas tenían también agendas económicas de interés propio.

Hay casos mucho más serios. Cuando los primeros conquistadores ibéricos llegaron a las Américas estaban convencidos de que Dios mismo los había llevado a esas tierras para que proclamaran el evangelio, y sobre esa base establecieron todo un sistema religioso y político cuyo verdadero propósito era subyugar y explotar a los naturales del lugar. La iglesia misma vino a ser parte prominente de ese sistema de explotación —aunque hay que reconocer que hubo también personajes que vivieron esa realidad y protestaron contra ella (Antonio de Montesinos, Bartolomé de las Casas, Pedro Claver y muchos otros).

Y no tenemos que ir tan lejos en el pasado, pues lo mismo continúa sucediendo en el día de hoy. Los políticos, tanto de una religión como de otra, buscan votos sobre la base de sus declaraciones y posturas religiosas, haciéndose fotografiar en compañía de prelados católicos y de pastores evangélicos. Las grandes compañías explotadoras buscan el apoyo de las iglesias con declaraciones religiosas y con donativos económicos. Hay iglesias que se abstienen de criticar los sistemas de opresión existentes declarando y hasta creyendo que lo hacen porque "la iglesia no debe meterse en política" cuando en realidad lo que está aconteciendo es que ya la iglesia está comprometida y recibiendo parte de los beneficios de los sistemas de explotación que se van creando.

Para estudiar, pensar y discutir: ¿Será verdad lo que dice el último párrafo, al menos de algunas iglesias? Si tal es el caso, o si se trata al menos de un peligro real, ¿qué podemos hacer para evitarlo?

D. 20.1-12: VIAJE A MACEDONIA, GRECIA Y TROAS.

1. El viaje (20.1-6).

Estos seis versículos resumen un largo viaje. Aunque Pablo ha resuelto ir a Jerusalén, no va directamente hacia esa ciudad, que se encuentra hacia el este, sino que parte en dirección contraria, hacia Macedonia y Grecia. Lucas no explica el porqué de este viaje. Por las epístolas del propio Pablo se sabe que una parte importante de su misión era la ofrenda para la iglesia en Jerusalén, y que una de las razones para hacer esa larga gira por Macedonia y Grecia era precisamente recoger esa ofrenda. Parece además que varios de los acompañantes que Lucas menciona aquí eran los representantes de esas iglesias, que debían acompañar a Pablo y a la ofrenda hasta Jerusalén.

Sobre estos acompañantes hay poco que decir. Sópater y Segundo no aparecen más que en este versículo. Trófimo aparece más adelante, en 21.29, y luego en 2 Timoteo 4.20. Tíquico no se menciona en Hechos fuera de este versículo; pero aparece repetidamente en las epístolas (Ef 6.21; Col 4.7; 2 Ti 4.12; Tit 3.12). A Aristarco se lo encuentra antes en 19.29, y se lo vuelve a ver en 27.2. También Pablo lo menciona en Colosenses 4.10 y Filemón 24. Timoteo es uno de los personajes más conocidos del Nuevo Testamento. Quien presenta un ligero problema es Gayo. Al comentar sobre 19.29, se vio que, junto a Aristarco, se menciona a un Gayo, y se dice que ambos eran de Macedonia. Aquí se afirma que Gayo era de Derbe. Puesto que Derbe no está en Macedonia, sino en Asia Menor, parece tratarse de dos personajes distintos con el mismo nombre. (Véase también Romanos 16.23 y 1 Corintios 1.14). Sin embargo, el texto occidental de este versículo no dice "Gayo de Derbe", sino "Gayo de Doberes". Doberes era una pequeña población de Macedonia, y, en ese caso, este Gayo y el de 19.29 serían el mismo. Lo que no está claro es si el dato del texto occidental es original, o si un copista, viendo la dificultad presentada por la referencia a "Derbe" creyó que se trataba de Doberes y trató de corregir el texto.

En el v. 5, no está claro quiénes son los "estos" que se adelantaron a los demás. Podrían ser solamente Tíquico y Trófimo, o también todos los siete que se mencionan en el v. 4.

La ruta de Pablo lo lleva de Éfeso, cruzando el Mar Egeo, hasta Macedonia, luego por tierra hasta Grecia. Lo normal sería entonces regresar por barco hasta Asia, y de allí a Jerusalén. Sin embargo, Pablo decide regresar por tierra hasta Filipos, donde él y sus compañeros (no está claro cuántos de ellos) pasan la fiesta de la Pascua, para luego cruzar el mar. El viaje de cinco días hasta Troas es el mismo, en dirección contraria, que antes había tomado dos días (16.11-12).

2. 20.7-12: El episodio de Eutico.

Es en Troas, hacia el final de los siete días que Pablo pasó allí, donde tiene lugar el episodio de Eutico.

El "primer día de la semana" al que se refiere el texto puede haber sido bien el domingo por la noche, o bien el sábado a la misma hora, pues según el modo judío de contar los días, estos comienzan al anochecer. Todos los textos antiguos que tenemos dan a entender que los cristianos se reunían el primer día de la semana. Aparentemente, al principio esto era lo que hoy llamaríamos el sábado temprano por la noche, pero según la manera judía de contar los días, era ya el primer día de la semana. Cuando la iglesia se fue volviendo mayormente gentil y menos judía, surgió la tendencia de reunirse, no ya al anochecer después de terminado el sábado, sino en la madrugada del primer día de la semana. Hacia el siglo segundo hay amplias evidencias de que los cristianos celebraban la resurrección del Señor reuniéndose en una larga vigilia que comenzaba el sábado por la noche y terminaba con el bautismo de los neófitos y la fracción del pan al amanecer del domingo. Paralelamente al gran Domingo de Resurrección, todo otro domingo era una pequeña fiesta de resurrección, de igual modo que todo viernes era un pequeño viernes santo. En todo caso, los discípulos de Troas están reunidos "para partir el pan", pero Pablo les habla largamente. Esto también era costumbre en el culto antiguo, en el que se tenía primero una exposición de las Escrituras y luego la comunión misma: el "servicio de la palabra" y el "servicio de la mesa".

En medio de ese servicio, debido a lo largo de la predicación de Pablo y al ambiente sofocante producido por las muchas lámparas (que también consumirían el oxígeno del lugar), el joven Eutico se queda dormido, sentado en la ventana. Puesto que en nuestros países hay modos diversos de contar los pisos de un edificio, hay que aclarar que el "tercer piso" en este caso se refiere al que se encuentra dos pisos por encima de la planta baja (planta baja, segundo piso, tercer piso).

La narración resulta clara. Vencido del sueño, Eutico cae de la ventana a la calle y muere. Pablo baja a la calle, abraza al joven, anuncia que vive y vuelve al tercer piso, donde parten el pan y Pablo sigue hablando "hasta el alba". Es solo después de todo esto, y de la partida de Pablo, que Lucas nos dice que en efecto llevaron a Eutico vivo para gran consuelo de todos.

E. 20.13-38: LA DESPEDIDA EN MILETO.

1. 20.13-16: Viaje de Troas a Mileto.

En unas pocas líneas, Lucas recuenta el viaje hasta Mileto, a unos 50 kilómetros de Éfeso. La frase "y habiendo hecho escala en Trogilio" aparece solamente en el texto occidental, de donde la RVR la ha tomado. Además, según Lucas informa, la razón por la que Pablo no regresó a la provincia de Asia y a su querida iglesia de Éfeso era que tenía prisa por llegar a Jerusalén antes del día de Pentecostés. No se informa, sin embargo, si lo que esto quiere decir es que Pablo temía que, si visitaba Éfeso, sus amigos allí le obligarían a permanecer por más tiempo, o si se trata sencillamente de que tomaron la primera nave disponible que iba en dirección a Palestina, y la que consiguieron no hacía escala en Éfeso.

2. 20.17-38: Despedida de los ancianos de Éfeso.

Pablo envía un mensaje a Éfeso, para que los ancianos de la iglesia vengan a verlo en Mileto. Puesto que entre Mileto y Éfeso hay 50 kilómetros, la ida del mensaje y la venida de los ancianos debió tomar por lo menos tres días, y posiblemente más. Por ello es de suponerse que la nave hacía escala en Mileto, y que Pablo aprovechó la oportunidad, mientras se descargaba y volvía a cargar el navío, para hacer venir a los ancianos.

Puesto que este discurso se encuentra entre dos secciones caracterizadas por el "nosotros", es de suponerse que quien lo narra —posiblemente el propio Lucas— estuvo presente. Sin lugar a dudas, hay aquí varias frases y principios teológicos con claro sabor paulino, y por tanto parece que —aunque Lucas ha resumido una conversación que tomaría horas y quizá hasta días—, el meollo de lo que nos cuenta procede del mismo Pablo. El discurso se divide en cuatro partes.

a. 20.18-21: La obra pasada de Pablo.

Es en base a esa obra, que se resume aquí en cuatro versículos, que Pablo les habla. Lo que le da autoridad ante los ancianos de Éfeso es su obra pasada.

b. 20.22-24: La situación presente de Pablo.

"Ahora", dice Pablo, y con ello trae a sus oyentes al presente. Va camino a Jerusalén "ligado yo en espíritu". Esto puede traducirse de varios modos. En primer lugar, puede querer decir que Pablo siente un impulso interno por ir a Jerusalén. En ese caso, el "espíritu" es él mismo, su espíritu humano. En segundo lugar, puede querer decir que ya Pablo se ve encadenado en Jerusalén. En ese caso, la frase es un anuncio de lo que ha de sucederle en Jerusalén. Ya él vive "en espíritu" lo que ha de suceder. Por último, y con mayor probabilidad, el "espíritu" aquí puede ser el Espíritu Santo (en los antiguos manuscritos griegos no se hace distinción entre unas palabras escritas con mayúscula inicial y otras con minúscula, como en castellano). En ese caso, lo que Pablo dice es que es el Espíritu quien le compele a ir a Jerusalén. Es así que lo entienden otras versiones. Ciertamente, en el próximo versículo Pablo afirma que el Espíritu Santo le ha advertido de lo que le espera, y que lo ha hecho "por todas las ciudades". Puesto que en los capítulos anteriores no se han visto tales advertencias repetidas, esto recuerda una vez más que Lucas no pretende contar todos los detalles de lo sucedido en cada lugar.

En todo caso, a pesar de tales advertencias, Pablo ha resuelto continuar su camino a Jerusalén, lo cual recuerda lo que se señaló anteriormente sobre el paralelismo entre esta resolución de Pablo y lo que dice Lucas: que Jesús "afirmó su rostro" para ir a Jerusalén (véase el comentario a 19.21).

c. 20.25-31: El futuro.

Esta sección del discurso comienza igual que la anterior: "Y ahora" (en griego, *kai nun*, la misma frase que en el v. 22). Pablo comienza dándoles la triste nueva de que no volverá a verlos. En consecuencia, no será ya más responsable de su bienestar espiritual: "Estoy limpio de la sangre de todos". Esa tarea les corresponderá ahora a estos ancianos a quienes Pablo ha convocado: "Mirad por vosotros y por todo el rebaño".

Es aquí que aparece la palabra "obispos" aplicada a estos "ancianos". Más adelante, según se desarrolle la jerarquía de la iglesia, se establecerá una distinción entre un "obispo" (*episkopos*) y un "anciano" o "presbítero" (*presbyteros*). Sin embargo, tal distinción todavía no aparece aquí. En este caso, parece que el término "anciano" indica el oficio, mientras que el "episcopado" o la supervisión es la función de los ancianos.

La razón por la que estos ancianos han de estar particularmente atentos es que vendrán "lobos rapaces". Continuando con la imagen del rebaño, Pablo se refiere así a los que lo destruyen, o roban sus ovejas. Los que se mencionan en el v. 29 parecen ser algunos que vendrán de fuera, mientras que los falsos maestros del v. 30 se levantarán "de entre vosotros mismos". Posiblemente se trate, tanto en un caso como en el otro, de los dos movimientos heréticos que más frecuentemente afligieron al cristianismo en sus primeras décadas: las tendencias judaizantes contra las que el propio Pablo escribió frecuentemente en sus cartas, y los albores del gnosticismo, a los que también se refiere en algunas de ellas.

d. 20:32-35: Conclusión.

Por último, Pablo se despide de ellos, encomendándolos a Dios y a su palabra de gracia, "que tiene poder para sobreedificaros y daros herencia con todos los santificados". Lo que esto quiere decir es que, aunque Pablo no esté ya con ellos, sí tendrán el poder necesario para continuar siendo edificados sobre el fundamento que el apóstol ha colocado y para resistir a los falsos maestros que han de venir.

Los vv. 33-35, que a primera vista parecen no venir al caso, señalan un aspecto fundamental de la preocupación de Pablo. La vida económica de la iglesia no es cuestión periférica o secundaria. Al contrario, es parte esencial de la vida de la iglesia. Por ello Pablo les recuerda a estos ancianos, que pronto han de quedar sin su dirección, que él mismo no ha codiciado "ni plata ni oro ni vestido de nadie". La referencia al vestido se debe a que, en esa época, antes de que se inventaran las máquinas de hilar y los productos sintéticos, el vestido era caro, y tener varios vestidos era señal de riqueza. El propio Pablo, en lugar de pedir dinero, ha trabajado con "estas manos", y con ellas ha ganado el sustento, no solamente para sí mismo, sino también para sus acompañantes. La consecuencia de todo esto es que es preciso trabajar constantemente para ayudar a los necesitados. Y todo termina con unas palabras que Pablo le atribuye a Jesús, aunque no aparecen en los Evangelios: "Más bienaventurado es dar que recibir".

Finalmente, una vez terminado el discurso, Pablo ora "de rodillas". En la iglesia antigua, la oración se hacía frecuentemente de pie, con las manos extendidas. Hincarse de rodillas era señal de una petición solemne y profundamente sentida.

La despedida que sigue es altamente emotiva. Todos lloran, abrazan a Pablo y lo besan, hasta que por fin lo acompañan al barco.

Para estudiar, pensar y discutir: ¿Qué nos dice la historia toda de Pablo acerca del liderazgo en la iglesia? ¿Estuvo la grandeza de Pablo solamente en que anduvo por el mundo fundando iglesias, o también y sobre todo en que cuando Pablo faltó, esas iglesias continuaron viviendo, creciendo y fundando otras? Tomando este ejemplo, ¿debemos pensar que lo que mide el éxito de un pastor debe ser la asistencia a los cultos, las ofrendas, la vitalidad mientras el pastor está? ¿O deberíamos pensar más bien que el éxito de ese pastor está en lo que sucede cuando se va y viene otra persona a ocupar su lugar?

VIII. 21.1–28.31: CAUTIVERIO DE PABLO.

La sección que comienza ahora es la conclusión del libro de Hechos. En ella se cumple lo que Pablo había indicado antes: que iba a Jerusalén a pesar de las cadenas que allí le esperaban. Sin embargo, se cumple mucho más que eso, pues Pablo, quien siempre había deseado ir a Roma, llega por fin a la capital del Imperio, aunque ahora como prisionero en espera de juicio.

A. 21.1-16: VIAJE DE MILETO A JERUSALÉN.

La narración continúa en primera persona del plural, "nosotros". Sin embargo, no está claro quiénes se incluyen en el grupo. En el resto de la narración se mencionará, aparte de Pablo y el narrador mismo, a Trófimo y Aristarco. No está claro si los otros forman todavía parte del grupo, o dónde se separaron de él. En todo caso, el viaje continúa, al parecer en el mismo navío de cabotaje, a lo largo de la costa, yendo de Mileto a Cos, luego a Rodas, y por fin a Pátara. Allí transbordan a otro navío, probablemente de mayor tonelaje, que toma una ruta más directa hacia Tierra Santa. Pasan al sur de Chipre y llegan hasta Tiro.

En Tiro se reúnen con "los discípulos", es decir, los creyentes de esa ciudad. (Hechos no dice una palabra sobre cómo llegó el evangelio a Tiro, y el verbo que la RVR traduce como "hallados" da a entender que fue necesario ir en busca de ellos). Allí los creyentes, "por el Espíritu", le dicen a Pablo que no vaya a Jerusalén. La despedida es emotiva (vv. 5-6), y recuerda la de Mileto.

De Tiro, con una escala de un día en Tolemaida durante la cual visitan a los cristianos de esa ciudad, el grupo sigue hasta Cesarea. El modo en que Lucas describe el viaje de Tolemaida a Cesarea ("saliendo Pablo y los que con él estábamos", v. 8) parece dar a entender que dejaron el barco en Tolemaida y fueron hasta Cesarea por tierra o en otro barco.

En Cesarea, Pablo y sus acompañantes se hospedan en casa de Felipe, a quien Lucas llama "el evangelista", para distinguirlo del apóstol. Este Felipe es el mismo a quien vimos en el capítulo 8 evangelizando a Samaria y al eunuco etíope. Lucas nos dice que "tenía cuatro hijas doncellas que profetizaban", es decir, que interpretaban la Palabra y predicaban. Es de notarse que, contrariamente a lo que a veces pensamos, en la iglesia primitiva sí hubo mujeres en posiciones de liderazgo, y específicamente en este caso, mujeres que hablaban en la iglesia.

En el v. 10 se presenta al profeta Agabo como si no se lo hubiera conocido antes, en 11.28. En todo caso, Agabo, al estilo de los profetas del Antiguo Testamento, ilustra su profecía mediante la acción (véase, por ejemplo, Jeremías 13.1-11, donde el profeta, como Agabo, utiliza un cinturón). El "cinto" de Pablo que Agabo toma es, probablemente, no un cinto de cuero, sino un largo lienzo que se acostumbraba llevar, dándole varias vueltas alrededor del cuerpo, y en el que además se podía llevar dinero y otros objetos pequeños. Atándose con ese cinto, Agabo anuncia que los judíos atarán a Pablo y "le entregarán en manos de los gentiles". Es sobre esto que trata el resto del libro.

A pesar de que el profeta habla por el Espíritu, los compañeros de Pablo, incluso el narrador, tratan de persuadir a Pablo de que no vaya a Jerusalén. Es solo cuando Pablo insiste en su propósito que por fin dicen: "Hágase la voluntad del Señor".

En Cesarea, el grupo pasó ocho días y luego partió hacia Jerusalén. Lo que la RVR traduce por "los preparativos" puede referirse a obtener cabalgaduras para el viaje hasta Jerusalén, a una distancia de cien kilómetros. Con ellos va el chipriota Mnasón, en cuya casa proyectaban hospedarse. El texto no aclara si esto significa que durante el viaje se detendrían en casa de Mnasón, camino a Jerusalén, o si Mnasón vivía en la Ciudad Santa, y era allí, entonces, que les ofrecería hospedaje.

Excurso: Reflexiones sobre la dirección del Espíritu.

Este pasaje, que parece muy sencillo, en realidad encierra una seria dificultad. Se ha señalado que en el v. 4 los cristianos de Tiro, inspirados por el Espíritu, advierten a Pablo para que no vaya a Jerusalén. Antes, Pablo ha declarado repetidamente que va a Jerusalén guiado por el Espíritu. Luego, en el v. 11, Agabo le anuncia a Pablo lo que va a suceder en Jerusalén, aunque no intenta disuadirlo. Los discípulos, sin embargo (incluso el narrador), intentan convencerlo para que no fuera a Jerusalén (v. 12). ¿Se contradice entonces el Espíritu? Algunos eruditos tratan de resolver el problema diciendo que Lucas no vio una contradicción.

Sin embargo, quizá haya otra respuesta. Quizá lo que debamos preguntarnos es si Lucas no nos estará diciendo que el Espíritu actúa de un modo distinto del que frecuentemente nos imaginamos. La visión común que tenemos de la obra del Espíritu es tal que quita de nosotros toda duda, haciéndonos ver claramente qué es lo que hemos de hacer. Pero quizá Lucas, al mismo tiempo que insiste en la importancia de tomar muy en serio la dirección del Espíritu, nos esté diciendo más: el Espíritu no ha de servirnos de muleta para descansar sobre él y no tener que tomar decisiones difíciles. En Hechos, el Espíritu no le dice a Pablo exactamente lo que tiene que hacer, y luego lo confirma con una serie de profecías que todas concuerdan entre sí. Al contrario, el Espíritu insta a Pablo para que vaya a Jerusalén, pero luego también utiliza a otros personajes para que le adviertan del precio de ir a Jerusalén. La decisión última queda todavía en manos de Pablo.

Esto puede parecer que le resta importancia y autoridad tanto al libro de Hechos como al Espíritu. Pero en realidad es todo lo contrario. Si el libro de Hechos nos pintara una iglesia en la que el Espíritu les decía a los cristianos lo que debían hacer a cada paso, eso mismo le restaría pertinencia para nosotros hoy, pues nuestra experiencia frecuente es que, aunque el Espíritu nos hable y nos dirija, nuestras decisiones llevan la marca de riesgo y de ambigüedad que es característica de toda acción humana. No podemos escondernos tras el Espíritu y decir sencillamente "el Espíritu me dijo que lo hiciera". Pero, por la misma razón, tampoco podemos escondernos tras la falta de dirección clara y tajante, para entonces no hacer nada.

No ver esto es una de las causas de la falta de acción por parte de muchas de nuestras iglesias. Idealizamos la obra del Espíritu en Hechos y en todo el Nuevo Testamento. Supuestamente, cuando el Espíritu habla, los humanos sabemos exactamente lo que dice y manda. Por tanto, cuando existen dudas en cuanto a la acción que hemos de tomar, decimos que no tenemos que hacer nada, porque el Espíritu no nos ha hablado, o porque hemos oído voces contradictorias. Si Pablo hubiera hecho eso, no habría ido a Jerusalén. Pero lo cierto es que prácticamente todas las decisiones que los cristianos y la iglesia hemos de tomar se dan en tales situaciones. Hay desempleo en nuestra ciudad. ¿Qué hemos de hacer? Ciertamente, hemos de orar y de pedir la dirección del Espíritu. Pero, ¿quiere esto decir que mientras no tengamos una voz clara y tajante, indicándonos todos los pasos que hemos de dar, no hemos de hacer nada? Ciertamente, no. El Espíritu, mediante las Escrituras, mediante las enseñanzas de Jesús, mediante la nueva vida que nos da, nos ha dado ya suficiente dirección para que al menos sepamos que tenemos que tomar acción. Quedarnos esperando que nos dé un mandato detallado y claro no es sino una excusa para no hacer lo que debemos.

Para estudiar, pensar y discutir: En vista de lo que se acaba de decir, y en vista también de lo que hemos venido estudiando en este libro, ¿cómo descubre usted (y cómo debe descubrir la iglesia) lo que el Espíritu Santo dice y espera de usted y de la iglesia?

B. 21.17–22.24: ENTREGADO A LOS GENTILES.

1. 21.17-25: Recibimiento por la iglesia en Jerusalén.

En esta sección se narra la llegada de Pablo a Jerusalén, su arresto en el templo, su discurso en defensa propia, y cómo por fin fue entregado a los romanos. En el v. 18 termina la narración en primera persona del plural ("nosotros"), para no reaparecer sino al momento de la partida hacia Roma (27.1). Esto podría explicarse sobre la base de motivaciones teológicas; pero la explicación más sencilla es que durante todo el proceso de Pablo en Jerusalén, lo que le importa al autor es lo que le sucede a Pablo. Aunque el narrador probablemente presenció buena parte de esto, lo hizo como espectador o testigo, no como participante, y es por ello que el sujeto de toda esta narración, más bien que el "nosotros", es Pablo.

Al parecer los "hermanos" que recibieron a Pablo y sus acompañantes "con gozo" en el v. 17 no son Jacobo y "los ancianos", quienes no aparecen sino al día siguiente, cuando Pablo y sus compañeros van a visitarlos (v. 18). Por tanto, es posible que, a su llegada a Jerusalén, Pablo se haya puesto en contacto primero con los elementos más helenizantes entre los cristianos (sobre estos elementos y sus conflictos con los "hebreos", véase el comentario a 6.1-6), para al día siguiente ir a visitar a los jefes de la vieja iglesia de Jerusalén, donde todavía predominaban los "hebreos", es decir, los judíos de Palestina, cuya lengua era el arameo.

Lucas no dice una palabra sobre la ofrenda que Pablo traía, pero es de suponerse que fue en esa visita que se la entregó a Jacobo y los dirigentes de la iglesia en Jerusalén —los "ancianos". No se sabe exactamente quiénes eran estos "ancianos", cómo fueron nombrados o seleccionados, o qué autoridad tenían. Dos cosas sí parecen seguras: la primera, que los Doce ya no están en Jerusalén, o al menos que Pedro, quien juega un papel tan importante en los primeros capítulos de Hechos, ya no está. De otro modo, Lucas lo habría mencionado. La segunda, que son un grupo relativamente numeroso, pues Lucas nos dice que "todos los ancianos" estaban presentes.

Jacobo y los ancianos, al escuchar lo que Pablo les cuenta sobre la misión entre los gentiles, glorifican a Dios. Pero inmediatamente le plantean a Pablo el problema que su presencia representa. Hay en Jerusalén y sus alrededores varios millares de judíos que han creído en el evangelio, pero son "celosos de la ley". Entre estos judíos se ha corrido el rumor de que, en su misión entre los gentiles, Pablo les ha dicho a los judíos que ya no tienen que seguir a Moisés, ni circuncidar a sus hijos. Los jefes de la iglesia temen oposición, y para evitarla le indican a Pablo el curso que debe tomar a fin de mostrarles a estos judíos "celosos de la ley" que él mismo sigue siendo judío, fiel a las "costumbres" de Moisés.

La recomendación de Jacobo y los ancianos se encuentra en los vv. 23 y 24. En términos generales, está clara: Pablo ha de unirse a cuatro cristianos "hebreos" que han hecho voto de nazareato, cubriendo sus gastos y mostrando así que sigue siendo respetuoso de la ley. Las dificultades aparecen cuando tratamos de reconciliar lo que aquí se dice con lo que se sabe por medio de otras fuentes sobre la práctica del nazareato. Ciertamente, Pablo no podía unirse a los nazareos en su voto, pues esto requería al menos treinta días de residencia en Jerusalén. Lo más probable es que lo que se le sugirió a Pablo no fue que se uniese al voto de los nazareos, sino que, puesto que acababa de llegar de tierras paganas y debía purificarse, no hiciera solamente eso, sino que además pagara los gastos de los cuatro nazareos. De ese modo, al ver que Pablo hacía todo lo que se esperaba de un buen judío y más, se acallarían los rumores. El v. 25 repite la decisión del llamado "concilio de Jerusalén" sobre lo que se requeriría de los gentiles convertidos al cristianismo.

2. 21.26-36: Arresto de Pablo en el templo.

En el v. 26 Pablo comienza a hacer lo que se le había indicado, purificándose con los nazareos. Entrando al templo —en realidad, a sus patios exteriores, que se consideraban parte del recinto sagrado— anunció su propósito de cumplir con los ritos de su propia purificación, que tomarían siete días (a lo cual alude el v. 27), y además presentar la ofrenda correspondiente a los cuatro nazareos.

Todo marcha bien hasta poco antes de cumplirse el plazo de siete días, cuando se desata la tempestad. La causa de ello involucra a "unos judíos de Asia", es decir, de una de las regiones donde Pablo había trabajado con mayor intensidad. La presencia de estos judíos de la Diáspora en Jerusalén parece indicar que, en efecto, Pablo había logrado su propósito de llegar a la Ciudad Santa antes de la fiesta de Pentecostés. La acusación contra Pablo es que enseña contra tres cosas (v. 28): "El pueblo, la ley y este lugar". Pero lo peor de todo es que, según dicen, ha profanado el templo introduciendo paganos ("griegos") en él. Lucas explica en el v. 29 que la razón por la que decían esto es que habían visto a Pablo acompañado de Trófimo en la ciudad, y pensaban que también lo había llevado al templo. Rápidamente se amotina "la ciudad". La RVR da a entender que es la multitud la que arrastra a Pablo hacia fuera del templo, cuyas puertas inmediatamente se cierran (v. 30). En el griego, el sujeto del verbo "arrastrar" no está explícito, y por tanto es muy probable que quienes sacaran a Pablo del templo, y también cerraran sus puertas para evitar su contaminación con sangre y violencia, fueran los levitas que guardaban el templo.

La noticia del motín y del linchamiento que la multitud se proponía le llega "al tribuno de la compañía". Literalmente, al "jefe de mil" (*jiliarjos*), que mandaba la guarnición romana en Jerusalén. Más adelante (23.26) se dirá que el nombre de este oficial era Claudio Lisias. En todo caso, no le costaría mucho al comandante enterarse del tumulto, pues el cuartel de la cohorte romana en Jerusalén estaba en la torre Antonia, sobre el ángulo del templo, y desde cuyos baluartes se dominaba todo el recinto sagrado. De hecho, para llegar de la torre Antonia hasta el lugar del motín, Lisias y sus soldados no tenían sino que bajar las gradas que se mencionan en el v. 35.

La acción del tribuno es rápida. Prende a Pablo y lo manda atar "con dos cadenas", para entonces indagar quién es el prisionero y cuál es la causa del motín. (Sobre las "dos cadenas", véase lo que se ha dicho al comentar sobre 12.6. Es posible que esto se refiera a un procedimiento parecido al que se le aplicó antes a Pedro). La multitud le da respuestas contradictorias, al parecer porque, como frecuentemente sucede en tales motines, ni los mismos amotinados saben de qué se trata. Lo que sí está claro es que están enfurecidos contra Pablo, y es por ello que los soldados se lo llevan, mientras la multitud grita: "¡Muera!" (literalmente: "¡Quítale!").

3. 21.37-39: Diálogo de Pablo con Lisias.

Pablo se dirige al tribuno no solamente en griego, sino con una frase elegante y pulida. La respuesta del tribuno muestra asombro, pues al parecer había confundido a Pablo con otro personaje: "¿No eres tú aquel egipcio que levantó una sedición y sacó al desierto cuatro mil sicarios?". El historiador judío Flavio Josefo ha conservado datos sobre los movimientos nacionalistas que tuvieron lugar en Palestina en ese tiempo. Entre ellos, Josefo habla de los "sicarios", cuyo nombre se deriva de "sica", que quiere decir "puñal". Estos apuñalaban a sus víctimas, frecuentemente en medio de las muchedumbres que se congregaban para las festividades religiosas, y luego desaparecían entre la multitud. Por ello, podían continuar llevando vidas normales en Jerusalén, sin huir al desierto. Y Josefo habla además de cierto "egipcio", a quien Lisias parece haber confundido con Pablo:

> En esos días, cierto hombre procedente de Egipto llegó a Jerusalén diciendo que era profeta e incitando a las multitudes del pueblo a acompañarlo al Monte de los Olivos, que está frente a la ciudad... Pero cuando Félix se enteró, les ordenó a sus soldados que se armaran, marchó con mucha caballería e infantería, y atacó al egipcio y sus seguidores. Mató a cuatrocientos de ellos y capturó vivos a doscientos. El egipcio huyó durante la batalla y desapareció sin dejar huella. (*Ant.*, 20.8.6. Cf. Josefo, *Guerra*, 2.13.6)

Si, como dice Josefo, el egipcio desapareció sin dejar rastro, no ha de sorprendernos el hecho de que Lisias, al ver un motín, pensara que se trataba de ese personaje a quien las autoridades buscaban. También es interesante el que Lisias confunda al egipcio con los sicarios, como sucede con tanta frecuencia hasta el día de hoy, en que las autoridades, sobre todo en los regímenes opresivos, confunden a todos los que se les oponen, como si fueran una masa uniforme. Por otra parte, los eruditos se preguntan por qué el hecho de que Pablo supiera griego le sirvió de indicación a Lisias de que no se trataba del egipcio fugitivo. La comunidad judía de Egipto normalmente hablaba griego. Pero al parecer, Lisias sabía que el "egipcio" a quien los romanos procuraban prender no hablaba esa lengua.

Todavía usando un lenguaje refinado, Pablo le responde que no es egipcio, sino judío de Tarso, y ciudadano de esa ciudad. Luego le dirá que es también ciudadano romano, pero, por lo pronto, no le ofrece esa información. A base de la información que da, Pablo insiste en su ruego de que se le permita dirigirse al pueblo.

4. 21.40–22.24: Discurso de Pablo al pueblo.

Una vez recibido el permiso de Lisias, Pablo se dirige a la multitud en "lengua hebrea" (es decir, en arameo). Su discurso es de carácter autobiográfico. Es por este discurso que nos enteramos de que Pablo, a pesar de ser oriundo de Tarso, se había criado en Jerusalén, y había estudiado "a los pies de Gamaliel" (a quien ya se encontró antes, en 5.34-39). También aquí aparece por segunda vez en Hechos la historia de la conversión de Pablo. Las otras dos veces son 9.1-19 y 26.12-18. Puesto que ya hemos comparado las tres al comentar sobre 9.1-19, remitimos al lector a esa sección de este comentario.

En los vv. 17-21, sin embargo, se añade algo nuevo de lo que no teníamos noticias hasta este punto. En Jerusalén, precisamente en el templo, Pablo tuvo un éxtasis en el que Jesús le ordenó que saliera de Jerusalén, porque "no recibirán tu testimonio acerca de mí", y le dijo, además: "Porque yo te enviaré lejos a los gentiles".

Si bien la multitud lo escuchó hasta este punto, no ha de sorprender el hecho de que ahora se alborote de nuevo. En estas pocas palabras, Pablo los ha ofendido doblemente. En primer lugar, se ha atrevido a decir que fue precisamente aquí, en este santo lugar, que Jesús le habló. Debe recordarse que fue también allí que el Dios de Israel les habló a algunos de sus profetas (por ejemplo, a Isaías en Is 6). Por implicación, Pablo está equiparando a Jesús con el Dios del templo, y está estableciendo un paralelismo entre él mismo e Isaías, cuyo mensaje iría dirigido también a un pueblo recalcitrante (Is 6.9: "Oíd bien, y no entendáis; ved por cierto, mas no comprendáis"). Y, en segundo lugar, Pablo ha vuelto a mencionar su misión a los gentiles, que es precisamente la razón del motín, y ha afirmado que esa misión surgió de un mandato recibido en el templo.

Otra vez la multitud pide la muerte de Pablo: "Quita de la tierra a tal hombre, porque no conviene que viva". Y en señal de ira "gritaban y arrojaban sus ropas y lanzaban polvo al aire". Estos gestos pueden parecernos extraños, pero eran señal de ira, duelo y consternación. En Job 2.12, por ejemplo, cuando los tres amigos de Job vieron lo que le había sucedido, "lloraron a gritos; y cada uno de ellos rasgó su manto, y los tres esparcieron polvo sobre sus cabezas hacia el cielo". Esta reacción de los tres amigos incluye precisamente los tres elementos que vemos en 22.23: gritar, despojarse de las vestiduras y lanzar polvo.

La respuesta del tribuno, a fin de detener el motín, es ordenarles a los soldados que acaben de introducir a Pablo en la fortaleza (ya estaba en las gradas que conducían a ella, v. 35), para allí averiguar la verdad del asunto torturando a Pablo con azotes.

C. 22.25–23.33: PABLO BAJO LA CUSTODIA DE LISIAS.

Hasta este punto, Lisias ha estado interviniendo en lo que en fin de cuentas es un asunto entre judíos. Ahora, al llevar a Pablo a la fortaleza, y especialmente a partir del momento en que el apóstol se declara ciudadano romano, entrará en juego todo el sistema jurídico de Roma.

1. 22.25-29: Pablo reclama la ciudadanía romana.

Ahora atan a Pablo "con correas". Esto se refiere probablemente al hecho de atarlo a un poste para azotarlo. Es entonces que Pablo le informa al centurión de su ciudadanía romana. Inmediatamente el centurión se da cuenta de la gravedad de la situación, y le pide nuevas instrucciones al tribuno. Este acude a donde está Pablo y le pregunta si es cierto que es ciudadano romano. Su comentario sobre el costo de esa ciudadanía posiblemente implica que entonces Pablo debió ser hombre de recursos. El nombre del tribuno, *Claudio* Lisias, puede ser indicación de que compró su ciudadanía romana en tiempos de Claudio, cuando la emperatriz Mesalina se enriqueció a base de la venta de tales cartas de ciudadanía. En ese caso, "Claudio" sería su nombre romano, tomado en honor del emperador al hacerse ciudadano, y "Lisias" su nombre griego.

No se sabe cómo fue que los antepasados de Pablo adquirieron la ciudadanía romana. Quizá alguno de ellos la compró, como Lisias. En todo caso, el resultado de la declaración de Pablo es que no se le aplica el tormento, y que hasta el tribuno teme las consecuencias de lo que ha hecho. Tampoco se nos dice cómo Pablo dio pruebas de ser ciudadano romano. Lo que sí sabemos es que reclamar tal ciudadanía falsamente era un crimen por el cual se aplicaba la pena de muerte.

2. 22.30–23.10: Pablo ante el sanedrín.

Al día siguiente, Lisias convoca a "los principales sacerdotes y a todo el concilio", con el fin de saber de qué se acusaba a Pablo. Esta sesión del concilio o sanedrín les ha causado dificultades a los intérpretes. En primer lugar, se plantea la pregunta de cómo Claudio Lisias, siendo pagano, podía estar presente en una sesión del sanedrín. En segundo lugar, se plantea la cuestión de cómo es posible que Pablo no supiera que el que presidía la sesión era el sumo sacerdote (vv. 2-5). En tercer lugar, cabe preguntarse cómo entendería el tribuno las deliberaciones del sanedrín, que tendrían lugar en arameo. Por esas razones, se ha puesto en duda la historicidad de lo que aquí se narra.

Sin embargo, las dificultades se aclaran si se piensa, no en términos de una sesión oficial del sanedrín, sino de una reunión de los miembros de ese consejo, convocados por el tribuno, en el tribunal o la residencia del tribuno. Por ello se dice literalmente en 22.30 que Lisias "mandó venir" a los miembros del concilio, no que mandó convocar el sanedrín, ni que se presentó en una de sus sesiones. Puesto que se trataba de una reunión, no del sanedrín, sino de sus miembros, a petición del tribuno romano, es de suponerse que Ananías no llevara sus vestimentas de oficio, ni tampoco presidiera la sesión, y que la discusión tuviera lugar, o bien en griego, o bien usando intérpretes, para que el tribuno pudiera informarse de lo que se discutía. Después de todo, ese era el propósito de la convocatoria.

Sobre el sumo sacerdote Ananías se tiene noticias por otras fuentes. En Hechos aparece solamente aquí y en 24.1. Fue sumo sacerdote desde el año 48 hasta el 58, y le debía su cargo a Herodes Agripa II. Su crueldad y arbitrariedad (de la que da muestras en 23.2) fueron tales que cuando estalló la rebelión de los judíos en el año 66 fue muerto a manos del pueblo.

En el v. 6, Pablo hace uso de una estratagema para dividir a sus acusadores. Reclamando su condición de fariseo, afirma que "acerca de la esperanza y de la resurrección de los muertos se me juzga". Pablo no aclara que el punto en discusión es, no si los muertos han de resucitar, sino si la resurrección ha comenzado ya con Jesús de Nazaret. En todo caso, el resultado es que los miembros del concilio se dividen, y surge una calurosa disputa entre fariseos y saduceos, precisamente porque en este punto los fariseos se acercaban más que los saduceos a las enseñanzas cristianas (v. 8). Al parecer, la discusión llegó a tal punto que el tribuno comenzó a temer que Pablo "fuese despedazado por ellos". Recordando quizá que Pablo era ciudadano romano, y las graves consecuencias que su muerte a manos de una multitud amotinada podría traer, el tribuno les ordena a los soldados que intervinieran, sacaran a Pablo "de en medio de ellos" y lo condujeran de nuevo a la fortaleza.

3. 23.11-22: Complot contra Pablo.

Por la noche, Pablo recibe una visión en la que el Señor lo alienta y le dice que de igual modo que ha testificado en Jerusalén, ha de testificar en Roma. Aunque a simple vista esto puede parecer una promesa de que todo saldrá bien, no hay que olvidar el paralelismo que este versículo establece entre lo que ha sucedido en Jerusalén y lo que ha de suceder en Roma. En otras palabras, Pablo ha de tener ánimo, no porque pronto terminarán sus dificultades, sino porque lo que ha comenzado en Jerusalén, va a continuar en Roma.

Lucas informa entonces de un complot para matar a Pablo. Se trata de una intriga que nada tiene que envidiarles a las modernas novelas de espionaje. Un grupo fanático se compromete a un ayuno total en tanto no le den muerte a Pablo, y entonces conspiran con "los principales sacerdotes y los ancianos". El plan es relativamente sencillo: los sacerdotes y ancianos le pedirán al tribuno que envíe a Pablo a comparecer ante el sanedrín, y los que han jurado matar a Pablo cumplirán su juramento mientras el apóstol es conducido por alguna de las calles estrechas de Jerusalén. Más adelante, en el v. 21, nos enteramos de que los que han jurado matar a Pablo son más de cuarenta hombres.

Sin embargo, el sobrino de Pablo se entera del asunto. Esta es una de las dos veces en que se hace referencia en el Nuevo Testamento a la familia carnal de Pablo (la otra es en Ro 16.7). Es solo por esta indicación que sabemos que Pablo tenía una hermana (o había tenido, pues esta hermana bien podía haber muerto ya). El sobrino visita a Pablo en la fortaleza, le cuenta lo que se tramaba, y este tiene buen cuidado de no decirles una palabra a los que lo guardan, sino que sencillamente le pide a uno de los centuriones que lleve al joven ante el tribuno. Enterado el tribuno de la trama, le ordena al joven que guarde silencio y proyecta los pasos que ha de dar para frustrar a los conjurados.

4. 23.23-33: Pablo es enviado a Cesarea.

Lisias les ordena a dos centuriones que preparen una fuerte comitiva para llevar a Pablo hasta Cesarea, donde estaba la residencia del gobernador. Temiendo al parecer un nuevo motín, o que los conjurados se enteraran y atacaran a la comitiva en alguno de los lugares semidesérticos por los que habían de pasar, el tribuno toma dos precauciones. En primer lugar, ordena la salida para la tercera vigilia de la noche, es decir, tres horas después de puesto el sol, o aproximadamente a las nueve de la noche. El plan es marchar toda la noche, para que al rayar el día, ya Pablo y su escolta estén demasiado lejos para que los conjurados puedan proyectar un nuevo golpe. En segundo lugar, ordena una escolta mucho más fuerte de lo necesario: un total de 470 hombres. De ese modo, si los conjurados se enteran del plan, o si ven salir la comitiva, no podrán crear un motín y en medio de él arrebatar a Pablo de entre sus manos.

El propósito de Lisias es enviar a Pablo ante Félix, el gobernador. La situación se ha vuelto demasiado complicada y escabrosa, y el tribuno, como tan frecuentemente sucede entre los oficiales de cualquier gobierno, resuelve que ha llegado el momento de colocar la responsabilidad sobre otros hombros.

La carta que Lisias escribe, y que Lucas reproduce en los vv. 26-30, es un *elogium*. Según la ley romana, cuando un magistrado inferior transfería un caso a otro superior, debía acompañarlo de tal *elogium*, en el que se resumía el proceso que se había seguido y se indicaba la naturaleza del caso. Claudio Lisias, como el protocolo lo exige, llama "excelentísimo" al gobernador Félix. Ese es el mismo título que Lucas le da a Teófilo en Lucas 1.3. Es interesante notar que Lisias transforma ligeramente lo acontecido, tratando de evitar cualquier posible crítica de su actuación. En el v. 27 dice que acudió con la tropa para salvar a Pablo, "habiendo sabido que era ciudadano romano". Según la narración misma, esto no es estrictamente cierto. Lisias acudió por otros motivos, ni siquiera sabía quién era Pablo, y fue solo más tarde que se enteró de que lo era. Entre el v. 29 y el 30 hay una contradicción que da a entender la vacilación del tribuno. En el 29, dice que halló que "ningún delito tenía digno de muerte o de prisión". Pero en el 30 dice que mandó a Pablo ante el gobernador y les indicó a sus acusadores que debían acudir al mismo tribunal para que trataran "delante de ti lo que tengan contra él". En otras palabras, que Pablo es inocente, pero que Lisias se lo manda a Félix para que lo juzgue. No es difícil leer entre líneas y ver la ansiedad de un oficial de gobierno que teme las posibles consecuencias de una situación y decide pasarle el problema a otro.

El modo en que la marcha se condujo no está claro. De Jerusalén a Antípatris hay más de 60 kilómetros. La infantería acompaña a Pablo hasta allí, y al día siguiente emprende la marcha de regreso a la fortaleza. Un modo en el que tal cosa es posible es que el "día siguiente" se refiera no al día después de la salida de Jerusalén, sino al día después de la llegada a Antípatris. Puesto que ya están a buena distancia de Jerusalén, la escolta puede ser menor. La caballería sigue escoltando a Pablo, y la infantería regresa a su base. Por fin la comitiva llega a Cesarea, y le entrega al gobernador tanto el prisionero como la carta que explica su caso. A partir de entonces, Pablo es responsabilidad de Félix, y no de Claudio Lisias.

Para estudiar, pensar y discutir: Pablo gozaba de una condición envidiable en su tiempo: era ciudadano romano —es decir, tenía la ciudadanía más deseable de su tiempo, lo cual también le concedía ciertos privilegios. ¿Qué uso hace Pablo de esa ciudadanía? ¿Qué significa esto en cuanto al uso que podemos o debemos hacer de nuestros propios privilegios, cualesquiera que sean? ¿Cómo se compagina la ciudadanía de Pablo con lo que él mismo dice en el sentido de que nuestra ciudadanía está en el cielo? Cuando hay conflicto entre estas dos ciudadanías, ¿qué deberíamos hacer? Considere algunos ejemplos concretos.

D. 23.34–24.27: PABLO BAJO LA CUSTODIA DE FÉLIX.

1. 23.34-35: Primera entrevista con Félix.

Sobre Félix tenemos datos conservados por los historiadores romanos y por Flavio Josefo. Era un liberto, es decir, un esclavo liberado, cuyo hermano había sido favorito de Agripina (la madre de Nerón). Refiriéndose a esos orígenes, el historiador Tácito dice que "practicó toda clase de crueldades y lascivias, usando del poder de un rey con el espíritu de un esclavo". Uno de los modos que utilizó para avanzar en su carrera política fue casarse con mujeres influyentes, por lo cual Suetonio lo llama "marido de tres reinas". Más adelante Lucas hablará de una de ellas, Drusila (24.24). Fue nombrado procurador (gobernador) de Judea hacia fines del reinado de Claudio, quien murió en el año 54. Entonces, para la fecha del juicio de Pablo (en el año 58), ya tendría unos cuatro años en el cargo.

Aparentemente, Félix averigua de qué provincia era Pablo porque antes de decidir si iba a oír el caso o no, tenía que determinar la cuestión de jurisdicción. Los gobernadores de Judea sabían sobradamente que las cuestiones de religión eran espinosas y podían conducir a desórdenes que a su vez serían vistos en Roma como señales de ineptitud por parte del gobernador. Por ello, si de algún modo puede deshacerse de este caso difícil en que los jefes religiosos del pueblo judío se enfrentan a un ciudadano romano, gustosamente lo hará. Un buen modo de lograr ese objetivo sería transferir el caso a otra provincia. Un caso criminal podía verse ante los tribunales de la provincia en que se había cometido el delito (*forum delicti*) o ante los de la provincia del acusado (*forum domicilii*). Si Félix logra transferir el caso a la provincia de Pablo, se habrá lavado las manos de un asunto escabroso. Sin embargo, resulta que Pablo, oriundo de Cilicia, es ciudadano de Tarso, ciudad libre en esa provincia, y por tanto no está sujeto a las autoridades provinciales. Al menos, esto es lo que entienden algunos eruditos sobre los vv. 34-35.

El "pretorio de Herodes", donde Pablo es puesto en prisión, era el antiguo palacio de Herodes el Grande, que servía también como sede del procurador romano, y por tanto se llamaba ahora "pretorio".

2. 24.1-23: El juicio ante Félix.

La llegada de Ananías "cinco días después" es índice de la importancia que el sumo sacerdote y sus acompañantes le daban al caso. Puesto que la distancia total de Cesarea a Jerusalén era de unos cien kilómetros, es de suponerse que la comitiva judía salió no más de uno o dos días después de enterarse del traslado de Pablo. Llevan consigo a un abogado experto en retórica —que era la disciplina básica que los abogados estudiaban— llamado Tértulo. Aunque su nombre es romano, es de suponerse que era judío.

El juicio gira alrededor de los dos discursos, uno de Tértulo y otro de Pablo. Ambos comienzan por una *captatio benevolentiae*, un esfuerzo por ganarse la buena voluntad de Félix. La de Tértulo (vv. 2-4) es más lisonjera que la de Pablo, mucho más breve (10b). Las acusaciones son varias: Pablo es "una plaga", "promotor de sediciones por todo el mundo", "cabecilla de la secta de los nazarenos", e intentó "profanar el templo". De todo esto, lo único que en realidad puede importarle al gobernador es la acusación de sedicioso y la de profanar el templo, pues era responsabilidad del gobernador evitar motines y salvaguardar el templo contra quienes quisieran profanarlo.

En el v. 9, Félix les pide corroboración de los hechos a los jefes de los judíos que han descendido desde Jerusalén para el juicio, y la obtiene.

Entonces, en el v. 10, tras recibir indicación de Félix de que le ha llegado el turno para hablar, Pablo pronuncia su defensa. Los vv. 11-13 tratan sobre las dos acusaciones de instigar motines y profanar el templo. Hábilmente, Pablo se desentiende de lo que se ha dicho, que promueve sediciones "por todo el mundo", y limita su defensa a los doce días que acaba de pasar en Jerusalén. Durante esos doce días, nadie le ha visto disputar ni amotinar a la multitud, ya sea en el templo, ya en las sinagogas. En el v. 14 cambia el tono del discurso, que no es ya una respuesta a las acusaciones, sino una exposición positiva de la fe de Pablo y de por qué ha venido a Jerusalén. Pablo se confiesa seguidor del "Camino que ellos llaman herejía". (Aquí la RVR nos despista un poco, pues la misma palabra que traduce por "secta" en la acusación de Tértulo [24.5] la traduce ahora por "herejía" en la defensa de Pablo [24.14]). En realidad, el término *hairesis*, del que se deriva el castellano "herejía", no tenía todavía esa connotación negativa (ni siquiera la de "secta"). Quería decir más bien "partido", "grupo" o "bando". Al mismo tiempo que sigue este Camino, Pablo continúa "creyendo todas las cosas que en la ley y en los profetas están escritas". Y es precisamente por esa creencia en lo escrito que participa de la esperanza en una resurrección universal tanto "de justos como de injustos". Por ello Pablo se comporta como lo hace, para "tener siempre una conciencia sin ofensa ante Dios y ante los hombres". En toda esta parte del discurso resulta notable que Pablo, al tiempo que habla de la resurrección final, no dice una palabra de la resurrección de Jesús, o que esa resurrección muestra que Jesús es en efecto el Mesías esperado por Israel. Tal declaración hubiera confirmado las peores acusaciones de sus adversarios, pues el nacionalismo judío, en su rebeldía frente a Roma, giraba en torno al Mesías esperado.

Pablo continúa explicando la razón de su venida a Jerusalén. Aquí por fin Lucas nos deja entrever algo de la gran colecta que ocupa un lugar tan importante en las cartas de Pablo, y sobre la cual Hechos guarda un silencio casi total: "Vine a hacer limosnas a mi nación y a presentar ofrendas" (v. 17). Fue cuando estaba en el templo, precisamente por respeto a ese lugar, que "unos judíos de Asia" lo vieron "no con multitud ni con alboroto". Por implicación, son esos judíos los causantes del alboroto. Esos judíos de Asia son los que deberían estar en el tribunal, dando testimonio de las acusaciones. En cuanto a los judíos presentes, Pablo los reta a que informen sobre "alguna cosa mal hecha" que hayan descubierto cuando compareció ante ellos, excepto el haber afirmado la resurrección de los muertos.

Es en el v. 22, tras el discurso de Pablo, que nos enteramos de que Félix estaba "bien informado de este Camino". Es dudoso que esto quiera decir que Félix sintiese simpatías hacia el cristianismo, según veremos más adelante. ¿Quiere decir que Félix había indagado antes acerca de este movimiento que se extendía en su provincia? ¿O se refiere sencillamente, en uno de esos resúmenes de Lucas, a que Félix indagó a Pablo sobre el Camino allí mismo, en el juicio, y por fin decidió aplazar la cuestión? Es imposible saberlo. Lo que sí está claro es que Félix no quiere embrollarse en el asunto, y por ello aplaza su decisión, con la excusa de que tiene que esperar a recibir un informe personal del tribuno Lisias.

Mientras tanto, Pablo había de seguir prisionero, aunque con "alguna libertad" y de tal modo que se les permitiese a "los suyos servirle o venir a él.

3. 24.24-27: Entrevista con Félix y Drusila.

Lucas cuenta entonces otra entrevista de Pablo con Félix, esta vez en presencia de Drusila, la esposa del gobernador. Lucas dice únicamente que era judía. Pero Josefo da más información. Era hija menor de Herodes Agripa I (véase 12.1), y por tanto hermana de Agripa II y de Berenice (véase 25.13). Había estado casada antes con el rey de Emesa, Aziz, pero lo dejó para casarse con Félix. Tenía al menos un hijo, Agripa, quien murió con ella en ocasión de la erupción del Vesubio en el año 79.

Félix y Drusila hicieron venir a Pablo ante su presencia y lo escucharon hablar "acerca de la fe en Jesucristo". Pero cuando Pablo empezó a tratar "acerca de la justicia, del dominio propio y el juicio venidero, Félix se espantó". Lucas sabe bien lo que se cuenta de Félix, de su carácter disoluto y cruel, y por tanto lo que pinta aquí es el cuadro de un hombre que se niega a escuchar lo que Pablo le dice porque lo toca muy de cerca. Por ello despide a Pablo con la vaga promesa de que lo llamaría otra vez cuando tuviera más tiempo.

En el v. 26, Lucas informa que esa no fue la última entrevista entre Pablo y el gobernador, aunque ahora el propósito de Félix era ver si podía obtener dinero de Pablo. Por fin, "al cabo de dos años", llegó un nuevo gobernador, pero Félix dejó preso a Pablo. Los "dos años" (*dietia*) son el término técnico que se utilizaba en derecho para referirse al tiempo máximo durante el cual un acusado podía ser mantenido en prisión preventiva. Si Lucas emplea el término en ese sentido, lo que el texto quiere decir es que, pasados esos dos años, Félix debió dejar a Pablo en libertad, pero que, para congraciarse con los jefes de los judíos, o para evitarse problemas con ellos, sencillamente lo dejó preso, para que su sucesor tuviera que lidiar con el asunto.

E. 25.1–26.32: PABLO BAJO LA CUSTODIA DE PORCIO FESTO.

1. 25.1-12: El juicio ante Festo.

Sobre Porcio Festo es poco lo que se sabe. Josefo lo pinta como un gobernante enérgico, que tomó medidas rápidas y certeras contra el desorden que comenzaba a reinar en la provincia. Hay algunas dificultades en cuanto a la fecha exacta en la que Festo llegó a Cesarea, pero lo más probable parece ser que esto haya tenido lugar en el año 60. La "provincia" a la que se refiere el v. 1 era la provincia romana de Siria, a la que Palestina pertenecía.

El carácter enérgico de Festo, que se desprende de las palabras de Josefo, puede verse también en esta narración de Hechos. En efecto, solo tres días después de llegar a Cesarea, Festo "sube" a Jerusalén. Es de suponerse que, advertido del espíritu de rebelión que iba en aumento, llevaba el propósito de enterarse lo más pronto posible de las condiciones reinantes en la porción de sus territorios que más probablemente le causaría dificultades.

Puesto que Lucas se interesa únicamente por la actuación de Festo al respecto de Pablo, casi parece dar a entender que lo único que se discutió durante la visita de Festo a Jerusalén fue el juicio del apóstol. Lo más probable es que, entre las muchas cosas de las que habló, surgiera el caso de Pablo. Al parecer, los que tramaban su muerte no se habían dado por vencidos, a pesar de la oportuna intervención de Lisias, y ahora le piden a Festo que envíe a Pablo a Jerusalén. Lucas informa que hacían esto porque continuaban tramando cómo matarlo en el camino (v. 3). Sin embargo, Festo les contesta, muy razonablemente, que él mismo partiría pronto, y que no sería sensato mandar a traer a Pablo hasta Jerusalén, sino que sería mejor que sus acusadores fueran a Cesarea y allí presentaran sus cargos contra el preso.

La acción continúa desarrollándose con la rapidez característica de Festo. Este no permanece en Jerusalén más de "ocho o diez días", y al día siguiente de su regreso a Cesarea, tiene lugar el juicio de Pablo. En total, Festo no había estado en la provincia más de unas dos semanas, y ya se acerca el desenlace de un proceso que bajo Félix había durado más de dos años.

Sobre el proceso mismo, es poco lo que se dice. Puesto que en el capítulo 24 Lucas acaba de contar el juicio ante Félix, ahora se limita a dos versículos (7 y 8) en los que resume tanto las acusaciones de los judíos como la defensa de Pablo. A la postre, Festo sugiere que el juicio se pase a Jerusalén, donde continuará bajo su propia presidencia. Posiblemente lo que sucede es que los que acusan a Pablo no pueden probar sus cargos, y Festo quiere darles la oportunidad para que lo hagan en Jerusalén, donde podría haber más testigos. Sin embargo, Lucas indica que Festo sugiere esto "queriendo congraciarse con los judíos". Es interesante notar que esa es la misma razón por la que Félix había dejado preso a Pablo, aún pasados los dos años (24.27). Esta explicación de Lucas constituye un fuerte argumento contra los intérpretes que dicen que el propósito de Hechos es mostrarles a sus lectores romanos que el evangelio fue perseguido por los judíos, pero no por los romanos, quienes fueron siempre sus justos defensores. En este pasaje y en 24.27, Lucas dice claramente que los gobernantes romanos fueron veleidosos, y que les preocupaba más granjearse el favor de los jefes judíos que hacer justicia.

La respuesta de Pablo es uno de los momentos más dramáticos del libro de Hechos. El apóstol le echa en cara su debilidad al recién llegado gobernador: "Ante el tribunal de César estoy, donde debo ser juzgado. A los judíos no les he hecho ningún agravio, como tú sabes muy bien". Le dice además que no tiene autoridad para hacer lo que se propone: "Si nada hay de las cosas de que estos me acusan, nadie puede entregarme a ellos". Y concluye con su apelación al César (que en ese tiempo era Nerón).

Al respecto del derecho de apelar al emperador, hay muchos puntos oscuros sobre los que los historiadores del derecho romano no pueden emitir veredicto seguro. Por ejemplo, no se sabe si solamente los ciudadanos romanos tenían ese derecho, si se aplicaba o no a toda clase de caso criminal, si se podía apelar antes que el gobernador dictara sentencia, y varias otras cuestiones semejantes. Lucas parece dar a entender que el derecho de apelación no era automático, pues Festo consulta con su consejo antes de indicar que Pablo irá ante el emperador (25.12). En todo caso, a partir de este momento el caso de Pablo no está ya en las manos de Festo, y todo lo que sigue en el libro de Hechos es una serie de encuentros y episodios de gran interés, pero sin valor jurídico alguno.

2. 25.13–26.32: Pablo ante Agripa y Berenice.

Aunque Pablo ha apelado al César, no sale inmediatamente para Roma, sino que sigue prisionero en Cesarea mientras se hacen los preparativos necesarios. Es durante ese tiempo que Festo recibe la visita de Agripa y Berenice. Este Agripa era Herodes Agripa II, hijo de Herodes Agripa I, quien ordenó matar a Jacobo. Tenía solamente diecisiete años cuando murió su padre, en el 44. Aunque era favorito del emperador Claudio, este no le dio el trono de su padre, posiblemente porque era demasiado joven para ello, sino que le concedió territorios más limitados, y no fue sino en el año 53 que Herodes Agripa II recibió el título de rey. Sus territorios no incluían toda Judea, que quedó bajo el gobierno de los procuradores romanos. Su capital estaba en Cesarea de Filipo. Sin embargo, por ser miembro de la dinastía judía que había reinado en Palestina durante los últimos años, tenía el derecho de nombrar al sumo sacerdote, y era además custodio del tesoro del templo. Cuando tuvieron lugar los hechos que Lucas narra, tendría unos treinta años de edad. Murió bastante después, en el año 92, con lo cual terminó la dinastía de los Herodes.

Su hermana Berenice era un año menor que él, y diez años más joven que Drusila, la esposa de Félix. Había estado casada con un oficial judío de Alejandría, y luego con su propio tío, de quien tuvo dos hijos. Al morir este segundo esposo, Berenice fue a vivir con su hermano Herodes Agripa II, y pronto comenzaron a circular rumores en el sentido de que existían relaciones incestuosas entre ambos. Quizá con el propósito de acallar esos rumores, Berenice se casó por tercera vez con el rey de Cilicia, Polemo; pero pronto lo abandonó y regresó a casa de su hermano. Más tarde, cuando se avecinaba la rebelión de los judíos, trató de calmar los ánimos, pero con poco éxito. Entonces fue amante de Tito, con quien esperaba contraer nupcias por cuarta vez, pero cuando Tito fue hecho emperador se vio obligado a abandonarla por razones políticas.

Agripa y Berenice fueron a Cesarea, como era de protocolo, para saludar al nuevo representante de Roma, y en el transcurso de esa visita Festo les cuenta de Pablo y su caso (25.14-21). Agripa muestra interés en el caso, y Festo le promete satisfacer su curiosidad. No se trata entonces de un juicio, lo cual no era ya posible por cuanto Pablo había apelado al emperador, sino más bien de un intento por parte del anfitrión Festo por entretener a sus huéspedes Agripa y Berenice.

Es al día siguiente que tiene lugar la audiencia que Lucas describe en 25.23–26.32. Se trata de una audiencia ante estos personajes reales que tiene lugar "con mucha pompa", y en presencia de "los tributos y principales hombres de la ciudad". En los vv. 24-27, Festo explica por qué Pablo ha sido traído. Ahora, sin embargo, añade otro propósito a la entrevista. Como era costumbre, se suponía que Festo enviara a Roma, no solamente al acusado, sino también un resumen del caso (el *elogium* del que se habló al tratar sobre 23.25-30). En este caso, sin embargo, Festo se siente perdido, pues "no tengo cosa cierta que escribir a mi señor". No hay que olvidar que Festo llevaba poquísimo tiempo en su provincia, y que no estaría enterado de buena parte de los detalles sobre la religión judía y sobre el modo en que sus antecesores se habían conducido al respecto de esa religión. Por tanto, aprovecha la oportunidad de la visita de Agripa para enterarse mejor de lo que se discute, y así poder escribirle al emperador con mejor conocimiento de causa.

Agripa le indica a Pablo que puede hablar, y Pablo responde con uno de sus más largos discursos en todo el libro de Hechos (26.2-23). Como en otros casos parecidos, este discurso empieza con una breve *captatio benevolentiae* (vv. 2-3), en la que el orador trata de ganarse la buena voluntad de quien le escucha. El discurso de Pablo es una combinación de autobiografía con argumentación teológica. El argumento teológico consiste esencialmente en unir la doctrina de los fariseos, que incluía la esperanza en la resurrección, con la resurrección de Jesús. Otra vez, Pablo no toca el verdadero punto de contraste entre la creencia tradicional de los fariseos y el mensaje cristiano: mientras los fariseos creían en la resurrección en el día final, los cristianos decían que ya esa resurrección se había iniciado con la resurrección de Jesús. La autobiografía se refiere principalmente a la conversión de Pablo, de la que ya se ha tratado. Puesto que al comentar sobre 9.1-19 se compararon los varios textos en Hechos donde se narra esa conversión, incluso el presente, remitimos al lector a ese lugar. Por último, al final de la narración de su conversión, Pablo regresa a la afirmación teológica. Él sí ha ido por todas partes invitando a judíos y gentiles a que se arrepintiesen y convirtiesen a Dios (v. 20); pero ha hecho todo esto "no diciendo nada fuera de las cosas que los profetas y Moisés dijeron que habían de suceder: que el Cristo había de padecer, y ser el primero de la resurrección de los muertos, para anunciar luz al pueblo y a los gentiles".

Es en este punto que Festo lo interrumpe gritando: "Estás loco (*mainê*), Pablo; las muchas letras te vuelven loco (*eis manian peritrepei*)" (26.24). Las dos palabras que se traducen por "loco" tienen la misma raíz que el castellano "manía". Lo contrario de esta clase de "manía" es la cordura o sabiduría (*sôfrosynê*), y es eso lo que Pablo reclama en el versículo siguiente: "No estoy loco, excelentísimo Festo, sino que habló palabras de verdad y de cordura". Entonces apela al rey, quien como judío "no pienso que ignora nada de esto, pues no se ha hecho esto en algún rincón" (26.26). El "esto" que se supone que Agripa sabe se refiere probablemente tanto a los profetas como a los acontecimientos cristianos. Agripa, como judío y morador de Palestina, debe conocer los profetas, y debe además estar enterado del surgimiento del cristianismo, que no ha tenido lugar "en algún rincón". Y lo confronta con la pregunta: "¿Crees, oh rey Agripa, a los profetas? Yo sé que crees".

La respuesta de Agripa se presta a interpretación y discusión. La traducción de la RVR da a entender que Agripa por poco se convence: "Por poco me persuades a ser cristiano". El griego aquí incluye la idea de un papel, como en el teatro, y por tanto es mejor la traducción de la Biblia de Jerusalén: "Por poco me convences a pasar por cristiano". Lo que Agripa dice no es que esté a punto de hacerse cristiano, sino que Pablo se las ha arreglado para que Agripa casi se vea obligado a dar testimonio a favor del cristianismo. Su respuesta tiene un tono irónico, como diciendo: "Pablo, casi te las arreglas para tomarme a mí por testigo a favor del cristianismo".

Las palabras de Pablo han venido a ser clásicas, pues se las cita frecuentemente en la literatura y la predicación cristianas: "¡Quisiera Dios que por poco o por mucho, no solamente tú, sino también todos los que hoy me oyen, fueseis tales cual yo soy, excepto estas cadenas!". La última parte de esta frase da a entender que Pablo fue llevado ante el rey encadenado, quizá atado por la mano a un soldado. En todo caso, Pablo les dice tanto al rey como a todos los demás presentes, que él no les envidia su posición ni su poder, y que, excepto por las cadenas que lleva, se encuentra en posición de ventaja sobre ellos.

Con esto termina la audiencia. El rey se levanta, posiblemente disgustado por el tono personal de las palabras de Pablo, y con él salen todos los demás personajes importantes. En conversación aparte, todos estos (el rey, su hermana, Festo y los miembros del consejo) declaran que no han encontrado crimen alguno en Pablo, y Agripa afirma que la única razón por la que no pueden soltarlo es que ha apelado al emperador. Naturalmente, puede ser que esté usando la apelación de Pablo al emperador como un subterfugio, pues soltar a Pablo le habría creado dificultades con los jefes religiosos del judaísmo.

F. 27.1–28.10: PABLO ES ENVIADO A ROMA.

La narración vuelve ahora a la primera persona del plural ("nosotros"), y continuará en esa modalidad hasta el fin de esta sección. Toda esta sección trata del viaje desde Cesarea hasta Italia, y por fin a Roma (en la próxima sección). Por estar en primera persona del plural y por los detalles que se ofrecen, se ha sugerido frecuentemente que esta sección era originalmente parte de un "diario de viaje" que Lucas incorporó en su obra. Sin embargo, lo más factible es que el autor de Hechos sea el mismo que se refiere a Pablo y sus acompañantes como "nosotros". Debe notarse, sin embargo, que el narrador no se incluye a sí mismo entre los presos. Esto parece indicar que el régimen de prisión que Félix había establecido para Pablo seguía en vigencia (24.23): "Que se le concediese alguna libertad, y que no se impidiese a ninguno de los suyos servirle o venir a él". Es por razón de ese régimen que el protagonista del "nosotros" puede embarcarse con Pablo. También se nos informa en 27.2 que Aristarco acompañaba a Pablo y al narrador.

1. 27.1-12: Inicio del viaje.

Pablo y "algunos otros presos" son colocados bajo la custodia del centurión Julio, "de la compañía Augusta". Se sabe que por lo menos en tiempo de Agripa II había en Cesarea una cohorte llamada *Cohors Augusta I*. Es posible que el centurión haya pertenecido a ella. Por otra parte, los historiadores romanos hacen referencia a unos soldados pretorianos a quienes llaman los "augustanos", que eran enviados a diversas regiones del Imperio en misiones especiales, y por tanto es dable pensar que este Julio era uno de esos "augustanos" que había venido a Cesarea en alguna misión y ahora volvía a Roma.

La nave en que el grupo se embarca es procedente de Adramitio, ciudad al sur de Troas. La ruta de la nave los lleva primero a Sidón, donde el centurión le permite a Pablo visitar a los "amigos". Esta es la única vez que Lucas se refiere a los cristianos con ese término. Probablemente esté repitiendo el modo en que el centurión se referiría a los cristianos, no como hermanos de Pablo, sino como sus amigos. Es de suponerse que Pablo visitaría a los hermanos en la compañía de un soldado, al cual posiblemente estaría encadenado. Luego, pasando al norte de Chipre, llegaron hasta Mira. El texto explica que navegaron "a sotavento [es decir, al abrigo] de Chipre, porque los vientos eran contrarios". Lo que esto quiere decir es que, con el viento del oeste, la nave usó la isla de Chipre para protegerse de él, al tiempo que aprovechaba la corriente, que en esa costa corre hacia el occidente. Según el texto occidental, el viaje hasta Mira tomó catorce días.

En Mira trasbordaron a una nave procedente de Alejandría, que iba para Italia. Es de suponerse que la nave adramitena seguiría bordeando la costa de Asia Menor, rumbo a Adramitio, y que por ello los viajeros trasbordaron en Mira. Puesto que la nave venía desde Alejandría e iba hasta Roma, sería un barco de mayor tamaño que el anterior. Más adelante (27.37), Lucas nos dirá que iban a bordo 276 personas.

Desde un principio, la navegación en la nave alejandrina fue lenta y difícil. Los vientos seguían contrarios, y a duras penas llegaron frente a Gnido, en la esquina suroeste de Asia Menor. De allí, en lugar de continuar directamente hacia el oeste, lo cual hubiera sido imposible a causa de los vientos contrarios, tomaron hacia el sur, para navegar a sotavento de Creta y así aprovechar la protección de esa isla. "Salmón" es un cabo al extremo oriental de Creta. La ciudad de Lasea, hoy en ruinas, estaba en la costa sur de Creta, aproximadamente a mitad del camino entre los dos extremos de la isla. Hay hoy, cerca de esas ruinas, una bahía que lleva el nombre de "Kalolimonias" que probablemente sea la que Lucas llama "Buenos Puertos" (*Kalous Limenas*). No es una bahía excelente, pues se encuentra expuesta a los vientos. Es por ello que el v. 12 dice que el puerto era "incómodo para invernar".

En los vv. 9 al 12 se toma la decisión de no pasar allí el invierno, sino continuar camino a Fenice. Se piensa hoy que este puerto, que Lucas describe en 27.12, era el que hoy se llama Lutro. Se trataba de un viaje de unos sesenta kilómetros, al final del cual podrían anclar en un puerto bien resguardado de los vientos de invierno.

Sin embargo, ya era tarde en el año, y el tiempo en que la navegación era menos peligrosa iba pasando. Lucas nos dice que ya había pasado "el ayuno" (v. 9).

Este ayuno era la celebración judía de Kippur (véase Lv 16.29-31), que tenía lugar el día diez del mes de Tishri, es decir, hacia fines de septiembre o principios de octubre. En el año 59, fecha probable de este viaje, el ayuno cayó el 5 de octubre. Por tanto, todos concordaban en que ya no era posible llegar a Italia antes del invierno, y lo que se intentaba era encontrar un buen lugar donde invernar.

Hay entonces un desacuerdo al respecto de lo que se ha de hacer. Los expertos piensan que lo más aconsejable es seguir hasta Fenice. Pablo, por el contrario, les dice que deben permanecer en Buenos Puertos. Lucas no indica si Pablo hace su recomendación sobre la base del sentido común o por inspiración del Espíritu. Lo primero es dudoso, pues no se tiene indicación alguna de que Pablo fuese experto en navegación. Pero si Pablo hizo su vaticinio por inspiración del Espíritu, resulta que solamente parte de lo que anunció se cumplió, pues la nave y el cargamento sí se perdieron, pero todos los que iban en la nave se salvaron.

No está claro quién tiene autoridad para tomar decisiones al respecto de la navegación. Normalmente, esa responsabilidad caería sobre el capitán y el dueño del navío. Lucas, sin embargo, nos dice que "el centurión daba más crédito al piloto y al patrón de la nave que lo que Pablo decía", como si el centurión pudiese decidir dónde la nave pasaría el invierno. Y, en 27.12, añade que "la mayoría acordó zarpar", lo cual parece indicar que la decisión se tomó sobre la base de un proceso democrático. Lo más probable es que el patrón y el piloto (o timonel) pidieran el consentimiento del centurión, de los marinos y quizá hasta de los pasajeros, pues cualquier decisión que tomaran sería peligrosa.

2. 27.13-44: Tempestad y naufragio.

La decisión se corrobora con un viento del sur, lo cual les permitiría navegar hacia el noroeste hasta llegar a Fenice. El viento sur, sin embargo, les impediría salir de la bahía en la que estaban, y por tanto es probable que remolcaran el navío a remos, usando el bote salvavidas o "esquife". Sin embargo, no han hecho más que salir de la bahía cuando el viento cambia. El "Euroclidón" era un fuerte viento del nordeste. Lo normal en tal situación era darle vuelta a la nave, para que el viento la golpeara en la proa. De ese modo el embate de las olas sería menor, y la embarcación no se vería arrastrada por el viento con tanta velocidad. Pero esta vez parece que el viento llegó de momento. Para darle vuelta a la nave, sería necesario exponer su costado a las olas y al viento, y ello resultaría en extremo peligroso. Por tanto, los marinos deciden sencillamente dejar que el viento los lleve, posiblemente izando solo una pequeña vela para mantener la nave de popa al viento, y para que el timonel pudiera dirigir la nave, de tal modo que cortara las olas perpendicularmente, y no zozobrara. Aparentemente el viento apareció de forma tan repentina que ni siquiera tuvieron tiempo para recoger el bote salvavidas hasta que se encontraron bajo la protección de Clauda, una pequeña isla a unos 40 kilómetros hacia el oeste de Buenos Puertos.

Los vv. 17-19 cuentan una serie progresiva de medidas de emergencia que se van tomando. Los "refuerzos para ceñir la nave" se han interpretado de diversas maneras. Parece que se trataba de cables amarrados alrededor de la nave, para contrarrestar el efecto de las olas que tendía a desencajar los maderos. Lo que se discute es cómo y en qué dirección se ataban esos cables. La Sirte era un banco de arena en la costa norte de África que tenía fama de ser un "cementerio de barcos". Puesto que el navío era llevado rápidamente hacia el suroeste, y los marineros no tenían modo de saber con exactitud cuán lejos habían ido, ese temor era natural. "Arriaron las velas" es una frase de sentido oscuro que posiblemente quiera decir que echaron un ancla flotante. No tiene sentido el que esperaran hasta ese momento para arriar las velas. El ancla flotante, por otra parte, es un aparato que se utiliza para que el mar haga resistencia y de ese modo el navío continúe popa al viento y no sea arrastrado a tanta velocidad. Frecuentemente consiste en un barril o en un cono de lona, arreglados de tal modo que flotan bajo la superficie. Al día siguiente, viendo que no bastaba con esas medidas, comenzaron a aligerar la nave (ese es el sentido de la palabra algo arcaica que utiliza la RVR, "alijar"). Empezaron a deshacerse de la carga, posiblemente para contrarrestar el peso del agua que iba entrando al navío. Por último, al tercer día se deshicieron de los aparejos. Esto se refiere al mástil principal, con su vela, etc. A partir de entonces, el navío no tiene para su conducción sino la pequeña vela y el ancla flotante.

Ya han hecho todo lo que pueden hacer, pero no parece ser suficiente. La tormenta continúa "por muchos días", y sin sol ni estrellas, los marinos no tienen la más mínima idea de dónde los lleva el viento. En su desesperación y preocupación, los que van en el barco ni siquiera comen.

Es entonces que Pablo interviene por fin. Comienza por recordarles que les había aconsejado no zarpar de Creta. Les recuerda esto no por vanagloria, sino para que ahora le hagan caso a lo que va a decirles. En medio de la desesperación, su palabra es de aliento y esperanza: "Ahora os exhorto a tener buen ánimo". La razón para ello, según les dice, es que le ha visitado un "ángel" (es decir, un mensajero) de Dios y le ha anunciado que Dios quiere que vaya a Roma a presentarse ante el Cesar, y que Dios le ha concedido la vida de todos sus acompañantes.

Así son llevados "a través del mar Adriático" por dos semanas. Aquí, el mar "Adriático" no se limita al que hoy recibe ese nombre, es decir, el que se extiende entre Grecia e Italia, sino que incluye toda la zona al sur de ese mar. Por fin, de noche, los marinos sospechan que están cerca de tierra, quizá porque oyen las olas romperse. La sonda lo confirma, y se decide echar anclas, para no ir a estrellarse contra algún escollo. Echan cuatro anclas por la popa. Para ello bastaba con tirarlas por la borda. Pero luego los marinos dicen que es necesario echar anclas también por la proa. Para que se mantuviera la tensión sobre las anclas, sería necesario largarlas, no desde la nave misma, sino desde el bote salvavidas. Se trata de una maniobra perfectamente justificada. Sin embargo, por alguna razón Pablo sospecha que los marinos quieren huir, convence de ello al centurión, y los soldados cortan las amarras del bote, que es llevado por el viento y las olas.

En los vv. 33-38, Pablo otra vez interviene para alentar a sus compañeros de viaje, aunque esta vez lo hace no solo de palabra, sino también con el ejemplo. Les recuerda que llevan catorce días "sin comer nada". (Los intérpretes concuerdan en que esto es una hipérbole, pues si en realidad no hubieran comido nada en absoluto, no habrían sobrevivido ni tenido fuerzas para su larga lucha contra el mar). Les ruega entonces que coman para su propia salud (o salvación, *sôtêria*), prometiéndoles que "ni aun un cabello de la cabeza de ninguno de vosotros perecerá". Acto seguido, unió el ejemplo a la palabra, tomó pan, dio gracias, lo partió y comió. La secuencia de los verbos, tomar pan, dar gracias, partirlo y comer ciertamente nos recuerda la cena del Señor, aunque el texto no indica que se tratase de una comunión. El ejemplo de Pablo les da ánimo a sus acompañantes, quienes comen también. Es entonces que Lucas informa, de pasada, que eran 276 personas las que iban en el navío. Tomado el alimento, y esperando posiblemente que la nave encallara, continuaron aligerándola. De ese modo, la nave se acercaría más a la costa antes de encallar.

Por la mañana, vieron una tierra desconocida con una ensenada y una playa, y decidieron hacer todo lo posible por varar la nave en esa playa. Puesto que el tiempo apremiaba, y no tenían bote salvavidas, cortaron los cables de las anclas. Los timones habían sido amarrados durante la tormenta, y ahora los desamarraron e izaron la pequeña vela de proa, para poder dirigir la nave hacia la playa.

El barco encalló entonces en un bajío. Aun hoy hay uno en el lugar en Malta donde se supone que Pablo y sus compañeros naufragaron. Atascada la proa en el lodo del bajío, y la popa sacudida todavía por las olas, el buque se deshacía.

Los soldados, que deben responder con la vida si sus presos escapan, deciden matarlos. Pero el centurión, cuyo respeto hacia Pablo parece haberse acrecentado, lo impide a fin de salvar al apóstol. Unos en tablas, otros en otros objetos flotantes y otros en fin a nado, todos llegan a salvo a la costa.

3. *En la isla de Malta (28.1-10).*

La isla en que los náufragos encuentran refugio es Malta. Al parecer tocan tierra en la bahía de Melieha, en la costa norte de esa isla. La palabra que la RVR traduce por "naturales" es *barbaroi*, término que se empleaba para quienes no hablaban el griego. El idioma de los maltenses hasta el día de hoy es una lengua de origen fenicio, y por tanto semítica. En cierto modo, contrasta en 28.2 que Lucas llame a los naturales de la isla "bárbaros" con su indicación de que "nos trataron con no poca humanidad".

Puesto que los náufragos eran 276, es de suponerse que los que se reunieron alrededor del fuego al que se refiere 28.2 eran un grupo de entre ellos, mientras otros se reunían alrededor de otros fuegos o se calentaban de otro modo. En tiempos de tormenta en octubre, la temperatura en Malta puede ser de doce grados centígrados (54 °F), y por tanto los náufragos, mojados como estaban, necesitarían calentarse.

Tiene entonces lugar el episodio de la víbora. El texto resulta claro, y no necesita mayor explicación. Hay en la antigüedad otros casos paralelos en los que un náufrago muere mordido por una serpiente. La principal dificultad está en que en Malta no hay serpientes venenosas. Tradicionalmente los maltenses han explicado esto diciendo que, a consecuencia del milagro de Pablo, todas las serpientes en Malta perdieron su veneno. Los eruditos más escépticos dicen que esto prueba que se trata de una leyenda. Otra posibilidad es que, por tratarse de una isla relativamente pequeña y densamente habitada, las serpientes venenosas, perseguidas por los habitantes, hayan acabado por desaparecer.

El episodio de la serpiente es breve y muestra la veleidad de las gentes. Primero piensan que Pablo debe ser un pecador terrible, pues la serpiente lo muerde. Luego, al ver que vive, piensan que es un dios. En ambos casos se equivocan. Lucas no dice una palabra sobre lo que hizo Pablo para hacerlos cambiar de opinión. Ya antes contó otro episodio parecido en Listra, donde Pablo y Bernabé sí insistieron en que no eran dioses.

En el v. 7 cambia la acción. Un tal Publio, "hombre principal de la isla", ofrece hospedaje a los náufragos. El título "hombre principal" parece ser una fórmula oficial y da a entender que Publio era el representante de Roma en el lugar. Como tal, les ofreció hospedaje a los náufragos por tres días, es decir, mientras encontraban otros lugares donde hospedarse (pues en total permanecieron en la isla tres meses, probablemente esperando la mejoría del tiempo). Sobre este Publio no se sabe más que lo que se dice aquí. Lo que es más, extraña el hecho de que Lucas no dé su nombre completo. Durante esos tres meses, hubo muchas curaciones en la isla, de las cuales la primera fue la del padre de Publio. (Es en este pasaje que aparecen algunos de los términos que se han empleado para confirmar que quien escribió esto fue Lucas, el "médico amado" de Pablo). No se dice una palabra sobre la predicación, sino solamente sobre los muchos milagros hechos por medio de Pablo y de las muchas atenciones que él y sus compañeros recibieron por parte de los maltenses. La tradición posterior sí afirma que Pablo fundó una iglesia allí y que Publio fue su primer obispo.

Para estudiar, pensar y discutir: Cuando el buque estaba a punto de naufragar, y todos habían perdido la esperanza, Pablo dio ejemplo de fe y de confianza en Dios comiendo, y en acciones que nos recuerdan la Cena del Señor. Esto les da esperanza a quienes con él viajan en el barco. ¿En qué modos puede la iglesia dar testimonio y esperanza a un mundo que frecuentemente vive desesperanzado?

G. 28.11-31: PABLO EN ITALIA.

1. 28.11-15: Camino a Roma.

Por fin, tras pasar tres meses en Malta, el grupo continuó su viaje hacia Italia. Lucas no dice si en esta nave, que era alejandrina como la anterior, se embarcaron todos los 276 náufragos o solamente algunos de ellos. Sí dice que la nave llevaba la insignia de los Dióscuros (que la RVR traduce con sus nombres, "Cástor y Pólux"). Estos eran dos dioses gemelos, patronos de los marinos. La nave, que había invernado en Malta, los llevó primero a Siracusa, en Sicilia, luego fue bordeando la costa oriental de esa isla hasta llegar a Regio, en el extremo mismo de la península italiana, y de allí siguió hasta Poteoli (o Pozzuoli). Este era un puerto un poco más al norte de Nápoles. Aunque Lucas no lo dice explícitamente, fue allí que el grupo desembarcó, para entonces continuar el viaje por tierra hasta Roma.

El versículo 14 es notable por dos razones. En primer lugar, porque es señal de que en el puerto relativamente pequeño de Poteoli, tan distante de Palestina, ya había una iglesia. No sabemos cómo llegó el cristianismo hasta ese lugar; pero ello es recordatorio de que lo que Lucas cuenta es solamente una parte de la historia, y que mientras Pablo y Bernabé llevaban a cabo su trabajo misionero, había también muchísimos otros que hacían obra parecida. En segundo lugar, este versículo es notable porque da a entender que Pablo tenía suficiente libertad para decidir permanecer en Poteoli una semana, a petición de los cristianos del lugar. Tras medio año de convivencia, parece que el centurión Julio había llegado a respetar y quizá en cierto modo hasta a amar al preso cuya custodia le había sido encomendada.

La demora de una semana en Poteoli les da tiempo a los hermanos de esa ciudad para enviar aviso a Roma, de donde salen entonces otros hermanos para encontrarse con el séquito paulino. Algunos de estos, posiblemente los más vigorosos, o quizá algunos que iban a caballo, se encuentran con Pablo y sus acompañantes en el Foro de Apio, a unos 65 kilómetros de Roma. Los otros, quizá un día más tarde, en las Tres Tabernas, 16 kilómetros más allá. Lucas nos informa que, al verlos, Pablo "dio gracias a Dios y cobró aliento".

2. 28.16-31: Pablo en Roma.

Por fin llegamos a Roma. La RVR y otras Biblias incluyen aquí una frase tomada del texto occidental (y de la recensión antioqueña): "El centurión entregó los presos al prefecto militar". Esto era de rigor, y posiblemente fue por eso que el redactor del texto occidental lo añadió; pero el texto ordinario no lo incluye, y por ello no aparece en otras versiones. En todo caso, a Pablo se le permitió un domicilio aparte, "con un soldado que lo custodiase". Esta es la *custodia militaris* a la que se ha hecho referencia antes. Por 28.30 se sabe que Pablo alquiló una casa.

Tres días después (posiblemente el tiempo que le tomó determinar el carácter de su prisión, encontrar alojamiento y hacer otros arreglos), Pablo convocó a los líderes de los judíos en la ciudad. Es él quien toma la iniciativa de explicarles a estos judíos por qué está preso, resumiendo los acontecimientos que hemos visto en capítulos anteriores. Sus interlocutores le responden que, aunque han oído hablar mal del cristianismo, no han recibido de Jerusalén noticia alguna acerca de Pablo, ni han venido delegados para proseguir las acusaciones. Esto puede sorprendernos, pues hemos visto el ahínco con que los jefes judíos de Jerusalén perseguían a Pablo. Sin embargo, recordemos que unos años antes, por motivo de los desórdenes que tuvieron lugar entre los judíos en Roma en torno a la predicación de "Cresto", el emperador Claudio había expulsado de la ciudad, sino a todos los judíos, al menos a sus jefes. Por tanto, es muy probable que los judíos de Roma quisieran evitar incidentes parecidos, y que los de Jerusalén, sabiendo que tal era la situación en Roma, decidieran olvidarse del caso de Pablo. En todo caso, los judíos deciden darle una oportunidad para que les explique con más detalles de qué se trata.

El día señalado, "muchos" se reunieron con Pablo, y el apóstol pasó todo el día tratando de persuadirlos "tanto por la ley de Moisés como por los profetas". Como al principio del libro, Lucas vuelve ahora a resumir el mensaje cristiano como testimonio del "reino de Dios" (28.23 y 31). Y, como en otras ocasiones anteriores, unos creen y otros no. En vista de ello, Pablo les cita el texto de Isaías 6.9-10, en el que se habla de la dureza de corazón del pueblo de Dios, y concluye diciendo que "a los gentiles es enviada esta salvación de Dios, y ellos oirán". Al oír esto, los judíos se van, divididos entre sí (*asymfônoi*).

Este episodio resume en cierto modo lo que se ha visto repetidamente en todo el libro: el mensaje es primeramente para los judíos; pero cuando ellos no creen, se les ofrece la misma oportunidad a los gentiles. Lo que ha sucedido a lo largo de toda esta historia que Lucas acaba de contar es precisamente eso, según se ha ilustrado repetidamente en diversos incidentes.

Por último, Lucas termina con otro de sus famosos resúmenes, pues en dos versículos incluye dos años durante los cuales Pablo predica el reino de Dios y enseña acerca de Jesucristo "abiertamente y sin impedimento".

Ahí termina el libro. Ni una palabra se dice acerca de lo que fue de Pablo. Quizá los dos "años" sean una referencia al período máximo en que un preso podía estar sujeto sin ser llevado a juicio (véase el comentario a 24.27). Por otros escritos e indicios históricos, pueden hacerse conjeturas sobre lo que fue de Pablo. Pero Lucas no lo dice.

EPÍLOGO: LOS HECHOS DEL ESPÍRITU

En cierto modo, el fin del libro le da unidad a toda la doble obra lucana. El Evangelio comienza colocando el advenimiento del Señor en su contexto político: "En los días de Herodes, rey de Judea" (Lc 1.5); "se promulgó un edicto por parte de Augusto César" (Lc 2.1); "siendo Cirenio gobernador de Siria" (Lc 2.2). Ahora el libro termina en un contexto semejante, con Pablo en Roma a consecuencia de las acciones de los jefes judíos, prisionero del César y aguardando su veredicto. El primer libro empieza entre judíos, con referencia a Roma, y el segundo termina en Roma, con referencia a los judíos.

Hemos dicho que el libro termina. Pero en realidad no termina, sino que más bien se acaba. Al leer la última palabra, queremos voltear la hoja, para leer la próxima página. Pero la próxima página no está. ¿Qué fue de Pablo? ¿Qué sucedió después? ¿Qué de los otros apóstoles? Quizá, en lugar de punto final, el libro debería terminar con puntos suspensivos.

¿Por qué no termina el libro? Los eruditos lo han discutido interminablemente, produciendo diversas teorías. Sin embargo, la explicación es bien sencilla: el libro no termina porque los hechos del Espíritu no terminan. Si en realidad se tratara de los "Hechos de los apóstoles", Lucas nos hubiera contado lo que hizo cada uno de los apóstoles después de la ascensión del Señor. Pero no; Lucas no tiene en este segundo libro otro protagonista que el Espíritu. Entonces, mientras seguimos aguardando el Reino, los hechos del Espíritu continúan.

Y esto es precisamente lo que le da valor y autoridad al libro de Hechos. Si se tratara únicamente de anécdotas sobre los apóstoles o sobre la iglesia primitiva, podría ser muy informativo e inspirador, pero así y todo no sería más que un viejo libro con interés anticuario. Pero no es así. El mismo Espíritu, cuya acción vemos en Hechos, sigue actuando entre nosotros; seguimos viviendo en tiempos de los hechos del Espíritu; vivimos, por así decirlo, en el capítulo 29 de Hechos. Y mientras sigamos viviendo en estos tiempos, ese libro será Palabra de Dios para nuestro provecho y dirección. ¡Estudiémosla y pongámosla por obra!

www.ingramcontent.com/pod-product-compliance
Lightning Source LLC
Chambersburg PA
CBHW070456160726
48037CB00023B/41

* 9 7 8 8 4 1 7 6 2 0 3 6 3 *